国家社科基金
GUOJIA SHEKE JIJIN HOUQI ZIZHU XIANGMU
后期资助项目

思想与文献：《宋元学案》综合研究

Thoughts and Documents: A Comprehensive Study of *Song Yuan Xue An*

连凡 著

長江出版傳媒
湖北人民出版社

图书在版编目（CIP）数据

思想与文献：《宋元学案》综合研究 / 连凡著. —武汉：湖北人民出版社, 2023.10

ISBN 978-7-216-10583-5

Ⅰ. ①思… Ⅱ. ①连… Ⅲ. ①学术思想—思想史—中国—宋元时期 Ⅳ. ①B244.05

中国版本图书馆CIP数据核字（2022）第235721号

责任编辑：田 晓 李月寒 夏子茗
封面制作：董 昀
责任校对：范承勇
责任印制：肖迎军

思想与文献：《宋元学案》综合研究
SIXIANG YU WENXIAN SONGYUAN XUEAN ZONGHE YANJIU

出版发行：湖北人民出版社	**地址**：武汉市雄楚大道268号
印刷：武汉市籍缘印刷厂	**邮编**：430070
开本：787毫米 × 1092毫米 1/16	**印张**：32.25
字数：659千字	**插页**：2
版次：2023年10月第1版	**印次**：2023年10月第1次印刷
书号：ISBN 978-7-216-10583-5	**定价**：128.00元

本社网址：http://www.hbpp.com.cn
本社旗舰店：http://hbrmcbs.tmall.com
读者服务部电话：027-87679656
投诉举报电话：027-87679757

国家社科基金后期资助项目
出版说明

后期资助项目是国家社科基金设立的一类重要项目，旨在鼓励广大社科研究者潜心治学，支持基础研究多出优秀成果。它是经过严格评审，从接近完成的科研成果中遴选立项的。为扩大后期资助项目的影响，更好地推动学术发展，促进成果转化，全国哲学社会科学工作办公室按照“统一设计、统一标识、统一版式、形成系列”的总体要求，组织出版国家社科基金后期资助项目成果。

全国哲学社会科学工作办公室

目　录

本论二 《宋元学案》的思想史、哲学史专题研究

本论三　《宋元学案》相关儒耶思想交涉专题研究

绪 论

笔者首先在"先行研究述评"中概括说明了《宋元学案》的成书历程及其特色等,作为下文分析的基础,接着从"文献学的研究""思想史的研究""哲学诠释的研究"三个方面概括总结了截至目前海内外学术界关于《宋元学案》的研究成果,并且指出其不足之处和今后的研究方向。其次在"研究目的与方法路径"中,基于目前的学界动态和亟待解决的问题,说明了本书的研究目的,并从"文献学与历史考证的研究""思想史的专题研究""哲学史的专题研究"三个方面阐明了本书的研究路径。

第一节 先行研究述评

《宋元学案》是由清代著名学者黄宗羲(字太冲,号南雷,又称梨洲先生,1610—1695)于康熙年间草创,其末子黄百家(字主一,号不失,又号耒史,1643—1709)等人续编,乾隆至嘉庆年间由全祖望(号谢山,1705—1755)、黄璋(1728—1802)等人修补,道光年间由王梓材(1792—1851)、冯云濠(1807—1855)等人校订整理而成的一部宋元儒学思想史巨著。其最初的发凡起例者黄宗羲是明末清初的著名学者和清代浙东学派的创始人。他一方面继承其师刘宗周(号念台,又称蕺山先生,1578—1645)的学术思想[①],一方

① 刘宗周对心学思想以及经学、史学包括经世实学的重视,为黄宗羲在明清之际所进行的学术转型产生了深远的影响。在经学诠释方面,黄宗羲继承并延续了刘宗周提倡的尊经复古、回归原典的学术动向(即林庆彰所谓"回归原典运动"),其经学著作《孟子师说》及《易学象数论》即是对刘宗周经学诠释的拓展。在史学传承方面,刘宗周的《皇明道统录》及《圣学宗要》是黄宗羲编纂《明儒学案》及《宋元学案》的纲领,而《明儒学案·姚江学案》更是直接抄录刘宗周的《阳明传信录》。此外,刘宗周的《中兴金鉴录》也直接启发了黄宗羲编纂反映南明历史的《行朝录》及《弘光实录》。在经世实学方面,刘宗周继承许孚远的"克己""主敬"之说,结合王阳明的良知之论,在与东林诸君子以及阳明后学交往论道中逐渐形成"慎独""诚意"之说,并为其政治思想提供坚实的理论基础。

面谨遵其父黄尊素“学者不可不通知史事”①的教导,倡导在以六经为根柢、史书为羽翼的基础上反求诸心的一本万殊、经世致用的体用实学。黄宗羲不仅继承和发扬了其师刘宗周的哲学思想,受时代思潮的影响,再加上个人努力,他的学问较之刘宗周要广博得多,可以说是百科全书式的学者,但他同时又以经史与本心相验证,进而由源达流。其学问可以说是一本万殊、经世致用之学。②身处天崩地解的明清易代之际,黄宗羲深刻反思明朝灭亡的惨痛教训,对阳明后学空谈性理的流弊进行了严厉批判。为了从学术思想上总结明代儒学思想史的经验和教训,黄宗羲积数十年功力编纂了明代儒

(续上页)刘宗周期望君主提高个人道德修养,推行仁政;期望臣子尽心辅佐君主,直言敢谏,为挽救明季危机而努力。但明朝末年动荡的社会现实并不能为仁政的推行创造条件,这致使刘宗周的政治抱负付之一空。刘宗周开创的“蕺山学派”传授“慎独”“诚意”之说,注重将学术与现实相结合,开创了明清之际的实学风气。相关论述参见林聪顺《刘蕺山与黄梨洲:从“理学殿军”到“经世思想家”》,淡江大学中文系编:《晚明思潮与社会变动》,台北:弘化事业股份有限公司,1987年,第177~219页;郑宗义《明清儒学转型探析——从刘蕺山到戴东原》增订版,香港:中文大学出版社,2009年,第41~67页;陈居渊《汉学更新运动研究——清代学术新论》,南京:凤凰出版社,2013年,第32~38页;李青云《刘宗周政治思想研究——以儒家君臣观为中心》,《越文化研究丛书》,北京:金城出版社,2019年,第163~167页。

① 全祖望《梨洲先生神道碑文》:“忠端公之被逮也,谓公曰:‘学者不可不通知史事,可读《献征录》’。公遂自《明十三朝实录》上溯《二十一史》,靡不究心,而归宿于诸经。既治经,则旁求之九流百家,于书无所不窥者。”参见《梨洲先生神道碑文》,(清)全祖望:《全祖望集汇校集注》,朱铸禹汇校集注,上海:上海古籍出版社,2018年,第214页。

② 全祖望《梨洲先生神道碑文》:“公谓明人讲学,袭语录之糟粕,不以《六经》为根柢,束书而从事于游谈,故受业者必先穷经。经术所以经世,方不为迂儒之学,故兼令读史。又谓读书不多,无以证斯理之变化,多而不求于心,则为俗学,故凡受公之教者,不堕讲学之流弊。公以濂洛之统,综会诸家:横渠之礼教,康节之数学,东莱之文献,艮斋、止斋之经制,水心之文章,莫不旁推交通,连珠合璧,自来儒林所未有也。”载(清)全祖望《全祖望集汇校集注》,朱铸禹汇校集注,上海:上海古籍出版社,2018年,第219~220页。黄百家在《先遗献文孝公梨洲府君行略》中指出:“如此种种,不可殚纪,则又多蕺山之所未发者。至于博极群言,上下今古,著述文章,翼补经史,以逮天官、地理、九流、百氏之学无不精,野乘稗官之说靡不究。此如导源昆仑,过龙门,历底柱,而遂至望洋浩瀚也。”参见(清)黄百家《黄竹农家耳逆草》,陈红彦、谢东荣、萨仁高娃主编:《清代诗文集珍本丛刊》第一百二十八册,北京:国家图书馆出版社,2017年,第497~531页。黄百家又指出,所谓实学一方面是为了克服空谈本心的阳明后学的流弊,一方面是为了克服功利主义的科举之学的流弊,是身心体认与博学反约的统一。参见(清)黄百家《学箕初稿二卷》,《清代诗文集汇编》第一百六十一册,上海:上海古籍出版社,2010年,第547~549页。

学史巨著《明儒学案》[①]，其后为了追溯明代儒学的渊源，又上溯至宋元儒学，“晚年，于《明儒学案》外，又辑《宋儒学案》《元儒学案》[②]，以志七百年来儒苑门户”[③]。前后历经几代人的努力方才完成宋元儒学思想史巨著《宋元学案》的编纂。

关于《宋元学案》的研究现状。姚文永、王明云于2012年发表了《〈宋元学案〉百年研究回顾与展望》[④]，从“《宋元学案》始撰之年的讨论”“《宋元学案》的总体评价”“黄宗羲、黄百家、全祖望等对《宋元学案》的贡献”“《宋元学案》的编纂体例”“《宋元学案》的门户之见”“黄宗羲等学术史观”“《宋元学案》对理学内部纷争的处理”“《宋元学案》释误举例”八个方面总结了他们所收集到的学术成果，但其所收集的成果仅限于中国大陆的论著且存在很多遗漏。笔者在全面搜集和整理海内外学术界相关研究成果的基础上，将截至目前关于《宋元学案》的研究成果归纳总结为如下三个方面。首先是文献学的研究，主要探讨《宋元学案》的成书过程及版本源流、内容校勘、编纂体例、文献价值及其渊源与定位等。其次是思想史的专题研究，主要论述其中宋元儒学思想史的脉络与建构，以及学者的学术评价与思想史地位，包括整体分析、个案分析、学案表及师承关系的研究、思想史构建及地域特色的分析等。最后是哲学史的专题研究，主要围绕哲学概念与学术论争，探讨编纂者在《宋元学案》中对学者的哲学思想的诠释及其所持的学术观点与立场。以下即从这三个方面总结和分析海内外学术界相关研究成果。

---

① 黄宗羲所撰《明儒学案》不仅在编纂体例上实现了重大突破，标志着学案体的成型，而且具有深刻的历史内涵和思想价值，突出地表现为对明代进步学者学术风骨与行为风范的集中肯定和对有明一代学问积弊的深刻反省。书中对忠贞气节的砥砺，对学者以天下为己任的经世情怀的颂扬，对实学风气的倡扬等内容，实为对中国古代优秀文化传统的有力传承。而黄氏在历史编纂方面所表现出的自觉反思与勇于创新的精神，在今天仍值得我们学习和继承。参见屈宁、王曼《论〈明儒学案〉的历史内涵和思想价值》，《史学理论与史学史学刊》2012年第0期。黄宗羲、黄百家及全祖望等人编纂的《宋元学案》也全面继承和进一步发展了《明儒学案》的体例和精神。

② 黄宗羲原本是将《宋儒学案》与《元儒学案》分开编纂的，后来由全祖望对其进行了合并，称其为《宋元儒学案》或《宋元学案》。合并的具体时间尚不清楚，但至少在全祖望临终之前刊行的二老阁郑氏刊本“宋元儒学案序录”中，已经称《宋元儒学案》并将《宋儒学案》与《元儒学案》合为一百卷了。参见钱茂伟《〈宋元学案〉原题小考》，《宁波师院学报（社会科学版）》1992年第3期；葛昌伦《〈宋元学案〉成书与编纂研究》，潘美月、杜洁祥主编：《古典文献研究辑刊·五编》第二十册，台北：花木兰文化出版社，2007年，第53～56页；谢桃坊《〈宋元儒学案〉辨原》，《西华大学学报（哲学社会科学版）》2016年第4期；焦印亭《〈宋元学案〉“案语”与〈宋元儒学案〉复原》，《国学》2019年第1期。

③ 参见（清）全祖望《梨洲先生神道碑文》，《全祖望集汇校集注》，朱铸禹汇校集注，第222～223页。

④ 姚文永、王明云：《〈宋元学案〉百年研究回顾与展望》，《殷都学刊》2012年第1期。

一、文献学的研究

《宋元学案》作为学案体(主要内容包括序录、小传、思想资料、案语评论四个部分)①的儒学思想史著作,其资料之主体(小传、思想资料、附录)系从其他著作中辑录而来,而直接体现编纂者思想观点的文字(一部分小传、案语与附录文章)则分散在全书之中,其内容构成十分复杂。因此首先必须从文献学方面加以整理和分析,这涉及版本、目录、校勘、辑佚②和史料考证等领域,主要问题包括《宋元学案》的成书过程、内容校勘、编纂体例及其渊源等方面。

(一)《宋元学案》的成书过程

《宋元学案》的成书从黄宗羲发凡起例到王梓材、冯云濠、何绍基等人将其校勘出版为止,时间跨度长达一个半世纪有余,其中经历了许多波折。虽然王梓材、冯云濠在附于《宋元学案》正文之前的《宋元学案考略》中已简要介绍了六个主要版本的原委,但在成书过程与编纂人员等具体细节方面尚存有诸多疑问。通过对黄宗羲著作的系统整理,可知《宋元学案》在成书和流传的过程中主要存在四个版本体系,即黄氏原本(主要撰者是黄宗羲、黄百家)、全氏修补本(主要撰者是全祖望)、黄璋校补本(主要撰者是黄璋等黄氏后裔)、王冯校补本(主要撰者是王梓材、冯云濠)。这四个版本体系各自又包括一个或多个实际版本,如黄氏原本即梨洲黄氏原本(已佚),黄璋校补本可分为浙江余姚梨洲文献馆藏黄璋校补稿本与台湾“中央研究院”历史语言研究所博斯年图书馆藏黄璋校补誊清本等版本。相关研究如吴光于1987年出版了《黄宗羲著作汇考》,其中收录有《宋元学案补考》一文,对王、冯二氏之《宋元学案考略》进行了

---

① 朱义禄认为构成学案体的三大要素一是设学案以明学脉,二是写案语以示宗旨,三是原著选编。参见朱义禄《论学案体》,《哈尔滨工业大学学报(社会科学版)》1999年第1期。朱说是从所有学案体著作的整体特征来说,但具体到集学案体体裁之大成的《宋元学案》来说,则内容更加全面和复杂一些,主要包括四大要素,即序录(学脉)、小传、思想资料(原著选编)和案语评论(包括编纂者的案语及辑录前人时贤的诸家评语)。

② 陈来以《明儒学案》与《阳明全书》相对校,发现《明儒学案》中收录了七十条以上的王阳明语录佚文,但前人对此似未曾注意,这无疑证实了《明儒学案》的重要文献价值。参见《〈明儒学案〉所见阳明言行录佚文》,陈来:《中国近世思想史研究》增订版,北京:生活·读书·新知三联书店,2010年,第732～744页。事实上,《明儒学案》中所收录的明人著作尤其阳明后学著作因为政治和思想禁忌往往未被收入清乾隆时编纂的《四库全书》中,再加上刻本稀少及禁毁等原因,往往难以查找,因此学者常将《明儒学案》所录文献直接作为原典加以引用。近年来随着明人文集著述的陆续整理刊行和《续修四库全书》等大型丛书的影印出版,这一状况才得以转变。与《明儒学案》相比,《宋元学案》中辑录的宋元儒学思想文献基本收录在《四库全书》之中,但也有少量文献已经散佚或者难以找到了。

补充。其后，吴光于2007年将该文增补修订后，以《〈宋元学案〉成书经过、编纂人员与版本存佚考》为题[①]发表。吴光将《宋元学案》的成书过程划分为康熙、乾隆至嘉庆、道光三个阶段，分别论述了黄氏父子、全祖望、黄璋、王梓材、冯云濠等人的编纂经过及其贡献，并结合相关文献考察了《宋元学案》成书过程中的各版本，包括梨洲黄氏原本、谢山全氏修补本、二老阁郑氏刊本、月船卢氏所藏底稿本、樗庵蒋氏所藏底稿残本、余姚黄氏校补本、梨洲文献馆藏黄璋校补稿本[②]、冯云濠王梓材手校抄稿本、慈溪冯氏醉经阁刻本、道州何绍基重刻本(定本，即如今通行本的母本，笔者在后文称此定本为"王冯校补本")。其考证主要依据的是中国大陆所藏《宋元学案》各版本。2004年葛昌伦在其硕士论文《〈宋元学案〉成书与编纂研究》(2007年出版)中对《宋元学案》的成书经过、编纂者与版本进行了系统研究。他以我国台湾地区所藏《宋元学案》的写本和刻本为主要资料，补吴光等人研究之不足。他指出学界向来的研究主要限于单个版本的考证，但所有的版本实际上都是依人而成立的，如果不弄清楚编纂者和这些版本之间的关系，就不可能弄清其成书经过及其版本之间的来龙去脉。因此，他从"黄宗羲家族之参与""二老阁郑氏一族之参与""由全祖望所开展出之编纂者""各自成脉的编纂者"四个方面详细检讨了《宋元学案》成书过程中所有相关人员的编纂经过及其所取得的成果。此外，他还对《宋元学案》的各个版本、命名、署名、学案表的形式等进行了探讨。依据其研究，《宋元学案》成书过程涉及编纂人员达56人以上(包含出版资助人)，计有29种版本(包括写本、刻本、影印本、点校本等)，此外《宋元学案》中还包含有黄宗羲、黄百家、全祖望、王梓材、冯云濠、杨开沅、顾諟、张采8位编者的1628条案语。[③]彭国翔在《黄宗羲佚著〈理学录〉考论》[④]一文中指出，他于2003年在中国社会科学院文学所图书馆发现黄宗羲佚著《理学录》的手稿残本。此著作长期不为人所知，甚至被认为已经亡佚。彭国翔经过详细考证认定黄宗羲从事整理宋元明三代儒学思想史的想法与实践至少于康熙六年(1667)编纂《理学录》时就已经开始了。经过对比分析可知，现存《理学录》将宋元明三代儒学分为16个学案，且与黄宗羲后来编纂的《明儒学案》与《宋元学案》(黄氏原本)有许多相同或相近的内容，

---

① 吴光：《〈宋元学案〉成书经过、编纂人员与版本存佚考》，《杭州师范学院学报(社会科学版)》2008年第1期。

② 最近该稿本被收入《浙学未刊稿丛编》第一辑中影印出版。参见(清)黄宗羲、(清)黄百家撰，(清)全祖望续纂，(清)黄以周拾补《宋元学案不分卷》稿本，徐晓军、李圣华主编：《浙学未刊稿丛编》第一辑 第六十三册至六十七册，北京：国家图书馆出版社，2018年。

③ 参见葛昌伦《〈宋元学案〉成书与编纂研究》，第11～36页。

④ 彭国翔：《黄宗羲佚著〈理学录〉考论》，《中共宁波市委党校学报》2011年第4期。

在结构与内容上存在非常明显的继承关系。而那些不同的地方恰好反映了黄宗羲本人学术思想史观的变化与发展。张艺曦通过考察台湾"中研院"历史语言研究所所藏的《宋儒学案》黄璋校补誊清本,认定此版本的《宋儒学案》是黄璋在保留其祖上黄宗羲、黄百家编纂黄氏原本的原貌基础上,适当选取全祖望补修的部分内容而成的。其学案之设置及内容与黄宗羲的《明儒学案》一脉相承。后来王梓材、冯云濠否定了黄璋校补本的编纂方式,改为以全祖望的补修本为底本,并尽可能地修补其中的资料,从而使得现行《宋元学案》成了一个资料汇编。[①]金晓刚在其专著《编纂与刊刻:〈宋元学案〉文本生成史研究》中,一方面,全面利用《宋元学案》现存的稿抄本与通行刻本,逐一解析《宋元学案》编纂过程中的疑点与悬案,复原黄氏原本与全氏修补本的原貌,并在此基础上重新解读黄宗羲、全祖望的宋元理学史观,进而对宋元学术思想史的相关论断提出新的审视;另一方面,则在思想史视野下解读黄宗羲、黄百家、全祖望、王梓材等编纂者的编纂观念,追问其背后的思想诉求,展示有清一代浙学的思想演进与转化,从而深化了清代学术史研究。[②]金晓刚又在《黄宗羲后裔对〈宋元学案〉的补修及其学术史意义》一文中指出:黄宗羲后裔在《宋元学案》书稿的流传及成书过程中发挥了重要作用。黄璋、黄征义等人除借抄、保存及续补文献外,所撰119条案语涉及对宋元理学史的考订、评骘,彰显出自己的学术见解。从学案设置、命名、人物评价来看,黄璋父子的续补,并非此前所认为的回到黄氏原本,否定全氏修补本,而是在综合梨洲、谢山两家观点的基础上,形成自己的判识,一定程度折射出清代浙东学派思想的继承与转向。[③]

除此之外,张克伟在其《黄宗羲著述存逸考(上)》中也考察了《宋元学案》的版本,可与吴光的考证相互参照。[④]王永健在其《全祖望评传》第五章"全祖望与《宋元学案》"中对《宋元学案》的成书过程,特别是对全祖望的编纂工作进行了考察。[⑤]段志强在《顾祠——顾炎武与晚清士人政治人格的重塑》第三章"超越汉宋:顾祠中的学术纠葛"中论述了"《宋元学案》的刊刻"(顾炎武祠是何绍基、王梓材等人校订《宋元学案》的工作场所)。[⑥]岳珍在《国图藏〈宋元学案〉

---

① 张艺曦:《史语所藏〈宋儒学案〉在清中叶的编纂与流传》,台湾《"中央研究院"历史语言研究所集刊》2009年第3期。

② 金晓刚:《编纂与刊刻:〈宋元案〉文本生成史研究》,杭州:浙江大学出版社,2021年;又参见金晓刚、张峻峰《〈宋元学案〉生成新论》,《中国社会科学报》2023年2月22日第2295期。

③ 金晓刚:《黄宗羲后裔对〈宋元学案〉的补修及其学术史意义》,《浙江师范大学学报(社会科学版)》2022年第2期。

④ 张克伟:《黄宗羲著述存逸考(上)》,台湾《"国立编译馆"馆刊》1988年第1期。

⑤ 王永健:《全祖望评传》,南京:南京大学出版社,1996年,第283～354页。

⑥ 段志强:《顾祠——顾炎武与晚清士人政治人格的重塑》,上海:复旦大学出版社,2015年,第134～138页。

醉经阁刻本考述》一文中论述了《宋元学案》醉经阁刻本的史料及校勘价值。[①] 林久贵的《〈宋元学案〉略论》[②]、《〈宋元学案〉的作者及成书经过述论》[③]、《〈宋元学案〉纂修的学术文化背景》[④]及林久贵、周春健的《中国学术史研究》[⑤]，张如安的《黄氏两〈学案〉补考》[⑥]，谢向杰、邵九华的《一部书稿的旅行——〈宋元学案黄璋校补稿〉流传经历初考》[⑦]，关永礼的《一书之成赖众力》[⑧]，金晓刚的《两种〈宋元学案〉黄璋校补稿抄本再认识》[⑨]，刘真伦的《〈宋元学案〉何绍基刻本考述》[⑩]等也对《宋元学案》的时代背景、编纂过程和版本等进行了论述。

通过上述诸人的研究成果，《宋元学案》的成书经过和版本情况已经基本明晰。《宋元学案》的编纂始于康熙十五年(1676)，即黄宗羲完成《明儒学案》以后，但其成书过程却一波三折。大致可分为以下三个阶段。第一阶段，康熙年间(1662—1722)在黄宗羲的主持下，其末子黄百家及黄宗羲门人杨开沅、顾諟、张采等人具体分担编纂的任务。黄宗羲逝世后，黄百家等人又继续编纂，并大体编成了学案的初稿(黄氏原本)，但尚未完稿。[⑪]第二阶段，乾隆、嘉庆年间(1736—1795、1796—1820)，首先由黄宗羲的私淑弟子全祖望受黄宗羲之孙黄千人的委托作《梨洲先生神道碑文》，又受黄宗羲之孙黄千秋的委托对《宋元学案》黄氏原本进行了修定、补本、次定、补定四个方面的修补工作[⑫]，共增补了32个学案，并确定了91个学案(包括党案、略案)共100卷(全氏修补本)的整体规模，但只刊行了卷首"宋元儒学案序录"和卷十七"横渠学案上"(即卷首"宋元儒学案序录"所称的二老阁郑氏刊本)，全祖望就因病去世了。其后，黄宗羲的五世孙黄璋与六世孙黄征乂(1757—1829)等余姚黄氏家族的后裔在黄氏原本及全

① 岳珍:《国图藏〈宋元学案〉醉经阁刻本考述》,《华中国学》2020年第2期。

② 林久贵:《〈宋元学案〉略论》,硕士学位论文,湖北大学,1995年。

③ 林久贵:《〈宋元学案〉的作者及成书经过述论》,《黄冈师专学报》1998年第3期。

④ 林久贵:《〈宋元学案〉纂修的学术文化背景》,台湾《中国文化月刊》第274卷,2003年,第13~19页。

⑤ 林久贵、周春健:《中国学术史研究》,武汉:崇文书局,2008年,第158~237页。

⑥ 张如安:《黄氏两〈学案〉补考》,《古籍整理研究学刊》1993年第6期。

⑦ 参见国际阳明学研究中心《国际阳明学研究》第二卷,上海:上海古籍出版社,2012年,第329~333页。

⑧ 关永礼:《一书之成赖众力》,《书屋》2016年第1期。

⑨ 金晓刚:《两种〈宋元学案〉黄璋校补稿抄本再认识》,《文献》2019年第6期。

⑩ 刘真伦:《〈宋元学案〉何绍基刻本考述》,《中国典籍与文化》2020年第1期。

⑪ 最近焦印亭整理出版了黄氏原本的《宋元学案》,在现行百卷本《宋元学案》保留的黄氏原本33个学案的基础上,又复原了5个学案,合计38个学案。参见(清)黄宗羲原著,焦印亭整理《〈宋元学案〉原本复原》,北京:中国社会科学出版社,2020年。

⑫ 参见(清)全祖望《仲春仲丁之鹳浦,陪祭梨洲先生》,《全祖望集汇校集注》,朱铸禹汇校集注,第2119页;葛昌伦《〈宋元学案〉成书与编纂研究》,第42页;(清)王梓材《校刊宋元学案条例》,(清)黄宗羲原著,(清)全祖望补修:《宋元学案》第一册,陈金生、梁运华点校,北京:中华书局,1986年,第21页。

氏修补本的基础上编纂了86卷的黄璋校补本(《宋元学案》中称之为黄氏补本)稿本[①],但并没有刊行。最后的第三阶段,道光年间(1821—1850)全祖望的私淑弟子王梓材、冯云濠等人以全氏修补本为底本,以黄璋校补本等版本相参校[②],终于在道光十八年(1838)出版了百卷本的慈溪冯氏醉经阁刻本,但毁于鸦片战争。其后王梓材、何绍基在醉经阁初刻本的基础上再次校刊,于道光二十六年(1846)出版了道州何绍基重刻本。就这样《宋元学案》由众多的编者前后跨越一个半世纪以上方才完成编纂出版,其成书经历之曲折实属罕见。光绪五年(1879)龙汝霖再次主导,翻刻于长沙,成通行的100卷《宋元学案》,从草创到成书、刊印、通行,前后历经200余年。

(二)《宋元学案》的内容校勘及其相关问题

由于《宋元学案》卷帙浩繁(卷首1卷,正文100卷),篇幅很大(共计160余万字),加上书出众手,层次内容复杂,引用文献繁复,因此利用起来不是很方便。尤其与被认为内容简明扼要的《明儒学案》相比,《宋元学案》往往被视为宋元儒学思想文献汇编,其资料的学术意义及思想史与哲学史的价值被掩盖了。因此以《宋元学案》为基础的各种选本和重编本自清末以来已经出现,如

---

① 依据葛昌伦的考察,由吴光命名的"黄璋校补本"不止一个版本,实际包括前后四个不同的写本。即王梓材、冯云濠同辑的《宋元学案考略》中提到的余姚黄氏补本、浙江余姚梨洲文献馆藏黄璋校补稿本、台湾"中研院"历史语言研究所藏黄璋校补誊清本(78卷),以及浙江图书馆藏冯云濠王梓材手校钞稿本。这四个写本都出自以黄璋为首的黄氏家族成员的校补,其编纂方式与内容等多少存在一些差异。参见葛昌伦《〈宋元学案〉成书与编纂研究》,第8~9页。又依据张艺曦的考证,今台湾"中研院"历史语言研究所所藏的78卷本的《宋儒学案》即属黄璋的校补本,其内容只包括宋儒而无元儒,而梨洲文献馆所藏的黄璋校补稿本则是此稿之前的一个未定稿,王梓材《宋元学案考略》中所说的余姚黄氏补本则大概是此78卷的《宋儒学案》再加上8卷的《元儒学案》而组成的一个写本。参见张艺曦《史语所藏〈宋儒学案〉在清中叶的编纂与流传》,台湾《"中央研究院"历史语言研究所集刊》2009年第3期。

② 王梓材与冯云濠在其《宋元学案考略》中一共考证了梨洲黄氏原本、谢山全氏修补本、二老阁郑氏刊本、月船卢氏所藏底稿本、樗庵蒋氏所藏底稿残本、余姚黄氏校补本共六个版本,而其编纂中主要用到了四个版本。参见(清)王梓材、(清)冯云濠《宋元学案考略》,(清)黄宗羲原著,(清)全祖望补修:《宋元学案》第一册,第15~20页;葛昌伦《〈宋元学案〉成书与编纂研究》,第50~51页。又王梓材与冯云濠在校订《宋元学案》的过程中另外编纂了百卷本的《宋元学案补遗》。此书收入《四明丛书》第五辑第十五册至第二十一册。其影印本有(清)王梓材、(清)冯云濠撰《宋元学案补遗》,张寿镛辑:《四明丛书》,扬州:广陵书社,2006年。点校本有(清)王梓材、(清)冯云濠编撰《宋元学案补遗》,沈芝盈、梁运华点校,北京:中华书局,2012年。又有(清)王梓材、(清)冯云濠编撰《宋元学案补遗》,舒大刚、杨世文、邱进之等点校,北京:人民出版社,2012年。上述点校本都是以四明丛书本为底本的。此外还有佚名辑《宋元学案补遗残稿(清抄本)》,梁启超、王恩洋等:《历朝学案拾遗》第三册,北京:北京图书馆出版社,2004年,第1~82页。

吴虞的《宋元学案粹语》[①]及曾学传的《宋儒学案约编》22卷[②]。其后,缪天绶编纂了《宋元学案》选注本并留下有不少校注文字[③]。萧叙和撰有《宋元学案讲义》2卷[④]。陈叔谅、李心庄编纂了《重编宋元学案》,并修正了《宋元学案》(全氏修补本)中基于道学正统意识将与"北宋六先生"(道学)同时代的王安石新学("荆公新学略")与三苏蜀学("苏氏蜀学略")作为杂学放在学案之末从而打乱了思想史顺序的做法,将两者重新放置到北宋六先生的学案之后。[⑤]此外,杨祖汉编纂了《民族文化大醒觉——宋元学案》[⑥]。这些选编本在内容上大体是以《明儒学案》为标准对《宋元学案》的学案、学者及其资料进行删繁就简,并突出了哲学思想层面的内容,淡化了《宋元学案》原本的文献汇编色彩,同时因为清末以来内忧外患的时势影响,往往有着强烈的现实关怀和教化目的。[⑦]

《宋元学案》全本的整理本早期有上海商务印书馆出版的《万有文库》本(全24册)[⑧]、《国学基本丛书》本(全4册)[⑨],以及上海世界书局出版的《四朝

---

① 吴虞自叙其编纂旨趣指出:"今日学界芜秽、暗塞、萎微、沈滞既极,陵夷衰颓矣。于是保存国粹之说稍稍出焉。夫所谓国粹者何? 古人之心理是也。盖为旧学而徒袭考证训诂,为新学而不离语言文字,则所得者知识而已。故读周、秦、后汉、晋宋及宋明人之书,不仅识其言行、详其事实,并当含其心理。其合于古人之心理愈多,自能独拔于流俗,而后可以为学。若第具现在社会一般之心理,则根柢薄弱而去道亦远,偶涉纷华靡丽与险阻艰难,鲜不湛溺。虽或外厉贞素而内灭芬芳,不能自掩也。虽然,古人之心理,仍不外于其言行求之,是则节录此编之旨也。"(清)吴虞:《宋元学案粹语》,成都:文伦书局,1907年,"宋元学案粹语自叙"第2a~2b页。

② 曾学传指出:"古无学案。有之,自黄梨洲《明儒学案》始。其书搜罗该博,条画灿然。至《宋元学案》,乃梨洲未成之书,其子耒史续成,全谢山增补。虽极宏富,然杂而不贯,要领浸失,反滋蔽惑。因悉心疏剔,如导川赴海。俾学者取约用闳,洞然于义理之归,而不失之泛滥,则是编之旨也。"曾学传:《宋儒学案约编》,清宣统三年铅印本,1911年,"叙"第1b~2a页。

③ 缪天绶选注:《宋元学案》,《学生国学丛书》,上海:商务印书馆,1928年。又参见缪天绶选注《宋元学案》,王云五主编:《万有文库》第一集,上海:商务印书馆,1931年。

④ 萧叙和:《宋元学案讲义》,长沙:民国湖南孔道学校石印本,1935年。今藏湖南省图书馆。

⑤ 陈叔谅、李心庄重编:《重编宋元学案》,《重编宋元明清四朝学案》,上海:正中书局,1947年。

⑥ 杨祖汉编撰:《民族文化大醒觉——宋元学案》,海口:海南出版社、三环出版社,1992年。

⑦ 如上述吴虞在其"宋元学案粹语自叙"中自述其旨趣后接着感叹道:"呜呼! 新旧代谢,知识粗进而道德大衰,固有志斯世者所不容默。"(清)吴虞:《宋元学案粹语》,"宋元学案粹语自叙"第2b页。正如金晓刚所指出的:"吴虞在1907年辑有《宋元学案粹语》,书中选录了从胡瑗至郑玉共91人之语,这些言语多'切于身心日用而明显简要'。吴虞独节此类修身、论世、讲学、为文之语,亦有其自身的考虑。在他的视域中,近代以来,西学大量涌入,科技与知识虽代谢迅猛,但道德并未俱进,反而大衰。国家衰败、社会激荡的重要症结很大程度缘于世道浇漓,道德沉沦。因此,节选古人粹语,借古人德言善行之表举,呼吁德育建设,以重建社会的道德秩序。"参见金晓刚《在"学案体"的背后》,《光明日报》2017年8月19日第11版。

⑧ (清)黄宗羲:《宋元学案》,王云五主编:《万有文库》第一集,上海:商务印书馆,1929年。

⑨ (清)黄宗羲:《宋元学案》,王云五主编:《国学基本丛书》,上海:商务印书馆,1933年。

学案》本(全2册)[1]、上海中华书局出版的《四部备要》本[2],这几个版本都没有注释。后来又有北京中华书局点校本及浙江古籍出版社出版的点校整理本[3]、四川大学出版社《儒藏》本(据清道光二十六年何绍基刻本整理)[4]。虽然学界尚未出现《宋元学案》的全文注释本,但上述北京中华书局、浙江古籍出版社及四川大学出版社的点校本中都留下了不少校记。当然,其中也不免存在如误字或断句方面的讹误和疏漏之处。[5]陈祖武在《中国学案史》第

---

① (清)黄宗羲、(清)全祖望:《宋元学案》,国学整理社:《四朝学案》,上海:世界书局,1936年。

② (清)黄宗羲、(清)全祖望、(清)王梓材:《宋元学案一百卷卷首一卷总目一卷》,《四部备要》,上海:中华书局,1936年。

③ 浙江古籍版《宋元学案》点校本收入吴光主编的《黄宗羲全集》中,先后多次出版。初版为(清)黄宗羲、(清)黄百家、(清)全祖望《宋元学案一百卷卷首一卷总目一卷》,是吴光主编的《黄宗羲全集》的第三册至第六册(杭州:浙江古籍出版社,1992年)。其后又出修订版(清)黄宗羲、(清)黄百家、(清)全祖望《宋元学案一百卷》,是吴光主编的《黄宗羲全集》的第三册至六册(杭州:浙江古籍出版社,2005年)。最新的版本为(清)黄宗羲《宋元学案》,是吴光主编的《黄宗羲全集》的第三册至十二册(杭州:浙江古籍出版社,2012年)。

④ (清)黄宗羲原撰,(清)全祖望、(清)黄百家补修:《宋元学案一百卷》,舒大刚、杨仕文主编:《儒藏·史部·历代学案》第十四册至十八册,成都:四川大学出版社,2005年。

⑤ 例如,《宋元学案》卷二"泰山学案":"百家谨案:先文洁公曰:'宋兴八十年,安定胡先生、泰山孙先生、徂徕石先生始以师道明正学……其略见徂徕作《泰山书院记》。'"[(清)黄宗羲原著,(清)全祖望补修:《宋元学案》第一册,第73页]此段其实都是黄百家抄录黄震之语("先文洁公曰"),但中华书局点校本却在"而反之笃行之实"这里打了反引号,误将其后的内容都当作黄百家自己的话了。这大概是没有与《黄氏日钞》卷四十五"读诸儒书"[原文见(宋)黄震《黄氏日钞》二,(清)永瑢、纪昀等编纂:《景印文渊阁四库全书》第七〇八册,台北:台湾商务印书馆,1983年,第253页]进行对校造成的。同样的失误还有数条。如同书卷十"百源学案下":"百家谨案:邵子之说,以得半为中,又不敢至于已半,而以将半为中也。朱子谓:'邵子初只看得太极生两仪……'其理不过如此。"[(清)黄宗羲原著,(清)全祖望补修:《宋元学案》第一册,第393~394页]中华书局点校本在"则谓其衰"处打了反引号。[原文见(宋)黎靖德编《朱子语类》第七册,王星贤点校,北京:中华书局,1986年,第2546页]同书卷八十二"北山四先生学案","百家谨案:吴正传言:'导江学行于北方,故鲁斋之名因导江而益著。'盖是时北方盛行朱子之学,然皆无师授,导江以四传世嫡起而乘之,宜乎其从风而应也。"[(清)黄宗羲原著,(清)全祖望补修:《宋元学案》第四册,陈金生、梁运华点校,北京:中华书局,1986年,第2753页]中华书局点校本在"宜乎其从风而应也"处打了反引号,把它们都当成了吴师道之语。[语出吴师道的《题程敬叔读书工程后》,(元)吴师道:《礼部集二十卷附录一卷》,《景印文渊阁四库全书》第一二一二册,台北:台湾商务印书馆,1983年,第241页]卷八十五"深宁学案":"百家谨案:清江贝琼言:'自厚斋尚书倡学者以考亭朱子之说,一时从之而变,故今粹然皆出于正,无陆氏偏驳之弊。然则,四明之学以朱而变陆者,同时凡三人矣:史果斋也,黄东发也,王伯厚也。三人学术既同归矣,而其倡和之言不可得闻,何也?厚斋著书之法,则在西山真为肖子矣。'"[(清)黄宗羲原著,(清)全祖望补修:《宋元学案》第四册,第2858页]中华书局点校本将黄百家的此条案语与其后的"谢山《同谷三先生书院记》曰"连在一起而没有断开,还将到"则在西山真为肖子矣"为止的内容作为贝琼

七章“《宋元学案》的纂修”第二节“全祖望与《宋元学案》”中，以“《深宁学案》与《困学纪闻》校读记”为题比较了二者的文字，从“深宁学案”所收的思想资料中选取了11例，对其文本的讹、脱、衍、倒等错误情况进行了说明，冀以引起研究者的注意。学界目前已有不少以《宋元学案》中所收录资料（尤其小传）为对象的考证文章。这些论著或者依据地方志、墓志铭等地上、地下史料，订正了《宋元学案》记载的讹误，或者反过来依据《宋元学案》订正了其他文献的讹误。如方旭东在论述元儒许衡的“治生论”时，首先比较了《许文正公遗书》中所载邓士范撰《许鲁斋先生年谱》中的原典文本与《宋元学案》卷九十“鲁斋学案”附录中辑录的“治生论”文本，进而指出《宋元学案》卷九十“鲁斋学案”中将原典中的“士子多以务农为生”一句改为“士君子当以务农为生”，将“商贾虽为逐末，亦有可为者”一句删改为“商贾虽逐末”，从而造成许衡重农的印象，而这与原典及许衡的思想不尽相符，因此不能依据《宋元学案》中的这段材料，必须回到原典来研究。[①]李光生在其《〈宋元学案〉辨误一则》及《周必大无弟周必刚考》中，指出了《宋元学案》卷三十五“陈邹诸儒学案”中将对周必大之弟周必强的评论误加在了“周必刚”这一并不存在的人物之上的讹误。[②]沈志权在其《〈宋元学案〉巩丰、巩岘关系考订》中，指出了《宋元学案》卷七十三“丽泽诸儒学案”所载巩丰、巩嵘、巩岘三人之间亲属关系的讹误。[③]袁国藩在其《试补宋元学案之静修学案——元刘静修门弟子及其施教方法考》中，以正史（《宋史》）、地方志（《畿辅通志》）、文集（《静修先生文集》）、总集（《元朝文类》）等资料对刘因的教育活动及其弟子进行了考察，对《宋元学案》卷九十一“静修学案”的内容进行了补充。[④]董金裕在其

（续上页）之语而打了反引号。[语出贝琼《故福建儒学副提举王公墓志铭》，（元）贝琼：《贝琼集》，《元代别集丛刊》，长春：吉林文史出版社，2010年，第181页]又卷四“庐陵学案”有“童子问问”，与（宋）欧阳修《欧阳文忠公集》所收《易童子问》卷第一对照可知，此系“童子问曰”之误，而且上下文中也均作“童子问曰”。[（清）黄宗羲原著，（清）全祖望补修：《宋元学案》第一册，第187页]卷三十二“周许诸儒学案”有“祖圣谨案：薛文宪公《浪语集》……”，“祖圣”显系“祖望”之误字。当是由于“圣”字的繁体“聖”与“望”字形相近而误。[（清）黄宗羲原著，（清）全祖望补修：《宋元学案》第二册，陈金生、梁运华点校，北京：中华书局，1986年，第1149页]卷八十二“北山四先生学案”有“汪氏学家”，此系“汪氏家学”之误。[（清）黄宗羲原著，（清）全祖望补修：《宋元学案》第四册，第2798页]

① 方旭东：《儒学史上的“治生论”——兼与余英时先生商榷》，《学术月刊》2006年第6期。

② 李光生：《〈宋元学案〉辨误一则》，《船山学刊》2010年第2期；李光生：《周必大无弟周必刚考》，《中华文史论丛》2010年第4期。

③ 沈志权：《〈宋元学案〉巩丰、巩岘关系考订》，《杭州师范大学学报（社会科学版）》2010年第6期。

④ 袁国藩：《试补宋元学案之静修学案——元刘静修门弟子及其施教方法考》，台湾《“国立编译馆”馆刊》1972年第3期。

《读宋元学案附录看宋儒风范》一文中,从“志学之专”“修身之谨”“事亲之孝”“手足之情”“治家之道”“急难之风”“宗族之义”“待人之诚”“施教之法”“任道之勇”“胞与之怀”等方面总结概括了《宋元学案》附录的内容。[①]胡元玲考察了明代杨应诏《闽南道学源流》的文献价值,指出其可补充《宋元学案》中未收录学者的资料,并从“文献选录”及“思想评论”两方面出发将其与《宋元学案》作了比较。[②]胡泉雨在《叠山学案》一文中按照《宋元学案》的体例,依据相关文献为谢枋得(原本收入《宋元学案》卷八十四“存斋晦静息庵学案”)作了《叠山学案》,可补《宋元学案》之内容。[③]岳珍、刘真伦在《儒藏本〈宋元学案〉校理刍议》一文中对《宋元学案》的作者、编纂与定稿、刊刻、流传情况进行初步考察,并以龙刻本、中华本、浙古本为例,对《宋元学案》的校理现状进行了综合梳理。[④]此外,《宋元学案》中收录的文献虽然基本是二次文献,但也有一定的版本价值。如林乐昌考察了张载横渠四句的不同文字版本,并依据《关学编》和《宋元学案》所引的横渠四句进行了解读。[⑤]相关的考证论著还有清孙衣言撰《瓯海轶闻》(见卷十五)[⑥]、李埏撰《高平学案》[⑦]、周梦江的《〈宋史·曹豳传〉补正》[⑧]、李才栋的《对〈宋元学案〉中陈澔传略的一些订

---

① 董金裕:《读宋元学案附录看宋儒风范》,《幼狮月刊》1978年第6期。

② 胡元玲:《杨应诏〈闽南道学源流〉的文献价值及其与〈宋元学案〉之比较》,《书目季刊》2015年第3期。

③ 胡泉雨:《叠山学案》,《朱子学刊》2016年第1期。

④ 岳珍、刘真伦:《儒藏本〈宋元学案〉校理刍议》,《华中国学》2019年第1期。

⑤ 林乐昌指出:“横渠四句常见的版本有两个系统。第一个系统包括南宋朱熹、吕祖谦合编的《近思录》,南宋《诸儒鸣道》之《横渠语录》,南宋末吴坚刻本《张子语录》,明版《张子全书》之《语录抄》。第二个系统包括晚明冯从吾所撰《关学编·自序》,清代《宋元学案》卷十七‘横渠学案上’黄百家案语。在这两个系统中,第一句为‘天地立心’”,未出现异文。重要的异文发生在第二句:第一个版本系统作为‘生民立道’,第二个版本系统则作‘为生民立命’。诚如张岱年先生所说,宋、明各本所传当为原文,《宋元学案》所引则经过后人润色,但流传较广。综合相关版本信息,本文将以《关学编》和《宋元学案》所引的横渠四句作为解读对象。关于横渠四句的宗旨。有些学者把此四句视作张载的为学宗旨,这不确切。横渠四句是张载走上学术道路后对自己志抱和理想的抒发,而并非对为学宗旨的概括。朱熹的评价很中肯,他说:‘此皆先生(指张载)以道自任之意。’黄百家同样认为,这表现的是张载‘自任之重如此’。”参见林乐昌《横渠四句再解读》,《光明日报》2020年11月28日第11版。

⑥ (清)孙衣言:《瓯海轶闻》上册,张如元校笺,上海:上海社会科学院出版社,2005年,第465～466页。

⑦ 该文原载《民意日报》1948年12月21日,今收入李埏:《李埏文集》第五卷,昆明:云南大学出版社,2018年,第45页。

⑧ 周梦江:《〈宋史·曹豳传〉补正》,《杭州师范学院学报(社会科学版)》1982年第2期。

正》[①]、葛兆光的《赵师秀小考》[②]、周梦江的《从薛叔似圹志订正〈宋史〉、〈宋元学案〉几点疏误》[③]、丁夏的《赵师秀生年小考》[④]、陈增杰的《对〈赵师秀小考〉的几点补正》[⑤]、倪士毅、翁福清的《贞珉可珍——从〈黄震墓志〉补正〈宋史〉与〈宋元学案〉之误》[⑥]、政协三门县文史资料委员会编的《罗适史料》[⑦]、徐哲与的《北宋温州学者谢佃墓在瑞安发现》[⑧]、张继定的《李焘父子考辨札记》[⑨]、林乐昌的《鲁斋书院非许衡所建》[⑩]、陈福康的《宋诗人小考三则》[⑪]、戈春源的《弘治〈无锡县志·蒋重珍传〉纠误》[⑫]、金晓光的《曾几生平考异》[⑬]、乐承耀的《晚宋哲学家黄震籍贯、生卒考》[⑭]、严文儒的《〈续资治通鉴长编〉订误》[⑮]、张加才的《关于北溪生平研究的几个问题》[⑯]、李良品的《〈三字经〉的成书过程与作者归属考略》[⑰]、李如冰的《吕大临生卒年及有关问题考辨》[⑱]、胡昭曦的

---

① 李才栋:《对〈宋元学案〉中陈澔传略的一些订正》,《南昌大学学报(人文社会科学版)》1982年第3期;又参见李才栋《对〈宋元学案〉中陈澔传略的一些订正》,《中国书院研究》,南昌:江西高校出版社,2005年,第52~54页。

② 葛兆光:《赵师秀小考》,《文学遗产》1982年第1期。

③ 周梦江:《从薛叔似圹志订正〈宋史〉、〈宋元学案〉几点疏误》,《中国史研究》1983年第4期。

④ 丁夏:《赵师秀生年小考》,《文学遗产》1983年第4期。

⑤ 陈增杰:《对〈赵师秀小考〉的几点补正》,《文学遗产》1984年第3期。

⑥ 倪士毅、翁福清:《贞珉可珍——从〈黄震墓志〉补正〈宋史〉与〈宋元学案〉之误》,《浙江师范大学学报》1987年第1期。

⑦ 参见政协三门县文史资料委员会编《罗适史料》,《三门文史资料》第五辑,三门,1991年,第60页。该书是无出版社的非正式出版物。

⑧ 徐哲与:《北宋温州学者谢佃墓在瑞安发现》,《温州师范学院学报(哲学社会科学版)》1994年第2期。

⑨ 张继定考察了《宋史》《宋元学案》和《宋史翼》等史书中有关李焘父子的相关记载,指出其中存在违背史实及字号相混等讹误。如《宋元学案》的"文肃李悦斋先生埴"的传记中将"宁宗"误为"理宗",又将"金人犯蕲、黄甫退"中的"黄甫"误标为人名(北京中华书局1986年点校本)。参见张继定《李焘父子考辨札记》,《浙江师范大学学报》1995年第4期。

⑩ 林乐昌:《鲁斋书院非许衡所建》,《人文杂志》1996年第4期。

⑪ 陈福康:《宋诗人小考三则》,《北京大学学报(哲学社会科学版)》1997年第4期。

⑫ 戈春源:《弘治〈无锡县志·蒋重珍传〉纠误》,《史学月刊》1997年第2期。

⑬ 金晓光:《曾几生平考异》,《杭州大学学报(哲学社会科学版)》1997年第3期。

⑭ 乐承耀:《晚宋哲学家黄震籍贯、生卒考》,《中国哲学史》1998年第2期。

⑮ 严文儒:《〈续资治通鉴长编〉订误》,《华东师范大学学报(哲学社会科学版)》1999年第4期。

⑯ 张加才:《关于北溪生平研究的几个问题》,《北方工业大学学报》2002年第2期。

⑰ 李良品:《〈三字经〉的成书过程与作者归属考略》,《社会科学家》2004年第5期。

⑱ 李如冰:《吕大临生卒年及有关问题考辨》,《宝鸡文理学院学报(社会科学版)》2009年第6期。

《蜀学研究与文物资料——宋代成都范氏墓志新见》[①]、杨艳的《朱子门人之蔡氏家族考》[②]及《〈朱子语类〉版本与语言问题考论》[③]、王建生的《〈宋史·儒林传〉疏误举证》[④]、石立善的《朱子门人丛考》[⑤]、张兴跃的《张载"四为"初探》[⑥]、龚延明的《点校本"二十四史"补阙及其他》[⑦]、王勇的《四库提要丛订》[⑧]等。

(三)《宋元学案》的编纂体例及其文献价值

《宋元学案》中收录有数量庞大的学者及其生平、思想资料，并且编纂者留下了对这些内容的大量考证文字，其文献史料价值很高。因此学界也常有对其编纂体例与文献价值的研究。清末民国以来在西方学术的刺激下，学界兴起了编纂(包括新编和节选)学案体著作的高潮。如梁启超、王恩洋等人撰写的《历朝学案拾遗》收录了明清以来学者编著的有关先秦诸子至民国时期著名学者学案的补遗、札记、订误等著作十四种。[⑨]其中收录了中国现代史学的奠基人之一梁启超所撰《墨子学案》[⑩]。该书名为传统"学案"而实为章节体的现代著作，可算是推陈出新。梁启超又在其名著《中国近三百年学术史》中高度评价了黄宗羲开创学案体著作的贡献，认为黄宗羲的《明儒学案》面世之后，中国方才出现完善的学术史，因为理想的学术史必须具备四个条件:网罗某一时代各学派而不以爱憎去取;阐明各家学说的特点;忠实叙述各家真相而不以主观去取;将各人的时代及其生平经历叙述出来

① 胡昭曦:《蜀学研究与文物资料——宋代成都范氏墓志新见》,《西华大学学报(哲学社会科学版)》2010年第5期。

② 杨艳:《朱子门人之蔡氏家族考》,《史林》2011年第2期。

③ 杨艳:《〈朱子语类〉版本与语言问题考论》,南宁:广西人民出版社,2015年,第51～56、79～80、87～89页。

④ 王建生:《〈宋史·儒林传〉疏误举证》,《中国典籍与文化》2013年第3期。

⑤ 石立善:《朱子门人丛考》,《湖南大学学报(社会科学版)》2014年第3期。

⑥ 张兴跃:《张载"四为"初探》,《文化月刊》2016年第21期。

⑦ 龚延明:《点校本"二十四史"补阙及其他》,《文史》2017年第1期。

⑧ 王勇:《四库提要丛订》,济南:齐鲁书社,2018年,第257页。

⑨ 具体包括:《老子学案》(王恩洋撰)、《孔子学案》(王恩洋撰)、《墨子学案》(梁启超撰)、《孟子学案》(王恩洋撰)、《宋元学案补遗残稿》(佚名辑)、《明儒学案札记》(冯惠撰)、《宋元学案札记》(冯惠撰)、《补明儒东莞学案》(容肇祖撰)、《明儒学案书后》(夏成吉撰)、《止修学案录要》(明李材撰)、《学案备忘录》(佚名撰)、《曾文正公学案》(沈宗元撰)、《王国维先生之思想》(王恩洋撰)、《廖氏学案序》(刘师培撰)。参见梁启超、王恩洋等《历朝学案拾遗》,北京:北京图书馆出版社,2004年。

⑩ 梁启超:《墨子学案》,梁启超、王恩洋等:《历朝学案拾遗》第二册,北京:北京图书馆出版社,2004年,第1～184页。

以观其全面人格。梁启超指出，虽然黄宗羲之前已经有不少学术史著作，但都有较大缺陷，直到《明儒学案》出现方才完全具备这四个条件。[①]虽然梁启超论述的是《明儒学案》，但体例上较《明儒学案》更为完备的《宋元学案》无疑也具备上述四个条件。梁启超又指出《宋元学案》虽由黄宗羲发凡起例，但实际成书于全祖望之手；全祖望的思想虽然也偏向阳明学，但和黄宗羲相比又有不同，即黄宗羲还不免空谈哲理及门户之见，而到全祖望这里则没有，并且他还致力于阳明学以外的学问钻研；由此也决定了全祖望完成的《宋元学案》具有不同于《明儒学案》的思想特色：其一不定于一尊，对各家各派乃至理学以外之学者都平等看待（无门户之见）；其二不轻易下主观的批评，而是广泛搜集时人或后世的评论放入附录，由读者自己决断；其三注意师友渊源（学案表及师承关系）及地方流别，阐明了学术与环境之间的相互影响。这些都是《宋元学案》相比《明儒学案》更为进化的地方。但《宋元学杂》的资料有失之太繁琐的地方，这当是因为全祖望生前没有来得及修订删改全稿，从而导致今本《宋元学案》成了一个资料长编。[②]梁启超以其卓越的史识，从纵向发展及横向比较上准确地概括了《宋元学案》的优缺点，其观点可以说成为后来学者研究立论的基础。

目前学界关于《宋元学案》体例的专题研究不断深入，成果丰硕。如张林川、林久贵在《略论〈宋元学案〉的体例特点和文献价值》中，比较了《宋元学案》和《宋史》，并检讨其史料价值。[③]相关论著还有卢钟锋的论文《论〈宋元学案〉的编纂、体例特点和历史地位》[④]及其专著《中国传统学术史》第十一章“清初总结性学术史的集大成之作”[⑤]，仓修良、吕建楚的《全祖望和〈宋元学案〉》[⑥]，侯外庐、邱汉生、张岂之等主编的《宋明理学史》下卷第二十七章“《宋元学案》及其对宋元时期理学的总结”[⑦]，陈其泰的《〈宋元学案〉的编撰与成就》[⑧]，王永健的《全祖望评传》第五章“全祖望与《宋元学案》”[⑨]，陈祖武的《〈宋元学案〉纂修拾

① 梁启超：《中国近三百年学术史》，《梁启超全集》第八册，北京：北京出版社，1999年，第4453页。

② 梁启超：《中国近三百年学术史》，《梁启超全集》第八册，北京：北京出版社，1999年，第4476页。

③ 张林川、林久贵：《略论〈宋元学案〉的体例特点和文献价值》，《文献》1997年第1期。

④ 卢钟锋：《论〈宋元学案〉的编纂、体例特点和历史地位》，《史学史研究》1986年第2期。

⑤ 卢钟锋：《中国传统学术史》，郑州：河南人民出版社，1998年，第308～371页。

⑥ 仓修良、吕建楚：《全祖望和〈宋元学案〉》，《史学月刊》1986年第2期。

⑦ 侯外庐、邱汉生、张岂之主编：《宋明理学史》下卷，北京：人民出版社，1987年，第728～780页。

⑧ 陈其泰：《〈宋元学案〉的编撰与成就》，《史学史研究》1990年第3期。

⑨ 王永健：《全祖望评传》，第283～354页。

遗》[①]及《中国学案史》第七章"《宋元学案》的纂修"[②],程得中的《试论〈宋元学案〉的编辑特色》[③],王丽琨的《〈宋元学案〉之史源研究》[④]等。但这些论著大体上都是讨论全祖望与黄宗羲的编纂工作,对于黄氏原本主要编纂者黄百家的编纂与考证工作则讨论很少。实际上,黄百家除了对学术思想进行整理与评论之外,在文献的整理和资料的校订等方面也有很大的贡献。连凡在《黄百家の〈宋元学案〉编纂について》[⑤]一文中探讨了《宋元学案》的内容构成与编者的分工(文献的整理与校订、思想史的构建与检讨、哲学诠释等)并举例论述了《宋元学案》中黄百家的编纂工作及其学术价值。其结论指出,黄百家为了编纂《宋元学案》从原始资料中选取和整理材料,作了大量的分析(师承关系等)与考证(史实与事迹等)工作。这些工作对《宋元学案》的成书起了很大的作用,提高了全书的学术价值。韩国学者洪元植将李朝著名朱子学者李滉(1501—1570)的《宋季元明理学通录》与黄宗羲的《宋元学案》进行了比较研究,指出两者都是以阳明右派(修证派)的观点为基础写成的。[⑥]刘兴淑在其《学案体研究》第三章"历代学案编纂之比较"中分别比较了《明儒学案》与《宋元学案》、《宋元学案》与《宋元学案补遗》的编纂体例。[⑦]韩岑、赵芬芬在《〈丽泽诸儒学案〉体例初探》一文中对《丽泽诸儒学案》的体例进行了初步探讨。[⑧]胡元玲从文献选录和思想评论两个方面比较了《闽南道学源流》(明杨应诏撰)和《宋元学案》,指出《闽南道学源流》一方面可以补充《宋元学案》中未收录学者的资料,一方面可以补充朱子门人的资料,具有相当高的文献价值。[⑨]赵文会在其《〈明儒学案〉研究》第二章"'学案体'的衍进"中对《宋元学案》的序录、附录、学案表的体例进行了归纳。[⑩]中外学术界还出现了一些为研究《宋元学案》提供便利的工具

---

① 陈祖武:《〈宋元学案〉纂修拾遗》,《中国史研究》1994年第4期。

② 陈祖武:《中国学案史》,上海:东方出版中心,2008年,第127～158页。

③ 程得中:《试论〈宋元学案〉的编辑特色》,《编辑之友》2011年第8期。

④ 王丽琨:《〈宋元学案〉之史源研究》,硕士学位论文,南开大学,2006年。

⑤ 连凡:《黄百家の〈宋元学案〉编纂について》,《中国哲学论集》第36卷,2010年,第62～93页。

⑥ [韩]洪元植:《退溪李滉의〈宋季元明理学通录〉에 대한研究——〈宋元学案〉과비교를중심으로》,《동아인문학》2008年,第349～361页。

⑦ 刘兴淑:《学案体研究》,长春:吉林人民出版社,2011年,第158～180页。

⑧ 韩岑、赵芬芬:《〈丽泽诸儒学案〉体例初探》,《青年文学家》2015年第32期。

⑨ 胡元玲:《杨应诏〈闽南道学源流〉的文献价值及其与〈宋元学案〉之比较》,《书目季刊》2015年第3期。

⑩ 赵文会:《〈明儒学案〉研究》,哈尔滨:黑龙江人民出版社,2018年,第280～288页。

书,如日本学者编纂的《宋元学案人名索引附异名索引》[1],邓元鼎、王默君编著的《宋元学案人名索引》[2],日本学者菰口治编纂的《宋元学案补遗索引》[3]、日本学者衣川强编纂的《宋元学案、宋元学案补遗人名字号别名索引》[4]等。此外,《宋元学案》自清代出版以来还有不少相关的序跋文字[5],以及导读、札记、介绍性质的文章,如清何绍基的《东洲草堂文钞》卷三《宋元学案叙》[6]及卷五《重刊宋元学案书后》[7]、清黄式三的《儆居经说》卷三《宋元明儒学案辩》[8]、清王棻的《柔桥文钞》卷十一《宋元学案跋》[9]、清方宗诚的《柏堂集续编》卷五《书宋元儒学案后》[10]、清陈汉章的《缀学堂初稿》卷四《宋元学案跋》[11]、清方苞的《方望溪先生文集》卷四《学案序》[12]、清陆心源的《仪顾堂题跋》卷五《宋元学案跋》[13]与《宋元学案跋二》[14]及《宋元学案跋三》[15]、清陈澧的《东塾读书记》卷二十《宋》[16]、清李慈铭的《越缦堂读书记·史部·传记类·宋元学案》[17]、曾学传的《宋儒学案约编叙

① [日]东京大学文学部中国哲文学研究室读经会编:《宋元学案人名索引附异名索引》,东京:关书院,1935年。

② 邓元鼎、王默君编著:《宋元学案人名索引》,上海:商务印书馆,1936年。

③ [日]菰口治编:《宋元学案补遗索引》,东北大学中国哲学研究室,仙台,1973年。

④ [日]衣川强编:《宋元学案·宋元学案补遗人名字号别名索引》,京都大学人文科学研究所,京都,1974年。

⑤ 参见王重民、杨殿珣编《清代文集篇目分类索引》,北京:北京图书馆出版社,2003年,第205页。

⑥ (清)何绍基:《东洲草堂文钞二十卷》,《续修四库全书》第一五二九册,上海:上海古籍出版社,1995年,第153~154页。

⑦ (清)何绍基:《东洲草堂文钞二十卷》,《续修四库全书》第一五二九册,上海:上海古籍出版社,1995年,第171页。

⑧ (清)黄式三:《儆居集五种》,程继红、张涅主编:《黄式三全集》第五册,上海:上海古籍出版社,2014年,第75~77页。

⑨ (清)王棻:《宋元学案跋》,《柔桥文钞十六卷》卷十一,上海:国光书局,1914年,第15页。

⑩ (清)方宗诚:《柏堂集续编卷五》,《丛书集成三编》二三《柏堂遗书》第5—8函,台北:艺文印书馆,1971年,第5页。

⑪ (清)陈汉章:《缀学堂初稿》卷四,清光绪十九年刻本,1893年,第9b页。

⑫ (清)方苞:《方苞集》,刘季高校点,上海:上海古籍出版社,1983年,第89~90页。

⑬ (清)陆心源:《仪顾堂题跋十六卷》,《续修四库全书》第九三〇册,上海:上海古籍出版社,1997年,第68页。

⑭⑮ (清)陆心源:《仪顾堂题跋十六卷》,《续修四库全书》第九三〇册,上海:上海古籍出版社,1997年,第69页。

⑯ 此卷陈澧未完成,但有稿本留存下来,其整理本见杨寿昌编辑《陈兰甫先生(澧)笔记遗稿》,《岭南学报》1936年第5期。今日学界通行的《东塾读书记》卷二十中只有其目录,未收录上述稿本内容。

⑰ (清)李慈铭著,由云龙辑:《越缦堂读书记》,上海:上海书店出版社,2000年,第467~473页。

目》[1]、曾友豪的《专论:宋儒学案商榷》[2]、冯惠的《宋元学案札记》[3]、李邦权的《"象山学案"之分析的研究:象山教育学说研究一得》[4]、夏鼐的《二程的人生哲学——读〈宋元学案〉札记之一》[5]、章炳麟的《答黄季刚书——论宋元明学案及论语疑义》[6]、钱穆的《庐陵学案别录:宋元学案别录之一》[7]、夏君虞的《宋学概要》第二章"宋元学案"[8]、许鸿的《宋儒学案与明儒学案》[9]、罗联络的《宋元学案辨微录》[10]、童树谷的《研读宋儒学案书后》[11]、钱穆的《中国史学名著——黄梨洲的〈明儒学案〉和全谢山的〈宋元学案〉》[12]、杨祖汉的《宋元学案导读》[13]、陈金生的《〈宋元学案〉——四百年儒学沉浮史》[14]、曾春海的《宋元学案》[15]、张越的《〈宋元学案〉——学案体史书的成熟和完善》[16]、郭齐的《〈宋元学案补遗〉点校前言》[17]、周春健的

① 具体包括以下五篇文章。曾学传:《理学二:宋儒学案约编叙》,《四川国学杂志》1912年第2期;曾学传:《理学二:宋儒学案约编叙目(附论)》,《四川国学杂志》1912年第3期;曾学传:《宋儒学案约编叙目(附论)(续前)》,《四川国学杂志》1913年第5期;曾学传:《宋儒学案约编叙目(附论)》,《四川国学杂志》1913年第7期;曾学传:《文录:宋儒学案约编序》,《说报》1914年第13~14期。

② 曾友豪:《专论:宋儒学案商榷》,《沪江大学月刊》1922年第1期。

③ 冯惠:《宋元学案札记》民国稿本,梁启超、王恩洋等:《历朝学案拾遗》第三册,第115~188页。

④ 李邦权:《"象山学案"之分析的研究:象山教育学说研究一得》,《教育与民众》1931年第4期。

⑤ 原载《清华周刊》1934年第1期,今收入夏鼐《二程的人生哲学——读〈宋元学案〉札记之一》,王世民等编:《夏鼐文集》下,北京:社会科学文献出版社,2000年,第250~254页。

⑥ 原载章炳麟《答黄季刚书——论宋元明学案及论语疑义》,《青鹤》1936年第17期。今见章炳麟《与黄侃论〈宋元学案〉〈明儒学案〉书》,傅杰编校:《章太炎学术史论集》,昆明:云南人民出版社,2008年,第358~360页。

⑦ 钱穆:《庐陵学案别录:宋元学案别录之一》,《文学年报》1937年第3期。

⑧ 夏君虞:《宋学概要》,《民国首版学术经典丛书》,上海:上海科学技术文献出版社,2015年,第32~48页。

⑨ 许鸿:《宋儒学案与明儒学案》,《新中国》1946年第10期。

⑩ 具体包括以下五篇文章。罗联络:《宋元学案辨微录(一)》,《建设》1996年第14卷第9期;罗联络:《宋元学案辨微录(二)》,《建设》1966年第14卷第10期;罗联络:《宋元学案辨微录(三)》,《建设》1966年第11期;罗联络:《宋元学案辨微录(四)》,《建设》1966年第15卷第1期;罗联络:《宋元学案辨微录(五)》,《建设》1966年第15卷第2期。

⑪ 童树谷:《研读宋儒学案书后》,《训练通讯》1968年第2期。

⑫ 钱穆:《中国史学名著——黄梨洲的〈明儒学案〉和全谢山的〈宋元学案〉》,《文艺复兴》1972年第30卷。

⑬ 杨祖汉:《宋元学案导读》,《鹅湖》1981年第72期。

⑭ 陈金生:《〈宋元学案〉——四百年儒学沉浮史》,《文史知识》1989年第1期。

⑮ 曾春海:《宋元学案》,《哲学与文化》1992年第10期。

⑯ 张越:《〈宋元学案〉——学案体史书的成熟和完善》,《光明日报》2001年10月30日第B03版。

⑰ 郭齐:《〈宋元学案补遗〉点校前言》,《宋代文化研究》2003年第0期。

《中国学术史著作提要——“断代史类”撷英》[①]、梁漱溟的《读〈明儒学案〉、〈宋元学案〉志所感》[②]、关永礼的《学案体的创立、完善与嗣响》[③]、陈永跃的《胡瑗：肩传儒道，广育贤才——读〈宋元学案〉》[④]、陈肖粟的《〈宋元学案〉与平阳学统》[⑤]、喻军的《克绍箕裘、六代而成的〈宋元学案〉》[⑥]等。此外，学术界还有不少以《宋元学案》为主要参考资料的文献汇编著作，如潘富恩、徐洪兴主编的《中国理学》[⑦]、陈国代编纂的《朱子学关涉人物裒辑·拱辰集》[⑧]、章百成的《淳安进士》[⑨]、吴国武的《两宋经学学术编年》[⑩]、夏汉宁、黎清、刘双琴等的《南宋江西籍进士考录》[⑪]、张继定、徐俐华编著的《八闽文化世家》[⑫]、江增华著录的《历代安徽诗文名家别集叙录》[⑬]等。这些著作也可与《宋元学案》中的记载相互发明。

（四）学案体的渊源与《宋元学案》的定位

黄宗羲所开创的以《明儒学案》和《宋元学案》为代表的学案体史书体裁的渊源也是学术界一直关注的重要课题。阮芝生指出学案体是远效僧佑的《高僧传》，中取法于朱熹的《伊洛渊源录》，近以周汝登的《圣学宗传》与孙奇逢的《理学宗传》等书为蓝本而形成的。[⑭]黄进兴则针对长期以来学术界认为学案体是受到佛教公案的影响而形成的观点，指出学案体主要是继承《伊洛渊源录》以来的理学谱系史书体裁而来，特别是黄宗羲的恩师刘宗周著《论语学案》、耿定向的弟子刘元卿著《诸儒学案》，这些著作实际上是黄宗羲两部学案的直接渊源，没有必要非得追溯到佛教公案那里不可。[⑮]陈锦忠也认为学案体主要是

---

① 周春健：《中国学术史著作提要——“断代史类”撷英》，《书品》2003年第5期。

② 《读〈明儒学案〉、〈宋元学案〉志所感》，梁漱溟：《梁漱溟全集》第七卷，济南：山东人民出版社，2005年，第859～860页。

③ 关永礼：《学案体的创立、完善与嗣响》，《湖南人文科技学院学报》2016年第1期。

④ 陈永跃：《胡瑗：肩传儒道，广育贤才——读〈宋元学案〉》，《无锡日报》2017年1月20日第A10版。

⑤ 陈肖粟：《〈宋元学案〉与平阳学统》，《新平阳》2018年1月8日第7版。又参见黄进峰《平阳学统》宋代卷，北京：线装书局，2016年。

⑥ 喻军：《克绍箕裘、六代而成的〈宋元学案〉》，《新民晚报》2021年10月22日第19版。

⑦ 潘富恩、徐洪兴主编：《中国理学》，上海：东方出版中心，2002年。

⑧ 陈国代：《朱子学关涉人物裒辑·拱辰集》，北京：大众文艺出版社，2008年。

⑨ 章百成编：《淳安进士》，杭州：浙江工商大学出版社，2013年。

⑩ 吴国武：《两宋经学学术编年》，南京：凤凰出版社，2015年。

⑪ 夏汉宁、黎清、刘双琴等：《南宋江西籍进士考录》，南昌：江西教育出版社，2017年。

⑫ 张继定、徐俐华编著：《八闽文化世家》，长春：吉林人民出版社，2017年。

⑬ 江增华著录：《历代安徽诗文名家别集叙录》，芜湖：安徽师范大学出版社，2019年。

⑭ 阮芝生：《学案体裁源流初探》，《史源》1971年第2期。

⑮ 黄进兴：《“学案”体裁产生的思想背景：从李绂的〈陆子学谱〉谈起》，《汉学研究》1984年第1期。

继承孙奇逢的《理学宗传》和周汝登的《圣学宗传》而来。[①]美国学者司徒琳赞同黄进兴的观点,并指出刘宗周的《皇明道统录》不仅是《明儒学案·师说》的渊源,实际上其中的哲学谱系也给予黄宗羲的《明儒学案》以很大的影响。[②]王明荪承认《理学宗传》和《圣学宗传》对学案体的影响,并进而指出学案体的本质精髓可追溯至司马谈的《论六家要旨》(见《史记·太史公自序》)。[③]陈祖武总结学案体的渊源可分为先秦诸子、《史记》与《汉书》之发凡起例,以及佛教典籍的影响三个方面。[④]彭国翔指出黄宗羲从事整理宋元明三代儒学思想史的想法与实践至少从康熙六年(1667)编纂作为两部学案之蓝本的《理学录》时就已经开始了。[⑤]总而言之,学案体是黄宗羲统合到他那个时代为止学术思想史相关著述的特征而创立的,是按一定的思想史框架脉络汇集传记、原始文献、相关资料及评论于一炉的综合性学术思想史体裁。正因此,以《明儒学案》与《宋元学案》为代表的学案体著作才成为中国古代学术思想史的集大成形态。

值得注意的是,关于学案体体裁是否始于黄宗羲的这两部学案,学术界还存在争议。大体可分为三种意见。一种意见认为黄宗羲编纂《明儒学案》与《宋元学案》从而开创了学案体这一新体裁。如罗炳良、詹子庆、叶建华、阮芝生、黄进兴、仓修良等人均持此看法。[⑥]一种意见则将朱熹的《伊洛渊源录》视作学案体的开山之作。如卢钟锋、陈祖武、周春健、李文辉、李佳爱等

---

① 陈锦忠:《黄宗羲〈明儒学案〉著成因缘与其体例性质略探》,《东海学报》1984年第25期。

② [美]陈荣捷:《论〈明儒学案〉之师说》,《幼师月刊》1978年第1期;[美]司徒琳:《〈明夷待访录〉与〈明儒学案〉的再评价》,腾复译,吴光主编:《黄宗羲论——国际黄宗羲学术讨论会论文集》,杭州:浙江古籍出版社,1987年,第299~300页。

③ 王明荪:《从学术史著作之源流看学案体裁》,《中西史学史研讨会论文集》,中兴大学,1986年,第121~140页。

④ 陈祖武:《中国学案史》,第3~21页。

⑤ 彭国翔:《黄宗羲佚著〈理学录〉考论》,《中共宁波市委党校学报》2011年第4期。

⑥ 如仓修良指出,学术史与学案体不可画等号,黄宗羲的《明儒学案》和《宋元学案》出现之前的《伊洛渊源录》《圣学宗传》《理学宗传》《诸儒学案》等只是学术思想史而非学案体著作,因为学案体必须具备以学案(学派)为单位,以小序、小传、语录摘编为主要内容的形式。参见仓修良《黄宗羲和学案体》,《浙江学刊》1995年第5期。

人均持此看法。[①]还有一种意见将周汝登的《圣学宗传》作为学案体史书的形成标志。如徐公喜指出朱熹《伊洛渊源录》开创了以灯录体与纪传体相结合的体裁,但还不是学案体史书,周汝登《圣学宗传》虽不算成熟之作,但却是最早具备学案体史书体裁标准的著作,《明儒学案》则是第一部最完整的学案体史书,并且《明儒学案》的体例是继承自《圣学宗传》和《理学宗传》的。[②]总之,学案体的渊源虽然可以追溯至朱熹的《伊洛渊源录》乃至正史中的《儒林传》《道学传》等文献,但从体裁的完备性来看,还是要等到黄宗羲的《明儒学案》出现以后,学案体这一体裁方得以确立。而其后《宋元学案》经过全祖望、王梓材等人的补修得以集学案体体裁之大成。

二、思想史的研究

思想史的研究主要是探讨《宋元学案》中宋元儒学思想史的脉络与建构,以及学者的学术评价与思想史地位等。《宋元学案》提供了研究宋元儒学思想史(特别是师承、流派、评价等)的基本资料、评价标准和思考方式,可说是进行此一领域研究时的必备参考书。因而这方面的研究也比较多。包括整体分析、个案分析、学案表及其师承关系的研究(思想源流)、思想史构建及地域特色分析等方面。

首先是对《宋元学案》中所载思想史整体框架的分析研究。缪天绶[③]和胡秋原[④]曾分别对《宋元学案》中学术思想史的整体脉络(主要学派)作了简要勾勒。卢钟锋在《论〈宋元学案〉〈明儒学案〉的理学史观点》[⑤]及《宋明理学史》下卷第二十七章"《宋元学案》及其对宋元时期理学的总结"[⑥]中从"关于

---

① 如李佳爱指出,认定《伊洛渊源录》为学案体史书的发端之作与肯定《明儒学案》在学案体史书中的学术地位这两者并不矛盾,因为《伊洛渊源录》与《明儒学案》相比虽然在编纂旨趣和收录范围上有区别,但在体例要素上大体一脉相承,况且前修未密,后出转精,不能因为初创期的《伊洛渊源录》较为粗疏就否定其作为学案体发端之作的地位。参见[马来西亚]李佳爱《〈明儒学案〉学术观研究》,文学士(荣誉)学位论文,马来西亚拉曼大学,2011年,第19~22页。李文辉通过比较《伊洛渊源录》与《明儒学案》二书的结构、材料处理、编辑体例和学派传承,考察了历史上学案体在编辑体例上的演进状态。参见李文辉《从〈伊洛渊源录〉到〈明儒学案〉——学案体之体例演进研究》,《中山大学研究生学刊(社会科学版)》2009年第1期。其他学者的意见参见周春健《〈伊洛渊源录〉与学案体》,《湖北大学学报(哲学社会科学版)》2006年第6期;刘兴淑《学案体研究》,第54~93页。

② 徐公喜:《理学源流著作述论》,《江西社会科学》2009年第12期。

③ 缪天绶选注:《宋元学案》,第26~42页。

④ 胡秋原提要:《宋元学案》,重庆:中周出版社,1944年,第1~89页。

⑤ 卢钟锋:《论〈宋元学案〉〈明儒学案〉的理学史观点》,《孔子研究》1987年第2期。

⑥ 侯外庐、邱汉生、张岂之主编:《宋明理学史》下卷,第728~780页。

理学的发端”“关于理学的确立”“关于理学的传衍、分流和合流”三个方面出发探讨了《宋元学案》中宋元理学史的发展脉络。此外,王永健在其《全祖望评传》第五章“全祖望与《宋元学案》”第三节“全祖望百卷《序录》述评”[①]中探讨了全祖望所作《序录》中的宋元理学发展脉络。林久贵在其《略论〈宋元学案〉的学术史批评方法》中简要论述了《宋元学案》对宋元学术思想的宏观把握,进而从“品评学术人物注重两面观”“对学术、学人的评论遵循‘遍求诸家’、‘去短集长’的原则”“品评学术,务求实际”诸方面探讨了编纂者对宋元学术思想进行品评的客观态度。[②]葛昌伦在其《〈宋元学案〉成书与编纂研究》第五章[③]及其会议论文《论〈宋元学案〉之〈首卷〉及相关课题》[④]中也对全祖望所作《序录》中的“宋世学术”谱系与建构进行了探讨。潘雨廷按照师传辈分将《宋元学案》分为九个阶段,并对其发展脉络做了简要论述。[⑤]张圆圆在其《论〈宋元学案〉对理学发展的总结》一文中指出,《宋元学案》以宋元时期理学发展的全过程为主要研究对象,系统地描述了宋元时期理学的发端、确立、流传、分立与融合等全过程。[⑥]

其次是《宋元学案》某个(某些)学案中所载某位(某些)学者及其学派之思想传承的研究。如林素芬在《〈宋元学案〉之〈深宁学案〉及相关问题研析》中指出,全祖望基于其自身学术旨趣,大力表彰以兼容并包著称的东莱吕氏之学,打破了向来仅以王应麟为朱熹之再传弟子的成说,在《宋元学案》卷八十五“深宁学案”中明确了“不名一师”的王应麟与吕氏中原文献之学的传承关系。[⑦]谢桃坊在其《〈宋元学案·蜀学略〉辨正》中认为,三苏主要是文人,不应纳入宋代的理学谱系之中,因此黄宗羲没有为他们设立学案,全祖望在黄宗羲黄氏原本的基础上别立“苏氏蜀学略”的做法实际上打乱了黄宗羲建构的道学史思想体系;全祖望从道学立场出发将三苏之蜀学和王安石之新学一并作为夹杂佛老异端之杂学,贬低其地位并将其与其他学案区别开来,只作为《宋元学案》的附录附于全书末尾,实际上多少与史实不相符合,又与其思想史框架的初衷相违

---

① 王永健:《全祖望评传》,第303～354页。

② 林久贵:《略论〈宋元学案〉的学术史批评方法》,《湖北大学学报(哲学社会科学版)》1997年第5期。

③ 葛昌伦:《〈宋元学案〉成书与编纂研究》,第83～100页。

④ 葛昌伦:《论〈宋元学案〉之〈首卷〉及相关课题》,中国历史学会第四十届年会暨第二次研究生论文发表会,2004年,第109～145页。

⑤ 潘雨廷:《论百卷本〈宋元学案〉》,《易学史丛论》,上海:上海古籍出版社,2017年,第394～403页。

⑥ 张圆圆:《论〈宋元学案〉对理学发展的总结》,《贵阳学院学报(社会科学版)》2021年第1期。

⑦ 林素芬:《〈宋元学案〉之〈深宁学案〉及相关问题研析》,《中国文学研究》1997年第11期。

背，事实上打乱了全氏自己的思想史观点，其做法不能称为妥当；但是不局限于道学史的立场，从宋代学术思想史的总体来看，全祖望最早将蜀学纳入宋代思想史的视域之中，并给予其一定的思想史地位，则是值得肯定的。[①]刘兆玉在其硕士论文《论〈宋元学案〉对张载关学的诠释——兼论〈宋元学案〉的关学观》中考察了《宋元学案》对张载关学学派的师承、学术传承以及学派衰落之原因的论述，指出《宋元学案》论定了关中地区学术，收录了张载弟子名录，厘清了关学发展的线索，从而描绘了张载关学七百年的发展历程。[②]此外，戴秉泓通过分析《宋元学案》卷九十七"庆元党案"的成篇经过及内容来源，指出其系以《道命录》为底本，并探讨了两者的异同，并进而探讨了"庆元党案"的学术意义、价值与局限。[③]

再次是通过研究学案表及师承关系来探讨《宋元学案》中的思想史脉络和源流。一般来说，相比于注重哲学宗旨的分析而被视为"哲学史"的《明儒学案》，《宋元学案》将重点放在学术源流与师承关系的梳理上，"思想史"的色彩比较浓厚。作为其具体表现，将师传关系予以图表化的"学案表"与师承关系的标注可说是《宋元学案》的一大特色。

目前学术界对于学案表的研究主要分为两个方面。一是关于学案表文献版本的研究。如葛昌伦在其《〈宋元学案〉成书与编纂研究》第四章"《宋元学案》编纂体例之研究——'黄璋校补誊清本'与王梓材、冯云濠百卷刊本之比较"第二节"'学案表'的型式"中比较了《宋元学案》不同版本中学案表形式之异同，但没有论及学案表的内容及其学术意义。[④]二是关于学案表学术价值的评论。又分为批评与肯定两种意见。持批评意见者，如陈祖武在其《中国学案史》第七章"《宋元学案》的纂修"中以学案表过于复杂与时间跨度过长为由质疑《宋元学案》学案表的学术价值，认为其与《明儒学案》的秩序井然相比是一种退步。[⑤]陈祖武又以"屏山鸣道集说略"为例，推测《宋元学案》中繁冗的师承关系标记可能不是全祖望所为，而是出自最后的校订者王梓材、冯云濠之手。[⑥]持肯定意见者，如侯外庐等人主编的《宋明理学史》下卷第二十七章"《宋元学案》及其

---

① 谢桃坊：《〈宋元学案·蜀学略〉辨正》，《西华大学学报（哲学社会科学版）》2013年第1期；谢桃坊：《〈宋元学案·蜀学略〉辨正》，《苏轼诗研究》，成都：巴蜀书社，2017年，第330～347页。

② 刘兆玉：《论〈宋元学案〉对张载关学的诠释——兼论〈宋元学案〉的关学观》，硕士学位论文，陕西师范大学，2013年。

③ 戴秉泓：《〈宋元学案·庆元党案〉研究》，《中国文学研究》2015年第40卷。

④ 葛昌伦：《〈宋元学案〉成书与编纂研究》，第45～49页。

⑤ 陈祖武：《中国学案史》，第150～151页。

⑥ 李立民：《在传承中寻求创新——陈祖武先生谈〈中国学案史〉》，《史学史研究》2019年第2期。

对宋元时期理学的总结”第五节“《宋元学案》的体例特点和它在学术史上的地位”中用不到一页的篇幅简要说明了《宋元学案》师承关系的名目(如门人、私淑等),并肯定学案表是《宋元学案》对学术史编纂学的一大贡献。[①]

对于师承关系的研究,学术界主要有一些零星指摘《宋元学案》中师承关系存在的讹误或漏载情况的文章。纠正师承关系讹误的,如邓广铭考辨指出王梓材在校订《宋元学案》时沿袭《宋史》之误,将范仲淹列为戚同文(“高平所出”)弟子的失误。[②]又如《宋元学案》卷六十四“潜庵学案”的熊禾小传中认定他是辅广的门人,其下王梓材在案语中从年代入手考证出熊禾不可能是辅广的直接弟子,并根据熊氏自述可知其曾受业于刘敬堂(“刘氏门人”),而刘氏则被王梓材判定为辅广之所传(“辅氏所传”)。因此归根结底,熊禾在《宋元学案》中被认定为传承辅氏之学。然而朱鸿林通过对熊禾的生平与学术的详细考证指出,刘敬堂传承的不是辅广之学,而是永嘉的传统经制之学。熊禾的学术传承也并非如始作俑者明偰处约所撰《勿轩先生传》中说的那样出自朱熹的门人辅广,而是渊源于自己的家学和模拟于永嘉学术的。[③]范立舟考察指出虽然《宋元学案》中依据吕大临《横渠先生行状》的记载确立范仲淹、张载思想的授受关系,但其关于范、张授受的记载在年龄、时间、地点上都存在可疑之处,并推测这种夸大其词的记载是吕大临为了抬高其师张载的思想地位所为。[④]关于南宋功利学派代表人物陈亮的师承关系和思想渊源,美国学者田浩(Hoyt Cleveland Tillman)认为王梓材所说陈亮与郑伯熊之间师承关系的证据难以令人信服,这也表明陈亮与郑伯熊及程颐之间的关系并不紧密。田浩又通过考察陈亮的生平及著述指出:陈亮经历了一个与程颐思想紧密相连的阶段,即从1168年至1178年这十年间陈亮作为道学弟子,在太学中跟随道学家芮煜和吕祖谦学习,虽然1178年前后陈亮由于科举、政治失意及接连遭遇家庭不幸开始远离和批判道学的修养工夫,但这一阶段对陈亮思想的发展极为关键,使他熟悉了道学的语

---

① 侯外庐、邱汉生、张岂之主编:《宋明理学史》下卷,第777～778页。

② 邓广铭:《论范仲淹的师承——辨〈宋元学案〉所谓“高平所出”》,原载《大公报·文史周刊》1947年第16期,又收入《邓广铭全集》第八卷,石家庄:河北教育出版社,2005年,第10～16页。

③ 朱鸿林:《元儒熊禾的传记问题》,《庆祝杨向奎先生教研六十年论文集》编委会编:《庆祝杨向奎先生教研六十年论文集》,石家庄:河北教育出版社,1998年,第344～354页;朱鸿林:《元儒熊禾的学术思想问题及其从祀孔庙议案》,《史薮》1998年第3卷。上述两篇文章又分别收入朱鸿林《中国近世儒学实质的思辨与习学》,北京:北京大学出版社,2005年,第20～69页;朱鸿林《孔庙从祀与乡约》,北京:生活·读书·新知三联书店,2015年,第24～83页。

④ 范立舟:《范仲淹、张载思想授受关系的历史考察》,《人文杂志》2017年第3期。

言和思想，并使他在12世纪80年代能够与道学集大成者朱熹发生激烈的辩论。因此田浩虽然对陈亮、程颐的师承谱系提出疑问，但同时也承认陈亮与程颐之间存在思想渊源关系。①

纠正师承关系漏载的例子，如周梦江在《叶适门人考略》中通过查考《水心文集》及相关书籍，找到《宋元学案》卷五十四、卷五十五“水心学案”中漏载的徐玑、蒋叔舆等18位叶适门人，指出其中不乏文名卓著或武功（抗金）显赫的人物，并探讨了这些门人的生平事迹及其与叶适的具体关系。②杨玉峰在《艾轩渔仲交谊述略——兼补〈宋元学案〉之阙失》中考察了林光朝（艾轩）与郑樵（渔仲）之间的交游与学术关系，指出两人在学术态度、观点及人品等方面都很相似，可谓是志同道合的学友，应将郑樵补入林光朝（《宋元学案》卷四十七“艾轩学案”）的“讲友”中。③连凡在《〈宋元学案〉における学案表と師承关係——その内容と学术的意味について》④中按照通例与特例两种情况探讨了《宋元学案》中各学案开头的学案表与正文中的师承关系的内容及其学术意义，并通过统计学者所属之关系、身份考察了学者的学术渊源（先驱与同辈），通过统计“关系”中出现的学者（“关系人”）次数考察该学者的学术影响（同辈与后继）。结论指出，《宋元学案》中的学者都均处在“先驱→同辈→后继”这样一种关系序列中。这其中实际体现了思想史发展的脉络与谱系。

最后，关于《宋元学案》中的宋元思想史构建及其地域特色的研究。日本学者小岛毅在其著作《中国近世における礼の言说》中，强调了思想史的地域性，指出《明儒学案》中思想史的整理实际上是以江浙为中心展开的。⑤早坂俊广受小岛毅观点的启发，在其《关于〈宋元学案〉的“浙江”概念——作为话语表象的“永嘉”、“金华”和“四明”》一文中，指出《宋元学案》中也存在某种程度的浙学地域性倾向，因此与其说《宋元学案》只是记载事实的著作，倒不如说是表述出身浙东的编纂者自身地域思想史观的学术史。⑥早坂俊

---

① ［美］田浩：《功利主义儒家：陈亮对朱熹的挑战》，姜长苏译，《海外中国研究丛书》，南京：江苏人民出版社，1997年，第7、12、154～157页。

② 周梦江：《叶适门人考略》，《温州师范学院学报（哲学社会科学版）》1989年第4期。

③ 杨玉峰：《艾轩渔仲交谊述略——兼补〈宋元学案〉之阙失》，《大陆杂志》1990年第6期。郑樵、郑厚兄弟都收录在《宋元学案》卷四十六“玉山学案”中，吴怀祺认为按照二郑的学术要旨，应该为郑氏兄弟另立一学案。参见吴怀祺《郑樵研究》，厦门：厦门大学出版社，2010年，第248页。

④ 连凡：《〈宋元学案〉における学案表と师承关係——その内容と学术的意味について》，《日本中国学会报》2013年第65卷，第155～170页。

⑤ ［日］小岛毅：《中国近世における礼の言説》，东京：东京大学出版会，1996年，第181～182页。

⑥ ［日］早坂俊广：《关于〈宋元学案〉的“浙学”概念——作为话语表象的“永嘉”、“金华”和“四明”》，陈辉译，《浙江大学学报（人文社会科学版）》2002年第1期。

广又在《黄震の“浙学”——现实と表象のはざまで》一文中,从浙东地域性的角度出发,对四明朱学的代表人物黄震的思想进行了探讨。[①]其后,何俊在小岛毅和早坂俊广的论述基础上,在其思想史专著《南宋儒学建构》[②]中对此进行了探讨,并于2006年发表了《宋元儒学的重建与清初思想史观——以〈宋元学案〉全氏补本为中心的考察》一文。[③]何俊在此文中以《宋元学案》的全氏修补本为中心,考察了全祖望对宋元儒学史的重建及其思想史观,认为这反映了清代浙东学术之变化,并试图描绘出清初学术区别于宋学的特征。为此,何俊从三个方面进行了论述。首先在“突破道统与历史还原”一节中,何俊指出黄宗羲的思想视野虽说较之前人更为开阔,但仍不免陷入“以濂洛之统综会诸家”的道统论窠臼,而全祖望在其补本中修正了黄宗羲的儒学史观,突破了道统,还原了宋元儒学的真相。其最显著的表现就是第九十八卷“荆公新学略”与第九十九卷“苏氏蜀学略”及第一百卷“屏山鸣道集说略”,即所谓反道学的杂学与异学。其次在“儒学源流的多元与丰富”一节中,何俊按五个时期逐一考察了全氏所补立的学案,指出这些学案填补了思想界的许多空白。最后在“思想史的视野”一节中,何俊论述了全氏修补本中的第三卷“高平学案”、第四卷“庐陵学案”、第四十四卷“赵张诸儒学案”、第九十六卷“元祐党案”和第九十七卷“庆元党案”,指出这些学案反映了宋代儒学构建过程中思想和政治环境之间的相互影响。2010年何俊又发表了《思想史的界定与门径——以两部学案为例》,主要以《宋元学案》与《明儒学案》为例,从理论上对思想史的形态、内容、体例及方法进行了探讨。[④]彭国翔在前述《黄宗羲佚著〈理学录〉考论》一文中指出从《理学录》中的宋元部分到黄氏原本,再到今本《宋元学案》可视为一个完整的成书过程。彭国翔一方面对何俊的上述观点表示认同,指出“谢山修订和增补《宋元学案》,固然淡化了道统意识,反映了宋元儒学的多样与丰富”。一方面通过比较分析指出,“就学派的设置与编排以及人物的学派归属而言,从《理学录》到《宋元学案》中‘黄氏原本’部分的变化,表明梨洲的理学正统意识其实已经有所淡

---

① [日]早坂俊广:《黄震の“浙学”——现实と表象のはざまで》,《人文科学论集》2003年第37卷,第1～21页。

② 何俊:《南宋儒学建构》,上海:上海人民出版社,2013年,第324页。

③ 何俊:《宋元儒学的重建与清初思想史观——以〈宋元学案〉全氏补本为中心的考察》,《中国史研究》2006年第2期。又载何俊《事与心:浙学的精神维度》,北京:北京大学出版社,2013年,第310～336页。

④ 何俊:《思想史的界定与门径——以两部学案为例》,《浙江社会科学》2010年第1期;何俊:《事与心:浙学的精神维度》,第295～309页。

化。谢山修订增补的意义,较之梨洲而言与其说是另起炉灶,不如说是既有方向的有力推进和突破”[①],从而对何俊的考论作了补充。[②]夏长朴在其《“发六百年来儒林所不及知者”——全祖望续补〈宋元学案〉的学术史意义》中,从“庆历之际,学统四起”“表彰司马光之学”“伊、洛所得,实不由于濂溪”“儒术兴衰,为两宋治乱存亡之所开”“乾、淳之际,学脉纷然屹立”“特立《学略》,彰显宋学之多元发展”六个方面出发,探讨了全祖望在补修《宋元学案》的过程中通过撰写序录和设立新学案所表达的对于宋代学术传承的见解,指出全氏突破了朱熹《伊洛渊源录》的道学史框架,探索了宋代学术发展的真相,补充了前代学术史之不足,从而也打破了门户偏见,贯彻了“实事求是”的基本信念。[③]王宇在《吕祖谦的游离与回归:论〈宋元学案〉对南宋浙学的认识》一文中在早坂俊广的基础上,以吕祖谦思想史面貌的变迁为线索,考察了《宋元学案》中所呈现的南宋浙学,指出:“全祖望在《宋元学案》中恢复了吕祖谦作为浙学启蒙者的本来面目,维护了他作为‘东南三先生’之一的理学大师的地位。但是由于无法理解思想话语的表面冲突,全祖望没有在学理上很好地解释吕祖谦与陈亮、永嘉学派的思想联系。同时,黄宗羲对南宋浙学的思想本质和陈亮与永嘉学派的思想联系有着更为深刻的理解,但他对吕祖谦缺乏兴趣,忽略了其在‘功利浙学’形成的过程中发挥的至关重要的启蒙作用。不过,由于黄宗羲、黄百家、全祖望都为《宋元学案》倾注了心血,使得《宋元学案》对南宋浙学的认识较之以前的论著更加准确、完整。”[④]其评价可谓全面而中肯。吴光以《宋元学案》及其相关文献为主要参考资料,考察了浙学与浙东学派的名称及源流,指出浙学这一名称始于朱熹的批评,其后刘鳞长、全祖望等又加以肯定;浙东学派这一名称始于清代明史馆臣的批评,其后黄宗羲、梁启超又加以肯定;进而考察了北宋浙学、南宋浙东学派、

---

① 彭国翔:《黄宗羲佚著〈理学录〉考论》,《中共宁波市委党校学报》2011年第4期。

② 彭国翔还发现黄宗羲的友人、《宋元学案》的参编者之一姜希辙也撰有一部《理学录》,其成书较黄宗羲的《理学录》更早,但其内容仅限于明代儒学。姜氏《理学录》的一些内容也被吸收进《明儒学案》中。参见彭国翔《姜希辙及其〈理学录〉考论》,《古今论衡》2011年第23期。相关评论参见李卓《近世儒学史的新图景——新发现的两部〈理学录〉及其价值》,《浙江社会科学》2015年第12期。该稿本后被收入《浙学未刊稿丛编》第一辑中影印出版,参见(清)姜希辙辑《理学录九卷》(清抄本),徐晓军、李圣华主编:《浙学未刊稿丛编》第一辑第二十四册至二十五册,北京:国家图书馆出版社,2018年。

③ 夏长朴:《“发六百年来儒林所不及知者”——全祖望续补〈宋元学案〉的学术史意义》,《台大中文学报》2011年第34期。

④ 王宇:《吕祖谦的游离与回归:论〈宋元学案〉对南宋浙学的认识》,《浙江社会科学》2014年第1期。

明清浙东学派的传承及其特色,并依据章学诚之说指出“浙东学派的主流是从南宋浙学、中经明代阳明学派到明清之际的蕺山—梨洲学派,其学术特色是‘宗陆(王)而不悖于朱’”[①]。

值得注意的是,学者田浩从思想史的视角出发,对内在思想与政治文化等外部环境间的互动关系进行了深入探讨。他先后出版了《功利主义儒家——陈亮对朱熹的挑战》《朱熹的思维世界》《儒家话语与朱熹的崛起》[②],其中《儒家话语与朱熹的崛起》(中译本改名为《朱熹的思维世界》)被认为提供了一个完整的道学发展思想史,首次将朱熹置于他同时代的背景下以重建道学群体的演变。为此田浩从四个不同时期研究了一批儒家学者,反映了他们之间存在的基本多样性。田浩的讨论根植于政治和哲学史,并且加入了对道学群体成员社交网络的研究。在这个框架下,田浩生动地描述了运动范围的变化,将其发展成“团体”,有时甚至是政治派别,展示了其运动从多元化增加排他性,特别是在朱熹的影响下。田浩密切关注对抗性的著作和辩论,包括诸如人性、思想的功能、《易经》的使用、社会福利计划、教学方法、权宜之计以及知识与权威的基础等问题。田浩的该著作被认为是一部博大精深的著作,对中国儒家思想史的研究有着不可估量的贡献。《朱熹的历史世界》以及《朱熹的思维世界》等一系列论著被学者评价为给宋明思想史的研究开创了新的范式。[③]当然也有学者(如包弼德)指出仅凭“政治文化”并不足以理解道学作为一种社会和知识运动是如何将理想与社会生活联系起来的。[④]此外,何俊在其著作《南宋儒

---

① 吴光:《浙东学派:为有源头活水来——浙江人民艰苦创业的精神支柱》,《中共宁波市委党校学报》2021年第1期。

② See Hoyt Cleveland Tillman, *Confucian Discourse and Chu Hsi's Ascendancy*, Honolulu: University of Hawaii Press, 1992. Peter K. Bol(包弼德), “Reviewed Work: Confucian Discourse and Chu Hsi's Ascendancy by Hoyt Cleveland Tillman”, *Journal of Song-Yuan Studies*, No. 24(1994), pp. 293-313.

③ 参见葛兆光《置思想于政治史背景之中——再读余英时先生的〈朱熹的历史世界〉》,[美]田浩主编:《文化与历史的追索——余英时教授八秩寿庆论文集》,台北:联经出版事业公司,2009年,第392~397页。See Charles Hartman, “Zhu Xi and His World”, *Journal of Song-Yuan Studies*, No. 36(2006), pp. 107-131. 田浩则认为他们的研究不是简单地关注持久的核心价值观,而是致力于探究选择特定价值观和以特定方式定义特定传统的理由、原因和影响。See Hoyt Cleveland Tillman, “A New Turn in Sung Intellectual History”, *Journal of Song-Yuan Studies*, No. 24(1994), pp. 347-350. 参见金春峰《宋代的学派与政派——从“绍兴学禁”到“庆元党禁”》,《湖南科技学院学报》2007年第3期。

④ Peter K. Bol(包弼德), “On the Problem of Contextualizing Ideas: Reflections on Yu Yingshi's Approach to the Study of Song Daoxue”, *Journal of Song-Yuan Studies*, No. 34(2004), pp. 59-79.

学建构》中探讨了在两宋政治状况（“元祐党禁”与“绍兴学禁”）影响下的新学与洛学间的消长，以及“庆元党禁”前后朱学及其反对者陆学、浙学的消长情况。[①]葛兆光也主张跳出《伊洛渊源录》《道命录》《宋元学案》以来以哲学史为中心的叙述方式和精英思想史的模式，将思想史的研究与法律史、社会史、文化史、生活史、教育史、宗教史等各方面结合起来，向下关注一般知识、思想与信仰，关注思想与文化的制度化、世俗化和常识化。[②]田浩等人的研究主要基于其重视社会政治、经济、文化等环境、背景与学术思想间的互动影响之研究立场。[③]其研究路径与《宋元学案》有一定的关联。根据前述何俊在《宋元儒学的重建与清初思想史观——以〈宋元学案〉全氏补本为中心的考察》一文中的研究，全祖望在修补《宋元学案》时已经具有这种意识。全氏修补本中“赵张诸儒学案”“元祐党案”“庆元党案”等设立的目的即在于此。瞿林东指出《明儒学案》与《宋元学案》在总结学术史的同时，也表现出对政治的关切，如《明儒学案》中的“东林学案”与《宋元学案》中的两个党案，尤其“东林学案”与黄宗羲《明夷待访录》中的历史批判精神完全一致。[④]由此可知两部学案的继承关系。

三、哲学诠释的研究

哲学诠释的研究主要是围绕着哲学诠释与思想论争，结合黄宗羲等编纂者的案语来探讨《宋元学案》中编纂者对宋元学者哲学思想的评价及其立场。如卢钟锋在其论文《宋元时期理学的论争与〈宋元学案〉的理学观点》[⑤]及其参编的《宋明理学史》下卷第三编“明末清初对理学的总结及理学的衰

---

① 何俊：《南宋儒学建构》，第324页。

② 葛兆光：《思想史研究课堂讲录·二编·在思想史的周围》增订版，北京：生活·读书·新知三联书店，2018年，第109～112页。

③ 如田浩等人指出政治冲突如何影响中国哲学观念和特定知识阶层的崛起是一个有争议的问题，其中就包括国家权力的相对力量和知识分子的文化权威等问题。通过探究朱熹时期的儒家思想可知，朱熹的思想在13世纪并没有像过去所描述的那样被迅速地广泛接受。通过对“中庸”和“道统”的继承的探讨，可以揭示文化权威与政治文化关系的复杂性。See Christian Soffel（苏费翔）and Hoyt Cleveland Tillman（田浩），*Cultural Authority and Political Culture in China: Exploring Issues with the :“Zhongyong” and the “Daotong” During the Song, Jin and Yuan Dynasties*, Stuttgart, Germany: Franz Steiner Verlag, 2012, pp. 31－110. 相关评论参见Peter Bol（包弼德），Christian Soffel and Hoyt Cleveland Tillman, “Cultural Authority and Political Culture in China: Exploring Issues with the Zhongyong and the Daotong during the Song, Jin and Yuan Dynasties by Christian Soffel, Hoyt Cleveland Tillman”, *Journal of Song－Yuan Studies*, Vol. 43(2013), pp. 354－357.

④ 参见瞿林东《中国史学史纲》，北京：北京出版社，2005年，第690页。

⑤ 卢钟锋：《宋元时期理学的论争与〈宋元学案〉的理学观点》，《文史哲》1986年第3期。

颊”第四节“《宋元学案》关于理学史上诸论争的观点”中[1],分“朱陆关于《太极图说》的论辩”“性论之辩”“‘理一分殊’辩”“朱熹、陈亮关于‘义利王霸’之辩”“朱陆异同辩”五个主题探讨了编纂者的立场和观点。根据卢氏的分析,《宋元学案》的编纂者对于宋元理学史上的论争基本上持折中的态度,同时又稍倾向于陆九渊的心学和陈亮的事功之学,并指出这实际上是由明末清初的具体历史条件和时代思潮所决定的。

对于《宋元学案》的具体学案中所收思想资料与编纂者哲学诠释的研究也是学术界所一直关注的课题。例如,刘述先在其著作《黄宗羲心学的定位》第三章“黄宗羲对于朱子思想的批评”中,围绕《宋元学案》卷四十八“晦翁学案上”所收《中和说》(一、二、三、四)详细探讨了刘宗周与黄宗羲对于朱熹“中和说”(旧说及新说)的诠释与评价。依据其研究结论,刘、黄二人实际上是基于其自身的心学立场,不顾朱熹文章的前后语境,只选录对自己观点有利的部分,有故意曲解朱熹本意以就己意的嫌疑。[2]姚瀛艇在《论黄宗羲对张载的疏证》中结合相关文献探讨了《宋元学案》中黄宗羲对张载思想的诠释,指出黄宗羲在宇宙论方面与张载基本一致(都讲“气本论”),而在性论方面则存在较大分歧,其原因是黄宗羲受王门心学的影响,将理气一元论与心性一元论打成一片,提倡心即气(本善),心性不二,性无不善,无须变化,气质之本然即是性,气质之杂糅被排除在性之外,由此形成其彻底的性善论;而张载只讲气,不讲心,只将性与气联系起来,而不把性与心联系起来,由此造成其性有善恶;总之,黄宗羲对张载思想的疏证与朱熹相比具有特色(朱熹与张载在宇宙论上不同,而在性论上基本一致),因此全祖望在“横渠学案”的序录中特意予以提示。[3]连凡在《〈宋元学案〉における黄百家の思想的立场——清代浙东学派の一人として》中以编纂者黄百家的案语为中心,从理气论、人性论、求仁说、朱陆异同论四个方面探讨了作为黄宗羲思想的忠实继承者与清代浙东学派之一员的黄百家的思想立场。[4]连凡在《〈宋元学案〉における周敦颐思想の评价》中,围绕刘宗周及编纂者黄氏父子的诠释与评价对《宋元学案》“濂溪学案”中周敦颐的思想史地位及评价,朱陆“无极太极”之辩以及《太极图说》与《通书》的哲学诠释等进行了探讨。[5]此外,何佳

① 侯外庐、邱汉生、张岂之主编:《宋明理学史》下卷,第758~774页。

② 刘述先:《黄宗羲心学的定位》,杭州:浙江古籍出版社,2006年,第41~61页。

③ 姚瀛艇:《论黄宗羲对张载的疏证》,《史学月刊》1987年第1期。

④ 连凡:《〈宋元学案〉における黄百家の思想的立场——清代浙东学派の一人として》,《九州中国学会报》2012年第50卷。

⑤ 连凡:《〈宋元学案〉における周敦颐思想の评价》,《中国哲学论集》2012年第37、38卷。

骏在其《浅探〈宋元学案〉"宗羲案"之学术观点》中，从理气心性合一的心学倾向、重视学术志操之精神与宗旨之传承这两个方面对黄宗羲的案语进行了探讨。[①]刘兆玉在其硕士论文《论〈宋元学案〉对张载关学的诠释——兼论〈宋元学案〉的关学观》中围绕"横渠学案上、下"所收录思想资料，从天道观、人性论和工夫论三个方面探讨了编纂者对《正蒙》的诠释，认为《宋元学案》发展了张载的气本论，同时批判了张载分人性为"天地之性"与"气质之性"的思想，在主张性气一元的同时，又将张载哲学中的"心"从认识论和工夫论上升到本体论的高度。在对《西铭》和《东铭》的诠释上，刘兆玉认为《宋元学案》所辑录的注释充分反映了黄宗羲的心学立场及其对王学末流空疏学风的批判。[②]周海春以"安定学案"与"泰山学案"为中心，探讨了安定学派(胡瑗)与泰山学派(孙复)的思想特征。[③]张天杰指出黄宗羲、黄百家父子吸收了刘宗周《五子连珠》《圣学宗要》的案语，将其收录于《宋元学案》并做了补充论证，进而以"濂溪学案"为案例探讨了刘、黄等人对濂溪学的重新诠释与定位，指出黄氏在"濂溪学案"中不收朱子的注解并对朱子多有批评，提出《通书》以"诚"翻新《中庸》道理、强调《通书》之颜子学为周、程授受张本，从而走出了朱子学的影响并带有和会朱陆的色彩。[④]郭满满在其《检视黄震对上蔡理学的理解——以〈宋元学案〉为中心》一文中探讨了《宋元学案》中黄震对谢良佐的批评，包括对"信得命及"的天理论的批评，对"养得气完"的修养工夫论的评析，以及对"以禅证儒"的道统论的诘难，指出从中可以看出黄震经世致用的理学特色及维护儒家道统的强烈责任感，也从侧面展示了谢良佐天理论中"命"之本体义和补充义、史学义理化中"养气"修养论的自我完成，凸显其借鉴佛教的理学特征。[⑤]

此外，台湾嘉义大学中国文学系的苏子敬教授曾主持了为期一年(自2008年8月1日至2009年7月31日)的"宋元学案研读会"的读书会计划，还建立了"宋元学案研读网"，并在此网站上发布了其"期中报告"(2009年1月31日)与"年度成果总报告"(2009年7月31日)，但此读书会只持续了一年

---

① 何佳骏:《浅探〈宋元学案〉"宗羲案"之学术观点》,《第七届台湾师大"国文所"研究生学术论文集》,2000年,第156～173页。

② 刘兆玉:《论〈宋元学案〉对张载关学的诠释——兼论〈宋元学案〉的关学观》,硕士学位论文,陕西师范大学,2013年。

③ 周海春:《安定学派和泰山学派兴起的价值》,《价值论与伦理学研究》2015年第0期。

④ 张天杰:《〈宋元学案〉的编撰与濂溪学的新诠——从刘宗周到黄宗羲、黄百家父子》,《中国哲学史》2019年第3期。

⑤ 郭满满:《检视黄震对上蔡理学的理解——以〈宋元学案〉为中心》,《华夏文化》2021年第1期。

的时间(共计十四次),仅研读《宋元学案》的前十个学案便中断了,此后未见有更新。总的来看,在哲学诠释的研究上,一方面专门的论著比较少,一方面虽然很多研究者在其论著中引述《宋元学案》的观点并加以论述,但论述显得零散而不集中。上述研究现状与《宋元学案》中的丰富内涵与学术价值相较显得比较薄弱。与前述文献学和思想史方面的研究相比,《宋元学案》的哲学诠释研究无论广度还是深度都还有很大的拓展空间。

以上是以《宋元学案》为主题的专题研究概况。由于《宋元学案》集中了宋元儒学思想史上几乎所有思想家的基本资料,所以现在大部分涉及宋元哲学史、思想史的研究论著都不同程度地涉及或引用《宋元学案》中的资料,特别是引用黄宗羲、黄百家、全祖望等编著者的意见(案语)来立论,以此为基础探讨学者的思想诠释与评价等。这些研究虽不是对《宋元学案》的专题研究,但其中也有不少值得注意的观点。如姜海军在其专著《宋代浙东学派经学思想研究》中,论述了包括永嘉"儒志、经行二子"的经学奠基之功,庆历之际"四明五先生"的义理经学,元丰"永嘉九先生"对二程性理经学的传扬,周行已、许景衡与二程学的浙东传播,刘安节等人对二程学的传承与发展,两宋之际浙东永嘉经学的传承与思想转向,高闶与二程之学在浙东地区的传扬,郑伯熊的经学诠释与永嘉学的思想转向,郑伯谦《太平经国书》及其思想旨趣等方面。[1]其所论述的浙东学者及其学术思想与《宋元学案》高度相关,因此该书中处处引用《宋元学案》中的文献及编纂者的案语,在此基础上加以考辨。

截至目前,学术界对几乎所有《宋元学案》中作为案主的重要思想家及其学派都已进行了研究。"北宋五子"、朱陆等道学核心人物自不必说,其他次要思想家(特别是朱子学的前驱和后继)也逐渐引起研究者的注意。与此

① 姜海军:《宋代浙东学派经学思想研究》,济南:齐鲁书社,2017年。

相关的论著中也经常涉及《宋元学案》中的资料和评价等。[①]另一方面，与清代浙东学派代表人物黄宗羲、全祖望、黄百家相关的论著中也经常会论及他们编纂的《宋元学案》。如陈其泰的《全祖望与清代学术》[②]，王凤贤、丁国顺的《浙东学派研究》[③]，方祖猷、滕复主编的《论浙东学术》[④]，方同义等著的《浙东学术精神研究》[⑤]，吴光的《黄宗羲与清代浙东学派》[⑥]，徐定宝的《黄宗羲评传》第五章“浙东史学基本精神的构建”第二节“学案体的创立”[⑦]，程志华的《困境与转型：黄宗羲哲学文本的一种解读》[⑧]，杨小明的论文《黄百家年谱简编》[⑨]，冯锦荣的论文《明末清初における黄百家の生涯と著作》[⑩]，王永健所著《全祖望评传》第五章“全祖望与《宋元学案》”[⑪]，吴根友等著的《戴震乾嘉学术与中国文化》中册第三编第一章“全祖望的经史研究与乾嘉学术的关系”[⑫]等论著中，值得注意的观点就有不少。《宋元学案》作为黄宗羲等清代浙东学派的学者集体编纂的思想史著作，其中贯穿着编纂者的思想立场，这方面的论著对于我们理解和考察《宋元学案》的内容与特色等方面有一定的参

---

① 可参见［日］冈田武彦等主编《朱子の先驱》，［日］诸桥辙次、［日］安冈正笃监修：《朱子学大系》，东京：明德出版社，1976年；［日］冈田武彦等主编《朱子の后继》，［日］诸桥辙次、［日］安冈正笃监修：《朱子学大系》，东京：明德出版社，1976年。其所选取的思想家及排列顺序基本与《宋元学案》中的立案相同。特别是宇野哲人在其《中国哲学史——近世儒学》中依据《宋元学案》中全祖望的观点，将胡瑗与孙复视作宋学之先河，又在论述胡瑗的部分附上其门人徐积，论述孙复的部分附上其门人石介，与《宋元学案》中以胡瑗的“安定学案”与孙复的“泰山学案”为首，而将“宋初三先生”之一的石介附在其师孙复的学案中的做法完全一致。参见［日］宇野哲人《中国哲学史——近世儒学》，东京：宝文馆，1954年。又如张义生在其《宋初三先生研究》也简要论述了《宋元学案》对“宋初三先生”的评价。参见张义生《宋初三先生研究》，济南：山东人民出版社，2012年，第175～177页。李敬峰的著作《二程后学研究》及《二程门人》也将《宋元学案》作为重要参考资料，其对二程后学的分派及其发展的论述多能在《宋元学案》中找到根据。参见李敬峰《二程后学研究》，北京：中国社会科学出版社，2020年；李敬峰《二程门人》，北京：中央编译出版社，2020年。

② 陈其泰：《全祖望与清代学术》，《中国社会科学院研究生院学报》1992年第2期。

③ 王凤贤、丁国顺：《浙东学派研究》，杭州：浙江人民出版社，1993年。

④ 方祖猷、滕复主编：《论浙东学术》，北京：中国社会科学出版社，1995年。

⑤ 方同义、陈新来、李包庚：《浙东学术精神研究》，宁波：宁波出版社，2006年。

⑥ 吴光：《黄宗羲与清代浙东学派》，北京：中国人民大学出版社，2009年。

⑦ 徐定宝：《黄宗羲评传》，南京：南京大学出版社，2002年。

⑧ 程志华：《困境与转型：黄宗羲哲学文本的一种解读》，北京：人民出版社，2005年。

⑨ 杨小明：《黄百家年谱简编》，《中共宁波市委党校学报》2007年第3期。

⑩ 冯锦荣：《明末清初における黄百家の生涯と著作》，《中国思想史研究》1997年第20卷。

⑪ 王永健：《全祖望评传》，第283～354页。

⑫ 吴根友等：《戴震乾嘉学术与中国文化》中册，福州：福建教育出版社，2015年，第543～565页。

考价值。[①]

最后要指出的是,目前以《宋元学案》《明儒学案》为代表的传统学术思想史的研究正在蓬勃发展中。但在海内外学术界,尤其在哲学研究中,相比于《宋元学案》,学者们往往更重视《明儒学案》。[②]这不是说《宋元学案》的学术价值在《明儒学案》之下,而是因为《宋元学案》书出众手,而且其层次内容较之《明儒学案》要复杂得多。因为《明儒学案》作为黄宗羲生前独立完成的著作,集中体现了黄宗羲本人的哲学观点和立场。而《宋元学案》是由前后跨越一个半世纪以上的众多编纂者所完成,已非黄宗羲之原本,黄宗羲只是发凡起例,其学术观点在全书中体现得并不充分,全书实际上主要成于黄百家与全祖望之手,体现的主要是他们的学术主张,因此研究者在研究黄宗羲的学术思想时一般多取《明儒学案》来讨论。[③]这当然是不

---

① 又如下面这些浙东学派研究论著的内容也都与《宋元学案》密切相关。董平:《宋明儒学与浙东学术:董平学术论集》,贵阳:孔学堂书局,2016年;张伟主编:《浙东文化研究》第一辑,杭州:浙江大学出版社,2014年;何炳松:《浙东学派溯源》,王云五主编:《万有文库·国学小丛书》,上海:商务印书馆,1932年;王锟、金晓刚:《百年历史的投影:二十世纪以来浙东学派研究平议》,北京:中国社会科学出版社,2018年;方如金、方同义、陈国灿:《陈亮与南宋浙东学派研究》,北京:人民出版社,1996年;陈海红:《吕大临理学思想研究——兼论浙东学派的学术进程》,《当代浙江学术文库》,杭州:浙江工商大学出版社,2013年;姜海军:《宋代浙东学派经学思想研究》;浙江省社会科学界联合会编:《浙东学派与浙江精神》,杭州:浙江古籍出版社,2006年。

② 截至目前,出版的《明儒学案》研究专著已有下面多部。赵文会:《〈明儒学案〉研究》,哈尔滨:黑龙江人民出版社,2018年;朱鸿林:《〈明儒学案〉选讲》,北京:生活·读书·新知三联书店,2012年;姚文永:《黄宗羲〈明儒学案〉研究》,成都:四川大学出版社,2014年;朱鸿林:《〈明儒学案〉研究及论学杂著》,北京:生活·读书·新知三联书店,2016年;韩学宏:《黄宗羲〈明儒学案〉之研究》,潘美月、杜洁祥主编:《古典文献研究辑刊·五编》第十九册,台北:花木兰文化出版社,2007年。而目前出版的《宋元学案》研究专著仅有两部。一部是葛昌伦的《〈宋元学案〉成书与编纂研究》,该著作是葛昌伦在其2004年向佛光人文社会学院历史学研究所提交的硕士学位论文《〈宋元学案〉成书与编纂研究》的基础上修订而成。另一部是金晓刚的《编纂与刊刻:〈宋元学案〉文本生成史研究》。再就单篇文章与论文而言,与《明儒学案》内容相关的论著数量也远较《宋元学案》为多。在日本学术界也有如山井湧、福田殖、难波征男、佐藤錬太郎等众多学者发表或出版了论述《明儒学案》的论著,而与《宋元学案》相关的日语论文只有笔者在日本九州大学读博期间发表的数篇论文。相关研究综述有以下篇目。刘兴淑:《"学案体"研究现状述评》,《中国史研究动态》2008年第5期;姚文永:《〈明儒学案〉百年研究回顾与展望》,《北京理工大学学报(社会科学版)》2010年第5期;姚文永、王明云:《〈宋元学案〉百年研究回顾与展望》,《殷都学刊》2012年第1期;连凡:《海内外〈宋元学案〉研究述评与展望》,《中共宁波市委党校学报》2017年第6期。

③ 如梁启超指出:"中国有完善的学术史,自梨洲之著学案始。《明儒学案》六十二卷,梨洲一手著成。《宋元学案》则梨洲发凡起例,仅成十七卷而卒,经他的儿子耒史名百家及全谢山两次补续而成。所以欲知梨洲面目,当从《明儒学案》求之。"梁启超:《中国近三百年学术史》,《梁启超全集》第八册,第4453页。

全面的。近年来学界已经意识到这一点,已经有人将《明儒学案》和《宋元学案》中的黄宗羲案语从原书中辑出,按原卷次重新编排校订出版了。[①]又有学者指出《宋元学案》的后续编纂者不具备黄宗羲那样的学识及眼界,导致《宋元学案》在思想水平上远不及《明儒学案》,这一点不仅体现在学派的归属、选材和剪裁上,尤其体现在全书的评论上。[②]这可以说是学术界的普遍看法。笔者认为,《宋元学案》由于书出众手再加上一波三折的成书历程,内容编纂上确实存在庞杂甚至失于粗疏等问题,不及《明儒学案》之精当,这一点必须承认。[③]但在学术评论上,《宋元学案》的价值不见得逊色于《明儒学案》,因为黄宗羲虽然在生前未能完成《宋元学案》的编纂,但也留下了89条案语,其中多有长篇宏论。而黄百家作为黄宗羲学术思想的继承人,在《宋元学案》中留下了多达213条案语或附录文章,其中多有哲学思想上的精彩评论,其学术思辨水平不在其父黄宗羲之下。[④]其后全祖望留下的405条案语或附录文章中更是有大量精彩的学术思想评论和事迹史实的考证,其学术价值非常高。事实上,本书研究的论述基本就是建立在对《宋元学案》编纂者案语的分析基础之上的。只是在哲学思想的评论和阐发上,《宋元学案》不像《明儒学案》那样集中和系统,甚至可见全祖望在一些问题上与黄氏父子存在分歧(如是否将石介作为宋学开山之一)。这一方面是因为《宋元学案》的实际完成者全祖望作为史学家与黄宗羲的学术专长和思想倾向不同,另一方面也是因为较之明代儒学,宋元儒学的学派构成及其人物更为复杂,存在的问题也更多。总之,我们不能脱离客

---

① 王维和、张宏敏:《〈明儒学案〉〈宋元学案〉之黄宗羲案语汇辑》,杭州:杭州出版社,2012年。

② 参见(清)黄宗羲原撰,(清)全祖望、(清)黄百家补修《宋元学案一百卷》,舒大刚、杨仕文主编:《儒藏·史部·历代学案》第十四至十八册,"提要"第448页。

③ 如瞿林东指出:"在突出宗旨和取材精审方面,《明儒学案》优于《宋元学案》;在立论公允、体例完备、内容丰富方面,则《宋元学案》优于《明儒学案》。"参见瞿林东《中国史学史纲》,第690页。瞿氏此说甚为公允。

④ 如四库馆臣评价黄百家的著作《幸跌草》时指出黄百家的学术思想"大致颇肖其父,但苍老不及耳"。(清)纪昀、(清)陆锡熊、(清)孙士毅等原著总纂:《钦定四库全书总目》下册,四库全书研究所整理,北京:中华书局,1997年,第2567页。黄百家的著作多有散佚,但就现存著作(包括其参与编纂的《宋元学案》与《明文授读》等著作中留下的案语)来看,可以说是全面继承了其父黄宗羲的学术思想,在经学、理学、历史、天文、历算、数学乃至武术等专门领域都有精深的造诣并留下了论著。其哲学思想论著除了《宋元学案》之外,现存最集中的就是《黄竹农家耳逆草》(即《学箕三稿》)中收录的多篇文章,如《求仁篇》(收入《宋元学案》的"明道学案"中)、《欲义篇》、《格物篇》、《慎独篇》、《浚恒篇》等文章在义理的阐发和思想源流的辨析上都非常见功力,具有很高的学术价值。参见(清)黄百家《黄竹农家耳逆草》,陈红彦、谢东荣、萨仁高娃主编:《清代诗文集珍本丛刊》第一百八十二册,第331~361页。

观历史情境和编纂者的思想倾向、学术专长的不同来笼统地评判《宋元学案》与《明儒学案》两部学术史巨著的价值高低。

第二节　研究目的与方法路径

由本部分上一节可知,对于《宋元学案》的研究主要包括学术思想史的编纂、宋元思想史的脉络、哲学诠释与思想评价,以及编纂者自身的思想立场等方面。虽然近年来学术界对于《宋元学案》的研究逐步深入,但还留有很大的拓展空间和许多有待深入探讨的问题。由于《宋元学案》汇集了数量庞大的宋元儒者的生平事迹和思想资料,以及与之相关的考证和评论资料,成为研究宋元儒学思想史时最便利的参考书。其内容实际上关系到整个宋元明清儒学思想史,包括所辑录的宋元两代儒者的生平思想以及宋元明清儒者的相关评论、诠释与评价等。全书最有参考价值的部分当属清代浙东学派编纂者的案语(文章)及他们所作的学者小传与辑录的历代学者之评论。但是案语的数量达两千条以上,并且分散在全书上千位人物的资料之中。其中的学者及资料之间又有着十分复杂的关系,牵一发而动全身。这是研究《宋元学案》时所必须直面的困难。总之,《宋元学案》一方面以其丰富的资料和精当的评论而广为哲学史、思想史和学术史的研究者所使用,一方面又因其内容构成的复杂而推迟了对其自身的全面系统研究。有鉴于此,笔者认为研究《宋元学案》首先应对该书的内容及性质有一个清晰的认识。简单来说就是,《宋元学案》的内容与性质伴随其成书三阶段经历了从黄氏原本(哲学史),到全氏修补本(思想史),再到王冯校补本(文献汇编)的演变。由此也决定了对《宋元学案》的研究应该从上述《宋元学案》自身的结构层次与性质特征出发,将文献学、思想史和哲学诠释三条径路结合起来,通过文献学的研究阐明《宋元学案》的内容构成及其学术意义,通过思想史的研究阐明《宋元学案》中宋元思想史的发展脉络及各地域的学术源流,通过哲学诠释的研究阐明《宋元学案》中收录学者的哲学宗旨与学术价值,以及黄宗羲、黄百家、全祖望等编纂者的哲学思想立场。具体方法路径如下。

一、文献学与历史考证的研究——《宋元学案》的内容构成及其学术意义

中国古代的哲学家和思想家往往通过对先秦以来的文献典籍的诠释(注释)来表述自己的观点,或者在单篇文章、私人书信、公文(如奏议)甚至

诗词中阐发自己思想，而其文集（全集）中往往各种不同性质的文献并存且在形式上缺乏逻辑体系。因此相关研究中对于古典文献的整理、解读与诠释可谓特别重要，在此过程中一般要避免无根据的主观论断，尽量使用材料本身来说明和论证。如前所述，截至目前《宋元学案》的相关研究成果虽然大体上阐明了其成书经过与版本，但对其学案、学案表、小传、思想资料、附录、案语等的具体内容、编纂的规则及其学术价值等尚有进一步探讨的必要。本书中的相关研究集中体现在本论一中。另一方面，《宋元学案》的小传、序录以及编纂者的案语、文章中多有与历史事件及个人事迹相关的考证。笔者在探讨编纂者之考证的基础上，也进行了进一步的考证和评论。这方面的研究集中体现在本论一第四章对编纂者案语的分析中。

《宋元学案》作为辑录体的学术史著作，其研究应以史源学为基础，考察校勘其文献来源（参见附录四），并结合相关学者的文献原典来分析解读，在此基础上完成《宋元学案》的专题研究。同时鉴于《宋元学案》内容构成之复杂，以传统的方法来分析其全文有一定的困难，因此笔者引入了数据库的检索方法，利用其便利的统计功能来辅助分析《宋元学案》的全文。为此，笔者制作了"《宋元学案》全文分析索引Excel表"（其文本依据北京中华书局1986年版），并在其中设立了"卷次"、"学案名"、"关系人"、"人物姓名"、"内容构成"、"参考书籍"（原典出处）、"作者"、"分段全文"、"籍贯"、"科举资格"等字段，将全书共16483行正文数据逐条依据这些字段进行了标记，进而利用Excel的筛选、索引、透视等功能对《宋元学案》的内容进行统计和分析。相关研究成果主要见于本论一的第一章至第四章及本论二第六章，附录八、附录九及附录六、附录七分别是统计分析《宋元学案》中学者的地域构成及其案语分布的表格。

北京大学数字人文开放实验室（原北京大学信息管理系Kvision实验室）开发了名为"《宋元学案》知识图谱系统"的网络数据库系统（项目主持人为北大信管系王军教授），主体内容包括"遥读"（概览）和"精读"两大板块。其中"遥读"板块主要关注《宋元学案》中的学派及其学者的学术传承（思想史），具体包括"关系图谱"（《宋元学案》中每位学者的"关系"及其所属学者）、"学术流变"（各学案的学术传承表及其年代统计）、"师承关系"（每位学者的各种师承关系及其学者的传承谱系）、"学派传承"（各学派的传承）四个子板块；"精读"板块主要是对《宋元学案》中的"人物"（包括学者简介、学案小传、学案内容、任官游历、学案序录）、"地点"（各地域的学者图示）、"时间"（宋代学者的数量变化，"著作"（按与《论语》《周易》《春秋》《礼记》《大学》《中庸》《孟子》的相关性来排列）、

"职官"这些具体内容的展示。[①]该系统运用了最新的数据库网络分析系统,将《宋元学案》中的各项要素及内容用图表和文字揭示出来,并且图表上的每一个节点都可以点击链接到相关内容,从而给我们的学习研究提供了便利。当然如上所述,笔者由于早就自建有"《宋元学案》全文分析索引Excel表"(此表系笔者以《宋元学案》为主题展开博士研究时建立,最早创建于2009年),在其中已经包括对《宋元学案》中的各种要素及内容的分析和统计,再加上"《宋元学案》知识图谱系统"推出较晚,因此本书的研究(统计分析)基本是依据笔者自建的数据库系统。但从技术的先进性和便利性来说,就笔者所见,该系统确实代表了当前《宋元学案》乃至古籍数据库系统开发(尤其是各种内容要素的深入挖掘及其关系的建立)的较高水平,值得学习和推广。

二、思想史、哲学史的专题研究

在思想史的研究上,《宋元学案》的内容关涉整个宋元明清思想史,其主要编纂者黄宗羲、黄百家正处在明末清初思想潮流由理学向朴学(考据学、史学)的转型之际,其思想立场打上了鲜明的时代思潮烙印,因此必须将其置于整个思想史的大背景中来考察,尤其要注意包括朱陆之争、汉宋之争在内的明清思想转型及明清之际耶稣会士来华引起的中西思想交涉在《宋元学案》中的反映。为此,笔者在本论二第五章中立足于整个中国思想史探讨了《宋元学案》的思想史背景,在本论二第八章中立足于朱陆之争探讨了编纂者黄氏父子的思想倾向。此外,笔者在本论二第六章中结合理论阐释,统计分析了《宋元学案》中宋元时期各地域(路 — 府、州、军、监)的学者人数并阐明了各地域的学者分布,进而统计各学案中各地域之人数并探讨了宋元时代各地域的学术源流。[②]

在哲学诠释的研究上,黄氏父子等《宋元学案》成书第一阶段的编纂者在编纂黄氏原本的过程中依据其编纂原则和学术思想立场对原典中的思想

---

① 该系统的建立除了《宋元学案》本身,主要参考了以下三个重要的古籍类数据库系统:其一是由北京中华书局开发的"籍合网"网络数据库系统;其二是由美国哈佛大学等单位合作开发的"中国历代人物传记资料库"网络数据库;其三是美国哈佛大学开发的"WorldMap"(世界地图)网络数据库系统。

② 笔者在"《宋元学案》全文分析索引Excel表"中依据《宋史·地理志》中的三级行政区划一一做了标记,为此设立了区划一级(路)、区划二级(府、州、军、监)、区划三级(县)、籍贯、科举资格(进士、明经等)等字段,在小传所在行一一标记这些内容,再利用Excel透视表对《宋元学案》中标明籍贯的2075人依据路 — 府、州、军、监—县这三级区划一一进行了统计,并利用其统计结果来辅助分析各路的府、州、军的学者数量及其地域学术的状况,进而通过透视表统计各路中人物的学案分布,从而对《宋元学案》中各地域的学术源流进行了详细探讨。相关研究参见本论二第六章。

资料进行了取舍选择与排列，并且致力于学者哲学思想的诠释与评价，留下了大量的案语。而全祖望的修补本中也不乏这方面的案语。同时，《宋元学案》作为清代浙东学派学者集体编纂的著作，其研究必须与清代浙东学派，尤其是黄宗羲、全祖望等编纂者及作为其思想渊源的刘宗周等人的学术思想研究紧密结合起来。此外，《宋元学案》中收录有不少思想论争资料（涉及朱陆、朱陈、儒释、儒耶论争等方面）与明儒的评论（刘宗周、高攀龙等）。这不仅对探讨《宋元学案》的哲学诠释与学术价值具有一定意义，对理解宋元明三代的哲学思想发展也有一定的参考价值。哲学诠释的分析中立足于文献并从学者哲学思想的内在理路出发，避免将西方哲学的分析框架随意套在宋元思想家头上的牵强附会的做法。这部分内容集中体现在本书本论一第四章对编纂者的案语，本论二第七章对编纂者黄百家的哲学立场，本论二第八章对朱陆修养工夫论的渊源及其异同比较，本论三第九章、第十章、第十一章对儒耶思想比较的分析之中。

最后为了辅助说明本书的内容及观点，笔者制作了“附录一 《宋元学案》中的学案及其主要学者一览表”（主要对应本论一第一章）、“附录二 《宋元学案》中各卷的内容构成——以卷二‘泰山学案’为例”、“附录三 《宋元学案》中收录学者及其关系一览”（主要对应本论一第二章）、“附录四 《宋元学案》中收录思想资料的史源分析”（主要对应本论一第三章）、“附录五 《宋元学案》中附录的史源分析（部分）”（主要对应本论一第三章）、“附录六 《宋元学案》中编纂者案语统计表（以学案为统计单位）”、“附录七 《宋元学案》中编纂者案语统计表（以学者为统计单位）”（附录六、附录七两表主要对应本论一第四章）、“附录八 《宋元学案》中各地域的学者统计表”、“附录九 《宋元学案》中各学案的学者地域统计表”（附录八、附录九两表主要对应本论二第六章）一共九个附录以供参考。

在研究的过程中，笔者注意将理论阐释与统计分析、宏观分析与微观分析、历史文献的分析与哲学思想的诠释、层次分析与比较分析等多方面的探讨有机地统一起来。通过这些综合分析和探讨，笔者力图阐明《宋元学案》在文献学、思想史和哲学诠释诸方面的学术价值，从而推进对于宋元儒学思想史的研究。这不仅对于《宋元学案》本身，对于理解和建构整个中国学术思想史也有一定的参考价值。

本论一　《宋元学案》的内容构成及其学术意义

第一章 《宋元学案》的层次结构与学案设置

关于《宋元学案》的层次及其性质，张艺曦指出，由于最后的校订者王梓材等人以全氏修补本（而非忠实继承黄氏原本的黄璋校补本）为底本整理完成《宋元学案》，使得现行《宋元学案》成了一个资料汇编。[①]总而言之，由于《宋元学案》是由不同时代不同专长的学者前后接力编纂而成，其前后内容及性质无疑产生了较大的变化。关于《宋元学案》的学案设置及其思想史意义，目前学术界关注较多的是全氏修补本对于黄宗羲道学思想体系的突破。如何俊考察了全氏修补本对宋元儒学史的重建，以及其中体现的思想史观。[②]其后夏长朴也指出全氏突破了朱熹《伊洛渊源录》的学术史（道学史）框架，探索了宋代学术发展的真相，补充了前代学术史之不足。[③]然而在学案设置及其所反映的思想史观上，全祖望对于黄宗羲的工作实际上是继承与突破并存，学界往往仅关注到两者之异，而忽视了两者之同。为此，本章从《宋元学案》的横向层次结构与纵向成书过程两个维度出发，考察编纂者在《宋元学案》的层次结构与学案设置两方面的工作，并比较全祖望与黄宗羲思想史观的异同。

第一节 《宋元学案》的层次结构

《宋元学案》作为学案体裁的思想史著作，除了具有沿着思想史的发展脉络（集中体现在全祖望所作的卷首“宋元儒学案序录”中），将某一时代的学者分成若干学案（学派），并以学者的传记及其思想资料作为主要内容这

① 张艺曦：《史语所藏〈宋儒学案〉在清中叶的编纂与流传》，台湾《“中央研究院”历史语言研究所集刊》2009年第3期。

② 何俊：《宋元儒学的重建与清初思想史观——以〈宋元学案〉全氏补本为中心的考察》，《中国史研究》2006年第2期。

③ 夏长朴：《“发六百年来儒林所不及知者”——全祖望续补〈宋元学案〉的学术史意义》，《台大中文学报》2011年第34期。

些一般学案体著作所具备的特征之外,由于前后三阶段数十位编者历经一个半世纪以上方才完成的缘故,其层次结构的复杂性尤其引人注目。

一、《宋元学案》的层次及其性质

首先,《宋元学案》的性质与层次伴随其成书过程也经历了三阶段的演变。

从成书阶段来看,《宋元学案》从开始编纂直至完成出版,时间跨度长达一个半世纪以上。依据吴光及葛昌伦的研究[①],其过程大致可分为以下三个阶段:第一阶段(康熙年间),黄宗羲主持编纂,其末子黄百家与弟子杨开沅、顾諟、张采等人分工负责而成黄氏原本;第二阶段(乾隆、嘉庆年间),全祖望修补黄氏原本而成百卷本的《宋元学案》(全氏修补本),黄璋等人编纂了86卷的《宋元学案》;第三阶段(道光年间)王梓材与冯云濠在全氏修补本的基础上综合诸本作了进一步的修补订正,最终整理出版。

第一阶段的主要编纂者黄氏父子在其黄氏原本中,一方面突破了《宋史·道学传》的程朱理学道统框架,对朱学(理学)、陆学(心学)、浙学(事功之学)等各学派一视同仁,从而确立了《宋元学案》作为宋元儒学思想史的主体框架,一方面仍然以宋元道学的发展脉络(先驱、高峰、后继)为主线并致力于哲学思想的诠释与评价。因此,黄氏原本《宋元学案》在形式与内容上都与黄宗羲独自编著的《明儒学案》一脉相承。从这点来说,黄氏原本《宋元学案》可谓是精华版的宋元哲学史(道学史)。

第二阶段的主要编纂者全祖望在第一阶段黄氏原本《宋元学案》的基础上进行大规模地增补修订并确定了全书的总体规模。概括来说,全祖望基于其思想史家的立场,在其补修本中进一步突破了黄宗羲的道学史框架,一方面为思想界的次要人物,甚至为道学所排斥的杂学(新学、蜀学)、与思想界有密切关系的政治家和倡导者(范仲淹、欧阳修、赵鼎等),以及与思想界密切相关的政治事件("元祐党禁"与"庆元党禁")设立了学案、略案或党案,一方面又致力于学术源流的梳理(序录)、师承关系的分析(周程授受等)、史事的考证(小传与附录文章)、乡土先贤(浙东学派)学术思想的表彰等方面的探讨。因为《宋元学案》的最终定本是以第二阶段的全氏修补本为底本,这导致第一阶段黄氏原本的哲学史色彩被全氏的思想史框架所掩盖,并使得《宋元学案》的思想史色彩非常浓厚。学界一般认为《宋元学案》与《明儒

---

① 《宋元学案》的成书三阶段及其版本的命名主要依据吴光及葛昌伦的相关研究成果。详见吴光《〈宋元学案〉成书经过、编纂人员与版本存佚考》,《杭州师范学院学报(社会科学版)》2008年第1期;葛昌伦《〈宋元学案〉成书与编纂研究》,第11~36页。

学案》之间存在着思想史与哲学史的区别即源于此。[①]

第三阶段也是最后阶段的主要编纂者王梓材与冯云濠在第二阶段全氏修补本的基础之上作了进一步的修补订正，补充了许多资料并留下了大量与修订、调整相关的案语，从而使得现行《宋元学案》的序录（卷首）、学案表、师承关系、小传、思想资料、附录、案语（文章）的构成严谨完备，同时使得《宋元学案》作为宋元儒学思想文献汇编的史料学色彩十分浓厚。这种文献资料汇编的特色在王梓材和冯云濠校订《宋元学案》的同时以求全责备、述而不作为原则另外编纂的百卷本《宋元学案补遗》（篇幅约为《宋元学案》本身的三倍）中体现得尤为显著。[②]

总之，《宋元学案》成书过程中第一阶段的黄氏原本近于哲学史，第二阶段的全氏修补本近于思想史，第三阶段的王冯校补本近于文献汇编。这三部分的内容由于前后三阶段的编纂而层垒叠加在一起，从而导致现行《宋元学案》内容构成的复杂性。这一方面给《宋元学案》的研究造成了困难，一方面又提高了其学术价值。其中值得注意的地方很多，也使得《宋元学案》成为宋元儒学思想史、哲学史研究的文献渊薮。

二、《宋元学案》的结构及其内容

现行百卷本《宋元学案》的结构内容概括来说的话，卷首的“宋元儒学案序录”为全书之纲领，其次正文共100卷，共有86个学案、2个党案和3个略案（参见附录一，下文有时也笼统地说成91个学案）。各学案内容一般包括学案表、序录、小传、思想资料和附录（示例参见附录二）。据笔者统计，全书共为2427位宋元时代（包括部分由元入明的学者）的学者立了小传，除去小传而收录有思想文献（专著、语录或文章等）的宋元时期学者共计209人。此外，《宋元学案》中还收录了包括编纂者在内的67位学者（主要是明清两代的著名学者）的相关评论资料。尤其《宋元学案》的正文100卷与卷首中共收录有黄宗羲、黄百家、全祖望等8位编纂者的共计2143条案语或附录文章，反映了编纂者的编纂工作与思想立场。

具体从学案的结构来看，首先卷首的“宋元儒学案序录”原本是全祖望所作，共计一卷作为全书之纲领，其后由王梓材将其分散到各学案正文之前的同时，卷首也予以保留。接着正文凡100卷，共计86个学案，2个党案（“元祐党案”

---

① 如冯友兰认为《明儒学案》哲学多于史学，《宋元学案》则史学多于哲学。参见《中国历史第二次大转变时期思想界中的先行者——黄宗羲》，冯友兰《中国哲学史新编》第六册，《三松堂全集》第十卷，郑州：河南人民出版社，2001年，第299页。

② 郭齐：《〈宋元学案补遗〉点校前言》，《宋代文化研究》2003年第0期。

“庆元党案”)和3个略案(“荆公新学略”“苏氏蜀学略”“屏山鸣道集说略”)。其中有9个学案分为上下两卷。百卷之中有59个学案(共计67卷)出自黄宗羲的黄氏原本,占总卷数的三分之二,其内容主要由黄氏父子等人编纂,再由全祖望等人加以修订和增补。此外的32个学案(共计33卷)则由全祖望所创立,占总卷数的三分之一,其内容由全祖望编纂。进而全祖望还确定了全书一百卷的构成、顺序和命名。此外由于黄氏原本与全氏修补本在流传过程中佚失了部分内容,因此王梓材和冯云濠也进行了补修(如司马光的“涑水学案”与两个党案等)。总的来说,黄宗羲、黄百家、全祖望、王梓材和冯云濠五人是今本《宋元学案》成书过程中最重要的编纂者。

进而深入各学案内部来看,《宋元学案》中各学案的构成一般首先用学案表揭示卷中收录学者间的师承关系及其传承谱系,其次通过序录简要说明案主的思想特色或对其进行评价作为各学案之纲领,接着是记录案生平事迹及学术活动等内容的小传,再次是从文集、专著等原典文献中辑录的案主思想资料,最后是汇集历代与案主的生平事迹及学术评论等相关内容的附录。案主之后(个别情况下也有其他人物置于案主之前的,例如,卷三“高平学案”中范仲淹的恩师戚同文被置于案主范氏之前。卷九十“鲁斋学案”中赵复被置于案主许衡之前),与案主有师承关系的人物被区分成讲友、学侣、同调、门人、私淑、家学等(名单谱系载于各卷卷首的学案表),同样排列其传记、学术资料、附录等内容。此外全书中随处可见编纂者自己的案语。

根据笔者对《宋元学案》全文所做的统计分析,《宋元学案》中共为2427位宋元时期的学者立有传记。据此则《宋元学案》中所收学者的数量达到了《明儒学案》所收学者数量(208位)的12倍。[①]其原因除了相比于明代思想史,宋元思想史上的流派要更加复杂多端这一客观情况之外,主要还是取决于两书的主要编纂者黄宗羲与全祖望的思想旨趣与学术路数的差异。黄宗羲独自编纂的《明儒学案》以阳明学为中心而展开,近似于我们今天的哲学史(道学史),其所收录的人物基本都是明代哲学史上有哲学著作或言论流传下来的著名学者,数量自然有限。而实际成书于全祖望之手的《宋元学案》则近似于我们今天的思想史,其思想史视野突破了《明儒学案》的道学史范围,对道学之外的各派采取兼收并蓄的做法。其史学(史传)与学术谱系(家谱)的色彩非常浓厚。事实上,《宋元学案》中所收录的绝大部分人物都只是作为学派传承谱系上的一个

---

① 依据川胜守的统计,《明儒学案》中共收录有208位明代儒者。[日]川胜守:《明儒における学伝と政治实践——〈明儒学案〉记伝名人データベースをめぐって》,[日]柴田笃主持:《黄宗羲の〈明儒学案〉成立に関する基础的研究》,日本文部省平成九年度科学研究费补助金(基础研究B)研究成果报告书,九州大学,福冈,1998年。

节点，只记载有姓名或很短的小传，没有收录思想资料的文章和言论，而除了传记之外，思想资料和附录中留有言论或文章的宋元学者仅有209人，只比《明儒学案》多出一人。如果完全按照《明儒学案》的方式来编纂《宋元学案》的话，那么今本《宋元学案》就只应收录这209人。反过来，如果按《宋元学案》的方式来重新编纂《明儒学案》，那么《明儒学案》收录人数甚至有可能超过《宋元学案》。

《宋元学案》中除了传记之外，思想资料和附录中留有言论或文章的宋元明清学者共有276人，占全部人数(2494人)的11%。其他的人物只记载有姓名或很短的小传，几乎没有哲学思想相关的文章和言论。这276人的时间跨度也很长，从北宋仁宗朝前后直到清代道光年间共约八百年。其中209人包含在2427位宋元时期的学者之中，《宋元学案》中收录了他们的思想资料作为全书的主体。除此之外的67人，如刘宗周(引语有62条)、高攀龙(引语有76条)等，也包括黄氏父子等编纂者自身，主要是明清两代的著名学者，《宋元学案》中留有他们的大量评论和诠释之文章和言论。合并以上留有小传或言论的人数并去掉部分重复的，《宋元学案》的全文中共收录有2494位学者的资料(传记、文章、言论等)。这样，《宋元学案》中收录了两宋(包括金朝)和元代的几乎所有儒者及其学派之思想资料，并明确了其思想之特色，进而论述其学术之传承及其流派之影响，将宋、元两代的儒学思想予以体系化，提供了基本的材料、评价的标准和思考的方式，可谓是宋元思想史研究领域中的必备参考书。

总而言之，经过全祖望的修补，《宋元学案》的资料和规模得到极大扩充，由比较纯粹的哲学史演变为宋元儒学思想史及文献资料汇编。这一方面提高了其文献学与史学考证的价值，一方面也给研究带来了困难。其中值得注意的地方颇多。以下将理论阐释与统计分析、宏观分析与微观分析等方面结合起来，在上面分析的基础上，通过对《宋元学案》的学案设置及其学术意义的详细探讨，阐明全祖望与黄宗羲各自的思想史观并比较其异同。

第二节 《宋元学案》的学案设置及其学术意义

一、《宋元学案》的成书过程

首先从《宋元学案》的成书过程来考察其学案从草创到确立的过程。

黄宗羲在其编纂的《明儒学案》中兼顾“点”——学术宗旨(具有独特宗旨或创见的学者)与“面”——地域学派(具有共同思想倾向的地域学术集团)，并以师承关系为纽带将各学派的创始人及其弟子、同调等集中起来,从而将明代儒学从大的方面划分为19个学案和学派(为避免各卷篇幅不平衡,许多学案被分成了一、二、三等多卷)。其后黄宗羲在编纂《宋元学案》黄氏原本时也沿用了这种做法,主要依据思想宗旨和地域师承两个标准[①],一方面如设置"濂溪学案"等"北宋五子"的诸学案那样,为开宗立派的重要学者单独设置一学案并收录其同调、门人等相关人物;一方面如设置"永嘉学案"(浙东永嘉学派)、"金溪学案"(江西陆学)、"北方学案"(元代北方朱学)、"四明朱门学案"(四明朱学)诸学案那样,为属于同一思想阵营的地域学术团体设置了学案。黄氏父子等编纂的黄氏原本虽已亡佚,无法直接得知其学案设置的情况,但《宋元学案》的最后编纂者王梓材在各学案的全祖望序录之后的案语中,一般都会注明黄氏原本与全氏修补本在学案设置及其名称上的差异。现行本《宋元学案》中的学案设置虽完全依据全氏修补本,但结合全书中王梓材的案语,仍可大致了解黄氏原本中学案(共计44个)的概要。按学案先后依次排列如下:"安定学案""泰山学案""康节学案""濂溪学案""明道学案""伊川学案""横渠学案""上蔡学案""龟山学案""廌山学案""和靖学案""刘李诸儒学案""蓝田学案""永嘉学案之一""武夷学案""豫章学案""横浦学案""刘胡诸儒学案""艾轩学案""紫阳学案""南轩学案""东莱学案""永嘉学案之二""永康学案""金溪学案之一""金溪学案之二""金溪学案之三""勉斋学案""潜庵学案""潜室学案""南湖学案""北溪学案""沧洲诸儒学案""岳麓诸儒学案""丽泽诸儒学案""鹤山学案""西山学案""金华学案""双峰学案""四明朱门学案一""四明朱门学案二""新安学案""北方学案""草庐学案"。[②]

其后全祖望在补修《宋元学案》时,从黄氏原本中的学案中分出若干学案(出自黄氏原本的共有59个学案),在此的基础上又另立了32个学案,从而决定了现行本《宋元学案》91个学案共100卷的框架规模。全祖望之后,余姚黄

① 正如何俊所指出的,黄宗羲在《明儒学案》中虽然是以地域与师承来建立大的构架,但同时又贯穿了他自己的思想立场,力求以思想特质(宗旨)来构成他对明代儒学的理解,换句话说,黄宗羲的学术史构建是将思想放在比地域与师承优先的地位,地域与师承是为梳理思想服务的;但由于黄宗羲未能完成《宋元学案》的编纂,全祖望后来在修补《宋元学案》中改变了黄宗羲的做法,将地域和师承也就是历史脉络的梳理放在理想宗旨之上。这也造成《明儒学案》与《宋元学案》在思想史构建(包括设立学案的标准)上有了区别。参见何俊《朱子学的研究要素与浙学开拓》,《浙江社会科学》2019年第2期。

② 最近焦印亭整理出版了黄宗羲原本的《宋元学案》,其计38个学案,与我们这里所列的基本相同,只是将"刘李诸儒学案""刘胡诸儒学案""南湖学案""沧洲诸儒学案""岳麓诸儒学案""丽泽诸儒学案"这6个学案并入其所来源的学案之中。参见(清)黄宗羲原著,焦印亭整理《〈宋元学案〉原本复原》,北京:中国社会科学出版社,2020年。

宗羲家族的后裔黄璋等人在黄氏原本及全氏修补本的基础上编纂了黄璋校补本[①],但其编纂意图实在于否定全氏补修本中的学案设置及思想史框架并重新回归到其祖黄宗羲黄氏原本的学案设置框架之中[②]。因此,黄璋校补本被视为现存版本中最接近黄氏原本的一个版本,其学案设置和依据全祖望的"宋元儒学案序录"的今本《宋元学案》相比存在诸多差异。[③]例如,全祖望一反成说将"宋初三先生"之一的石介附在其师孙复的"泰山学案"中而没有为其设置单独的学案,在序录中明确只将胡、孙二人并称作为宋学之开山,并在卷二中以案语的形式对石介的人品道德(性格严峻而口无遮拦)与学问(辨析义理尚欠粗疏)颇有微词。[④]黄璋校补本中则将石介独立出来作为一个学案("徂徕学案")。而且黄璋还在卷首的案语中在黄百家案语的基础上进一步阐明了胡瑗、孙复、石介作为宋学开创者的思想史地位。[⑤]其后,《宋元学案》最后的校订者王梓材与冯云濠(二人均为全祖望的宁波同乡和私淑弟子)又否定了黄璋校补本的这种做法,并依据全祖望的"宋元儒学案序录"中设置的91个学案整理了《宋元学案》的学案和卷次。[⑥]这样最终现行本《宋元学案》中的学案设置与卷次完全依照全祖望的意见,集中体现了全氏的思想史观。

二、全祖望对《宋元学案》的修补及其思想史观

其次从四个方面来论述全祖望对黄氏原本学案设置的修补,在此基础上比较全祖望与黄宗羲的思想史观。依据王梓材和冯云濠所作《校刊宋元学案条例》,全祖望的编纂工作包括修定(今本《宋元学案》中标记为"黄某原本,全某修定")、次定(标记为"黄某原本,全某次定")、补定(标记为"黄某原

---

① 葛昌伦:《〈宋元学案〉成书与编纂研究》,第112页。

② 张艺曦:《史语所藏〈宋儒学案〉在清中叶的编纂与流传》,台湾《"中央研究院"历史语言研究所集刊》2009年第3期。

③ 夏长朴:《"发六百年来儒林所不及知者"——全祖望续补〈宋元学案〉的学术史意义》,《台大中文学报》2011年第34期。

④ (清)黄宗羲原著,(清)全祖望补修:《宋元学案》第一册,第112页。

⑤ (清)王梓材、冯云濠:《宋元学案考略》,(清)黄宗羲原著,(清)全祖望补修:《宋元学案》第一册,第20页。

⑥ (清)王梓材:《校刊宋元学案条例》,(清)黄宗羲原著,(清)全祖望补修:《宋元学案》第一册,第21页。

本,全某补定”)与补本(标记为“全某补本”)[①]四个方面。[②]此外,卷首的“宋元儒学案序录”作为全祖望概述全书学案卷次及其评论标准的纲领,在全祖望生前已经刊行(见二老阁郑氏刊本)。[③]今本《宋元学案》的“宋元儒学案序录”之下标记为“全氏定本”(正文中则标记为“全祖望定本”)。王梓材在《校刊宋元学案条例》中指出:“盖次定无所谓修补,补本无所谓原本,修定必有所由来,补定兼著其特立也。”[④]据其所言,则上述四种情形又可分成二组。修定与次定为一组,两者都对黄氏原本中学案的数目没有增减。补定与补本为一组,两者都是全祖望在黄氏原本之外设置了新的学案(其中补定是部分新增,补本是完全新增)。王、冯二人所指出的修定、次定、补定和补本四种情况记载在全书目录中的学案名之下,但和正文各卷学案名称下的标记相比有一些差异。以下将两者对照起来分别予以论述。

（一）修定

所谓“修定”是指全祖望仅对黄氏原本中一些学案的具体内容进行了增

---

① 王梓材《校刊宋元学案条例》云:“梨洲原本无多,其经谢山续补者十居六七。故有梨洲原本所有,而为谢山增损者,则标之曰‘黄某原本,全某修定’;有梨洲原本所无,而为谢山特立者,则标之曰‘全某补本’;又有梨洲原本,谢山唯分其卷第者,则标之曰‘黄某原本,全某次定’;亦有梨洲原本,谢山分其卷第而特为立案者,则标之曰‘黄某原本,全某补定’。盖次定无所谓修补,补本无所谓原本,修定必有所由来,补定兼著其特立也。其曰‘定’者,谢山稿底尝自标之。”(清)王梓材、冯云濠:《校刊宋元学案条例》,(清)黄宗羲原著,(清)全祖望补修:《宋元学案》第一册,第21页。

② 如上条注释所述,王梓材认为从全书来看,全祖望修补的部分占到三分之二(黄宗羲所设置学案的大部分内容也由全氏加以增补和订正),黄宗羲编纂的内容则大约只占三分之一。这是《宋元学案》最后的编纂者王梓材在比对不同版本并对全书内容进行全面校订之后得出的结论。根据林久贵的考察,对此问题学术界有两种不同意见。一种意见以梁启超、张舜徽、吴枫等人为代表。他们认为黄宗羲生前大约只完成了《宋元学案》十七卷的序录及其正文,远不及现行百卷本的三分之一。另一种意见以吴光和卢钟锋为代表。二人都依卷次认为黄宗羲编纂的部分达到现行百卷本的三分之二。参见林久贵《〈宋元学案〉的作者及成书经过述论》,《黄冈师专学报》1998年第3期。笔者经过对全书的比对分析取折中两者的意见,即黄宗羲生前本人完成的部分虽然并不多,考察其案语分布于今本的32个学案(34卷)中,而且全祖望修定与次定的(与黄氏原本一致)恰好也是32个学案,大约占今本100卷的三分之一,因此王梓材的意见确实有其依据。但黄宗羲之后全祖望之前,经过其子黄百家的修补,黄氏原本的分量得以大为扩充,今本91个学案中出自黄氏原本(包括全祖望修定、次定与补定)的共有59个学案,最终占据今本的三分之二。而全氏修补本的分量虽只占全书的三分之一左右,但却决定了全书的总体框架,而且黄宗羲设置的学案基本都经过了全氏的修定、补定或次定,占全书的三分之二,因此从全书所涉及的范围来看,出于全氏修补本的内容又较出自黄氏原本的部分为广泛了。

③ (清)王梓材、冯云濠:《宋元学案考略》,(清)黄宗羲原著,(清)全祖望补修:《宋元学案》第一册,第17页。

④ (清)王梓材:《校刊宋元学案条例》,(清)黄宗羲原著,(清)全祖望补修:《宋元学案》第一册,第21页。

补,此种情况在现行百卷本的31个学案(共31卷)中存在,目录中标记为“黄氏原本,全氏修定”,正文中标记为“黄宗羲原本,黄百家纂辑,全祖望修定”。其卷次、学案名及主要人物如表1-1所示。

表1-1 全祖望修定的学案一览表

卷次	今本学案名	黄氏原本	主要人物
1	安定学案	安定学案	胡瑗、徐积
2	泰山学案	泰山学案	孙复、石介
10	百源学案下	康节学案	邵雍
12	濂溪学案下	濂溪学案	周敦颐
14	明道学案下	明道学案	程颢
16	伊川学案下	伊川学案	程颐
18	横渠学案下	横渠学案	张载
24	上蔡学案	上蔡学案	谢良佐
25	龟山学案	龟山学案	杨时
26	廌山学案	廌山学案	游酢
27	和靖学案	和靖学案	尹焞
34	武夷学案	武夷学案	胡安国
39	豫章学案	豫章学案	罗从彦、李侗
40	横浦学案	横浦学案	张九成
47	艾轩学案	艾轩学案	林光朝
49	晦翁学案下	紫阳学案	朱熹
50	南轩学案	南轩学案	张栻
51	东莱学案	东莱学案	吕祖谦
57	梭山复斋学案	金溪学案之一、之二	陆九韶、陆九龄
58	象山学案	金溪学案之三	陆九渊
63	勉斋学案	勉斋学案	黄榦
64	潜庵学案	潜庵学案	辅广
65	木钟学案	潜室学案	陈埴、叶味道等
68	北溪学案	北溪学案	陈淳
80	鹤山学案	鹤山学案	魏了翁
81	西山真氏学案	西山学案	真德秀
82	北山四先生学案	金华学案	何基、王柏、金履祥、许谦
83	双峰学案	双峰学案	饶鲁
89	介轩学案	新安学案	董梦程、马端临、曹泾等
90	鲁斋学案	北方学案	赵复、许衡
92	草庐学案	草庐学案	吴澄

(二) 次定

所谓"次定"是指全祖望将黄氏原本中的某些学案由其原本的一卷分成上、下两卷。具体来说,即为宋代道学的开创者"北宋五子"及道学的集大成者朱熹设置的6个学案。"次定"在现行百卷本《宋元学案》中共6卷,目录中标记为"黄氏原本,全氏次定",正文中则标记为"黄宗羲原本,黄百家纂辑、全祖望次定"。其卷次、学案名与主要人物如表1-2所示。

表1-2 全祖望次定的学案一览表

卷次	今本学案名	黄氏原本	主要人物
9	百源学案上	康节学案	邵雍
11	濂溪学案上	濂溪学案	周敦颐
13	明道学案上	明道学案	程颢
15	伊川学案上	伊川学案	程颐
17	横渠学案上	横渠学案	张载
48	晦翁学案上	紫阳学案	朱熹

值得注意的是,与上述修定相对照的话,这6个学案都被分成上、下两卷,其上卷均标记为次定,下卷则标记为修定。其意思是指全祖望将黄氏原本中的这6个学案分成上、下两卷的同时,又在下卷中对其内容有所修补。即全祖望的修补内容只限于下卷,上卷的内容还保持着黄氏原本的原貌。以上的修定与次定合起来共31个学案(共37卷)。这些学案的设置可说是反映了黄宗羲与全祖望的共识,也可视为全祖望对黄宗羲思想史体系的继承。下面按学案(时间)顺序简要归纳这些学案所包含的主要学派、学者及其学术师承、地位、要旨等。

(1) 宋学初期:宋学的创始人之一、提倡有体有用之实学的教育家胡瑗及其弟子徐积(卷一"安定学案");与胡瑗齐名的宋学创始人之一、经学造诣更胜一筹的孙复及其弟子石介(卷二"泰山学案")。

(2) 道学开创:"北宋五子"之一、先天象数易学的创始人邵雍(卷九、十"百源学案上、下");"北宋五子"之一、二程的启蒙老师、因建立以太极说为主的宇宙本体论而被南宋的朱熹等人推为宋代道学开山祖师的周敦颐(卷十一、十二"濂溪学案上、下");"北宋五子"之一、洛学的创立者、提倡天理论、具有浑一思想体系的程颢(卷十三、十四"明道学案上、下");"北宋五子"之一、洛学的完成者、具有体用论之分解思想倾向的程颐(卷十五、十六"伊川学案上、下");"北宋五子"之一、学说与二程洛学鼎立、学问规模宏大而富于创见的关学创始人张载(卷十七、十八“横渠学案上、下”)。

(3) 两宋之间的道学传承:程门四大弟子之一、富于创见的同时又夹杂禅学、被黄宗羲视为洛学弟子之首席的谢良佐(卷二十四“上蔡学案”);程门四大弟子之一、洛学南传之第一人、南宋“东南三贤”的师祖杨时(卷二十五“龟山学案”);与谢、杨齐名的程门四大弟子之一、后被视为“程门罪人”的游酢(卷二十六“廌山学案”);程颐晚年的高徒、固守师说的尹焞(卷二十七“和靖学案”);洛学的私淑弟子、与杨时南传洛学同功的湖湘学派创始人胡安国(卷三十四“武夷学案”);杨时的高徒、得洛学之正传的道南学派代表人物罗从彦,以及朱熹之业师李侗(卷三十九“豫章学案”);杨时的高徒、被朱熹批判为杂学的张九成(卷四十“横浦学案”);尹焞的高徒、又受王苹的影响、被视为江西陆学先驱的林光朝(卷四十七“艾轩学案”)。

(4) 南宋道学的高峰:“东南三贤”之首、杨时的三传弟子、综罗百代并对所有学派采取取长补短态度的宋学(道学)集大成者朱熹(卷四十八、四十九“晦翁学案上、下”);“东南三贤”之一、与朱熹齐名的湖湘学派代表人物张栻(卷五十“南轩学案”);“东南三贤”之一、东莱吕氏中原文献之学的集大成者吕祖谦(卷五十一“东莱学案”);江西三陆之学(陆学)的创始人陆九韶、陆九龄兄弟(卷五十七“梭山复斋学案”);江西陆学的完成者、朱熹的劲敌、直承孟子而创立心学的陆九渊(卷五十八“象山学案”)。

(5) 朱陆之后的道学传承:朱熹的高徒、发扬明体达用之实学并被视为朱熹道统继承人的黄榦(卷六十三“勉斋学案”);朱熹的高徒、虽无气焰而学术传承源远流长的辅广(卷六十四“潜庵学案”);朱熹的高徒、浙东永嘉最初的朱子学者陈埴与叶味道(卷六十五“木钟学案”);朱熹晚年的高徒、大力阐扬师说、同时坚守师门而猛烈批判异学(陆学)的陈淳(卷六十八“北溪学案”);私淑朱、张之学的同时,又继承永嘉经制之学的精华,与真德秀齐名而经学造诣更胜一筹的著名学者魏了翁(卷八十“鹤山学案”);推进朱学的官学化、名重一时的朱熹再传弟子真德秀(卷八十一“西山真氏学案”);继承黄榦之传承而被视为朱学正宗的浙东金华朱学代表人物何基、王柏、金履祥、许谦(卷八十二“北山四先生学案”);黄榦的高徒、吴澄(号草庐,1255—1333)的师祖饶鲁[①](卷八十三“双峰学案”);新安朱学的代表人物董梦程、曹

① 饶鲁是黄榦(号勉斋)、李燔(号宏斋)、黄干(号尚斋)、柴中行(号南溪)、强恕的门人,其中黄榦与黄干(繁体字为“幹”)是朱熹不同的两位弟子,并非同一人(“黃榦”与“黃幹”两个姓名在繁简转换后往往都变成了“黄干”,所以容易混淆)。参见(清)黄宗羲原著,(清)全祖望补修《宋元学案》第三册,第2042、2325、2344页;(清)黄宗羲原著,(清)全祖望补修《宋元学案》第四册,第2643、2645、2809、2812页。

泾、马端临(卷八十九“介轩学案”);元代朱学北传的第一人赵复(号江汉,1215?—1306?)与元代北方朱学的代表人物许衡(卷九十“鲁斋学案”);元代南方朱学的代表人物吴澄(卷九十二“草庐学案”)。

(三)补定

所谓“补定”是指某位人物虽已收录在黄氏原本中,但原本只是附在他人(案主)的学案中,或者只是隶属于为某地域学派设置的学案之中,而全祖望将其独立出来别立一学案。补定的学案在现行百卷本的目录中标记为“黄氏原本,全氏补定”,正文中标记为“黄宗羲原本,黄百家纂辑,全祖望补定”。共计28个学案(30卷),其中“水心学案”与“沧洲诸儒学案”各自分成上、下两卷。其卷次、学案名及主要人物如表1-3所示。

表1-3 全祖望补定的学案一览表

卷次	今本学案名	黄氏原本	主要人物
23	荥阳学案	附安定学案	吕希哲
30	刘李诸儒学案	附二程学案	刘绚、李吁等
31	吕范诸儒学案	蓝田学案	吕大临、范育等
32	周许诸儒学案	永嘉学案之一	周行己、许景衡等
33	王张诸儒学案	附康节学案	王豫、张崏等
36	紫微学案	附和靖学案	吕本中
41	衡麓学案	附武夷学案	胡寅
42	五峰学案	附武夷学案	胡宏
43	刘胡诸儒学案	刘胡诸儒学案 (胡宪附武夷学案)	刘勉之、胡宪、刘子翚等
52	艮斋学案	永嘉学案之二	薛季宣
53	止斋学案	永嘉学案之二	陈傅良
54/55	水心学案上、下	永嘉学案(并入)	叶适
56	龙川学案	永康学案	陈亮
62	西山蔡氏学案	附紫阳学案	蔡元定
66	南湖学案	南湖学案	杜煜、杜知仁、车若水等
67	九峰学案	原在西山蔡氏学案	蔡沈
69/70	沧洲诸儒学案上、下	沧洲诸儒学案	李燔、张洽等
71	岳麓诸儒学案	岳麓诸儒学案	胡大时等
73	丽泽诸儒学案	丽泽诸儒学案	叶邽、楼昉等

续表

卷次	今本学案名	黄氏原本	主要人物
74	慈湖学案	附金溪学案	杨简
75	絜斋学案	附金溪学案	袁燮
76	广平定川学案	附金溪学案	舒璘、沈焕
77	槐堂诸儒学案	附金溪学案	傅梦泉、邓约礼等
85	深宁学案	附西山学案	王应麟
86	东发学案	四明朱门学案二	黄震
87	静清学案	四明朱门学案一	史蒙卿
91	静修学案	附北方学案	刘因
93	静明宝峰学案	附金溪学案	陈苑、赵偕

如前所述,修定与次定的学案反映了黄宗羲、全祖望两人的共识,而补定的学案则反映了全祖望在继承黄宗羲思想史体系的同时在思想史观侧重点上与黄氏的分歧。从大的方面可分为以下两种情况。

1. 自成一家之门人后学的分立学案

黄宗羲在其黄氏原本中将某人作为门人、家学、后学附于其师门(案主)的学案之中,没有为其单独设置学案。但在全祖望看来,这些学者各自有其学问宗旨,并不固守师门之旨,已别为一家一派,因此应将他们从师门中独立出来别立一个学案。这当然与黄宗羲在其《明儒学案·凡例》中强调的各人学问自得之“宗旨”的见解一脉相承,黄宗羲在《明儒学案》中也曾为背离王守仁宗旨的王门弟子李材别立了“止修学案”。全祖望在补修《宋元学案》时将这种做法作为一个原则进行了全面贯彻,将黄氏原本中的许多学案进行分割,从而新增加了许多学案 。这里以吕希哲、吕本中及刘因三人为例进行重点分析。

卷二十三“荥阳学案”是全祖望为吕希哲设置的学案,而黄氏原本中吕希哲作为胡瑗的门人原本附于“安定学案”中。东莱吕氏家族的学问(中原文献之学)最引人注目的特征便是朱熹所说的“博杂”。其表现就是吕氏家族的学者们往往不拘泥于一定的师传或一家之说,而是对当时内容各异、观点相反的各个学派,甚至异端的佛道之学也全部采取兼收并蓄的态度加以吸收。从《宋元学案》来看,东莱吕氏家族可谓宋代首屈一指的儒学世家,从第一代的吕公著开始到第七代的吕乔年兄弟为止共计有七代二十二人收录于《宋元学案》中,是《宋元学案》中收录人数最多的家族。[①]吕氏一族中最重要的学者是吕希哲、吕本中和吕祖谦三人。正如全祖望在其序录中所指出的,吕氏第二代的著名学者吕希哲的学问具有"不主一门,不私一说"的特征。具体来说,他先师事焦千之(欧阳修的门人),是欧阳修的再传弟子,其后又师事胡瑗、孙复、邵雍、王安石等人,最终归依于程门(二程洛学),晚年又沉溺于禅学,甚至认为儒、佛二教之道是一致的,但其垂范于后世的思想还是在于儒学。[②]从全祖望的分析可知,吕希哲虽曾师事胡瑗,但其师传与学问非常博杂,而且别有宗旨,与师说不一,因此不应该单单作为胡瑗的门人附在"安定学案"中,应当为其别立一学案。同样,黄氏原本中吕希哲之孙吕本中(卷三十六"紫微学案")原本附在其师之一的尹焞的"和靖学案"中,但在全祖望看来,东莱吕氏虽然转益多师,但其家学向来以"多识前言往行以畜德"为其宗旨,从吕公著开始便已如此,又经吕希哲传到吕本中。吕本中虽曾登程门高足杨时、游酢、尹焞之门,但吕本中所遵守的依然是祖传的这一学术路数。其学不名一师,自成一格。因此,全祖望将吕本中从黄氏原本的"和靖学案"中独立出来,为其设立了"紫微学案"。[③]当然全祖望为吕希哲、吕本中单独设立学案还有其推崇东莱吕学的意图在里面。因为全祖望本人的学问也是以文献之学为基础兼收并蓄各家各派而著称的,

---

① 全祖望与王梓材称东莱吕氏一族自吕公著起共有七代十七人收录在《宋元学案》中。实际上经过仔细统计,从吕公著开始至吕乔年兄弟为止共为七代二十二人,人数在《宋元学案》收录的儒学世家中居首位。而吕祖谦的七世祖、吕公著之父吕夷简生前也曾任宰相,进而吕祖谦的八世祖吕蒙正曾在宋太宗太平兴国二年(977)考中状元并曾担任宰相,他们也都精通儒学,《宋元学案》中未收录他们。如果将吕蒙正、吕夷简加上的话,则吕氏家学就有九代二十四人了。参见卷十九"范吕诸儒学案":"梓材谨案:谢山《札记》:'吕正献公家登《学案》者七世十七人。'考正献子希哲、希纯为安定门人,而希哲自为'荥阳学案'。荥阳子切问亦见《学案》。又和问、广问及从子稽中、坚中、弸中,别见'和靖学案'。荥阳孙本中及从子大器、大伦、大猷、大同为'紫微学案'。紫微之从孙祖谦、祖俭、祖泰又别为'东莱学案'。共十七人,凡七世。然荥阳长子好问,与弟切问历从当世贤士大夫游,以启紫微,不能不为之立传也。"(清)黄宗羲原著,(清)全祖望补修:《宋元学案》第一册,第789页。

② 卷二十三"荥阳学案序录":"祖望谨案:荥阳少年,不名一师。初学于焦千之,庐陵之再传也。已而学于安定,学于泰山,学于康节,亦尝学于王介甫,而归宿于程氏。集益之功,至广且大。然晚年又学佛,则申公家学未醇之害也。要之,荥阳之可以为后世师者,终得力于儒。述'荥阳学案'。(梓材案:'吕侍讲传'及'吕氏杂志','附录'原在'安定学案',谢山'序录'别定为'荥阳学案'。)"(清)黄宗羲原著,(清)全祖望补修:《宋元学案》第二册,第902页。

③ 卷三十六"紫微学案":"祖望谨案:先生历从杨、游、尹之门,而在尹氏为最久,故梨洲先生归之尹氏'学案'。愚以为先生之家学,在多识前言往行以畜德,盖自正献以来所传如此。原明再传而为先生,虽历登杨、游、尹之门,而所守者世传也。先生再传而为伯恭,其所守者亦世传也。故中原文献之传独归吕氏,其余大儒弗及也。故愚别为先生立一'学案',以上绍原明,下启伯恭焉。"(清)黄宗羲原著,(清)全祖望补修:《宋元学案》第二册,第1234页。

与东莱吕氏的文献之学一脉相承。

此外，全祖望为将刘因与许衡区别开来，将赵复及其学问的继承人许衡二人收入卷九十“鲁斋学案”（黄宗羲的黄氏原本称为“北方学案”）中，并将许衡列为“江汉所传”。而为许衡的同门但另立一派的刘因别立了卷九十一“静修学案”（黄宗羲的黄氏原本附入“北方学案”）并称他为“江汉别传”。二程早年的高徒刘绚、李吁及其他程门弟子（卷三十“刘李诸儒学案”）原本附在二程的“明道学案”与“伊川学案”之中；邵雍的弟子王豫、张嵎等人（卷三十三“王张诸儒学案”）原本附在邵雍的“康节学案”中；继承胡安国的家学并致力于佛教批判的胡寅（卷四十一“衡麓学案”），以及继承胡安国的家学、南宋初期儒学造诣最深的学者、湖湘学派的实际创立者胡宏（卷四十二“五峰学案”），还有朱熹早年的老师之一、胡安国的侄子兼弟子胡宪（卷四十三“刘胡诸儒学案”）原本都附在胡安国的“武夷学案”之中；朱门的领袖、主要继承家传律吕象数之学的蔡元定（卷六十二“西山蔡氏学案”）原本附在朱熹的“紫阳学案”（全祖望改称“晦翁学案”）之中；朱熹的高徒与蔡元定的家学、同时继承朱熹理学与家传象数之学的蔡沈（卷六十七“九峰学案”）原本附于其父蔡元定的“西山蔡氏学案”（卷六十二）之中；陆门高徒“甬上四先生”（浙东四明）之一人、被认为颠倒陆学之为学次序（禅学化）的杨简（卷七十四“慈湖学案”），“甬上四先生”之一人、学问较杨简更为纯粹的袁燮（卷七十五“絜斋学案”），“甬上四先生”的另外两人舒璘与沈焕（卷七十六“广平定川学案”），陆门的江西弟子傅梦泉、邓约礼等人（卷七十七“槐堂诸儒学案”）原本都附在陆九渊兄弟的“金溪学案”之中；四明朱学的代表人物之一、真德秀的再传弟子、折中朱吕陆三家之学的浙东大儒王应麟（卷八十五“深宁学案”）原本附在真德秀的“西山学案”之中；元代陆学的代表人物陈苑和赵偕（卷九十三“静明宝峰学案”）原本附在陆九渊兄弟的“金溪学案”之中。

总而言之，全祖望将上述学者从黄氏原本中具有师承或学术渊源关系的相关学案中独立出来并为之设置专门的学案，从而彰显了他们各自的学问宗旨及其思想史地位。

2. 隶属地域学派之学者的独立学案

黄宗羲在《宋元学案》黄氏原本中与其所著《明儒学案》一样，依据地域学派设置了一系列学案，其后全祖望或者将其不拆分而直接以代表人物的姓或号来冠名，或者将其按各学派的代表人物拆分成几个学案，并以其代表人物的姓或号冠名，或者直接继承黄氏原本的地域冠名（一般有“诸儒”二字）。这里以永康学派创始人陈亮为例予以重点分析。

黄氏原本中为朱熹的论敌、浙东永康功利学派的创始人陈亮设置的“永康学派”被全祖望变更为“龙川学案”(卷五十六)。需要指出的是,卷五十六“龙川学案”在目录中标记为“黄氏原本,全氏补定”,但在正文中则标记为“黄宗羲原本,黄百家纂辑,全祖望修定”。两者出现了不一致。依据王梓材的案语,此学案在黄氏原本中被称作“永康学案”,其后全祖望将其改称为“龙川学案”。[①]从其内容来看,陈亮小传之下的黄百家案语实际上是黄氏为此学案所作的序录。[②]由此可见,黄氏原本中已经按地域学派(永康学派)的命名为陈亮设置了“永康学案”,后来全祖望依其以学者的“号”来命名学案的通例将其改称为“龙川学案”,并对其内容进行了稍许修订。因此标记为“补定”或“修定”均有其道理。这里笔者采取目录的标记“补定”。

此外,黄氏原本中为折中关学与洛学的吕大临及范育等其他关学弟子设置的“蓝田学案”被全祖望变更为“吕范诸儒学案”(卷三十一);黄氏原本中为继承洛学与关学、并被视为南宋浙东永嘉学派先驱的周行己(1067—1125)、许景衡(1072—1128)等人设置的“永嘉学案之一”被全祖望变更为“周许诸儒学案”(卷三十二);黄氏原本中为南宋浙东永嘉学派的三位代表人物,包括程门再传弟子、以礼乐制度为主的浙东永嘉学派创始人薛季宣,比薛季宣的学问更纯粹的永嘉学派代表人物之一陈傅良,洗濯永嘉学派的功利之说并否定程朱理学之道统、与朱陆鼎立的永嘉学派集大成者叶适设置的“永嘉学案之二”分别被全祖望分割为“艮斋学案”(薛季宣)、“止斋学案”(陈傅良)和“水心学案”(叶适);黄氏原本中为转变四明史氏的陆学传统、成为四明朱学代表人物之一的史蒙卿(号果斋,鄞县人,1247—1306)设置的“四明朱门学案一”被全祖望变更为“静清学案”(卷八十七);黄氏原本中为四明朱学的代表人物之一、学问造诣深厚的大儒黄震设置的“四明朱门学案二”被全祖望变更为“东发学案”。直接以地域命名的情况包括:卷六十六“南湖学案”(朱熹的高徒杜煜、杜知仁兄弟,再传弟子车若水),卷六十九“沧洲诸儒学案上”(朱熹其他的直接弟子,李燔、张洽、廖德明等)与卷七十“沧洲诸儒学案下”(朱熹的再传弟子),卷七十一

---

① 卷五十六“龙川学案序录”:“祖望谨案:永嘉以经制言事功,皆推原以得统于程氏。永康则专言事功而无所承,其学更粗莽抡魁,晚节尤有惭德。述‘龙川学案’。(梓材案:是卷本称‘永康学案’,谢山定‘序录’改称‘龙川’。又案:龙川在太学尝与陈止斋等为芮祭酒门人。又先生《祭郑景望龙图文》称之曰‘吾郑先生’,则先生亦在郑氏之门矣。)”(清)黄宗羲原著,(清)全祖望补修:《宋元学案》第三册,第1830页。

② 卷五十六“龙川学案”:“百家谨案:永嘉之学,薛、郑俱出自程子。是时陈同甫亮又崛兴于永康,无所承接。然其为学,俱以读书经济为事,嗤黜空疏、随人牙后谈性命者,以为灰埃。亦遂为世所忌,以为此近于功利,俱目之为浙学。”(清)黄宗羲原著,(清)全祖望补修:《宋元学案》第三册,第1832页。

“岳麓诸儒学案”(继承张栻思想的湖湘学派后学胡大时、彭龟年等),卷七十三“丽泽诸儒学案”(继承吕祖谦文献之学的金华学派门人后学)。

从学案的命名来看,上述情况也可说是全氏修补本的一个通例,即学案(党案除外)一般是以案主的名称来命名。具体来说,案主为单个人的情况一般用其号作为学案名,如“庐陵学案”(欧阳修)。案主为多人(“诸儒”)的情况一般将其主要人物的姓氏合起来命名,如“徐陈诸儒学案”(徐谊、陈葵等)。此外也有个别以地域(讲学地)来命名的如“古灵四先生学案”(“闽中四先生”)、“二江诸儒学案”(张栻的蜀中弟子)、“丽泽诸儒学案”(吕祖谦的弟子),“北山四先生学案”(金华朱子学派)。[①]而“荆公新学略”(以创始人加学派名称命名)、“苏氏蜀学略”(以创始人加学派名称命名)、“屏山鸣道集说略”(以创始人加著作名称命名)三个略案则是特例。此外,“西山蔡氏学案”与“西山真氏学案”是因为蔡元定与真德秀均号西山,为了区别开来才在学案名中加上姓氏的。“存斋晦静息庵学案”则是以三位案主的号命名。

① 金晓刚考察指出,以何基、王柏、金履祥、许谦为代表的金华朱子学派在历史上有“何王金许”“金华四子”“金华四贤”“金华四先生”“婺州四先生”“婺州四贤”之类的名号,黄宗羲在编纂《宋元学案》(黄氏原本)时称其为“金华学派”,这种以地域学派命名的称呼合乎历史实际情况。但全祖望在修补《宋元学案》时将其改称为“北山四先生学案”,以“北山四先生”称金华朱子学派是全祖望首创。北山即位于金华境内的金华山,四先生中实际上只有何基是长期讲学生活于此,所以世称何基为“北山先生”,四先生中的其他三位则并非生活于北山(但都生活在金华),因此笼统称“北山”并不适当,或者全祖望是为了强调北山(何基)作为学派开山的地位及其学脉传承才这样命名的。参见金晓刚《朱子世嫡:“北山四先生”名号的层累构造》,《中国社会科学报》2020年10月13日第2版。笔者认为金晓刚的问题意识值得肯定,但其论证及结论则可做进一步的分析。正如全祖望在《宋元学案》中以“甬上”(即明州境内的甬江)或“四明”(即明州境内的四明山)来指代“明州”(即南宋两浙东路中的“庆元府”,今浙江宁波,也是全祖望的家乡),并称四明陆学的代表人物杨简、袁燮、舒璘、沈焕为“甬上四先生”[此称呼为全祖望首倡,见(清)黄宗羲原著,(清)全祖望补修《宋元学案》第三册,第2466页]或“四明四先生”[见(清)黄宗羲原著,(清)全祖望补修:《宋元学案》第三册,第1969页。此称呼最早见于陈栎《定宇集》卷七,见(元)陈栎《定宇集十六卷年表一卷别集一卷》,《景印文渊阁四库全书》第一二〇五册,台北:台湾商务印书馆,1983年,第270页]一样[黄宗羲称其为“明州四先生”,(清)黄宗羲原著,(清)全祖望补修:《宋元学案》第三册,第2553~2554页]。全祖望这里也是用“北山”(即位于金华境内的金华山)来代指金华罢了,而且正像金晓刚所指出的,“北山四先生”确实都曾来往过北山。因此笔者认为全祖望创造的“北山四先生”这一称呼更多体现了全祖望本人的思想及用语倾向,即与黄宗羲重视地域整体的学派传承相比,全祖望更细致入微并强调学派创始人的学术传承,所以在用语及学派命名上常以更细致的山水地名(讲学地)来代称行政区域上的大地名及其地域学派,如上述以“甬上”(水名)或“四明”(山名)代指“明州”,相应地以“甬上四先生”或“四明四先生”代指“明州四先生”,以“北山”(山名)代指“金华”,相应地以“北山四先生”代指“金华四先生”即是其具体体现。

总的来看,全祖望在补定中的上述做法强调了各学派代表人物(案主)自身的学问宗旨和学术地位,史传的色彩非常浓厚,而黄氏原本中黄宗羲的做法则强调了地域学术和学派整体的传承,思想史的色彩比较浓厚。两者各有长短,黄宗羲的做法更注重整体和强调源流,全祖望的做法则更深入细致和强调个性。两者都为现代哲学史、学术思想史的写作提供了范式。

以上所述修定与次定合起来共计31个学案(凡37卷),补定有28个学案(凡30卷),三者合起来即是现行百卷本《宋元学案》中出自黄氏原本的学案,凡59个学案共67卷。从这些学案所包含的学者及其学派构成上看,其中包括作为宋学创始人的胡瑗(湖学)及其弟子徐积、孙复及其弟子石介;作为宋代道学创始人"北宋五子"的周敦颐(濂学)、程颢和程颐(洛学)、张载(关学)、邵雍(象数学);两宋之际传承道学的洛学直接弟子谢良佐、杨时、尹焞、吕大临,洛学的私淑弟子胡安国(湖湘学派),洛学的再传弟子吕本中(附吕希哲、东莱吕学的先驱),罗从彦与李侗(道南学派),胡寅与胡宏(湖湘学派);作为两宋道学高峰的理学集大成者朱熹(闽学),朱熹的讲友和湖湘学派的代表人物张栻、中原文献之学的集大成者吕祖谦(婺学),朱熹的论敌和浙东学派的代表人物薛季宣、陈傅良、叶适(永嘉学派)与陈亮(永康学派)、江西的陆九韶、陆九龄、陆九渊兄弟(陆学、心学);朱陆之后思想界整合时期的朱学直系弟子黄榦、辅广、陈淳,陆学的直系弟子"甬上四先生"(杨简、袁燮、舒璘、沈焕),朱陆的再传弟子与私淑弟子魏了翁与真德秀、何基、王柏、金履祥、许谦(金华朱学)、王应麟、黄震、史蒙卿(四明朱学);元代儒学的代表人物许衡与刘因(北方朱学)、吴澄(南方朱学与朱陆折中者)、陈苑与赵偕(元代陆学)。由此可知,出自黄氏原本的59个学案已经基本囊括了宋元道学的发展脉络、学术流派及其代表人物。

(四)补本

所谓"补本"是指全祖望为黄氏原本中未曾收录的人物新设置的学案,在现行百卷本中共计32个学案(33卷),目录中标记为"全氏补本",正文中标记为"全祖望补本"。其卷次、学案名及主要人物如表1-4所示。

表1-4 全祖望补本的学案一览表

卷次	今本学案名	主要人物
3	高平学案	范仲淹等
4	庐陵学案	欧阳修、刘敞等
5	古灵四先生学案	陈襄、郑穆、陈烈、周希孟
6	士刘诸儒学案	士建中、刘颜等

续表

卷次	今本学案名	主要人物
7/8	涑水学案上、下	司马光
19	范吕诸儒学案	范镇、吕公著等
20	元城学案	刘安世
21	华阳学案	范祖禹
22	景迂学案	晁说之
28	兼山学案	郭忠孝、郭雍
29	震泽学案	王苹
35	陈邹诸儒学案	陈瓘、邹浩等
37	汉上学案	朱震
38	默堂学案	陈渊
44	赵张诸儒学案	赵鼎、张浚等
45	范许诸儒学案	范浚、许翰等
46	玉山学案	汪应辰
59	清江学案	刘靖之、刘清之
60	说斋学案	唐仲友
61	徐陈诸儒学案	徐谊、陈葵等
72	二江诸儒学案	宇文绍节、陈概等
78	张祝诸儒学案	张行成、祝泌等
79	丘刘诸儒学案	丘密、刘光祖等
84	存斋晦静息庵学案	汤千、汤巾、汤中
88	巽斋学案	欧阳守道
94	师山学案	郑玉
95	萧同诸儒学案	萧𣂏、同恕等
96	元祐党案	“元祐党人”
97	庆元党案	“庆元党人”
98	荆公新学略	王安石
99	苏氏蜀学略	苏洵、苏轼、苏辙
100	屏山鸣道集说略	李纯甫、赵秉文

补本中的学案集中体现了全祖望自身的思想史观。与上述黄氏原本中的学案对照来看的话，两者在思想史观上的差异体现得很清楚。如上文所述，从出自黄氏原本的59个学案来看，黄宗羲突破了《伊洛渊源录》与《宋史·道学传》以“北宋五子”(朱子先驱)—朱熹—朱熹门人(朱子后继)为唯一道统传承的程朱理学框架，将作为宋学开山与道学先驱的“宋初三先生”，以及

与朱学对立的江西陆学及浙东事功学派等其他学派的学者也纳入宋元儒学思想史的脉络中并给予其相应的思想史地位,从而使其宋元儒学思想史的框架大体齐备。但正如全祖望在《梨洲先生神道碑文》中所指出的那样,“公(指黄宗羲)以濂洛之统,综会诸家”[①],黄宗羲继承其师明代道学殿军刘宗周的哲学思想,出于其门户之见,无论是在编纂内容上还是思想评论上仍然是以宋代道学主流学派(包括朱学、陆学、吕学、湖湘学派等)为主导,其道学色彩还是很浓厚。而全祖望为了展现宋元儒学思想史的全貌,通过修定、次定、补定从黄氏原本中分立出59个学案,又通过补本的方式另外设置了32个学案。其主要原因是全祖望的学术立场和思想史观较之黄宗羲更为开放和客观,更少门户之见,因此才能进一步突破黄宗羲、黄百家父子的道学思想史体系,广泛采录道学以外的人物或事件,从而展现了宋元儒学思想史的全貌。[②]这一点集中体现在其“补本”所设置的学案当中。其立案标准除了考虑黄宗羲所强调的学派和地域两方面外,还综合考虑了政治、事功等方面的因素。大体可分为以下四种情况。

1. 思想史上的次要学者(陈襄、“三汤”等)

与胡瑗、孙复同时代、在福建复兴儒学的“闽中四先生”——陈襄、郑穆、陈烈与周希孟(卷五“古灵四先生学案”),以及士建中、刘颜、王开祖等其他宋学先驱与齐鲁(京东)、浙东、浙西、闽中(福建)、关中(陕西)、蜀中(成都府路)等各地域学派(卷六“士刘诸儒学案”);继承司马光之刚健的高足刘安世(卷二十“元城学案”),继承司马光之纯粹的高足范祖禹(卷二十一“华阳学案”),继承司马光之数学及邵雍之易学的高足晁说之(卷二十二“景迂学案”);传承《易》《庸》之学并为国捐躯的程门弟子郭忠孝(卷二十八“兼山学案”);将洛学传至浙西(吴郡)并被视为陆九渊心学先驱的程门(程颐与杨时)弟子王苹(卷二十九“震泽学案”);北宋末期学者、夹杂佛道异端思想的洛学私淑弟子陈瓘、邹浩等人(卷三十五“陈邹诸儒学案”);谢良佐的高徒、以象数易学闻名的朱震(卷三十七“汉上学案”),杨时的高徒、夹杂禅学的陈

① 参见(清)全祖望《梨洲先生神道碑文》,《全祖望集汇校集注》,朱铸禹汇校集注,第220页。

② 彭国翔通过考察其新发现的黄宗羲佚著《理学录》,认为从《理学录》中的宋元部分到黄氏原本《宋元儒学案》,再到今本《宋元学案》可视为一个完整的成书过程,指出:“谢山修订和增补《宋元学案》,固然淡化了道统意识,反映了宋元儒学的多样与丰富。但就学派的设置与编排以及人物的学派归属而言,从《理学录》到《宋元学案》中黄氏原本部分的变化,表明梨洲的理学正统意识其实已经有所淡化。谢山修订增补的意义,较之梨洲而言与其说是另起炉灶,不如说是既有方向的有力推进和突破。”参见彭国翔《黄宗羲佚著〈理学录〉考论》,《中共宁波市委党校学报》2011年第4期。

渊(卷三十八"默堂学案");伊洛道学的同调范浚,以及传承中原文献之学的许翰等人(卷四十五"范许诸儒学案");张九成、吕本中的弟子、被视为纯粹儒者的汪应辰(卷四十六"玉山学案");道学"东南三贤"的同调刘靖之、刘清之兄弟(卷五十九"清江学案"),浙东永嘉学派的同调唐仲友(卷六十"说斋学案"),陆学的同调徐谊、陈葵等人(卷六十一"徐陈诸儒学案");继承张栻思想的蜀中后学宇文绍节、陈概、范仲黼等人(卷七十二"二江诸儒学案");邵雍象数易学的后学张行成、祝泌等人(卷七十八"张祝诸儒学案"),与朱陆弟子同时代而师承不详的学者丘密、刘光祖、楼钥、柴中行等人(卷七十九"丘刘诸儒学案");朱陆的再传弟子(真德秀门人)、出入于朱陆之间的鄱阳"三汤"兄弟汤千、汤巾、汤中及其侄汤汉(卷八十四"存斋晦静息庵学案");朱熹的后学欧阳守道及其弟子、为国捐躯的南宋丞相文天祥(卷八十八"巽斋学案");陆学五传与朱熹续传、继吴澄之后和会朱陆的学者郑玉(卷九十四"师山学案");师传不详的萧䡾、同恕等元代朱子学者(卷九十五"萧同诸儒学案")。

2. 与思想界关系密切的政治家和学者(范仲淹、赵鼎等)

庆历新政中推动北宋儒学复兴运动的政治家和学者范仲淹(卷三"高平学案");庆历之后的主要学者,北宋诗文(古文)改革运动的领袖与疑经思潮的倡导者欧阳修、刘敞等(卷四"庐陵学案");"北宋六先生"之一、洛阳旧党领袖与著名学者司马光(卷七、八"涑水学案上、下");司马光的同僚、"北宋六先生"的同调范镇、吕公著等人(卷十九"范吕诸儒学案");南宋初期支持道学(洛学)的政治家赵鼎、张浚等人(卷四十四"赵张诸儒学案")。[①]

3. 被道学排斥的杂学(王安石新学、三苏蜀学等)

作为北宋后期直至南宋初期的官学并与洛学相对抗的王安石新学(卷九十八"荆公新学略");被朱熹视为夹杂佛老异端之杂学的三苏蜀学(卷九十九"苏氏蜀学略");宋元过渡期间、被视作王、苏两派之余波、以李纯甫、赵秉文为代表的金朝儒学(卷一百"屏山鸣道集说略")。

4. 思想界周边的政治事件("元祐党禁"与"庆元党禁")

关系两宋治乱兴亡与学派兴衰的重大政治事件——"元祐党禁"(卷九十六"元祐党案")与"庆元党禁"(卷九十七"庆元党案")。

总之,全祖望为了展示宋元儒学思想史的全貌,在黄氏父子的黄氏原本基础上,分立或补立了许多学案。这些补立学案中的学者,或是在思想史的发展过程中有一定的贡献,但后世鲜为人知,而被黄氏父子所忽视的人物,

① 参见藕蕾《南宋初年"赵鼎集团"研究》,硕士学位论文,河南大学,2020年,第13~70页。

如为胡瑗、孙复及其弟子同时代的宋学先驱“古灵四先生”设立的“古灵四先生学案”以及为士建中等人设立的“士刘诸儒学案”即是其代表;或者虽有名却因黄氏父子的道学立场而被排除在思想史之外的人物,如为王安石的新学设立的“荆公新学略”与为三苏之蜀学设立的“苏氏蜀学略”即是其代表。范仲淹与欧阳修两人虽有名,但范仲淹主要是作为政治家而著名,而欧阳修主要作为文学家和史学家而著名。全祖望将范、欧二人置于宋学的发展脉络中,肯定了其在北宋儒学复兴中所起的推动作用,并为此而特意设立了“高平学案”与“庐陵学案”。此外,全祖望还基于其史学家的立场,模仿大事表的体裁创立了“元祐党案”与“庆元党案”两个党案,从而使作为宋元儒学思想史著作的《宋元学案》在内容上趋于完备。

三、全祖望修补学案的得失分析

最后总结一下全祖望修补学案的得失并分析李觏等人不立学案的原因。

全祖望通过补本的形式设置以上学案,填补了思想史上的大量空白,从而大大扩充了黄氏原本,并确定了全书91个学案共100卷的规模。这样就使宋元儒学的高潮与过渡、主流和支流、正统与异端、中心与周边得以齐备,并很好地交代了宋元儒学史上各学派的来龙去脉,贯穿着编纂者推崇学术思想上的创见(自得)、道德与学问并重(有体有用之实学),以及兼包并蓄的开放思想史观,从而使得《宋元学案》成为完备的宋元儒学思想史著作。因此全祖望才不无自负地说道:“予续南雷《宋儒学案》,旁搜不遗余力。盖有六百年来儒林所不及知,而予表而出之者。”[①]话虽如此,《宋元学案》中的学案设置还有可商榷的余地。特别是全祖望往往没有明确说明其设置学案的标准和理由,造成后世的研究者较难了解其真实意图。比如全祖望在《宋元学案》中似乎没有明确说明为何不给石介、李觏这些为学术界所重视的著名学者单独设置学案的缘由。

目前学术界普遍重视作为庆历新政之同调的李觏(号盱江,1009—1059)的学术思想,特别其关于政治、经济、法制等方面的经世致用思想被认为开其后北宋王安石的政治改革思想及南宋浙东学派的功利思想之先声。[②]李觏本人也被公认为是宋学创始期的代表人物之一,完全有资格单独

---

① 需要注意的是,此处全祖望所说的《宋儒学案》也包括了《元儒学案》,也即指《宋元学案》或《宋元儒学案》全体而言。参见(清)全祖望《蕺山相韩旧塾记》,《全祖望集汇校集注》,朱铸禹汇校集注,第582页。

② (宋)李觏:《李觏集》,王国轩点校,北京:中华书局,2011年,“前言”第1~14页。

立案。全祖望在《宋元学案》不为他设置学案予以表彰，相反却有意忽视其思想史地位的做法不免使人感到遗憾。这当然事出有因。王梓材在其案语中已经指出，全祖望的确曾经为李觏单独设置过“盱江学案”，但后来在定稿时又将其删去而并入范仲淹的“高平学案”中。①关于全祖望删除“盱江学案”这一点，可从作为全祖望定稿纲领的“宋元儒学案序录”中没有“盱江学案”看出。而关于其并入“高平学案”这一点，王梓材修订《宋元学案》时，全氏修补本的“高平学案”的内容除了范仲淹的三传弟子韦许的小传以外已经全部佚失，因此现行《宋元学案》“高平学案”的内容基本上是由王梓材补修的。王梓材在李觏小传下的案语中指出，卢镐所藏全祖望补修本的原稿本中在李觏的门人孙立节的小传之前标记有“盱江”两字，可知全祖望确曾设立过“盱江学案”，再加上卢氏所藏学案原稿本的“序录”中的“士刘诸儒学案序录”中有“江楚则有李觏”一句，可证全祖望原本是将李觏视作宋学初期与胡瑗、孙复同时而在江西（李觏是北宋江南西路建昌军南城人）兴起的一大家，并为其设立一学案的，但后来作为定稿的二老阁郑氏刊本的“宋元儒学案序录”中却删除了这一句，因为全祖望在其定本时将原本为李觏设置的“盱江学案”合并到了为其师范仲淹设置的“高平学案”之中。李觏作为范仲淹门人的依据如全祖望在范纯仁（范仲淹次子）的小传中所指出的，胡瑗、孙复、石介、李觏均曾入范仲淹的门下，李觏的年辈较之石介稍迟，故可视为范仲淹的门人。②这种做法与前述将石介（“徂徕学案”）合并到其师孙复的“泰山学案”的情况相似。实际上全祖望在其定本中确定《宋元学案》的91个学案时，将不单独立案的学者并入其师学案的做法可谓其编纂的一个通例。全祖望删除“盱江学案”的理由，除了使全书的规模不至超出百卷之外，对李觏的思想与人品不太推崇恐怕也是重要原因。③总之，现行百卷本《宋元学案》中将李觏附入其师范仲淹的“高平学案”的做法实际上是王梓材依据全

---

① 卷三“高平学案序录”：“梓材案：‘高平学案’，谢山所特立，而底稿无存。其存者，特文正三传弟子韦深道一传耳。今以史传参补，而移忠宣与及门李端叔传于‘安定学案’以足之。谢山尝立‘盱江学案’，而定本无之，盖已并入此卷。又案：安定、泰山诸儒皆表扬于高平，而高平实发原于睢阳戚氏，故仿谢山述元儒鲁斋‘学案’之推原江汉，而亦先之以睢阳云。”（清）黄宗羲原著，（清）全祖望补修：《宋元学案》第一册，第133页。

② 卷三“高平学案”：“梓材谨案：庐氏所藏《学案》原底，于先生门人孙介夫传标云‘盱江’，知谢山尝立‘盱江学案’。检原底‘序录’，‘士刘诸儒学案’条有‘江楚则有李觏’句，后定刊本又节之，盖以‘盱江’并入‘高平’尔。又案忠宣传、安定、泰山、徂徕、盱江皆客文正门。先生与徂徕辈行较后，以为文正门人可也。”（清）黄宗羲原著，（清）全祖望补修：《宋元学案》第一册，第156页。

③ 如四库馆臣在集部别集类李觏《盱江集》提要中所举李觏作诗嘲笑陈烈躲避妓女一事便显其轻薄。（清）纪昀、（清）陆锡熊、（清）孙士毅等原著总纂：《钦定四库全书总目》下册，第2048页。

祖望设置学案的规则而定的。

此外,依据王梓材的案语可知,全祖望还曾为胡安国的门人胡铨(号澹庵,1102—1180)设置"澹庵学案",并从其著作《澹庵集》中辑录了若干资料,但定稿时又将"澹庵学案"删除,将胡铨附入卷三十四"武夷学案"中胡安国的门下,而且因其原稿的一部分已经佚失,今本《宋元学案》中只有胡铨的小传残留了下来。[①]又全祖望曾经为黄泽(吴澄的同调)的门人赵汸(号东山,1319—1369)设置"东山学案",但定稿时将其删除并将赵汸附在卷九十二"草庐学案"(吴澄)中黄泽的门人之下,而全氏修补本的原稿中这一部分内容已经佚失,其后王梓材依据黄璋校补本对其进行了修补。[②]

综上所述,现行百卷本《宋元学案》中的学案设置完全依据全祖望的意见(序录)而定,其设置学案的标准与黄宗羲在黄氏原本中注重思想流派与地域学术的立场相比既有继承又有突破,在以学术脉络及学术宗旨为主的同时又通盘考虑政治事功、人品道德和整体规模等方面。实际上通观《宋元学案》中的案语评论,全祖望对于学者的学术思想、人品道德、政治事功等因素是并重的(如对于陈亮、杨简的评价),因此对于石介、李觏这样在学术思想上卓然成一大家,但在人品道德上有可议之处的学者因个人不太推崇而没有为其设置单独的学案。而另一方面,像郭忠孝虽在传承程颐易学方面有一定贡献(其子郭雍传其家学),但全祖望为了表彰其为国捐躯之忠义事迹而为其单独设置了一个学案。从这点来看,全祖望设置学案的标准不只限于其人的哲学思想或学术地位等纯学术标准,同时像正史一样也考虑到表彰忠义、气节等人品道德方面的标准。因此,现行《宋元学案》中的学案(包括党案)在形式上与正史的列传(学案与略案)及大事表(党案)近似。作为思想家、哲学史家的黄宗羲[③]与作为史学家的全祖望两人在学术倾向与思想史观上的差异在此也体现得很清楚。

---

① 卷三十四"武夷学案","梓材谨案:先生(胡铨)初事萧三顾,为《春秋》学,复学于胡文定。南迁后作《春秋集善》十一卷,张魏公为之后序。其谪新州时,作《易传拾遗》十卷,宗主程氏而时出新意于《易传》之外,李泰发为之序。见《直斋书录解题》。谢山《学案札记》,胡忠简《易传》十卷。又案谢山底本标题有'澹庵学案'之目,知其于《澹庵集》与其学派必多采录,惜经并入武夷,而其稿不全。"(清)黄宗羲原著,(清)全祖望补修:《宋元学案》第二册,第1188页。

② 卷九十二"草庐学案":"梓材谨案:谢山原底标题有'东山学案'之目,'序录'无之,而并失其稿,兹从姚江补本增入。"(清)黄宗羲原著,(清)全祖望补修:《宋元学案》第四册,第3089页。

③ 黄宗羲虽有自己的哲学思想体系,但一般而言,其哲学思想主要继承自刘宗周,其自身的创见不多。而且其学术非常广博,哲学只是其中的一部分。因此黄宗羲与其说是一个哲学家,还不如说是一个思想家或哲学史家来得更确切一些。参见刘述先《黄宗羲心学的定位》,第1~2页。

第二章　学案表与学者的师承关系

《宋元学案》与《明儒学案》作为中国学案史上的双璧，虽同属学案体著作，但也存在不少差异。如在编纂与论述的方式上，《明儒学案》将重点放在哲学流派、学者的学术宗旨与哲学思想的分析上，哲学史的色彩比较浓厚。而《宋元学案》则将重点放在学术源流与师承关系的分析上，思想史的色彩比较浓厚。[①]作为其具体表现，将师承关系予以图表化的学案表与师承关系的标注可说是《宋元学案》在文献编纂上的一大特色。正如《宋元学案》最后的校订者王梓材在《校刊宋元学案条例》中指出的，"宋、元儒异于明儒。明儒诸家，派别尚少；宋、元儒则自安定、泰山诸先生，以及濂、洛、关、闽，相继而起者，子目不知凡几。故《明儒学案》可以无表，《宋元学案》不可无表，以揭其流派"[②]。《明儒学案》中所载明代儒学大体可分为朱子学（理学）和阳明学（心学）两大流派，或者再加上气学派而形成三足鼎立之势。其相互关系及发展脉络总体来说比较容易把握。而且《明儒学案》中只收录了19个学案（学派）共208位学者，数量不多，其师承关系也简单明了，因此没有特别制作学案表的必要。而《宋元学案》中所载宋元儒学学派自胡瑗（湖学）、孙复（泰山学派），以及濂、洛、关、闽（道学）以来，从大的思潮流派上就有理学、心学、气学、象数之学、事功之学等，小的各家学派则如"百花齐放，百家争鸣"般林立。其学术之繁荣、思想之活跃堪与先秦诸子百家争鸣相媲美。再加上《宋元学案》经过全祖望等人的补修后，收录了

---

① 黄宗羲基于哲学史家的立场，一方面突破了《宋史·道学传》的程朱理学道统框架，对朱学（理学）、陆学（心学）、浙学（事功之学）等各学派一视同仁，从而使得《宋元学案》作为宋元儒学思想史的框架大体齐备，一方面仍然以宋元道学的发展脉络为主线并致力于哲学思想的诠释与评价。其后全祖望基于思想史家的立场，在其补修本中进一步突破了黄宗羲的道学史框架，不仅为思想界的次要人物，甚至为道学所排斥的杂学（新学、蜀学等）、与思想界有密切关系的政治家和倡导者（范仲淹、欧阳修、赵鼎等），以及与思想界密切相关的政治事件（"元祐党禁"与"庆元党禁"）设立了学案、略案或党案，从而使得《宋元学案》的思想史意味非常浓厚。因此冯友兰认为《明儒学案》哲学多于史学，而《宋元学案》则史学多于哲学。参见《中国历史第二次大转变时期思想界中的先行者——黄宗羲》，冯友兰：《中国哲学史新编》第五册，《三松堂全集》第十卷，第299页。

② （清）王梓材：《校刊宋元学案条例》，（清）黄宗羲原著，（清）全祖望补修：《宋元学案》第一册，第22页。

86个学案、2个党案、3个略案,包括2427位学者,其相互关系也极为错综复杂,如果没有学案表将其间的师承关系揭示出来的话,要想把握其学脉和关系就非常困难了。因此《宋元学案》中的学案表及正文中师徒等师承关系的标记就很有必要了。事实上,学案表与师承关系可说是理解把握《宋元学案》的学术谱系表。本章即试图探讨《宋元学案》的学案表及师承关系的内容与特色,进而考察学者的学术思想渊源及其影响力等方面的问题,并阐明《宋元学案》思想史建构方面的意义。

第一节　学者的师承关系及其学术意义

王梓材在《校刊宋元学案条例》中指出:“梨洲、谢山原表仅存数页,余窃为之仿补,以便观览。”[①]可知黄宗羲与全祖望曾经制作过学案表,但现行《宋元学案》中位于各学案之首的学案表基本是由最后的校订者王梓材所增补。黄宗羲编著的《明儒学案》中并没有这种学案表。而其弟子鄞县人万斯同(1638—1702)著《儒林宗派》,将孔子以来直至明末的儒学授受源流与师传关系全部图表化,可谓开其同乡后辈全祖望与王梓材制作学案表之先声。

将《宋元学案》中各学案开头的学案表与正文中的标记合起来看的话,收录在《宋元学案》中的2427位宋元时期的学者之间存在讲友、学侣、同调、家学、门人、私淑、续传、别传、所出、所传、之先、再传、别派、余派、之学、之余等种种关系。再加上学者们往往处于多重网状关系之中,结果总体上就形成了一个庞大的人脉关系网络。

为方便下文讨论,这里先定义一些专门用语。《宋元学案》中每一条具体的师承关系一般由“关系人”加“关系名”构成。例如,“伊川讲友”“伊川门人”中的“伊川”(程颐)为“关系人”,“讲友”与“门人”则为“关系名”。为了厘清这些关系,下面首先对其进行适当地分类。

《宋元学案》中,将某位学者(甲)称作某人(乙)的家学、门人、所传等的时候,此场合中的家学、门人、所传是表示甲乙两者之间存在直接关系的关系名。笔者称这种关系为直接关系。同样在《宋元学案》中,将某位学者(甲)称作某人(乙)的家学、门人、所传等的同时,可能紧接着在其后的括号中追溯至其师(乙)之师(丙),将此学者(甲)称作某人(丙)的“再传”等,如“徂徕门人(泰山再传)”。属于这种情况的术语有再传、三传、四传、五传、六

---

① (清)王梓材:《校刊宋元学案条例》,(清)黄宗羲原著,(清)全祖望补修:《宋元学案》第一册,第22页。

传、七传、八传。这种语境下的再传至八传等是表示甲丙两者间间接关系的关系名。本书中称这种关系为间接关系。依据笔者的统计,《宋元学案》的正文中,直接关系的标记总共出现1170回凡3506人次(许多关系标记下列有多人),间接关系的标记总共出现311回凡1107人次。表2-1是将这些关系的类别、关系名、出现次数、出现人数和人数比率进行整理而得来的。

表2-1 《宋元学案》中的关系名称、人数统计分析表

类别	关系名	次数	人数	人数占比
直接关系	门人	544	2293	65.40%
	家学	293	512	14.60%
	讲友	79	219	6.25%
	学侣	61	138	3.94%
	同调	75	123	3.51%
	续传	72	113	3.22%
	私淑	21	64	1.83%
	之余	4	11	0.31%
	所传	7	9	0.26%
	之学	2	8	0.23%
	再传	3	5	0.14%
	余派	3	3	0.08%
	之先	2	3	0.08%
	别派	1	2	0.06%
	别传	2	2	0.06%
	所出	1	1	0.03%
小计		1170	3506	100.00%
间接关系	再传	113	506	45.71%
	三传	84	364	32.88%
	四传	56	120	10.84%
	五传	31	74	6.68%
	六传	17	27	2.44%
	七传	7	13	1.17%
	八传	3	3	0.28%
小计		311	1107	100.00%

由上表可知,直接关系中门人与家学的出现次数是最多的。家学实质

是具有血缘亲属关系的门人,只不过老师是其父亲或家族长辈罢了。门人与家学合起来占到人数比例的80%。需要注意的是,这种人次比例的位次大体与师承关系中的亲疏程度相对应。间接关系中的位次当然如此(再传→三传→四传→五传→六传→七传→八传),直接关系也大体如此。第一位的门人与第二位的家学是最亲密的师承关系,其下按讲友、学侣、同调、续传、私淑的顺序其关系逐渐变得疏远了。

换个角度来看,这些关系又可分为通例与特例两类。所谓"通例"指门人、私淑、续传、别传、再传(包括三传至八传)等在师承关系中表示一般情况的术语,是《宋元学案》中学者师承关系的主流。与此相对的"特例"则指所出、所传、之先、别派、余派、之学、之余等表示师承关系中特殊情况的术语,可补通例之不足。以下按通例与特例两种情况结合统计分析分别对《宋元学案》中师承关系的内容及其意义进行详细的探讨。

一、师承关系的通例

讲友与学侣——曾经与某人(甲)一起探讨学术的人物(乙)之中,年辈、社会地位或学术地位较高的一般称为此人(甲)的讲友,反之则一般称为此人(甲)的学侣。此外,曾经与某人一起师从某师的同学之间也可互称为学侣。《宋元学案》正文的1170条师承关系的标记中,"讲友"共计出现了79回,"学侣"共计出现了61回。例如,卷八十"鹤山学案"中,针对《嘉兴志》将魏了翁列为辅广与李燔弟子的做法,编纂者黄宗羲、黄百家父子依据《鹤山集》的记载判定魏氏是辅、李二人的讲友。[①]又卷十二"濂溪学案下",黄百家将周敦颐的上司李初平(曾问学于周敦颐)列为周氏之弟子,但后来全祖望则将李初平改列为周敦颐的讲友。这是因为是二人虽是学问上的友人,但李初平是周敦颐的上司,其社会地位较高。[②]学侣的例子如卷八十五"深宁学案"中将王应麟(深宁)之弟王应凤及其学友韩性称为"深宁学侣"[③]。

同调——虽与某人(甲)的学术观点相同或相近,但学问之师承和渊源不同的人物(乙)一般称为此人(甲)的同调。《宋元学案》的正文中,"同调"共出现了75回。例如,卷六十"说斋学案"中称唐仲友为"永嘉同调"。依据全祖望的考证,浙东金华出身的唐仲友是与浙东永嘉学派(以薛季宣、陈傅良、叶适等人为代表)同时代的学者,两者都从事经史制度之学,学术倾向相近。

---

① (清)黄宗羲原著,(清)全祖望补修:《宋元学案》第四册,第2651页。

② (清)黄宗羲原著,(清)全祖望补修:《宋元学案》第一册,第529页。

③ (清)黄宗羲原著,(清)全祖望补修:《宋元学案》第四册,第2867页。

但唐氏当时因公私事务而招致朱熹的反复弹劾,而当时政府的要人(王淮等人)袒护唐氏。政治斗争发展到后来,朱熹及浙东学派的学者(叶适等)被冠以"伪学"的名目打压了下去(庆元党禁)。因此浙东的学者便与唐氏绝交了。所以唐氏与浙东的学者几乎没有交流,称不上讲友或学侣,只能称为同调。其学术思想基本出于地域传承和自得。[①]

家学——某人(甲)的亲族、子孙中继承其学术传承与谱系的人(乙)一般称为此人(甲)的家学。[②]此种情况下,甲方一般是乙方的父辈、兄长或者同族的长辈。《宋元学案》的正文中,"家学"共计出现293回。例如,卷六十七"九峰学案"中称蔡沈(九峰)之子蔡模、蔡杭、蔡权为"九峰家学"[③],卷五十一"东莱学案"中称吕祖谦(东莱)之弟吕祖俭为"东莱家学"[④],卷八十九"介轩学案"中称董梦程(介轩)之族弟董鼎为"介轩家学"[⑤]。

门人[⑥]与私淑——作为正式进入某人(甲)门下受业之弟子并传承其学术之人(乙)称为此人(甲)的门人。没有直接进入某人门下受业但自称弟子并传承其学术之人(乙)称为此人(甲)的私淑。《宋元学案》的正文中,"门人"共计出现544回,"私淑"共计出现21回。门人的例子如卷一"安定学案"中将胡瑗(安定)的太学弟子程颐列为"安定门人"[⑦]。私淑的例子如卷十六"伊川学案"下将程颐的私淑弟子胡安国列为"伊川私淑"[⑧]。

续传与别传——虽非某人(甲)之门人但传承其学术,并且不自称私淑之人(乙)称为此人(甲)的续传。反之,学术原本出自某人(甲)但后来别立一派之人(乙)称为此人(甲)的别传。《宋元学案》的正文中,"续传"共计出现72回。例如,金朝灭亡之后,德安人赵复(江汉)成为元人的俘虏并被带到北方居住。其后赵复建立了周子祠祭祀周敦颐,又在太极书院广收门徒教授

---

① (清)黄宗羲原著,(清)全祖望补修:《宋元学案》第三册,第1954、1960～1961页。

② 董建和、卢香霄指出,所谓"家学"是指建立在"家族"基础上的学术上一辈或几代人间相互继承的教育现象;按照血缘的亲疏关系,又分为直系家学、旁系家学和直旁两系交错的混合家学。直系家学有父子、祖孙、祖父子孙等形式;旁系家学有叔侄、舅甥、外祖孙、内兄弟、岳婿等多种层次;混合家学是直系与旁系、内亲与外亲结合并存的格局。宋代儒学中家学与学派相辅相成,并且与地域、书院、师授、仕进、儒学、家教等因素密切相关。如与家学相关的仕进途径有以家学补荫、以家学征辟为仕、以科举入仕。参见董建和、卢香霄《南宋浙东学派的"家学"源与流》,《浙江师大学报(社会科学版)》1994年第3期。

③ (清)黄宗羲原著,(清)全祖望补修:《宋元学案》第三册,第2211页。

④ (清)黄宗羲原著,(清)全祖望补修:《宋元学案》第二册,第1680页。

⑤ (清)黄宗羲原著,(清)全祖望补修:《宋元学案》第四册,第2972页。

⑥ 参见宋衍申《"门生"的变迁》,《文史知识》1983年第6期。

⑦ (清)黄宗羲原著,(清)全祖望补修:《宋元学案》第一册,第32页。

⑧ (清)黄宗羲原著,(清)全祖望补修:《宋元学案》第一册,第657页。

程朱理学。由其门下姚枢、许衡、刘因等人兴起并大力推广程朱理学。道学(朱子学)作为一个学派从而在北方正式兴起。[①]赵复的学问师传虽不详,但如上所述,他继承了程朱理学并将其北传,因此卷十六"伊川学案下"称其为"伊川续传"[②],卷四十九"晦翁学案下"称其为"朱学续传"[③],卷九十"鲁斋学案"称其为"程朱续传"[④]。此外,卷四十九"晦翁学案下"称方镕、余季芳、俞浙、熊朋来、俞琰诸人为"朱学续传"(朱熹)[⑤],卷五十"南轩学案"称木天骏为"张学续传"(张栻)[⑥],卷五十一"东莱学案"称宋濂与王袆为"吕学续传"(吕祖谦)[⑦],卷八十二"北山四先生学案"称方镕为"朱学续传"(朱熹)[⑧]。

"别传"在《宋元学案》的正文中共计出现了两回,实际上指向同一人。即卷九十"鲁斋学案"与卷九十一"静修学案"中都称刘因为"江汉别传"[⑨],其理由如下。刘因的学问出自赵复,与同门的许衡并称为元代"北方两大儒"。他曾在元朝短暂做官,但其后辞官归隐而终。其学问虽以朱子学为主,但同时又主张博采诸家之长而一以贯之,并不墨守朱学成规。与其同出赵复门下的许衡则终其一生在元朝为官,并长期担任国家最高学府的校长——国子监祭酒之职,数十年间元朝的著名士大夫大抵皆出自其门下。依据黄百家和全祖望的考证可知,刘因对许衡的出处进退(终生在异族统治下的元朝做官)与学术思想(拘守程朱理学而流入章句训诂之学)颇有微词,而且刘因的人格气象(狂狷)和学问路数与赵复、许衡二人不同,已经别为一派。[⑩]因此全祖望将二者区别开来,将赵复及其学问的忠实继承人许衡二人收入卷九十"鲁斋学案"(黄宗羲的"黄氏原本"称为"北方学案")中,并将许衡列为"江汉所传"。而为刘因别立了卷九十一"静修学案"(黄宗羲的"黄氏原本"附入"北方学案"),并称他为"江汉别传"。

再传——即二传弟子(弟子的弟子)。《宋元学案》的正文中,"再传"共计出现了116回,从大的方面可分为两种用法。第一种用法不单独使用而表示所谓的间接关系(共计113回)。即《宋元学案》中称某人(乙)为某人(甲)的家学、门人、所传时,紧接着在其后追溯至其师祖(丙),称此人(乙)为其师

① (清)黄宗羲原著,(清)全祖望补修:《宋元学案》第四册,第2994~2995页。
② (清)黄宗羲原著,(清)全祖望补修:《宋元学案》第一册,第659页。
③⑤ (清)黄宗羲原著,(清)全祖望补修:《宋元学案》第二册,第1599页。
④ (清)黄宗羲原著,(清)全祖望补修:《宋元学案》第四册,第2994页。
⑥ (清)黄宗羲原著,(清)全祖望补修:《宋元学案》第二册,第1646页。
⑦ (清)黄宗羲原著,(清)全祖望补修:《宋元学案》第二册,第1688页。
⑧ (清)黄宗羲原著,(清)全祖望补修:《宋元学案》第四册,第2728页。
⑨ (清)黄宗羲原著,(清)全祖望补修:《宋元学案》第四册,第3008、3020页。
⑩ (清)黄宗羲原著,(清)全祖望补修:《宋元学案》第四册,第3022页。

祖(丙)之再传。这种场合的再传实际上是二传的意思。例如,卷二"泰山学案"中称马默为"徂徕门人(泰山再传)"[①],表明他是石介之师孙复的再传弟子。卷七十四"慈湖学案"中称杨简的长子杨恪为"慈湖家学(象山再传)"[②],表明他是杨简之师陆九渊的再传弟子。卷八十"鹤山学案"中称魏了翁为"范氏所传(朱、张再传)"[③],表明魏了翁是朱熹、张栻的再传弟子。这样进一步追溯下去的话,《宋元学案》中的间接关系可从再传、三传一直推到八传(各自的出现次数参见表2-1)。但是这种做法是一种形式化的"学统谱系",其参考价值与可靠性随着谱系的不断延伸而降低。这也是《宋元学案》的学案表为人所诟病的主要原因。[④]

第二种用法是单独使用而表示所谓的直接关系(共计3回)。这是对于某人来讲,其直接师传不详而只能大概知道其师之师的场合。《宋元学案》中共有5例。如卷三十四"武夷学案"中称张默为"武夷再传"(胡安国)[⑤]。根据其小传及其后全祖望与王梓材的案语可知,张默的师传虽不详,但据说他传承了胡安国的《春秋》之学,又非胡安国的直接授业弟子,因此王梓材将他列为胡安国的再传弟子。[⑥]同样也称曾渐为"武夷再传"。根据其小传及其后全祖望与王梓材的案语可知,曾渐属于湖湘学派,并且曾受到朱熹的批评,但他在胡安国死后二十七年方才出生,不可能是胡安国的直接弟子,因此全祖望认为他可能是胡安国的私淑弟子[⑦],王梓材则将其列为再传弟子。卷七十"沧洲诸儒学案下"称丘富国为"晦翁再传"。其小传中说他"受业朱子之门人"[⑧]。卷八十三"双峰学案"称汪克宽与汪时中二人为"东山再传"[⑨],这是将二人视为其从祖父汪华(号东山)的再传弟子。

二、师承关系的特例

所出与所传——为了表彰案主学问之来源,特意将其师置于案主之前称其为案主学问之所出。《宋元学案》中仅有一例。即卷三"高平学案"中将案主范仲淹(高平)的早年恩师戚同文(睢阳)置于范仲淹之前而称作"高平

---

① (清)黄宗羲原著,(清)全祖望补修:《宋元学案》第一册,第119页。

② (清)黄宗羲原著,(清)全祖望补修:《宋元学案》第三册,第2481页。

③ (清)黄宗羲原著,(清)全祖望补修:《宋元学案》第四册,第2651页。

④ 陈祖武:《中国学案史》,第151页。

⑤ 参见(清)黄宗羲原著,(清)全祖望补修《宋元学案》第二册,第1199页。

⑥ 参见(清)黄宗羲原著,(清)全祖望补修《宋元学案》第二册,第1200页。

⑦ 参见(清)黄宗羲原著,(清)全祖望补修《宋元学案》第二册,第1201页。

⑧ (清)黄宗羲原著,(清)全祖望补修:《宋元学案》第三册,第2344页。

⑨ (清)黄宗羲原著,(清)全祖望补修:《宋元学案》第四册,第2832页。

所出”[①]。反过来则称案主为其学问渊源之所传。如上述范仲淹被称为“睢阳所传”[②]。但戚同文与范仲淹的师承关系经邓广铭考证是有问题的。[③]又如卷九十“鲁斋学案”中将赵复(江汉)置于案主许衡之前,称许衡为“江汉所传”[④]。所传这种师徒关系相比门人而言其学术意义要淡薄一些,一般指早年的入门之师。如王梓材肯定了前述黄宗羲、黄百家父子关于辅广与魏了翁之间系讲友关系的考证,进而依据全氏修补本中卷七十二“二江诸儒学案”所收范子长小传的记载[⑤],判定魏了翁早年所接受的是范氏之传承(“范氏所传”),而与辅广、李燔之间则是同辈的讲友关系,因此在卷八十“鹤山学案”中将案主魏了翁列为“范氏所传(朱、张再传)”。

之先——为了表彰北宋儒学复兴中某地域学派之先驱而将其称为该地域学派之先。《宋元学案》中有两例,都在全祖望所补立的卷六“士刘诸儒学案”中。即为了表彰比张载之关学更早兴起于关中的学者申颜、侯可,全祖望将二人称作“关学之先”[⑥]。全祖望又认为蜀人宇文之邵(学者称止止先生)实际上是范祖禹之蜀学的先驱,因此将其称为“蜀学之先”[⑦]。正如全祖望在“士刘诸儒学案序录”中指出的,“庆历之际,学统四起”[⑧],伴随着范仲淹主持的庆历新政而兴起的北宋儒学复兴运动,是一个上行下效、由点及面、多地开花的发展过程。虽然像申颜、侯可这些开风气之先的地方学者在思想史上没什么名气,但其开拓宋学的历史功绩是值得后人铭记的。

别派——非直接弟子而自称传承某人(甲)之学问但其实别为一派之人(乙)称为此人(甲)学术之别派。《宋元学案》中只有两例。即卷七十八“张祝诸儒学案”中将杜可大、荆□(佚名)称为“邵学别派”[⑨]。邵雍先天象数学的传

---

① (清)黄宗羲原著,(清)全祖望补修:《宋元学案》第一册,第133页。

② (清)黄宗羲原著,(清)全祖望补修:《宋元学案》第一册,第135页。

③ 《论范仲淹的师承——辨〈宋元学案〉所谓“高平所出”》,邓广铭:《邓广铭全集》第八卷,第10~16页。

④ (清)黄宗羲原著,(清)全祖望补修:《宋元学案》第四册,第2995页。

⑤ (清)黄宗羲原著,(清)全祖望补修:《宋元学案》第三册,第2411页。

⑥ (清)黄宗羲原著,(清)全祖望补修:《宋元学案》第一册,第260页。

⑦ (清)黄宗羲原著,(清)全祖望补修:《宋元学案》第一册,第251~252页。

⑧ (清)黄宗羲原著,(清)全祖望补修:《宋元学案》第一册,第251页。

⑨ (清)黄宗羲原著,(清)全祖望补修:《宋元学案》第四册,第2622页。

承源远流长,在思想史占有重要地位。[①]道士杜可大自称在邵雍早死的门人王豫(字悦之,又字天悦)之墓被叛军吴曦盗掘之后,他从盗墓者手中得到了陪葬品中的《皇极经世体要》一篇和《内外观象》数十篇,从而研习并传承了邵雍之学。[②]荆□是隐者,据说曾经教授过邵雍的皇极数学,但其具体传承也不清楚。在黄宗羲、全祖望看来,杜可大及其弟子廖应淮诸人所传的占卜算命之术并非邵雍学术的正宗,只能视作由邵学衍生出的"别派"[③]。这是就他们只言象数而不及义理而言的。邵雍的先天象数学虽源于道士陈抟,但发展至邵雍手里已超越了一般的数术方技,实际上是穷究物理、性理等天地万物之道理的"穷理尽性至命"之道学。[④]因此邵雍才说:"象起于形,数起于质,名起于言,意起于用。天下之数出于理,违乎理则入于术。世人以数而入术,故失于理也。天下之事皆以道致之,则休戚不能至矣。"[⑤]认为道、理是象、数(术)之本,象数只是末,不能本末颠倒。以此来看,杜可大诸人舍义理而言数术方技恰恰是舍本逐末了。与此形成对照的则是继承邵雍理本数末思想的张行成被编纂者视为邵学的续传而列入"百源续传"[⑥]。《宋元学案》编纂者又将张行成列为折中于邵雍象数易学与程颐义理易学之间的谯定的弟子。[⑦]程颐曾指出:"邵尧夫数法出于李挺之,至尧夫推数方及理。"[⑧]也正因此邵雍之象数学虽非道学之主流,却也不失为道学之别派。而邵雍也与二程等人并列为北宋道学创始人("北宋五子")。由此可知《宋元学案》将杜、荆二人列为"邵学别派"[⑨]当包含为道学之别派的邵学正本清源的意图在里面。

余派——《宋元学案》中只有1例。即金朝儒者李纯甫。卷九十八"荆

---

① 周君芸以《宋元学案》《宋史》《邵氏闻见录》《邵氏闻见后录》为主要参考文献,考察了邵雍诸弟子的生平,进而考察了邵雍家学的传承,尤其考证了邵伯温对邵雍学术的贡献与传承。参见周君芸《邵雍弟子考》,硕士学位论文,台湾"中国文化大学",2008年,第67～184页。其研究可以使我们了解邵雍弟子的情况及其思想传承,同时也说明了《宋元学案》在宋元儒学师承授受的相关研究中具有重要的参考价值。

② (清)黄宗羲原著,(清)全祖望补修:《宋元学案》第二册,第1161页。

③ (清)黄宗羲原著,(清)全祖望补修:《宋元学案》第四册,第2623、2616页;(清)黄宗羲原著,(清)全祖望补修:《宋元学案》第一册,第365页;(清)黄宗羲原著,(清)全祖望补修:《宋元学案》第二册,第1161页。

④ (清)黄宗羲原著,(清)全祖望补修:《宋元学案》第一册,第465页。

⑤ (清)黄宗羲原著,(清)全祖望补修:《宋元学案》第一册,第378页。

⑥ (清)黄宗羲原著,(清)全祖望补修:《宋元学案》第四册,第2616～2618页。

⑦ 相关论述参见刘复生《得谯定之"余意"——张行成易学述略》,《宋代文化研究》2016年第0期。

⑧ (宋)程颐、(宋)程颢:《二程集》上册,王孝鱼点校,北京:中华书局,2004年,第197页。

⑨ (清)黄宗羲原著,(清)全祖望补修:《宋元学案》第四册,第2622页。

公新学略”中称其为“王学余派”[1],进而卷九十九“苏氏蜀学略”中称其为“苏学余派”[2]。而其自身的学案卷一百“屏山鸣道集说略”中将两者合起来称之为“王、苏余派”[3]。李纯甫是金朝的文坛盟主。他虽然不是王安石新学与苏氏蜀学的直系弟子,但全祖望认为其学问主要有两个特色,其一是夹杂佛老异端之学(三教合一论),其二是注重文章(文学)。这与新学、蜀学的特征一致,再加上李纯甫对王、苏二人都比较推崇,其学术可视为新学与蜀学在北方的余波。因此,王梓材将他称为“王、苏余派”。

之学——《宋元学案》中有两种情况,即“元祐之学”与“庆元之学”。这是与“元祐党禁”及“庆元党禁”相关的专有名词。即称“元祐党禁”中蒙受蔡京等新党攻击的“元祐党人”之学术为“元祐之学”,称“庆元党禁”中蒙受韩侂胄等人攻击的“庆元党人”之学术为“庆元之学”。《宋元学案》中列为“元祐之学”与“庆元之学”的人物实际上是不属于洛学、闽学等专门学派的学者和大臣(因为列入洛学、闽学等学派的学人都各自有学案及学派收录)。此外,在南宋初期由秦桧(1090—1155)兴起的“绍兴党禁”中,打击所谓的“专门之学”(指二程洛学)。如卷十九“范吕诸儒学案”中称“元祐党人”龚夬、上官均、杜纯、常安民、李深为“元祐之学”[4],卷七十九“丘刘诸儒学案”中称“庆元党人”林大中、游仲鸿、赵巩为“庆元之学”[5]。而卷九十六“元祐党案(附绍兴学禁)”中在列举了包括龚夬、上官均等所谓的“元祐党人”之名册的同时,将章惇、安惇、蔡京、蔡卞等攻击“元祐党人”的大臣称为“攻元祐之学者”[6],又将秦桧、陈公辅等攻击洛学(“专门之学”)的大臣称为“攻专门之学者”[7]。

之余——指不被视为某一学派(或党派)的正传(或正式成员)但信奉该学派(或党派)的私淑或立场相近的同调。《宋元学案》中有4类,即“元祐之余”“张学之余”“朱学之余”“邵学之余”。如上所述,一般称“元祐党人”之学术为“元祐之学”,卷三十五“陈邹诸儒学案”中将陈正、夏侯旄、唐恕、胡宗伋、刘若川、邓名世称为“元祐之余”[8]。其理由是,他们虽未被收录在“元祐党籍”之中,可实际上是“元祐党人”之外从事“元祐之学”的同调,因此称其

---

① (清)黄宗羲原著,(清)全祖望补修:《宋元学案》第四册,第3271页。
② (清)黄宗羲原著,(清)全祖望补修:《宋元学案》第四册,第3313页。
③ (清)黄宗羲原著,(清)全祖望补修:《宋元学案》第四册,第3316页。
④ (清)黄宗羲原著,(清)全祖望补修:《宋元学案》第一册,第804页。
⑤ (清)黄宗羲原著,(清)全祖望补修:《宋元学案》第四册,第2640页。
⑥ (清)黄宗羲原著,(清)全祖望补修:《宋元学案》第四册,第3188页。
⑦ (清)黄宗羲原著,(清)全祖望补修:《宋元学案》第四册,第3194页。
⑧ (清)黄宗羲原著,(清)全祖望补修:《宋元学案》第二册,第1222页。

为“元祐之余”。卷五十“南轩学案”中将私淑张学(张栻)的元儒方敏中称作“张学之余”[1]。卷六十五“木钟学案”中将浙东出身而信奉朱学的元儒章仕尧、史伯璇称作“朱学之余”[2]。卷七十八“张祝诸儒学案”中将传承邵学(邵雍)但又稍有不同的学者祝泌与朱元升称作“邵学之余”[3]。需要指出的是,张栻的岳麓弟子在抗元战争中几乎全部为国捐躯,而邵雍的弟子也不多,浙东则本是与朱学敌对的事功学派之大本营,全祖望将上述诸人称为“张学之余”“朱学之余”与“邵学之余”当是基于表彰其学术传承的意图。

别附——特指背叛师门的门人或后学。这当然包含有编纂者贬斥的意思在里面。《宋元学案》中共有5处。卷四“庐陵学案”中,蒋之奇原本是旧党人物欧阳修的弟子,后来被新党打入“元祐党籍”之中。他为了摆脱此困境,反而弹劾其师欧阳修。[4]卷三十二“周许诸儒学案”中萧振原本是程颐弟子许景衡的门人,当是洛学的再传弟子,但却被列为别附。这是因为南宋初期围绕着宋金战争,主和派的秦桧排斥支持洛学的主战派大臣赵鼎等人,并以“绍兴学禁”的名义打压洛学,萧振隐瞒其师传并依附于秦桧而得到了升迁。[5]此外,卷三十二“周许诸儒学案”中将身为郑伯熊的弟子却在发迹后侮辱其师叔郑伯英的木待问[6],卷六十五“木钟学案”中将原为朱子学者胡长孺的弟子而后背叛朱学转向陆学的浮屠文诚[7],卷九十八“荆公新学略”中将背叛王安石的门人和后学吕惠卿、蔡京、蔡卞、林希、蹇序辰、杨畏列入别附之中。[8]

附传——《宋元学案》卷九十八“荆公新学略”中将王安石之弟王安礼、王安国的小传附在王安石的小传之后称作附传。这当是因为王安礼、王安国均反对新法而与其兄王安石持有不同的政见与学术观点,不能称之为学侣的缘故。[9]

“为新学者”——《宋元学案》卷九十八“荆公新学略”中,将马希孟、方悫、孟厚、王昭禹、郑宗颜、耿南仲、王安中七人作为信奉王安石新学的学者

---

① (清)黄宗羲原著,(清)全祖望补修:《宋元学案》第二册,第1647页。
② (清)黄宗羲原著,(清)全祖望补修:《宋元学案》第三册,第2116页。
③ (清)黄宗羲原著,(清)全祖望补修:《宋元学案》第四册,第2616、2619页。
④ (清)黄宗羲原著,(清)全祖望补修:《宋元学案》第一册,第213~214页。
⑤ (清)黄宗羲原著,(清)全祖望补修:《宋元学案》第二册,第1148~1149页。
⑥ (清)黄宗羲原著,(清)全祖望补修:《宋元学案》第二册,第1156~1157页。
⑦ (清)黄宗羲原著,(清)全祖望补修:《宋元学案》第三册,第2115~2116页。
⑧ (清)黄宗羲原著,(清)全祖望补修:《宋元学案》第四册,第3261~3266页。
⑨ (清)黄宗羲原著,(清)全祖望补修:《宋元学案》第四册,第3253~3254页。

列为“为新学者”[1]。

“元祐党籍”与“庆元党禁”——这是收录在卷九十六“元祐党案”[2]与卷九十七“庆元党案”[3]中列入“元祐党人”和“庆元党人”的名册。

第二节 多重关系与参见法

以上分类举例分析了《宋元学案》中师承关系的各种情况。需要注意的是,《宋元学案》中学者往往处在多重关系网络之中,同一人物必定在其关系人的关系中登场出现,从而造成同一人物反复出现在《宋元学案》中的多个地方。其中一处作为主要场所(主要关系之下),其他地方作为次要场所(次要关系之下),其中属于次要关系之下的正式名称均在后面注明参见其主要关系所在的地方(即参见法)。所谓“正式名称”是《宋元学案》中学者的全称。其构成一般如下所示(当然不少人物的正式名称只具备其中的部分要素):

官职(或谥号)+姓+字(或号)+“先生”+名

例如,“侍讲吕原明先生希哲”这一正式名称的构成如下:

侍讲(官职)+吕(姓)+原明(字)+先生+希哲(名)

又“成公吕东莱先生祖谦”这一正式名称的构成如下:

成公(谥号)+吕(姓)+东莱(号)+先生+祖谦(名)

上述正式名称的构成,《宋元学案》与《明儒学案》是一致的,显然是前者继承后者而来。但正式名称的“参见”则是《明儒学案》所没有的。[4]《宋元学

---

① (清)黄宗羲原著,(清)全祖望补修:《宋元学案》第四册,第3267~3269页。

② (清)黄宗羲原著,(清)全祖望补修:《宋元学案》第四册,第3165~3189页。

③ (清)黄宗羲原著,(清)全祖望补修:《宋元学案》第四册,第3212~3229页。

④ 黄宗羲在正式编纂《明儒学案》与《宋元学案》(黄氏原本)之前,曾编有作为二书之蓝本的《理学录》一书。此书长期不为人所知,甚至被认为已经亡佚。彭国翔于2003年在中国社会科学院文学所图书馆首次发现该书手稿残本。经查,其中已有师承关系的标注及资料的参见说明,这一做法无疑也贯彻到了《宋元学案》的编纂当中。参见彭国翔《黄宗羲佚著〈理学录〉考论》,《中共宁波市委党校学报》2011年第4期。

案》中正式名称的“参见”情况如下所示。

一、“正式名称(别为‘××学案’)”与“正式名称(并为‘××学案’)”

“正式名称(别为‘××学案’)”的场合，指以该学者作为案主单独设立了一个学案，用以提示详情参见“××学案”而此处从略的情形。“别为”在《宋元学案》中共出现280次。例如，吕希哲是胡瑗的门人，因此胡瑗的“安定学案”中“安定门人”这一师承关系下载有其正式名称——“侍讲吕原明先生希哲(别为‘荥阳学案’)”。[①]可知编纂者为吕希哲单独设立了“荥阳学案”，其小传和资料等详见“荥阳学案”，所以这里(“安定学案”)只在相应师承关系下列举其正式名称。

“正式名称(并为‘××学案’)”的场合，指编纂者以包括此学者在内的数人一并作为案主设立了一个学案，所以详情参见该处。“并为”在《宋元学案》中共出现23次。例如，卷五十八“象山学案”的“象山同调”下列举“县令陈叔向先生葵(并为‘徐陈诸儒学案’)”这一正式名称。[②]这是指陈葵的小传或资料等详见卷六十一“徐陈诸儒学案”(陈葵是案主之一)的意思。

二、“正式名称(别见‘××学案’)”与“正式名称(并见‘××学案’)”

“正式名称(别见‘××学案’)”的场合，指该学者的正式名称、小传(事迹)等见于其他学案(该学者非案主)，所以此处从略的意思。“别见”在《宋元学案》中共出现558次。例如，卷三十二“周许诸儒学案”中“景望门人”(郑伯熊)之下记载有“文懿蔡先生幼学(别见‘止斋学案’)”这一正式名称。[③]此指蔡幼学是郑伯熊的门人，而其小传等数据的详情另外收录在“止斋学案”中。查看卷五十三“止斋学案”(陈傅良)的话，蔡幼学列为“止斋门人(袁、徐三传)”，即陈傅良的门人，其下收录有蔡幼学的正式名称“文懿蔡先生幼学”及其小传。

“正式名称(并见‘××学案’)”的场合，指此学者的小传中附有其祖、父、兄弟等亲属的事迹，并且收录在其他的学案中，因此此处从略的意思。“并见”在《宋元学案》中共出现78次。例如，卷五十一“东莱学案”中“东莱门人”(吕祖谦)下收录有“修撰陈北山先生孔硕(并见‘沧洲诸儒学案’)”。[④]查看卷六十九“沧洲诸儒学案上”的话，“晦翁门人(刘、李再传)”之下正收录有

---

① (清)黄宗羲原著，(清)全祖望补修：《宋元学案》第一册，第42页。
② (清)黄宗羲原著，(清)全祖望补修：《宋元学案》第三册，第1929页。
③ (清)黄宗羲原著，(清)全祖望补修：《宋元学案》第二册，第1156页。
④ (清)黄宗羲原著，(清)全祖望补修：《宋元学案》第二册，第1685页。

“修撰陈北山先生孔硕(祖禧、父衡)”这一正式名称及其小传,小传中附载有其祖父陈禧及其父陈衡的相关记载。

三、“正式名称(附见‘××学案’)”

这种情形指某人的正式名称在该学案中虽不出现,但其生平事迹附在该学案他人的小传中。“附见”在《宋元学案》中共出现9次。例如,卷六“士刘诸儒学案”在“刘氏门人”(刘颜)之下有“县令曹先生起(附见‘泰山学案’)”这一正式名称。[①]其意思是指曹起是刘颜的门人,而其事迹附在“泰山学案”中某位学者的小传中。查看卷二“泰山学案”中有“县尉李先生缊(附曹起)”的记载,其下李缊的小传末尾果然附有曹起的生平事迹。[②]

四、“正式名称(见下‘××××’)”与“正式名称(见上‘××××’)”

以上所述都是参见其他学案的情形,此处则是某个人物的正式名称在同一学案中重复出现两次以上的情形。这种场合下,“正式名称(见下‘××××’)”或者“正式名称(见上‘××××’)”标记出现的情形表示当事人的次要师承关系(次要关系),而其主要师承关系(主要关系)则见于同一学案中的下文(见下)或上文(见上)。“见下”在《宋元学案》中共出现25次。如卷六十六“南湖学案”中“敬斋家学”(车瑾)之下记载有“聘君车玉峰先生若水(见下‘立斋门人’)”。[③]这表示车若水学术师承自其父车瑾的家学,而其小传或思想资料等则载于同卷下文“立斋门人”(杜范)下所收录的“聘君车玉峰先生若水”之后。[④]这种情形下,对于车若水来说,“敬斋家学”是其次要关系,“立斋门人”是其主要关系。“正式名称(见上‘××××’)”则是主要关系在同卷上文之中,因此小传或思想资料等也见于该处的情形。“见上”在《宋元学案》中共出现62次。如卷三“泰山学案”中“徂徕门人(泰山再传)”之下记载有“县令姜至之先生潜(见上‘泰山门人’)”。[⑤]这表示姜潜是石介的“门人”,而其小传或思想资料等则载于同卷上文“泰山门人”(孙复)下所收录的“县令姜至之先生潜”之后。[⑥]这种情形下,对于姜潜来说,“徂徕门人”是其次要关系,而“泰山门人”是其主要关系。

---

① (清)黄宗羲原著,(清)全祖望补修:《宋元学案》第一册,第263页。

② (清)黄宗羲原著,(清)全祖望补修:《宋元学案》第一册,第117页。

③ (清)黄宗羲原著,(清)全祖望补修:《宋元学案》第三册,第2127页。

④ (清)黄宗羲原著,(清)全祖望补修:《宋元学案》第三册,第2128页。

⑤ (清)黄宗羲原著,(清)全祖望补修:《宋元学案》第一册,第119页。

⑥ (清)黄宗羲原著,(清)全祖望补修:《宋元学案》第一册,第115页。

五、“正式名称(详见《明儒学案》)”

王梓材在案语中指出:“谢山与郑南溪论《明儒学案》事目云:‘杨文元公之学,明初传之者尚盛。其在吾乡,桂文裕公彦良、乌先生春风、向献县朴,其著也,是为慈湖四传之世嫡,宜补入“逊志学案”之前。’盖谢山又有意修补《明儒》而未暇,每于《宋元儒》之末补而附之。且所谓四传世嫡,皆在宝峰之门,亦可见宝峰之为三传矣。”[①]可知全祖望生前本有修补黄宗羲《明儒学案》的意向,虽然最终无暇从事于此,但全祖望在补修黄宗羲、黄百家父子所编纂的黄氏原本《宋元学案》时通过将《明儒学案》所漏载的明初儒者附于《宋元学案》末尾的方式,间接对《明儒学案》进行了补修。如上述王梓材引全祖望之语,卷九十三“静明宝峰学案”中收录有全祖望的鄞县(宋代称四明或明州,今属浙江宁波)同乡、元代陆学的代表人物赵偕(号宝峰,杨简的三传弟子)的小传。全祖望又在同卷中附上了赵偕的门人桂彦良(1321—1387)、乌本良(人称春风先生,?—1372)、向朴(洪武末年曾为知县,建文帝时因抵抗朱棣而死)的小传。这些人均为元末明初人,是杨简的四传弟子。在全祖望看来,这些学者实际上是元末明初传承四明陆学的重要人物,本来应当收录在《明儒学案》中被视为明儒开山(见刘宗周《师说》)的方孝孺(号逊志,1357—1402)之前。然而黄宗羲编纂的《明儒学案》中收录的明代四明陆学人物只有颜鲸(1515—1589)一人[②],从而导致从元末至颜鲸之间四明陆学的传承脉络不明。因此全祖望在补修《宋元学案》时特意补上了这些学者并明确了他们在思想史上的位置。实际上《明儒学案》中以方孝孺为明儒之开山的做法是基于刘宗周及其弟子黄宗羲表彰方氏的忠义与学术思想的意图,与全祖望注重地域学术传承的思想史立场有所不同。[③]然而作为以治地方史著称的史学大家,全祖望力图表彰同乡先贤学术之苦心以及其重视思想史传承脉络的做法是值得我们注意的。

还有一种情况是,某些明朝初年的学者虽然已经收录在《明儒学案》中,但其正式名称仍被收载于《宋元学案》中。其事迹和思想资料当然可参见

---

① (清)黄宗羲原著,(清)全祖望补修:《宋元学案》第四册,第3098页。

② (清)黄宗羲:《明儒学案》,沈芝盈点校,北京:中华书局,2008年,第1605页。

③ 参见王宇《方孝孺与黄宗羲对明代理学开端的构建——兼论宋濂不入〈明儒学案〉》,吴光主编:《黄宗羲与明清思想》,上海:上海古籍出版社,2006年,第282～283页;王宇又指出,黄宗羲以方孝孺空前绝后的死节事件作为明代理学的开端,其意图是确立明代理学与宋代理学分庭抗礼的地位,参见王宇《试论〈明儒学案〉对明代理学开端的构建》,《中共浙江省委党校学报》2007年第4期。

《明儒学案》。这种情况一般标记为“正式名称(详见《明儒学案》)”。这种情况在《宋元学案》中有以下3例。卷七十四“慈湖学案”的“遁翁门人”之下收录有“佥宪黄南山先生润玉(详见《明儒学案》)”。[①]黄润玉(字孟清,鄞县人,1389—1477)的小传与思想资料收录在《明儒学案》卷四十五“诸儒学案上三”中。[②]卷八十二“北山四先生学案”的“潜溪门人(朱、刘七传)”之下收录有“文正方正学先生孝孺(详见《明儒学案》)”。[③]方孝孺的小传与思想资料收录在《明儒学案》卷四十三“诸儒学案上一”之中。[④]卷八十九“介轩学案”的“郑氏门人(晦翁八传)”之下收录有“教谕赵考古先生谦(详见《明儒学案》)”。[⑤]赵谦(号考古,1351—1395)的小传与思想资料收录在《明儒学案》卷四十三“诸儒学案上一”之中。[⑥]又如上所述,《宋元学案》中表示师承关系的术语有门人、再传、三传乃至八传,其中属于七传、八传的人物往往是元末明初的儒者。如上文中列为“潜溪门人(朱、刘七传)”的方孝孺,以及列为“郑氏门人(晦翁八传)”的赵谦等。如前所述,这除了全祖望有意将《明儒学案》中漏掉的明儒附入《宋元学案》的意图之外,也体现了其一贯的思想史立场。总的来说,全祖望的这种做法不仅弥补了《明儒学案》之不备,而且使得《宋元学案》与《明儒学案》相贯通,由此宋元明三代儒学的全貌与发展脉络方才明晰起来。[⑦]

---

① (清)黄宗羲原著,(清)全祖望补修:《宋元学案》第三册,第2520页。

② (清)黄宗羲:《明儒学案》,第1067页。

③ (清)黄宗羲原著,(清)全祖望补修:《宋元学案》第四册,第2807页。

④ (清)黄宗羲:《明儒学案》,第1041页。

⑤ (清)黄宗羲原著,(清)全祖望补修:《宋元学案》第四册,第2989页。

⑥ (清)黄宗羲:《明儒学案》,第1048页。

⑦ 柳诒徵在1943年对全祖望将一些明代儒者附在《宋元学案》中的做法提出批评,指出这样做固然是因为编纂者认为宋儒学统直贯元明,而明儒中名声较著、门户特起者则入《明儒学案》,但如果考察源流,附见于《宋元学案》之末者固然是出于程、朱、吕、陆诸大儒之传承,但收入《明儒学案》的明代河东、崇仁、白沙、阳明又何尝不是传承自宋儒呢?因此柳诒徵主张当时重编的《四朝学案》中应该改正这种混淆朝代的附见,将学者的断代区分清楚。参见《审查〈宋元学案〉报告书》,柳诒徵:《柳诒徵文集》第十二卷,北京:商务印书馆,2018年,第344～345页。柳诒徵的看法当然不无道理,但《宋元学案》附见个别明儒(基本是浙东学派学者)的思想史意识仍然值得肯定。而且由于《明儒学案》是先作的,全祖望是想通过此举弥补《明儒学案》之不足。

第三节　学者身份、关系的统计及其学术意义

由以上分析可知，学者的师承关系可说是贯穿整部《宋元学案》的一大特色要素，在研究宋元儒学思想史的脉络上有重要的参考价值。但与此相伴也出现了不少问题。一方面两位学者之间的具体关系存在难以判断的情形，一方面师承关系在学者的思想形成过程中所起的作用也不可一概而论。因为“师傅领进门，修行在个人”，个人独特思想的形成与发展尤其如此。师承固然重要，但其作用不能过分夸大。学者的学术发展主要还是得靠个人自证自修自得。[①]在注重道德涵养而非知识传承的宋明理学发展过程中尤其如此。事实上，学者间师承关系的有无与其思想间的联系未必完全对应。不少师徒在学术思想上往往不尽一致，而非师徒之间学术思想也有可能存在继承关系或影响。而且每位学者在其一生中一般会与多位学者交往并互相影响，甚至转益多师。因此在处理这个问题时，必须从思想史发展的脉络、当时学术界的状况、个人的出身（包括性格等资质）与交友，及其主观的努力等多方面加以考察。

如前所述，编纂者明确了《宋元学案》中所有学者的师承与身份等多重关系，那么接下来就出现了多重关系中如何选取主要关系的问题。这个工作可分为两步。第一步是确定主要关系所属的关系名，第二步是在此关系名下的多个具体师承关系中选取一个作为其主要关系（如果只有一个师承关系当然不用选择）。其中第一步选取主要关系所属关系名的优先级大体上与表2-1中关系名的人数占比大小的次序一致。即门人→家学→讲友→学侣→同调→续传→私淑……的顺序。也就是在多重关系中一般选择亲密程度最高的那个关系名作为其主要关系的关系名。例如，某位学者拥有门人、家学、讲友、同调等多重关系，一般选择门人为其主要关系，其他情况依次类推。接下来进行第二步，如果该学者在此关系名下有多个师承关系的话（如同时是多位学者的门人），则依据具体情况选取其中对该学者思想形成影响最大或起关键作用的那个师承关系作为其主要关系（参见下文对程颐等人的师承关系的分析）。其他均作为次要关系。其中单独设立了学案的学者一般在其作为案主的学案中标记为主要关系。这样，《宋元学案》中

---

① 如岛田虔次在论述明代阳明后学泰州学派李贽的师承关系时指出，每个学者都是基于自身的体认从头开始发展自身的思想，而学者的师承与其思想发展往往并不一致。参见[日]岛田虔次《中国近代思维的挫折》，甘万萍译，南京：江苏人民出版社，2008年，第186～187页。

学者的关系就显得主次分明而秩序井然。在此基础上,我们通过统计学者所属的师承关系、身份可以考察学者的学术渊源(先驱与同辈),进而通过统计师承关系中出现的学者(关系人)次数可以考察该学者的学术影响力(同辈与后继)。

一、学者所属的师承关系及其学术渊源

依据笔者的统计,《宋元学案》中拥有师承关系的学者共有2368人,他们的正式名称在《宋元学案》中共出现了3689次。其中正式名称出现次数最多的是东莱吕氏家族中的著名学者吕希哲。其正式名称在《宋元学案》中总共出现了14次。正式名称出现次数第二多的是同属于东莱吕氏一族的著名学者吕祖谦。其正式名称在《宋元学案》中共计出现了11次。此外,东莱吕氏一族中的另一位著名学者吕本中的正式名称也出现了9次。东莱吕氏一族不愧为宋元时代首屈一指的儒学世家(有关东莱吕氏家学的传承及其学术宗旨,笔者将在其他著作中详细探讨,此处不再赘述)。下面举程颐、张载、朱熹、张栻四人的师承关系及其学术渊源为例进行分析。

宋代道学的实际创始人、"北宋五子"之一的程颐的正式名称在《宋元学案》中出现了9次。如表2-2所示。

表2-2 程颐的师承关系一览表

卷次	学案名	师承关系	关系人	正式名称
1	安定学案	安定门人	胡瑗	正公程伊川先生颐(别为"伊川学案")
8	涑水学案下	涑水讲友	司马光	正公程伊川先生颐(别为"伊川学案")
10	百源学案下	百源学侣	邵雍	正公程伊川先生颐(别为"伊川学案")
12	濂溪学案下	濂溪门人	周敦颐	正公程伊川先生颐(别为"伊川学案")
12	濂溪学案下	程氏家学	程珦	正公程伊川先生颐(别为"伊川学案")
14	明道学案下	明道学侣	程颢	正公程伊川先生颐(别为"伊川学案")
15	伊川学案上	胡周门人	胡瑗、周敦颐	正公程伊川先生颐
18	横渠学案下	横渠学侣	张载	正公程伊川先生颐(别为"伊川学案")
96	元祐党案	"元祐党籍"	"元祐党人"	正公程伊川先生颐(别见"伊川学案")

由此表可知,程颐幼承庭训,承其父程珦的家学,后来又师从周敦颐、胡瑗而成为其门人,又与政治地位更高的司马光为讲友,与邵雍、张载及

其兄程颢为学侣，同时他又卷入新旧党争中，晚年名列“元祐党籍”之中。除了“元祐党人”之外，其余的关系人都是影响程颐思想形成的重要人物。其中程颐在自己的“伊川学案”中被标记为胡瑗、周敦颐的门人（“胡周门人”）。这作为编纂者认定的主要师承关系，无疑与程颐的思想相符合。周敦颐是程颐早年的老师，引领二程进入圣学之门，使二程确立了成圣成贤的学问目标（当然，关于周程的授受关系，自古以来就存在争议）。胡瑗则是程颐在太学读书时的授业恩师。程颐在周敦颐、胡瑗的引领下打下学问基础，后来又与司马光、邵雍、张载及程颢相切磋，由于程颐在道学的创始人“北宋五子”中享年最久，与其兄程颢一起开创了后来成为官方意识形态的道学，在程颢、张载等大儒去世后，在道学的建构及教育弟子上都取得了超越时贤的贡献，从而最终成为道学的奠基人和实质意义上的创立者。[①]

宋代道学的另一位奠基人、名列“北宋五子”之一的张载的正式名称在《宋元学案》中出现了7次。如表2-3所示。

表2-3　张载的师承关系一览表

卷次	学案名	师承关系	关系人	正式名称
3	高平学案	高平门人	范仲淹	献公张横渠先生载（别为“横渠学案”）
5	古灵四先生学案	古灵同调	陈襄	献公张横渠先生载（别为“横渠学案”）
8	涑水学案下	涑水讲友	司马光	献公张横渠先生载（别为“横渠学案”）
10	百源学案下	百源学侣	邵雍	献公张横渠先生载（别为“横渠学案”）
14	明道学案下	明道学侣	程颢	献公张横渠先生载（别为“横渠学案”）
16	伊川学案下	伊川学侣	程颐	献公张横渠先生载（别为“横渠学案”）
17	横渠学案上	高平门人	范仲淹	献公张横渠先生载

由此表可知，张载是范仲淹的门人，因为范仲淹曾手授《中庸》给年轻气盛的张载，劝他钻研儒家义理而不要热衷于功名，因此范仲淹可说是张载的入门老师。但张载后来的学问一方面是自己努力钻研，泛滥于佛老诸子，而后返求于六经而自得之，一方面又是通过与司马光、邵雍、程颢、程颐、陈襄这几位思想倾向相近的道学家相切磋而形成的。编纂者在张载自己的学案

① 参见［日］土田健次郎《道学の形成》，东京：创文社，2002年，第399～400页。

“横渠学案”中将其列为范仲淹门人。作为张载的主要师承关系人,范仲淹只是张载早年的入门老师,并非严格意义上的授业老师。这和上面将程颐列为周敦颐门人相似,虽然不无争议,但也可备一说。事实上,范仲淹与张载的师承关系比起周敦颐和二程的师承关系还要更弱一些。[①]因为二程是奉父命早年受学于周敦颐,在其语录中有受学的明确记载,而且二程成年后与周敦颐也有论学(所谓“周程授受关系”问题,详见本论一第四章第二节及第三节中的相关论述)。

宋代理学集大成者朱熹的正式名称在《宋元学案》中出现了10次。如表2-4所示。

表2-4　朱熹的师承关系一览表

卷次	学案名	师承关系	关系人	正式名称
39	豫章学案	延平门人(胡、程四传)	李侗	文公朱晦庵先生熹(别为“晦翁学案”)
39	豫章学案	韦斋家学	朱松	文公朱晦庵先生熹(别为“晦翁学案”)
43	刘胡诸儒学案	白水门人(马、程三传)	刘勉之	文公朱晦庵先生熹(别为“晦翁学案”)
43	刘胡诸儒学案	籍溪门人(伊川三传)	胡宪	文公朱晦庵先生熹(别为“晦翁学案”)
43	刘胡诸儒学案	屏山门人	刘子翚	文公朱晦庵先生熹(别为“晦翁学案”)
46	玉山学案	玉山学侣	汪应辰	文公朱晦庵先生熹(别为“晦翁学案”)
48	晦翁学案上	延平门人(杨、胡再传)	李侗	文公朱晦庵先生熹
50	南轩学案	南轩讲友	张栻	文公朱晦庵先生熹(别为“晦翁学案”)
51	东莱学案	东莱讲友	吕祖谦	文公朱晦庵先生熹(别为“晦翁学案”)
97	庆元党案	“庆元党籍”	“庆元党人”	文公朱晦庵先生熹(别为“晦翁学案”)

由此表可知,朱熹是李侗、刘勉之、胡宪、刘子翚的门人,汪应辰的学侣,张栻、吕祖谦的讲友,其学问承自朱松的家学,同时又名列“庆元党籍”之中。朱熹幼承其父朱松之庭训,14岁时又遵父亲的遗命师从刘勉之、胡宪、刘子

① 范立舟指出,《宋元学案》中记载的范仲淹、张载的师徒关系(即所谓手授《中庸》的说法)的记载出自吕大临的《横渠先生行状》。但这一记载在年龄、时间、地点上都存在问题,不足为据。参见范立舟《范仲淹、张载思想授受关系的历史考察》,《人文杂志》2017年第3期。

翚三先生问学，但三先生的学问都杂于禅而不纯。直至24岁时师事杨时的再传弟子李侗之后，朱熹方才摆脱了异端之学（禅学）并继承了道学（洛学）之正统。34岁时李侗去世后朱熹又通过与张栻、吕祖谦等道学家之间的切磋讲学而最终集理学之大成。晚年则因与韩侂胄的政治斗争而遭遇“庆元党禁”。由此可见，编纂者对于朱熹师承关系的判定与朱熹思想的形成与发展脉络是一致的。在为朱熹设立的“晦翁学案”中以“延平门人（杨、胡再传）”作为朱熹的主要师承关系无疑是恰当的。

与朱熹、吕祖谦齐名的南宋道学“东南三贤”之一人的张栻，其正式名称在《宋元学案》中出现了7次。如表2-5所示。

表2-5　张栻的师承关系一览表

卷次	学案名	师承关系	关系人	正式名称
20	元城学案	顺宁门人（涑水四传）	刘芮	宣公张南轩先生栻（别为“南轩学案”）
42	五峰学案	五峰门人	胡宏	宣公张南轩先生栻（别为“南轩学案”）
44	赵张诸儒学案	紫岩家学（程、苏三传）	张浚	宣公张南轩先生栻（别为“南轩学案”）
44	赵张诸儒学案	元龟门人（邵、程四传）	王大宝	宣公张南轩先生栻（别为“南轩学案”）
49	晦翁学案下	晦翁讲友	朱熹	宣公张南轩先生栻（别为“南轩学案”）
50	南轩学案	五峰门人（杨、胡再传）	胡宏	宣公张南轩先生栻
51	东莱学案	东莱讲友	吕祖谦	宣公张南轩先生栻（别为“南轩学案”）

由此表可知，张栻承传其父张浚（谯定门人、张九成讲友）的家学，之后又成为刘芮（尹焞、胡安国门人）、王大宝（赵鼎门人）、胡宏（杨时、侯仲良门人、胡安国家学）的门人，是朱熹、吕祖谦的讲友。张浚是抗金名将，以事功思想见长，开湖湘学派的经世致用传统。①胡宏作为湖湘学派实质意义上的创始人，其理学思想对张栻有重要影响。张栻也在胡宏之后成为湖湘学派的领袖。因此编纂者在张栻的“南轩学案”中将“五峰门人”（胡宏门人）作为张栻的主要师承关系。张栻后来又通过与朱熹、吕祖谦的切磋交往共同将南宋道学推向了高潮。尤其与张栻的学术交流对朱熹哲学思想的成熟起到

① 参见杨国宜《儒学世家、抗金名帅张浚的事功思想》，《月读》2017年第11期。

了非常重要的作用。[①]

表2-6是按照《宋元学案》中正式名称的出现次数所做的学者名称出现次数的统计(按降序排列)。

表2-6 《宋元学案》中的学者正式名称出现次数统计表

次数	学者名	人数	总次数
14	吕希哲	1	14
11	吕祖谦	1	11
10	陈瓘、舒璘、朱熹	3	30
9	陈傅良、程颐、吕本中	3	27
8	袁燮	1	8
7	晁说之、胡安国、胡大时、张洽、张栻、张载、邹浩	7	49
6	陈亮、陈沂、程颢、范纯仁、楼钥、陆九渊、饶鲁、汪应辰、魏了翁、杨简、曾几、张端义、周端朝	13	78
5	车若水、范祖禹、方耒、胡宏、胡一桂、黄庭坚、黄震、李燔、李埴、林光朝、刘清之、吕大忠、吕公著、吕希纯、潘畤、彭龟年、沈焕、沈有开、舒衍、宋濂、苏昞、田述古、王遇、吴澄、徐谊、叶采、叶适、赵汝愚、真德秀、朱光庭	30	150
4	鲍颎、蔡幼学、曹建、陈刚、陈渊、陈苑、董梦程、范仲黼、范子该、方畴、方翥、丰稷、辅广等	71	284
3	安刘、孛术鲁翀、蔡仍、蔡沈、蔡元定、晁补之、陈淳、陈均、陈孔硕、陈舜俞、陈武、陈埴等	145	435
2	安焘、包逊、包扬、包约、鲍葆、鲍观、鲍淮、鲍浚、鲍深、鲍偕、彪虎臣等	510	1020

① 陈来指出:“张栻(南轩)是朱子学前期形成期的重要创始人之一。他曾从胡宏问学,聪明早慧,在青年时代已在理学上达到较高的造诣。乾道初年朱子曾数次就理学的中和已发未发问题向张栻请教,以了解湖湘学派在这种问题上的看法和结论。乾道三年(1167)朱子到长沙与南轩会面,共论太极中和之义,此后二人成为思想学术交往最深的友人。乾道五年(1169)之后,吕祖谦亦参与其中,形成朱、张、吕为核心的南宋道学的交往网络,而朱、张、吕的思想主张共同形成了乾淳道学的主流。”又指出:“但我们必须看到,朱子学这一体系,在其形成过程中,张南轩是核心的参与者而且做出了重要的贡献。”参见陈来《乾道后期道学理论的建构:以朱子及张南轩的太极解义为中心》,复旦大学上海儒学院编:《儒释道思想的现代诠释》,北京:生活·读书·新知三联书店,2021年,第43页。

续表

次数	学者名	人数	总次数
1	安实、安熙、安煦、敖继公、白栋、白炎震、包恢、包希鲁、鲍若雨等	1583	1583
合计		2368	3689

由上可知,《宋元学案》中正式名称的出现次数显示了这些学者学术渊源(师传、学友等)的复杂性,而且著名学者往往拥有多个师传或学友。这些师友渊源关系为我们分析了解这些学者思想的形成与发展脉络提供了非常有用的线索。

二、师承关系中的关系人及其学术影响

其次,变换考察的角度,从关系人的立场来探讨一下。所谓"关系人"是指某个师承关系中关系名之前的那位学者。例如,"晦翁讲友""晦翁门人"这两个师承关系中关系名——"讲友""门人"之前的"晦翁"即为关系人(朱熹)。关系人是属于此师承关系的学者之学术同辈或前辈。因此,统计《宋元学案》中所有学者作为关系人在其所属师承关系中的分布及其出现次数,可以分析和比较作为关系人的学者的学术活动的活跃程度及其影响力。为此笔者用数据库统计了《宋元学案》中拥有师承关系的2368人(共出现3689次)关联的所有关系人。统计分析得知,《宋元学案》中的关系人总共有740人。其中出现次数在28次以上的总共有24人。其具体关系构成及其人数分布如表2-7所示。

表2-7 《宋元学案》中关系人的关系构成一览表

单位:人

关系人	讲友	学侣	同调	家学	门人	私淑	续传	之余	再传	别派	合计
朱熹	10	3	6	4	222	14	12	2	1	0	274
陆九渊	0	8	4	1	91	2	7	0	0	0	113
程颐	3	4	0	2	84	12	5	0	0	0	110
吕祖谦	3	2	5	2	92	1	2	0	0	0	107
张栻	6	4	6	3	69	13	2	1	0	0	104
杨简	7	2	0	1	59	2	2	0	0	0	73
胡瑗	0	3	10	0	48	1	2	0	0	0	64
杨时	6	0	0	3	47	0	1	0	0	0	57
黄榦	13	0	0	2	35	0	0	0	0	0	50

续表

关系人	讲友	学侣	同调	家学	门人	私淑	续传	之余	再传	别派	合计
许谦	0	2	1	2	40	0	0	0	0	0	45
司马光	6	2	11	5	14	3	3	0	0	0	44
邵雍	2	3	0	3	21	3	6	2	0	2	42
叶适	0	5	0	0	36	0	0	0	0	0	41
陈亮	3	1	1	0	34	0	0	0	0	0	39
胡安国	7	0	1	7	22	0	0	0	2	0	39
吴澄	2	0	3	1	32	0	0	0	0	0	38
赵偕	2	1	0	0	33	0	0	0	0	0	36
陈傅良	0	6	3	1	24	0	1	0	0	0	35
程颢	0	3	4	0	24	2	1	0	0	0	34
魏了翁	7	4	0	2	20	0	0	0	0	0	33
尹焞	4	0	0	0	24	1	0	0	0	0	29
袁燮	5	0	0	2	20	2	0	0	0	0	29
许衡	2	0	2	2	22	0	0	0	0	0	28
真德秀	4	0	0	1	22	0	1	0	0	0	28

例如,朱熹(晦翁)作为关系人在《宋元学案》的所有师承关系中,总计出现了274次。其中,朱熹的讲友有10人(标记为“晦翁讲友”)[①],朱熹的学侣有3人(标记为“晦翁学侣”)[②],朱熹的同调有6人(标记为“晦翁同调”[③]与“朱、张同调”[④])、朱熹的家学有4人[标记为“晦翁家学(杨、胡三传)”][⑤]、朱熹的门人有222人[标记为“晦翁门人”[⑥]、“晦翁门人(刘、李再传)”[⑦]、“朱、刘门人(李、胡再传)”[⑧]、“朱、

① (清)黄宗羲原著,(清)全祖望补修:《宋元学案》第二册,第1587页。
② (清)黄宗羲原著,(清)全祖望补修:《宋元学案》第二册,第1588页。
③ (清)黄宗羲原著,(清)全祖望补修:《宋元学案》第二册,第1591页。
④ (清)黄宗羲原著,(清)全祖望补修:《宋元学案》第三册,第1939页。
⑤ (清)黄宗羲原著,(清)全祖望补修:《宋元学案》第二册,第1591页。
⑥ (清)黄宗羲原著,(清)全祖望补修:《宋元学案》第二册,第1592页。
⑦ (清)黄宗羲原著,(清)全祖望补修:《宋元学案》第三册,第1979页。
⑧ (清)黄宗羲原著,(清)全祖望补修:《宋元学案》第三册,第2020页。

吕门人(李、汪再传)”[①]、“朱、叶门人(李、郑再传)”[②]、“朱、石门人(刘、李再传)”[③]、“朱、林门人(刘、李再传”)[④]],朱熹的私淑有14人(标记为“晦翁私淑”[⑤]),朱熹的续传有12人(标记为“朱学续传”[⑥]、“晦翁续传”[⑦]、“程朱续传”[⑧]),朱熹的再传有1人(标记为“晦翁再传”[⑨]),其他情况有2人(标记为“朱学之余”[⑩])。此外前述的再传乃至八传所属的间接关系中,朱熹作为间接的关系人也是出现最多的。由此可知,与朱熹存在师承关系的学者人数是《宋元学案》中最多的。特别是其门人数量达222人,是排第二位的陆九渊的两倍还要多。[⑪]这个统计与朱熹作

---

① (清)黄宗羲原著,(清)全祖望补修:《宋元学案》第三册,第2053页。

② (清)黄宗羲原著,(清)全祖望补修:《宋元学案》第三册,第2087页。

③ (清)黄宗羲原著,(清)全祖望补修:《宋元学案》第三册,第2123页。

④ (清)黄宗羲原著,(清)全祖望补修:《宋元学案》第三册,第2220页。

⑤ (清)黄宗羲原著,(清)全祖望补修:《宋元学案》第二册,第1597页。

⑥ (清)黄宗羲原著,(清)全祖望补修:《宋元学案》第二册,第1599页。

⑦ (清)黄宗羲原著,(清)全祖望补修:《宋元学案》第四册,第2972页。

⑧ (清)黄宗羲原著,(清)全祖望补修:《宋元学案》第四册,第2994页。

⑨ (清)黄宗羲原著,(清)全祖望补修:《宋元学案》第三册,第2344页。

⑩ (清)黄宗羲原著,(清)全祖望补修:《宋元学案》第三册,第2116页。

⑪ 陈荣捷通过广泛搜集并考订文献,共找出朱子门人487人。《宋元学案》当然是其主要参考资料之一。由我们的考察可知,《宋元学案》中收录的朱子门人达222人,几乎占到陈荣捷所查找到的朱子门人总数的一半,由此可见《宋元学案》搜集文献之广泛与学术价值之一斑。参见[美]陈荣捷《朱子门人》,台北:台湾学生书局,1982年,第1~27页。当然,正如廖明飞所指出的,陈荣捷先生在书中共论列629人,并将明代以来文献记载中的142人剔除出朱子门人之列,所以实得487人,但其具体人物的取舍也不无可议之处。主要问题是有些人物的记载未能与朱子的《文集》《语类》等原始文献比对核查,从而导致误判。再加上区分门人与非门人、门人与讲友的关系标准存在一定的主观性,所以不能完全置信。参见廖明飞《陈荣捷〈朱子门人〉商兑》,《思想与文化》2017年第1期。这虽然是对陈荣捷的《朱子门人》的批评,但同样也适用于《宋元学案》。由我们的考察可以看出,《宋元学案》对师承关系的分类、审定及其人物的取舍虽然存在个别问题,但总的来说是非常严谨和恰当的。如程继红即主要依据黄宗羲等人编纂的《宋元学案》和王梓材等人编纂的《宋元学案补遗》,并参考陈荣捷《朱子门人》、方彦寿《朱熹书院门人考》列出了朱熹的门人及后学。参见程继红《宋元朱熹门人及后学籍贯地理分布与朱子学传播区域》,《朱子学刊》2008年第0期。最近邓庆平依据《朱子语类》《文集》等原典文献,参考《宋元学案》,按照从学阶段的早中晚三个时期,对朱子门人的整体情况进行了细致的统计和分类,指出中期寒泉精舍的创建及朱子的讲学活动标志着朱子学派的正式创立,此后朱子门人数量不断增加;而从地域分布来看,则以福建、江西、浙江门人为多。参见邓庆平《朱子门人与朱子学》,北京:中国社会科学出版社,2017年,第41~69页。此外,罗伽禄以《宋元学案》为基础,结合方志及实地调查所得的材料考察了朱熹的南城籍门人傅梦泉、包扬、包约、包逊、周良等人的事迹,并对朱熹与这些弟子及南城县的关系进行了分析。参见罗伽禄《朱熹与南城关系考析》,《朱子学刊》2003年第0期。海内外考证朱熹弟子的相关著作介绍参见陈国代《朱子门人知多少》,肖峥主编,武夷学院朱子学研究中心编:《朱子百题》,厦门:厦门大学出版社,2018年,第298~300页。

为宋元两代影响力最大的思想家这一事实相符合。排在朱熹之后出现次数较多的学者有陆九渊(与朱熹齐名的心学创始人)、程颐("北宋五子"之殿军、理学的奠基人)、吕祖谦("东南三贤"之一、吕氏家传中原文献之学的集大成者)、张栻("东南三贤"之一、湖湘学派的代表人物),以上五人出现次数都在百次以上,明显超出其他学者一截,不愧为宋代学术影响力最大的一流学者,笔者认为可称此五人为《宋元学案》中的"道学五大家"。排在此五人之后的杨简(陆九渊的得力门人)、胡瑗(宋学的创立者)、杨时(程颐的得力门人、道南学派的创立者)、黄榦(朱熹的大弟子和道统继承人)、许谦("北山四先生"之一、金华朱学的代表人物)等人也都是宋元两代的著名思想家。这项统计的结果实际上表明了他们在宋元两代学者间的学术交往的活跃程度及其影响力。统计排名的次序可说基本上与这些学者及其学派的学术地位及其影响力相符合。概括来说,一方面,南宋时,理学的集大成者朱熹与其讲友(吕祖谦、张栻)及弟子(黄榦等)在当时的思想界中拥有最多的门徒、讲友和最大的学术影响力,其次是心学的创立者陆九渊及其弟子(杨简等),即朱陆两派可说是当时最为兴盛的。朱熹的论敌、"浙东学派"的叶适、陈亮、陈傅良等人虽说也有不小的学术影响力,但还是比不上朱陆两派。另一方面,在北宋时,程颐、胡瑗、司马光、邵雍等学者的学术影响力较大。特别是程颐作为"北宋五子"的殿军,是道学实质意义上的创始人,在北宋的学术影响力首屈一指。而胡瑗作为宋学的开创者和当时最有名的教育家也有很大的影响力。

以上,本章以《宋元学案》的学案表及其正文标识中学者间的师承关系为对象,围绕其内容与学术意义进行了论述。其中与学者的同辈相关的关系有讲友(地位较高的学友)、学侣(地位相同或较低的学友)、同调(学术上的赞同者)。如"学者所属的师承关系及其学术渊源"中所论述的那样,与某位学者所属师承关系及身份(门人、家学、讲友、学侣、再传、三传等)相关的关系人,是对该学者的思想形成起了重要作用的人物(学术先驱与同辈)。如"师承关系中的关系人及其学术影响"中所论述的那样,与关系人之间存在种种师承关系(讲友、学侣、同调、家学、门人、私淑、续传等)的人物是从关系人那里受到学术影响,并且对该学者(关系人)的思想传播起了一定作用的人物(学术同辈与后继)。总的来看,《宋元学案》中的学者都处在"先驱→同辈→后继"这样一种关系序列中,从而完整建构了宋元儒学思想史发展脉络与学术传承谱系。由此,学案表与正文中的师承关系、正式名称的标记在标明《宋元学案》中登场的数量庞大的学者间错综复杂之相互关系的同时,其整体作为不可分割的统一体形成了一个庞大而有序的学术圈人脉关系网络[①],从而在研究宋元儒学思想史的发展脉络及学者的学术活动等方面为我们提供了极为有用的线索[②]。

---

① 罗祎楠(Luo Yinan)指出自内藤湖南提出唐宋变革论以来,学界普遍使用的"国家—地方"框架是解释宋代以后历史发展及其连续性的最重要模式,此外还有"州—地方精英"模型,但这些模型都存在一些不足。罗祎楠认为封建社会中后期复杂的内部连续性在中国的持续统一中发挥了关键作用,内藤湖南等人强调的中央政府权力的增加以维持封建社会中后期的统一,以及Hartwell和Skinner等人强调的地方权力上升背景下中央权力的衰落,这两种相反的解释都不完整。为此罗祎楠试图用"网络"概念来解释这种连续性,这是来自社会学的一个理论视角。网络理论把人际关系作为基本的研究单元,其他单元如阶层(如地方精英)、团体组织等只是建立在网络上的二级分析单元。其网络框架主要是权力的文化联系,在同一个网络中的人们有相似的状态和认同,同时一个人可能属于多个网络并有不同状态(身份、地位)。罗祎楠试图用网络的转变和延续来解释唐宋的过渡和近世中国的连续性。See Yinan Luo, "A Study of the Changes in the Tang-Song Transition Model", *Journal of Song-Yuan Studies*, No. 35 (2005), pp. 99-127.笔者认为,上述唐宋变革及连续(传承)性中的网络理论与我们这里探讨的《宋元学案》中基于师承关系构建的学术关系网络体系有其相通的地方,虽然上述学者关注的是中国近世政治文化层面的延续性,我们这里关注的是近世学术思想(具体来说是儒学)层面的延续性。因此,笔者认为《宋元学案》中的学案表及师承关系的分析也可视为解释宋元明学术转型及其传承(延续性)的一种网络模型。

② 如朱汉民、毛晨岚在考察南宋湖湘学派代表人物张浚、张栻父子创建城南书院前后的讲学活动及其门人的地域分布和社会阶层等方面的特征时,《宋元学案》中收录的张栻门人及相关记载即是其主要参考资料。参见朱汉民、毛晨岚《南宋城南书院门人考》,《大学教育科学》2017年第1期。又如湖南省文史研究馆馆员陈先枢在其新浪博客中发表文章《湖湘学的形成:濂学北传和二程之学南传》(该文未在任何期刊上发表,后来被搜狐网下的大同思想网转载),认为濂学北传和二程之学南传是湖湘学派形成的思想渊源。其主要依据是《宋元学案》中记载的从周敦颐到张栻的师承关系,即周敦颐→程颢、程颐→谢良佐、杨时、侯仲良→胡安国→胡宏→张栻。又如张其凡依据《粤大记》《宋元学案》《宋元学案补遗》等书的相关记载考察了宋代岭南(两广)主要理学家的生平事迹。参见张其凡《宋代岭南主要理学人物缕述》,《暨南学报(哲学社会科学)》1995年第3期。又如沈莹莹在考察《宋元学案》中相关学案的基础上,搜集其他资料,论述了对汪氏思想有重大影响的人物和汪氏的交游。参见沈莹莹《汪应辰师友交游渊源略论及汪氏著作流传情况》,硕士学位论文,北京大学,2005年。又陈国代编纂的《朱子学关涉人物裒辑·拱辰集》中收录了包括朱熹的前辈、同辈、后辈弟子在内的古今中外历代朱子学相关人物(包括现代朱子学研究者),而《宋元学案》即是其主要参考资料之一。参见陈国代编纂《朱子学关涉人物裒辑·拱辰集》,北京:大众文艺出版社,2008年。

第三章　文献资料的编纂体例及其学术意义

关于《宋元学案》的文献学研究，学术界目前的研究主要包括《宋元学案》的成书过程、内容校勘、编纂体例及其渊源等方面。但一方面目前学术界关注较多的是黄宗羲与全祖望两人的编纂工作，对于黄百家、王梓材等其他编纂者的工作则论述很少；另一方面，已有的研究多是零星举例式的，还缺乏基于《宋元学案》全文的统计分析与理论诠释，从编纂方面对于资料内容所做的全面分析。因此本章以作为《宋元学案》内容主体的小传、思想资料和附录三个部分为中心，探讨《宋元学案》的编纂工作及其得失，冀以深化对于《宋元学案》的编纂体例及其学术价值的认识。

第一节　小传的编纂体例及其学术意义

经笔者统计，《宋元学案》中共为2427位宋元时期的人物立有小传，其中一部分小传是包括数人在内的合传，所以《宋元学案》中总共有2272条小传。这些小传的内容一般由姓名、字、与已经收录于《宋元学案》中的某学者的亲属关系或师承关系、籍贯或出生地、通过科举所获得的资格或官职、生平事迹或学术活动、言论、评论、著作、相关参考资料等部分构成。与正史等史书中的传记相比较的话，《宋史》重在传达与人物相关的完整史实，《宋元学案》则因其学术思想史的性质而更强调人物自身的学术活动或人格气象等方面。①

一、小传的编纂及其文献来源

伴随着《宋元学案》复杂坎坷的成书历程，小传的编纂从开始直至最终完成经历了若干阶段。依据最后的编纂者王梓材所作的《校刊宋元学案条例》，出自黄宗羲、黄百家父子等人编纂的黄氏原本的小传在最终成书的百卷本《宋

---

① 参见苏子敬等的《“宋元学案研读会”期中报告》（第36页）和《“宋元学案研读会”年度成果总报告》（第85页），2008年8月1日至2009年7月31日。

元学案》中都没有特别标记，而全祖望在出自黄氏原本的小传基础上若有所补修，则在末尾标明为“修”，如果黄氏原本中原本没有此小传，则在全祖望补立的小传末尾标明“补”字①。据此统计可知，全书2272条小传之中由全祖望补修的小传有167条，由全祖望所补充的小传有416条。此外还有35条小传出自黄璋校补本，文中标明为“从黄氏补本录入”。全祖望在其生前虽大体完成了《宋元学案》的修补工作，但由于主客观条件的限制，仍存在种种疏漏，而且全氏死后其补本原稿中部分内容在流传过程中已经佚失。因此，到王梓材等人修补全氏修补本的时候，存在某位学者的思想资料已经辑录而其小传已经散佚的情况；存在某位学者的事迹已经记载于《宋史》等史书之中，而全祖望只列举其名却未据以作传的情况；存在某位学者的门人、弟子已有小传而这位学者本身的小传却告阙如的情况；存在文中已说某位学者的事迹参见别的学案而他自己的学案中却遗漏其小传的情况。王梓材等人在将这些缺漏一一修补的同时，还在小传的末尾一一注明了其所依据的文献来源。其标记是“参某书”②。全书的小传之中有697条的内容是由最后的编纂者王梓材等人补修的。除去以上由全祖望、黄璋、王梓材等所作的小传，2272条小传中有1024条出自黄氏原本。王梓材所补的697条小传都注明了出处，统计可知其一共引用了178种文献，其中引用3次以上的文献有51种，有一条小传同时引用了《史传》与《宁波府志》两种文献。其名称与引用次数如表3-1所示。

表3-1　《宋元学案》小传中引用次数3次以上的文献统计(王梓材补)

书名	次数	书名	次数	书名	次数	书名	次数
史传	192	闽书	7	鹤山文集	4	四库全书总目提要	3
姓谱	82	黄文献集	6	勉斋文集	4	宋诗纪事	3
宁波府志	16	楼攻媿集	6	周益公集	4	台学源流	3
朱子文集	12	真西山集	6	赤城新志	3	天启慈溪志	3
宋文宪集	10	叶水心集	6	东都事略	3	温州府志	3
延祐四明志	10	四明文献集	5	东阳县志	3	象山文集	3
道南源委	9	经义考	5	斐然集	3	续资治通鉴	3
江西人物志	9	成化四明志	4	归潜志	3	至正四明志	3
两浙名贤录	9	东莱遗集	4	宝庆四明志	3	鲒埼亭集外编	3
台州府志	9	金华先民传	4	金华贤达传	3	吴礼部集	3
王忠文集	9	伊洛渊源录	4	刘后村集	3	杨龟山集	3
儒林宗派	8	袁蒙斋集	4	北溪文集	3	括苍汇纪	3
江西通志	7	浙江通志	4	清容居士集	3	直斋书录解题	3

① (清)王梓材:《校刊宋元学案条例》,(清)黄宗羲原著,(清)全祖望补修:《宋元学案》第一册,第21页。

② (清)黄宗羲原著,(清)全祖望补修:《宋元学案》第一册,第22页。

此外,引用两次的文献共有39种:《蔡氏九儒书》《陈止斋集》《慈湖遗书》《戴九灵集》《道命录》《道园学古录》《姑苏志》《鹤林玉露》《胡五峰集》《吉安府志》《江南通志》《解春雨集》《金华府志》《柳待制集》《隆庆东阳志》《龙川文集》《鲁斋遗书》《南昌府志》《南涧甲乙稿》《浦阳人物记》《饶州府志》《邵氏闻见录》《氏族谱》《四朝闻见录》《四明文献录》《苏滋溪集》《温州旧志》《咸淳临安志》《杨诚斋集》《姚牧庵集》《鄞县志》《张文穆文》《真西山文集》《朱韦斋集》《北窗炙輠》《慈溪县志》《戴剡源集》《郡斋读书志》《絜斋文集》。

又引用一次的文献共有87种:《安徽通志》《宝云堂集》《草堂寺题名》《晁济北鸡肋集》《晁景迂集》《晁氏客语》《程氏遗书》《诚斋荐士录》《春秋集解自序》《辍耕录》《慈溪旧志》《戴氏铣说》《定宇集附录》《东坡文集》《东山行状》《东维子文集》《读书工程述语》《范忠宣集》《分省人物考》《福建通志》《福宁府志》《福清儒林传》《郝陵川集》《弘治湖州志》《宏简录》《徽州府志》《会稽续志》《畿辅通志》《鸡肋集》《嘉靖金华志》《嘉泰会稽志》《涧泉日记》《金仁山集》《可言集考》《兰溪县志》《濂溪志》《林霁山集》《临川文集》《临江府志》《闽大纪》《明一统志》《乔孔山文集》《清敏遗事》《人物考》《儒林录》《上虞县志》《绍兴府志》《沈定川集》《师山文集》《师山遗文》《四明旧志》《宋元通鉴》《苏平仲说》《孙烛湖集》《资治通鉴》《通志堂经解序》《桐庐县志》《万历内阁书目》《万历严州志》《王华川集》《王秋涧集》《温公传家集》《歙县志》《仙游县志》《象山集》《象山年谱》《新安文献志》《新喻县志》《熊勿轩集》《徐始丰稿》《许圭塘集》《薛浪语集》《严陵志》《大清一统志》《夷白斋集》《遗民录》《元遗山集》《袁蒙斋文集》《袁清容集》《张氏春王正月考》《赵东山集》《哲宗实录》《真文忠集》《周礼订义》《周易会通跋》《竹洲集附录》《滋溪文集》。

由上述可知,王梓材为了作这697条小传共计引用了178种文献资料。其范围包括经部的经书如《春秋集解》《周礼订义》等;史部的纪传体正史(即所谓史传,主要指《宋史》)、编年体史书如《续资治通鉴》《哲宗实录》等,地理类的地方志如《宁波府志》《延祐四明志》等,传记类的学术史传如《伊洛渊源录》《道南源委》《儒林宗派》等,目录类书籍如《经义考》《四库全书总目提要》等;子部的类书如《姓谱》(《万姓统谱》的简称)等;集部别集类的文集如《朱子文集》《宋文宪集》等。其参考文献涵盖了经史子集四部的书籍,涉及范围十分广泛。从引用数量上来看,元代官修的《宋史》(史传)与明代凌迪知编撰的《万姓统谱》是其主要依据,但从种类上来说,还是以地方志与宋元学者的文集为其资料的主体,尤其是《宁波府志》《延祐四明志》等全祖望与王梓材的家乡四明(又称明州,今浙江宁波)相关的地方志引用较多。这些资料往往可据以修订补充《宋史》等官修史书记载之不足,因而也提高了《宋元学案》中小传的史料价值。[①]值得注意的是，这些资料只是这697条小传的文献来源，数量不到全部小传(2272条)的三分之一。全书所有小传所引用的文献种类当然要超过这个数目，但其文献的种类及其构成应该与上面的分析相差不大。

黄宗羲在其编著的《明儒学案》“凡例”中说：“是编皆从全集纂要钩玄，未尝袭前人之旧本也。”[②]这句话同样也适用于《宋元学案》的编纂。黄宗羲本人自不必说，其他编纂者如黄百家、全祖望、王梓材等人也都继承了黄宗羲的严谨治学态度，即尽量不贪求便利从存在讹误和割裂的《性理大全书》等二手文献中转引抄录资料，而是直接从各个学者的全集与方志、年谱等相关书籍中提炼选取一手文献资料(当然有些记载及资料只见于二手文献的除外)，进而在此基础上做了大量考订工作。由于宋代学术文化昌盛，再加上刻书、图书出版业的发达，以及私人藏书、读书、著书的兴盛[③]，虽然历经战乱等各种磨难，但宋元时代学者的相关文集与著作等仍然有浩如烟海的庞

① 当然，由于《宋元学案》的小传多系杂糅正史及各种相关史料而成，来源复杂，其中难免存在一些真伪相杂、良莠不齐的问题。如梁思乐考察了包括《宋元学案》在内的五种范祖禹传记，指出《宋元学案》中的范祖禹小传系以《宋史》的传记为基础加以补充而来，但其补充的史料来源系稗官野史，再加上编纂者全祖望偏袒旧党(如范祖禹)压抑新党的立场影响，导致范祖禹小传的记载过于理想化，与史实不尽符合。这些瑕疵当然不足以否定《宋元学案》传记的史料价值，只是说明对其也要加以具体分析，不可一味轻信。参见梁思乐《事实与记述——五种范祖禹的传记的分析》，《中国文化研究所学报》2010年第50期

② 《明儒学案发凡》，(清)黄宗羲：《明儒学案》，沈芝盈点校，北京：中华书局，2008年，第14页。

③ 李弘祺探讨了宋代生活与文化中的三个重要方面：纸张和印刷材料的使用增加，阅读大众的兴起，以及严肃藏书的开始。作者希望突出一个以知识取向而自豪的文化生活，并帮助我们理解宋代文人对读书的喜爱和博学的渴望，最终这也为新儒家思想的兴起奠定了基础。概括来说，宋代士大夫受到统治者及社会的最大尊重。宋代是人类历史上第一个进入大规模生产和消费纸张时代的文明，也是第一个大规模传播印刷材料的文明。由于读者群的增长，对书籍的喜爱成为一种职业，其中许多人是应试者，从而促使了文人学者阶层的形成和意识形态的控制和统一。由此带来的教育的财富成为文人的政治权力，并促使他们创造一种生活方式。这种文人文化集中体现在文人创作的文本或以他们的名义写的作品中。这些环境最有利于书籍的收藏和欣赏。伴随着对书籍的狂热，宋代在国家和个人层面都进行了前所未有的大量的印刷项目。与对书籍文本准确性的关注相关的是文本批评的兴起。古典学(包括版本、目录、校勘、文字、音韵、训诂及基于文本的哲学思想诠释)进入一个新高度，并促使新儒学的突破成为可能。See Thomas H. C. Lee, “Books and Bookworms in Song China: Book Collection and the Appreciation of Book”, *Journal of Song－Yuan Studies*, No. 25(1995), pp. 193－218.

大数量留存到了黄宗羲、全祖望等人编纂的时代[①],因此对其搜寻、寓目并从中选录文献资料便成了一项非常浩大的学术工程。而且在没有现代化图书文献目录及其全文检索手段的古代,虽然费尽气力查找资料出处却很可能徒劳无功。拿编纂者自己提到的具体实例来说,卷七十五"絜斋学案"中,在搜寻袁燮和舒璘的墓志铭以便为两人作小传无果之后,黄百家在其案语中抒发了如下的感慨:

> 真西山言:"絜斋之葬,慈湖铭之,其大节摹写尽矣。"考之《慈湖遗书》,无有也。即《舒广平墓志》,亦慈湖所作,《广平言行录》载之,而遗书亦阙。古来文集既多不传,传者又复不全若此,可叹哉![②]

其中提到的真德秀的这句话见于《西山文集》(亦称《西山真文忠公文集》)卷四十七《显谟阁学士致仕赠龙图阁学士开府袁公行状》。[③]其原文是"公之葬,慈湖杨公实为之铭,于公大节摩写尽矣"[④]。黄百家以此为线索去杨简的文集中搜寻袁燮的墓志铭,但却没有发现。实际上这篇墓志铭即是收录于《袁正献从祀录》中的《故龙图阁学士袁公墓志铭》,而《慈湖遗书》中原来没有收录它,所以黄百家没有找到。后来民国时期出版的四明丛书本《慈湖先生遗书补编》(清冯可镛辑)即从《袁正献从祀录》中将这篇文章补充进来了。[⑤]《慈湖先生年谱》(清冯可镛、清叶意深同辑)卷二中也引用了真德秀此语及杨简的文章。[⑥]同样,黄百家从《广平言行录》中发现了杨简所作的《舒广平墓志》,但《慈湖遗书》中未见此文。这里的《舒广平墓志》指原本收

---

① 刘琳、沈治宏编著的《现存宋人著述总录》中收录了中国、日本、美国等多个地域所收藏的共计4855种现存宋人著作,其搜罗虽然已经比较全面,但考虑其不免会有一些遗漏的话,那么现存宋人著作总数当不止此数目,可谓浩如烟海。考虑到亡佚的情况,黄宗羲、全祖望等人编纂《宋元学案》时留存于世的宋元著作及其相关古籍肯定比现在多,但搜寻和利用当然没有今天方便。参见刘琳、沈治宏编著《现存宋人著述总录》,成都:巴蜀书社,1995年。

② (清)黄宗羲原著,(清)全祖望补修:《宋元学案》第三册,第2528页。

③ (宋)真德秀:《西山文集》,《景印文渊阁四库全书》第一一七四册,台北:台湾商务印书馆,1983年,第748~762页。

④ (宋)真德秀:《西山文集》,《景印文渊阁四库全书》第一一七四册,第762页。

⑤ (清)冯可镛:《慈湖先生遗书补编一卷》,张寿镛编:《慈湖遗书二十六卷(四明丛书本)》,《丛书集成续编》第一三〇册,台北:新文丰出版公司,1989年,第448~449页。

⑥ (清)冯可镛、(清)叶意深同辑:《慈湖先生年谱二卷》,张寿镛编:《慈湖遗书二十六卷(四明丛书本)》,《丛书集成续编》第一三〇册,台北:新文丰出版公司,1989年,第501页。

于《宋儒舒文靖公言行考》中的《宜州通判舒元质墓志铭》(杨简撰)[①],后来徐时栋辑校的《舒文靖公类稿附录》中收录了此文。[②]以上两者都是文集中未收录而记载于其他资料中的墓志铭。黄百家的这种“上穷碧落下黄泉”般搜寻原始文献的严谨治学态度可说是代表了《宋元学案》全体编纂者。

二、与小传相关的事迹与史实的考证

在编纂《宋元学案》的过程中,黄宗羲、黄百家父子不仅作了大量学者传记[③],而且对人物的生平事迹与相关史实进行了考证。如卷三十九“豫章学案”罗从彦的小传与附录中,黄宗羲、黄百家父子对《宋史》等史料中记载的罗从彦求学于杨时、程颐的具体时间进行了考订。

《宋史》卷四百二十八“道学二”中记载杨时作萧山令的时候,罗从彦来求学,后来罗从彦按照杨时的指点前往洛阳拜见程颐并请教《周易》,然后回来卒业于杨时。这一段记载了罗从彦、杨时与程颐三人相见的经过,但并未指出具体见面时间。如下文所示:

> 罗从彦字仲素,南剑人。以累举恩为惠州博罗县主簿。闻同郡杨时得河南程氏学,慨然慕之,及时为萧山令,遂徒步往学焉。时熟察之,乃喜曰:“惟从彦可与言道。”于是日益以亲,时弟子千余人,无及从彦者。从彦初见时三日,即惊汗浃背,曰:“不至是,几虚过一生矣。”尝与时讲易,至乾九四爻,云:“伊川说甚善。”从彦即鬻田走洛,见颐问之,颐反复以告,从彦谢曰:“闻之龟山具是矣。”乃归卒业。[④]

在《宋史》之前,南宋黄去疾所作《龟山先生文靖杨公年谱》中已经记载“(政和)二年壬辰(1112)。公年六十。四月,赴萧山知县。……罗从彦自延

① (明)舒让编,(明)萧万斛校补:《宋儒舒文靖公言行考四卷》,清雍正八年奉化舒氏刻本,1730年。

② 徐时栋辑校:《舒文靖公类稿附录》卷中,(宋)舒璘撰、徐时栋辑校:《舒文靖公类稿四卷附录三卷》,《丛书集成》第184册,台北:新文丰出版公司,1989年,第367~369页。

③ 如卷一“安定学安”中黄百家指出:“安定先生初教苏、湖,后为直讲,朝命专主太学之政。……当时安定学者满天下,今广为搜索,仅得三十四人,然而铮铮者在是矣。”[(清)黄宗羲原著,(清)全祖望补修:《宋元学案》第一册,第55~56页]由此可知,胡瑗的这34位弟子及其小传当系黄百家搜寻编纂。

④ (元)脱脱等:《宋史》第三十六册,北京:中华书局,1977年,第12743页。

平来学。”[①]罗从彦《文集》前所附的《年谱》(元代至正年间曹道振辑)中则直接指出罗从彦是在政和二年(1112)开始求学于杨时之门:“(政和)二年壬辰,先生四十一岁。始受学于杨龟山先生之门。”[②]清康熙初年毛念侍编撰《豫章罗先生年谱》中在引用上述《年谱》后又引《龟山年谱》为证。[③]即毛念侍撰《宋儒龟山杨先生年谱》(作于康熙二年,1662)称:“(政和)二年壬辰,(杨时)先生六十岁。四月赴萧山任。……豫章罗先生仲素处延平徒步来学。”[④]比毛念侍稍后一点,康熙年间张夏编撰的《宋杨文靖公龟山先生年谱》中关于罗从彦政和二年初见杨时的记载与毛《谱》完全一致。[⑤]此外,康熙年间编纂的《福建通志》中罗从彦传的记载完全同于《宋史》。[⑥]

黄百家从上述《宋史》与《豫章年谱》记载罗从彦师事杨时与程颐的先后时间之矛盾入手考证指出:

> 《豫章年谱》谓政和二年壬辰,先生四十一岁,龟山为萧山令,先生始从受学。《宋史》亦云:龟山为萧山令时,先生徒步往学焉。龟山熟察之,喜曰“惟从彦可与言道”,弟子千余人,无及先生者。谨考《龟山全集》,丁亥知余杭,壬辰知萧山,相去六年。而《余杭所闻》已有豫章之问答,则其从学非始于萧山明矣。豫章之见伊川,在见龟山之后。伊川卒于丁亥。若见龟山始于壬辰,则伊川之卒已六年矣,又何从见之乎?先君子别有《豫章年谱订正》。[⑦]

罗从彦生于宋神宗熙宁五年(1072),卒于宋高宗绍兴五年(1135),享年六十四岁。政和是北宋徽宗的年号(1111—1118),政和二年壬辰是1112

① (宋)黄去疾:《龟山先生文靖杨公年谱》,林海权、胡鸣编著:《杨时故里行实考》,福州:福建人民出版社,2008年,第261页。

② (宋)罗从彦:《罗豫章集》,《丛书集成初编》,上海:商务印书馆,1936年,“年谱”第1页。

③ (清)毛念恃编撰:《豫章罗先生年谱》,四川大学古籍整理研究所编:《儒藏·史部·儒林年谱》第十一册,成都:四川大学出版社,2007年,第680～681页。

④ (清)毛念恃编撰:《宋儒龟山杨先生年谱》,四川大学古籍整理研究所编:《儒藏·史部·儒林年谱》第十一册,第346页;(清)毛念恃编撰:《宋儒龟山杨先生年谱》,林海权、胡鸣编著:《杨时故里行实考》,第279页。

⑤ (清)张夏:《宋杨文靖公龟山先生年谱》,四川大学古籍整理研究所编:《儒藏·史部·儒林年谱》第十一册,第463～464页;(清)张夏:《宋杨文靖公龟山先生年谱》,林海权、胡鸣编著:《杨时故里行实考》,第317～318页。

⑥ (清)金鋐修,(清)郑开极、(清)陈轼纂:《康熙福建通志(二)》,凤凰出版社编:《中国地方志集成·省志辑·福建》第二册,南京:凤凰出版社,2011年,第408页。

⑦ (清)黄宗羲原著,(清)全祖望补修:《宋元学案》第二册,第1277～1278页。

年，丁亥是宋徽宗大观元年，即1107年。程颐生于宋仁宗明道二年(1033)，卒于宋徽宗大观元年(1107)，享年七十五岁。如果像《豫章年谱》与《宋史》记载的那样，罗从彦在1112年方才师事杨时，其后再寻访程颐的话，则程颐已卒于1107年，二人是不可能会面的。这样对照《豫章年谱》与《宋史》罗从彦传的记载的话，罗从彦与杨时及程颐二人的会面时间就相互矛盾了。而且正如黄百家所指出的，《龟山集》卷十二语录三“余杭所闻”中已出现若干以“仲素问”开头的罗从彦(字仲素)与杨时之间的问答，因此很清楚其师事时期当在1107年杨时任余杭知府以前，而不是《豫章年谱》与《宋史》记载的1112年杨时任萧山令以后。以上这两个证据应当说是很有说服力的。[①]黄百家提到的其父黄宗羲所著《豫章年谱订正》不见于浙江古籍出版社增订本《黄宗羲全集》中，可能已经佚失了。这样的话，黄百家的这条案语就更加重要了。清代李清馥在其《闽中理学渊源考》(书成于乾隆十四年，即1749年)卷四“文质罗豫章先生从彦学派”中肯定了黄百家的上述考证：

> 豫章先生本传，《宋史》详矣。独其载政和二年壬辰受学龟山于萧山，年四十一。后之纂录斯传者，考证似有未合。兹辑此传，从邵氏《宏简录》、毛氏《豫章事实》《年谱》、黄氏《宋儒学案》，并《龟山集》、《豫章集》、朱子《经义考》诸书辑录而重订焉。《学案》云：考龟山“丁亥知余杭，壬辰知萧山，相去六年。……又何从见之乎？”以上所考辨，殊有足据。[②]

其后由孙尔准等人编纂、成书于道光十四年(1834)的《道光重纂福建通志》卷百八十五“宋道学·罗从彦传”中仍然依据《宋史》及《豫章年谱》的记载，认为罗从彦首次见杨时受学是在政和二年杨时任萧山令之时，同时认为《宋史》所记载的罗从彦在从学杨时之后又去见程颐问《易》的记载有误，因为程颐在政和二年罗从彦初见杨时之前已经去世，进而又依据《延平答问》中所谓“罗尝见伊川，后卒业龟山之门”[③]的说法，认为罗从彦见程颐当在他从学于杨时之前，只是年月不可考。其内容如下：

> 闻将乐杨时得河南程氏之传，慨然慕之。时方调萧山令，从彦徒步

---

① 如申绪璐在其博士论文的附录二“罗豫章师事龟山考”中即依据《宋元学案》“豫章学案”中黄氏父子的案语对罗从彦师事杨时的年代进行了考证。参见申绪璐《两宋之际道学思想研究——以杨龟山为中心》，博士学位论文，复旦大学，2011年，第207～213页。

② (清)李清馥：《闽中理学渊源考》，何乃川、李秉乾点校，北京：商务印书馆，2018年，第43～44页。

③ (宋)李侗：《李延平集》，《丛书集成初编》，上海：商务印书馆，1935年，第44页。

往游其门。(……《年谱》谓:政和二年始受学于杨龟山先生之门。……)初见三日,惊汗浃背。曰:"不至是,几虚过一生矣"……(《宋史》本传云:"尝与时讲《易》至《乾》九四爻。时云:'伊川说甚善。'从彦即鬻田走洛见颐问之。"《龟山年谱》:"政和二年四月,赴萧山任。罗豫章先生自延平来学。"与《豫章年谱》正合。考颐卒于大观元年,不应至是复有见颐问《易》事。《延平答问》云:"罗仲素尝见伊川,后卒业龟山之门。"据此,从彦见颐当在未从时学之前,但其年月不可考。)[①]

再后,由李厚基等人修纂的《民国福建通志》认为《宋史》罗从彦传所说的罗氏任博罗主簿的时间(绍兴二年)与杨时任萧山令而罗氏从学的时间(政和二年)不合(这其实是误读,《宋史》本传中只是说罗氏曾为博罗主簿,并没有说与杨时任萧山令同时),又认为罗从彦与杨时是同郡人,不应该迟至政和二年罗从彦四十一岁时才开始从学于杨时,而且如果政和二年罗氏才首次从学杨时的话,后面就不可能再去见程颐,因此罗从彦从学于杨时肯定在政和二年之前。其内容如下:

案《宋史》本传言从彦为博罗主簿,闻杨时为萧山令,徒步往学。皆误传也。据《年谱》,从学在政和二年,从彦为主簿在绍兴二年,决不能同时。至从彦从时学,亦决不在政和二年。政和二年从彦已四十一岁。从彦笃志求道,与时同郡,时于元祐初年已传程氏之学,何至绝无闻知,延至二十余年之久,始往从学?程颐卒于大观元年,时令从彦往问《易》,断不能在政和二年之后也。《八闽通志》云:"从彦走洛,闻颐说亦不异于时,乃归卒业。"与《延平答问》云:"仲素尝见伊川,后卒业龟山之门。"正合也。[②]

吴西全在其论文《罗从彦事迹考略》中引用了上面《民国福建通志》的记载,指出其只是提出了问题而没有解决问题,进而考察指出,罗从彦最初受学于杨时的时间不可能早于杨时初见程颐的1093年,又不可能晚于程颐逝世的1107年,而在这期间,杨时先后到浏阳(1094—1098年)、无为(1099年

---

① (清)孙尔准等修,(清)陈寿祺纂,(清)程祖洛等续修,(清)魏敬中续纂:《道光重纂福建通志(五)》,凤凰出版社编:《中国地方志集成·省志辑·福建》第七册,南京:凤凰出版社,2011年,第292页。

② 李厚基等修,沈瑜庆、陈衍等纂:《民国福建通志(六)》,凤凰出版社编:《中国地方志集成·省志辑·福建》第十五册,南京:凤凰出版社,2011年,第117页。

前后，居京师）、将乐（1100—1101年）、建阳（1101—1102年）、荆州（1102—1106年）、余杭（1107年）等地任职，只有杨时在老家将乐含云寺讲学的不到两年期间，罗从彦才有条件拜见杨时学习，因此推断罗从彦首次从学当在1100年杨时在将乐含云寺时。[①]其后，兰宗荣在其论文《罗从彦从学于杨时的时间辨误》中对杨时的生平行踪做了更为全面细致的考察，推定罗从彦初次从学在1101年杨时于闽北建阳讲学期间，而罗从彦按照杨时的指点前往洛阳请见程颐则当在1102年，当时程颐正居洛阳，不久罗氏就返回南归了。[②]此外，吴西全和兰宗荣都指出罗从彦生平曾数次从学于杨时，首次见面之后，罗从彦又分别于1107年杨时任余杭知县时（也就是上述黄百家案语中指出的），政和二年（1112）杨时任萧山令时，政和七年（1117）杨时在毗陵时见面求学。因此《宋史》及《豫章年谱》中记载的政和二年只是其中较晚的一次。

那么《宋元学案》中有没有记载罗从彦初见杨时的具体时间呢？卷三十九“豫章学案”的罗从彦小传中有“崇宁初，见龟山于将乐”[③]一句，据此则编纂者将罗从彦师事杨时的具体时间定在崇宁初年，也就是1102年（1102年9月之前，杨时在建阳，其后前往荆州任职），与前述黄宗羲、黄百家父子考证的结论——丁亥年（1107）之前相符合。此条之下紧接着便有黄宗羲的案语，而且此小传的末尾不见全氏修补本的“修”“补”字样，可知是出自黄氏原本的。因此，此小传反映的应该就是上面黄百家在按语中提到的黄宗羲撰《豫章年谱订正》之结论。黄宗羲的五世孙、同时也是《宋元学案》（黄璋校补本）编纂者之一的黄璋在其所著《杨龟山先生年谱考证》中虽然引用了《宋元学案》中所载的“崇宁之初，见龟山于将乐”，但认为其无具体之考证而不知其依据，因此不予承认。他虽然知道《龟山集》卷十二语录三“余杭所闻”中记载有罗从彦之问答，却认为此语录记载可能有问题而未予采纳。而且，黄璋似乎又未意识到罗从彦在政和二年方才师事杨时的话就不可能见程颐的问题。他恐怕还是没有注意到或忽视了黄百家案语的考证，因此仍然依从了《宋史》及《豫章年谱》的记载。[④]北京中华书局本《宋元学案》的点校者在此句之下的注释中也肯定了黄氏父子的考证，进而又指出《宋史》罗从彦的

---

① 吴西全：《罗从彦事迹考略》，福建省闽学研究会：《朱熹与闽学渊源——“延平四贤”学术讨论会论文集》，上海：三联书店上海分店，1989年，第149～151页。

② 兰宗荣：《罗从彦从学于杨时的时间辨误》，《南平师专学报》1997年第3期。

③ （清）黄宗羲原著，（清）全祖望补修：《宋元学案》第二册，第1270页。

④ （清）黄璋：《杨龟山先生年谱考证》，林海权、胡鸣编著：《杨时故里行实考》，第348页。

本传中多有与史实不符合的地方,此处便是其中一例。[①]事实上《宋元学案》中这种具有很高参考价值的考证很多[②],这可以说是《宋元学案》的主要学术价值之一。

总之,关于罗从彦、杨时、程颐的初次见面时间主要分为三种意见:第一种是《宋史》及《豫章年谱》,主张罗从彦初次见杨时是在政和二年杨时任萧山令之后,而后罗从彦又曾见程颐;第二种是《道光重纂福建通志》,主张罗、杨初次见面在政和二年,而罗氏在此前已经见过程颐;第三种是黄百家、吴西全、兰宗荣,主张罗从彦初次从学于杨时在政和二年杨时任萧山令之前,而罗从彦见程颐是在从学于杨时之后。第一种意见如上述黄百家等人所指出的,无法解决罗从彦政和二年初见杨时的话后面就不可能再见程颐的问题,第二种意见虽然解决了第一种意见的这一问题,但并没有确切的文献证据证明罗从彦先见程颐而后才求学于杨时,只有第三种意见才解决了第一及第二种意见的问题,而且是从杨时本人的著作及其生平行踪中找到的直接证据,因此比较可信,但在罗、杨初见的具体年份上又有1100年(吴西全)、1101年(兰宗荣)、1102年(黄百家)之别,其实吴、兰、黄三家之说都可以成立,因为他们都确定罗从彦初见杨时是在1100年至1102年杨时在家乡福建将乐及建阳讲学期间,只是在前后早晚上有细微差别。而且依据朱熹所作《伊川先生年谱》,程颐返回洛阳居住在崇宁二年(1103)[③],比上述兰宗荣所认为的1102年晚一年,罗从彦请教程颐问《易》应该就在1103年之后,因此在没有发现更确切的证据之前,吴、兰、黄三家之说可以并存,或者可以笼统地说罗从彦初次求学于杨时在1100年至1102年期间,而后1103年前后曾前往洛阳向程颐请教,不久返乡,之后又多次问学于杨时并最终卒业。

综上所述,《宋元学案》的传记编纂利用了包括史传、学者的专著和文集在内的大量四部文献资料。从引用的次数来说,以《宋史》和《万姓统谱》为主要依据,从种类上来说,则以方志和文集为主体。编纂者在此基础上还围绕小传进行了事迹与史实的考订,从而提高了《宋元学案》传记的史料价值。如后来清代学者陆心源编纂了弥补《宋史》传记之欠缺与不足(尤其元代修《宋史》由于史料来源的局限及搜集、剪裁工夫的缺乏,所收传记存在着详北宋而略南宋等严重问题)的《宋史翼》。而《宋元学案》中的传记就是其主要

---

① 参见(清)黄宗羲原著,(清)全祖望补修《宋元学案》第二册,第1270页。

② 如卷二"泰山学案"中,编辑者在孙复的门人祖无择的传记的案语中引用了《邵氏闻见录》以纠正《宋史》记载之误。参见(清)黄宗羲原著,(清)全祖望补修《宋元学案》第一册,第116~117页。

③ (宋)朱熹:《伊川先生年谱》,(宋)程颐、(宋)程颢:《二程集》上册,第345页。

参考资料之一。[①]

第二节　思想资料的编纂体例及其学术意义

小传主要与人物事迹相关，思想资料与附录则主要与人物的思想、学术及其评价相关，这三者是《宋元学案》的主体内容。但由于宋元时期的学者留存于世的著作数量庞大，因此对思想资料的辑录、排列与校勘考订等就需要很大的工作量，同时也免不了出现种种问题。以下围绕着编纂者的案语来讨论《宋元学案》思想资料的编纂及其得失。

一、思想资料的搜寻与辑录

根据笔者的统计，《宋元学案》中一般位于小传之后、附录之前的思想资料部分，从卷一"安定学案"中胡瑗的《春秋说》与《论语说》开始至卷一百"屏山鸣道集说略"中赵秉文的《滏水文集》为止，一共辑录了174位学者的323种著作、文章或语录等资料。如前所述，宋元时期学者的相关文集与著作等还有庞大的数量留存下来，《宋元学案》的编纂者本着严谨的学术态度，从各位学者的全集等原始文献与地方志、年谱等相关文献中披沙炼金般提取精华，进而基于其编纂体例与学术思想对辑录资料进行了取舍选择与排列整理。总体来看，《宋元学案》中辑录的学者相关资料大多能体现该学者的思想宗旨和学术精华，但还是打上了编纂者自身的学术思想烙印乃至体现出门户之见，存在一些争议和不足之处。编纂者当中，直接继承明末心学殿军刘宗周学术思想的黄宗羲、黄百家父子的门户之见表现得最为明显。这一点集中体现在他们精心编纂的"北宋五子"和朱陆等大儒的学案之中。原因是这些大儒作为宋元儒学(道学)中开宗立派的重要思想家，留下了大量著作，构建了其自身的思想体系，并有鲜明的学术宗旨，而对其思想的诠释与评价也往往见仁见智、因立场而异。其中作为道学乃至整个宋学之集大成者的朱熹及程朱理学更是众矢之的，明代阳明心学在某种程度上可说是对程朱理学的补弊纠偏，而清代实学思潮可说是在程朱理学与阳明心学的语境和思想体系中孕育出来的，深受此思潮浸染的黄氏父子等编纂者在《宋元学案》中的议论尤其是批判多针对宋明理学的流弊而发。

首先在搜寻学者的著作和相关资料的过程中，对书籍流通与成书的相关

① 参见(清)陆心源《宋史翼》，北京：中华书局，1991年，"影印说明"第1～2页。

考证,如查考目录记载与选择版本便是首要的工作。《宋元学案》的编纂者当中,王梓材与冯云濠二人在这方面的案语最多。而各位编纂者或多或少都进行了这方面的编纂工作。例如,对于叶适晚年的力作《习学记言序目》,明代以前的书目均以"习学记言"这一书名记载,而黄百家在其案语中最早依据叶适门人孙之弘的序文将此书的成书过程分成了《习学记言》(文献汇编)与《习学记言序目》(提要心得)两个阶段,并认为后来流传的内容只是《习学记言序目》。[①]其后,朱彝尊等人接受黄百家的观点将此书以《习学记言序目》这一书名著录。今天这一结论已经得到学界之公认,而这一过程中黄百家的考证起到了很重要的作用(详细论述见第四章第二节)。

确定版本并获得原始资料之后,具体思想资料的选择与整理可说是《宋元学案》编纂中的主要工作,但这方面也不免出现了许多问题。例如,卷四十八"晦翁学案上"中编纂者黄百家将刘宗周《圣学宗要》中所节录的与朱熹"中和说"相关的四封书信(刘宗周将这四封书信分别题名为"中和说一""中和说二""中和说三""中和说四")及刘宗周的评语原封不动地搬过来置于思想资料之首。可知编纂者完全赞同刘宗周的节录及评论。朱熹博大精深的思想体系实际上是从其对"中和说"的心性论之参悟探讨开始确立起来的。因此对朱熹参悟"中和说"的强调无疑是正确的。但是正如刘述先所指出的,编纂者不依据朱熹的文集中有关"中和说"的书简原文而是直接照搬刘宗周的节录与评论的做法,实际上是基于自己的心学立场,不顾朱熹文章的前因后果,只截取对自己观点论述有利的部分,这种做法有故意割裂、曲解朱熹思想以就己意的嫌疑。[②]从思想立场上来看,刘宗周、黄宗羲都信奉王守仁的《朱子晚年定论》,认为朱熹晚年抛弃其未发之前涵养、已发之后察识的居敬穷理二元并行的修养工夫论,又复归到杨时、罗从彦、李侗之道南学派的求性体于未发之中的直截体认本体的一元主静工夫论的路数上了。[③]这是依据王门心学所强调的朱熹晚年"定论"而来的诠释[④],与朱熹本人思想的实际情况并不符合。从这点来看,对于像朱熹这样与自身思想立场不同的学者,黄氏父子在选择和辑录思想资料时仍不免有失客观,存在断章取义以迁就己意的主观门户之见。

又如黄宗羲的弟子、编纂者之一的顾諟在卷五十八"象山学案"的案语

① (清)黄宗羲原著,(清)全祖望补修:《宋元学案》第三册,第1794~1795页。

② 刘述先:《黄宗羲心学的定位》,第47~48页。

③ (清)黄宗羲原著,(清)全祖望补修:《宋元学案》第二册,第1507~1508页。

④ (清)黄宗羲原著,(清)全祖望补修:《宋元学案》第二册,第1554~1555页。

中说明了其编纂陆九渊思想资料的理由。具体来说,“象山学案”中的思想资料有“语录”(顾諟编纂)、“白鹿洞讲义”(全祖望补)、“辩太极图说书”(顾諟编纂)。其中,“辩太极图说书”是收集朱熹、陆九渊争论周敦颐《太极图》及《太极图说》的相关书信而成,黄百家本来已经辑录了这些书信的主要内容并题为“附朱陆太极图说辩”收录在卷十二“濂溪学案”之中了。但顾諟考虑到朱陆的论争及其异同是理学史上的一大公案,有必要在相关学案中分头详述其始末,因此在编纂“象山学案”时又再一次收录了朱陆书信的全文。此外,朱陆“无极太极”的论争最初是从陆九渊之兄陆九韶就“无极而太极”的解释向朱熹质疑开始的,首先陆九韶与朱熹之间有往复讨论的书简,其后陆九渊接替其兄与朱熹展开了辩论。由于陆九韶的书简已佚,而朱熹、陆九渊二人之书信今存。于是顾諟就将朱熹给陆九韶的二封书信收录在“梭山复斋学案”陆九韶的附录之中,将朱熹与陆九渊的五封书信收录在“象山学案”的思想资料之中。[①]这种处理既能说清楚相关问题又方便了读者,可说是严谨而恰当的。但从思想立场上来看,顾諟的根本立场与黄氏父子一样带有门户之见,都是站在阳明学的立场上批判朱熹的思想。

二、思想资料的排列及其学术意义

在辑录各种思想资料之后,编纂者还基于其自身的思想立场对思想资料进行了排列。关于此点,最值得注意的就是为周敦颐设立的“濂溪学案”中《太极图》《太极图说》《通书》的排列顺序了。在编纂周敦颐的著述方面,朱熹将《太极图》及其解说《太极图说》视作周敦颐哲学思想的纲领而特别予以重视,并因此将其置于《通书》之前。随着朱子学权威的确立及其注解的盛行,这种做法在后世可说已经成为一个通例了。但黄百家在编纂“濂溪学案”时却反其道而行之,将《通书》置于《太极图》与《太极图说》之前了。其理由是黄百家根据其叔父黄宗炎《太极图辩》的观点,认定《太极图》与《太极图说》原本是出于佛道二教并加以改造而成,其内容夹杂儒释道三教的思想,比不上《通书》的纯粹无杂。[②]黄宗炎、黄百家的做法本身是否恰当暂且不论,这种推崇《通书》而贬低《太极图说》地位与重要性的做法应当说代表了心学学者的一般看法和立场。最早,宋代心学的创始人陆九渊已经对《太极图》和《太极图说》提出质疑,并与朱熹展开了激烈的辩论。直到现代,倾向于心学的现代新儒家代表人物牟宗三及其弟子蔡仁厚也认为对周敦颐哲学思想的诠释当以《通书》的思想为纲领

---

① (清)黄宗羲原著,(清)全祖望补修:《宋元学案》第三册,第1914页。

② (清)黄宗羲原著,(清)全祖望补修:《宋元学案》第一册,第514～518页。

来规定《太极图说》中的义理,而不是相反。因此他们赞同《宋元学案》的排列次序,而反对朱熹校定的通行本中的做法,在其著作中也将《通书》放在《太极图说》之前加以论述。[①]不过,牟、蔡二人的做法主要着眼于周敦颐的哲学体系架构,而黄百家的做法则主要基于其思想来源与内容纯驳的价值判断。但总而言之,他们都有借贬低作为朱子学宇宙本体论基石的《太极图》及《太极图说》来批判朱子学理本论体系的意图。

《宋元学案》各学案中语录与文章的排列顺序虽不可一概而论,但排列在前的思想资料一般包含有强调的意图在里面。例如,关于卷十三、十四“明道学案上、下”程颢思想资料的排列,黄氏父子认为程颢思想的根本在于“识仁”,因此将其《识仁篇》置于思想资料之首,紧接着收录了多条相关评语,并予以高度评价,进而认为只有先“识仁”(体认本体)才有可能“定性”(修养工夫),因此又将《定性书》置于《识仁篇》之后并收录了多条案语。其后才是辑录的《语录》与《文集》内容。与此相反,卷十五、十六“伊川学案上、下”,《颜子所好何学论》本来是程颐接受周敦颐“寻孔颜乐处”的教导所作的成名作。与黄百家同时代的官方朱子学者李光地将《颜子所好何学论》推崇为“理学四书”之一,与周敦颐的《太极图说》、张载的《西铭》,以及程颢的《定性书》并列为理学经典之作。在李光地看来,从《太极图说》的“见人与天地之性一”开始,经《西铭》之“尽性”,《定性书》之“主静”,最终到达《颜子所好何学论》的“力行”说是一以贯之的人性论。这样便将《颜子所好何学论》视作学问的终极目的,可谓推崇备至。[②]但《宋元学案》的编纂者在“伊川学案”中却将《颜子所好何学论》置于程颐的语录之后,其下除引用刘宗周的一句寥寥数字的评语之外,未引用其他任何学者的评论。[③]可知编纂者不大重视《颜子所好何学论》,这当是因为《颜子所好何学论》中包含以性抑情的性情二分论思想,与刘宗周及黄氏父子性情一元论的立场不相契合的缘故。结合上述周敦颐思想资料的排列来看,思想资料的排列顺序已经包含有编纂者自身的评价和思想立场在里面了。此外,卷十七、十八“横渠学案上、下”中编纂者也将被视为张载思想纲领的论天道之《西铭》与论人道之《东铭》置于思想资料的开头,而将被视为《西铭》与《东铭》之展开的主要著作《正蒙》置于其后,最后才收录张载关于礼乐制度的文章。卷六十五“木钟学案”中,思想资料开头的“四端说”是陈埴依据其师朱熹之说回答门人的文章,因为

① 蔡仁厚:《宋明理学·北宋篇》,长春:吉林出版集团有限责任公司,2008年,第47~60页。

② 参见(清)李光地《榕村语录》,陈祖武点校,北京:中华书局,1995年,第310页。论述参见侯外庐、邱汉生、张岂之主编《宋明理学史》下卷,第993~994页。

③ (清)黄宗羲原著,(清)全祖望补修:《宋元学案》第一册,第644页。

此篇较好地阐述了朱子学的仁说，所以编纂者将其从《木钟集》中单独取出置于思想资料中的《木钟集》之前。[①]这与"晦翁学案上"中将《中和说》《仁说》《观心说》置于思想资料开头予以强调的做法是相同的。总而言之，黄氏父子等编纂者在排列思想资料时，一般遵循的是将其代表性著作、文章置于开头，其次语录或专著，最后文集的顺序。

以上主要论述了不同资料的选择和排列，对于同种资料内部的条目其实也存在这一问题。特别是学者的语录一般数量庞大，对它们的取舍选择和排列当然是基于编纂者自身的观点和标准的。但黄氏父子等编纂者一般并没有说明其编纂理由，因而也引起了研究者的一些争议。二程语录的区分、选择与排列就是一个典型案例。《宋元学案》中二程共计388条语录的编纂主要基于对《河南程氏遗书》与《河南程氏外书》中二程语录的鉴别。因为其中有不少语录未标明为二先生中具体哪一位所说，参照今人的研究，其鉴别虽基本可靠，但辑录思想资料中的二程语录表面看起来似乎只是杂乱无章地排列在一起。[②]实际上，逐条分析其用语与要旨的话，属于同一思想主题的相关语录大体上是放在一起的，站在今天研究者的立场来看，二程的本体论、心性论、道德观、工夫论等主要思想宗旨均已齐备，可说是较好地体现了二程各自的思想体系特征。当然，在今天看来，条目之间的错乱也在所难免，语录的取舍选择与排列还有可商榷的余地，但其内在的理路还是大体上可以找到的。由此可知，《宋元学案》的编纂者一方面吸收了前代编纂成果，一方面又基于对二程思想体系及其差异的理解进行了整理。又如，卷五十八"象山学案"的案语中，编纂者顾禔详细说明了其编纂排列陆九渊语录的思路。[③]顾禔分三个方面选择排列了陆九渊的语录，主要是基于心学的立场强调为学工夫之过程：即从"立志"到"求本心"到"致知力行"，这也可以说是较好地把握了陆九渊为学工夫论的宗旨。

三、思想资料的考订

在辑录思想资料之后，《宋元学案》的编纂者还对辑录资料的具体内容进行了校勘考订。例如，卷十七"横渠学案上"收录了张载《正蒙·乐器篇》中的以下一条："苟造德降，则民诚和而凤可致，故鸣鸟闻，所以为和气之应

---

① (清)黄宗羲原著，(清)全祖望补修：《宋元学案》第三册，第2090页。

② 蔡仁厚指出："黄梨洲……编《明道学案》，仍只是抄录一些零碎话头，其中并无原则与条贯，明道之义理纲维，依然无法看出。明道之学既不能充实挺立出来，则二程之异同终将无由判明，而朱子何以对二程兄弟采取不同之态度，亦将无从明其所以然之故。"蔡仁厚《宋明理学·北宋篇》，第167页。

③ (清)黄宗羲原著，(清)全祖望补修：《宋元学案》第三册，第1890～1891、1892、1895～1896页。

也。”[①]在此条之后的案语中,黄百家指出:“苟当作耇。《书·君奭》:‘耇造德不降,我则鸣鸟不闻。’言耇老成人之德,下及于民也,则鸣鸟有声。此周公留召公之意。”[②]《四库全书》本《张子全书》卷三《正蒙》作“苟”字[③],而元代董鼎《书传辑录纂注》卷五的注释中引用《正蒙》之语则写作“耇”[④]。这是依据《尚书》正文直接改正了《正蒙》的文本,《正蒙》原本是写作“苟”字的。因此黄百家在辑录编纂《正蒙》时明确指出这一点,应当说是其校勘之成果。与黄氏有相同观点的也不乏其人。如黄百家之后的清代学者王植在其《正蒙初义》卷十五中注释张载此段语录时指出:“补训:苟当作耇。征引:《书》君奭篇:‘耇造德不降,我则鸣鸟不闻。’蔡传言:‘召公去,则耇老成人之德不下于民。在郊之凤,将不复得闻其鸣矣。’召诰篇:‘其丕能諴于小民。’……集解:此以下皆解《书》。耇,老也。造,成也。谓召公也。”[⑤]其考证虽较黄百家为详,但观点是相同的。清张伯行辑释《正谊堂全书》本《张横渠先生文集》卷四《正蒙·乐器篇》也作“耇”。[⑥]今学界通行的北京中华书局点校本《张载集》即依据《尚书》将《正蒙》原文的“苟”字改为“耇”字。[⑦]

此外,编纂者有时还介绍了所辑录著作的形成背景,给读者带来了便利。例如,卷十三“明道学案上”,黄百家辑录了程颢的《定性书》,并在标题下的案语中依据《二程文集》卷三《明道文集》三“答横渠先生定性书”作了如下案语:“横渠张子问于先生曰:‘定性未能不动,犹累于外物,何如?’先生因作是篇。”[⑧]又卷四十八“晦翁学案上”,朱熹的思想资料“中和说”之下,黄百家依据《晦庵先生朱文公文集》卷七十五所收的《中和旧说序》作了如下案语:“《中和旧说序》,先生自叙幼从学延平,求喜怒哀乐未发之旨,未达;闻张钦夫得衡山胡氏学,往问之,亦未省。退而沉思,谓人自婴儿至老死,莫非已发,特其未发者为未尝发耳。后忽自疑,复取程氏书,虚心平气而徐读之,未及数行,冻解冰释,然后知性情之本然,圣贤之微旨,平正明白如此。”[⑨]从而

---

①② (清)黄宗羲原著,(清)全祖望补修:《宋元学案》第一册,第740页。

③ (宋)张载:《张子全书十四卷附录一卷》,《景印文渊阁四库全书》第六九七册,台北:台湾商务印书馆,1983年,第139页。

④ (元)董鼎:《书传辑录纂注六卷首二卷》,《景印文渊阁四库全书》第六一册,台北:台湾商务印书馆,1983年,第788页。

⑤ (清)王植:《正蒙初义》,《景印文渊阁四库全书》第六九七册,台北:台湾商务印书馆,1983年,第671页。

⑥ (宋)张载撰,(清)张伯行编:《张横渠先生文集十二卷》卷四,清同治五年福州正谊书局刻本,1866年,第14b页。

⑦ (宋)张载:《张载集》,章锡琛点校,北京:中华书局,1978年,第58页。

⑧ (清)黄宗羲原著,(清)全祖望补修:《宋元学案》第一册,第546页。

⑨ (清)黄宗羲原著,(清)全祖望补修:《宋元学案》第二册,第1508~1509页。

说明了朱熹中和思想的发展背景。

四、思想资料的编纂得失

如前所述,《宋元学案》的成书过程中,第一阶段的编纂者黄氏父子等人基于其一贯之思想立场,从数量庞大的宋元儒者著作中辑录资料,其中不免存在由于主观臆断与客观条件的限制所导致的缺憾和疏漏,再加上黄氏父子生前未能最终定稿,因此尚有补修之必要。其后全祖望在黄氏原本的基础上补充了许多思想资料,但他生前也未能完成定稿,而且后来其原稿的一部分内容也佚失了。其后虽经最后的编校者王梓材与冯云濠进一步修补,但现行本《宋元学案》中仍不免存在一些疏漏和欠缺之处。例如卷五十八"象山学案"中陆九渊思想资料的开头是黄宗羲的弟子顾諟所辑录的95条"象山语录",而陆九渊与同时代学者间的论学书简却付之阙如,尚不足以展现陆九渊思想的全貌。全祖望虽可能已经从陆九渊的文集中辑录并补充了"象山语录",但后来这部分原稿也佚失了。[①]同样,陆九渊大弟子杨简的现存著作很多,仅《四库全书》中便收录有《杨氏易传》等5种,但卷七十四"慈湖学案"中的思想资料只有"慈湖己易"与"绝四记"两篇,也不足以展现杨简学术思想的全貌。这也是因为全祖望的补修工作尚未完成的缘故。[②]又卷八十二"北山四先生学案"中王柏的思想资料只有黄百家辑录的"鲁斋要语"和"朋友服议",全祖望曾欲增补"鲁斋经说补",但生前未能完成。[③]卷六十四"潜庵学案"中辅广资料有"诗童子问"这一标题,但其下并未辑录一条文献,可知全祖望原本也是想找到此书(后来收入《四库全书》)并辑录进"潜庵学案"的,但生前也未能完成。[④]

与《明儒学案》的编纂相比较的话,黄宗羲在其生前阅览了他当时能见到的所有明儒著作,并取其精华编纂成了《明文案》《明文海》等大部头文献汇编以作为资料上的准备,进而在此基础上取其精华编纂了《明儒学案》。其后黄宗羲又上溯至宋元,致力于收集宋元儒者的著作、文集,并辑录其精华以编纂《宋儒学案》与《元儒学案》(后合并为《宋元学案》),但生前只完成了一部分。这除了黄宗羲年事已高、精力不逮之外,主要原因还是时代条件的限制,即相比于离黄宗羲的时代最近的明儒著作而言,宋元儒者的文集、著作除了后世通行的翻刻本以外,大量的原始版本因年代久远、流传分散而比较罕见,多作为

---

① (清)黄宗羲原著,(清)全祖望补修:《宋元学案》第三册,第1896页。

② (清)黄宗羲原著,(清)全祖望补修:《宋元学案》第三册,第2478页。

③ (清)黄宗羲原著,(清)全祖望补修:《宋元学案》第四册,第2735页。

④ (清)黄宗羲原著,(清)全祖望补修:《宋元学案》第三册,第2055页。

秘本珍藏于宫廷或私人藏书家那里,搜罗寓目多有不易。再加上在康熙年间《宋元学案》成书第一阶段的主要编纂者黄氏父子与乾隆前期第二阶段的主要编纂者全祖望之时,从《永乐大典》中辑出了大量宋元时期儒者著作的《四库全书》尚未编纂,受资料条件所限制,他们有很多宋元时期学者的著作还未能寓目,当然不能将其内容收录进《宋元学案》了。因此到全祖望修补为止,《宋元学案》的规模虽已大体齐备,但在具体内容,特别是传记与思想资料方面还存在不少缺漏。到道光年间《宋元学案》成书的第三阶段时《四库全书》包括南北七阁的抄本及武英殿聚珍版都已经编纂完成,宋元时期的重要著作已基本收录在其中。这一阶段的编纂者冯云濠的藏书楼醉经阁[①]中即收藏了大量宋元学者的文集,这些文集多出自聚珍版《四库全书》(其书多本自《永乐大典》),在这之前的黄氏父子、全祖望等编纂者基本无缘得见。[②]王梓材与冯云濠依据这些新搜集的文献资料对百卷本《宋元学案》进行了全面校订,并且另外编纂了百卷本的《宋元学案补遗》以补《宋元学案》之不足。该书刻本收在《四明丛书》第五辑中,2012年北京中华书局出版了点校本共十册。此书与《宋元学案》相比,主要属于文献资料汇编,编纂者自身的案语评论很少,基本是将原典资料原封不动地搬来,而其分量更是达到了《宋元学案》本身的三倍以上,所以才单独成书。王、冯二人在修订《宋元学案》的时候,一方面对小传、思想资料的欠缺不备之处作了必要的补充,一方面又尽量保存全书的原貌而不破坏全书的规模和思想史架构。事实上二人基本只是依据全书之体例对黄氏原本和全氏修补本中的思想资料进行调整,他们所搜寻到的新资料基本都收录到《宋元学案补遗》中了。

思想资料原本是《宋元学案》内容的主体,但如上所述,由于其漫长的成书过程中主客观条件的限制,《宋元学案》中思想资料的编纂还有种种不完备之处,与黄宗羲生前完成的相对完备的《明儒学案》来比较的话,存在明显差距。同时,《宋元学案》作为兼具"传录体"与"辑录体"[③]双重特征的学术思想

---

① 关于冯云濠醉经阁的历史、现状及其与《宋元学案》的成书相关的情况参见碧水《橐橐而行醉经阁》,《文化交流》2017年第10期。又参见永凝《冯云濠醉经阁藏书纪事》,宁波市海曙区政协文史委编:《甬城藏书楼》,宁波:宁波出版社,2015年,第134～141页。

② 《宋元学案补遗凡例》,(清)王梓材、(清)冯云濠编撰:《宋元学案补遗》第一册,沈芝盈、梁运华点校,第7页。

③ 王重民在其《中国目录学史论丛》中首次提出将《文献通考·经籍考》这样"钞辑序跋、史传、笔记和有关的目录资料以起提要作用"的编著方式"拟称之为辑录体",将"辑录体"与古代已有的"叙录体"(如《四库全书总目》等)与"传录体"(如《七志》)相鼎立。虽然《宋元学案》并非目录学著作,但其编纂方式实际上兼具"传录体"与"辑录体"二者的特征。参见王重民《中国目录学史论丛》,北京:中华书局,1984年,第80页。

史著作，其内容主要取自相关的原典，再加上编纂者自身的案语。但作为其原典的古籍文献基本都已经收录进《四库全书》之中，而且宋元时期著名学者的著作多有全集整理或单行本，今天寻找起来并不太困难。因此除了一些不太知名的学者著作难以搜寻之外，《宋元学案》中所收的资料作为二手资料在今天并不受重视，学者一般会直接查看和引用宋元学者的原书，而不会引用《宋元学案》中的二手思想资料。与此相反，由于乾隆对明代大量思想著作的查禁，作为《明儒学案》原典的明人文集大部分未收录在《四库全书》之中，查找起来不太方便，所以研究者往往直接将《明儒学案》中的思想资料作为原典来加以引用。当然近年来随着《丛书集成》及其《续编》《三编》《续修四库全书》《四库禁毁丛书》《四库存目丛书》《明别集丛刊》等丛书的出版，明人的重要著作已经基本收入其中，再加上越来越多的明人著作全集或著作的点校出版(如《儒藏》《理学丛书》《阳明后学文献丛书》等)，资料方面的问题已经逐步得到解决。由此也带来《宋元学案》的学术价值和研究价值方面的问题，即有学者可能会认为研究《宋元学案》的意义不大，不如直接看原典。因为《宋元学案》的主体内容(尤其是思想文献部分)都是从宋元学者的原典文献中抄录编纂而成的，属于二次(二手)文献，而且在辑录过程中存在遗漏和断章取义等问题，其文献价值无疑不及原典文献(即原书)。这种看法完全将《宋元学案》视作一个单纯的文献汇编，却忽视了《宋元学案》的编纂者黄宗羲、黄百家、全祖望等人均是当时的一流学者，他们实际上是通过编纂《宋元学案》系统地整理、总结和评论了宋元儒学思想，在此过程中编纂者基于其思想立场和精深学识提出了大量值得我们注意和借鉴的观点，这一点集中体现在《宋元学案》编纂者留下的两千多条案语中。总之，对于不以《宋元学案》为直接研究对象的一般研究者来说，《宋元学案》中编纂者所作的小传与案语及附录中收集的历代学者的评论要更加重要一些。但是由于思想资料集中体现了编纂者的思想立场及其对学者的评价，因此对于研究《宋元学案》自身，特别是编纂者的思想诠释与评价来说，这一部分仍然具有重要价值。

综上所述，在思想资料的编纂上，编纂者基于其编纂体例与观点立场，从数量庞大的宋元学者著作及相关文献中辑录思想资料并进行了剪裁、排列与校勘。这些思想资料一般来说较好地体现了学者的思想宗旨与学术精华，而排列在前面的资料则往往包含有强调的意思。继承刘宗周学术思想的黄宗羲、黄百家父子推崇经世致用之实学及心学的思想倾向在思想资料的辑录、选择、排列与评论中有着非常明显的体现。但受成书过程中主客观条件的限制，《宋元学案》中思想资料的编纂还有许多不完备之处。

第三节 附录的编纂体例及其学术意义

《宋元学案》中思想资料之后一般是附录这一项。个别地方在小传后直接是附录,如卷二十“元城学案”中胡珵的小传之后没有思想资料而直接为附录。[①]也存在只有思想资料而没有附录的情形,如卷一百“屏山鸣道集说略”中李纯甫、赵秉文的思想资料之后均无附录。附录是《宋元学案》在《明儒学案》之外新增加的一个内容项目,但其内容与小传及思想资料的界限往往不甚明晰,对此编纂者进行了必要的调整及说明。从而使作为《宋元学案》主体内容的小传、思想资料与附录在内容与形式上都做到了条分缕析、秩序井然。

根据笔者的统计,《宋元学案》中附录部分从卷一“安定学案”中胡瑗的附录开始到卷九十九“苏氏蜀学略”中王巩的附录为止,一共有78个学案中的242位学者的小传或思想资料之后有附录。附录内容一般是与学者有关的补充事迹及学术评论等,可补充它前面的小传或思想资料之不足,其中收录有大量意味深长的逸闻趣事和精彩评论。董金裕在其《读宋元学案看宋儒风范》一文中,从“志学之专”(如徐积、谢良佐)、“修身之谨”(如陈瓘、朱松、楼钥)、“事亲之孝”(如徐积、邹近仁)、“手足之情”(如范纯仁)、“治家之道”(如陆九韶)、“急难之风”(如范纯仁)、“宗族之义”(如范仲淹)、“待人之诚”(如范纯粹、程颢、丰稷)、“施教之法”(如胡瑗、程颢、程颐)、“任道之勇”(如石介、朱熹)、“胞与之怀”(如周敦颐、程颢、张载),共计十一个方面概括了《宋元学案》中附录的内容。[②]由其分析可知,《宋元学案》的附录具有较高的参考价值,特别是其中收录有大量历代学者的相关评论,对我们理解学者的事迹、人格、学问及其影响等方面很有帮助。但是,附录与小传、思想资料间的界限往往不够明确。为此,《宋元学案》最后的编纂者王梓材为了使全书的内容与形式相统一,往往对此前黄氏父子或全祖望编纂的资料之所属进行了必要的调整。王梓材的大量案语中关于这方面的说明很多,其中将资料从原来的思想资料移到附录(不限于同一学案)中的情况很常见。这种调整当然是基于王梓材定下的编纂体例而来。以下从其案语中的专门术语着手加以探讨。

移为(同一学案)与移入(不同学案)——将出自黄氏原本或全氏修补本中的思想资料的一些条目移至同一学案中学者的附录等内容中的情况一般注明

① (清)黄宗羲原著,(清)全祖望补修:《宋元学案》第二册,第836~837页。

② 董金裕:《读宋元学案附录看宋儒风范》,《幼师月刊》1978年第6期。

"移为",将其移至其他学案中学者的附录等内容中的情况一般注明"移入"。具体分析的话,移为的情况一般是因为语录等内容中某条目的内容并非只是此学者自身的言语,而是他与其他学者的对话或者对某事所作的评论。移入的情况则一般是因为某条语录(对话、评论)的内容是以别的学者的见解为主。例如,卷十五"伊川学案上"中王梓材在其案语中指出:"原本此下有'尹焞偶学《虞书》'一条,今移为附录。"[①]又如黄氏原本中程颐的思想资料"语录"中的八条移到其附录中了,进而在附录中此八条下面说明了其理由:"以上八条本在'语录',以有实指,移入于此。"[②]所谓"以有实指"即是说这些条目并不单纯是程颐自身的言语或对经典的解释,而是因某人或具体的某事而引起的话题。又如卷十五"伊川学案上"中王梓材指出:"原本此下有'伊川与和靖论义命'一条,今移入'和靖学案'。"[③]将程颐的语录中的一条移入其他学案("和靖学案")某位学者(尹焞)的附录之中了。查看卷二十七"和靖学案",程颐的高徒尹焞(和靖)的附录中正好有"伊川与和靖论义命"这一条,其内容主要是尹焞陈述自己的观点,而程颐不过是其谈话的对象罢了,因此将此条移入尹焞的附录中是恰当的。又卷十八"横渠学案下"张载的附录中,在"刘刚中问:'张子《西铭》与墨子兼爱何以异?'朱子曰:'异以理一分殊。……'"一条之下,王梓材指出:"此条从'沧洲诸儒学案'移入。"此条原本在卷六十九"沧洲诸儒学案上"刘刚中的思想资料"师友问答"中,在那里王梓材指出:"《学案》原本所录《师友问答》二十三条,今移为附录者二条,又移入'伊川学案'一条,移入'横渠学案'一条,移入'范吕诸儒'一条,移入'晦翁学案'二条,移入'蜀学略'一条。"[④]此条的内容主要是朱熹就张载《西铭》的"民胞物与"思想与墨子兼爱说的区别回答其弟子刘刚中的提问,实际上是朱熹依据程颐的"理一分殊"说与体用论来阐明张载《西铭》的主旨,应当收入张载的附录。其理由与卷五"古灵四先生学案"中王梓材所指出的"此条梨洲所节《横浦心传》,本在'横浦学案'。今以言陈季甫事,移录于此"[⑤]是一样的。

以上的例子是王梓材对出自黄氏原本中的思想资料所作的调整,对出自全氏修补本的思想资料王梓材也同样进行了调整。例如,卷四十六"玉山学案"是全祖望为汪应辰设立的学案,其中汪应辰的思想资料"玉山文集"之下有案语"梓材谨案:谢山节录《玉山文集》二十九条,今移二条为家学立传于后,又移

① (清)黄宗羲原著,(清)全祖望补修:《宋元学案》第一册,第628页。
② (清)黄宗羲原著,(清)全祖望补修:《宋元学案》第一册,第648页。
③ (清)黄宗羲原著,(清)全祖望补修:《宋元学案》第一册,第629页。
④ (清)黄宗羲原著,(清)全祖望补修:《宋元学案》第三册,第2268页。
⑤ (清)黄宗羲原著,(清)全祖望补修:《宋元学案》第一册,第239页。

入‘安定学案’一条,移入‘高平学案’一条……又一条分作两条,移入‘高平’‘濂溪学案’各一条”[①]。即王梓材从全祖望的补本中移出多条思想资料作为同卷中其他人物的小传,或者移到了其他学者的附录当中。其中作为小传的一条本是汪应辰鼓励其子(家学)汪伯时的一封书简,后被王梓材用作汪伯时小传的主要内容。这种情形一般因为找不到和某位学者的传记相关的文献而只好以其他学者的相关记述(与此人相关的书信等)作为其小传。又卷四十七“艾轩学案”中有这样一条案语:“谢山补录《鬳斋学记》十二条,今移为艾轩附录一条,乐轩附录二条,又移入‘震泽学案’一条,移入‘新学略’二条,移入‘蜀学略’一条。”[②]王梓材将全氏修补本中林希逸(号竹溪)的思想资料《鬳斋学记》中的一条移入同卷林光朝(号艾轩)的附录中,其内容是肯定林光朝对《诗序》作者的见解。一条移入同卷陈藻(号乐轩)的附录之中,其内容是传达其师陈藻的意见。一条移入卷二十九“震泽学案”方翥的附录中,其内容是传达方翥的言论。一条移入卷九十八“荆公新学略”王安石的附录中,其内容是澄清世俗所谓王安石废《春秋》的误解。一条移入卷九十九“苏氏蜀学略”苏洵的附录中,其内容是传达苏洵的言论并加上自己的评论。如上所述,附录的内容一般是向其他学者传达某学者的言语,或者是对某学者的评论。因此这些调整应该说都是恰当的。以上5例虽在其调整后的新地方没有加以说明,但均以“林竹溪《鬳斋学记》曰”开头而标明了其来源。

总之,在附录的编纂上,其内容一般是为了补充小传或思想资料的内容而辑录有关案主的生平事迹和历代评论等。因其往往与小传、思想资料之间的界限不太明晰,所以《宋元学案》最后的编纂者王梓材为了使全书的体例和内容相一致,多对先前黄氏父子和全祖望所辑录的附录资料之归属进行了调整,包括同一学案中的移为与不同学案间的移入两种情况。这些调整一方面明确了全书的小传、思想资料及附录之间的界限,一方面也改变了黄氏原本与全氏修补本的原貌,甚至因此在某种程度上也破坏了学者思想资料的完整性。但王梓材在调整之后必定用案语说明其调整的去向或理由,并且在调整后的地方也标明了来源,因而可以寻到其来龙去脉。

---

① (清)黄宗羲原著,(清)全祖望补修:《宋元学案》第二册,第1457页。

② (清)黄宗羲原著,(清)全祖望补修:《宋元学案》第二册,第1485页。

第四章　编纂者的案语及其学术价值

《宋元学案》的内容涉及整个宋元明清儒学思想史，包括所辑录宋元两代儒者的生平思想以及宋元明清儒者的相关诠释与评论。所以大部分涉及宋元哲学史、思想史的研究论著都不同程度地涉及或引用了《宋元学案》中的资料，特别是引用黄宗羲、黄百家、全祖望等编纂者的意见（案语）来立论，在此基础上探讨学者的思想诠释与评价等。但因为《宋元学案》的案语数量多达两千条以上，并且分散在全书成百上千位学者的资料之中，且相关学者及资料之间又有着十分复杂的关系，因此本章将统计分析与理论诠释结合起来，首先对《宋元学案》中的所有案语进行统计分类，进而阐明《宋元学案》成书三阶段中编纂者的分工及其案语的特色，然后以《宋元学案》黄氏原本的主要编纂者黄宗羲、黄百家、全氏修补本的主要编纂者全祖望，以及王冯校补本的主要编纂者王梓材、冯云濠为代表，从多个方面探讨其案语的内容及其学术价值。

第一节　案语的统计与分类

《宋元学案》的内容构成中颇为引人注目的一个部分便是其数量庞大的案语。《宋元学案》成书过程中的编纂者包括黄宗羲、黄百家、杨开沅、顾諟、张采、全祖望、黄璋、黄征乂、王梓材、冯云濠等人，均属于黄宗羲所开创的清代浙东学派。[①]因此《宋元学案》可以说是清代浙东学派的几代学人前后接力完成的集体创作。上列十位编纂者中，除黄璋和黄征乂以外的八位在现行百卷本《宋元学案》中共留下了2143条案语或附录文章，体现了编纂者的

---

① 清代浙东学派又被称为浙东史学派。吴光先生认为清代浙东学派并不局限于史学，其实是包括经学、史学、文学与科技等诸多领域在内的经世致用之学，因此主张应当称其为浙东经史学派。参见吴光《黄宗羲与清代浙东学派》，第10页。

编纂成果及其思想立场。[①]这八位编纂者的案语(文章)数量、卷数分布及学案分布的统计见表4-1。

表4-1 《宋元学案》编纂者案语统计表

单位:条

成书阶段	编纂者	独立案语	附录文章	段落案语	合计	卷数分布	学案分布
黄氏原本	黄宗羲	65	24	0	89	34	32
	黄百家	211	1	1	213	45	39
	杨开沅	23	0	0	23	5	5
	顾諟	24	0	0	24	6	5
	张采	6	0	0	6	5	5
全氏修补本	全祖望	305	100	0	405	97	90
王冯校补本	冯云濠	165	0	294	459	91	88
	王梓材	688	0	236	924	100	91
合计		1487	125	531	2143	—	—

由此表可知,八位编纂者中以黄宗羲(89条)、黄百家(213条)、全祖望(405条)[②]、王梓材(924条)、冯云濠(459条)五人的案语为最多。另外三人杨开沅(23条)、顾諟(24条)、张采(6条)均为黄宗羲的弟子,与黄宗羲之子黄百家一起承担编纂任务。其中,今本《宋元学案》中收录有黄宗羲的89条案语或文章,出现在百卷本的34个卷中,以及91个学案的32个学案中。其中黄宗羲的独立案语共65条均以"宗羲案"开头,而另外的"附录文章"24条则如卷十"百源学案下"的"附梨洲《易学象数论》……"、卷三十九《豫章学案》的"梨洲《孟子师说》……"等系从黄宗羲的《易学象数论》与《孟子师说》等专著中辑录出来的文章或言论。黄宗羲以外的编纂者的独立案语均以

① 依据吴光的考证,黄璋与黄征乂曾在黄氏原本与全氏修补本的基础上进行修订完成86卷的黄璋校补本稿本,在其中留下了许多案语,但后来两人之案语被百卷本《宋元学案》最后的校订者王梓材全部删除了。因此现行百卷本《宋元学案》中只存有八位编纂者的案语。参见吴光《〈宋元学案〉成书经过、编纂人员与版本存佚考》,《杭州师范学院学报(社会科学版)》2008年第1期。由我们上一章中的考察可知,今本《宋元学案》中虽然没有黄璋与黄征乂的案语,但所收录学者及传记、思想文献、附录中有一些是来自黄璋校补本,因此对黄璋校补本的学术价值不可低估。

② 《宋元学案》中共有89条全祖望所作的序录,原本作为一卷(即卷首"宋元儒学案序录")置于全书之前作为纲领,后来由王梓材将其内容条目分散到所属各学案的正文之前,同时又保留了卷首的"宋元儒学案序录",这样这89条序录便在全书中重复出现了两次,因此表中的全祖望"案语数"的统计除去了卷首的序录以避免重复计算。

"某某谨案"开头，即"百家谨案""杨开沅谨案""顾諟谨案""张采谨案""祖望谨案""云濠谨案""梓材谨案"。《宋元学案》中的45个卷(共计39个学案)中共收录有黄百家的213条案语或附录文章，其中的一篇"附录文章"即是其《求仁篇》[①]，另有一条以"百家案"开头的段落案语附在其独立案语("百家谨案……")之后[②]。《宋元学案》中收录有全祖望的405条案语(或文章)，分布在90个学案(共97个卷)中。又《宋元学案》正文卷首王梓材、冯云濠的案语也统计在内，二人作为《宋元学案》的最后编纂者，在修订黄氏原本和全氏修补本的过程中在正文及案语中插入了大量补充说明的案语。这些段落案语均以"梓材案"或"云濠案"开头。与此相对应，二人的独立案语均以"梓材谨案"或"云濠谨案"开头。进一步分析可知，依据各人参与编纂之阶段与其专长领域不同，其案语的内容也呈现出各自不同的特色。

从案语的内容特色来看，王梓材、冯云濠二人的案语数量虽然最多，但其内容主要是校勘和修订等与文献整理相关的简短说明，直接讨论学术思想的言论很少。与此相反，黄氏父子与全祖望的案语及附录文章中的长篇大论则相当多，对探讨学者的学术思想而言具有很高的参考价值。当然，这只是就各位编纂者的专长及其案语的主要方面而言。实际上黄氏父子的案语中除了哲学诠释以外，也不乏文献考证与学术源流相关的内容。全祖望的案语中除了史实考证与学术源流的梳理以外，也有与文献校订及思想诠释相关的内容。同样王梓材与冯云濠的案语中也不是完全没有对学术思想的阐发。这些编纂者均隶属于清代浙东学派，其特定的思想立场及学术见解贯穿于《宋元学案》的编纂过程及其全文之中。这可说是理解《宋元学案》思想倾向与学术观点的关键。总而言之，各阶段的编纂者以其自身的专长领域为主分工协作，前后接力方才完成了《宋元学案》这样一部体大思精的宋元儒学思想史巨著的编纂。

---

① 参见(清)黄宗羲原著，(清)全祖望补修《宋元学案》第一册，第543～546页。

② 《宋元学案》卷二"泰山学案"中孟宗儒的小传后黄百家在其后的案语中指出："百家谨案：《十七史》以来，止有《儒林》。至《宋史》别立《道学》一门，在《儒林》之前，以处周、程、张、邵、朱、张及程、朱门人数人，以示隆也。于是世之谈学者动云周、程、张、朱，而诸儒在所渺忽矣。先遗献曰：'以邹、鲁之盛，司马迁但言《孔子世家》《孔子弟子列传》《孟子列传》而已，未尝加《道学》之名也。……言宋儒者必冠濂溪，不复思夫有安定、泰山之在前也。'百家案：先文洁曰：'本朝理学，实自胡安定、孙泰山、石徂徕三先生始。朱文公亦云伊川有不忘三先生之语。即考诸先儒，亦不谬也。'"(清)黄宗羲原著，(清)全祖望补修：《宋元学案》第一册，第121～122页。这条案语的最后出现《宋元学案》中黄百家的唯一一条以"百家案"开头的段落案语。

第二节　黄宗羲案语的特色及其学术价值

如前所述,《宋元学案》成书的第一阶段(黄氏原本)中,黄宗羲的案语内容主要是对学者的学术评论与哲学诠释。黄百家与杨开沅、顾諟、张采等都继承了黄宗羲的学术思想,他们的案语内容也将重点放在哲学诠释与学术评论上。这样除了文献的编纂与整理之外,上述《宋元学案》成书第一阶段中五人的案语多数是与学术思想的探讨相关的内容。如表4-1所示,此五人的言论(独立案语与附录文章)共有355条。这里首先考察一下其分布与构成。表4-2是收录这五位编纂者案语所涉学案名、人物姓名及其数目与排名的一览表(限于篇幅及论述的需要,这里仅按降序显示排名靠前的部分学案)。

表4-2　黄宗羲等五位编纂者案语的学案分布表

单位:条

卷次	学案名	人物	黄宗羲	黄百家	杨开沅	顾諟	张采	合计
17、18	横渠学案上、下	张载	1	49	2	5	2	59
15、16	伊川学案上、下	程颐	6	26	11	6	0	49
11、12	濂溪学案上、下	周敦颐	5	23	0	3	0	31
13、14	明道学案上、下	程颢	2	19	8	0	0	29
9、10	百源学案上、下	邵雍	10	15	0	0	0	25
48、49	晦翁学案上、下	朱熹	3	9	0	0	0	12
39	豫章学案	李侗	9	1	0	0	0	10
58	象山学案	陆九渊	1	1	1	6	0	9
1	安定学案	徐积	0	7	0	0	0	7
50	南轩学案	张栻	5	1	0	0	0	6
57	梭山复斋学案	陆九龄	0	2	1	2	0	5
92	草庐学案	吴澄	0	5	0	0	0	5
31	吕范诸儒学案	吕大临	1	3	0	0	0	4
34	武夷学案	胡安国	2	2	0	0	0	4
42	五峰学案	胡宏	1	3	0	0	0	4
64	潜庵学案	辅广	3	1	0	0	0	4

续表

卷次	学案名	人物	黄宗羲	黄百家	杨开沅	顾諟	张采	合计
24	上蔡学案	谢良佐	2	1	0	0	0	3
25	龟山学案	杨时	2	1	0	0	0	3
39	豫章学案	罗从彦	2	1	0	0	0	3
54	水心学案上	叶适	1	2	0	0	0	3
56	龙川学案	陈亮	1	1	0	0	0	3
1	安定学案	胡瑗	0	2	0	0	0	2
2	泰山学案	孙复	0	2	0	0	0	2
2	泰山学案	孟宗儒	0	2	0	0	0	2
27	和靖学案	尹焞	1	1	0	0	0	2
39	豫章学案	罗博文	1	1	0	0	0	2
39	豫章学案	朱松	1	1	0	0	0	2
52	艮斋学案	薛季宣	1	1	0	0	0	2
56	龙川学案	陈亮	1	1	0	0	0	2
82	北山四先生学案	何基	1	1	0	0	0	2

从分布的特征来说，案语较多的学者中，列首位的张载共有59条，列第二位的程颐有49条，列第三位的周敦颐有31条，列第四位程颢有29条，列第五位的邵雍有25条。这五位学者的案语共有193条，占总数的54%。这五位即是众所周知的道学创始人"北宋五子"，也是黄氏父子等黄氏原本编纂者最为关注的学者。其原因除了"北宋五子"学术思想的独创性与重要性之外，与黄氏父子自身的学术思想也有密切的关系。众所周知，黄宗羲作为明末心学殿军刘宗周的弟子，是"清初三大儒"之一，精通哲学、史学、天文历算等多方面的学问。其子黄百家继承家学并擅长天文历算等专门学问，因此在"横渠学案"的59条案语中，黄百家详细探讨了《正蒙》中张载的天文地理与性理学说。对于邵雍的象数易学，黄宗羲(《易学象数论》)与其弟黄宗炎(《易学辨惑》)都有专著予以批判，黄百家将其取入"百源学案"中，并且加上了自身的评论。对于周敦颐、程颢、程颐三人，黄百家也多引刘宗周、黄宗羲等人的评论对其师承关系、哲学思想及比较等方面进行了详细的探讨。"北宋五子"之外案语的数量在5条及以上的学者，如朱熹(12条)、李侗(10条)、陆九渊(9条)、徐积(7条)、张栻(6条)、陆九龄(5条)、吴澄(5条)的案语

中,黄氏父子也重点探讨了他们的哲学思想。

接下来我们先讨论黄宗羲的案语并阐明其思想立场,由于本书中其他部分多有对黄宗羲案语的分析,因此这里只取黄宗羲关于朱陆"无极太极"之辩、朱陈"王霸义利"之辩的案语来加以探讨。

一、朱陆"无极太极"之辩与黄宗羲的思想立场

关于宋代思想史上著名的朱熹与陆九渊之间的"无极太极"之辩。"太极"一词原本出自《周易·系辞上》中的"易有太极,是生两仪"。陆九渊从其道器合一论出发,结合《易传》中的"一阴一阳之谓道"与"形而上者谓之道,形而下者谓之器",将形而下之阴阳(气、器)与作为宇宙万物之原理和本体的形而上之道(理、太极)统一了起来[①],认为太极(元气)、阴阳、五行只存在生成序列上的先后不同,其本质则同是气化的流行展开。[②]《中庸》说:"中也者,天下之大本也。和也者,天下之达道也。"在陆九渊看来,"中"也好,"一"也好,"极"也好,虽然名称不同,但其实都是指此"理",即宇宙的根本原理(大本)。[③]朱熹则继承了程颐的道器(理气)二元论,以太极为形而上(无形)之道(理),以阴阳为形而下(有形)之器(气),认为太极是作为阴阳之根据的形上本体,所以太极与阴阳是二元对立的关系。在朱熹看来,"极"是说理(太极本体)之"至极","中"是指气化流行之无过无不及的中和状态,也就是《中庸》所说的"喜怒哀乐之未发",但"中"本身并不是道体(理、太极)。[④]对于"极"字的意义,陆九渊与朱熹的解释虽均有其训诂上的依据,但陆九渊指出,在训诂上一字往往有多个意义,且还有虚字(虚词)与实字(实词)的区别,认为如果说朱熹以"无形"来解释"无极",即以"形"来解释"极"能说得过去的话,那么对"中""极""至"之解释是完全可以相同的。[⑤]虽然朱陆二人在字义训诂上争论不已,但两者的差异不在表面字义的解释上,而是在于字义背后隐藏的道器(理气)二元论与一元论的根本对立。

黄宗羲引述其师刘宗周《圣学宗要》之说,与朱熹一样认为"无极"不是

---

① (清)黄宗羲原著,(清)全祖望补修:《宋元学案》第一册,第500～501页。

② 陆九渊指出:"太极判而为阴阳,阴阳播而为五行。天一生水,地六成之,地二生火,天七成之,天三生木,地八成之,地四生金,天九成之,天五生土,地十成之。五奇天数,阳也,五偶地数,阴也。阴阳奇偶相与配合,而五行生成备矣。故太极判而为阴阳,阴阳即太极也。阴阳播而为五行,五行即阴阳也。塞宇宙之间,何往而非五行?"(宋)陆九渊:《陆九渊集》,钟哲点校,北京:中华书局,1980年,第281～282页。

③ (清)黄宗羲原著,(清)全祖望补修:《宋元学案》第一册,第506页。

④ (清)黄宗羲原著,(清)全祖望补修:《宋元学案》第一册,第502～503、505～507页。

⑤ (清)黄宗羲原著,(清)全祖望补修:《宋元学案》第一册,第505～506页。

独立于“太极”之外的实体，但同时又认为朱熹以“无形”来解释“无极”仍然是不够透彻的[①]，提出应将“无极”解释为“无此极”。这种差异实际上是基于其本体论（理气、道器论），即在刘宗周与黄宗羲看来，作为阴阳之道的太极并非朱熹所说的理、道那样立于形而下的气、器之上的形上本体，其实只不过是对一阴一阳变化消长之道的指称。从这点来说，阴阳（器）之外别无所谓“太极”（道），因此周敦颐才特意在“太极”之上加了“无极”二字予以说明。[②]在黄宗羲看来，朱陆围绕着对“无极太极”的理解往复争论不已，但实际上双方之异同只限于字义的层面上，究其观点并没有太大的区别。黄宗羲也以“至极”或“极至”来解释“极”字，但又认为太极并不是朱熹所说的那样独立于形而下的气之外的形上本体，实际上不过是阴阳自身之属性罢了。黄宗羲又引刘宗周之说，依据《易传》的“一阴一阳之谓道”，认为阴阳运行变化之道即是太极，进而又指出“天地之间一气而已”，将气视作天地间的唯一实体，因此反对朱熹的“理先气后”说，认为有了“气”之后“理”方才具备，而从形而下的阴阳之中指认形而上之存在的话称其为太极，但太极并不是独立实体。[③]黄宗羲进而指出，阴阳二气运行而有条理秩序就是理，而穷至其极至之处便称之为“太极”，朱熹从其“理先气后”“理本气末”的理本论出发规定太极与阴阳的关系，实际上是误解了周敦颐所说“太极”之本义。[④]最后，黄宗羲引用明儒罗钦顺的《困知录》之说，指出朱熹由对太极与阴阳之相互关系的理解直接导出其理气二元论，与周敦颐“气外无理”“理气不二”的观点相背离，因而只不过是朱熹自己的主张罢了。[⑤]从以上分析可知，黄宗羲在调和朱陆异同的同时，其对于太极、阴阳关系的理解还是倾向于陆九渊的道器合一论诠释，而批评了朱熹的道器二元论诠释。

---

① 陆九渊在其与朱熹的辩论中指出，《太极图说》中的“无极”一词原本出自道家《老子》“知其雄”章的“复归于无极”，认为其与《老子》首章所说的“无名天地之始，有名万物之母”中“有生于无”之“无”一样指生成天地的抽象本体，与儒家思想背道而驰，因此周敦颐不应该在“太极”之上再加“无极”二字。朱熹则以“无形而有理”来解释“无极而太极”，认为“无极”并非如老子的“有生于无”那样是立于实“有”（太极）之上的先天抽象本体，而只不过是形容作为宇宙本体的太极（理）之“无形无象”特征的词语罢了。由此对于《太极图说》中的“太极本无极”之语，朱陆间也产生了理解上的分歧。陆九渊将“无极”视为“太极”的根源，因此将“太极本无极”解释成“太极本于无极”，朱熹则将“无极”作为形容“太极”之无形无象的词语，因此将“太极本无极”解释成“太极本来无极（无形）”。（清）黄宗羲原著，（清）全祖望补修：《宋元学案》第一册，第501～502页。

② （清）黄宗羲原著，（清）全祖望补修：《宋元学案》第一册，第498～499页。

③ （清）黄宗羲原著，（清）全祖望补修：《宋元学案》第一册，第499页。

④ （清）黄宗羲原著，（清）全祖望补修：《宋元学案》第一册，第499～500页。

⑤ （清）黄宗羲原著，（清）全祖望补修：《宋元学案》第一册，第508～509页。

二、朱陈“王霸义利”之辩与黄宗羲的思想立场

关于宋代思想史上著名的朱熹与陈亮之间的“王霸义利”之辩。永嘉学派的陈傅良指出:“功到成处,便是有德。事到济处,便是有理”是陈亮的看法,这样的话,则道德高尚的三代圣贤也不过是枉作工夫;“功有适成,何必有德。事有偶济,何必有理”是朱熹的看法,这样的话,则事功卓著的汉高祖、唐太宗比仆区(春秋楚刑书名,代指刑名功利之徒)也强不了多少。在陈傅良看来,陈、朱二人之说都不免是一偏之见,不能说是完全适当的。[①]黄宗羲在其案语中引述了陈傅良的上述说法,进而阐明了自己的观点。在黄宗羲看来,朱熹以事功来贬低陈亮,但陈亮正不讳言事功,所以终究难以说服陈亮。针对朱熹所谓“三代专以天理行,汉唐专以人欲行”的退化历史观[②],以及陈亮“义利双行,王霸并用”的发展历史观,黄宗羲从发展的历史观出发,认为:三代以上的事功与汉唐的事功是完全不同的,汉唐鼎盛时海内不免有兵刑之气,即使是免于兵刑,汉唐的礼乐风俗与三代也不可能相同;胜残去杀可说是三代的事功,而汉唐则无,朱熹所谓的“功有适成,事有偶济”说的也只是汉高祖、唐太宗一身一家的事功,就整个天下来说,还未见其取得了成功,从这点来看,说汉高祖、唐太宗离刑名功利之徒不远也未尝不可。[③]黄宗羲在承认事功(功利主义)本身的合理性的同时,也从历史的实际情况出发肯定了朱熹所强调的“三纲五常”等道德标准的绝对普遍性,并指出了事功的相对局限性。因此黄宗羲一方面主张事功必须以仁义道德为根基,一方面又主张仁义道德必须通过事功体现出来[④],并将道德与事功视作体用、本末的关系,认为两者不可偏废,从而总结了宋明以来关于学道(仁义)与事功(王霸义利)之间关系的论争。其学术观点在折中理学与事功之学的同时,又稍偏向于陈亮事功之

---

① 《答陈同父三》,(宋)陈傅良:《止斋集》卷三十六,《景印文渊阁四库全书》第一一五〇册,台北:台湾商务印书馆,1983年,第781～784页。

② 三浦国雄指出:朱熹的事势(理势)观有两个侧面,一方面是与善恶价值无关、无意志地突进的事势,另一方面是在超越的道理支持下朝向善的事势。由此朱熹的历史观并非天理最终战胜人欲这样简单乐观,天理的实现只不过是朱熹的祈祷和愿望,他既不是乐观主义者,也不是唯心论者,天理不断地被心的恣意所威胁,世界末日也不是不可能有的事情。参见[日]三浦国雄《朱子と気と身体》,东京:平凡社,1997年,第35～63页。

③ (清)黄宗羲原著,(清)全祖望补修:《宋元学案》第三册,第1839～1840页。

④ 参见《姜定庵先生小传》,(清)黄宗羲:《黄宗羲全集》第十九册,杭州:浙江古籍出版社,2012年,第271页;《国勋倪君墓志铭》,(清)黄宗羲:《黄宗羲全集》第二十册,杭州:浙江古籍出版社,2012年,第507～509页。

学一边。这是黄宗羲经世致用思想的基本立场[①],体现了他对浙东学术精神的继承和发展。

追根溯源的话,宋学开山胡瑗的“明体达用”之实学体现在其以“经义”(体)与“治事”(用)划分专科的教学法(“苏、湖教法”)中,在某种程度上将“体”与“用”分成了两截,还没有达到体用相即(合一)的理想境界[②],同时可说给后世理学(道学)与事功之学(浙东学派)的分派埋下了伏笔。理学的奠基人程颐作为胡瑗的高徒继承其明体达用之学,进而提出了“体用一源,显微无间”的主张,但还是不免偏重于“体”(道德性理)的方面。特别是从二程洛学派生出来的道南学派(杨时→罗从彦→李侗)在体认本体(所谓“静中体认未发气象”)方面有了进一步的深化。[③]其后李侗的学生朱熹以程颐洛学为基础集宋代理学之大成,程朱理学也成了学术界的主流正统。从洛学派生出来的另外一个支流浙东事功学派则转向了经制事功的方面,开创了浙东学术的经世致用传统。虽然程朱陆王等道学宗师都是体与用、道德与事功、内圣与外王兼备的,但其门人、后学在学问才能上往往有所欠缺,不免流于空谈性理、有体无用、重道德轻事功、重内圣轻外王之一偏。经历过明朝灭亡这一惨痛历史教训的黄宗羲当然对明代道学之流弊深有体会,所以才会力倡“明经通史”的经世致用之实学,对“仁义”(道学)与“事功”(事功之学)采取并重的态度[④],其内容与方法可说与胡瑗的“苏、湖教法”一脉相承。因此黄宗羲提倡经世致用之实学而批判道学之流弊当是基于历史与现实的双重考虑。[⑤]

---

① 参见李明友《一本万殊——黄宗羲的哲学与哲学史观》,北京:人民出版社,1994年,第122~124页。

② [日]佐藤仁:《宋代の春秋学——宋代士大夫の思考世界》,东京:研文出版,2007年,第306~310页。

③ [日]楠本正继:《宋明时代儒学思想の研究》(修订版),东京:広池学园出版部,1964年,第173~177页。

④ 谢玲玲:《黄宗羲教育思想初探》,吴光主编:《黄梨洲三百年祭——祭文·笔谈·论述·佚著》,北京:当代中国出版社,1997年,第215页。

⑤ 任锋指出:“胡瑗在南宋时期经历了一个被重新理解和评价的过程。汪应辰、朱熹和薛季宣、周必大、黄震等人通过对胡瑗的回溯和诠释,吸取并转化出积极的实践意识,以对治理学发展中的过度理论化弊端。他们或者把胡瑗视作理学先驱和实践本源,或者视为重要的宋学典范。不同的评价透露出南宋儒学实践意识的复杂内涵,围绕天理与实践、道德实践与政治实践这两组重要关系,衍生出儒家思想内部的张力与多样性。”参见任锋《胡瑗与南宋儒学的实践意识》,《汉学研究》2007年第2期。我们这里探讨的浙东学者黄氏父子对胡瑗实学教育思想的表彰和继承,可以说与南宋学者对胡瑗体用思想的阐发一脉相承。当然黄氏父子相比于朱熹等南宋学者来说,更加重视胡瑗思想中经世致用的层面。

第三节　黄百家案语的特色及其学术价值

如前所述,《宋元学案》成书第一阶段黄氏原本的五位编纂者中,黄百家的案语最多。黄氏原本的原貌虽已不可知,具体哪些内容是黄百家所编纂已经难以判断。但可以肯定的是,黄氏原本《宋元学案》的编纂虽始于黄宗羲,但其时黄宗羲已到晚年,其地位相当于主编或今日之所谓重大项目的"首席专家",主要工作是拟定编纂的纲领条例和分配任务,具体编纂工作承担较少。具体承担编纂任务的主要是以其子黄百家为首的团队(均为黄宗羲的弟子)[①]。黄百家的大量案语,特别是黄宗羲去世后黄百家引用其父(案语中称"先遗献")之言论的案语就是其明证。[②]从这点来看,黄百家可说是《宋元学案》成书第一阶段编纂者中的代表。黄百家作为黄宗羲学术思想的继承人,贯彻黄宗羲定下的编纂原则与思想史观,在编纂《宋元学案》时,从大量原典资料中选择、整理材料,进而对学者的相关事迹、史实及其师传关系等进行了考证,对学者的学术思想进行了诠释与评价,对思想史的发展脉络进行了梳理,从而提高了全书的学术价值。其案语中值得注意的地方很多,以下从四个方面来予以归纳分析。

---

① 王梓材《宋元学案总目》:"盖黄氏原本,创于梨洲,纂于其子主一,谢山修补之……"(清)王梓材:《宋元学案总目》,(清)黄宗羲原著,(清)全祖望补修:《宋元学案》第一册,第7页。

② 王梓材、冯云濠《宋元学案考略》:"云濠谨案:梨洲先生为《宋元学案》,未及成编而卒。二老阁郑氏校刻梨洲先生《宋儒学案》卷十七,标云'男黄百家编、门人杨开沅、顾諟分辑',知当时分任者不一人,而为之编辑者实梨洲季子百家字主一号耒史者,故主一案语较多于梨洲。"参见(清)王梓材、(清)冯云濠《宋元学案考略》,(清)黄宗羲原著,(清)全祖望补修:《宋元学案》第一册,第15页。又黄宗羲在其正式编纂《明儒学案》与《宋元学案》(黄氏原本)之前,曾编纂了作为两书之蓝本的《理学录》一书。但此书长期罕为人知,甚至被认为已经亡佚。直到彭国翔于2003年在中国社会科学院文学所图书馆首次发现了该书的手稿残本。经比对可知,其中有六条黄宗羲的案语在后来的《宋元学案》中被冠以"百家谨案"而成了黄百家的案语。参见彭国翔《黄宗羲佚著〈理学录〉考论》,《中共宁波市委党校学报》2011年第4期。笔者通过核对原文,发现《理学录》中的这六条黄宗羲案语与其相对应的《宋元学案》中题为黄百家的六条案语有三条完全相同,另外三条大同小异。这种情况可能不是误题。也许是黄百家在编纂《宋元学案》时在其父的案语基础上加以转述或增补而成,所以改题为"百家谨案"。事实上《宋元学案》中黄百家的很多案语就是全文或部分转述其父黄宗羲或刘宗周之语而稍加增补说明而成。这其实也恰好说明了黄氏父子思想的一贯性和黄百家对黄宗羲及刘宗周思想的继承。因此本书仍将这六条案语视作黄百家的案语加以讨论。

一、文献的整理与考订

黄百家在编纂《宋元学案》的过程中，基于其严谨的学术态度，从数量庞大的宋元学者文集专著，以及年谱、方志等相关文献中辑录精华。在此过程中黄百家基于其编纂体例与学术思想进行了文献整理与考订的工作（包括版本、目录、校勘等），并将其成果记录在案语中。在搜寻学者的著作和相关资料的过程中，对书籍流通与成书的相关考证，如查考目录记载与选择版本无疑非常重要。黄百家做了大量这方面的工作。如关于叶适（1150—1223）的晚年力作《习学记言序目》，明代以前的书目均以“习学记言”这一书名著录。如南宋陈振孙的《直斋书录解题》卷十最早记载了此书[①]，其后元代马端临的《文献通考·经籍考》卷四十一[②]、元代脱脱等撰《宋史》卷二百五“艺文志”第一百五十八[③]、明代焦竑撰《国史经籍志》卷四“子类”[④]、明代汤日昭编《（万历）温州府志》卷十七[⑤]等目录中都以《习学记言》这一书名记载之。直到黄百家编纂《宋元学案》时才首次在其案语中指出此书名称实际应当是《习学记言序目》[⑥]，其依据是叶适弟子孙之弘所作的序文：“曰：《习学记言序目》者，龙泉叶先生所述也。初，先生辑录经史百氏条目名《习学记言》，未有论述。自金陵归，研玩群书，更十六寒暑，乃成《序目》五十卷。”[⑦]可知此书的成书过程可分为前后两阶段，即叶适先完成辑录群书言论的资料汇编《习学记言》，后来才在此基础上总结自己对这些资料的评论而撰成《习学记言序目》。

王梓材最后校订《宋元学案》的时候，黄氏原本《宋元学案》中的一部分

---

① （宋）陈振孙：《直斋书录解题》，徐小蛮、顾美华点校，上海：上海古籍出版社，1987年，第313页。

② （元）马端临：《文献通考·经籍考》下册，华东师大古籍研究所标校，上海：华东师范大学出版社，1985年，第965页。

③ （元）脱脱等：《宋史》第十五册，北京：中华书局，1977年，第5211页。

④ （明）焦竑：《国史经籍志》，《续修四库全书》第九一六册，上海：上海古籍出版社，1997年，第442页。

⑤ （明）汤日昭、（明）王光蕴纂修：《（万历）温州府志》，四库全书存目丛书编纂委员会编：《四库全书存目丛书》史部·第二一一册，济南：齐鲁书社，1996年，第222页。

⑥ 卷五十四“水心学案上”：“百家谨案：《习学记言》存于今者，《序目》而已。内说经共十四卷：《易》四卷，《书》一卷，《诗》一卷，《周礼》《仪礼》合一卷，《礼记》一卷，《春秋》一卷，《左氏传》二卷，《国语》一卷，《孟子》一卷。若《记言》原本不知若干卷，惜乎不得见矣。是书前有山阴孙之宏序，叶氏门人。（梓材案：此条录自朱氏《经义考》。盖系《学案》原本，而竹垞录之者。竹垞尝寓吾郡二老阁，与郑南溪称后二老。故得见《学案》原稿。又案：是书凡经十四卷，诸子七卷，史二十五卷，《文鉴》四卷，合为五十卷，名《习学记言序目》，非别有全书也。）”（清）黄宗羲原著，（清）全祖望补修：《宋元学案》第三册，第1794～1795页。

⑦ （宋）叶适：《习学记言序目》，北京：中华书局，1977年，第759页。

内容已经佚失了,其中就包括黄百家关于《习学记言序目》的这条案语。幸运的是与黄宗羲、黄百家父子同时代的清代著名学者朱彝尊(1629—1709)曾见过郑氏二老阁中收藏的《宋元学案》黄氏原本的稿本,并将黄百家的此条案语收入其《经义考》卷二百四十三“群经”中,并依据黄百家的意见将叶适此书题名为《习学记言序目》[①]。后来王梓材反过来又从《经义考》中将散佚的这条黄百家案语重新辑回《宋元学案》中。朱彝尊在《经义考》中按黄百家的意见改题之后,私家书目多将此书题名为“习学记言序目”。如清代丁丙(1832—1899)《善本书室藏书志》卷十八[②]、清代陆心源(1834—1894)《皕宋楼藏书志》卷五十五“子部”[③]、清代孙诒让(1848—1908)《温州经籍志》卷十七“子部”[④]、清代张宝琳《(光绪)永嘉县志》卷二十七“艺文志四”[⑤]等书中都著录了《习学记言序目》五十卷钞本或写本,并且都辑录了孙之弘的序文。此外,清初的王士禛(1634—1711)《池北偶谈》卷十六“武侯集”中也论及《习学记言序目》。[⑥]

由上述可知,《习学记言》与《习学记言序目》是同一著作成书前后两个阶段的不同称呼。黄百家之前的书目中一般称此书为“习学记言”,朱彝尊依据黄百家之说将其改称为“习学记言序目”之后,私人藏书家在记载此书时一般都将其称为“习学记言序目”。正如王梓材所说,《习学记言》与《习学记言序目》其实只是书名称呼的不同,其实指的是同一部书。只是“序目”这一称呼的意思一般是指书之目次,或者指序文与目录,作为书名似乎有点不太适当。因此,明代及其以前的书目均称之为“习学记言”,直到清代官修的《四库全书》及《四库全书总目提要》中仍是如此。但是,1977年北京中华书局出版的此书在附录中有《宋元学案》“水心学案”中的黄百家案语,并且依

① (清)朱彝尊:《经义考三百卷》,《景印文渊阁四库全书》第六八〇册,台北:台湾商务印书馆,1983年,第195~196页。

② (清)丁丙:《善本书室藏书志》,《续修四库全书》第九二七册,上海:上海古籍出版社,1997年,第377页。

③ (清)陆心源:《皕宋楼藏书志》,《续修四库全书》第九二八册,上海:上海古籍出版社,1997年,第606~608页。

④ (清)孙诒让:《温州经籍志》,《续修四库全书》第九一八册,上海:上海古籍出版社,1997年,第397~398页。

⑤ (清)张宝琳修,(清)王棻、(清)孙诒让纂:《(光绪)永嘉县志》,《续修四库全书》第七〇八册,上海:上海古籍出版社,1997年,第683~684页。

⑥ (清)王士禛:《池北偶谈》,《景印文渊阁四库全书》第八七〇册,台北:台湾商务印书馆,1983年,第233页。

据黄百家的案语及孙之弘的序文将其称为“习学记言序目”[①]。对此做法也出现了异议，如张岱年认为孙之弘序文之说不可信，此书的内容并非“序目”（目录），所以其书名也不应当是“习学记言序目”。[②]对此，北京中华书局本《宋元学案》的点校者之一陈金生依据《习学记言序目》卷四十六的记载指出，此书名并非孙之弘的杜撰，而是叶适自己的命名，进而还从目录学史出发论述了“序目”（包括序录与目录两方面）与“目录”（只记书名与卷数）之间的区别，即从《习学记言序目》成书的两个阶段来看，《习学记言》原本只是汇集群书之言论的资料汇编，还没有形成自己的观点，而《习学记言序目》则是在《习学记言》的基础上汇编自己的心得与评论而成的。因此《习学记言序目》中辑录经典的原文资料很少，基本都是叶适自身的评论，其内容类似于刘向《别录》中的“序录”及后世《四库全书总目提要》一类的“提要”（解题目录）。因此，《序目》这一书名与其成书过程所决定的形式与内容相一致，并没有什么不妥。[③]陈金生的上述考证可说是相当有说服力的。[④]因此目前研究者一般都称此书为《习学记言序目》。综上所述，黄百家最早依据孙之弘的序文对其书名进行了考证，对理解此书的成书过程与内容构成等颇有启发意义。其后，朱彝尊等接受其观点都将叶适该书记录为“习学记言序目”。这一过程中黄百家的考证及其案语可谓功不可没。

二、师承关系的分析

相比注重学术宗旨与哲学思想之概括评论的《明儒学案》，《宋元学案》更为注重学术源流与师承关系的辨析。这方面的论述对我们把握宋元儒学史的思想脉络很有价值。在此过程中也出现了许多值得注意的问题。特别是学者之间具体存在着怎样的关系存在见仁见智、难以判断的情形，而师承关系在学者的思想形成过程中所起的作用也需要具体分析。在这方面黄宗

---

① （宋）叶适：《习学记言序目》，第770～771页。

② 张岱年指出：“叶适的重要著作是《习学记言》，内容是对历代学术的评论。……叶适门人曾说此书名《习学记言序目》。今按此说不可信据。从书的内容看，是对于经子群书的评论，非仅《序目》。可能叶适原稿，在目录前写《序目》二字，并非全书标题。《四库全书》著录为《习学记言》，是正确的。近年中华书局标点本，题为《习学记言序目》，实不恰当。”参见张岱年《中国哲学史史料学》，北京：三联书店，1982年，第166～167页。

③ 参见陈金生《〈习学记言序目〉正名》，《中国哲学史研究》1983年第4期。

④ 陈金生未曾提及黄百家的此条案语，也未曾考察本章中所述历代书目之记载。其后，《汉语大词典》中“序目”词条的解释下也引用了上述孙之弘的序文，并将陈金生的观点列为对“序目”意义的第三种解释：“指对读书时辑录的条目加以论述的文字。”参见汉语大词典编辑委员会、汉语大词典编纂处编纂《汉语大词典》第三卷，上海：汉语大词典出版社，1989年，第1211页。

羲、黄百家父子基于其一贯的思想立场作了很多考证工作。

如关于历史上引起争议的周程授受关系。黄百家在卷一“安定学案”的案语中指出:“先生在太学,尝以‘颜子所好何学论’试诸生。先生得伊川作,大奇之,即请相见,处以学职,知契独深。伊川之敬礼先生亦至。于濂溪,虽尝从学,往往字之曰‘茂叔’。于先生,非‘安定先生’不称也。”[①]又在卷十二“濂溪学案下”的案语中指出:“至于受学于周茂叔之言,亲出于明道之口,岂以‘仲尼’二字疑子思之不为宣圣孙乎。”[②]黄百家指出,二程自己亲口说曾师事于周敦颐,虽然程颐称呼周敦颐只称其字“茂叔”而不言“先生”,与其对胡瑗言必称“先生”不同,可见程颐对周敦颐不大推崇,但这并不能否定两人之间客观存在的师承关系。事实上,周敦颐只是程颐未成年时的启蒙老师,胡瑗则是程颐成年后在太学中的授业恩师,加上胡瑗作为当时最大的教育家和宋代新儒学的开山祖师,在当时的学术地位及影响力远高于周敦颐,因此程颐更尊敬胡瑗是可以理解的。当然,更关键的是,二程主要是在为学目标(成圣成贤)这一大的方向上受到周敦颐的影响,其成熟后的思想基本是出于自得。黄百家进而在卷三十九“豫章学案”的案语中指出:“程太中能知周子而使二子事之,二程之学遂由濂溪而继孟氏。朱韦斋能友延平与刘、胡三子,而使其子师之,晦翁之学遂能由三子而继程氏。卓哉二父,巨眼千古矣!”[③]承认二程接受周敦颐之传承而继承了道统。总之,黄百家从道统传承及客观史实出发承认了周程的师承关系,其观点可以说代表了朱熹以来对周程授受问题的主流看法。

又如关于周敦颐与李初平之间的师承关系。黄氏原本中黄百家将周敦颐的上司李初平列为周氏之弟子。黄百家在其案语中如韩愈的《师说》一样有感于传道之难而特意这样处理,以表彰周敦颐的思想影响及李初平的虚心好学精神。但因为与《宋元学案》中弟子的社会地位不能高于老师的师承关系之原则不符,后来全祖望将李初平改列为周敦颐之讲友(社会地位较高的学友)。但正如王梓材所说,黄氏的观点也自有其道理。[④]即黄

---

① (清)黄宗羲原著,(清)全祖望补修:《宋元学案》第一册,第26页。

② (清)黄宗羲原著,(清)全祖望补修:《宋元学案》第一册,第525页。

③ (清)黄宗羲原著,(清)全祖望补修:《宋元学案》第二册,第1297页。

④ 卷十二“濂溪学案下”:“百家谨案:先生为元公上官,有谓不当列弟子者。夫学以传道为事,岂论势位。自古至今,有弟子而不能传道多矣。以先生之虚怀问业,悉心听受,二年有得,与二程同列诸弟子之班,足见先生之盛德,又何嫌哉!又何嫌哉!(梓材案:主一是说亦有理。顾谢山于稿底‘濂溪门人’抹去李先生之名。是仍列讲友而不列弟子也。)”(清)黄宗羲原著,(清)全祖望补修:《宋元学案》第一册,第529页。

氏父子对于学者的评价是基于学问造诣优先于地位及年辈之高低的纯粹学术立场，因为学术地位与思想传承不是社会地位所能决定的。这可说是黄氏父子的一贯思想立场。由此可见，上述黄百家对李初平与周敦颐之间师承关系的处理绝非偶然。黄、全两人之分歧的关键在于黄氏的思想史立场重视思想传承及其影响，全氏的历史考据学立场则注重学者的地位与生平事迹，因为思想影响与社会地位往往并不对等，所以重思想史影响的黄氏父子与重史实考证的全祖望在处理周敦颐与李初平的师承关系时产生了分歧。

卷六十四“潜庵学案”中辅广的附录之后黄百家引用黄宗羲之语表达了同样的思想立场。正如黄氏父子所指出的，朱熹的弟子辅广与周敦颐一样都是生前社会地位与学术地位不高，但其学术思想对后世的影响却极为深远。辅广的学术传承在地域上涉及四川、福建、浙东等地，在时间跨度上从宋代直至明代不曾断绝。黄氏父子一方面表彰了辅广的学术地位及其影响，一方面又以实事求是的态度对辅广与魏了翁之间的师承关系进行了考证。《宋史》卷四百三十七“魏了翁传”中记载了魏了翁与辅广、李燔交往从而得闻朱子学的情况，但并未直接称他们是师徒关系。[①]后来《嘉兴志》“辅汉卿传”依据《宋史》直接将魏了翁列为辅广、李燔的弟子。黄百家则依据魏了翁《鹤山集》卷五十三《朱文公语类序》的记载判断为他们是讲友关系。[②]黄百家依据的是魏了翁本人之语，因此可说是极有说服力的[③]。事实上，辅广与魏了翁可说是亦师亦友的关系，而其学术传承十分深远，黄宗羲的远祖宋代大儒黄震及族祖明代学者黄珏（菊东先生）都是辅广一系传承下来的，因

① 参见（元）脱脱等《宋史》第三十七册，北京：中华书局，1977年，第12965～12966页。

② 参见（宋）魏了翁《鹤山集》一，《景印文渊阁四库全书》第一一七二册，台北：台湾商务印书馆，1983年，第593～594页。

③ 卷八十“鹤山学案”：“百家谨案：《宋史》言：鹤山‘筑室白鹤山下，以所闻于辅广、李燔者开门授徒，士争负笈从之。由是蜀人尽知义理之学’。于是《嘉兴志辅汉卿传》遂谓鹤山是汉卿之门人。然考《鹤山集》言：‘开禧中，余始识汉卿于都城。汉卿从朱文公最久，尽得公平生言语文字。每过余，相与熟复诵味，辄移晷弗去。余既补外，汉卿悉举以相畀。’又言：‘亡友辅汉卿，端方而沈硕，文公深所许与。’乃知友而非师也。（梓材案：二江诸儒学案‘范双流先生子长传’云：‘鹤山之初志学也，由先生兄弟及薛符溪以得门户，及入中原，始友李敬子、辅潜庵。’案：双流弟名子该。薛名绂。）”（清）黄宗羲原著，（清）全祖望补修：《宋元学案》第四册，第2651页。

此辅广也可说是黄宗羲一族的学问源头之一。[①]所以黄宗羲对辅广非常敬重,曾亲自前往辅广的墓地祭奠,还依据地方志及《宗辅录》等文献的记载在"潜庵学案"中为辅广作了小传[②],进而还在其案语中对辅广与魏了翁的师承关系(讲友)进行了考证。[③]黄百家接受其父的观点并将其记载于魏了翁的小传中,以与其父所作的辅广传相对照。其后,王梓材在黄氏父子的考证基础上,又依据全氏修补本卷七十二"二江诸儒学案"中收录的"知州范双流先生子长传"中的考证[④],最终确定了魏了翁作为范子长(张栻门人)之所传(朱熹、张栻之再传)与辅广、李燔之讲友的师承关系,并将其记载于学案表中。这一过程中黄氏父子的考证无疑起了非常关键的作用。

三、历史记载的考证

据我们统计,《宋元学案》中收录了2427位学者的小传,而附录内容也大多与学者的生平事迹及历史记载相关。这些传记资料可据以订补《宋史》等史书中的相关记载,史料价值很高。在这方面,黄宗羲、黄百家父子在编纂《宋元学案》的过程中不仅做了大量学者传记[⑤],而且对学者相关的历史记载进行了考证。

如关于湖湘学派创始人胡安国与奸相秦桧之间的知遇关系。黄百家辑录朱熹的一条语录,交代了胡安国与秦桧的交往始末,其中朱熹所说的

---

① 卷六十四"潜庵学案":"宗羲案:先生之学,入闽者,熊勿轩、陈石堂其尤也。入东浙者,韩庄节、黄东发其尤也。逮至明初,而韩古遗及吾族祖黄菊东尚接其传。於乎!道之行不行,岂以时位哉?何先生之牢落而自远有耀乎?"(清)黄宗羲原著,(清)全祖望补修:《宋元学案》第三册,第2057页。

② 卷六十四"潜庵学案":"宗羲案:乙巳岁,余拜辅汉卿先生之墓于崇德,退而考于邑志,及其邑人所作《宗辅录》,皆不能详,且多错误,故以其间出他书者为《辅潜庵传》。"(清)黄宗羲原著,(清)全祖望补修:《宋元学案》第三册,第2054页。

③ 卷六十四"潜庵学案":"宗羲又案:旧志言魏文靖公出先生门。案文靖跋文公与先生帖云:'亡友汉卿,端方而沈硕,文公深所许可。'此可以证其非弟子矣。其为此言者,文靖由先生而得文公之书。《宋史》《文靖列传》影响其词,谓了翁筑室白鹤山下,以所闻于辅广、李燔者开门授徒,盖本《文靖语类序》而分疏不详。志则本《宋史》而展转失实。文靖于先生与敬子皆友而非师也。……"(清)黄宗羲原著,(清)全祖望补修:《宋元学案》第三册,第2054页。

④ (清)黄宗羲原著,(清)全祖望补修:《宋元学案》第三册,第2411页。

⑤ 如卷一"安定学案"中黄百家指出:"百家谨案:安定先生初教苏、湖,后为直讲,朝命专主太学之政。……当时安定学者满天下,今广为搜索,仅得三十四人,然而铮铮者在是矣。"(清)黄宗羲原著,(清)全祖望补修:《宋元学案》第一册,第55~56页。由此可知,胡瑗的这34位弟子的小传当系黄百家搜寻编纂。

“京城破,金欲立张邦昌,执政而下无敢有异议。惟秦抗论以为不可”[1],即秦桧带头反对金人立张邦昌傀儡政权的所谓“秦桧之议状”。此事使秦桧博得宋室忠臣之名声,也是胡安国信任举荐秦桧的重要原因。后来又被记载入《宋史》卷四百七十三列传第二百三十二“奸臣三秦桧”[2]中。但黄百家在辑录朱熹语录后的案语中依据王明清《挥麈录》等史料的记载,指出所谓“秦桧之议状”实由其同僚马伸所倡议起草,秦桧只不过是受同僚的胁迫而署名罢了。[3]因此所谓“秦桧之议状”及宋室忠臣的名声纯属张冠李戴。这样此事件之真相与胡安国为秦桧所瞒骗的原因就清楚了。调查黄百家此说的史料来源的话,可知关于此事,南宋的史料中已有多种记载。如南宋王明清(1127—1214)的《挥麈录·挥麈余话》卷之二[4]、南宋李心传(1167—1244)的《建炎以来系年要录》卷二[5]、南宋李幼武的《宋名臣言行录外集》卷九[6]等书中皆记载有黄百家所述之史事。而明代陈绛的《金罍子》上篇卷十九“马伸之忠绩白则桧之奸状益著”[7],以及黄百家之后的清代著名学者俞樾(1821—1907)的《茶香室三钞》卷八“秦桧靖康末议状不足信”[8]等论著中也依据王明清等人的记载批驳了《宋史》此条记载的谬误。俞樾进而指出《宋史》作为元代的官修史书对于同属异民族政权的金朝及其奸细秦桧不免故意有所回护,所以才有意隐瞒秦桧受胁迫而签署议状的事实。[9]目前研究者对胡氏父子与秦桧间的关系虽有一些研究,却几乎都只是引用上述朱熹的语录,很少注意到《宋元学案》中黄百家的案语及王明清的《挥麈录》

---

① (清)黄宗羲原著,(清)全祖望补修:《宋元学案》第二册,第1179页。

② 参见(元)脱脱等《宋史》第三十九册,北京:中华书局,1977年,第13747～13748页。

③ 卷三十四“武夷学案”:“百家谨案:靖康金议立邦昌。马时中伸抗言于稠人曰:‘吾曹职为争臣。岂可缄默坐视。当共入议状,乞存赵氏。’秦桧不答,时中即自属稿,就呼台吏连名书之。桧既为台长,则当列于首。以呈桧,桧犹豫。时中帅同僚合辞力请,桧不得已,书名。是桧迫于马时中,以台长列名,何尝抗论。乃知当时无论贤愚,尽为桧欺矣。幸文定宦情如寄,天下后世亮之。因叹知人之难也!”(清)黄宗羲原著,(清)全祖望补修:《宋元学案》第二册,第1179页。

④ 参见(宋)王明清《挥麈录》,北京:中华书局,1961年,第310页。

⑤ 参见(宋)李心传《建炎以来系年要录》一,《景印文渊阁四库全书》第三二五册,台北:台湾商务印书馆,1983年,第49～50页。

⑥ 参见(宋)李幼武《宋名臣言行录外集》,《景印文渊阁四库全书》第四四九册,台北:台湾商务印书馆,1983年,第310页。

⑦ (明)陈绛:《金罍子四十四卷》,《续修四库全书》第一一二四册,上海:上海古籍出版社,1997年,第536～537页。

⑧⑨ (清)俞樾撰:《茶香室三钞》,《续修四库全书》第一一九八册,上海:上海古籍出版社,2002年,第683～684页。

等史书的记载。[①]

四、思想史的建构及其立场

如前所述,《宋元学案》的最终定本是以第二阶段的全氏修补本为底本,从而导致第一阶段黄氏原本为全氏的思想史框架所覆盖,并使得《宋元学案》的思想史色彩非常浓厚。虽然今本《宋元学案》在结构及其学案设置上基本上反映了全祖望的思想史观,但通过考察案语可知,黄百家基于其一贯的思想史立场,对于宋元儒学思想史的发展脉络进行了梳理,并提出了许多值得注意的观点。以下即以其案语为中心,探讨黄百家对于宋元儒学思想史的建构及其思想史观。

关于宋学开山"宋初三先生"的思想史地位与评价。"宋初三先生"——胡瑗(安定)、孙复(泰山)、石介(徂徕)兴起于周敦颐、二程等道学创始人之前,实有开启北宋儒学思潮的巨大功绩,但《宋史》将他们归入"儒林传"中,其地位较之"道学传"中的周、张、程、朱诸道学家要低一等不说,同时也被排斥在宋代道学思想史的发展脉络之外了。这可说是《宋史》编纂者的门户之见造成的。黄百家则继承其父黄宗羲的观点并批判了《宋史》于"儒林"之外另立"道学"的二分法,主张废除"道学传"而统归到最初的"儒林传"中,并且高度评价了作为道学先驱的"宋初三先生"的历史功绩和学术地位。关于"宋初三先生"的历史功绩,南宋的朱熹[②]及黄震[③](先文洁公[④])已有论述。黄百家在卷二"泰山学案"中孙复小传下的案语中除了引用黄震之说[⑤],还引用

---

① 笔者目前查阅到的海内外相关研究论文很多都未提及黄百家之语及王明清之记载。参见高纪春《秦桧与洛学》,漆侠主编:《宋史研究论文集——国际宋史研讨会暨中国宋史研究会第九届年会编刊》,保定:河北大学出版社,2002年,第529～545页;刘玲娣《胡安国政治思想及其实践略论》,《史学月刊》2002年第6期;宁淑华《胡寅与秦桧关系考论》,《学术论坛》2009年第3期;宁淑华《〈与秦桧之书〉的婉拒艺术——南宋理学家胡宏文章解读》,《名作欣赏》2009年第14期;[日]高畑常信《宋代湖南学の研究》,东京:秋山书店,1996年,第15～41页;[美]蔡涵墨《一个邪恶形象的塑造——秦桧与道学》,[美]田浩编:《宋代思想史论》,北京:社会科学文献出版社,2003年,第577～661页。

② (宋)黎靖德编:《朱子语类》第八册,王星贤点校,北京:中华书局,1986年,第3091页。

③ (宋)黄震:《黄氏日钞》二,《景印文渊阁四库全书》第七〇八册,第253页。

④ 王梓材、冯云濠《宋元学案考略》:"云濠谨案:……梨洲绍蕺山正传,而姚江黄氏文献之传,实源于菊东先生珏,乃东发先生再传弟子也,盖亦同出一派,故梨洲、耒史之为《学案》,往往称'先文洁公'云。"(清)王梓材、(清)冯云濠:《宋元学案考略》,(清)黄宗羲原著,(清)全祖望补修:《宋元学案》第一册,第19页。

⑤ (清)黄宗羲原著,(清)全祖望补修:《宋元学案》第一册,第73页。

石介《徂徕石先生全集》卷十九的《泰山书院记》[①]，进一步肯定了“宋初三先生”的思想史地位，进而表彰了作为道学先驱的“宋初三先生”超越汉唐章句训诂之学而开启宋代学术思潮的学术贡献，并高度评价了其经学成就、人格气象与教育功绩，以及明体达用之实学。[②]黄氏的上述观点已经成为今天学界之定论。

关于道学奠基人“北宋五子”(周敦颐、二程、张载、邵雍)的思想史地位与评价。对于道学开山祖师周敦颐，黄百家在其案语中阐明了周敦颐通过“阐发心性义理之精微”而开创性理之学(道学)的学术贡献及其思想史地位。[③]性命(道德)与天道相贯通虽是自先秦孔孟以来的儒学主题，但一直以来儒家都未能给其遵奉的伦理道德建立起形上本体之依据。到了宋代，以“北宋五子”为代表的道学家们各自从其宇宙本体论出发沟通天道与人道，为先秦儒家的心性论建立了本体论依据，从而建构了天人合一的思想体系。周敦颐在北宋最早基于其太极说与诚本体建立起了贯通天人的思想体系，并被朱熹推为道学的开山鼻祖。因此黄百家对周敦颐学术贡献及其地位的评价可说是非常恰当的。对于道学(理学)的实际创始人二程兄弟(程颢、程颐)，黄百家在其案语中引黄震(黄文洁公)之语[④]，从儒学史的发展脉络出发论述了二程的思想史地位，认为二程师承周敦颐并得以接续孔孟之道统，在儒学的本体论与心性论等方面都做出了超越前人的贡献，从而开创了宋明理学。这是对二程作为道学宗师的整体评价，可谓公允得当。从儒学发展来看，至宋代受佛道二教之影响与刺激，出现了基于太极、太虚、天理等天道本体给以“三纲五常”为核心的儒家伦理道德提供形上根据，进而依此确立心性与道德之位置的道学思潮。由此宋代的道学家们在继承以《中庸》为代表的思孟学派心性论及以《易传》为代表的天道观基础上开拓了新儒学思想，而二程发明的天理即是宋明理学思想体系的理论核心。黄百家又继承刘宗周的观点，将程颢的“天理”与程颐的“性即理”等同起来，强调二程同倡天理，认为这是他们共同的思想宗旨，同时也是二程之所以继承孔孟之道

① (清)黄宗羲原著，(清)全祖望补修：《宋元学案》第一册，第101～103页。

② (清)黄宗羲原著，(清)全祖望补修：《宋元学案》第一册，第55～56页。

③ (清)黄宗羲原著，(清)全祖望补修：《宋元学案》第一册，第482页。

④ 卷十六“伊川学案下”：“黄文洁公曰：‘自孔、孟殁后，异端纷扰者千四百年，中间唯董仲舒“正谊”“明道”二语与韩文公《原道》一篇，为得议论之正。逮二程得周子之传，然后有以穷极性命之根柢，发挥义理之精微。议者谓比汉、唐诸儒说得向上一层，愚谓岂特视汉、唐为然。风气日开，议论日精，濂、洛之言，虽孔、孟亦所未发。特推其旨要，不越于孔、孟云耳。’此评论之得当者。”(清)黄宗羲原著，(清)全祖望补修：《宋元学案》第一册，第652～653页。

统,进而开拓了新儒学并与异端相区别的根源之所在。[①]对于道学的另外一位奠基人张载,黄百家一方面论述了张载的学术传承并高度评价其学术贡献,指出其思想体系博大精深而富于创见,并在案语中系统诠释和评论了张载的自然科学与性理学说,借以阐发了自己的学术思想,这体现了以黄百家为代表的编纂者对张载气本论思想体系的继承与发展。但同时又指出其造道之言及恢复周礼的主张有难以令人信服的地方[②],进而又引程颐与黄震的评价指出了张载学术思想上的不足之处[③]。尤其是黄百家在其案语中大量吸收明末清初耶稣会士传入中国的西方天文历法知识,对张载的左旋说等传统天文学说进行了批判,同时也介绍了哥白尼的日心地动说、日食与月食的成因、气象学理论、潮汐的形成等西方自然科学知识[④],从而为西学传播做出了重要贡献。对于另一位道学奠基人邵雍,黄百家考证指出《先天图》是由宋初的道士陈抟经种放、穆修、李之才等人传至邵雍的[⑤],进而分析认为邵雍的先天学是依据其对《周易》经传的理解所作,并非源自制作八卦的伏羲,且与《周易》经文的本义不相符合,从而批评了朱熹的《周易本义》对邵雍《先天图》的尊信,同时又承认邵雍之学是自成一家的"易外别传"[⑥]。

关于朱熹、陆九渊的思想史地位及其论争,黄百家受王守仁与程敏政所谓朱陆"早异晚同"说的影响,在倾向于陆九渊心学的同时主张朱陆合一(详见本论二第八章)。

关于宋代浙东学派(永嘉学派与永康学派)的发展脉络。浙东永嘉学派的学术源流可分为三条支脉,其源头都是二程洛学。黄百家在其案语中叙述了永嘉学派之一支由周行己、许景衡传承二程洛学,而经郑伯熊、叶适继承光大的概况,并为之设立"永嘉学案之一"。[⑦]黄百家又叙述了永嘉学派另一支的传承脉络:程颐→袁溉→薛季宣→陈傅良,为之设立"永嘉学案之二",并肯定了永嘉学派代表薛季宣学问之广博与实用,同时也反驳了理学派(朱学)对所谓功利之学的蔑视。[⑧]全祖望进而补立了"徐陈诸儒学案",叙述了"永嘉学派"最后一支的基本传承脉络:程颐→潘安固→徐谊→黄中。

① (清)黄宗羲原著,(清)全祖望补修:《宋元学案》第一册,第569页。
② (清)黄宗羲原著,(清)全祖望补修:《宋元学案》第一册,第664~665页。
③ (清)黄宗羲原著,(清)全祖望补修:《宋元学案》第一册,第704页。
④ (清)黄宗羲原著,(清)全祖望补修:《宋元学案》第一册,第674~680页。
⑤ (清)黄宗羲原著,(清)全祖望补修:《宋元学案》第一册,第413页。
⑥ (清)黄宗羲原著,(清)全祖望补修:《宋元学案》第一册,第365页。
⑦ (清)黄宗羲原著,(清)全祖望补修:《宋元学案》第二册,第1133页。
⑧ (清)黄宗羲原著,(清)全祖望补修:《宋元学案》第三册,第1691页。

此派是永嘉学派中接近陆氏心学的一支。对于永康学派的创始人和代表人物陈亮(1143—1194),黄百家在其案语中概括了陈亮功利主义的思想主旨,并针对朱学的非难而为浙学打抱不平。①

关于浙东朱子学(金华朱学与四明朱学)的发展脉络。首先是浙东金华朱学的传承脉络。黄百家指出,朱熹的高徒黄榦(号勉斋)在朱学的传承中起了非常重要的作用。黄榦的弟子当中有何基与饶鲁。饶鲁有吴中与朱公迁等高徒,但不久便衰微了下去。何基的弟子中则出现了王柏与金履祥,其再传弟子则有许谦,进而其学脉经元代大儒柳贯与吴师道,传至明初的大儒戴贯与宋濂,历经宋元明三代而其传承不绝。因此朱子学的嫡系经黄榦传承到了以何基为开端的浙东金华朱学一脉上了。②其中,何基、王柏、金履祥、许谦四人并称为"北山四先生",是金华朱学的主要代表。对于许谦之后金华学派的传承,黄百家指出金华朱学从许谦开始直到宋濂多流为文人,虽然儒学造诣不高,但"文以载道",斯文赖以不坠。③其次是浙东四明朱学的传承脉络。黄百家指出,四明(宁波)之学术自"甬上四先生"(杨简、袁燮、舒璘、沈焕)从学于陆氏以来心学兴盛。当时四明朱学的传承则主要分为两支。一支为史蒙卿,其学出自朱熹门人戛渊。具体来说,史蒙卿师事于阳枋、阳岊兄弟,而阳氏则是戛渊之门人④。另一支是余端臣(字正君,鄞县人),其学出自朱熹门人辅广。黄震之学也是出自辅广。因此黄氏父子为史氏设立了"四明朱门学案一",为余氏设立了"四明朱门学案二"。而同为鄞县人的王应麟师事王埜,王埜师事于真德秀,真德秀与朱熹门人詹体仁是相互切磋学问的讲友。⑤

关于元代儒学的发展脉络。黄百家在其案语中指出,元代理学(朱子学)的北上始于赵复被元人俘虏后北上传授朱子学。赵复的门下涌现出姚枢、窦默、许衡、刘因等学者,北方朱学由此得以兴盛。同时代吴澄的经学与姚燧的

---

① (清)黄宗羲原著,(清)全祖望补修:《宋元学案》第三册,第1832页。

② 卷八十二"北山四先生学案":"百家谨案:勉斋之学,既传北山,而广信饶双峰亦高弟也。双峰之后,有吴中行、朱公迁亦铮铮一时。然再传即不振。而北山一派,鲁斋、仁山、白云既纯然得朱子之学髓,而柳道传、吴正传以逮戴叔能、宋潜溪一辈,又得朱子之文澜,蔚乎盛哉!是数紫阳之嫡子,端在金华也。"(清)黄宗羲原著,(清)全祖望补修:《宋元学案》第四册,第2727页。

③ (清)黄宗羲原著,(清)全祖望补修:《宋元学案》第四册,第2801页。

④ (清)黄宗羲原著,(清)全祖望补修:《宋元学案》第四册,第2912页。

⑤ (清)黄宗羲原著,(清)全祖望补修:《宋元学案》第四册,第2910页。

文学也堪称一时之盛。[①]其中,北方的许衡、刘因与南方的吴澄三人并称为“元代三大儒”。三人可以说是奠定了元代儒学(朱子学)发展的基础。其中,许衡与刘因又并称为“北方两大儒”。许衡终其一生在元朝为官,曾经长期担任国子监祭酒并致力于培养儒学人才。其教育功绩非常卓著,后来元朝数十年间有名的士大夫大抵皆出自其门下,而其朱子学的教学法与学规也从国学推广到地方上的学校和书院,从而大大推动了朱子学的普及与官学化。许衡也因此被公认为元代儒学(道学)的领袖与代表人物。而刘因因为享年不永(四十五岁)又不愿在元朝为官,其学问传承不广。从这点来看,许衡的学问影响力应该是比刘因要大一些的。但关于二人学问之优劣及其流传情形,当时学界已经出现了不同看法。如吴澄的门人虞集指出许衡之门人不懂学问之本意,因而出现了种种学术流弊。其根源可以追溯至许衡自身,而刘因的人格气象(狂狷)及学问与许衡大不相同,不能依据二人的教育功绩高低来评价其学问优劣。[②]元代南方朱学的代表吴澄为了纠正朱熹之后学(陈淳、饶鲁等)流于支离破碎的章句训诂之学的弊病,主张学问当以德性为根本,进而又强调孟子以来反求诸己的内省工夫,认为学问应该顺着先求之本心而后读书的顺序。因此后世有学者批评吴澄背叛了朱学而主张陆氏心学。对此,黄百家在其案语中指出吴澄之主张确实简易而切于实际,其实是为了纠正朱子学的弊病,从而肯定了吴澄折中朱陆的思想倾向。[③]吴澄作为朱熹的四传弟子,不仅理学上的造诣深厚,而且发扬了朱熹的经学事业且多有创见。黄百家因此认为朱熹高徒陈淳诸人也不及吴澄,从而强调了学问贵在自得。[④]

综观上述黄百家对宋元儒学思想史的建构及其代表人物学术思想的评价,可知黄百家在编纂《宋元学案》的过程中突破了《宋史·道学传》以“北宋五子”(朱子先驱)→朱熹→朱熹门人(朱子后继)为唯一道统传承的程朱理学框架,

---

① 卷九十“鲁斋学案”:“百家谨案:自石晋燕、云十六州之割,北方之为异域也久矣,虽有宋诸儒迭出,声教不通。自赵江汉以南冠之囚,吾道入北,而姚枢、窦默、许衡、刘因之徒,得闻程、朱之学以广其传,由是北方之学郁起,如吴澄之经学,姚燧之文学,指不胜屈,皆彬彬郁郁矣。”(清)黄宗羲原著,(清)全祖望补修:《宋元学案》第四册,第2995页。

② 卷九十一“静修学案”:“百家谨案:有元之学者,鲁斋、静修、草庐三人耳。草庐后,至鲁斋、静修,盖元之所藉以立国者也。二子之中,鲁斋之功甚大,数十年彬彬号称名卿材大夫者,皆其门人,于是国人始知有圣贤之学。静修享年不永,所及不远,然是时虞邵庵之论曰:‘文正没,后之随声附影者,谓修辞申义为玩物而苟且于文章,谓辨疑答问为躐等而姑困其师长,谓无所猷为为涵养德性,谓深中厚貌为变化气质,外以聋瞽天下之耳目,内以蛊晦学者之心思,虽其流弊使然,亦是鲁斋所见,只具粗迹,故一世靡然而从之也。若静修者,天分尽高,居然曾点气象,固未可以功效轻优劣也。’”(清)黄宗羲原著,(清)全祖望补修:《宋元学案》第四册,第3021页。

③ (清)黄宗羲原著,(清)全祖望补修:《宋元学案》第四册,第3041页。

④ (清)黄宗羲原著,(清)全祖望补修:《宋元学案》第四册,第3037页。

将作为宋学开山与道学先驱的"宋初三先生"、与朱学对立的陆学及浙东事功学派等其他学派的学者也纳入宋元儒学思想史的脉络中并给予了其相应的思想史地位,从而使其宋元儒学思想史的框架基本齐备。其内容已经包含宋元思想史的完整脉络及其要素(学术背景、生平事迹、学术思想的论述),同时贯穿着黄百家推崇学术思想上的创见,道德与事功并重(有体有用之实学),折中朱陆等各学派思想而会归于一的一本万殊思想史观,以及学问优先于社会地位的纯粹学术态度。[①]《宋元学案》经过黄百家的编纂与论述,其中宋元时期的主要学者及其流派,以及序录、师承关系、小传、思想资料、附录等内容大体已经齐备,形成了较为完整的思想史体系,贯穿了编纂者的一贯思想立场,从而为其后全祖望等编纂者的继续修订和补充打下了坚实的基础。

第四节　全祖望案语的特色及其学术价值

清代浙东史学的殿军章学诚在《文史通义·浙东学术》中总结道:"浙东之学,虽出婺源,然自三袁之流,多宗江西陆氏,而通经服古,绝不空言德性,故不悖于朱子之教。至阳明王子,揭孟子之良知,复与朱子牴牾。蕺山刘氏,本良知而发明慎独,与朱子不合,亦不相诋也。梨洲黄氏,出蕺山刘氏之门,而开万氏弟兄经史之学;以至全氏祖望辈尚存其意,宗陆而不悖于朱者也。"[②]这一思想倾向自然也体现在《宋元学案》中,即黄氏父子等第一阶段的编纂者在其黄氏原本中基于浙东学派"宗陆而不悖于朱"的折中朱陆各派的思想立场致力于哲学思想的诠释。而全祖望作为黄宗羲的私淑弟子[③]和浙东史学的代表人物,主要以发掘地方史料及表彰烈士、遗民、隐士的气节著称。[④]这一点在其全氏补修本中的全祖望案语里有着集中的体现。[⑤]《宋元学案》中收录有全祖望的405条案语及附录文章,分布在90个学案(共97

---

① (清)黄宗羲原著,(清)全祖望补修:《宋元学案》第三册,第2057页。

② (清)章学诚:《文史通义校注》,叶瑛校注,北京:中华书局,1985年,第523页。

③ 关于全祖望对黄宗羲生平事迹及学术思想的表彰和传承的论述,参见黄爱平《略论全祖望对黄宗羲学行的表彰与传承》,中国实学研究会编:《浙东学术与中国实学——浙东学派与中国实学研讨会论文集》,宁波:宁波出版社,2007年,第367～387页。

④ 参见陈其泰《全祖望与清代学术》,《中国社会科学院研究生院学报》1992年第2期。

⑤ 《宋元学案》中共有89条全祖望所作的序录,原本作为一卷置于全书之前作为纲领,即卷首"宋元儒学案序录",后来由王梓材在整理时将其分散到所属各学案的正文之前,同时又在卷首予以了保留,这样这89条序录案语便在全书中重复出现了两次,因此我们在全祖望"案语数"的统计除去了卷首的序录以避免重复计算。

卷)中。其中有89条是各学案的序录,另外的316条则分属于186位学者。其中案语数量在3条及以上的学者及其案语数量如表4-3所示。

表4-3 全祖望案语的学案分布表

卷次	学案名	人物	案语(条)	卷次	学案名	人物	案语(条)
54、55	水心学案上、下	叶适	27	49	晦翁学案下	朱熹	4
35	陈邹诸儒学案	陈瓘	12	71	岳麓诸儒学案	刘宰	4
29	震泽学案	王苹	8	76	广平定川学案	舒璘	4
22	景迂学案	晁说之	7	31	吕范诸儒学案	田腴	3
51	东莱学案	吕祖谦	7	34	武夷学案	黄祖舜	3
5	古灵四先生学案	陈襄	6	57	梭山复斋学案	陆九龄	3
24	上蔡学案	谢良佐	6	68	北溪学案	陈淳	3
20	元城学案	刘安世	5	80	鹤山学案	魏了翁	3
92	草庐学案	吴澄	5	86	东发学案	黄震	3
98	荆公新学略	王安石	5	90	鲁斋学案	许衡	3
35	陈邹诸儒学案	邹浩	4	93	静明宝峰学案	赵偕	3
36	紫微学案	吕本中	4	100	屏山鸣道集说略	赵秉文	3

比较而言,黄氏父子的案语中关注最多的学者是"北宋五子"与南宋朱陆等主要哲学家,全祖望的案语较多关注的则大抵是黄氏父子未曾或较少关注的学者。其中很多是原本未收入黄氏原本而由全祖望始立学案或补立小传的次要思想家。如卷三十五"陈邹诸儒学案"中作为洛学私淑、元祐之余的陈瓘、卷二十九"震泽学案"中有心学倾向的程门弟子王苹、卷二十二"景迂学案"中作为司马光弟子和邵雍私淑的晁说之、卷五"古灵四先生学案"中作为胡瑗、孙复等学者同调势力"闽中四先生"之首的陈襄、卷二十"元城学案"中司马光的弟子刘安世与卷九十八"荆公新学略"中为正统道学所排斥的王安石等。这反映了全祖望作为史学家,其专长在于史实考证与思想史的梳理,同时其思想史视野较黄氏父子更为开放,更少门户之见,因此才能进一步突破黄宗羲、黄百家父子的思想史体系,广泛采录思想史上的次要学者(陈襄、"三汤"等)、与思想界关系密切的政治家和学者(范仲淹、赵鼎等)、被道学所排斥的夹杂佛道异端的杂学(王安石新学、三苏蜀学等),以及思想界周边的政治事件(元祐党禁与庆元党禁),从而展现了宋元儒学思想史的全貌。

在学术思想的阐发上。明末清初以来,反对宋学的义理阐释而提倡以小学为手段对先秦儒家经典进行忠实解读（所谓“回归原典运动”）[①]的考据学（汉学、经学）兴起并最终成为学术界的主流。全祖望受此思潮的影响，在编纂《宋元学案》时对宋元两代的经学也给予了相当的关注，辑录了大量宋元时期的经学著作，并进行了详细的考证，如卷八十“鹤山学案”、卷九十二“草庐学案”及卷九十八“荆公新学略”中的案语。经学作为中国思想史上的主要诠释方式，思想家往往通过注释先秦经典来阐发自己的思想。宋代经学自宋学初期反对墨守章句训诂、提倡直抒己见的疑传疑经思潮以来，到朱熹等理学家所撰之《四书》《五经》等理学化经学著作的出现，这种学术发展倾向可说是十分明显的。程朱理学在思想界权威的确立及其在政治领域的官学化也可说是以经学著作为载体的思想传播的必然结果。[②]因此全祖望对经学的重视实际上是基于历史与现实的双重考虑，同时也充分体现了清代浙东学派将理学、经学与史学结合在一起的学术特色，即章学诚所谓“浙东之学，言性命者必究于史，此其所以卓也”[③]。黄宗羲作为清代浙东学派的创始人，在其著作中贯穿着一本万殊、经世致用、理学与经史之学并重的观点和立场，在其思想史著作《明儒学案》与《宋元学案》中更是如此。而全祖望在《宋元学案》中继承并进一步发扬了黄宗羲的学术路径与思想立场。[④]

从案语内容上看，《宋元学案》成书的第二阶段全氏修补本中，史学家全祖望的案语主要是与思想史及历史文献学相关的内容，涉及学术源流的梳理、师承关系的考察、事迹史实的考证及乡邦文献的发掘等方面。以下即结合具体例子来加以探讨。

一、思想史的建构及其立场——以“宋元儒学案序录”为中心

全祖望对于宋元思想史的见解（思想史观）在百卷本《宋元学案》卷首“宋元儒学案序录”中有着集中的体现。“宋元儒学案序录”作为全祖望对于宋元思想史的发展脉络及学术思想的总结性观点不仅是《宋元学案》全书之

① 林庆彰：《明末清初经学研究的回归原典运动》，《孔子研究》1989年第2期。

② 如许家星所指出的，朱子通过诠《四书》旧典和树《太极图说》新典的方式，推尊以周程道学为正统的道学脉络，围绕道统建构了一套贯通形上形下的理论体系，实现了经学与道学的融合，展现了思想建构与经典诠释的内在一体。参见许家星《朱子的道统世界》，《江汉论坛》2019年第7期。

③ （清）章学诚著：《文史通义校注》，叶瑛校注，第523页。蒋国保将黄宗羲所确立的学术传统称为“浙东经史学术传统”，这与吴光将以黄宗羲为首的浙东学派称为浙东经史学派一致。蒋国保进而依据章学诚关于浙东经史学术传统的三个方面——“贵专家”“言性命必究于史”“经术史裁”，论述了黄宗羲等人是如何实践和提倡浙东学术精神的。参见蒋国保《黄宗羲与浙东经史学术传统的确立》，《杭州师范学院学报（社会科学版）》2006年第2期。

④ 参见俞樟华、潘德宝《百年全祖望研究综述》，《古籍整理研究学刊》2008年第5期。

纲领,也是最后的编纂者王梓材与冯云濠等人编纂定本时的主要依据。此序录后来由王梓材将其分散到各学案开头冠以“祖望谨案”的同时,卷首也予以了保留。对于全祖望所作的序录学界已经有了一些论述,但还有进一步探讨之必要。笔者综合考虑学案的顺序、师承、地域等因素,依据序录中宋元思想史的发展脉络将《宋元学案》的八十六个学案、两个党案和三个略案分成八个阶段和九个部分。各阶段中各学案之主要人物归纳如下。

第一阶段:宋学的创立与学派的形成——胡瑗、孙复及其同调势力(卷一“安定学案”至卷六“士刘诸儒学案”)。

此阶段主要包括宋学的创始人之一、提倡有体有用之实学的教育家胡瑗及其弟子徐积(卷一“安定学案”),与胡瑗齐名的宋学创始人之一、经学造诣更胜一筹的孙复及其弟子石介(卷二“泰山学案”),推动北宋儒学复兴运动的政治家和学者范仲淹(卷三“高平学案”),北宋诗文(古文)改革运动的领袖与疑传疑经思潮的倡导者欧阳修(卷四“庐陵学案”),与胡瑗、孙复同时在福建兴起复兴儒学的“闽中四先生”——陈襄、郑穆、陈烈与周希孟(卷五“古灵四先生学案”),以及士建中、刘颜、王开祖等其他宋学先驱与齐鲁(京东)、浙东、浙西、闽中(福建)、关中(陕西)、蜀中(成都府路)等各地域学派(卷六“士刘诸儒学案”)。

第二阶段:北宋六先生与道学的创立——以洛阳和关中为中心(卷七、八“涑水学案上、下”至卷十九“范吕诸儒学案”)。

此阶段主要包括“北宋六先生”之一、洛阳旧党领袖与著名学者司马光(卷七、八“涑水学案上、下”),“北宋五子”之一、先天象数易学的创始人邵雍(卷九、十“百源学案上、下”),“北宋五子”之一、二程的启蒙老师、因建立以太极说为主旨的宇宙本体论而被南宋的朱熹等人推为宋代道学开山祖师的周敦颐(卷十一、十二“濂溪学案上、下”),“北宋五子”之一、洛学的创立者、提倡天理论、具有浑一思想体系的程颢(卷十三、十四“明道学案上、下”),“北宋五子”之一、洛学的完成者、具有体用论之分解思想倾向的程颐(卷十五、十六“伊川学案上、下”),“北宋五子”之一、与二程洛学鼎立、学问规模宏大而富于创见的关学创始人张载(卷十七、十八“横渠学案上、下”),“北宋六先生”的同调范镇、吕公著等人(卷十九“范吕诸儒学案”)。

第三阶段:北宋六先生的弟子与道学的传承——以洛学为中心(卷二十“元城学案”至卷三十三“王张诸儒学案”)。

此阶段主要包括继承司马光之刚健的高足刘安世(卷二十“元城学案”),继承司马光之纯粹的高足范祖禹(卷二十一“华阳学案”),继承司马光的数学及邵雍之易学的高足晁说之(卷二十二“景迂学案”),主张“不主一门，不私一说”而以博杂著称的东莱吕氏之学的代表人物之一吕希哲（卷二十三“荥阳学案”），“程门四大弟子”之一、富于创见的同时又夹杂禅学、被黄宗羲视为洛学弟子之首席的谢良佐（卷二十四“上蔡学案”），“程门四大弟子”之一、洛学南传之第一人、南宋“东南三贤”的师祖杨时（卷二十五“龟山学案”），与谢、杨齐名的“程门四大弟子”之一、后被视为“程门罪人”的游酢（卷二十六“廌山学案”），程颐晚年的高徒、固守师说的尹焞（卷二十七“和靖学案”），为国捐躯的程门弟子郭忠孝（卷二十八“兼山学案”），将洛学传至浙西（吴郡）并被视为陆九渊心学先驱的程门（程颐与杨时）弟子王苹（卷二十九“震泽学案”），二程早年的高徒刘绚、李吁及其他程门弟子（卷三十“刘李诸儒学案”），“程门四大弟子”之一、折中关学与洛学的吕大临及范育等其他关学弟子（卷三十一“吕范诸儒学案”），继承洛学与关学、并被视为南宋浙东学派先驱的周行己、许景衡等“元丰太学九先生”与陆学的先驱林季仲（卷三十二“周许诸儒学案”），邵雍的弟子王豫、张崏等人（卷三十三“王张诸儒学案”）。

第四阶段：南宋初期的思想界与儒学的传承——以湖湘学派与道南学派为中心（卷三十四“武夷学案”至卷四十七“艾轩学案”）。

此阶段主要包括洛学的私淑弟子、与杨时南传洛学同功的湖湘学派创始人胡安国（卷三十四“武夷学案”），夹杂佛道异端思想的洛学私淑弟子陈瓘、邹浩等人（卷三十五“陈邹诸儒学案”），洛学的再传弟子、东莱吕氏之学的代表人物之一吕本中（卷三十六“紫微学案”），谢良佐的高徒、以象数易学闻名的朱震（卷三十七“汉上学案”），杨时的高徒、夹杂禅学的陈渊（卷三十八“默堂学案”），杨时的高徒、得洛学之正传的道南学派代表人物罗从彦，以及朱熹之业师李侗（卷三十九“豫章学案”），杨时的高徒、被朱熹批判为杂学的张九成（卷四十“横浦学案”），继承胡安国的家学并致力于佛教批判的胡寅（卷四十一“衡麓学案”），继承胡安国的家学、南宋初期儒学造诣最深的学者、湖湘学派的实际创立者胡宏（卷四十二“五峰学案”），朱熹早年之师、夹杂禅学的刘勉之、胡宪、刘子翚三先生及其学友陆佑（卷四十三“刘胡诸儒学案”），南宋初期支持道学（洛学）的政治家赵鼎、张浚等人（卷四十四“赵张诸儒学案”），伊洛道学的同调范浚，以及传承中原文献之学的许翰等人（卷四十五“范许诸儒学案”），张九成和吕本中的弟子、被视为纯粹儒者的汪应辰（卷四十六“玉山学案”），尹焞的高徒、又受王苹的影响、被视为江西陆学先驱的林光朝（卷四十七“艾轩学案”）。

以上两阶段反映了两宋之间的道学传承，主要包括洛学的直接弟子谢良佐、杨时、尹焞、王苹、吕大临，洛学的私淑弟子胡安国、陈瓘、邹浩，洛学的再传弟子吕本中(东莱吕学的代表人物),罗从彦与李侗(道南学派),胡寅与胡宏(湖湘学派)。

第五阶段:南宋儒学的兴盛与论争——朱学、陆学、浙学及其同调(卷四十八、四十九"晦翁学案上、下"至卷六十一"徐陈诸儒学案")。

此阶段主要包括"东南三贤"之首、杨时的三传弟子、宋学(道学)的集大成者、综罗百代并对所有学派采取取长补短态度的朱熹(卷四十八、四十九"晦翁学案上、下"),"东南三贤"之一、与朱熹齐名的湖湘学派代表人物张栻(卷五十"南轩学案"),"东南三贤"之一、东莱吕氏中原文献之学的集大成者吕祖谦(卷五十一"东莱学案"),程门的再传弟子、以礼乐制度为主的浙东永嘉学派创始人薛季宣(卷五十二"艮斋学案"),比薛季宣的学问更为纯粹的浙东永嘉学派代表人物之一陈傅良(卷五十三"止斋学案"),洗濯纯化永嘉学派的功利之说并否定程朱理学之道统、与朱陆鼎立的浙东永嘉学派集大成者叶适(卷五十四、五十五"水心学案上、下"),朱熹的论敌、浙东永康功利学派的创始人陈亮(卷五十六"龙川学案"),江西三陆之学(陆学)的创始人陆九韶、陆九龄兄弟(卷五十七"梭山复斋学案"),朱熹的劲敌、直承孟子而以"先立乎其大者"为宗旨的江西陆学(心学)完成者陆九渊(卷五十八"象山学案"),"东南三贤"的同调刘靖之、刘清之兄弟(卷五十九"清江学案"),浙东永嘉学派的同调唐仲友(卷六十"说斋学案"),陆学的同调徐谊、陈葵等人(卷六十一"徐陈诸儒学案")。

第六阶段:朱张吕陆的弟子与学术界的整合(卷六十二"西山蔡氏学案"至卷七十九"丘刘诸儒学案")。

朱门的领袖、主要继承家传律吕象数之学的蔡元定(卷六十二"西山蔡氏学案"),朱熹的大弟子、发扬明体达用之实学并被视为朱熹道统继承人的黄榦(卷六十三"勉斋学案"),朱熹的高徒、虽无气焰而学术传承源远流长的辅广(卷六十四"潜庵学案"),朱熹的高徒、浙东永嘉最早的朱子学者陈埴与叶味道(卷六十五"木钟学案"),朱熹的高徒杜煜、杜知仁兄弟和再传弟子车若水(卷六十六"南湖学案"),朱熹的高徒与蔡元定的家学、同时继承朱熹的理学与家传象数之学的蔡沈(卷六十七"九峰学案"),朱熹晚年的高徒、大力阐扬师说、同时坚守师门而猛烈批判异学(陆学、事功之学)的陈淳(卷六十八"北溪学案"),朱熹其他的直接弟子李燔、张洽、廖德明等(卷六十九"沧洲诸儒学案上")与朱熹的再传弟子(卷七十"沧洲诸儒学案下"),继承张栻思想的湖湘学派后学胡大时、彭龟年等(卷七十一"岳麓诸儒学案"),继承张栻思想的蜀中弟子宇文绍节、陈概、范仲黼等(卷七十二"二江诸儒学案"),继承吕祖谦文献之学的金华学派门人后学(卷七十三"丽泽诸儒学案"),陆门高徒“甬上四先生”(浙东四明陆学)之一人、被认为颠倒陆学之为学次序(禅学化)的杨简(卷七十四“慈湖学案”)、“甬上四先生”之一、学问较杨简更为纯粹的袁燮(卷七十五“絜斋学案”),“甬上四先生”的另外两人舒璘与沈焕(卷七十六“广平定川学案”),陆门的江西弟子傅梦泉、邓约礼等人(卷七十七“槐堂诸儒学案”),邵雍象数易学的后学张行成、祝泌等人(卷七十八“张祝诸儒学案”),与朱陆弟子同时代而师承不详的学者丘密、刘光祖、楼钥、柴中行等人(卷七十九“丘刘诸儒学案”)。

第七阶段:南宋末期的儒学与朱陆的合流(卷八十“鹤山学案”至卷八十九“介轩学案”)。

此阶段主要包括私淑朱、张之学的同时,又继承永嘉经制之学的精华,与真德秀齐名而经学造诣更胜一筹的著名学者魏了翁(卷八十“鹤山学案”),推进朱学的官学化、名重一时的朱熹再传弟子真德秀(卷八十一“西山真氏学案”),继承黄榦之传承而被视为朱学嫡系的浙东金华朱学代表人物何基、王柏、金履祥、许谦(卷八十二“北山四先生学案”),黄榦的高徒、吴澄的师祖饶鲁(卷八十三“双峰学案”),朱陆的再传弟子、出入于朱陆之间的鄱阳“三汤”兄弟汤千、汤巾、汤中及其侄汤汉(卷八十四“存斋晦静息庵学案”),浙东四明朱学的代表人物之一、折中朱吕陆三家之学的浙东大儒王应麟(卷八十五“深宁学案”),浙东四明朱学的代表人物之一、学问造诣深厚的大儒黄震(卷八十六“东发学案”),转变四明史氏的陆学传统、成为浙东四明朱学代表人物之一的史蒙卿(卷八十七“静清学案”),朱熹的后学欧阳守道及其弟子、为国捐躯的南宋丞相文天祥(卷八十八“巽斋学案”),新安朱学的代表人物董梦程、曹泾、马端临(卷八十九“介轩学案”)。

以上两阶段反映了朱陆的后学与思想界的整合,主要包括朱陆的直系弟子黄榦、辅广、陈淳、“甬上四先生”(杨简、袁燮、舒璘、沈焕),朱陆的再传弟子与私淑弟子魏了翁与真德秀、何基、王柏、金履祥、许谦(以上四人属金华朱学)、王应麟、黄震、史蒙卿(以上三人属四明朱学)。

第八阶段:元代朱学的官学化与陆学的传承(卷九十“鲁斋学案”至卷九十五“萧同诸儒学案”)。

元代朱学北传的第一人赵复与元代北方朱学的代表人物许衡(卷九十“鲁斋学案”)和刘因(卷九十一“静修学案”),元代南方朱学的代表人物、折中朱陆的吴澄(卷九十二“草庐学案”),元代陆学的代表人物陈苑和赵偕(卷九十三“静明宝峰学案”),继吴澄之后和会朱陆的学者郑玉(卷九十四“师山学案”),萧䡓、同恕等其他元代朱子学者(卷九十五“萧同诸儒学案”)。

此阶段主要包括元代儒学的代表人物许衡与刘因(北方朱学)、吴澄与郑玉(南方朱学与朱陆折中者)、陈苑与赵偕(元代陆学)。

以上这八个阶段共86个学案基本展现了北宋仁宗朝前后至元代末期儒学的发展历程。

第九部分:党禁与杂学,包括政治事件——“元祐党禁”与“庆元党禁”、道学的主要反对者新学、蜀学及作为两派之余波的金朝儒学(杂学)。

这样,《宋元学案》中宋元儒学思想史的横向展开与纵向脉络,主流与支流,正统与异端,以及思想与政治、文化等客观环境间的互动影响关系更加明晰。其中,第一阶段是以“宋初三先生”为代表的宋学先驱和先导。第二阶段“北宋六先生”为代表的宋代道学以及最后的新学与蜀学是北宋儒学的高潮。第三阶段与第四阶段是从北宋后期开始直到南宋初期的过渡期。第五阶段则是南宋乃至两宋儒学的高峰。第六阶段与第七阶段则是以朱学为主融汇各学派的整合期。第八阶段是以朱学的官学化为主的从宋末到明初的过渡期。最后的“屏山鸣道集说略”即金朝儒学则是宋元两朝之间的过渡期。

通过以上分析可知,《宋元学案》中的91个学案、党案、略案看起来似乎比较零散,实际上秩序井然不乱,已经包含有宋元思想史的完整脉络及其要素(学术背景、生平事迹、学术思想的论述),贯穿着编纂者推崇学术思想上的创见、道德与学问并重(明体达用之学)以及兼容并蓄的开放思想史观。

二、学者师承关系与思想传承的辨析——以周程授受关系为例

对比注重学术宗旨之总结与哲学思想之评论的《明儒学案》而言,《宋元学案》更为注重对学术源流与师承关系的辨析。这方面的编纂与论述对我们把握宋元儒学史的思想脉络而言具有很高的参考价值。其中也出现了许多值得注意的问题。尤其是学者之间具体存在着怎样的关系存在难以判断的情形,而师承关系在学者的思想形成过程中所起的作用也需要具体分析。在这方面包括全祖望在内的编纂者基于其历史与思想兼顾的立场作了许多考证工作。下面以周程授受关系为例进行分析。

周程授受关系作为道学史上聚讼纷纭的一大公案,自宋代吕希哲、吕本中、汪应辰等人发表意见以来,时至今日还存在争议。[①]周程授受关系最早

① 关于周程授受关系的论述可参见(清)黄宗羲原著,(清)全祖望补修《宋元学案》第一册,第520~525页;[英]葛瑞汉《中国的两位哲学家:二程兄弟的新儒学》,程德祥等译,郑州:大象出版社,1999年,第232~239页;钱穆《朱子新学案》第三册,台北:三民书局,1971年,第49~51页;邓广铭《关于周敦颐的师承和传授》,北京大学中国中古史研究中心编:《纪念陈寅恪先生诞辰百年学术论文集》,北京:北京大学出版社,1989年,第53~60页;陈植锷《周、程授受辨》,《文献》1994年第2期。

由朱熹在其学术史传《伊洛渊源录》中界定，之后，以之为核心的程朱理学道统观（周敦颐→二程→朱熹）逐渐成为权威看法。朱熹在《晦庵集》卷三十《答汪尚书（四）》与《答汪尚书（六）》中回复汪应辰的疑问时，依据《二程遗书》卷二上所说的“昔受学于周茂叔，每令寻颜子、仲尼乐处，所乐何事”，指出“受学”一说出自二程夫子自道，并非空穴来风。[①]朱熹在《晦庵集》卷九十八《伊川先生年谱》中又举出《徽宗实录》与《哲宗实录》作为根据。[②]《二程遗书》之附录《门人朋友叙述并序》中“从先生最久，闻先生教最多，得先生行事为最详”的刘立之也说程颢（明道）曾经“从汝南周茂叔问学”。[③]《二程遗书》与《二程外书》中二程确实曾多处言及周敦颐，所受影响不言而喻。可见朱子的授受说绝非空穴来风，这也是几百年来授受说屡驳不倒的原因。

问题的关键在于周程师承关系的史实与其思想传承之间的矛盾。即二程虽曾求学于周敦颐，但却并不认为自己的学问宗旨来自周敦颐的传授。前人时贤的讨论或者从史实即史学考证入手，或者从思想传承即哲学思想的分析入手，或者将两者结合起来。如清代朱彝尊《曝书亭集》卷五十八《太极图授受考》中认为二程称周敦颐为“茂叔”，崇敬度不够，而对胡瑗则一贯用敬称，对司马光、张载、邵雍亦称先生，据此否认周程的授受关系。[④]日本学者土田健次郎在其专著《道学の形成》第二章第二节“周程授受再考”中从思想史的角度考察，否定了朱熹所谓二程与周敦颐之间的授受关系，并以打破朱熹的“周敦颐神话”作为其主旨，认为并非周敦颐而是“北宋五子”的最后一位大儒程颐才是道学的实际创始人。[⑤]著名史学家邓广铭在其《关于周敦颐的师承和传授》一文中则从史实的考证出发彻底否认了周程的授受关系。[⑥]

全祖望专门作了《周程学统论》（原载《鲒埼亭集外编》卷三十八，后收入《宋元学案》卷十二“濂溪学案下”）一文在吕希哲、吕本中、汪应辰及黄百家（详见本论一第四章第三节）等人意见的基础上对周程授受问题进行了详细

---

① （宋）朱熹：《晦庵先生朱文公文集》二，朱杰人、严佐之、刘永翔主编：《朱子全书》第二十一册，上海：上海古籍出版社、合肥：安徽教育出版社，2010年，第1302、1305～1306页。

② （宋）朱熹：《晦庵先生朱文公文集》六，朱杰人、严佐之、刘永翔主编：《朱子全书》第二十五册，上海：上海古籍出版社、合肥：安徽教育出版社，2010年，第4560页。

③ （宋）程颐、（宋）程颢：《二程集》上册，第328页。

④ （宋）朱彝尊：《曝书亭集》，《景印文渊阁四库全书》第一三一八册，台北：台湾商务印书馆，1983年，第292～293页。

⑤ ［日］土田健次郎：《道学の形成》，第115～131页。

⑥ 邓广铭：《关于周敦颐的师承和传授》，《邓广铭治史丛稿》，北京：北京大学出版社，1997年，第193～213页。

考察。全祖望首先从史书记载入手,指出“明道先生传在《哲宗实录》中,乃范学士冲作,伊川先生传在《徽宗实录》中,乃洪学士迈作,并云从学周子。两朝史局所据,恐亦不秪吕芸阁《东见录》一书。但言二程子未尝师周子者,则汪玉山已有之。玉山之师为张子韶、喻子才,渊源不远,而乃以南安问道,不过如张子之于范文正公,是当时固成疑案矣”①,说明了肯定与否定的两种意见都有其依据。否定者如汪应辰认为二程与周敦颐的关系就好比张载与范仲淹的关系,范仲淹曾劝年轻气盛、喜好功名的张载读《中庸》以钻研儒学义理,后来张载成为一代大儒和道学的创建者之一。而范仲淹也可算引领张载入门的老师。但两人并非严格意义上的授业师徒关系,而且张载的学问本身是自学得来的。与此类似,周敦颐教少年二程寻“孔颜乐处”其实也是领二程入门,确立为学不在追求功名而在于求圣贤之道的高远志向,二程后来的学问境界即导源于此。因此说周敦颐与二程的关系如范仲淹与张载一样是“师傅领进门,修行在个人”的看法确有道理。全祖望接着指出:“虽然,观明道之自言曰:‘自再见茂叔,吟风弄月以归,有“吾与点也”之意。’则非于周子竟无所得者。《明道行状》虽谓其‘泛滥于诸家,出入于佛、老者几十年,反求诸六经而后得之’,而要其慨然求道之志,得于茂叔之所闻者,亦不能没其自也。侯仲良见周子,三日而还,伊川惊曰:‘非从茂叔来邪?’则未尝不心折之矣。”②以二程自己的言论说明其学问虽然主要是其自得,但也不能否认周敦颐的引路之功,况且二程从周敦颐那里确有所得。因此全祖望强调:“然则谓二程子虽少师周子,而长而能得不传之秘者,不尽由于周子,可也;谓周子竟非其师,则过也。”③这句话可视为全祖望对于周程授受关系的定论。接着对于质疑周程授受关系的人经常提到的《二程遗书》中记载二程直呼周敦颐之字而不称“先生”的问题,全祖望指出:“若《遗书》中直称周子之字,则吾疑以为门人之词。盖因其师平日有独得遗经之言,故遂欲略周子而过之也。”④认为《遗书》是二程的门人记录编纂的,未经过二程本人的审阅,因此推测此称呼可能出自门人之手。其原因可能是二程门人为了彰显其师之自得而有意贬低周敦颐这位地位不高的老师。全祖望的这种看法虽然只是推测,但却合情合理,可备一说。因为程颐生前即指出门人的记录存在失实之处。最典型的例子就是“吕与叔作横渠行状,有见二程尽弃其学之语。尹子言之。先生曰:表叔平生议论,谓颐兄弟有同处则可。若谓学于颐兄弟则无是事。顷年属与叔删去。不谓尚存斯言。几于无忌惮。(按行状今有两本。一本云:尽弃其学而学焉。一本云:于是尽弃异学,淳如也。恐是后来所改。)”⑤即吕大临说二程的舅父

①②③④ (清)黄宗羲原著,(清)全祖望补修:《宋元学案》第一册,第532页。

⑤ (宋)程颐、(宋)程颢:《二程集》上册,第414～415页。

张载见了二程之后尽弃其学，把二程说成张载的老师。此说遭到程颐本人的否认，认为吕大临的记载不符合事实。所以程颐生前就对于门人所记的语录不大认同，指出门人的记录往往失真变成他们自己的意思了。如卷十六“伊川学案下”云：“尹和靖年二十始登先生之门，尝得朱公掞所钞《杂说》呈先生，问先生此书可观否，先生留半月。一日，请曰：‘前日所呈《杂说》如何？’先生曰：‘某在，何必观此。若不得某心，只是记得他意。’和靖自此不敢复读。”①由此推测，二程的门人有意贬低周敦颐作为二程老师的地位以抬高其师的可能性是存在的。全祖望接着指出：“朱子之学，自溯其得力于延平，至于籍溪、屏山、白水，则皆以为尝从之游而未得其要者，然未尝不执弟子之礼。周子即非师，固太中公之友也，而直称其字，若非门人之词，则直二程子之失也。”②以朱熹与其早年的老师、学问夹杂禅学的刘勉之、胡宪、刘子翚三先生的关系为例，指出朱熹早年遵从其父朱松的遗命跟从三先生（朱松的好友）学习，虽然日后在学问上并未继承三先生的思想宗旨，但仍然执弟子之礼。对比周敦颐与二程的关系可知，二程也是早年十几岁时奉其父程迴之命从周敦颐（程迴的好友）问学。如果《遗书》中直称周敦颐之字而不称先生不是出自门人的记录而是二程自己说的话，那也是二程自己的过失，不能因此否认客观存在的周程师生关系。全祖望接着分析二程未尽传周敦颐学问宗旨的原因，指出：“周子所得，其在圣门，几几颜子之风。二程子之所以未尽其蕴者，盖其问学在庆历六年，周子即以是岁迁秩而去，追随不甚久也。潘兴嗣志墓，其不及二程子之从游者，亦以此。张宣公谓《太极图》出于二程子之手受，此固考之不详；而或因‘穷禅客’之语，致疑议于周子，则又不知纪录之不尽足凭也。”③认为应该是二程跟从周敦颐学习时间太短造成的。至于程颐说周敦颐是“穷禅客”的说法，全祖望也认为是出于门人记录，不尽足凭。最后，全祖望指出：“若夫周子之言，其足以羽翼《六经》而大有功于后学者，莫粹于《通书》四十篇。而‘无极之真’原于道家者流，必非周子之作，斯则不易之论，正未可以表章于朱子而墨守之也。”④与黄百家一样推崇《通书》的纯粹，认为《太极图》及《太极图说》是出自道家，不是周敦颐原创的著作，不能因为朱熹的推崇就墨守成说。

全祖望进而在为“濂溪学案”所作的“序录”中作为定论再一次重申了上述《周程学统论》中的观点。后来《宋元学案》最后的校订者王梓材在卷十五

---

① （清）黄宗羲原著，（清）全祖望补修：《宋元学案》第一册，第646页。

② （清）黄宗羲原著，（清）全祖望补修：《宋元学案》第一册，第532页。

③ （清）黄宗羲原著，（清）全祖望补修：《宋元学案》第一册，第532～533页。

④ （清）黄宗羲原著，（清）全祖望补修：《宋元学案》第一册，第533页。

“伊川学案上”的案语中,依据上述黄百家、全祖望的意见将程颢列为周敦颐的门人,将程颐列为胡瑗与周敦颐两位的门人,从而确立了周程的师承关系。这样全祖望等编纂者一方面承认客观名分上的师承关系,一方面又具体分析了思想的传承关系。其要点是承认二程在早年曾经师事周敦颐这一史实记载的同时,又指出后来二程的思想中继承自周敦颐的内容较少,其思想的宗旨是出于自得,及与张载等学者间切磋学问而得来的。即卷十二“濂溪学案下”中说的:“百家谨案:周子之学,在于志伊尹之志,学颜子之学,已自明言之矣。”[①]程颐继承周敦颐的“志伊尹之所志,学颜子之所学”的思想并在《颜子所好何学论》中进而提出“圣人可学论”,从而确立了道学成圣成贤的为学目标。《宋元学案》卷十六“伊川学案下”全文收录了《颜子所好何学论》,并在其下辑录了刘宗周的评论“此伊川得统于濂溪处”[②],点明了周程之间在此方面的思想继承关系。周敦颐虽然学问造诣很深,但二程未传其学也是事实,所以说二程终身不大推崇周敦颐不是没有原因的。换句话说,学者们的失误就在于非要把周程的师承关系(名)等同于学问上的继承和授受关系(实)。所以在卷首“宋元儒学案序录”中,全祖望指出:“濂溪之门,二程子少尝游焉。其后伊、洛所得,实不由于濂溪,是在高弟荥阳吕公已明言之,其孙紫微又申言之,汪玉山亦云然。今观二程子终身不甚推濂溪,并未得与马、邵之列,可以见二吕之言不诬也。晦翁、南轩始确然以为二程子所自出,自是后世宗之,而疑者亦踵相接焉。然虽疑之,而皆未尝考及二吕之言以为证,则终无据。予谓濂溪诚入圣人之室,而二程子未尝传其学,则必欲沟而合之,良无庸矣。述《濂溪学案》。”[③]全祖望的上述观点与立场兼顾了历史记载与思想传承,应该说是比较公允的。

事实上,程颢与程颐在早年虽曾师事周敦颐并受其思想之影响,但其后二人之学问宗旨如天理本体论、格物穷理说主要出于其自得。二程依据其天理本体论重点批判了张载的太虚宇宙本体论。而周敦颐太极说的气化论痕迹则较张载更明显一些,二程致力于批判气化宇宙论而建立其理本论,所以他们终身不提周敦颐的太极说是可以理解的。[④]正因为他们不赞同周敦颐太极宇宙生成论的思想体系,因而对周敦颐的著作也几乎不曾提及。周敦颐的著作主要通过二程的门人后学流传开来。道学的集大成者朱熹本人虽然是二程的四传弟子,继承的主要是二程尤其是程颐的思想,但出于建构自身

① (清)黄宗羲原著,(清)全祖望补修:《宋元学案》第一册,第523页。

② (清)黄宗羲原著,(清)全祖望补修:《宋元学案》第一册,第644页。

③ (清)黄宗羲原著,(清)全祖望补修:《宋元学案》第一册,第3页。

④ (清)黄宗羲原著,(清)全祖望补修:《宋元学案》第一册,第592页。

理学宇宙本体论体系的需要，在编纂和注释周敦颐的著作时，将《太极图》与《太极图说》作为周敦颐思想的纲领予以表彰和阐发，将其置于《通书》之前，进而对周敦颐的学问及人品予以大力表彰，并特别强调周程思想的传承与授受关系，从而树立了周敦颐作为道学开山祖师的思想史地位。因此所谓"周敦颐神话"也可以说是朱熹出于建构自身理学哲学体系及道统传承谱系的现实需要塑造出来的。这一点朱熹本人并不讳言。《朱子语类》卷六十七记载："问：'伊川何因见道？'曰：'他说求之六经而得，也是于濂溪处见得个大道理，占地位了。'"[①]朱熹认为伊川在为学的大方向上受到了周敦颐的决定性影响，其自身的学说则是求之六经而得。可见朱熹彰显周敦颐的地位，强调周程之间的授受源流，主要是着眼于道学思想发展的内在逻辑。

总之，全祖望对于周程授受的基本观点是承认客观师承关系的同时，又认为不能夸大其在学者的思想形成过程中所起的作用。这种兼顾历史记载与思想传承的观点应该说是实事求是的。[②]

三、学者生平事迹与史实的考证

据笔者统计，《宋元学案》中收录有2427位学者的传记，而附录中也常见与学者事迹相关联的史实记载，当然这其中会出现种种问题，对此编纂者作了许多考证工作。《宋元学案》正文之前王梓材所作的《校刊宋元学案条例》中说："是书修补，谢山兼为修《宋史》而作，故有《宋史》所略而是书列传特加精详，语多本之《永乐大典》。其中经济、著述，间或采入，盖圣门列四科意也。观者勿以无关学案少之。"[③]可知全祖望当时有修订《宋史》的意愿，而全氏之前的黄宗羲也有此意。[④]事实上清代学者对元代官修《宋史》的讹误

---

① (宋)黎靖德编：《朱子语类》第五册，王星贤点校，北京：中华书局，1986年，第1653页。

② 如周学武基本同意全祖望关于周程授受的看法，指出周敦颐与二程的师生关系不容否定，二程早年受周敦颐思想的影响较大，他们的学术是由周敦颐开启门径；二程成学之后，又各自表现出不同的思想特色，其学术纲领不同于周敦颐，但在部分领域则仍然受到周敦颐的显著影响。参见周学武《平心论濂溪和二程的传承关系》，《朱子学刊》1994年第1期。王兴国在全祖望论述的基础上，考证指出二程从学于周敦颐的时间，不只是庆历六年在南安的一次，而且还有庆历八年或皇祐元年在郴州的一次；二程兄弟向周敦颐学习的内容并不限于人生修养方面，而且在某些学术观点上有所继承，如"圣人可学而至"，学习圣人的方法论——由"主静"到"主敬"，圣人之道的具体内容——仁义中正。参见王兴国《周敦颐与程颢程颐兄弟》，《湖南科技学院学报》2005年第1期。

③ (清)王梓材：《校刊宋元学案条例》，(清)黄宗羲原著，(清)全祖望补修：《宋元学案》第一册，第22页。

④ 参见赵向东《略论黄宗羲的史学思想》，《兰州大学学报》1990年第3期。

疏漏多有不满,想要对其进行修补的人有很多,因此全祖望在编纂《宋元学案》时广泛搜罗宋元学者的生平资料为之作传,并且作了大量史实与事迹的考证工作。[①]这些工作可以说是间接弥补了《宋史》之不足。[②]全祖望于乾隆元年(1736)进士及第后进入庶常馆,利用职务之便与其业师李绂一起阅读并抄写朝廷所藏的《永乐大典》等贵重文献资料,并从中辑录出多种古籍。[③]此举实开其后四库馆臣从《永乐大典》中辑录佚书收入《四库全书》之先河。[④]全祖望还利用他搜集的文献资料撰写了大量史学考证文章(碑传、序跋等)。《宋元学案》中收录的一百条以"谢山"开头的附录文章即是其中与《宋元学案》相关的一部分。如卷四"庐陵学案"中的"谢山《公是先生文钞序》……"、卷五十八"象山学案"中的"谢山《淳熙四先生祠堂碑文》……"等,这些考据文章原本收在全祖望的文集《鲒埼亭集》及《鲒埼亭集外编》之中,其后由王梓材将其中与《宋元学案》所收人物相关的文章附入相关学案之中。与《明儒学案》相比,《宋元学案》的小传及其相关考证数量庞大,论述精到,可据以补《宋史》及《元史》等书之讹误与不足,史料价值很高。下面以全祖望对司马光《资治通鉴》及刘因《渡江赋》的相关考证为例子来加以分析。

(一)《资治通鉴》的编纂分工及其评价

众所周知,司马光虽然不失为一位思想家,但更多的是作为一个史学家而享有盛名。其退居洛阳时主持编纂的编年体通史《资治通鉴》与司马迁的纪传体通史《史记》并称为中国史书的双璧。但《资治通鉴》的完成并非只是司马光一人之功劳。就其成书过程来说,首先在司马光的主持下,刘攽、刘恕、范祖禹等学者各负其责,合力完成了资料长编,然后由司马光在此基础上加以笔削修订而最终完成了《资治通鉴》。但对于《资治通鉴》编纂过程中的具体分工情况还存在一些争议。元代著名史学家胡三省以注释《资治通

---

① 参见曾贻芬《全祖望的史学与"七校"、"三笺"》,《史学史研究》1999年第2期。

② 参见魏巍《清代两浙宋史学研究》,硕士学位论文,西华师范大学,2016年,第75~78页。

③ 早坂俊广指出,全祖望是一个以极其实证的态度致力于学问的人物。严格进行文献实证,正是他一直追求的。对全祖望来说,"抄书"是继承家族传统和黄宗羲、顾炎武等先辈的"根本"行为。这可以说是支撑他学问的行为。另外,全祖望在进行"抄书"时,非常"有选择"地进行。他把自己家乡宁波的相关文献资料精选出来抄写。抄写《永乐大典》时是这样,抄写明清交替时期的文献资料时也是这样。他充满了对乡土的热爱,即使在谈论非宁波人的学问和文集时,也忍不住以宁波故事为主轴。而对于全祖望来说,"抄书"是时而欢喜,时而悲哀的极具"情感"的行为。在乡土中,与各种各样的人进行具体而亲密的交流,进一步激发了这一点。参见[日]早坂俊广《全祖望と抄书の精神史》,《人文科学论集》2013年第47卷。

④ 张升:《全祖望辑〈大典〉佚书之下落》,《图书馆研究与工作》2003年第2期。

鉴》著称（四库馆臣在《资治通鉴》的提要中将其比作注释《左传》的杜预）。[①]他在其《新注资治通鉴序》中指出《资治通鉴》非司马光一人之力所能完成，其汉代部分之编纂由刘攽负责，三国至南北朝部分由刘恕负责，唐代部分则由范祖禹负责。[②]但胡氏并未说明其依据所在。于是全祖望在其《通鉴分修诸子考》一文中作了进一步的考证。后由王梓材将其摘录收入"涑水学案"中。其文如下：

谢山《通鉴分修诸子考》曰：胡梅磵曰："温公修《通鉴》，汉则刘攽，三国迄于南北朝则刘恕，唐则范祖禹。"此言不知其何所据。予读温公《与醇夫帖子》，始知梅磵之言不然。帖曰："从唐高祖初起兵修《长编》，至哀帝禅位止。其起兵以前，禅位以后事，于今来所看书中见者，亦请令书吏别用草纸录出，每一事中间空一行许，以备翦黏。隋以前与贡父，梁以后与道原，令各修入《长编》中。盖缘二君更不看此书，若足下止修武德以后、天祐以前，则此等事迹尽成遗弃也。"观于是言，则贡父所修盖自汉至隋，而道原任五代，明矣。盖贡父兄弟尝著《汉释》，而道原有《十国纪年》，故温公即其平日所长而用之，而梅磵未之考也。贡父所修一百八十四卷，醇夫所修八十一卷，道原所修二十七卷。而当时论者推道原之功为多，何也？盖温公平日服膺道原，其通部义例，多从道原商榷，故分修虽止五代，而实系全局副手，观道原子羲仲所纪可见也。羲仲曰："当时访问疑事，每卷皆数十条，不能尽纪，纪其质正旧史之谬者。"然则道原之功诚多矣！[③]

全氏的考证主要依据司马光寄给范祖禹的书简《与醇夫帖子》（今见于司马光《传家集》卷六十三"答范梦得"）[④]，依据此信内容，刘攽担当由汉代直至隋代部分的编纂，凡一百八十四卷；范祖禹担当唐代部分的编纂，凡八十一卷；刘恕则只担当了五代部分的编纂，凡二十七卷。这种分工其实是依据

---

① （清）纪昀、（清）陆锡熊、（清）孙士毅等原著总纂：《钦定四库全书总目》上册，四库全书研究所整理，北京：中华书局，1997年，第649页。

② 胡三省指出："温公遍阅旧史，旁采小说，抉擿幽隐，荟萃为书，劳矣。而修书分属，汉则刘攽，三国汔于南北朝则刘恕，唐则范祖禹，各因其所长属之，皆天下选也，历十九年而成。则合十六代一千三百六十二年行事为一书，岂一人心思耳目之力哉！"（元）胡三省：《新注资治通鉴序》，（宋）司马光编著，（元）胡三省音注：《资治通鉴》第一册，北京：中华书局，1956年，第25页。

③ （清）黄宗羲原著，（清）全祖望补修：《宋元学案》第一册，第349～350页。

④ （宋）司马光：《传家集八十卷》，《景印文渊阁四库全书》第一〇九四册，台北：台湾商务印书馆，1983年，第581～583页。

三人各自在史学上的专长而来的。刘恕担当的部分虽只是五代且分量最少,但当时人们却认为他贡献很大,这是因为刘恕其实是司马光的全局副手(相当于副主编),五代之外的部分司马光也常与刘恕一起进行检讨定夺。①目前学术界对此问题虽尚有争议,但全祖望此说无疑值得重视。②

(二)刘因《渡江赋》的主旨及其思想倾向

元代北方的许衡、刘因与南方的吴澄三人并称为"元代三大儒"。其中,许衡与刘因又被称为"北方两大儒"。刘因在南宋末年作《渡江赋》,正面描写了元军南下灭宋的行为。对此赋反映出来的政治思想立场,后世学者聚讼纷纭,莫衷一是。如明儒丘濬认为刘因借此赋表达了对南宋行将灭亡的幸灾乐祸。③而明儒崔铣则认为刘因的意思其实是想保全南宋。④两种意见截然相反。因为明代以南宋为中原汉族文化的正统,如果庆幸南宋灭亡的话,就势必使身为汉人的刘因之名誉节操招致非议。事实上,这也是刘因在明代受到丘濬等人的非议,从而未能与许衡一起从祀于孔庙的主要原因。但在全祖望看来,丘、崔之说均有误,因为诸人只是读了《渡江赋》,并没有结合刘因的出处进退、时代背景及其全部著作予以综合考察,所以才出现了诸多误解。⑤

---

① (清)黄宗羲原著,(清)全祖望补修:《宋元学案》第一册,第349~350页。

② 清末陈汉章在其《书全谢山〈分修通鉴诸子考〉后》中认为全祖望仅凭司马光的一封书信就下结论有失于武断,指出应该以《通鉴》各卷中司马光结衔为线索,考察《通鉴》各部分的撰述时间,将长编的分工问题纳入人事变动的过程中来考察。姜鹏在陈汉章的考察基础上做了进一步的考证,指出关于《资治通鉴》长编分修的具体分工问题,学者多惑于《宋史·刘攽传》谓专职汉史,及受传统叙述中"魏晋"连书的影响,忽略了《通鉴》之魏纪、晋纪长编并非出自一人之手的可能性。而实际上两汉、魏纪长编由刘攽完成,两晋南北朝至隋之长编成于刘恕之手,范祖禹除了编修唐史长编外,还整理了刘恕遗留的五代史长编。参见姜鹏《〈资治通鉴〉长编分修再探》,《复旦学报(社会科学版)》2006年第1期。虽然如陈汉章及姜鹏的考证,全祖望的考证确实存在证据不足和不够细致的问题,但全氏提出了问题并找到了相关材料,从而为后人的精密考证提供了借鉴。

③ 丘濬语见《历代赋话续集》卷十一:"丘琼山曰:尝观元初一时腹心股肱之臣,虽多中国之人,然受其豢养,贪其富贵,忘其身之为华,并无一人一言劝其存宋者。虽以刘因之贤,犹作《渡江赋》以欣幸之,而有'战则为士,降则为奴'之语。他又何责哉!"(清)浦铣:《历代赋话十四卷续集十四卷》,《续修四库全书》第一七一六册,上海:上海古籍出版社,1995年,第151页。

④ 崔铣撰《洹词》卷九休集第六十三章:"刘子闵元伐宋,乃赋《渡江》。其徒申之曰:哀之也。题梅曰:'西风吹落战尘沙,梦想西湖处士家。'曰:'恐江南春减。'犹夫赋也。或讥其为元,或尊曰病宋,许子不陈伐宋之谋,欲修德以来之。(见欧阳玄碑文)丘仲深亦有责言。昧稽实而臆贬,不亦冤乎!"(明)崔铣:《洹词》,《景印文渊阁四库全书》第一二六七册,台北:台湾商务印书馆,1983年,第577页。

⑤ (清)黄宗羲原著,(清)全祖望补修:《宋元学案》第四册,第3023页。

首先从刘因出处进退的立场来看，全祖望指出，许衡与刘因都是出生于北方的元朝汉人，更确切地说，许衡是由金入元，刘因则是生于金亡之后的元人，二人都不是宋朝的遗民，即使出仕于元朝，在名节上也没有什么问题，后世的明儒却持夷夏之辨来评判二人之行为，其实是不符合实际情况的。事实上，北宋为金人所灭，北方沦陷之后，秦桧就提出了"南人归南，北人归北"[①]，将宋人（即所谓"南人"）的范围局限在南方，将北方的汉人（即所谓"北人"，又称为"汉人"）排除在宋人之外（这在南宋之后已经成为共识，所以后来元朝将人分四等：蒙古人、色目人、汉人、南人，也将汉人与南人分开），哪有身为北人却依附于宋人的道理呢。由此可知，拿宋人的正统夷夏观念来衡量刘因这样的北方汉人当然不恰当，也不符合历史的实际情况。刘因其实是知道元朝无足可取，所以才遗世独立以避免为世俗所染罢了。许、刘二人在是否与元朝合作上的态度相反。许衡想借助政府的力量推广朱子学，刘因则洁身自好不愿辅佐元朝。[②]正如全祖望所指出的，许、刘二人均非遗民，出仕元朝于名节上没有什么问题。许衡因与权臣阿合马不合，于是自请罢去中书执政一职，并到国子监任祭酒从事官方贵族的儒学教育活动，而刘因则认为许衡此举不免有"以术欺世"以求自免之嫌。因为在刘因看来，若非行道之时就不应入世，也不应选择做官。因为如果在朝为官的话，则应该行道，不应只是明道，像许衡那样不能行道却只想明道的话，其实还不如引退于山中以保有其道。这虽然只是刘因自己的立场，但也反映了刘因人品之高洁。[③]刘因与许衡恰好各自处在孟子所谓"穷则独善其身，达则兼善天下"（《尽心上》）的出处进退之一端上，都不失为儒者之楷模。这也就是二人在人格气象与出处进退上虽大相径庭，却同被视为元代北方朱学之代表的原因所在。

其次从刘因创作《渡江赋》的时代背景来考察的话。宋蒙鄂州之役（1259）还在僵持中时，蒙古皇帝蒙哥汗在攻打成都府路钓鱼城时身负重伤（一说因病）而去世，蒙古后方一时政局出现动荡。蒙古攻打鄂州的统帅蒙哥汗之弟忽必烈正准备撤兵北归以夺取汗位时，督战鄂州的南宋奸相贾似道瞒着宋理宗私自与忽必烈达成了媾和的意向，回朝之后又欺骗理宗说是打败了忽必烈。忽必烈回到北方平定内乱并继任蒙古大汗之后，便派使臣郝经（刘因的好友）作为正式使节前往南宋议和。贾似道担心其私自媾和的行径败露，千方百计阻挠郝经前来临安面见宋理宗，于是命令扬州守将李庭芝将郝

---

① （宋）李心传撰：《建炎以来系年要录》，《景印文渊阁四库全书》第三五册，第765页。

② （清）黄宗羲原著，（清）全祖望补修：《宋元学案》第四册，第3022页。

③ （清）黄宗羲原著，（清）全祖望补修：《宋元学案》第四册，第3022～3023页。

经扣押软禁在了扬州。忽必烈虽多次要求南宋放人,但贾似道不予理睬。而忽必烈因为忙于内乱,一时也无暇抽身攻打南宋,这样双方就僵持了下来,致使郝经前后被扣押长达十六年(1260—1275)才回到北方。就此扣押使者事件而言,南宋一方无疑是理亏的。后来元军于1267年开始以南宋长期拘留特使为由渡江兴师问罪,发动了大规模的灭宋战争,并于1276年攻占临安,1279年灭亡南宋。刘因的《渡江赋》就是元军1267年以后南下灭宋之初写的。刘因在此赋中对南宋的背信弃义予以谴责,并表达了元军必胜、南宋必败的观点。刘因对南宋奸臣背信弃义拘禁蒙元使臣、自己的好友郝经感到悲哀。苏天爵的所谓“哀宋”[①]即指此。全祖望认为,刘因既非希望南宋灭亡,也不是有心想存宋,其实只是置身于局外发表感慨罢了。[②]

最后综合刘因的其他著作来考察的话,全祖望从刘因的《静修集》中摘录了大量诗句并归纳揭示其心路历程,以佐证分析刘因作《渡江赋》的意图。依据全氏的考证,刘因在其诗作中对宋朝与金朝之灭亡均流露出悲伤之情,但其伤金之情较其悼宋之情还要更加强烈一些,这当是其先祖曾经出仕于金朝的缘故。刘因生于元,耳闻目睹了金、宋两国相继为元所灭,又认为元朝不值得辅佐,所以向南痛惜于南宋之亡国,向北悲伤于金朝之灭亡,虽曾不得已接受过元朝的任命,但不久便辞官隐居而终老林下。这才是刘因的真实想法,因此丘濬与崔铣二人之说其实都只是不符合实际的猜测罢了。[③]全祖望的考证证据确凿、合情合理,很有说服力。因此也得到了清儒方东树的肯定。[④]并且刘因的情况绝非个案,可以说是当时北方汉人士大夫处在北方政权归属与南方文化认同的两重夹击下的普遍境遇。如当时跟随元帅伯颜南下灭宋的张弘范同样是北方汉人,死后也被宋代宗室后裔赵珤讥讽为“不是胡儿是汉儿”[⑤],这明显是站在宋人立场上的非议,而张弘范与刘因一样作有《过江》诗,“磨剑剑石石痕裂,饮马长江江水竭,我军百万战袍红,尽

---

① 苏天爵《静修先生刘公墓表》:“王师伐宋,先生作《渡江赋》以哀之。”(元)苏天爵:《滋溪文稿三十卷目录一卷》,《景印文渊阁四库全书》第一二一四册,台北:台湾商务印书馆,1983年,第90页。

② (清)黄宗羲原著,(清)全祖望补修:《宋元学案》第四册,第3023~3024页。

③ (清)黄宗羲原著,(清)全祖望补修:《宋元学案》第四册,第3024~3026页。

④ 参见(清)方东树《书刘文靖渡江赋后》,《考槃集文录》卷五,《续修四库全书》第一四九七册,上海:上海古籍出版社,1995年,第328~329页。

⑤ (明)黄景昉:《国史唯疑十二卷》,《续修四库全书》第四三二册,上海:上海古籍出版社,1997年,第57页。

是江南儿女血”[①]，从文化上哀伤南宋的灭亡，这种情绪与刘因的《渡江赋》可谓如出一辙。在全祖望之前，明末清初的孙奇逢撰文支持崔铣的看法，为刘因作辩护，并在其《理学宗传》中将刘因置于元儒之首，可谓推崇备至。但正如全祖望所说，孙奇逢的具体论述不免简略，难以服人。[②]直到全祖望的上述考证文章出现以后，关于刘因《渡江赋》的思想倾向及其政治立场才算有了比较客观的评价，并可与现代学者的最新考论相发明。[③]同时上述全祖望以诗证史的做法扩展了史料的范围，可说是对黄宗羲所提倡的“诗之于史，相为表里者也”[④]及“以诗补史之阙”[⑤]的“诗史观”的继承与实践，体现了清代

① (元)张弘范：《淮阳集一卷诗余一卷》，《景印文渊阁四库全书》第一一九一册，台北：台湾商务印书馆，1983年，第716页。

② 参见孙奇逢《重修静修先生祠记》，《夏峰先生集》，《续修四库全书》第一三九一册，上海：上海古籍出版社，1995年，第28～30页；孙奇逢《渡江赋辨》，《夏峰先生集》，《续修四库全书》第一三九二册，上海：上海古籍出版社，1995年，第43～44页。

③ 参见《刘因评传》第三章中对《渡江赋》的分析：“苏、王、崔等都努力把刘因说成是个反元的志士。遗憾的是，这与刘因对元蒙的矛盾的政治态度并不一致，因此这样的评价便很难令人心服。果然，有的明儒就对刘因的民族气节提出异议，他们以《渡江赋》为证据，认为刘因曾‘幸宋之亡’，为元蒙张目。明丘濬《〈大学衍义〉补》中提到：‘当世祖渡江，因尝作赋以欣幸之，有“战则为士，降则为奴”之语，世以此少之。’这个早年著作中的‘小辫子’，就这样被揪住不放，由此也影响到官方对刘因的态度。虽然有人加以辩护，但前后七次提出从祀之请，均‘格于时议’而被否定。及至明末，孙奇逢写《读〈渡江赋〉辨》，竭力为刘因剖白，但终究难于消释另一些论者的疑问。这种争论，从一个侧面也反映了刘因在明代的影响。只是，由于过分重视政治态度问题，从而掩盖或削弱了对刘因学术思想的全面阐扬。”商聚德：《刘因评传》，南京：南京大学出版社，2011年，第55～65页。商聚德又指出，《渡江赋》的主旨是歌颂元军攻宋的正义与必胜，词语间饱含感情，因此前人所谓“欲存宋”“哀宋”“幸宋”等说法是难以成立的；刘因的一些诗文中虽然表露过某些“哀金”“哀宋”的情绪，但正如全祖望所指出的，这些只不过是因置身事外而抒发思古之幽情，况且其诗文中对自古以来多个朝代的治乱兴亡都抒发了感慨，因此不能据此证明其具有同情宋朝的政治立场。参见商聚德《刘因生平思想考辨》，《河北大学学报(哲学社会科学版)》1985年第4期。

④ 《姚江逸诗序》，(清)黄宗羲：《黄宗羲全集》第十九册，第9页。

⑤ 《万履安先生诗序》，(清)黄宗羲：《黄宗羲全集》第十九册，第42页。

浙东学派长于史学的特点。[①]

四、乡邦先贤道德学问的表彰

如前所述,《宋元学案》的主要编纂者均为浙东人,其中全祖望和王梓材是鄞县人,冯云濠是慈溪人,均属于南宋的庆元府,即今浙江宁波,《宋元学案》中又称为"甬上""明州""四明""鄞县"。黄宗羲、黄百家父子虽出生于浙东绍兴府余姚县,但宁波是其主要的讲学地,宁波事实上也成了黄宗羲所开创的清代浙东学派活动的中心地域。

据我们统计,《宋元学案》中共立有2427位宋元时期儒者的传记,其中出身于浙东的学者数量最多,达627人。浙东所属州府之中,南宋浙东庆元府(下辖鄞县、慈溪等六县)出身的学者有153人,在当时全国府州一级的行政区划内仅次于浙东婺州的198人(今浙江金华)。再细分到州的下一级单位县来看的话,《宋元学案》中学者出身的约五百个县中,明州鄞县出身的学者有77人,仅比婺州金华县少一人,居第二位,明州慈溪县出身的学者有39人,居第五位,在全国排名名列前茅,并且涌现出了一批大家。事实上,全祖望、王梓材等人不仅依据方志和文集等文献发掘了大量宋元两代的乡邦先贤,特别是有学问、气节的烈士、遗民与隐士等的事迹与学术,并在《宋元学案》中为其树碑立传,而且出自《鲒埼亭集》及《鲒埼亭集外编》的今本《宋元

① 关于黄宗羲的诗史观的论述,依据张如安的考察,黄宗羲在康熙壬子年(1672)提出了其诗史观,但其弟子、清初浙东文学的代表人物李邺嗣在此前一年(1671)于《万季野诗集序》已经提出了这种诗史观,因此他认为黄宗羲是借鉴了李邺嗣的观点,诗史观并非其首创。其实文献发表上的先后并不必然意味思想观点形成上的先后,而且这种诗史观也可说是以黄宗羲为首的浙东学派之共识。如黄宗羲的弟子、以史学著称的万斯同也力主诗史观。参见张高评《〈南雷诗历〉与传记诗学》,方祖猷、滕复主编:《论浙东学术》,第285~301页;张如安《举梨洲之言以警励学者——浅论李邺嗣的文学思想》,吴光主编:《黄梨洲三百年祭——祭文·笔谈·论述·佚著》,北京:当代中国出版社,1997年,第279页;张丽珠《"一代贤奸托布衣"——万斯同之明史修撰与浙东史学的联系》,《成大中文学报》2009年第25期。陈明镐指出,黄宗羲在自己的诗学主张中,将诗人的主观感情和众人具有的普遍感情分开说明,要求创作包含众人普遍感情的作品。特别是诗人应该反映自己的经历和时代精神的主张,成为黄宗羲本人的人生经历和诗学主张相呼应的内容。因此,他主张作为文人,诗歌创作应反映社会现实。虽然这种主张是从《诗经》传下来的传统诗学观念,但是其形成与他所处的时代状况是相通的。可以说,黄宗羲的诗学主张是他在创作实践中的真实表现。即要把自己所处时代的经历和感受用诗表达出来。诗人的责任就是用诗歌的内容反映现实,并加以批判。因此,诗是经世致用的实践。黄宗羲的创作活动与他的诗学理论有一脉相通之处,因此可以说表现出了反映当时时代状况和诗人感情的时代所要求的精神。参见陈明镐《黄宗羲反映时代精神之创作论与其实践探讨》,《中国语文论丛》2014年第61辑。陈氏所论可以说就是以黄宗羲为代表的浙东学派诗史观的实质内容,即诗应当反映个人人生经历与时代精神,反映现实并加以批判,是经世致用思想的实践。

学案》中所附全祖望的大量文章也多与宋元两代之乡邦先贤相关联，王梓材在其案语中也经常引用全祖望的相关文章作为其立论的依据。这也是以地方史的整理研究著称的史学大家全祖望一生的主要学术贡献之一。[①]以下举一些例子来加以说明。

卷六“士刘诸儒学案”，全祖望追溯其家乡鄞县的学术源流，为庆历新政时确立永嘉之师道的王开祖[②]及以“庆历五先生”为代表的为数众多的同乡先贤专门设立学案予以表彰。这些人物都是隐居于家乡授徒为生的地方学者，在思想史上都不怎么出名，但其开拓浙学的历史功绩是值得铭记的。全祖望指出：“庆历之际，学统四起。……浙东则有明州杨、杜五子，永嘉之儒志、经行二子，浙西则有杭之吴存仁，皆与安定湖学相应。……（梓材案：是卷《学案》亦谢山所特立。）”[③]具体来说，北宋吹响儒学复兴号角的庆历新政时期，两浙各地学校兴起，涌现出了一批有志于儒学的人物。其中，明州（宁波）的杨适、杜醇、王致、楼郁、王说五人（所谓“庆历五先生”）及永嘉（温州）的王开祖、丁昌期二人兴起于浙东，钱塘（杭州）的吴师仁兴起于浙西，均与胡瑗的湖学相呼应。南宋时明州出身的大儒王应麟曾为“庆历五先生”作传表彰其事迹。[④]全祖望在此基础上作《庆历五先生书院记》《辨鄞江墓志》等文章予以表彰。后来王梓材将其收入卷六“士刘诸儒学案”中。依据全氏的论述，杨适等五人大抵隐居乡里而不愿出仕，致力于儒学教育事业而不追求功名[⑤]，可当时先后担任明州地方长官的范仲淹等人皆屈尊求见，唯恐失去这些人才，可见五先生道德、学问之感召力。其中与五先生关系最为密切的地方官是王安石。经过数十年的教化，明州在宋元以降得以成为邹鲁那样的儒学名邦，而此过程中五先生可谓厥功至伟。[⑥]五先生的著作没有流传下来，所以无法知晓其微言，但从“士刘诸儒学案”中所收录五先生门人的人格气象与德业学问尚可窥见五先生之人品学问的巨大影响。[⑦]

卷三十二“周许诸儒学案”，全祖望表彰了浙东永嘉学派的先驱周行己、

---

① 参见孙邦金《全祖望的经史研究及其对乾嘉学风的影响》，《宁波大学学报（人文科学版）》2010年第3期；黄爱平《全祖望与黄宗羲学术的传承和发展》，吴光主编：《从民本走向民主——黄宗羲民本思想国际学术研讨会论文集》，杭州：浙江古籍出版社，2006年，第142～143页。

② （清）黄宗羲原著，（清）全祖望补修：《宋元学案》第一册，第253页。

③ （清）黄宗羲原著，（清）全祖望补修：《宋元学案》第一册，第251～252页。

④ ［日］佐藤仁：《全祖望撰〈庆历五先生书院记〉考》，方祖猷、滕复主编：《论浙东学术》，第11～21页；［日］佐藤仁：《宋代の春秋学——宋代士大夫の思考世界》，第371～377页。

⑤ （清）黄宗羲原著，（清）全祖望补修：《宋元学案》第一册，第264页。

⑥ （清）黄宗羲原著，（清）全祖望补修：《宋元学案》第一册，第257页。

⑦ （清）黄宗羲原著，（清）全祖望补修：《宋元学案》第一册，第258～259页。

许景衡的学术地位,指出以周、许二人为代表的"元丰太学九先生"在两宋之际传承洛学的同时也传承了关学。卷二十五"龟山学案",全祖望在其《长春书院记》中表彰了其同乡鄞县人高闶(杨时弟子)的经学成就,指出鄞县之学派虽可追溯至"庆历五先生",但直接继承洛学之学脉则始自高闶。[①]如果说南宋之前明州的学术还处于发展期的话,那么到了南宋,浙东明州的学术迎来了其全盛期,涌现出了一批思想史上的著名学者。全祖望指出:"四明之专宗朱氏者,东发为最。《日钞》百卷,躬行自得之言也,渊源出于辅氏。晦翁生平不喜浙学,而端平以后,闽中、江右诸弟子,支离、舛戾、固陋无不有之,其能中振之者,北山师弟为一支,东发为一支,皆浙产也。其亦足以报先正惓惓浙学之意也夫。"[②]其中四明朱学以王应麟(庆元府鄞县人、见卷八十五"深宁学案")、黄震(庆元府慈溪县人、见卷八十六"东发学案")、史蒙卿(庆元府鄞县人、见卷八十七"静清学案")为代表,浙东的朱学从而盛极一时。而传承陆学的学者则以"甬上四先生"——杨简(庆元府慈溪县人、见卷七十四"慈湖学案")、袁燮(庆元府鄞县人、见卷七十五"絜斋学案")、舒璘与沈焕(分别为庆元府奉化县与定海县人、见卷七十六"广平定川学案")为代表。其门下大抵都是浙东人。特别是在杨简与袁燮门下出现了四明史氏一族等众多出身浙东的心学学者。他们之外,两浙出身的陆九渊门人(卷七十七"槐堂诸儒学案")也有不少。这样,陆九渊死后从江西兴起的陆学(心学)的传承也主要依靠南宋的浙东学者了。元代陆学的代表人之一赵偕(号宝峰,庆元府慈溪县人,杨简的三传弟子,卷九十三"静明宝峰学案")也是浙东明州出身。全祖望又在同卷中附上了赵偕的门人桂彦良、乌本良、向朴的小传。这些人均为元末明初人,是杨简的四传弟子。

这样南宋中后期的三个主要学派——朱学、陆学、浙学的传承都集中于浙东,而明州在事实上成为南宋以降的学术中心之一。所以全祖望才不无自豪地说道:"吾乡自宋元以来,号为邹鲁。"[③]这一方面体现了南宋以来明州学术文化的高度繁荣,一方面也是因为全祖望、王梓材等人趁其编纂之便、表彰乡土先贤学术(包括浙东事功学派、甬上心学派、四明朱学派等)的意图使然。全祖望生前大力搜寻这些先贤的事迹并为他们树碑立传。经过全祖望的补修,《宋元学案》的内容与思想倾向上的浙学(主要指"浙东学派"或"浙东学术")的地域色彩非常鲜明。因此诚如有学者所指出的,与其说《宋元学案》只是记载事实的著作,倒不如说它是表述出身浙东的编纂者自身地

---

① (清)黄宗羲原著,(清)全祖望补修:《宋元学案》第二册,第968～969页。

② (清)黄宗羲原著,(清)全祖望补修:《宋元学案》第四册,第2884页。

③ 参见(清)全祖望《槎湖书院记》,《全祖望集汇校集注》,朱铸禹汇校集注,2018年,第1060页。

域思想史观的学术史。[①]同时,这种浙学的地域色彩对于《宋元学案》中思想史建构而言也具有重要意义。即突破了《宋史·道学传》仅限于朱子学的狭隘视野,填补了思想史上的众多空白(次要与过渡学者),并对陆学及浙东学派给予其相应的思想史地位,从而阐明了宋元两代的儒学思想发展的全貌及其发展脉络。

第五节　王梓材与冯云濠对《宋元学案》的整理及其案语

如前所述,《宋元学案》成书的第三阶段也是最后阶段的主要编纂者王梓材与冯云濠在第二阶段全氏修补本的基础之上作了进一步的修补订正,补充了许多资料并留下了大量与修订、调整相关的案语,从而使得现行《宋元学案》的构成趋于完备,同时使得《宋元学案》作为宋元儒学思想文献资料汇编的史料学色彩十分浓厚。

从案语上来看,《宋元学案》成书的第三阶段(王冯校补本)中,王梓材与冯云濠作为《宋元学案》的最后校订者,主要致力于文献的校订补正工作。具体来说,王梓材与冯云濠以全氏修补本的稿本(月船卢氏所藏底稿本[②])为底本,并用当时收集的各种写本与刊本以及相关资料对其进行修订和校勘。二人还依据全祖望所作的"宋元儒学案序录"(在全祖望生前已经刊行,即二老阁郑氏刊本[③])整理全书的学案及其卷次,并将其分散置于各学案之正文的开头。此外,二人还制作了显示各学案中所有人物之师承关系的学案表,并对各学案中的小传、思想资料、附录等相关资料进行了补充说明与归属调整的工作。其中如有某人在两个以上的师承关系中出现的场合,例如,他是其父(兄)的家学,同时又是其师之门人,又是其学问上的友人之讲友,此外,一个人还往往有两个以上的老师。由于此人必定在其相关联的人物学案中出现,结果造成一个人在多处出现的结果。因此王梓材为了避免内容上的重复,在其人的主要学案与主要关系下详细罗列其小传、思想资料与附录等资料,而在其他地方的次要关系的名称后均注明参见其主要学案。这可说

---

① [日]早坂俊广:《关于〈宋元学案〉的"浙学"概念——作为话语表象的"永嘉"、"金华"和"四明"》,陈辉译,《浙江大学学报(人文社会科学版)》2022年第1期。

② (清)王梓材、(清)冯云濠:《宋元学案考略》,(清)黄宗羲原著,(清)全祖望补修:《宋元学案》第一册,第18～19页。

③ (清)王梓材、(清)冯云濠:《宋元学案考略》,(清)黄宗羲原著,(清)全祖望补修:《宋元学案》第一册,第17页。

是继承了《汉书·艺文志》(依据刘歆《七略》)以来的目录学中的“互著法”[①],此外,正文中也常见某事详见别处的提示案语。[②]这可说是继承了《史记》以来的史书中的“参见法”[③]。通过王梓材与冯云濠在第一阶段的黄氏父子与第二阶段的全祖望等编纂者的基础上所做的这些编纂工作,《宋元学案》最终得以成为一部内容完备、体例严谨的宋元儒学思想史巨著。

① (清)章学诚撰、王重民通解:《校雠通义通解》,上海:上海古籍出版社,1987年,第15~22页。

② 卷三十四“武夷学案”:“胡安国,字康侯,建之崇安人。……著有《春秋传》《资治通鉴举要补遗》及《文集》若干卷。三子,寅。(梓材案:文定之于致堂,以弟子为子,事见《衡麓学案》本传。黄氏补本必以致堂为从子,赘。)、宏、宁。从子宪。”(清)黄宗羲原著,(清)全祖望补修:《宋元学案》第二册,第1172页。

③ 如卷七十七“槐堂诸儒学案”:“利元吉,字文伯,盱江人,文安高弟也。(梓材案:先生绍熙元年进士。互见《邓直斋传》。)佐邑金溪,文安子伯微将师事之,先生谢不敢。(参《魏鹤山集》)”(清)黄宗羲原著,(清)全祖望补修:《宋元学案》第三册,第2576页。

本论一小结

以上，本论一中将理论阐释与统计分析、宏观分析与微观分析、哲学思想的诠释与历史文献的分析等各方面的探讨结合起来，从“《宋元学案》的层次结构与学案设置”“学案表与学者的师承关系”“编纂体例及其学术意义”“编纂者的案语及其学术价值”四个方面。详细讨论了《宋元学案》中学案、序录、学案表、小传、思想资料、附录、案语的构成及其学术价值，并阐明了编纂者的学术思想立场。各章主要观点总结如下。

第一章“《宋元学案》的层次结构与学案设置”。

现行百卷本《宋元学案》的层次结构与学案设置由其实质意义上的完成者全祖望所决定。经过全祖望的修补，在层次性质上，《宋元学案》由比较纯粹的宋元哲学史演变为宋元儒学思想史及其文献资料汇编。在结构内容上，《宋元学案》的史学（史传）与学术谱系（家谱）色彩非常浓厚。在学案设置上，全祖望修定与次定的学案反映了全祖望与黄宗羲思想史观的共识，补定的学案反映了两人思想史观侧重点的分歧，补本的学案体现了全祖望对黄宗羲道学思想史体系的突破。全祖望设置学案的标准与黄宗羲在黄氏原本中注重思想流派与地域学术的立场相比有继承也有突破，在考虑学术脉络、地位及宗旨等纯学术因素的同时，也注重人品道德与政治事功等方面的因素。这体现了作为哲学史家的黄宗羲与作为史学家的全祖望在思想史观上的差异。

第二章“学案表与学者的师承关系”。

《宋元学案》中的学案表及其师承关系可分为通例与特例两种情况。通例包括门人、私淑、续传、别传、再传（包括三传至八传）等处理师承关系中一般情况的术语。特例包括所出、所传、之先、别派、余派、之学、之余等处理师承关系中特殊情况的术语。师承关系中与学者同辈的有讲友、学侣、同调。师承关系中甲作为乙的门人、家学、讲友、学侣、再传、三传等语境下，乙是影响甲思想形成的学术先驱与同辈。师承关系中甲作为乙的讲友、学侣、同调、家学、门人、私淑、续传等语境下，甲是从乙那里受到学术影响并传播其思想的学术同辈与后继。由此《宋元学案》中学者都处在“先驱→同辈→后继”的关系序列中,从而全面构建了宋元儒学史的发展脉络与学术谱系。

第三章“文献资料的编纂体例及其学术意义”。

《宋元学案》中小传的编纂上,其原典文献涉及经史子集四部的书籍,引用数量上以正史(尤其《宋史》)与《万姓统谱》为主,引用种类上则以方志和文集为主。编纂者在此基础上还进行了事迹与史实的考订,提高了小传的史料价值。思想文献的编纂上,《宋元学案》中辑录的思想资料一般体现了学者的思想主旨与学术精华,而其选择、排列与评论体现了编纂者自身的学术观点和思想立场,但由于主客观条件的限制也存在诸多缺失。在附录的编纂上,附录与小传、思想资料间的界限往往不太明晰。编纂者王梓材为了使全书的体例和内容相一致,对黄氏父子和全祖望所辑录附录资料的归属进行了必要的调整和说明,包括同一学案中的移为与不同学案间的移入两种情形。

第四章“编纂者的案语及其学术价值”。

《宋元学案》成书第一阶段黄氏原本的主要编纂者黄宗羲、黄百家父子主要致力于学术思想的诠释;第二阶段全氏修补本的编纂者全祖望主要致力于思想史的构建;第三阶段的编纂者王梓材与冯云濠主要致力于文献校订。黄百家作为黄宗羲学术思想的忠实继承者,贯彻其父定下的编纂原则与思想史观,在编纂《宋元学案》的过程中作了文献的整理与考订、师承关系的辨析、历史记载的考证、思想史的建构与诠释等方面的工作,从而提高了全书的学术价值。黄百家突破了程朱理学道统框架,建构了比较完备的宋元儒学思想史体系,其评论贯穿着清代浙东学派推崇学术创见、道德与学问并重、折中朱陆各派思想的一本万殊思想史观,以及学问优先于社会地位的纯粹学术态度。全祖望在《宋元学案》中的案语主要致力于学术源流、师承关系、事迹史实及乡邦文献诸方面的探讨。他在序录中建构了完整的宋元儒学思想史体系,并且探讨了思想与政治文化等客观环境间的互动影响关系,其评论贯穿着思想史家全祖望推崇学术创见、道德与学问并重、兼容并包的开放思想史观。在师承关系的考察上,全祖望基于兼顾史实与思想传承的立场,在承认客观师承关系的同时,又认为不能夸大其在学者思想形成过程中所起的作用。在史学考证上,全祖望坚持知人论世的优良传统,并继承了黄宗羲以诗证史的诗史观,扩展了史料的范围。在乡邦文献的阐发上,全祖望致力于表彰浙东先贤的学术思想,发掘了大量宋元时期的乡邦文献,从而填补了思想史上的诸多空白,同时使得《宋元学案》打上了鲜明的浙东学术地域色彩。此外,黄宗羲的发凡起例,王梓材、冯云濠最后的校订,都是《宋元学案》得以编纂成书的关键。总之,《宋元学案》贯穿了黄宗羲、黄百家、全祖望为代表的清代浙东学派的一本万殊、经世致用的思想史观,具有极高的文献价值和思想史价值。

本论二　《宋元学案》的思想史、哲学史专题研究

第五章　道统论的突破与《宋元学案》中的思想史观

截至目前，学术界对于《宋元学案》中的思想史观已有不少研究，主要集中在论述全祖望对于黄宗羲思想史观的突破上。[①]这些论述从不同角度加深了我们对《宋元学案》中思想史观的认识。但是还缺乏立足于学术思想史的发展演变，并结合编纂者所处的时代、学术背景及其思想论争进行的全面考察。

第一节　《宋史·道学传》的学术意义与《宋元学案》的思想史背景

儒学自汉代以降成为古代中国的统治思想以来，以司马迁的《史记》与班固的《汉书》为首的正史中专门设立了“儒林传”，以叙述孔子以来儒学及其经典的传承与儒者的思想事迹等。后晋刘昫等修纂的《旧唐书》与北宋欧阳修、宋祁修纂的《新唐书》中虽将“儒林传”改名为“儒学传”，但其实质并未改变。到了宋代因不满于汉唐以来墨守章句训诂之僵化学风而出现了疑传疑经、直抒胸臆的学术批判思潮。这一思潮在形式上从佛教借鉴了自由抒

① 如何俊以《宋元学案》全氏修补本为中心进行了考察，指出黄宗羲的思想视野虽说较之前人更为开阔，但仍不免陷入“以濂洛之统综会诸家”的道统论窠臼，而全祖望在其补本中修正了黄宗羲的儒学史观，突破了道统，还原了宋元儒学的真相。参见何俊《宋元儒学的重建与清初思想史观——以〈宋元学案〉全氏补本为中心的考察》，《中国史研究》2006年第2期。彭国翔指出，全祖望修补《宋元学案》的过程中对黄宗羲的思想史观实际上是继承与突破并存。参见彭国翔《黄宗羲佚著〈理学录〉考论》，《中共宁波市委党校学报》2011年第4期。夏长朴指出，全氏打破门户之见，突破了朱熹《伊洛渊源录》的学术史（道学史）框架，从而补充了前代学术史之不足，探索了宋代学术发展的真相，贯穿了实事求是的基本信念。参见夏长朴《“发六百年来儒林所不及知者”——全祖望续补〈宋元学案〉的学术史意义》，《台大中文学报》2011年第34期。

发经典诠释的语录体[①],在思想上受佛道二教的刺激与启发,为儒家伦理道德建构了形上本体论依据,从而发展出了性理之学(道学)。道学思潮萌芽于中唐,兴起于北宋,成熟于南宋,随后传播至金国。金国为元人所灭后,以赵复为代表的朱子学派北上并将程朱理学传播到北方。经过道学家们的长期努力,终于在元仁宗延祐元年(1314)下诏恢复宋亡以来中断的科举考试,以《四书》《五经》为代表的程朱理学经典被指定为科举考试的唯一取士标准。[②]这样道学作为官学的地位才得以正式确定下来。[③]

道学在思想史建构上最突出的特征就是其道统论。荒木见悟指出:"所谓道统论是指阐明道的传统路径或道所传授之由来,并确定后学所应前进之方针。即明确真实的道从古代至于当代具体经谁而传授至谁,又走了怎样一个过程而到达自己手里,欲以此制作一个从古代圣人至其自身为止的一贯谱系,并将其作为自身占据思想史位置的正当化依据。"[④]其内涵可以归纳为尊奉儒家思想的同时批判佛道外教的"认同意识",排斥儒家内部异己思想的"正统意识",以及自身继承与弘扬道统的"弘道意识"。[⑤]自唐代韩愈以来,各派儒者一方面为了对抗佛道二教以重振儒学权威,一方面为了和其他儒家学派争夺思想界的主导地位,纷纷基于其自身的思想立场构建了不同的道统谱系。[⑥]至宋代受佛道二教的刺激与影响,出现了基于太极、太虚、天理等天道本体给以"三纲五常"为核心的儒家伦理道德提供形上根据,进

---

① Robert Hymes 指出道学家借鉴禅宗语录,并将自己定位为道德文化的真正生产者,能够教导他人并为之作榜样。道学家从天地本身理解自然和道德的原则,虽然看似否定文化权威,但实际上是对文化权威的断言。因为文化权威的主张应该包括对语言内部及语言之上的权威的主张。See Robert Hymes, "Getting the Words Right: Speech, Vernacular Language, and Classical Language in Song Neo-Confucian 'Records of Words'", *Journal of Song-Yuan Studies*, No. 36(2006), pp. 25-55.

② 参见(明)宋濂等《元史》第二册,北京:中华书局,1976年,第558页。

③ Hilde de Weerdt 指出道学地位的确立及其经典的正式认可,包括四书和宋明理学核心人物的训诂和哲学著作,是以道学拥护者参与考试文化为前提的。这一观点是基于对南宋时期私人教学典章的形成和选集出版的考察。See Hilde de Weerdt, "Canon Formation and Examination Culture: The Construction of 'Guwen' and 'Daoxue' Canons", *Journal of Song-Yuan Studies*, No. 29(1999), pp. 91-134. Hilde de Weerdt, *The Composition of Examination Standards: Daoxue and Southern Song Dynasty Examination Culture*, Ph. D, Harvard University, 1998.

④ [日]荒木见悟:《道统论の衰退と新儒林传の展开》,《明清思想论考》,东京:研文出版,1992年,第1页。

⑤ 参见彭永捷《论儒家道统及宋代理学的道统之争》,《文史哲》2001年第2期。

⑥ 参见周炽成《唐宋道统新探》,《哲学研究》2016年第3期。

而依此确立心性与道德之位置的道学思潮。[①]其中二程开创的以天理为本体的思想体系是道学（理学）的理论核心，并经过南宋道学集大成者朱熹的继承和弘扬，成为思想界的主流。元代程朱理学成为统治思想之后，程朱的道统谱系（尧→舜→禹→汤→文王→武王、周公→孔子→颜子、曾子→子思→孟子→周敦颐→二程→朱熹）成为唯一的正统道统论。[②]即上古以来的儒家圣人之道传至孟子而断绝，其后历经千余年方才由宋代的周、程、张、朱（濂洛关闽）诸道学家接续上（即张载所谓"为往圣继绝学"）。除此之外的儒者都被排除在这个唯一的儒学正统之外。[③]为了彰显程朱理学这种唯我独尊的道统地位，元代官修《宋史》在《史记》《汉书》以来的"儒林传"之外另外设立了"道学传"。[④]其目录及所收人物如表5-1所示[⑤]。

表5-1　《宋史·道学传》所收人物一览表

《宋史·道学传》目录	所收人物
道学一	周敦颐、程颢、程颐、张载（弟戬）、邵雍
道学二（程氏门人）	刘绚、李吁、谢良佐、游酢、张绎、苏昞、尹焞、杨时、罗从彦、李侗
道学三	朱熹、张栻
道学四（朱氏门人）	黄榦、李燔、张洽、陈淳、李方子、黄灏

---

① Skonicki Douglas指出北宋道统观前后有变化，前期孙复、石介等人的道学谱系更强调统一性，而后期的学者（如二程）则强调前贤之间的差异，并将其教义立场置于批判之中，这样先贤（如韩愈）的观点被解剖，互相比较，以是否符合道的标准来判断。这种对先贤的重新评价，是受11世纪中期出现的新观念的影响。这些新概念与人们对自然、宇宙和人类关系等话题的兴趣增长相符合。这一过程反映出北宋道统观的发展变化。参见Skonicki Douglas, "'Guwen' Lineage Discourse in the Northern Song", *Journal of Song—Yuan Studies*, Vol. 44(2014), pp. 1—32.

② 朱熹早年的老师刘子翚著有《圣传论十首》（《屏山集》卷一），系统论述了"尧、舜、禹、汤、文王、周公→孔子→颜子、曾子→子思→孟子"的道统传承。参见（宋）刘子翚原著、杨国学校注《屏山集校注与研究》，北京：中国书籍出版社，2012年，第1～17页。其后朱熹在此基础上著《伊洛渊源录》，又确立了以周敦颐为道学开山，以二程为道学核心的宋代道学传承体系。朱熹的弟子黄榦进而明确了朱熹作为道学集大成者的道学传承谱系。参见（宋）黄榦《圣贤道统传授总叙说》，《勉斋集》卷二十六，《景印文渊阁四库全书》第一一六八册，台北：台湾商务印书馆，1983年，第37～38页。

③ 朱汉民指出，"学统"的"统"有学术正统与学脉授受传承两种含义，宋代以来，学术正统与学脉源流的观念已经结合起来，从而形成了所谓"道统"。而宋代以来学术史盛行的"学统"观念是受"道统"观念的影响而产生的。参见朱汉民《宋代的理学学派与地域学统》，《中国社会科学报》2014年9月10日第B05版。

④ 参见裴汝诚、顾广义《〈宋史·道学传〉探源》，王水照、何寄澎、李伟国主编：《新宋学》第2辑，上海：上海辞书出版社，2003年，第76～89页。

⑤ 参见（元）脱脱等《宋史》第三十六册，第12709～12792页。

其中,“道学一”中收录的人物是道学创始人“北宋五子”——周敦颐、二程(程颢、程颐兄弟)、张载(附其弟张戬)、邵雍,而以洛学创始人二程为核心。虽然二程之学主要出于自得,对其早年的老师周敦颐并不大推崇,并自认为直承孔孟道统。但周敦颐(濂学)在北宋最早基于其太极说与诚本体为儒家心性道德建立起形上本体依据,从而建构了贯通天人的思想体系[①],其宇宙本体论后来成为朱子学的理论基石,再加上周程授受关系的存在,周敦颐也因此被朱熹置于道统的首席。张载是二程的舅父,其学派(关学)在当时与二程洛学相鼎立,其学说(太虚本体论、心统性情说等)也被二程(天理本体论、心分体用说等)所批判和吸收。他死后,其学派最终为洛学所压制,张载也被视为二程之羽翼。邵雍之学以源自道教的先天象数易学为主,与二程之学存在较大差异。但其内圣外王之道深得二程之推许,再加上他由数学而推至性理,在理学宇宙论与心性论方面有较大贡献,相关理论又被理学集大成者朱熹所继承吸收,因此邵雍也被视为二程之羽翼。二程师承周敦颐并得以接续孔孟之道统,在儒学的本体论、心性论、工夫论等方面都做出了超越前人的贡献,从而开创了宋明理学。[②]二程的思想一脉相承而倾向不同。程颢作为洛学的创始人与前期领导者,建立了以天理论为核心的天人一本论思想体系。其弟程颐则是洛学的完成者与后期领导者,建立了以体用二分为特征的理本论思想体系。特别是程颐作为“北宋五子”的殿军,吸收了其他四子尤其是张载与程颢的弟子,发展了其兄程颢的学术思想[③],使洛学成为道学主流,他也因此被称为道学的实际创始人。[④]

“道学二”中收录的人物是作为道学主流的二程洛学之门人后学,其中刘绚与李吁是二程前期的高徒,杨时、谢良佐、游酢、张绎、苏昞、尹焞是二程后期的高徒。虽然黄宗羲将谢良佐推为程门弟子之首,反对以湖湘学派与道南学派的发展盛衰来评判其开创者谢良佐、杨时本人的学术贡献[⑤],但从道学发展的实际情况来看,杨时作为洛学南传过程中的领导者,对南宋以降道学的传承起到了承上启下的关键作用。其思想经罗从彦、李侗的“道南学派”一脉传至道学的集大成者朱熹,而与朱熹齐名的“东南三贤”中的另外两位张栻(杨时→胡宏→张栻)与吕祖谦(杨时→刘勉之→吕祖谦)都可说是杨

---

① 参见(清)黄宗羲原著,(清)全祖望补修《宋元学案》第一册,第482页。

② 参见(清)黄宗羲原著,(清)全祖望补修《宋元学案》第一册,第652～653页。

③ 语出“宋元儒学案序录”,引自(清)黄宗羲原著,(清)全祖望补修《宋元学案》第一册,北京:中华书局,1986年,第3页。

④ 参见[日]土田健次郎《道学の形成》,第399～400页。

⑤ 参见(清)黄宗羲原著,(清)全祖望补修《宋元学案》第二册,第917页。

时的再传弟子。因此“道学二”中的程门学者尤其道南一系可说是从北宋洛学传承至南宋朱学之间的过渡期关键人物。

“道学三”中收录的人物是杨时的三传弟子朱熹(闽学)及其讲友张栻(湖湘学派)。其中朱熹以程颐理学为主批判继承了“北宋五子”的思想,建立了“全体大用”的思想体系,成为道学(理学)乃至整个宋学的集大成者。张栻是南宋初期与道南学派相鼎立的洛学支流——湖湘学派的实际创始人胡宏的高徒,在生前与朱熹齐名。其思想立场大体上接近朱熹,而其道德涵养也最为朱熹所推重。但由于张栻早死,其门下也没有得力之人,导致湖湘学派的势力为朱学所掩盖。因此《宋史》的编纂者将张栻作为与朱熹志同道合的亲密讲友列入“道学三”中,将二人并列为南宋道学的正统继承人。与此形成对照的是,当时与朱熹、张栻齐名的“东南三贤”中的另一位大儒吕祖谦作为浙学的代表也是朱熹的亲密讲友。但他的学问很博杂,在继承家传的吕氏中原文献之学的同时,又折中于当时的朱学(理学)、陆学(心学)、浙学(经制事功之学)等各派学说之间,因而遭到朱熹的批评,所以《宋史·道学传》将其排除在外。

“道学四”中收录的人物是朱熹门人的代表。其中,朱熹的女婿和大弟子黄榦著《圣贤道统传授总叙说》并系统总结了上述程朱理学的道统谱系及其内圣(制心、体)外王(制事、用)的精神内核,对朱子学的传播及其统治思想地位的确立起到了重要作用。他也因其体用兼备之学被车若水、黄震、熊禾等学者推为朱熹道统的唯一继承人。①

由上述分析可知,《宋史·道学传》为了推崇被认为继承先秦孔孟道统的道学中心人物,在儒者中间作了“传道”(道学)与“传经”(儒林)的本末区分,从而将理学与经学、学问与躬行割裂成了两端。特别是“道学传”的范围仅限于程朱理学之一脉②,在南宋时与朱学鼎立的以陆九渊为代表的江西陆学(心学)及以陈亮、叶适等为代表的浙东事功学派等其他学派都被排除在此道学谱系之外,从而人为割裂了宋代儒学之整体。《宋史·道学传》由于其官方正统地位对后世的儒学思想史著作产生了深远的影响。如明末清初出现的周汝登《圣学宗传》与孙奇逢《理学宗传》等道学史著作也从其思想立场出发建立了各自的道统传承谱系。前者基于心学立场对“道学传”的程朱理学框架有所突破,后者基于朱子学立场则基本沿袭了“道学传”的思想史框架。

① 参见(清)黄宗羲原著,(清)全祖望补修《宋元学案》第三册,第2020页。

② 林保全指出,朱熹通过《伊洛渊源录》所建构的“道学宗派”“道学门户”,实为“程门宗派”“程门门户”之北宋理学社群。《宋史·道学传》当然也是基于此理学社群的发展脉络。参见林保全《南宋学者对北宋理学社群之建构——以朱熹〈伊洛渊源录〉为观察核心》,《东华人文学报》2013年第23卷。

在黄宗羲看来,两家在资料与评价两方面都不足以展现儒学(道学)发展之全貌与各家学问之真相。[①]为此,黄宗羲广泛搜集整理了明儒的相关著作文集并提取精华,在此基础上依据其师刘宗周《皇明道统录》中的道统论思想编著了《明儒学案》。[②]在《明儒学案》中,黄宗羲将作为王守仁晚年定论的"四句教"宗旨视作其弟子王畿(龙溪)之杜撰,从而将阳明学之流弊视作其弟子之责任。[③]黄宗羲指出程朱理学偏于"本天",释氏偏于"本心",王守仁心学则从其"致良知"的立场出发将格物穷理的天理体认(本天)与致良知的本心扩充(本心)结合起来,从而将儒学推进到一个新的发展阶段。[④]由此出发,黄宗羲认定王守仁是明代儒学之功臣,并为阳明心学争取儒学正统之地位,进而将刘宗周视作修正心学流弊和统合明代儒学(包括理学、心学、气学)的殿军。这样,黄宗羲就构建了一条包含自身师传在内的以阳明学(心学)为主线的明代儒学发展脉络,并给予理学、心学、气学等各派以相应的思想史地位。从这点来看,《明儒学案》实际上可说是黄宗羲继承刘宗周的道统论而作的道学思想史论著。[⑤]事实上,《明儒学案》一方面反映了黄宗羲面对明末诸儒由阳明学复归到朱子学传统并将明朝的灭亡归咎于阳明学流弊的时代思潮,力图恢复阳明学的原貌,力证阳明学是治圣学的重要门户的努力;但另一方面,明末清初的社会情形及学术思潮的发展使得黄宗羲已经无法固守门户,不得不扬弃阳明学而开辟以一本万殊、经世致用为宗旨的清代浙东经史学派,因此《明儒学案》的诞生也反映了明末清初的士人已逐渐舍

---

① 参见《明儒学案发凡》,(清)黄宗羲:《明儒学案》,第14～15页。

② 参见张天杰《黄宗羲对刘宗周学术的承继及其师门护持之功》,《中山大学学报(社会科学版)》2014年第5期;张天杰《黄宗羲〈明儒学案〉与刘宗周之学术承继关系》,陕西省公祭黄帝陵工作委员会办公室主编:《清明·弘扬民族文化与培育社会主义核心价值观学术交流会论文选集》,西安:陕西人民出版社,2013年,第241～250页;袁立泽《从〈理学宗传〉到〈明儒学案〉——"以经学济理学之穷"视角下学案体史籍初论》,《清史论丛》2016年第1期。

③ 参见姚才刚《论黄宗羲的王学观——兼论黄宗羲的心学立场及其对心学发展的贡献》,《贵阳学院学报(社会科学版)》2015年第4期。

④ 参见(清)黄宗羲《明儒学案》,第180～181页。

⑤ 参见[日]荒木见悟《道统论の衰退と新儒林传の展开》,《明清思想论考》,第57～58页;刘述先《黄宗羲心学的定位》,第104～105页。陈畅指出,《明儒学案》不是普通的学术史著作,而是兼具"宗传"和"道统"——政教意义的理学著作,即通过把各家学术统合为一个价值整体来表达理学家对政教秩序的秩序,并以开创政教新局面为目标,参见陈畅《〈明儒学案〉中的"宗传"与"道统"——论〈明儒学案〉的著述性质》,《哲学动态》2016年第11期;陈畅《理学道统的思想世界》,上海:上海书店出版社,2017年,第82～102页。

弃易流于空虚的心学，而开始转向考据学及史学。[①]

第二节　《明史》设立“道学传”的争论与黄氏父子的思想立场

《宋元学案》的主要编纂者黄宗羲、黄百家父子身处明清易代、社会动荡、思想转型的特定历史时代。[②]当时由于对天崩地解的社会局势的反思，出现了纠正宋明理学（尤其阳明后学）空谈心性之流弊的时代思潮，这在各派的思想中均有所反映[③]，出现了一批带有学术总结与反思性质的学术史著作[④]。与黄宗羲齐名的“清初三大家”之一、倾向于朱子学的顾炎武致力于以程朱理学的工夫论来纠正阳明后学的流弊，提倡“行己有耻”与“博学于文”并行。“行己有耻”指道德践履工夫，“博学于文”是以朱子学的格物致知工夫来纠正心学末流

---

① 参见[新加坡]白洁尹《黄宗羲的门户关怀与〈明儒学案〉的编纂》，硕士学位论文，新加坡国立大学，2014年，第141页；See Lynn A. Struve（司徒琳），“Huang Zongxi in Context: A Reappraisal of His Major Writings”, *Journal of Asian Studies*, Vol. 47, No. 3(1988), p. 484.

② 罗检秋指出，清代经学主流如何从理学转向汉学，仍然是需要探究的问题，其中道统和学统观念的消长无疑是值得注意的。当理学官员囿于道统、道学来诠释学统时，一些民间学者则重释理学，推动以经学取代理学，并逐渐自觉地回归汉学。朝野学统观念相互影响，复杂递进，成为清初儒学的“内在超越之路”，将独尊理学导向汉学复兴。参见罗检秋《学统观念与清初经学的转向》，《清史研究》2020年第2期。我们下面论述的黄宗羲、顾炎武、王夫之等人就是促进清代学术由理学转向汉学的民间学者。

③ 冈田武彦指出，王门三派中，只有现成派兴盛，风靡一代，但其弊端也很显著。其亚流，忘记了王阳明所说的心本来就是伦理的源泉，只放任安逸浅薄之情，最终产生了蔑视伦理的风潮。在此期间，有儒者出来，或者重新开发程、朱、陆、王的思想，或者恢复古学，指出作为人类生活支柱的伦理必须以静肃之心、有主宰之心，或者笃实的日常实事实修来维持，从而致力于挽救这一流弊，但气数的趋势怎么努力阻挡也无能为力，他们的苦心无法阻止这股横流。参见[日]冈田武彦《宋明哲学の本质》上，《冈田武彦全集》第十七册，东京：明德出版社，2008年，第328～329页。

④ 史革新指出，清初顺康时期，经历了鼎革之变的理学士人从不同的角度进行深入的反思和总结，写下达26种之多的学术史著作。诸多学术史作者以强烈的社会危机感、学术危机感和深沉的历史反思意识，总结了自先秦孔孟至宋明以程朱陆王为代表的理学、心学的源流发展及利弊得失，从学术层面探讨了社会治乱兴衰的缘由，并在写作体例上突破旧模式，涌现出像黄宗羲《明儒学案》一类的上乘学术史佳作，从而把中国学术史研究推进到一个新的水平。这一时期的学术史著作初步展示了调和程朱陆王与扬朱抑陆两个不同的思想倾向，为清中后期学术思想的发展变化作了重要铺垫。这些表明，宋明以来流行的理学尽管在此时已呈衰势，但仍然是学坛的主流派别，具有一定的生命力，甚至在较长的时间里还保持着相当的优势地位。参见史革新《略论清初的学术史编写》，《史学史研究》2003年第4期。

专求诸心的偏向[①],并倡导经学与理学的合一。"清初三大家"的另一人王夫之继承发扬朱熹《大学章句》强调的格物致知诚意正心以达到豁然贯通的修养方法,一方面试图通过强调格物来纠正阳明后学只重视虚灵本体的显现而忽视义理涵养的弊病,另一方面试图通过强调"一以贯之"来纠正朱子末流只重视积累知识的弊病。[②]还有与黄宗羲同时代且同乡、后来旅居日本的大儒朱舜水也反对掺杂了佛学的宋明儒学,并提倡实学。[③]其他明末清初重要哲学家如方以智、颜元等莫不如此。这一风潮经过戴震等清代哲学家一直延续到近代。[④]

黄宗羲的恩师、明代心学殿军刘宗周通过探讨理气关系对心学进行了客观化的改造。[⑤]他以气作为构造天地万物的实体,一方面以理气、心性一元论批判了程朱理先气后、理本气末的理本论思想以及区分道心与人心、天理与人欲、义理之性与气质之性的心性理欲观,一方面从其一本万殊的思想立场出发将心体视为宇宙之本体,并认为理与气终究还是收归于本心之中,从而基于其心学立场整合了理学、心学与气学。黄宗羲在继承刘宗周思想的同时又适应时代发展的需要,倡导在以六经为根柢、以史书为羽翼的基础上反求诸己心的一本万殊、经世致用、理学与经史之学并重的体用实学,从而开创了清代浙东学派。[⑥]黄百家继承刘宗周与黄宗羲的哲学思想,在编纂《宋元学案》的过程中从理气、心性、本体工夫的一元论出发,批判了程朱理学的二元论,其立场在倾向于陆王心学的同时,又体现出清代浙东学派折中心学、理学、气学等各学派之思想而会归于一的思想立场。这一点集中体现在下述围绕着《明史》"道学传"的设立与"宋初三先生"思想史地位的探讨之中。

---

① 参见葛兆光《中国思想史第一卷:七世纪前中国的知识、思想与信仰世界》,上海:复旦大学出版社,2001年,第403~404页。

② 参见[日]松野敏之《王夫之の修养论に關する一考察——「一以贯之」解释を中心にして》,《日本中国学会报》2008年第60卷。

③ 参见吕玉新《有关朱舜水研究文献目录》,《汉学研究通讯》2003年第4期。

④ 参见[日]石井刚《戴震と中国近代哲学——汉学から哲学へ》,东京:知泉书馆,2014年,第35~36、67~72、169~177页。

⑤ 参见东方朔《刘蕺山哲学研究》,上海:上海人民出版社,1997年,第79页。

⑥ 李慧琪指出,虽然黄宗羲"重心"的思想是继承心学的传统而来,但其义理中强烈的"重气"思想却不是传统心学所能涵括的领域,其有关"气"的主张是承袭其师刘宗周而来,并进一步成为其经世致用思想的理论根据。参见李慧琪《黄梨洲思想与明清之际儒学焦点的转移》,硕士学位论文,台湾"中央大学",2004年,第130~135页。李训昌指出,与其师刘宗周主要从事哲学建构不同,黄宗羲主要通过发挥师说来评介宋明诸儒,因此,对宋元明三代理学的总结是刘、黄二人共同完成的,即刘宗周从哲学思想上总结了宋元明三代理学,而黄宗羲则以师说为标准编纂了《宋元学案》和《明儒学案》,从而对宋元明三代理学的发展脉络作了全面系统的梳理。参见李训昌《心即气:黄宗羲哲学思想研究》,博士学位论文,南开大学,2013年,第267~275页。

《宋元学案》卷二“泰山学案”中孟宗儒的小传云：“孟宗儒，本道士。从徂徕受《春秋》，遂弃其巾服，乞为儒，徂徕更名之曰宗儒。”[1]其中“宗儒”一词实有吹响宋代新儒学复兴之号角的象征意义。所以黄百家在其后的案语中指出：

> 百家谨案：《十七史》以来，止有《儒林》。至《宋史》别立《道学》一门，在《儒林》之前，以处周、程、张、邵、朱、张及程、朱门人数人，以示隆也。于是世之谈学者动云周、程、张、朱，而诸儒在所渺忽矣。先遗献曰：“以邹、鲁之盛，司马迁但言《孔子世家》《孔子弟子列传》《孟子列传》而已，未尝加《道学》之名也。《儒林》亦为传经而设，以处夫不及为弟子者，犹之传孔子之弟子也。历代因之，亦是此意。周、程诸子道德虽盛，以视孔子，则犹然在弟子之列，入之《儒林》，正为允当。今无故而出之为《道学》，在周、程未必加重，而于大一统之义乖矣。通天地人曰儒。以鲁国而止儒一人，儒之名目原自不轻。儒者，成德之名，犹之曰贤也，圣也。道学者，以道为学，未成乎名也，犹之曰志于道。志道，可以为名乎。欲重而反轻，称名而背义，此元人之陋也。且此传以周、程、张、朱而设，以门人附之。程氏门人，朱子最取吕与叔，以为高于诸公；朱氏门人，以蔡西山为第一；皆不与焉。其错乱乖缪，无识如此。逮后性理诸书，俱宗《宋史》。言宋儒者必冠濂溪，不复思夫有安定、泰山之在前也。”百家案：“先文洁曰：‘本朝理学，实自胡安定、孙泰山、石徂徕三先生始。朱文公亦云伊川有不忘三先生之语。即考诸先儒，亦不谬也。’”[2]（今按：画线部分不见于《黄宗羲全集》的《移史馆论不宜立理学传书》，可能是黄百家转述或发挥其父黄宗羲的观点。）

黄百家主要引用其父黄宗羲（先遗献）所作《移史馆论不宜立理学传书》的最后部分[3]进行了论述。关于此书信之缘起，彭孙遹、徐乾学等明史馆臣从清初阳明学式微的现实及朱子学被定为统治思想的官方立场出发，不采《元史》统归“儒学传”的做法，准备在《明史》中依据《宋史》中“道学”“儒林”“文苑”的分立，再次设立“道学传”，以表彰朱子学并将阳明学排除在道统传承之外，但

---

① （清）黄宗羲原著，（清）全祖望补修：《宋元学案》第一册，第121页。

② （清）黄宗羲原著，（清）全祖望补修：《宋元学案》第一册，第121～122页。

③ 参见《移史馆论不宜立理学传书》，（清）黄宗羲：《黄宗羲全集》第十九册，第194页。

此做法在明史馆内外引起了很大争议。[①]黄宗羲在听闻明史馆中围绕“道学传”之设立的争论以后,亲自给明史馆写信批驳了徐乾学等人拟定的《修史条约·理学四款》,并阐明了自己的思想立场。其主要内容包括以下四个方面。

首先,明史馆臣提出当以程朱理学即朱子学作为儒学之正统(道统)。因为这是清廷定下的官方意识形态,所以黄宗羲不便直接反对而只能在表面上承认此做法。但他同时指出:在明史馆臣所认定的明代朱子学者当中,罗钦顺在理气论(理气合一)上与朱熹(理气二元论)相左,魏校肯定了朱熹的论敌陆九渊的心学,吕柟肯定了陆九渊的继承者、明代心学集大成者王守仁的思想宗旨(致良知),高攀龙也赞同王守仁的格物说,这说明上述四位朱子学者的思想立场相比于朱熹本人都存在一些差异。黄宗羲进而指出,上述诸人与朱熹之说相抵牾的原因在于他们不能从学问的根源上纠正朱子学的弊病,只是进行了一些小修小补。[②]其言外之意是说只有王守仁才是从根源上纠正了朱子学的弊病,因而可称作真正意义上的朱学功臣。黄宗羲进而指出,在明代朱子学者张东白那里已经有了王守仁的“心即理”与“知行合一”思想,如果张东白也能被称作朱子学者的话,那么王守仁也不能说是违背了朱子学,因此将王守仁从儒学的正统传承(道统)中排除出去的做法是不合理的。

其次,明史馆臣认为明代心学的代表人物陈献章、王守仁、湛若水的思想宗旨与程朱理学相背离,因此不能将他们收入“道学传”中。这其实就是朱子学者出于门户之见排斥心学的主要理由。黄宗羲对其所说陈、王、湛三人没有直接发表意见,而是以心学派的其他学者为例间接表明了其立场。如他反驳了明史馆臣认为罗洪先(念庵)并非王守仁的及门弟子,其学问近似于陈献章而与王守仁大不相同的论断,进而指出明代心学殿军刘宗周为人端正,与东林学派(属于朱子学派)的高攀龙和顾宪成意气相投,但明史馆臣借口他与王守仁均有很高的功名,因此应该另立列传,不应该与高攀龙、顾宪成一起收入“道学传”中,将其排除在道学传承之外了。对此黄宗羲指出,历来正史于列传之外又另外设立“儒林”“文艺”“忠义”“循吏”“卓行”等种种名目之“合传”的初衷是表彰生平大节仅限于儒学、文艺、忠孝节义之某一方面的人物,而道盛德备者自应收入名卿大臣的列传中,不需要这些特殊名目的合传。因此《汉书》中汉代儒学的领袖董仲舒不入“儒林传”,《宋史》

---

① 关于明史馆中“道学传”设立之详情,参见黄爱平《万斯同与〈明史〉纂修》,方祖猷、滕复主编:《论浙东学术》,第347~361页;曹江红《黄宗羲与〈明史·道学传〉的废置》,《中国社会科学院研究生院学报》2002年第1期;吴海兰《黄宗羲的经学与史学》,厦门:厦门大学出版社,2010年,第107~117页。

② 参见《移史馆论不宜立理学传书》,(清)黄宗羲《黄宗羲全集》第十九册,第191~192页。

中也没有将为南宋殉难的丞相文天祥收入“忠义传”，如果像《宋史》那样设立“道学”名目，却在其中收录朱熹这样德高功大之人的话，则与其设立“道学”诸传的初衷和标准不符，并且高攀龙、顾宪成、朱熹等人的功名都很高，按标准也可将他们收入“列传”之中。①

再次，明史馆臣指责浙东学派的流弊最多。浙东地域自南宋的浙东事功学派及甬上心学派兴起以来一直有着重经世致用的实学与重主体精神的心学两大思想传统。如明代心学的两位代表人物王守仁（余姚人）与刘宗周（山阴人），以及提倡经世致用之实学的清代浙东学派创始人黄宗羲（余姚人）均出身于浙东。明代阳明后学中以浙中王门与泰州学派最为兴盛，而其流弊也最大。明史馆臣所谓“浙东学派”当是针对浙东心学系统（尤其是王学左派）而言的。针对这一指责，黄宗羲重申了他在《明儒学案》中对于明代儒学发展脉络的主张，即明代自身的儒学（心学）发展虽始于陈献章，但直到王守仁出现方才大明于天下。这是因为王守仁打破了向来墨守朱学之旧习，从格外物转向反身内省，从而推动了业已僵化的朱子学的发展并创立了阳明学。虽然其后学中出现了种种流弊并为人所诟病，但在黄宗羲看来，其师刘宗周出现以后几乎已将阳明后学的流弊都纠正过来了。此外，针对明史馆臣所谓阳明后学流弊最大而程朱之门人则不然的说法，黄宗羲从二程门人（谢良佐、杨时、游酢等）的思想多流于禅学的事实出发反驳了这一指责，进而指出不当以弟子自身之不肖来责难其师傅。②总之，鉴于浙东学术的代表人物王、刘二人对于明代儒学发展的巨大贡献，不能仅因为王学末流之流弊就抹杀二人的学术功绩乃至否定整个浙东学派（浙东学术）。③

最后，明史馆臣搬出政治权威（治统），提出天下学术应当趋于一致（学统），并且应该消除学者之间的分歧异议。这点反映了明史馆臣设立“道学传”以表彰朱子学的真实目的，即欲以朱子学来统一天下思想并消除异议，从意识形态上巩固清廷的专制统治。针对这种观点，黄宗羲举出《宋史·道学传》中邵雍与二程间的差异，指出即使是属于同一道学阵营的学者之间也不免存在学术思想上的种种分歧。

如上所述，黄宗羲针对明史馆臣设立“道学传”以表彰朱子学和批判阳明学的理由进行了逐一批驳，但这些还只是一些具体观点上的分歧。黄宗羲进而如上述黄百家案语中所引，从正史编纂规则（史传体裁的“正名”）的理论层面出发论证了设置“道学传”之不当。黄宗羲以《史记》为标准，指出司马迁将

① 参见《移史馆论不宜立理学传书》，（清）黄宗羲《黄宗羲全集》第十九册，第192～193页。

② 参见《移史馆论不宜立理学传书》，（清）黄宗羲《黄宗羲全集》第十九册，第193～194页。

③ 参见《移史馆论不宜立理学传书》，（清）黄宗羲《黄宗羲全集》第十九册，第193页。

儒家的最高圣人孔子与王侯并列收入“世家”,将孔子的弟子及继承孔子思想的孟子收入“列传”,并没有另立“道学”名目,而“儒林传”也只是为传经而设,以便收录不及孔子之门的后学,实际上与孔子的直接弟子是同等对待的,这一做法也一直为后世史书所承袭。在黄宗羲看来,宋代道学的代表人物周、程等人的道德、学问实际上与孔子的弟子相当,按惯例本应收入“儒林传”中。像《宋史》那样为了突出周、程之地位而别立“道学传”的做法实际上可说是有名无实,且因人为的割裂而违背了儒家大一统的精神。[1]黄宗羲进而指出,“儒学”与“道学”的名义实际上大有区别。“儒”是表示成就德性的名称,代指儒家的圣贤,具有沟通天地人(天人合一)的重要内涵。“道”则是表达抽象概念的词语,其意义比较模糊且易引起争端(尤其容易与道家、道教相混)。“道学”从名义上来考究是难以成立的,但元人(《宋史·道学传》的编纂者)没有意识到这一点。黄宗羲进而从操作层面指摘了《宋史·道学传》在选录人物取舍上的失当。即《宋史·道学传》实际上是为了被视为道学正统的周、程、张、朱诸大儒及程、朱之门人而设立的。二程的门人当中,“程门四大弟子”之一的吕大临最为朱熹所推许,但《宋史》却将他收入“列传”而未入“道学二(程氏门人)”。同样,朱熹的门人中蔡元定是公认的朱门领袖,但《宋史》却将他收入“儒林传”中而未入“道学四(朱氏门人)”。在黄宗羲看来,这些处理都是说不过去的。实际上仔细考究起来,吕大临原本是关学创始人张载的高徒,张载死后又师事二程而成为程门高徒,但他受关学的影响很深,其思想折中于关洛之间[2],且与程颐在心性、中和诸问题上存在分歧,因此不能称为纯粹的洛学弟子。蔡元定(1135—1198)的年辈稍晚于朱熹(1130—1200)。朱熹与他的关系实际上介于师友之间,视他为老友而不敢以弟子待之。况且蔡元定的学问实际上是以家传的律吕象数之学为主,与朱熹理学的学术侧重点有所不同。故而,站在纯粹的程朱理学立场来看,《宋史》对吕、蔡二人归属的处理不好说一定不恰当,但收入“道学传”中的学者只有区区25人,当然无法将程、朱数量庞大的弟子悉数收录其中(据笔者统计,仅《宋元学案》中收录程颐、朱熹的门人分别就有84人、222人)。总之,《宋史》中同一学派的学者常常或入“列传”,或入“儒林传”,或入“道学传”等不同名目的传记,其间的取舍判断往往存在争议。

黄宗羲的上述看法可以帮助我们认清正史中作为通例的“列传”与作为其

---

① 陈赟指出,先秦儒家以中道为精神理念的道统论之“功能便是建构‘道一同风’之世,换言之,是在思想与教化层面上确立的‘大一统’,这个思想层面上的大一统是此后政治上大一统得以可能的前提”。参见陈赟《朱熹与中国思想的道统论问题》,《齐鲁学刊》2012年第2期。其说可用以发明黄宗羲这里的“大一统”观点。

② 参见文碧方《理心之间——关于吕大临思想的定位问题》,《人文杂志》2005年第4期。

变例的"儒林传"的本质及其得失。事实上,"道学传"作为表彰程朱理学而特别设立的"合传",是一种基于意识形态的人为区分。其根源在于其背后的政治权力(治统)与意识形态(道统)的结合。推而广之,正史中的"道学""儒林""文艺""忠义""孝义""列女""奸臣"等特殊名目的"合传"作为列传的"变种",都是以儒家思想为标准对人物之德才、行迹、善恶等方面进行臧否褒贬的价值评判。[①]因此站在不同立场来考察设立这些传记的标准及其收录人物之归属的话,往往会产生分歧。其一,在传记设立标准上的分歧。如南朝宋范晔在其《后汉书》中于"儒林传"之外特别设立了"文苑传",将文人收入其中,这样就严格区分了"文"(文章)与"道"(经艺)。其后的正史都据此设立了"文苑传"或"文艺传"。《宋史》中就并列有"道学传""儒林传"与"文苑传"等不同名目的合传。然而明初宋濂等人在编撰《元史》时从"文以载道"的立场出发认为经术与文章实际上是不可分割的,因此反对《后汉书》以来分割"儒林传"与"文苑传"的做法,在《旧唐书》与《新唐书》中设立两者合并为一的"儒学传"[②],同时还取消了"道学传"。这样《元史》中就合"道学""儒林""文苑"于"儒学传"中了。又如清代浙东史学的代表人物、《四库全书》纂修官之一的邵晋涵在其为《后汉书》所作的提要中(此为《四库全书》分纂官撰写的原始提要,与后来经过总纂官纪昀修改甚至重写后定稿的今本《四库全书总目》中的提要内容不同),一方面从人物评价出发委婉地批评了范晔受品评人物优劣的时代风气影响在《后汉书》中于"儒林传"之外,又别立"独行""党锢""逸民"等名目繁多的合传,从而导致仅凭生平事迹的一个侧面就来概括评论人物的以偏概全的做法,一方面又从政治教化立场出发肯定了范晔创立的"文苑传""列女传"诸传记有助于风俗教化的历史功绩。[③]其二,在人物归属上的分歧。如全祖望不仅同黄宗羲一样批判了"道学传",而且从其表彰遗民"不事二姓"之民族气节的立场出发,批评《宋史·忠义传》中以是否为国捐躯作为硬性标准,将谢翱、郑思肖等不仕元朝的遗民排除在"忠义传"之外,将他们视作一般隐者而收入"隐逸传"中的做法,主张

---

① 左娅探讨了北宋对"儒"(通才)与"吏"(专家)的区分,认为这两者都是在官僚主义的影响下生根发芽,并且反映了不同的知识取向。首先,官僚主义发展到一定程度,精细的劳动分工是必要的,专业技能因其实际意义受到重视。其次,考试促使文人不断努力,为他们提供了文化技能转化为具体的治国姿态,以及改进和探索新的可能性。通才与专家相辅相成。如上面提到的"道学""儒林"可说是通才型的,而其他"合传""列传"可说是专才。See Ya Zuo, "'Ru' versus 'Li': The Divergence between the Generalist and the Specialist in the Northern Song", *Journal of Song-Yuan Studies*, Vol. 44(2014), pp. 85-137.

② 参见(明)宋濂等《元史》第十四册,北京:中华书局,1976年,第4313页。

③ 参见杜维运《邵晋涵之史学》,方祖猷、滕复主编:《论浙东学术》,第441~442页。

《明史·忠义传》中应该收录不仕清朝的明朝遗民。[①]但其意见未被《明史》编纂者所采纳。当代研究者韩志远也批评了《元史》将元代著名学者郑玉排除在“儒学传”之外而收入“忠义传”中,并且在传记中对郑玉的学术思想只字不提的做法,指出这是导致后世不重视郑玉学术思想的重要原因。韩志远进而分析这种做法实际上是《元史》的总编纂官宋濂基于其朱子学立场故意埋没贬低作为朱陆折中者的郑玉之学术思想所导致的。[②]总之,一方面,正史传记的类目实际上是一个基于多重标准的复杂体系,其间的错杂在所难免,这可说是正史传记体系构造上的缺陷带来的弊病。另一方面,正史中各种传记的划分及其收录人物的归属是以政治、意识形态上的标准优先的,由于非学术的因素所造成的干扰与混乱相当多,因而与人物的生平事迹及学术思想往往不尽符合。

鉴于“道学传”在理论与操作层面存在上述诸多问题,黄宗羲最后主张废除“道学传”而将各派儒者统归到“儒林传”中,以便搁置学术上出于门户之见的优劣、异同之争(如所谓朱陆异同论就是贯穿整个道学发展史的一大公案)而留待后世之公论。[③]虽然最早提议废除“道学传”的是朱彝尊等明史馆臣,但黄宗羲的上述意见起到了关键作用,再加上学术界中有不少人赞同黄宗羲的观点(后来全祖望在其《移明史馆帖子》中再次陈述了相同的观点)。经过长期的争论,明史馆最终接受了黄宗羲等人的意见,废除了专为程朱理学设立的“道学传”,将程朱理学与陆王心学等儒家各派统归“儒林传”中,但明代心学的集大成者王守仁仍被收录在“列传”中,同时明史馆臣还站在官方正统立场上指责明朝灭亡是阳明学讲学所导致的恶果,从而批判了阳明学的流弊。[④]

第三节　“宋初三先生”思想史地位的确立与编纂者思想立场的比较

从思想根源上来看,黄氏父子上述废除“道学传”复归“儒林传”的主张实际上是基于其一本万殊的思想史观。即在黄氏父子看来,“道”是儒家各派的共通之物而非一门一派之私有物,各派学者从各自立场出发提倡其自得之学问,其实都只不过是大道(一本)之一斑(万殊)罢了。因此想要获得

① 参见(清)全祖望《移明史馆帖子五》,《全祖望集汇校集注》,朱铸禹汇校集注,第1653页。

② 参见韩志远《元代著名学者郑玉考》,中华书局编辑部编:《文史》第四十五辑,北京:中华书局,1998年,第125～137页。

③ 参见《移史馆论不宜立理学传书》,(清)黄宗羲:《黄宗羲全集》第十九册,第194页。

④ 参见《列传第一百七十·儒林一》,(清)张廷玉等:《明史》第二十四册,北京:中华书局,1974年,第7221～7222页。

圣贤大道之全体的话，就必须求之于各家各派之中，而不应仅取其中任何一家(包括朱子学)之言便以为是道之全体。[①]这一点可从《宋元学案》中黄氏父子在调和朱陆等各学派之异同的同时，又重视学问之自得创见的思想立场中体现出来。[②]由此立场出发，黄氏父子认为，像《宋史》那样将儒家的人物划分为“道学”与“儒林”的做法出现之后，其后的学术思想史著作从选人到评价的标准上大都拘束于“道学传”的程朱理学道统论框架之中，称不上完备的儒学思想史。就宋元儒学史来说，这一点是造成忽视作为宋学开山的“宋初三先生”思想史地位的主要原因。“宋初三先生”——胡瑗、孙复、石介兴起于周敦颐、二程等道学创始人之前，实有开启北宋新儒学思潮的巨大历史功绩，但《宋史》将他们归入“儒林传”中，其地位较之“道学传”中的周、程、张、朱诸道学家要低一等不说，似乎也被排斥在宋代道学史的发展脉络之外了。这体现了《宋史》编纂者的程朱理学门户之见。而黄氏父子及全祖望的思想立场与南宋以来浙东地区的心学及实学传统一脉相承。[③]由此出发，黄宗羲在《明儒学案》中以阳明心学为中心线索建构了明代儒学史。其后黄氏父子突破了程朱理学的道统论，在《宋元学案》中给予宋代的陆氏心学与浙东事功学派等其他学派以相应的思想史地位及公允的评价。正如彭国翔所论述的，全祖望修补《宋元学案》时对道学史框架的进一步突破，可以说是对黄氏父子上述努力方向的推进和延伸。[④]他们这种相对开放的思想史观对于《宋元学案》中宋元儒学思想史的构建而言具有重要意义，即突破了《宋史·道学传》的狭隘思想视野，展现了宋元两代儒学史的全貌和真相。

如上引黄百家案语的最后部分，黄百家继承其父黄宗羲的观点批判了《宋史》以来的史书中于“儒林”之外另立“道学”的做法，主张废除“道学传”而恢复到最初的“儒林传”中。关于“宋初三先生”的思想史地位，南宋的程颐、朱熹及黄震等道学家已有论述。黄百家在此基础上又引用石介的《泰山书院记》[⑤]，进一步表彰了作为道学先驱的“宋初三先生”超越汉唐章句训诂之学而开启宋代儒学思潮的学术贡献，并高度评价了其经学成就、人格气

---

① 参见《朝议大夫奉敕提督山东学政布政司右参议兼按察司佥事清溪钱先生墓志铭》，(清)黄宗羲：《南雷诗文集》，《黄宗羲全集》第二十册，第379页；《明儒学案序》，(清)黄宗羲：《明儒学案》，第7页。

② 参见李明友《一本万殊——黄宗羲的哲学与哲学史观》，第113～115、140～144页。

③ 参见《浙东学术》，(清)章学诚：《文史通义校注》，叶瑛校注，第523页。

④ 彭国翔：《黄宗羲佚著〈理学录〉考论》，《中共宁波市委党校学报》2011年第4期。

⑤ (清)黄宗羲原著，(清)全祖望补修：《宋元学案》第一册，第73页。

象、教育功绩及明体达用之实学。[①]胡瑗、孙复、石介、李觏四人同出于范仲淹门下,石介作为孙复之高徒,其年辈较之胡瑗与孙复要稍晚一些[②],因此黄百家有时也省略石介而只以胡瑗和孙复二人并称作为宋学之开山[③]。黄宗羲、黄百家父子所编纂的《宋元学案》黄氏原本虽已亡佚,但黄宗羲的五世孙黄璋修改全祖望补修本的学案设置并力图恢复黄氏原本的思想史架构。现存黄璋校补稿本(浙江余姚梨洲文献馆藏)与校补誊清本(台湾"中研院史语所"傅斯年图书馆藏)中均以"安定三先生学案"——"安定学案""泰山学案""徂徕学案"冠首[④],为"宋初三先生"各自设立一学案。黄璋还在"卷首"的案语中在黄百家案语的基础上进一步阐明了胡瑗、孙复、石介作为宋学开创者的思想史地位与学术贡献。因此以"宋初三先生"作为宋学开山的观点可说是黄氏家族的共识。[⑤]兹录黄璋案语如下:

> 璋谨案:宋兴八十年,安定胡先生、泰山孙先生、徂徕石先生始以其学教授天下,士子知有师,继而伊洛兴焉。故朱子有伊川不敢忘三先生之语,则三先生其椎轮也。安定、泰山年相若而又同学。安定以白衣召论乐,泰山以范、富荐,皆有名位。而安定之徒最盛,故世谓湖学多秀异。庆历四年诏天下州县立学,而先生入太学,学者彬彬然。泰山垂老

---

① (清)黄宗羲原著,(清)全祖望补修:《宋元学案》第一册,第55~56页。

② (清)黄宗羲原著,(清)全祖望补修:《宋元学案》第一册,第104页。

③ (清)黄宗羲原著,(清)全祖望补修:《宋元学案》第一册,第30页。

④ 葛昌伦:《〈宋元学案〉成书与编纂研究》,第112页。

⑤ 目前学界对此尚存在争议,自钱穆提出范仲淹为宋学之先驱的观点以来,学界多有加以引申者。如李存山以钱穆之说为基础分析指出,范仲淹才是宋代新儒学的开山,而"宋初三先生"是范仲淹门下的贤士,并且其后兴起的蜀学、新学、濂学、关学与洛学等宋学学派都与范仲淹主导的庆历新政密切相关。参见李存山《宋代的"新儒学"与"理学"》,《中原文化研究》2019年第2期;李存山《范仲淹与宋代新儒学》,《湖南大学学报(社会科学版)》2008年第1期。又如杨渭生从教育方面和推进儒学及其学术思想上论述范仲淹开启宋学的历史贡献。参见杨渭生《范仲淹与宋学之勃兴》,《浙江大学学报(人文社会科学版)》1999年第1期。其实全祖望在修补《宋元学案》时已经注意到了范仲淹开启宋学思潮的历史功绩,并为之单独设立"高平学案"予以表彰,但仍然将"宋初三先生"置于范仲淹之前,这是因为虽然范仲淹的年辈及政治地位较高,但从纯学术立场来看,"宋初三先生"才是真正奠定宋学精神及其方法的开山祖师,所以必须将"宋初三先生"置于《宋元学案》的开端。况且王梓材已经指出全祖望排列学案时并不完全依据年辈的顺序,而更多的是出于思想史建构的整体考虑,而且全祖望并没有否认范仲淹的思想史地位。参见(清)黄宗羲原著,(清)全祖望补修《宋元学案》第一册,第1~2、133页。蔡根祥也指出,胡瑗在解经上注重以经解经,从人事民生立言,不墨守前儒成见,每每自出新义,开一代之风气,实为宋代经学、理学之巨擘与先导,因此黄宗羲著《宋元学案》,以胡瑗"安定学案"为首,是非常有见识的。参见蔡根祥《胡瑗尚书学之探究》,《高雄师大学报》2004年第16期。

偃蹇一官，位不称德。而徂徕年虽亚于二先生，于明复义兼师友，早年举甲科，慨然以斯道为己任。故欧公谓太学之兴，自先生始。及学兴而先生亦遂赍志以殁矣。礼不忘其所自始。若三先生其道不有久而益光者与！述安定三先生学案。[①]

然而，在黄氏父子之后修补《宋元学案》的全祖望基于兼顾人品道德与学术思想的史学家立场，只为胡瑗与孙复二人分别设立了"安定学案"与"泰山学案"，将石介附于其师孙复的"泰山学案"中而未给他设立单独的学案，并对石介的人品（性格严厉而口不择言，因此得罪人，甚至被认为开启了宋代朋党之争[②]）与学问（辨析义理尚有粗疏之处[③]）颇有微词，将石介排除在宋学的师道传承之外。其案语中都是将胡、孙二人并称作为宋学之开山[④]，可见其与黄氏父子的思想立场存在差异。其后，《宋元学案》最后的编纂者王梓材否定了黄璋校补本中为"宋初三先生"各自单独设立学案的做法，依据全祖望定下的思想史架构整理全书并确定了现行《宋元学案》的篇卷目次。仔细考察的话，全氏将胡、孙二人并称宋学之祖的做法确有其历史依据。如南宋端平二年（1235）朝廷诏议将胡、孙二人为首的先贤从祀孔子庙廷[⑤]，宋代以来多以胡、孙二人并称。因此，全祖望在作为《宋元学案》全书之纲领的"宋元儒学案序录"中劈头即指出："宋世学术之盛，安定、泰山为之先河，程、朱二先生皆以为然"[⑥]，将"安定学案"与"泰山学案"置于《宋元学案》之首，从而确立了胡瑗与孙复作为宋学开山祖师的思想史地位。然而从庆历年间国子监教育改革中的地位及其学术影响来看，石介实际上是与胡瑗、孙复二人鼎足而立的，都曾担任过国子监教官（直讲），都反对汉唐以来墨守章句注疏之成说的经学和堆砌辞藻的文风以

---

① 葛昌伦：《〈宋元学案〉成书与编纂研究》，第124页。

② 参见（清）纪昀、（清）陆锡熊、（清）孙士毅等原著总纂《徂徕集·别集类二·提要》，《钦定四库全书总目》下册，第2042页；（清）黄宗羲原著，（清）全祖望补修《宋元学案》第一册，第104页。

③ 如石介在论学统时，不惜篡改史实以美化扬雄依附于王莽新朝之行径，而其论治统时，甚至不惜美化五代政坛上的"不倒翁"冯道。全祖望指出石介原本是想表彰节义，却以大节有亏的扬雄、冯道二人为楷模，称不上是贤智之举。（清）黄宗羲原著，（清）全祖望补修：《宋元学案》第一册，第112页。

④ 参见卷一"安定学案"，（清）黄宗羲原著，（清）全祖望补修：《宋元学案》第一册，第23～24页；卷二"泰山学案"，（清）黄宗羲原著，（清）全祖望补修：《宋元学案》第一册，第72页；卷五"古灵四先生学案"，（清）黄宗羲原著，（清）全祖望补修：《宋元学案》第一册，第225、228页。

⑤ （清）黄宗羲原著，（清）全祖望补修：《宋元学案》第三册，第2391页。

⑥ （清）黄宗羲原著，（清）全祖望补修：《宋元学案》第一册，第1页。

及佛道异端思想的泛滥,提倡直抒胸臆的新儒学风气。[①]虽然石介的人品道德有可议之处,又不得善终,在为人师表方面不及胡、孙二先生,但其学术贡献和地位实与胡、孙二人不相上下。因此今天的研究者一般从当时学术界的实际情况出发采纳黄氏父子之说,将“宋初三先生”并列为宋学创始人,这一点可说已经成为宋代哲学史、思想史研究中的共识。

与上述《元史》中仅设立“儒学传”的做法相近,全祖望对《宋史》中划分“儒林传”(学人)与“文苑传”(文人),从而导致“学人不入诗派,诗人不入学派”[②]的做法深感不满,指出宋代如黄庭坚、杨万里等兼具学者与文人双重身份的人物不在少数。于是全祖望不仅将《宋史》中划为文人而收入“文苑传”的黄庭坚、杨万里[③]等人收入《宋元学案》中,还为北宋文坛盟主欧阳修(卷四“庐陵学案”)与三苏(卷九十九“苏氏蜀学略”)专门设立了学案或略案。这样,在黄氏父子合“道”(“道学传”)与“儒”(“儒林传”)为一的思想史视域基础上,全祖望进而扩展为合“道”、“儒”、“文”(“文苑传”)为一的思想史视域。不仅如此,全祖望还将《宋史》中收入“义士传”(侯可)、“忠义传”(郭忠孝、郑玉等)、“隐逸传”(戚同文、郑思肖等)[④]、“奸臣传”(邢恕等)等合传中的学者也收录进了《宋元学案》,

---

① 参见[日]佐藤仁《宋代の春秋学——宋代士大夫の思考世界》,第29~31页,尤其该书第一章“孙复の生涯とその思想”。又如李学功指出,胡瑗开创宋学的功绩体现在以下三点。首先,以义理说《易》,启示宋学方向;其次,研究性与命的关系,开启宋儒性命之学;最后,扬弃谶纬化经学,倡导平实之学。参见李学功《范型嬗变的宋学路向:胡瑗与宋初学术建构》,《管子学刊》2015年第3期。

② (清)全祖望:《宝甈集序》,《全祖望集汇校集注》,朱铸禹汇校集注,第609页。

③ 全祖望在卷四十四“赵张诸儒学案”(《跋杨诚斋易传》)中首次明确指出杨万里(诚斋)的易学在义理派中确立了“以史事证经学”的“史事宗”(诚斋宗)一派。全祖望的这一结论与程朱学的学术传承主旨及义理脉络相符合,得到当代学者朱伯崑等人的肯定。事实上,“史事宗”易学成于宋代,跌宕于两宋之间,而由杨万里集大成。参见曾华东《论“史事宗”的确立与杨万里为该派易学做出的学术贡献》,《周易文化研究》2017年第1期;(清)黄宗羲原著,(清)全祖望补修《宋元学案》第二册,第1433页。总之,全祖望将杨万里收录在《宋元学案》中并表彰其开创“史事宗”易学之贡献的做法及评价是符合思想史实际情况的,具有重要学术意义。

④ 宋元二代隐士众多,其中有很多儒家学者。这一现象形成的社会原因主要是政局的动荡和混乱,包括党争、学禁,以及民族矛盾等,此外还有学者个人的原因,包括任道晦处,洁身自好;隐居力学,醉心名山事业;养亲尽孝而不出仕;因科场不利、行文犯讳被黜而隐居;因性格原因而不愿出仕。以上社会及个人原因造成宋代虽然文化发达,政治相对清明,并且文人待遇优厚,但隐士却非常多。参见李传海《试论宋代隐士众多的原因》,《成都师专学报》1994年第3期。这些隐士学者虽然名声往往不高,但在传承和发展儒学上也做出了很大的贡献。因此全祖望在编纂《宋元学案》时特别留意发掘地方上的隐士学者,从而填补了思想史上的诸多空白。

从而大大拓宽了宋元思想史的视域。[1]这种做法实际是基于全祖望去短集长、兼包并蓄的会通思想史观[2]，也可说是全祖望对其家乡先贤、四明朱学的代表人物黄震与王应麟以文献之学统摄朱学（理学）、吕学（文献之学）、陆学（心学）之学风的继承和发扬。全祖望在其"晦翁学案序录"中指出："善读朱子之书者，正当遍求诸家，以收去短集长之益"[3]，认为做学问应当采取反省自身短处而承认各学派学者之长处的实事求是态度，而不应该局限于某家某派。从《宋元学案》中的思想立场来看，出自明代心学殿军刘宗周之门的黄氏父子还不免持有心学的门户之见，而全祖望则对朱学、陆学、浙学等各家各派均指出其长处与短处，并基于其人品道德与学术思想并重的史家立场进行了公允的评价。这反映了全祖望作为史学家长于史实考证与学术源流的梳理，同时其思想史视野较黄氏父子更为开放，更少门户之见，因此才能进一步突破黄宗羲、黄百家父子的道学思想史体系，广泛采录道学以外的人物或事件，不仅为思想界的次要人物（陈襄、士建中等），甚至为道学所排斥的杂学（荆公新学、苏氏蜀学）、与思想界有密切关系的政治家和倡导者（范仲淹、赵鼎等），以及与思想界密切相关的政治事件（"元祐党禁""庆元党禁"）设置了学案、略案或党案，从而展现了宋元儒学思想史的全貌。[4]这样就使得《宋元学案》中宋元时代思想界的主流与支流、正统与异端、中心与周边、思想及其背景等方面基本完备，填补了思想

---

① 邓广铭批评了《宋史·道学传》的框架，主张宋学（思想史）研究中除了关注"道学传"中的人物之外，对"儒林传""文苑传""隐逸传"诸传记中的儒者也应该加以关注，指出只有这样方能见出宋代儒学的全貌。其观点与全祖望在《宋元学案》中的做法可谓一脉相承。参见邓广铭《论宋学的博大精深》，王水照、何寄澎、李伟国主编：《新宋学》第二辑，上海：上海辞书出版社，2003年，第6页。钱穆也注意到，早期宋学思想界包括教育家、诗人、历史学家、古典学者、思想家、活动家及隐士，并且与后来的道学家相比，这些人更多致力于文学、政治改革和范围广泛的学术。这一论述也可说是对全祖望观点的进一步发挥。参见钱穆《宋明理学概述》，《钱宾四先生全集》第九册，台北：联经出版事业公司，1998年，第23～25页。

② 郑吉雄指出"去短集长"其实是《宋元学案》的编纂者全祖望的学问宗旨，由此决定其"成己成物""多识亦圣人之教""故国不可以遽剪"等思想。参见郑吉雄《论全祖望"去短集长"的治学方法》，鄞州区政协文史委编：《史心文韵——全祖望诞辰三百周年纪念文集续编》，宁波：宁波出版社，2007年，第295～319页。

③ （清）黄宗羲原著，（清）全祖望补修：《宋元学案》第二册，第1495页。

④ 参见杨太辛《实心求是 实学求是 实事求是——全祖望的学术精神及其实践》，《中共宁波市委党校学报》2005年第5期。

史上的诸多空白,并使其成了哲学史、思想史著作的范式。[①]如朱汉民提出,不应局限于道学的道统立场,而应当以儒学学统立场来重写宋代理学史(儒学史),将宋代儒学中的人物、思想及学术全部包括进来,从而消解单一道统论视域的偏见和狭隘。[②]朱汉民所主张的以"学统"取代"道统"的观点就是直接来自《宋元学案》中全祖望的论述(见卷六"士刘诸儒学案")。[③]其"照着儒学学统重写理学史"的主张与全祖望的思想史立场一脉相承。进而对比其后集古代学术思想评论之大成的《四库全书总目提要》可知,《宋元学案》中全祖望的评价往往与四库馆臣对宋儒著作及其学术思想的评价一脉相承,其学术参考价值很高,值得我们加以总结和吸收借鉴。

① 董金裕将理学著作分为"宋史道学传型""钱穆宋明理学概述型""牟宗三心体与性体型"三种类型。参见董金裕《理学的名义与范畴》,《中国哲学史研究》1987年第4期。根据笔者的考察,其实《宋元学案》与上述三种类型均有一定的关联。首先,《宋元学案》尤其是出自黄氏原本的部分可以说是一部扩展版的宋元"道学传"。其次,《宋元学案》出自全氏修补本的部分,尤其是全祖望在其《序录》中对理学史的梳理与论述可说是"钱穆宋明理学概述型"的蓝本。而黄氏父子与全祖望等编纂者在《宋元学案》中基于自身立场对宋元哲学史的诠释与评价也可说已经开了"牟宗三心体与性体型"之先河。

② 朱汉民:《照着儒学学统重写理学史》,《复旦学报(社会科学版)》2018年第3期。

③ (清)黄宗羲原著,(清)全祖望补修:《宋元学案》第一册,第251~252页。

第六章 《宋元学案》中思想史的地域构成与发展脉络

关于《宋元学案》中宋元思想史的"构筑"及其地域特色，海内外已有不少相关论述。日本学者小岛毅在其著作《中国近世における礼の言说》中，强调了思想史的地域性，指出《明儒学案》中思想史的整理实际上是以江浙为中心展开的。[①]早坂俊广受小岛毅观点的启发，在其《关于〈宋元学案〉的"浙江"概念——作为话语表象的"永嘉"、"金华"和"四明"》一文中，指出《宋元学案》中也存在某种程度的"浙学"地域性倾向，因此与其说《宋元学案》是记载史实的思想史著作，还不如说它是基于浙东学派地域思想史观而编纂的学术史。[②]早坂俊广又在其论文《黄震の"浙学"——现实と表象のはざまで》中，从浙东地域性的角度出发，对四明朱学的代表人物黄震的思想进行了探讨。[③]其后，何俊在小岛毅和早坂俊广的论述基础上，在专著《南宋儒学建构》第五章"思想向文化转型"中进行了探讨[④]，进而发表了《宋元儒学的重建与清初思想史观——以〈宋元学案〉全氏补本为中心的考察》一文[⑤]。何俊以《宋元学案》全氏修补本为中心，考察了全祖望对宋元儒学史的重建及其思想史观，认为这反映了清代浙东学术之变化，并试图描绘出清初学术区别于宋学的特征。以上这些都是直接以《宋元学案》的地域性特色为研究对象的论著。

此外，海内外学术界还有很多与《宋元学案》内容相关的地域思想史研究论著。如杨金鑫在《湖南历史上人材群体初探》一文中依据正史等相关史料考察了湖南从古至今的人才发展趋势及其构成，在宋代部分结合《宋元学

---

① [日]小岛毅：《中国近世における礼の言说》，第181～182页。

② [日]早坂俊广：《关于〈宋元学案〉的"浙学"概念——作为话语表象的"永嘉"、"金华"和"四明"》，陈辉译，《浙江大学学报(人文社会科学版)》2002年第1期。

③ [日]早坂俊广：《黄震の"浙学"——现实と表象のはざまで》，《人文科学论集》第37卷，2003年，第1～21页。

④ 何俊：《南宋儒学建构》，第324页。

⑤ 何俊：《宋元儒学的重建与清初思想史观——以〈宋元学案〉全氏补本为中心的考察》，《中国史研究》2006年第2期。

案》简要论述了湖湘学派的发展状况。[①]程继红在《宋元朱熹门人及后学籍贯地理分布与朱子学传播区域》一文中主要依据《宋元学案》及《宋元学案补遗》中的记载,并参考陈荣捷的《朱子门人》及方彦寿的《朱熹书院门人考》,按照今天的省级行政区划列出了朱熹门人及后学的地域分布,进而简要分析了其地域思想史的意义。[②]程继红在《元代浙江儒学形势与义乌朱子后学发展》一文中依据《元史》《新元史》《宋元学案》《元儒考略》等文献对元代儒学人物进行了统计,指出浙江是学者人数最多的地区,进而考察了元代浙江行省各路儒学人物的分布情况,对其总体形势进行了分析,指出元代浙江儒学以绍兴路、庆元路和婺州路最为发达,其中又以慈溪、鄞县和金华为重镇,进一步分析可知,元代浙江儒学基本是宋代浙江儒学格局的延续,仅就义乌儒学而言,仍为朱子学的旧阵地,主要包括徐侨后学和黄榦后学。[③]程继红在《宋元浙东朱子学谱系的州府图景初构——以黄溍所撰浙东士人墓志为中心》一文中指出元儒黄溍是较早对宋元浙东州府地理单元的朱子学谱系给予自觉关注、梳理和总结者之一。黄溍对宋元浙东地区朱子学谱系的初步构建,实开《宋元学案》之先声。我们今天所能看到的宋元浙东朱子学州府地理图景,许多资料来自他的文集记载,因此就宋元学术史整理与谱系的建设而言,黄溍应该占有一席之地。[④]胡荣明在其《家族、学术交游圈与朱子学的流传:以宋元德兴地区为中心》一文中以宋元时代江南东路的饶州德兴地区为中心,考察了地方家族在朱子学流传过程中的地位和作用,指出德兴地区朱子学的传承有两条谱系:其一为家庭谱系,包括程姓、董姓、余姓等家族,其二是以这些家族为中心形成的学术交流圈。[⑤]汪林茂在《浙东与浙西——浙江学术的区域分布及特点》一文中也依据《宋元学案》统计了宋元时期浙江学者在州(路)一级分布,并从纵向时代(北宋、南宋、元代)与横向学派(理学、事功、心学、其他)两个维度进行了分析。[⑥]林拓在其专著《文化的地理过程分析——福建文化的地域性考察》中以文化地域性为切入点,分别以学术形态、信仰形态为核心,探讨福建各个历史阶段的文化地域性,以及福建的民间信仰等本土文化。程民生在其专著《宋代地域文化史》中以宋

① 杨金鑫:《湖南历史上人材群体初探》,《湖南师范大学社会科学学报》1989年第4期。

② 程继红:《宋元朱熹门人及后学籍贯地理分布与朱子学传播区域》,《朱子学刊》2008年第0期。

③ 程继红:《元代浙江儒学形势与义乌朱子后学发展》,《朱子学刊》2014年第0期。

④ 程继红、刘宇颂:《宋元浙东朱子学谱系的州府图景初构——以黄溍所撰浙东士人墓志为中心》,《朱子学研究》2020年第1期。

⑤ 胡荣明:《家族、学术交游圈与朱子学的流传:以宋元德兴地区为中心》,《朱子学刊》2008年第0期。

⑥ 汪林茂:《浙东与浙西——浙江学术的区域分布及特点》,《浙江学刊》2011年第1期。

代这一我国历史上南北地域文化差异较为突出显著的历史阶段为整体研究对象，以宋代设置的行政区划为地域划分范围，深入研究了各路文化中的不同问题，如各路的风俗特点、各路的文化概况和人才素养、各路的教育状况、科举制在各路的不同反映、各路的宗教文化分布、各路的学术发展状况以及各路的艺术发展特色，进而通过对不同地域文化的分析和研究，反映宋代南北方文化的差异，是宋代地域文化领域最为集中的研究成果。

以上研究成果虽各有所得，但基本为个案分析，或者虽然也有整体的统计分析但并非以《宋元学案》为中心，如汪林茂文中只在第二部分中依据《宋元学案》进行了统计分析，后面部分主要论述明清时期，而且也没有学术源流的分析。林拓对宋元时期福建地域文化中心多元化的发展脉络及其变化进行了探讨，并且依据《宋元学案》《宋元学案补遗》及《闽中理学渊源考》制作了元代福建朱子学者的姓名、籍贯、学术活动和著述一览表[①]，但并非基于《宋元学案》中所载宋元时期福建学者的全面系统考察。程民生基本是依据《宋史》的列传进行了各类人才(包括儒释道在内的三教九流人物)的地域统计分析，虽然也简单依据《宋元学案》进行了宋代两浙学者的学者统计，但其统计与我们用电脑数据库统计得出的数据差距较大，而且也没有结合各地域的学术发展脉络进行深入分析。[②]总之，目前中文学术界还缺乏对《宋元学案》中思想史的整体脉络的梳理及其地域分布的全面分析。

英文论著中，Du Yongtao以徽州为例，探讨了南宋中后期至明代中期(1200—1550)中国学术思想的地域性，以及文人与想象中的空间秩序(每个地方都是“天下”的缩影)，并讨论了道学(尤其是宗法建设思想)在社会中的深层渗透。[③]Sukhee Lee探讨了南宋时期明州的地方治理及知识精英在政治、经济、文化中所起的作用。[④]Jeffrey Moser以南宋地域文化的融合为中心，探讨了地方主义对南宋文人社会及文化的影响，以及由这些学者构成的

---

① 林拓:《文化的地理过程分析——福建文化的地域性考察》，上海：上海书店出版社，2004年，第95～102页；林拓:《福建文化地域格局的演变及其机制》，《人文地理》2001年第3期。又参见高令印、高秀华《朱子学通论》，厦门：厦门大学出版社，2007年，第275～280页。

② 程民生:《宋代地域文化史》，合肥：安徽文艺出版社，2017年，第269～271页。

③ Yongtao Du, “Locality, Literati, and the Imagined Spatial Order: A Case of Huizhou, 1200－1550”, *Journal of Song－Yuan Studies*, Vol. 42(2012). 相关学术评论参见Motoshi Oka(岡元司), “Reviewed Work: Ji'an Literati and the Local in Song－Yuan－Ming China by Anne Gerritsen”, *Journal of Song－Yuan Studies*, No. 39(2009).

④ Sukhee Lee, “Local Governance in Southern Song Mingzhou”, *in Negotiated Power: The State, Elites, and Local Governance in Twelfth-Fourteenth China*: Harvard University Asia Center, 2014, pp. 86－150.

共同文化及世界观的超政治国家共同体，认为道学就是在这种国家与地方的张力下兴起的，也就是一致性、连贯性与差异性、多样性的对立统一。[①]以上成果虽各有所得，但大多局限于两浙尤其是浙东学术的考察，对于其他地域学术关注很少。事实上《宋元学案》收录了宋元时期所有地域的学者及其学派，涉及范围非常广泛，绝不仅限于浙学，因此对于全书的思想史的脉络及地域性还有进一步探讨的必要。笔者以《宋元学案》中宋元时期各地域学者的分布为基础，从横向检讨宋元时期各地域的学者在地域上的分布及其学术意义，进而从纵向讨论各地域学者在学案上的分布及其源流，以促进学术界对于宋元思想史的研究。

为了统计收录在《宋元学案》中的学者地域及其学案分布，笔者对《宋元学案》中学者小传中的籍贯（户籍）和科举功名两项内容要素逐一进行标注分析。《宋元学案》中小传开端一般如"胡安国，字康侯，建之崇安人。绍圣四年进士第三人，除荆南教授"[②]所示，其中"建之崇安人"的部分即是其籍贯（原籍），"绍兴四年进士第三人"的部分即是其所取得的科举功名。《宋元学案》小传中的籍贯依据的是宋元时期的行政区划。宋朝的行政区划收录于元朝脱脱主持编修的《宋史·地理志》（卷八十五志第三十八"地理一"至卷九十志第四十三"地理六"，共计6卷）[③]，其目录内容如下所示：

地理一（京城、京畿路、京东路、京西路）

地理二（河北路、河东路）

地理三（陕西路）

地理四（两浙路、淮南东路、淮南西路、江南东路、江南西路、荆湖南路、荆湖北路）

地理五（福建路、成都府路、潼川府路、利州路、夔州路）

地理六（广南东路、广南西路、燕山府路）

以上的"路"是宋代行政区划的第一级单位，其下有"府""州""军"这些二级行政区划单位，"府""州""军"之下有"县"，是三级行政区划单位。此外，个别"路"下面还有"监"（类似于现代的经济特区，如成都府路仙井监）这种特殊的二级行政单位。这样，宋朝的行政区划总体上就是路—府、州、军、监—县这样的三个级别。与宋朝前后对峙的辽朝和金朝，以及后来的元朝也大体采用这样的三级行政区划。上述胡安国的籍贯"建之崇安"即指"福

---

① Moser Jeffrey, "One Land of Many Places: The Integration of Local Culture in Southern Song Geographies" ,*Journal of Song－Yuan Studies*, Vol. 42(2012).

② （清）黄宗羲原著，（清）全祖望补修：《宋元学案》第二册，第1171页。

③ （元）脱脱等：《宋史》第七册，北京：中华书局，1977年，第2093～2254页。

建路—建宁府—崇安县”。《宋元学案》中全部2272条小传中记载有籍贯的凡2075条，其中拥有进士资格（“常科”的进士科以外，还包括如明经科或贤良方正科等“制科”在内的其他科目合格者数十人）的共有768人，没有记载籍贯而拥有进士资格的只有4人。笔者将其依据《宋史》及《辽史》[①]《金史》[②]《元史》[③]的《地理志》中记载的行政区划一一标注，据以考察《宋元学案》中宋元时期学者在地域上的分布特征及各地域在文化教育上的发达程度。表6-1是以行政区划第一级的“路”为单位，统计各路中学者（有小传的）以及其中拥有进士资格的人数（依学者人数的降序排列）。

表6-1 宋元时期各路中的学者及进士数量统计表

行政区划	学者数量（人）	进士数量（人）	行政区划	学者数量（人）	进士数量（人）	行政区划	学者数量（人）	进士数量（人）
两浙路	795	282	永兴军路	23	12	利州路	2	2
福建路	345	146	潼川府路	21	14	大都路（元）	2	1
江南西路	237	96	河东路	18	6	燕山府路	2	0
江南东路	195	47	荆湖北路	18	0	北京路（金）	1	0
成都府路	94	47	陕西路	17	8	怀庆路（元）	1	0
京东路	61	30	京畿路	17	7	吉安路（元）	1	0
京西路	60	17	广南东路	8	2	蒙古（元）	1	0
荆湖南路	37	9	西京路（金）	6	2	南京道（辽）	1	0
河北西路	37	6	夔州路	4	0	上都路（元）	1	0
淮南路	32	22	秦凤路	4	0	顺德路（元）	1	0
河北东路	30	12	广南西路	3	0	合计	2075	768

第一节 两浙路的学者分布及其学术源流

一、两浙路学者的地域分布及其学术意义

在中国学术史上，自春秋战国诸子百家兴盛以来，学术思想就深深打上

---

① （元）脱脱等：《辽史》第二册，北京：中华书局，1974年，第437～516页。

② （元）脱脱等：《金史》第二册，北京：中华书局，1975年，第550～667页。

③ （明）宋濂等：《元史》第五册，第1345～1585页。

了地域色彩的烙印。最显著者如南北学术风格的差异。[①]儒家思想自然也不例外,兴起于中原文化区的儒家学派自孔孟以来即带有浓厚的地域色彩。[②]而宋元儒学诸学派的地域色彩尤为鲜明。宋代以来儒学的复兴及其学派的发展与民间书院的建立及私人讲学的兴起密切相关,[③]一般围绕着一位或数位大儒(创始人)所居住的地域(出生地、任职地或讲学地)而形成某学派,因而该学派往往就以其创始人的籍贯或居住地(讲学地)来命名。例如,上表中学者的数量位居前列的两浙路(以浙东学派、金华朱学、四明朱学、四明陆学为主)、福建路(以道南学派、闽学为主)、江南西路(以江西陆学为主)与江南东路(以新安朱学为主)、成都府路(以苏氏蜀学、南轩学派、鹤山学派为主)、京东路(以东莱吕氏之学、泰山学派为主)与京西路(以洛学为

---

① 张学智勾勒了中国哲学的起源与地域特点,认为中国哲学起源于对周文疲弊的不同应对之道,其中儒家、墨家、道家、法家等诸子都基于其不同立场作出了回应:儒家主张对周文进行损益,奠定了温和政治和士大夫精神修养的基础,并确定了中华文化的经典系统;墨家用俭约、功用来反对靡费、虚文,用大众趣味反对精英文化;道家摒弃了周文的礼乐教化,建立了以道法自然为最高原理,守柔谦下为行为准则的哲学,并在避世隐遁中保持批判精神;法家以法律、权势和御臣术为基点,批评儒墨,推崇功利,扭转了周文的思想指向。从地域特点说:孔子以鲁地的礼乐传统和东夷的仁爱精神结合,建立了仁礼互相依持并敬畏天命的儒家系统;道家融合楚地巫觋传统和诗经中的浪漫风格,形成喜言天道,富于想象,厌弃礼乐,不事虚文的特色;墨家重视鬼神的传统是商代"先鬼而后礼"文化的遗留;齐晋较早应和了春秋时代的社会变动因而较早致力于制度改革,及北方剽悍易于法制化管理的习性,所以法家思想最强。同时,南北不同文化传统在后世经学、佛教、道教、宋明理学中产生了深刻影响。参见张学智《中国哲学的起源与地域特点》,《北京大学学报(哲学社会科学版)》2020年第6期。

② 陈来以关学为例子,指出不仅要注意关学的地域特色,而且要注意不同学派及学术体系之间的交流互动,将关学与洛学等学派联结起来,凸显关学对主流思想的贡献。因为关学的发展一方面离不开关中地域学术的传承,一方面又是对全国学术思想的吸收、回应和发展,并积极参与各时代主流思想的建构。也就是说,我们必须同时兼顾儒学的普遍性和地域性(特殊性),这也是"理一分殊"(一本万殊)思想史观的一种体现。参见陈来《"关学"的精神》,《陕西师范大学学报(哲学社会科学版)》2016年第3期。陈来的上述观点对于我们理解和研究儒家学派的地域特色具有指导意义。

③ 刘成国指出,宋代自"宋初三先生"以来,私人讲学兴盛,为宋代政治文化培养了大批社会精英,并直接在儒学义理层面上推动了宋学的发展和演变。刘成国进而主要依据《宋元学案》及《宋元学案补遗》,考察了王安石在江宁讲学时的门人情况,指出通过江宁讲学,形成了一个以王安石为中心的士人群体,这一群体与王安石新法或新学关系密切。同时江宁讲学也显示出王安石思想的某些转变,即庆历、嘉祐年间,王安石除了批判现实政治外,同时致力于士人主体价值的弘扬及相关的心性问题。而到了江宁讲学期间,王安石转向对儒家经典的重新诠释,为其变法寻找经典依据,从而开《三经新义》之先声,但由于王安石过早放弃儒学本体层面的建构,从而与同时代的道学家(北宋四子)分道扬镳,再加上新旧党争及新法的失败,最终导致了王安石新学的失败命运。参见刘成国《王安石江宁讲学考述》,《中华文史论丛》2003年第73期。

主),以及荆湖南路(以湖湘学派为主)等即是其代表。由上表可知,《宋元学案》收录的所有学者当中,两浙路出身的学者和进士数量最多,分别占学者总数的38%与进士总数的36%,由此可见两浙路不愧是宋元两代(尤其南宋以来)学术与教育最为发达的地区。值得注意的是,宋代两浙路的地域范围大体包含现在中国江苏省的长江以南与浙江省的全部区域,可分为浙东与浙西两大区域。一般钱塘江以南的区域称为浙东,钱塘江以北的区域称为浙西。依据《宋史》卷八十八"地理四"的记载:绍兴府、庆元府、瑞安府三府与婺州、台州、衢州、处州四州称"两浙东路",即是南宋的"浙东";南宋时临安府、平江府、镇江府、嘉兴府四府与湖州(后改名为安吉州)、常州、严州(后改名为建德府)三州与江阴军称"两浙西路",即是南宋的"浙西"。①表6-2是将两浙路的学者按浙东与浙西分别统计的学者分布及其所占比率。

表6-2 宋元时期两浙路(浙东与浙西)学者分布统计表

行政区划			人数	占比	人数/占比
两浙路	东路(浙东)	婺州	198	24.91%	627/78.87%
		庆元府	153	19.25%	
		瑞安府	114	14.34%	
		台州	69	8.68%	
		绍兴府	49	6.16%	
		衢州	22	2.77%	
		处州	22	2.77%	
	西路(浙西)	建德府	46	5.79%	168/21.13%
		平江府	35	4.40%	
		临安府	25	3.14%	
		常州	20	2.52%	
		嘉兴府	16	2.01%	
		湖州	15	1.89%	
		镇江府	8	1.01%	
		江阴军	3	0.38%	
合计			795	100.00%	

从表6-2可知,浙东的学者数量远远超过浙西。所谓浙学之兴盛主要是指浙东学术而言。这体现在南宋浙东事功学派以及陆学(心学)与朱学(理

① (元)脱脱等:《宋史》第七册,第2173~2177页。

学)的发展上。从广义上来说,南宋的浙东学派(又称“浙东学术”)包含浙东地域的所有学派,具体而言则主要包括以吕祖谦为代表的金华学派(又称“婺学”)、以陈亮为代表的永康学派和以薛季宣、陈傅良、叶适为代表的永嘉学派三个学派以及甬上心学派与金华、四明的朱学派的创始人及其门人后学。狭义的南宋浙东学派则排除朱熹的讲友吕祖谦的婺学(中原文献之学)等,仅指朱熹道学的反对者、提倡经制事功的永嘉学派与永康学派。其命名的依据即是学派创始人的出生地和讲学地。表6-2中浙东出身的学者统计即是对广义上的浙东学派学者的统计。由表6-2可知,婺州(金华)出身的学者最多,如吕祖谦、唐仲友、陈亮[①],以及“北山四先生”何基、王柏、金履祥、许谦,其门人后学中金华出身的也很多。[②]其次庆元府(宁波)出身的学者也很多,如陆学的高徒“甬上四先生”(杨简、袁燮、舒璘、沈焕)与四明朱学派的代表人物王应麟、黄震、史蒙卿,以及元代陆学的代表人物赵偕等人,其门人中庆元府出身的也很多。瑞安府(温州)出身的学者数量列第三位,如永嘉学派的先驱周行己等人及其代表人物薛季宣、陈傅良、叶适及朱熹的高徒陈埴等人,其门人中温州人也很多。台州[③]与绍兴府的学者也较多。如表6-2所示,两浙路所属州府中学者数量排前五位的均属于南宋的“两浙东路”(浙东)。浙西与浙东在学术发展上的差异与两地在经济上的富裕程度正好相反。按照前人时贤的分析,以南宋的首都杭州(临安府)为代表的浙西地区主要是富裕的水乡,其风俗专务于豪奢之生活而学术氛围比较稀薄,与此相反,以金华、明州(庆元府)为代表的浙东主要是贫瘠的山地,其风俗比较安贫乐道而具有浓厚的学术氛围。因此,富裕的浙西地区的学术发展反倒远不及贫困的浙东地区。关于两地在风俗与学术上的这种差异,南宋的黄榦与王柏等人早已有切身体会并明确指出来了[④]。

值得注意的是,《宋元学案》中反复出现的地名“甬上”[⑤]“明州”[⑥]“四明”[⑦]

---

① 元代杨维桢指出:“余闻婺学在宋有三氏:东莱氏以性命绍道统,说斋氏以经世立治术,龙川氏以皇王帝霸之略志事功。”参见《宋文宪公集序》,(元)杨维桢:《杨维桢集》,杭州:浙江古籍出版社,2017年,第782页。

② 有关宋元婺州学者的详细论述,参见程继红著,义乌丛书编纂委员会编《义乌儒学研究》,上海:上海人民出版社,2019年,第12~92页。

③ 宋元时期台州学者主要有杜煜、杜知仁、赵师渊、车若水等人,相关论述参见严振非《台州理学南湖学派史》,上海:上海古籍出版社,2015年,第27~52页。

④ 程民生:《宋代地域文化史》,第270页。

⑤ (清)黄宗羲原著,(清)全祖望补修:《宋元学案》第三册,第2570页。

⑥ (清)黄宗羲原著,(清)全祖望补修:《宋元学案》第三册,第2553页。

⑦ (清)黄宗羲原著,(清)全祖望补修:《宋元学案》第三册,第2554页。

"鄞县"[①]均属于同一地域，即表6-2所示两浙东路中的庆元府(今浙江宁波)。这个地域对于《宋元学案》而言具有极其重要的意义。因为庆元府(明州)不仅是宋元(尤其是南宋)学术文化最为繁荣的地域之一[②]，同时也是《宋元学案》的主要编纂者全祖望、王梓材、冯云濠等人的家乡(出生地)与黄宗羲、黄百家父子的讲学地。从历史地位来看，明州自唐、五代以来已经成为中国最主要的贸易港口之一，特别是作为中日之间的主要海上通道，从明州出发顺风的话只要一个星期到10天即可航行到达日本的九州北部地区，是中日间最短的航线。通过明州，中日之间的文化与经济交流非常繁荣。[③]从地理沿革来看，唐朝开元二十六年(738)始在鄞县(当时称鄮县，在今浙江宁波东南三十里)设立明州这一行政区域，因这一地域有一座四明山而得名。因此"四明"也指明州，位于现在的浙江省宁波市境内。而甬江(又称鄞江)贯穿宁波，因此"甬"或者"甬上"也成了明州的别称。1195年南宋宁宗将其即位之前的潜邸所在地明州升格为庆元府[其后明代又再称明州，明太祖洪武十四年(1381)又改称宁波]。依据《宋史》卷八十八"地理四"的记载，明州包括6个县，即鄞、奉化、慈溪、定海、象山、昌国。[④]《宋元学案》的编纂者全祖望和王梓材是鄞县人，冯云濠是慈溪人。如表6-2所示，《宋元学案》中庆元府(明州)出身的学者有153人，进一步统计可知其中鄞县出身的学者最多，达77人，其次慈溪出身的学者有39人，两县出身的学者总共有116人，约占《宋元学案》中学者总数的二十分之一。《宋元学案》中学者出身之县的总数约有500个之多，几乎遍及全国各处，其中鄞县与慈溪出身的学者数量在全国所有县中名列前茅。表6-3收录的是《宋元学案》中收录学者数量居前20位的县(20人以上)。

---

① (清)黄宗羲原著，(清)全祖望补修：《宋元学案》第一册，第257页。

② 乐承耀指出，南宋是明州人口较快增长的时期，其中很多是随着宋室南渡到明州定居的北方文化人士与官吏，从而使明州集中了一大批士人以及理学家、史学家、文学家、教育家等文化人。这种人口的流入首先促进了科举的发达，北宋明州进士118名，南宋明州进士达751名，仅次于福州、温州，位居全国第三，如绍兴二十四年(1154)状元张孝祥(出生在鄞县)就是来自北方的移民后裔；其次涌现出了一大批思想家尤其理学家，结合吴松弟对《宋元学案》中记载北方籍学者迁移明州的统计可知，这些北方移民在传承伊洛之学方面起到重要作用，同时对文学及史学也产生了影响，南宋明州的著名文学家及史学家中不少是北方移民及其后裔。参见乐承耀《宁波人口史》，宁波：宁波出版社，2017年，第124～129页。

③ 《中国大百科全书》总编委会：《中国大百科全书(精华本)》第五卷，北京：中国大百科全书出版社，2003年，第3823页。

④ (元)脱脱等：《宋史》第七册，第2175页。

表6-3　宋元时期县级区域学者数量统计表(排名前20位)

路	府、州、军	县	学者数量	排名	路	府、州、军	县	学者数量	排名
两浙路	婺州	金华	78	1	两浙路	建德府	淳安	25	11
两浙路	庆元府	鄞县	77	2	江南东路	徽州	婺源	25	11
两浙路	瑞安府	永嘉	57	3	福建路	建宁府	崇安	24	13
江南西路	抚州	临川	42	4	江南西路	吉州	庐陵	24	13
两浙路	庆元府	慈溪	39	5	两浙路	婺州	义乌	24	13
福建路	邵武军	邵武	35	6	两浙路	瑞安府	平阳	23	16
两浙路	婺州	东阳	34	7	两浙路	婺州	永康	22	17
两浙路	台州	黄岩	32	8	江南东路	饶州	乐平	21	18
福建路	建宁府	建阳	29	9	两浙路	台州	临海	21	18
福建路	兴化军	莆田	28	10	福建路	兴化军	仙游	20	20

由表6-3可知,作为《宋元学案》中学者籍贯的约500个县中,出身鄞县的学者有77人,仅比金华少1人,列第二位,而出身慈溪的学者有39人,列第五位。所以全祖望不无自豪地说道:“吾乡自宋元以来,号为邹鲁。”[①]这一方面体现了南宋以来明州(四明)学术文化的繁荣,一方面也是全祖望、王梓材等人在编纂《宋元学案》中有意识地表彰乡邦先贤学术(包括浙东事功学派、甬上心学派、四明朱学派等)使然。概括来说,全祖望、王梓材等人主要依据乡邦文献(主要是方志和文集)发掘了大量宋元时期的乡邦先贤(尤其有学问、气节的烈士、遗民与隐士等)的事迹与学术思想,并在《宋元学案》中为其树碑立传,而且全书中所附录全祖望的大量文章(出自全祖望的《鲒埼亭集》及《鲒埼亭集外编》)也多与此内容相关。这方面的工作可说是以地方史的整理研究著称的史学大家全祖望一生的主要学术贡献之一。[②]此外,黄宗羲、黄百家父子的籍贯绍兴府余姚县也属于浙东,而且黄宗羲继承其师刘宗周的事业,曾经重建甬上的证人书院并提倡“明经通史”的经世致用实学,取得了其教育生涯中最为引人注目的成就。[③]其门下涌现出的长于经史之学的万斯同、万斯大等高徒都是宁波(鄞县)人。全祖望本人也是黄宗羲的

① 参见《槎湖书院记》,(清)全祖望:《全祖望集汇校集注》,朱铸禹汇校集注,第1060页。

② 相关论述参见孙邦金《全祖望的经史研究及其对乾嘉学风的影响》,《宁波大学学报(人文社会科学版)》2010年第3期;黄爱平《全祖望与黄宗羲学术的传承和发展》,吴光主编:《从民本走向民主——黄宗羲民本思想国际学术研讨会论文集》,第142～143页。

③ 参见《甬上证人书院记》,(清)全祖望:《全祖望集汇校集注》,朱铸禹汇校集注,第1061～1062页;(清)黄百家《先遗献文孝公梨洲府君行略》,《黄竹农家耳逆草》,陈红彦、谢东荣、萨仁高娃主编:《清代诗文集珍本丛刊》第一百二十八册,第497～531页,尤其511页。

私淑弟子。宁波事实上也成了黄宗羲所开创的清代浙东学派的中心地域。[①]

二、两浙路学者的学案分布与宋元浙学的发展脉络

我们通过统计《宋元学案》中两浙路学者在学案中的数量,结合学案具体内容进行分析,可以探讨宋元两代两浙路学者在学案中的分布及其学术(浙学)发展源流。如表6-4所示。

表6-4 《宋元学案》中两浙路学者的学案分布统计表

卷次	学案名	人数	卷次	学案名	人数	卷次	学案名	人数
1	安定学案	23	45	范许诸儒学案	8	74	慈湖学案	60
2	泰山学案	3	46	玉山学案	3	75	絜斋学案	9
3	高平学案	7	48/49	晦翁学案	2	76	广平定川学案	13
4	庐陵学案	8	50	南轩学案	1	77	槐堂诸儒学案	14
5	古灵四先生学案	2	51	东莱学案	10	78	张祝诸儒学案	2
6	士刘诸儒学案	23	52	艮斋学案	7	79	丘刘诸儒学案	6
7/8	涑水学案	1	53	止斋学案	22	80	鹤山学案	5
11/12	濂溪学案	2	54/55	水心学案	30	81	西山真氏学案	7
19	范吕诸儒学案	2	56	龙川学案	30	82	北山四先生学案	99
20	元城学案	8	58	象山学案	3	83	双峰学案	8
24	上蔡学案	1	59	清江学案	2	84	存斋晦静息庵学案	1
25	龟山学案	21	60	说斋学案	7	85	深宁学案	14
27	和靖学案	2	61	徐陈诸儒学案	6	86	东发学案	16
28	兼山学案	1	63	勉斋学案	2	87	静清学案	7

① 相关论述参见金林祥《甬上证人书院与清代浙东学派》,方祖猷、滕复主编:《论浙东学术》,第257～264页;郑吉雄《黄梨洲恢复证人讲会在学术史上的意义》,方祖猷、滕复主编:《论浙东学术》,第265～284页;吴光《论黄宗羲的思想创新、学术贡献及其当代价值——纪念梨洲先生黄宗羲诞辰四百周年》,《中共宁波市委党校学报》2010年第5期;王永健《全祖望手书对联初探——纪念全祖望诞生三百周年》,鄞州区政协文史委编:《史心文韵——全祖望诞辰三百周年纪念文集续编》,第323页。

续表

卷次	学案名	人数	卷次	学案名	人数	卷次	学案名	人数
29	震泽学案	1	64	潜庵学案	12	89	介轩学案	1
30	刘李诸儒学案	7	65	木钟学案	30	90	鲁斋学案	1
32	周许诸儒学案	32	66	南湖学案	17	92	草庐学案	1
34	武夷学案	3	67	九峰学案	1	93	静明宝峰学案	16
35	陈邹诸儒学案	7	68	北溪学案	2	96	元祐党案	8
37	汉上学案	3	69/70	沧洲诸儒学案	43	97	庆元党案	20
38	默堂学案	1	71	岳麓诸儒学案	8	98	荆公新学略	7
40	横浦学案	12	72	二江诸儒学案	1	99	苏氏蜀学略	1
44	赵张诸儒学案	7	73	丽泽诸儒学案	55	合计	68	795

由表6-4可知,出身两浙路的795位学者分布在《宋元学案》的68个学案(共73卷)中,其学术思想的发展源远流长。笔者参考作为全书之纲领而置于《宋元学案》卷首的“宋元儒学案序录”(全祖望作)中的思想史发展脉络,分4个阶段探讨《宋元学案》中两浙路学者的分布及其学术(浙学)发展源流[①]。

(一)浙学萌芽期

宋学创始人胡瑗(淮南路泰州如皋出身,993—1059)于宋仁宗明道至宝元年间(1032—1040)受地方官范仲淹的邀请教授于浙西苏州(平江府)州学,培养了大量体用兼备的人才。著名的“苏、湖教法”即发源于此。由此,胡瑗的“安定学案”(卷一)与孙复的“泰山学案”(卷二)等宋学创始人的学案中已经出现两浙路的学者,主要是胡瑗的门人。与胡瑗相先后,宋学的先驱范仲淹、王安石也先后在浙江办学和讲学,培养了一批学者。[②]当时除了胡瑗、孙复、范仲淹、王安石、“古灵四先生”等宋学先驱之外,学术传承及其流派(“学统”)在各地兴起。尤其在北宋仁宗庆历年间(1041—1048),胡瑗的

---

① 陈国灿考察了两宋时期浙学与理学诸流派之间关系的发展演变过程,指出这一过程在北宋中后期主要表现为理学思潮传入浙江并推动了浙学的兴起,南宋前、中期主要表现为浙江各理学流派与反理学流派的形成及其融合和冲突,南宋后期主要表现为浙学向理学的回归和发展。参见陈国灿《论宋代“浙学”与理学关系的演变》,《孔子研究》2000年第2期。陈国灿的论述与笔者的研究可相互发明,但其视角、材料和具体观点与笔者有所不同。

② 参见徐吉军《宋代浙江学风概述》,《浙江学刊》1989年第6期。

“苏、湖教法”被朝廷采用并在太学中公布施行，进而庆历新政时各地纷纷设立学校。两浙路各地也涌现出了一批有志于儒学的人物。其中明州(宁波)的杨适、杜醇、王致、楼郁、王说五人(“庆历五先生”)被时任鄞县知县的王安石聘请为县学教授。“庆历五先生”与永嘉(温州)的王开祖(儒志)、丁昌期(经行)二人共同兴起于浙东，钱塘(杭州)的吴师仁兴起于浙西，其学派与胡瑗的湖学相呼应。事实上“士刘诸儒学案”(卷六)中的两浙学者主要是全祖望为了追溯两浙路的学术源流，为庆历新政时确立永嘉师道的王开祖[①]，及以“庆历五先生”为代表的众多浙学先贤而专门设立学案并予以表彰的。这些人物基本都隐居于乡里以授徒为业，在思想史上名气不大，但他们开拓浙学的历史功绩是值得后世铭记的。[②]除此之外，北宋儒学的主流与高峰、道学奠基人(“北宋五子”)周敦颐(“濂溪学案”)、程颢(“明道学案”)、程颐(“伊川学案”)、张载(“横渠学案”)、邵雍(“百源学案”)的门下也都出现了两浙路的学者。但总的来看，北宋儒学(道学为主)以源自洛阳的洛学(二程)与源自关中的关学(张载)为中心，程、张等一流学者均出身于北方。而北宋时偏处于东南一隅的两浙路远离中原的政治文化中心区，儒学发展尚处于草创期，尚未出现有影响力的大儒。

(二)浙学发展期

上述情况从北宋末期逐渐开始变化。首先，在浙东学术方面，为了彰显两宋浙东学派的发展脉络，黄宗羲为永嘉学派的先驱周行己、许景衡设立了“永嘉学案一”，后来全祖望在补修《宋元学案》时将其改名为“周许诸儒学案”(卷三十二)。全祖望进而详细探讨了他们的学术传承(学脉)。即出身永嘉的周行己、许景衡、刘安节、刘安上、戴述、赵霄、张辉、沈躬行、蒋元中九人在当时并称为“元丰太学九先生”[③]，他们在传承洛学的同时也传承了关学。具体来说，九先生中有六人(周行己、许景衡、刘安节、刘安上、戴述、沈躬行)曾入程门，其他的三人(赵霄、张辉、蒋元中)则是周行己、许景衡的讲友和程门的私淑弟子。周行己、沈躬行二人又曾师事蓝田吕氏(吕大临兄弟)，可说是张载关学的再传弟子。此外，鲍若雨等七人(鲍若雨、谢天申、潘闵、陈经正、陈经邦、陈经德、陈经郛)中，有五人(鲍若雨、谢天申、潘闵、陈经正、陈经邦)曾入程门。[④]而许景衡的高徒林季仲的思想中已经可以看到后

---

① (清)黄宗羲原著，(清)全祖望补修:《宋元学案》第一册，第253页。

② (清)黄宗羲原著，(清)全祖望补修:《宋元学案》第一册，第251～252页。

③ (清)黄宗羲原著，(清)全祖望补修:《宋元学案》第二册，第1133页。

④ (清)黄宗羲原著，(清)全祖望补修:《宋元学案》第二册，第1131页。

来陆九渊心学思想的萌芽。[1]北宋末年杨时在太学担任国子祭酒时,全祖望的鄞县同乡中师事杨时的人很多,其中高闶作为杨时的高徒以精通经学著称。全祖望特意在《长春书院记》中指出鄞县的学派虽可追溯到"庆历五先生",但直接继承洛学学脉则始自高闶。[2]"元丰九先生"之后的绍兴年间,二程高徒杨时、尹焞曾在浙东金华教授门徒,潘良贵等金华人师事杨时,浙东的程门学脉从而得以延续下来。[3]

其次,关于胡瑗与吴师仁之后浙西的学术传承。程门高徒杨时作为将洛学推广至东南的第一人,其门下(卷二十五"龟山学案")出现了众多出身浙西的学者。如王苹[原籍福建福州,出身于浙西平江府(苏州),1082—1153]早年师事于杨时,后又前往洛阳师事程颐并成为其晚年的高徒。[4]王苹与门下著名弟子陈长方、杨邦弼被时人推为"三贤"。[5]王苹虽有将洛学传播至苏州(吴县)的学术功绩,但其思想中可见陆九渊心学的萌芽,后来遭到朱熹的批判。[6]杨时的弟子中最有名的浙西门人当属张九成(临安府钱塘人,1092—1159)。张九成是绍兴二年(1132)的科举状元,作为洛学再传弟子中的佼佼者,不仅在南宋初期的学术界拥有相当影响力,甚至对北方金朝儒学也有较大的影响。其理学思想是从二程理学到陆九渊心学之间的中间环节。[7]其著作《道学发源》是在金国流行最早的南宋道学著作。[8]而其门下(卷四十"横浦学案")两浙出身的学者也很多。但张九成的学问很驳杂。后来作为阳儒阴释的典型,被朱熹批判为毒蛇猛兽一样的杂学,并被从道学的正统中除名。

需要指出的是,现存中国最早的丛书《诸儒鸣道集》(全72卷,又称《诸儒鸣道》)系南宋时洛学之后学编纂的理学著作丛书,其中收录有周敦颐的《通书》、司马光的《迂书》、张载的《正蒙》、二程的《语录》等,共12家。而张九成的《横浦日新》即收于其最末。依据田智忠的考证,《诸儒鸣道集》的初刻推断在乾道二年(1166)至乾道四年(1168)之间。而其编纂成书当然会更早

---

① (清)黄宗羲原著,(清)全祖望补修:《宋元学案》第二册,第1147页。

② (清)黄宗羲原著,(清)全祖望补修:《宋元学案》第二册,第968～969页。

③ (清)黄宗羲原著,(清)全祖望补修:《宋元学案》第二册,第964页。

④ (清)黄宗羲原著,(清)全祖望补修:《宋元学案》第二册,第1047页。

⑤ 参见《苏州通史》编纂委员会编,李峰主编《苏州通史·人物卷(上)》,苏州:苏州大学出版社,2019年,第230～232页。

⑥ (清)黄宗羲原著,(清)全祖望补修:《宋元学案》第二册,第1047页。

⑦ 参见崔大华《张九成的理学思想及其时代影响》,《浙江学刊》1983年第3期;李之鉴《论张九成的心学宇宙观》,《平原大学学报》1994年第1期。

⑧ [日]三浦秀一:《中国心学の稜線——元朝の知识人と儒道仏三教》,东京:研文出版,2003年,第47～51页;周良霄、顾菊英:《元史》,上海:上海人民出版社,2003年,第460～687页。

一些。由此也可窥见在朱熹的道统论(见《伊洛渊源录》)成为南宋思想界的唯一观点以前的南宋初期思想界中,张九成还被视为洛学(道学)的正统传承人。[①]田浩指出,朱熹编纂《伊洛渊源录》就有回应和取代《诸儒鸣道集》的意图在里面。[②]但当时由于吕祖谦、汪应辰等学者的反对,《伊洛渊源录》在朱熹生前并未正式出版(但有坊间盗印,而且存在改窜,如加上了邵雍等人)。这也说明当时道学内部关于道统谱系的理解还有较大分歧,而朱熹的道统说真正成为唯一的正统要等到南宋晚期朱熹理学官学化以后了。[③]邱佳慧也指出,《诸儒鸣道》体现了道学的多元化面貌,也修正了狭隘的道学定义;《诸儒鸣道》提供了一个新的"道学谱系",这个道学谱系所包含的道学家包括涑水学派司马光和刘安世、为朱熹所攻击的张九成,以及名不见经传的江民表、潘殖等人,这些学者均不包含在朱熹所主张的道统之中;《伊洛渊源录》中不收这些学者也表明朱熹对早期道学谱系的修正。[④]方旭东则认为《诸儒鸣道集》出版时间与朱熹的《近思录》时间相近(方旭东没有将其与《伊洛渊源录》进行比较),而且其编排水平(编排似乎比较随意,作者也是无名之辈)和实际影响都不能与《近思录》同日而语,因此《诸儒鸣道集》并非像田浩所认为的那样反映了比朱熹的道统谱系更为宽广的思想史视域。[⑤]方旭东的论述是基于哲学体系的建构,而非思想史的立场。事实上,田浩等人是拿《诸儒鸣道集》和反映朱熹道统谱系的《伊洛渊源录》(道学思想史)进行比较,而方旭东则是拿《诸儒鸣道集》和《近思录》进行比较,但《近思录》并非道学思想史,朱熹在该书中通过吸收消化道学奠基人北宋四子的思想精华建构起了道学的哲学思想体系。

(三)浙学全盛期

北宋灭亡之后,北方的中原和关中等地区为金人所占领,儒学的发展趋于中断,北方的著名学者纷纷移居南方。其中像东莱吕氏一族中(从吕好问开始直至吕祖谦兄弟)移居两浙的著名学者有不少。高宗赵构建立南宋偏安朝廷之后,浙西临安府(杭州)成为首都,两浙路也成为南宋政治、经济和

---

① 关于《诸儒鸣道集》的详细论述,参见陈来《略论〈诸儒鸣道集〉》,《北京大学学报(哲学社会科学版)》1986年第1期;符云辉《〈诸儒鸣道集〉述评》,博士学位论文,复旦大学,2007年;田智忠《〈诸儒鸣道〉原刻年代考》,《中国社会科学院研究生院学报》2010年第2期。

② 参见[美]田浩《朱熹的思维世界》,西安:陕西师范大学出版社,2002年,第132页。

③ 参见姜鹏《〈伊洛渊源录〉与早期道统建构的挫折》,《学术月刊》2008年第10期。

④ 参见邱佳慧《〈诸儒鸣道〉与道学之再检讨》,《中国学术思想研究辑刊·六编》第十八册,台北:花木兰文化出版社,2009年,第45～53页。

⑤ 参见方旭东《新儒学义理要诠》,北京:生活·读书·新知三联书店,2019年,第331～338页。

文化的中心地区。宋金于绍兴十一年(1141)缔结“绍兴和议”之后,在和平环境下,南宋经济文化的发展非常迅速,并在孝宗乾道、淳熙年间(1165—1173、1174—1189)迎来其学术思想的全盛期。当时闽学的代表朱熹、婺学的代表吕祖谦、湖湘学派的代表张栻三足鼎立。继承中原文献之家学的吕祖谦是浙学的代表人物,其浙东家学载于卷五十一“东莱学案”,吕氏的门人则载于卷七十三“丽泽诸儒学案”。其门人中两浙出身的学者最多,共计55人。与朱熹齐名的张栻、吕祖谦两位理学大儒逝世后,江西陆学(心学)与福建朱学(理学)相鼎立,同时浙东事功学派(永嘉学派及永康学派)也兴起,与朱陆两派抗衡。其中派生于洛学而反对其静坐的内倾倾向(道南学派),从而转向经制事功的浙东永嘉学派[1]代表人物薛季宣(瑞安府永嘉县出身,卷五十二“艮斋学案”)、陈傅良(瑞安府瑞安县出身,卷五十三“止斋学案”)、叶适(瑞安府永嘉县出身,卷五十四、五十五“水心学案上、下”),以及永康学派代表人物陈亮(婺州永康县出身,卷五十六“龙川学案”)均为浙东人,他们的门下也涌现出了大量浙东事功学派的学者。

关于浙东事功学派(永嘉及永康)的传承脉络。永嘉学派的学术脉络主要可分为三条支脉[2],其源头都是二程洛学。永嘉学派第一支的基本传承脉络是程颐→周行己→郑伯熊→叶适。具体来说,黄氏原本中黄宗羲为永嘉学派的先驱周行己(1067—1125)、许景衡(1072—1128)设立了“永嘉学案一”,后来全祖望在其百卷修补本《宋元学案》中将其改称为“周许诸儒学案”。此外,永嘉学派集大成者叶适(1150—1223)原本也附入“永嘉学案一”,后来全祖望将其独立出来,为叶适设立了“水心学案”。[3]郑伯熊是周行

---

① (清)黄宗羲原著,(清)全祖望补修:《宋元学案》第三册,第1691页。

② 周梦江最早提出永嘉学派分为三派说,指出:一派以郑伯熊为首,而郑伯熊继承的是周行己的思想,此派继承了关学的学以致用的思想以及洛学的道德修养工夫;一派以薛季宣为首,包括陈傅良、叶适等人,此派是通常意义上的永嘉事功学派,具有反道学正统的异端倾向;一派以徐谊为首,包括丁黼、黄中、赵希錧等人,具有陆九渊心学的倾向。参见周梦江《简论南宋时期的永嘉学派》,《杭州师范学院学报(社会科学版)》1983年第3期。笔者的论述参考了周梦江的三派说,但在具体学派渊源、师承关系及其思想特征的分析上有所不同。周梦江不认可《宋元学案》将叶适列为郑伯熊弟子的做法。笔者则主要依据《宋元学案》中的师承脉络加以论述。

③ 关于其学术源流,黄百家在其案语中指出:“百家谨案:伊洛之学,东南之士,龟山、定夫之外,惟许景衡、周行己亲见伊川,得其传以归。景衡之后不振;行己以躬行之学,得郑伯熊为之弟子,(梓材案:郑先生为浮沚私淑弟子。)其后叶适继兴,经术文章,质有其文,其徒甚盛。”(清)黄宗羲原著,(清)全祖望补修:《宋元学案》第二册,第1133页。黄百家叙述了永嘉学派之一支由周行己、许景衡传承二程洛学,而郑伯熊(1124－1181)、叶适继承光大的概况。

己的私淑弟子[1],是永嘉学派由性理之学转为事功之学的关键人物。[2]叶适是郑伯熊的弟子,也是永嘉学派的集大成者,其学派当时十分兴盛,与朱熹的理学及陆九渊的心学相颉颃。[3]永嘉学派第二支的基本传承脉络是程颐→袁溉→薛季宣→陈傅良。具体说,在黄氏原本中,黄宗羲为永嘉学派的两位代表人物,程门再传弟子、以礼乐制度为主的浙东永嘉学派创始人薛季宣(1134—1173)和学问纯粹的永嘉学派代表人物之一陈傅良(1137—1203)设立了"永嘉学案二",其后全祖望在其百卷修补本《宋元学案》中将其分割成了"艮斋学案"(薛季宣)与"止斋学案"(陈傅良)两个学案。[4]薛季宣的弟子陈傅良一方面继承程门理学,一方面发挥"实事实理"的思想,刻苦钻研经制,对自三代两汉而后的井田、王制、兵制、兵法详尽考究,将理学与事功之学结合在一起。[5]依据王梓材的考证,陈傅良也是郑伯熊的门人。[6]而叶适曾经问学于薛季宣、陈傅良,与陈傅良交往时间尤长。[7]可知永嘉学派的上述两支到了陈傅良这里已经开始合流,而最终由叶适总其成。叶适承继薛、陈的思想,系统总结经制事功之说,又与陈傅良门人蔡幼学相切磋,与朱、陆相论争,从而使事功之学与理学、心学形成鼎足之势。[8]永嘉学派第三支的基本传承脉络是程颐→潘安固→徐谊→黄中。其中,潘安固是程颐的私淑

---

① (清)黄宗羲原著,(清)全祖望补修:《宋元学案》第二册,第1127页。

② 参见周梦江《永嘉之学如何从性理转向事功(代前言)》,(宋)郑伯雄、郑伯谦:《二郑集》,《温州文献丛书》,上海:上海社会科学院出版社,2006年,第3~9页。

③ (清)黄宗羲原著,(清)全祖望补修:《宋元学案》第三册,第1738页。

④ 关于其学术源流,黄百家在其案语中曾指出:"百家谨案:汝阴袁道洁溉问学于二程,又传《易》于薛翁。已侍薛于宣,器之,遂以其学授焉。季宣既得道洁之传,加以考订千载,凡夫礼乐兵农莫不该通委曲,真可施之实用。又得陈傅良继之,其徒益盛。此亦一时灿然学问之区也,然为考亭之徒所不喜,目之为功利之学。"(清)黄宗羲原著,(清)全祖望补修:《宋元学案》第三册,第1691页。黄百家叙述了永嘉学派的发展脉络,并肯定了薛季宣创立的永嘉学派学问的广博与实用性,同时也反驳了理学派(朱学)对其所谓"功利之学"的蔑视。其后全祖望也指出:"永嘉之学统远矣,其以程门袁氏之传为别派者,自艮斋薛文宪公始。艮斋之父学于武夷,而艮斋又自成一家,亦人门之盛也。其学主礼乐制度,以求见之事功。"(清)黄宗羲原著,(清)全祖望补修:《宋元学案》第三册,第1690页。

⑤ 参见(宋)楼钥《宋故宝谟阁待制赠通议大夫陈公神道碑》,(宋)陈傅良:《陈傅良先生文集》,杭州:浙江大学出版社,1999年,第682~690页;(宋)陈傅良《历代兵制》,史丽君译注,北京:中华书局,2017年;魏凯《从经学史角度探寻敖继公学统》,《黑龙江史志》2009年第16期。

⑥ (清)黄宗羲原著,(清)全祖望补修:《宋元学案》第三册,第1710页。

⑦ 参见周梦江《叶适的功利思想及其渊源》,《温州师范学院学报(哲学社会科学版)》1983年第1期;周梦江《叶适师友考略》,《温州师范学院学报(哲学社会科学版)》1990年第1期。

⑧ (清)黄宗羲原著,(清)全祖望补修:《宋元学案》第三册,第1724页。相关论述参见陈远平、肖玉秋《论叶适经制事功之学的渊源及其与理学的分歧》,《湖南大学学报(社会科学版)》2001年第4期。

及周行己、许景衡的学侣。徐谊是潘安固的续传、陈傅良的学侣及陆九渊的同调,其思想与陆九渊心学相接近。[①]徐谊[②]的门人有丁黼[③]、黄中[④]、赵希錧[⑤]。总之,此一支派是永嘉学派中接近陆氏心学中的一支。此外,还有戴溪[⑥]、钱文子[⑦]、唐仲友三人在卷五十三"止斋学案"中被列为永嘉学派陈傅良的同调。[⑧]戴、钱、唐三人都偏重历史制度的考察研究。关于永康学派陈亮的学问渊源,黄百家与全祖望都认为陈亮的学问无所承接。[⑨]其后编纂者王梓材则考证指出陈亮师事郑伯熊、芮煜[⑩],郑伯熊又是叶适和陈傅良之师,芮煜是陈傅良之师,因此陈亮与前述永嘉学派的二支都可谓同源,而郑伯熊是

① (清)黄宗羲原著,(清)全祖望补修:《宋元学案》第三册,第1968~1969页。

② 叶适称道徐谊:"公少而异质,自然合道。天下虽争为性命之学,然而滞痼于语言,播流于偏末,多茫昧影响而已。及公以悟为宗,县解昭彻,近取日用之内,为学者开示。修证所缘,至于形废心死,神视气听,如静中寺霆,冥外朗日,无不洗然自以为有得也。"《宝谟阁待制知隆兴府徐公墓志铭》,(宋)叶适:《叶适集》,北京:中华书局,2010年,第405页。

③ (清)黄宗羲原著,(清)全祖望补修:《宋元学案》第三册,第1972~1973页。相关论述参见汪桂海《丁黼事辑编年》,《文津学志》2010年第1期。

④ 全祖望作黄中小传,云:"时徐忠文公方起平阳,于永嘉诸儒中又别为一家,先生从之游。……学禁方严,先生校艺漕闱,发策云:'平居不以利禄入其心,培植涵养,如木有根,水有源,用之则回既倒之狂澜,不用则唱和寂寞之滨,亦足名世,任此责者谁与?'……平阳弟子以先生为第一。"(清)黄宗羲原著,(清)全祖望补修:《宋元学案》第三册,第1974页。

⑤ (清)黄宗羲原著,(清)全祖望补修:《宋元学案》第三册,第1971~1972页。

⑥ (清)黄宗羲原著,(清)全祖望补修:《宋元学案》第三册,第1723页。

⑦ (清)黄宗羲原著,(清)全祖望补修:《宋元学案》第三册,第1969~1970页。

⑧ (清)黄宗羲原著,(清)全祖望补修:《宋元学案》第三册,第1722页。

⑨ 关于永康学派的创始人和代表人物陈亮,卷五十六"龙川学案"中黄百家指出:"百家谨案:永嘉之学,薛、郑俱出自程子。是时陈同甫亮又崛兴于永康,无所承接。然其为学,俱以读书经济为事,嗤黜空疏,随人牙后谈性命者,以为灰埃。亦遂为世所忌,以为此近于功利,俱目之为浙学。"概括了陈亮的思想主旨,并针对朱学的非难而为浙学(永嘉学派与永康学派)打抱不平。全祖望指出:"永嘉以经制言事功,皆推原以为得统于程氏。永康则专言事功而无所承,其学更粗莽抡魁,晚节尤有惭德。"他认为陈亮在学问及人品上都不及永嘉学派。(清)黄宗羲原著,(清)全祖望补修:《宋元学案》第三册,第1830~1832页。

⑩ 王梓材指出:"龙川在太学尝与陈止斋等为芮祭酒门人。又先生《祭郑景望龙图文》称之曰'吾郑先生',则先生亦在郑氏之门矣。"(清)黄宗羲原著,(清)全祖望补修:《宋元学案》第三册,第1830页。

程颐的再传弟子，因此陈亮的学术渊源也可以追溯到程颐洛学。[①]根据周梦江等人的考察，陈亮生平曾数次到永嘉经商和访学，与薛季宣、陈傅良、叶适等永嘉学派代表人物都有交往，彼此切磋学问并相互有所发明。[②]由此可见陈亮与永嘉学派关系之密切。

关于朱学的传承脉络。朱熹生前虽然不遗余力地批判浙东事功学派，甚至对其亲密讲友吕祖谦婺学的博杂也表示不满，但是其数量庞大的弟子（除单独设立学案的蔡元定、黄榦等著名弟子之外的直接弟子收录于卷六十九“沧洲诸儒学案上”）与再传弟子（收录于卷七十“沧洲诸儒学案下”）中出身两浙的学者不少。其中，朱熹的高徒陈埴（瑞安府永嘉县）与叶味道都是浙东温州人。陈埴早年曾师事浙东永嘉事功学派的集大成者叶适，后又师事朱熹并终生固守朱学，在朱门中具有较高的学术地位。[③]陈、叶二人的门下（卷六十五“木钟学案”）也出现了众多浙东出身的学者。同为两浙出身的朱熹高徒辅广（浙西嘉兴府崇德县，卷六十四“潜庵学案”）与杜煜、杜知仁、车瑾（浙东台州黄严县，卷六十六“南湖学案”）的门下也出现了不少两浙学者。这样在朱熹及其门人的努力下，朱学向两浙地区迅速传播开来，特别是朱熹大弟子黄榦的门下出现了“北山四先生”——何基（婺州金华人）、王柏（婺州金华人）、金履祥（婺州兰溪人）、许谦（婺州金华人）为代表的浙东金华学派，其学案“北山四先生学案”（卷八十二）中共计有99位两浙出身的学者，是在单个学案中收录两浙学者数量最多的。金华朱学也被视为朱学的正宗嫡传。同时浙东明州（庆元府）出现

① 美国学者田浩认为王梓材所说的陈亮与郑伯熊之间师承关系的证据难以令人信服，这也表明陈亮与郑伯熊及程颐之间的联系比较脆弱。田浩又通过考察陈亮的著述指出陈亮经历了一个与程颐思想紧密相连的阶段，具体来说就是1168年陈亮乡试及第后成为太学中的一名学生，在1168年至1178年间陈亮作为道学弟子，在太学中跟随道学家芮煜和吕祖谦学习，芮、吕二人都强调《四书》中有张载和二程兄弟的形而上学和自我修养的主题。虽然1178年前后陈亮由于科举、政治失意及接连遭遇家庭不幸开始远离和批判道学的修养工夫，但这一阶段的经历对陈亮思想的发展极为关键，他熟悉了道学老师们的语言和思想，并在12世纪80年代与道学集大成者朱熹发生激烈的辩论。因此田浩虽然对陈亮、程颐的师承谱系存在疑问，但却承认陈亮的某些思想与程颐之间存在思想渊源关系。参见［美］田浩《功利主义儒家：陈亮对朱熹的挑战》，姜长苏译，第7、12、154～157页。由田浩的上述考察可知，就算程颐与陈亮之间没有直系师承关系，也不妨碍陈亮通过学习著作吸收程颐的思想。因为“传经”需要师承，而“传道”则不依赖师承。哪怕是朱熹，也是通过阅读二程的著作才得以确立其思想体系并继承伊洛道统的，更不用说二程等道学奠基人，他们都是以继承孔孟不传之绝学（道统）自任的。道（思想）的传承实际上是超越时空限制的。

② 参见徐规、周梦江《陈亮永嘉之行及其与永嘉事功学派的关系》，《杭州大学学报（哲学社会科学版）》1977年第2期；周梦江、陈凡男《陈亮永嘉之行及其目的》，《浙江社会科学》2005年第6期。

③ 参见崔从华《陈埴〈木钟集〉研究》，硕士学位论文，温州大学，2018年，第44～46页。

了以王应麟(庆元府鄞县人,卷八十五"深宁学案")、黄震(庆元府慈溪县人,卷八十六"东发学案")、史蒙卿(庆元府鄞县人,卷八十七"静清学案")为代表的四明朱学。浙东的朱学由此盛极一时。[①]这种势头一直持续到后世。与之形成对照的是,朱学的发祥地福建在黄榦(福州闽县人)与真德秀(建宁府浦城人)之后直至南宋末期几乎没有出现著名的大儒了。

关于陆学的传承脉络。陆九渊出身于江西(江南西路),其门人则主要出身于江西与浙东,而浙东出身的陆学弟子的学术贡献与地位远远超过了陆氏本籍的江西弟子。"甬上四先生"——杨简(庆元府慈溪县人,卷七十四"慈湖学案")、袁燮(庆元府鄞县人,卷七十五"絜斋学案")、舒璘与沈焕(庆元府奉化县与定海县人,卷七十六"广平定川学案")即是其代表。其门下基本都是浙东人。在杨简与袁燮门下出现了四明史氏一族(南宋权臣史弥远属于此家族)等众多浙东出身的心学学者。他们之外两浙出身的陆九渊门人(卷七十七"槐堂诸儒学案")还有不少。由此,陆九渊死后从江西兴起的陆学(心学)传承也主要依靠南宋浙东学者了,元代陆学代表之一的赵偕(庆元府慈溪县人,卷九十三"静明宝峰学案")也是浙东明州出身。

需要指出的是,宋元陆学(尤其浙东四明陆学)及浙学(浙东学术)的传承对明代浙东兴起的阳明学[②]及以黄宗羲为首的清代浙东学派也给予了重要影响。[③]而黄宗羲和全祖望的学术思想可说与南宋以来浙东地区的心学及实学传承一脉相承。[④]《宋元学案》的编纂者黄氏父子等人的思想立场大抵倾向于陆王心学,这是由他们的思想渊源所决定的。黄宗羲的恩师刘宗周是明代心学的殿军,全祖望的座主(科举考试官)与学友李绂是清代陆学

---

① 参见(清)黄宗羲原著,(清)全祖望补修《宋元学案》第四册,第2886页。程继红指出:"朱熹理学在浙江的传播主要有六系,即义乌系、崇德系、永嘉系、黄岩系、金华系、四明系。六系之中,《宋元学案》对永嘉系叶味道、陈植独立辟有《木钟学案》,崇德系辅广、辅万辟有《潜庵学案》,黄岩系杜煜、杜知仁辟有《南湖学案》,金华系何基等辟有《北山四先生学案》,四明系史蒙卿辟有《静清学案》和黄震辟有《东发学案》,而偏偏对义乌系徐侨仅在《沧洲诸儒学案表》中列出,没有独立的学案。六系之中,徐侨、何基同属于婺州。此前研究者对朱熹理学在浙江婺州地区的传播,目光主要集中在以何基为首的'金华四先生'群体。其实,在婺州当时有两个朱熹理学的传播基地:一为义乌,一为金华。义乌朱熹理学传播基地的代表人物就是徐侨。"程继红:《徐侨与朱熹理学在浙江的传播》,《朱子学刊》2010年第0期。

② 参见管敏义《宋元明初浙东诸学派对阳明心学的影响》,方祖猷、滕复主编:《论浙东学术》,第187~191页;滕复《阳明前的浙江心学》,《浙江学刊》1989年第1期。

③ 参见吴光《从阳明心学到"力行"实学——论黄宗羲对王阳明、刘宗周哲学思想的批判继承与理论创新》,《中国哲学史》2007年第3期。

④ (清)章学诚:《文史通义校注》,叶瑛校注,第523页。

的代表人物。[①]黄宗羲、全祖望不仅受浙东心学传统的影响,黄宗羲还特别推崇以"经史并重""兼收博取"[②]为特色的浙东金华文献之学(吕学)[③],全祖望则推崇同乡四明朱学的代表黄震与王应麟的学问与人品。特别是王应麟那样以文献之学(同样源于吕学)融会贯通所有学问、学派的做法可说是全祖望一生的事业。

由上述分析可知,南宋中后期三个主要学派——朱学、陆学、浙学之传承集中于浙东,并对明代阳明学及清代浙东学派的形成产生了重大影响,确实是值得关注的地域学术文化现象。由此看来,清代浙东学派的代表人物黄氏父子、全祖望等在编纂《宋元学案》的过程中大力表彰浙东学术,尤其是全祖望在其案语(文章)中夸耀其家乡四明学术的繁荣确实是有其历史依据的。

(四)浙学分化期(从宋学移向明学)

从南宋后期开始经元朝,其间南宋虽然为元所灭,政治中心随之北移,但浙学的传承不曾断绝。其中吕学(婺学)、金华朱学、陆学的传承对明初学术有较大影响。这些学派的发展脉络如下所述。

---

① 参见[日]石田和夫《清儒李穆堂——その心学の性格をめぐって》,《日本中国学会报》第41卷,1989年。又黄进兴在其著作《十八世纪中国的哲学、考证和政治——李绂与清代陆王学派》中阐述了清朝早期的主要学术氛围以及当时清朝政府统治下的政治、文化特色。黄进兴生动描述了李绂与其侍奉过的三代帝王——康熙、雍正、乾隆的情况。李绂出身贫苦,考中状元,成为一名杰出的官方学者,并创作了多种重要哲学论著。他还曾卷入朝廷与少数民族之间的复杂政治纠纷中。李绂与中国历史上三位重要帝王之间的复杂关系导致了他屡遭贬黜,甚至被判处死刑,在临刑前才得以幸免。黄进兴最后探讨了英雄帝王康熙占用了文官的"道统",剥夺了文官们作为评判皇帝行使职权的道德判官兼批判者所拥有的传统职能。这些关于清朝禁锢思想界的描述有助于拓宽我们对中国历史上文人与政府之间关系的理解。See Jinxing Huang, *Philosophy, philology, and politics in eighteenth-century China: Li Fu and the Lu-Wang school under the Ch'ing*, Cambridge, UK: Cambridge University Press, 2002, pp. 63-168.

② (宋)吕祖谦:《东莱吕太史集》,黄灵庚、吴战垒主编:《吕祖谦全集》第一册,杭州:浙江古籍出版社,2008年,第8～21页。

③ 李圣华指出,黄宗羲主张经传、史籍互注互证,并且在理气论及以《易传》为宗等方面与吕祖谦的主张高度一致,可以说是东莱正宗之传,同时两人在入手处略有不同,即东莱重"揆理",黄氏重"兴废",这也体现了浙学的历史源流与发展演变。参见李圣华《黄宗羲与东莱之学》,《浙江学刊》2016年第4期。李圣华又指出,吕祖谦的明招讲学推动了浙东学派的兴起,黄宗羲远承明招遗风,近承证人讲会之绪,主持东南讲席,从而开创了清代浙东学派;吕祖谦与黄宗羲的讲学虽然旨趣相通、形式相沿,但由于历史环境、学术思潮的不同而各具特色;在内容上,吕祖谦的讲学包括义理与训诂传注,强调读史,而黄宗羲则以穷经为本,兼及史学、历算诸学,不专事训诂章句;在形式上,吕祖谦严订学规,讲究方法,而黄宗羲的讲学以自由商讨为主,创立讲经会为辅;从吕祖谦到黄宗羲的讲学也体现了浙学的传承与历史变化。参见李圣华《黄宗羲与明招讲学》,《浙江社会科学》2016年第9期。

关于吕学的变迁。吕祖谦之后,其弟吕祖俭继续传承吕氏中原文献之学。当时鄞县、金华、慈溪等浙东地区已有陆九渊的高徒“甬上四先生”(杨简、袁燮、舒璘、沈焕)兴起。吕祖俭与杨简等人切磋学问,长年讲学于甬上。吕氏兄弟之后,作为东莱学派后学的明招诸儒代代相传,与南轩学派的长沙岳麓诸儒相呼应。但岳麓诸儒基本在宋末抗元战争中殉难,明招诸儒则由元至明传承不绝。根据王梓材的考察,其传承大体分为两条脉络。一条由吕祖谦经叶邽→徐侨→黄溍传至明初的王祎(曾参加《元史》的编纂),一条由吕祖谦经王瀚→王柏→金履祥→柳贯传至明初位列开国文臣之首的宋濂(《元史》的总编纂官),这些学者大抵在传承吕学的同时兼师朱学。由此可知,吕学的传承实际上开启了有明一代的学术,所以全祖望称其为“四百年文献之所寄”,即通过吕学之传承,四百年间中原文献及其学术思想才得以延续下来。①

关于金华朱学的传承。正如黄百家所指出的,金华朱学从许谦传至宋濂一辈多流为文人。②全祖望在其《宋文宪公画像记》(收录于“北山四先生学案”)中论述了宋濂的学术渊源,并探讨了金华学派的变迁。按照全祖望的分析,金华朱学传到“北山四先生”的最后一位大儒许谦,其理学造诣已远不及其师金履祥,最终不免流于章句训诂之学。这可说是金华学派的“一变”。其后义乌诸学者师事许谦而多成为文章之士(文人)。这是金华学派的“再变”。传至宋濂则进而夹杂异端阿谀佛学了。这是金华学派的“三变”。其后宋濂弟子方孝孺的出现使得金华朱学一度发扬光大,但他因反对朱棣的篡位而惨遭灭十族(亲属九族外加弟子一族),其学术从而无传。话虽如此,作为文人的宋濂诸人的文章毕竟还有儒者的规范,与道学相距并不远,实际上可说是奠定了明代数百年立国精神的根基。③

关于陆学的传承。南宋后期朱学逐步官学化,到了元代由许衡、赵复等人将朱学传播到北方,全国范围内朱子学日益兴盛,但其中只为追求功名利禄而从事于朱学的士人很多,再加上朱学支离破碎的弊病日益显露,所以有识之士便以陆学的简易直截弥补朱学繁琐的弊病。依据全祖望的分析,汤巾、徐霖、程绍开、吴澄等人因此提倡朱陆合一,而胡长儒(石塘)由朱学入陆学,郑玉(师山)由陆学入朱学,他们的学术都立于朱陆之间而折中二者之异同,还不能说是纯粹的陆学。直到江西的陈苑(静明)与浙东的赵偕(宝峰)私淑陆学,方才重新振作了徐霖死后一度中衰的陆学。④关于四明陆学的传承,

① (清)黄宗羲原著,(清)全祖望补修:《宋元学案》第三册,第2434页。

②③ (清)黄宗羲原著,(清)全祖望补修:《宋元学案》第四册,第2801页。

④ (清)黄宗羲原著,(清)全祖望补修:《宋元学案》第四册,第3097页。

正如王梓材所指出的[①]，全祖望生前本有补修黄宗羲《明儒学案》的意愿，虽然最终无暇从事，但全祖望在补修黄宗羲、黄百家父子编纂的黄氏原本《宋元学案》时，通过将《明儒学案》所漏载的明初儒者附于《宋元学案》末尾的方式，间接实现了其对《明儒学案》的修补。最典型的例子就是卷九十三"静明宝峰学案"中收录全祖望的四明同乡、元代陆学代表人物赵偕（号宝峰，杨简的三传弟子）的小传。全祖望进而在同卷附上了赵偕门人桂彦良（1321—1387）、乌本良（人称春风先生，?—1372）、向朴（洪武末年曾为知县，建文帝时以抵抗朱棣而死）的小传。上述诸人均为元末明初人，都是杨简的四传弟子。在全祖望看来，这些学者实际上是元末明初传承四明陆学的学者，本应收录在《明儒学案》中被视为明儒开山（《师说》）的方孝孺（号逊志，1357—1402）之前。然而黄宗羲编著《明儒学案》中收录的明代四明陆学人物只有颜鲸（1515—1589）一人[②]，导致从元末至颜鲸之间的四明陆学传承脉络不明。于是全祖望在补修《宋元学案》时特意补上了这些学者并明确了他们在思想史上的地位。实际上《明儒学案》中以方孝孺作为明儒开山是基于刘宗周与黄宗羲表彰方氏的忠义及学术思想的意图，与全祖望注重地域传承的思想史立场有所不同。[③]然而以治地方史著称的史学大家全祖望力图表彰乡邦先贤学术的苦心及其重视思想史传承脉络的做法是值得我们注意的。

顾旭明指出，元代是历史上理学停滞时期。而唯独东阳却出了许谦、陈樵两位足以彪炳史册的大儒。许谦学从金华朱学嫡传北山四先生中的金履祥，一生以教育和传播朱学为己任，于东阳八华山讲学四十年，而桃李满天下，对金华朱学在元代的传播，起到了十分重要的作用。当时学者把他与北方大儒许衡相提并论。陈樵学出南宋文清学派（义乌徐侨），隐居山林四十年，以六经为宗，为学屏去传注，其学以朱学为主而兼修心学，其心学直承陆学高足慈湖杨简。他提出了"心之精神曰性""神之所知是谓智""良知得之自然"等极具创新之命题，被学者称为"承慈湖之余绪，开阳明之先导"。宋濂有明初开国文臣之首的称谓。其学术成就可谓明初婺学发展的一个高峰。他学出北山学派金履祥学生柳贯，又从文清学派传人黄溍学文。宋濂虽非东阳学者，但他与许谦、陈樵交游颇深。但纵观其学，还是以承接吕祖谦嫡传婺学为主，于史学下工夫最深，与王祎等编写元史，是其史学成就的最大体现。他汇理学、史学、文学于

① (清)黄宗羲原著，(清)全祖望补修：《宋元学案》第四册，第3098页。

② (清)黄宗羲：《明儒学案》，第1605页。

③ 王宇：《方孝孺与黄宗羲对明代理学开端的构建——兼论宋濂不入〈明儒学案〉》，吴光主编：《黄宗羲与明清思想》，第282～283页。

一炉,忠实地传承和发展了吕学。这三家的学术思想集中体现了元末明初婺学(朱子学)的发展走向及成就。[①]

第二节　福建路的学者分布及其发展状况

福建路即今福建省,主要包括福州、建宁府、南剑州、泉州、邵武军、汀州、兴化军、漳州。如果说两浙路的学术主要是以浙东学派为主的浙学的话,那么福建路的学术主要是以朱学为代表的闽学及其先驱——以杨时等人为代表的道南学派。其地域上的构成如表6-5所示。

表6-5 《宋元学案》中福建路学者分布统计表

二级区划	人数	比率
建宁府	94	27.25%
福州	85	24.64%
兴化军	55	15.94%
邵武军	46	13.33%
泉州	28	8.12%
南剑州	20	5.80%
漳州	13	3.77%
汀州	2	0.58%
其他	2	0.58%
合计	345	100.00%

其中,南剑州(今福建南平)在明清两代改名为延平府,其下包括有剑浦、将乐、沙县、顺昌、尤溪5个县,将洛学传播到东南一带的"南剑三先生"——杨时、罗从彦、李侗当然是南剑州(延平)出身的学者(其中李侗的别名"李延平"特别有名)。以三先生为代表的道南学派是从北宋中原的洛学

① 参见顾旭明《元末明初"婺学三家"思想特色及影响》,杭州:浙江工商大学出版社,2018年,第7~16页。

传承至南宋福建的朱学(闽学)中间的关键过渡环节。①他们致力于以福建为中心将洛学推广到东南乃至全国的事业,其门人中福建路出身的学者很多。特别是洛学的传承经过程颐→杨时→罗从彦→李侗的授受传承,终于在李侗的门下出现了理学的集大成者朱熹。朱熹的籍贯原本是江南东路的徽州婺源县(今在江西省),但由于其父朱松的外任而移居福建,朱熹本人也出生于南剑州尤溪县。朱松与李侗同出罗从彦门下,后来朱熹又师事李侗而继承了洛学之正统。其后随着朱熹在各地书院的讲学,以及各地弟子聚集在朱熹身边问学,朱熹的学问也传播至南宋各地,其出生地福建省是其讲学的根据地,福建出身的弟子也是最多的。特别是建宁府(今福建建瓯)对于朱学的传承具有重大意义。建宁府(又称建州)包括建安、瓯宁、建阳(嘉禾)、崇安、浦城、松溪、政和7县和丰国监。如上所述,朱熹的出生地是南剑州尤溪县,但其一生中长期在建宁府的崇安、建阳度过,特别是朱熹晚年居建阳考亭建立考亭书院讲学,培养了众多弟子,因此朱熹门下出身于建宁府、邵武军和兴化军的人很多。

统计《宋元学案》的各学案中福建路学者的数量,可以考察宋元两代福建路学者的学术源流和分布特征。如表6-6所示。

表6-6 《宋元学案》中福建路学者的学案分布统计表

卷次	学案名	人数	卷次	学案名	人数	卷次	学案名	人数
1	安定学案	12	36	紫微学案	6	64	潜庵学案	6
2	泰山学案	2	38	默堂学案	1	65	木钟学案	1
4	庐陵学案	2	39	豫章学案	4	67	九峰学案	7
5	古灵四先生学案	14	41	衡麓学案	4	68	北溪学案	15
6	士刘诸儒学案	2	42	五峰学案	5	69/70	沧洲诸儒学案	88
7/8	涑水学案	1	43	刘胡诸儒学案	12	71	岳麓诸儒学案	6
9/10	百源学案	1	44	赵张诸儒学案	1	72	二江诸儒学案	2
15/16	伊川学案	1	46	玉山学案	2	73	丽泽诸儒学案	2
19	范吕诸儒学案	6	47	艾轩学案	18	74	慈湖学案	1

① 衷尔钜指出,杨时、罗从彦和李侗作为洛学传人,是从洛学到闽学的桥梁。这首先体现在"南剑三先生"的传道、授业即传承洛学的历史贡献上,其次体现在他们在哲学理论上为朱熹思想体系的形成和成熟作了准备。如三先生关于太极、理一分殊、即物穷理、默坐澄心等的阐发都对朱熹的思想形成产生了重要影响。参见衷尔钜《从洛学到闽学——综论杨时、罗从彦、李侗哲学思想及其历史作用》,《中州学刊》1991年第1期。

续表

卷次	学案名	人数	卷次	学案名	人数	卷次	学案名	人数
22	景迂学案	1	48/49	晦翁学案	7	77	槐堂诸儒学案	2
24	上蔡学案	3	52	艮斋学案	1	81	西山真氏学案	6
25	龟山学案	18	53	止斋学案	3	90	鲁斋学案	1
26	廌山学案	2	54/55	水心学案	2	92	草庐学案	1
29	震泽学案	5	56	龙川学案	1	96	元祐党案	12
31	吕范诸儒学案	3	59	清江学案	2	97	庆元党案	13
34	武夷学案	8	62	西山蔡氏学案	8	98	荆公新学略	7
35	陈邹诸儒学案	2	63	勉斋学案	15	合计	50	345

从表6-6可知,福建路的学者出现在《宋元学案》的50个学案(共56卷)中。与两浙路一样,其学术源流也可以追溯到宋学初期。胡瑗的门下(卷一"安定学案")已经出现了莫表深[①]、刘彝、翁仲通、林晟等福建出身的学者。同时胡瑗的同调、出身于福建的"古灵四先生"陈襄、郑穆、陈烈、周希孟作为闽学的先驱兴起,他们在学术上的造诣虽不深,但在当时的政界和学界拥有相当的影响力。特别是陈襄的门下(卷五"古灵四先生学案")涌现出了众多福建出身的学者。其后北宋五子的殿军、道学的实际创始人程颐的门下出现了福建出身的高徒杨时(南剑州将乐县人,卷二十五"龟山学案")和王苹(原籍福州福清,卷二十九"震泽学案")。道南学派的始祖杨时是将洛学南传的中心人物,他成为程颐之后学界的领袖,其门下出现了为数众多的福建学者。特别是杨时的再传弟子李侗(卷三十九"豫章学案")的教导使朱熹摆脱了异端的羁绊并最终确立了其儒学(洛学)信仰。此外,朱熹早年之师刘勉之、胡宪、刘子翚(卷四十三"刘胡诸儒学案")均出身于福建路建宁府崇安县。福建路兴化军莆田县出身的林光朝(卷四十"艾轩学案")是程颐晚年高徒尹焞的再传弟子,又受王苹思想的影响而自成一派,并被视为江西陆学的先驱。[②]其后道南学派的后继、福建出生的理学集大成者朱熹创立的闽学以福建为中心向全国传播,其数量庞大的弟子与再传弟子以福建出身的学者为主体。这一点集中体现在卷六十九、七十"沧洲诸儒学案上、下"中的88位福建出身的学

① 莫表深是福建邵武人,曾先后师从"宋初三先生"孙复、石介和胡瑗。参见卢广森《洛学向东南沿海传播的渠道》,邓永俭主编:《河洛文化与闽台文化集》,郑州:河南人民出版社,2018年,第134页。

② (清)黄宗羲原著,(清)全祖望补修:《宋元学案》第二册,第1470~1471页。

者当中,而其高徒蔡元定(建宁府建阳县人,卷六十二“西山蔡氏学案”)、蔡沈(建宁府建阳县人,卷六十七“九峰学案”)、黄榦(福州闽县人,卷六十三“勉斋学案”)、陈淳(漳州龙溪人,卷六十八“北溪学案”)均出身于福建。朱熹的再传弟子、对推进朱学的官学化起过很大作用的真德秀也是福建出身(建宁府浦城人)。这样,福建作为朱学的发祥地,在朱熹及其弟子的努力下由边鄙之地一跃而成为全国的学术中心之一。[①]但南宋后期朱学的中心由福建转移至浙东(以金华朱学、四明朱学为其代表),福建在真德秀之后几乎没有出现著名的朱学大儒了。

第三节 江南西路与江南东路的学者分布及其发展状况

关于江南西路与江南东路,宋代始设立江南路,其后又分为东、西两路。江南西路以洪州为首府,其管辖范围包括今江西的大部分地区和鄂东(湖北东部)的一小部分,包括洪、虔、吉、袁、抚、筠6州与兴国、南安、临江、建昌、南唐5军,辖51县,简称“江西”。江南西路的学术在哲学思想上以陆学为其代表。其地域上的构成如表6-7所示。

表6-7 《宋元学案》中江南西路学者分布统计表

二级区划	人数	比率
抚州	69	29.11%
吉州	50	21.10%
建昌军	29	12.24%
临江军	25	10.55%
隆兴府	22	9.28%
瑞州	17	7.17%
赣州	11	4.64%
袁州	8	3.38%
南安军	3	1.27%
其他	2	0.84%
兴国军	1	0.42%
合计	237	100.00%

从表6-7可知,抚州出身的学者最多。其主要原因是陆学的创始人陆九渊

① 宋代福建学术的兴盛,有其人口、经济、科举及教育等多方面的原因。参见黄书光《宋代福建文教的兴盛及其原因》,《教育评论》1987年第3期。

兄弟(抚州金溪)与新学的创始人王安石父子(抚州临川)及宋末的朱陆折中者吴澄(抚州崇仁)等著名学者均出身于抚州,而陆九渊兄弟的门人中出身于抚州的学者也很多。此外,吉州出身的学者也很多,其中著名学者有欧阳修、杨万里、文天祥、周必大等人。建昌军出身的著名学者有曾巩、李觏。临江军出身的著名学者有刘敞、刘攽兄弟。隆兴府出身的著名学者有黄庭坚。大体上来说,江南西路的学术在北宋时主要以文学和经学著称,"唐宋八大家"中的欧阳修、王安石、曾巩的学术是其代表。到了南宋,尤其在陆学出现以后,江南西路学术则以心学思潮(哲学)著称,并与福建的朱学(闽学)等学派相鼎足。

统计《宋元学案》各学案中江南西路学者的数量,可以考察宋元两代江西学术的源流及其分布特征。如表6-8所示。

表6-8 《宋元学案》中江南西路学者的学案分布统计表

卷次	学案名	人数	卷次	学案名	人数	卷次	学案名	人数
2	泰山学案	1	45	范许诸儒学案	1	77	槐堂诸儒学案	34
3	高平学案	5	46	玉山学案	1	78	张祝诸儒学案	2
4	庐陵学案	9	48/49	晦翁学案	2	80	鹤山学案	1
5	古灵四先生学案	2	53	止斋学案	4	82	北山四先生学案	2
7/8	涑水学案	6	54/55	水心学案	1	83	双峰学案	7
11/12	濂溪学案	3	57	梭山复斋学案	4	84	存斋晦静息庵学案	5
19	范吕诸儒学案	5	58	象山学案	5	88	巽斋学案	10
23	荥阳学案	5	59	清江学案	2	91	静修学案	2
25	龟山学案	1	63	勉斋学案	3	92	草庐学案	22
28	兼山学案	9	64	潜庵学案	1	93	静明宝峰学案	4
29	震泽学案	1	65	木钟学案	1	96	元祐党案	6
30	刘李诸儒学案	1	67	九峰学案	4	97	庆元党案	7
34	武夷学案	6	69/70	沧洲诸儒学案	22	98	荆公新学略	7
35	陈邹诸儒学案	5	71	岳麓诸儒学案	5	99	苏氏蜀学略	1
36	紫微学案	1	72	二江诸儒学案	3	合计	48	237
41	衡麓学案	1	74	慈湖学案	3			
44	赵张诸儒学案	3	75	絜斋学案	1			

由表6-8可知,江南西路出身的学者出现在《宋元学案》的48个学案(共计53卷)中,分析其中收录学者数量居于前四位(10人以上)的学案的话,卷七十七"槐堂诸儒学案"(34人)主要是陆九渊的门人。江南西路作为陆学的

发祥地，陆学弟子当然很多，但其中有名的弟子只有傅梦泉一人，远远比不上陆九渊的浙东弟子(以"甬上四先生"为代表)。其次卷六十九、七十"沧洲诸儒学案上、下"(22人)则是朱熹的江西弟子与再传弟子，但其中几乎没有著名的学者。卷九十二"草庐学案"(22人)则是元代大儒吴澄(朱陆折中者)及其门人。卷八十八"巽斋学案"(10人)是朱熹的后学欧阳守道与其弟子文天祥及其他门人。另一方面，新学的创始人王安石虽出身于江南西路，但新学主要是作为科举考试依据的官学，并为王安石的变法提供理论依据，其地域色彩比较淡薄，加上王安石一生中多在外地与中央任职，其晚年基本是在江南东路江宁府(金陵)度过，因此其门下江西学者并不多。由此可知，江南西路的学术还是以陆学为主，其他的学派都不太兴盛。

江南东路以江宁府为首府，其管辖范围包括今苏南(江苏南部)的西部(其中常州属两浙路)、皖南(安徽南部)、赣东(江西东部，北宋时包含江州，南宋时江州属西路)，包括江宁府与宣、徽、江、池、饶、信、太平7州与广德军，共有45个县，简称为"江东"。与江西相比，江东的学术略显缺乏光彩，且与江西心学的兴盛相反，江东学术以朱学为主体。其地域上的构成如表6-9所示。

表6-9 《宋元学案》中江南东路学者分布统计表

二级区划	人数	比率
饶州	77	39.49%
徽州	68	34.87%
信州	29	14.87%
宁国府	9	4.62%
江宁府	6	3.08%
南康军	5	2.56%
太平州	1	0.51%
合计	195	100.00%

由表6-9可知，江东的学者主要集中在饶州、徽州、信州3地。其中饶州出身的学者最多，共计77人，其主体是朱熹的门人、杨简的门人、元代朱学派大儒之门人及新安朱学，其中著名的学者有朱熹的门人程端蒙(卷六十九"沧洲诸儒学案上")、朱熹的再传弟子饶鲁(卷八十三"双峰学案")、新安朱学的代表董梦程、马端临(卷八十九"介轩学案")等人。徽州出身的学者数量位居第二，

共计68人,主要是朱熹一族及其江东弟子,以及饶鲁的朱学派与新安朱学派[①],还有元代的朱陆折中者郑玉的师山学派。其中朱熹的原籍本是江东的徽州婺源县,饶鲁的高徒程若庸是徽州休宁县人,新安朱学派的代表曹泾也是徽州休宁县人,郑玉是徽州歙县人。信州出身的学者数量位居第三,共计29人,其中著名学者有汪应辰(卷四十六"师山学案")、叶梦得(卷七十七"槐堂诸儒学案")、元代陆学的代表人物之一陈苑(卷九十三"静明宝峰学案")等人。[②]

进而统计《宋元学案》各学案中江东学者的数量的话,可以考察宋元两代江东的学术源流及其分布特征。如表6-10所示。

表6-10 《宋元学案》中江南东路学者的学案分布统计表

卷次	学案名	人数	卷次	学案名	人数	卷次	学案名	人数
1	安定学案	3	48/49	晦翁学案	7	81	西山真氏学案	3
3	高平学案	1	54/55	水心学案	2	82	北山四先生学案	1
4	庐陵学案	1	58	象山学案	1	83	双峰学案	22
11/12	濂溪学案	1	59	清江学案	3	84	存斋晦静息庵学案	7
22	景迂学案	1	63	勉斋学案	1	88	巽斋学案	1
25	龟山学案	1	66	南湖学案	1	89	介轩学案	24
27	和靖学案	3	69/70	沧洲诸儒学案	31	92	草庐学案	3
29	震泽学案	1	71	岳麓诸儒学案	3	93	静明宝峰学案	10
36	紫微学案	1	74	慈湖学案	14	94	师山学案	18
39	豫章学案	1	76	广平定川学案	1	96	元祐党案	2
40	横浦学案	1	77	槐堂诸儒学案	5	97	庆元党案	2
45	范许诸儒学案	1	78	张祝诸儒学案	3	98	荆公新学略	1
46	玉山学案	9	79	丘刘诸儒学案	4	合计	38	195

① 解光宇指出,徽州以"程朱阙里""东南邹鲁"著称。二程、朱子祖籍均为新安(徽州),并且朱熹曾多次回徽省亲,收授许多门生,尚有多人赴闽随朱子学习,所以自南宋始,朱子理学思想在徽州代代相传,在徽州逐渐形成了程朱理学的一个重要支派——新安理学。新安理学的历代传人,致力于儒学与朱子学的传承与弘扬。解光宇在其专著《新安理学论纲》中对包括朱子徽州及门弟子、朱子再传弟子(倪士毅、朱升、汪循、范涞)、新安理学派中的两位有较大影响的理学家程大昌、吴儆等人的思想进行了考察。《宋元学案》是其重要参考资料。参见解光宇《新安理学论纲》,合肥:安徽大学出版社,2014年,第1~6页。

② 信州出身的大儒及学派虽不算多,但对朱熹闽学的传播却具有重要意义,因为信州与福建的崇安接壤,是闽学向全国传播的地缘基础。信州作为当时的交通要道,是朱熹出福建北上从政、讲学、交流的必经地和学术讨论的根据地之一。朱熹生平多次途经或停留在信州讲学,在信州铅山参加了理学史上著名的朱陆"鹅湖之会",留下了《玉山讲义》等重要著作。参见程继红、傅惠敏《论信州在朱熹理学传播中的地理意义》,《朱子学刊》2003年第0期。

由表6-10可知，江东出身的学者出现在《宋元学案》的38个学案（共计42卷）中。分析其中学者数量位居前六名（10人以上）的学案的话，第一位（31人）卷六十九、七十“沧洲诸儒学案上、下”主要是朱熹的江东弟子与再传弟子。第二位（24人）卷八十九“介轩学案”是“新安朱学”的代表及其门人。第三位（22人）卷八十三“双峰学案”是朱熹的再传弟子饶鲁及其门人。第四位（18人）卷九十四“师山学案”是郑玉及其同调、家学和门人。第五位（14人）卷七十四“慈湖学案”是杨简的门人。第六位（10人）卷九十三“静明宝峰学案”主要是陈苑及其门人。

第四节 成都府路的学者分布及其发展状况

成都府路主要指今四川省，包括1府（成都）、12州（眉、蜀、彭、绵、汉、嘉、邛、简、黎、雅、茂、威）、2军（永康、石泉）与1监（仙井），共有58个县。成都府路的学术以苏氏蜀学、鹤山朱学与南轩学派为主。其地域上的构成如表6-11所示。

表6-11 《宋元学案》中成都府路学者统计表

二级区划	人数	比率
眉州	24	25.53%
邛州	18	19.15%
成都府	17	18.09%
永康军	11	11.70%
仙井监	11	11.70%
汉州	8	8.51%
崇庆府	3	3.19%
简州	1	1.06%
绵州	1	1.06%
合计	94	100.00%

分析其中学者数量位居前三位的府州的话，第一位眉州出身的学者有24人，主要是苏氏蜀学创始人三苏及其家学、讲友。第二位邛州出身的学者有18人，主要是魏了翁及其学侣、讲友、家学、门人。第三位成都府出身的学者有17人，主要是张栻的弟子及再传弟子。司马光的高徒范祖禹（卷二十一“华阳学案”）也是成都府华阳县人。总的来说，成都府路出身的学者主

要以文学、经学、史学著称。蜀学的代表人物三苏在古文“唐宋八大家”中占据三席,其经学著作也很有名,但由于他们提倡三教合一论而被朱熹批判为杂学。魏了翁是理学大家,同时也因其经学上的卓越成就和实事求是的学风得到《宋元学案》的编纂者黄氏父子的高度评价,认为其学术造诣在依门傍户、墨守朱学的真德秀之上。

统计《宋元学案》各学案中成都府路出身的学者数量,可以探讨宋元两代成都府路的学术分布特征。如表6-12所示。

表6-12 《宋元学案》中成都府路学者的学案分布统计表

卷次	学案名	人数	卷次	学案名	人数
2	泰山学案	1	72	二江诸儒学案	14
6	士刘诸儒学案	1	78	张祝诸儒学案	3
7/8	涑水学案	2	79	丘刘诸儒学案	1
19	范吕诸儒学案	4	80	鹤山学案	20
21	华阳学案	2	82	北山四先生学案	2
30	刘李诸儒学案	5	92	草庐学案	3
34	武夷学案	1	95	萧同诸儒学案	1
44	赵张诸儒学案	2	96	元祐党案	4
50	南轩学案	4	97	庆元党案	1
59	清江学案	1	98	荆公新学略	1
63	勉斋学案	1	99	苏氏蜀学略	16
69/70	沧洲诸儒学案	2	合计	24	94
71	岳麓诸儒学案	2			

由表6-12可知,成都府路出身的94位学者出现在《宋元学案》的24个学案中,分析其中学者数量居于前三位(10人以上)的学案的话,第一位卷八十“鹤山学案”共20人,主要是朱熹的私淑弟子、与真德秀齐名的大儒魏了翁及其学侣、讲友、家学和门人。第二位卷九十九“苏氏蜀学略”共16人均为与洛学几乎同时兴起,但后来被朱熹视为夹杂纵横与佛老异端的杂学——蜀学的代表人物三苏及其讲友、同调和家学。第三位卷七十二“二江诸儒学案”主要是张栻的成都府路出身的弟子及再传弟子,南宋“东南三贤”之一、与朱熹齐名的理学家张栻的籍贯本是成都府路汉州广汉县,但后来随其父、曾任南宋丞相的张浚移居荆湖南路(湖南)衡州衡阳县,并师事湖湘学派的实际创始人胡宏,胡宏死后又成为湖湘学派的领袖,因此,张栻的学术活动

主要在湖南。在他成名以后，成都府路出身的宇文绍节、范仲黼、范子长等人方才师事张栻，从而使张栻的学问传至其原籍成都府路。此外，卷十九"范吕诸儒学案"中成都府华阳县出身的范镇身为北宋的状元，当时与司马光齐名。卷三十"刘李诸儒学案"中仙井监井研出身的李舜臣及其子李心传、李道传、李性传兄弟均出于洛学，主要是以经学与史学著称，对宋代理学的发展有一定的贡献。[①]特别是李心传的道学史著作《道命录》是全祖望设立的与道学兴衰息息相关的党案（卷九十六"元祐党案"与卷九十七"庆元党案"）的蓝本。大体说来，成都府路的学术在北宋以苏氏蜀学为主，南宋以后则以道学（朱学与南轩学派）为主。[②]

第五节 京东路与京西路的学者分布及其发展状况

宋代有京东路与京西路。京东路以宋州（今商丘南）为首府，其管辖范围包括今豫东（河南东部）、江苏的西北角与山东的大部地区，北宋神宗熙宁年间京东路又分为东西两路，泰山以北、沂水以东为京东东路，并以青州（今山东益都）为首府，京东路的其他部分属京东西路，并以兖州为首府，后又移往应天府（即宋州）。北宋灭亡之后，金国将京东东路、京东西路分别改名为山东东路、山东西路。京东路的学术以东莱（京东路莱州东莱）吕氏家学与泰山学派为主体，但两者都是北宋的学派，北宋灭亡之后，京东路被金朝占领，在南宋几乎没有出现什么学者。其地域上的构成如表6-13所示。

---

① 参见粟品孝《宋代井研"四李"对理学的贡献》，《成都大学学报（社会科学版）》1997年第1期。

② 关于宋代蜀地学术思想的发展脉络的论述，参见贾大泉主编《四川通史（卷四 五代两宋）》，成都：四川人民出版社，2018年，第408～448页。王瑞来指出：濂溪二程是宋代蜀学的早期源流。出身于蜀地普州的陈抟传学于种放，种放传穆修，穆修传周敦颐。周敦颐于北宋嘉祐间签判合州。周敦颐传学二程，其中程颐编管涪州期间，传学谯定。跟这一学统有关，传于四川的，还有张咏、陈尧佐、邵伯温之学。到北宋中期，蜀学则大分为二，即范学与苏学。范学盛于出身于华阳之范祖禹，接受二程影响较多。以三苏父子为主的苏学盛于元祐之际，受党争波及，北宋末期被禁，南宋复兴，渐转于文。此后，承袭前人，蜀学大致有三：谯定的涪陵之学、李焘的丹棱之学以及李石的资中之学。后来谯定所主之程学影响扩大，自南宋孝宗朝始，形成独盛局面，并且出蜀入东南。原籍绵竹的张浚、张栻父子以及朱熹、吕祖谦都受其影响。其中，与朱熹、吕祖谦并称"东南三贤"的张栻，受教于二程门人胡宏，成为学者尊仰之"宗师"，弟子众多，影响广泛，而魏了翁则为私淑。参见王瑞来《蜀道通天下——道学发展史上魏了翁定位申论》，《文史哲》2020年第3期。

表6-13 《宋元学案》中京东路学者分布统计表

二级区划	人数	比率
莱州	14	22.95%
东平府	13	21.31%
徐州	5	8.20%
拱州	5	8.20%
济州	5	8.20%
应天府	5	8.20%
濮州	4	6.56%
袭庆府	4	6.56%
密州	3	4.92%
单州	1	1.64%
淄州	1	1.64%
济南府	1	1.64%
合计	61	100.00%

其中莱州出身的学者最多,共14人,大抵是东莱吕氏一族之人。吕氏是宋元两代首屈一指的儒学名门世家,从第一代的吕公著(卷十九"范吕诸儒学案")开始在《宋元学案》中留下传记的多达七代22人:吕公著(第一代),吕希哲、吕希绩、吕希纯(第二代),吕好问、吕切问、吕和问、吕广问(第三代),吕本中、吕稽中、吕坚中、吕弸中(第四代),吕大器、吕大伦、吕大猷、吕大同(第五代),吕祖谦、吕祖俭、吕祖泰(第六代),吕乔年、吕康年、吕延年(第七代)。具体来说,吕公著之子吕希哲(卷二十三"荥阳学案")、吕希绩、吕希纯("范吕诸儒学案")是胡瑗的门人,吕希哲之子吕切问也见于"荥阳学案"。吕和问、吕广问及其侄吕稽中、吕坚中、吕弸中都是尹焞(和靖)之门人,一并见于"和靖学案"(卷二十七)。吕希哲之孙吕本中(案主)及吕本中之侄吕大器、吕大伦、吕大猷、吕大同都见于"紫微学案"(卷三十六)。吕本中之侄孙吕祖谦(案主)、吕祖俭、吕祖泰见于"东莱学案"(卷五十一),吕祖俭之子吕乔年及其侄子吕延年、吕康年见于"东莱学案"(卷五十一)。吕祖谦以下因其出生地是两浙路婺州金华,所以归入两浙路的学者中。其次东平府出身的学者数量居第二,共13人,主要是宋学的创始人之一、"宋初三先生"之一的孙复创立的泰山学派学者,其中孙复的大弟子、"宋初三先生"之一的石介出身于京东路袭庆府奉符。

统计《宋元学案》各学案中京东路出身的学者数量,可以探讨宋元两代京东路的学术源流与分布特征。如表6-14所示。

6-14 《宋元学案》中京东路学者的学案分布统计表

卷次	学案名	人数	卷次	学案名	人数	卷次	学案名	人数
1	安定学案	2	23	荥阳学案	4	64	潜庵学案	1
2	泰山学案	11	25	龟山学案	2	82	北山四先生学案	2
3	高平学案	2	27	和靖学案	7	83	双峰学案	1
4	庐陵学案	1	30	刘李诸儒学案	1	90	鲁斋学案	1
6	士刘诸儒学案	3	31	吕范诸儒学案	1	93	静明宝峰学案	1
7/8	涑水学案	1	36	紫微学案	2	96	元祐党案	6
19	范吕诸儒学案	6	45	范许诸儒学案	2	99	苏氏蜀学略	2
20	元城学案	1	61	徐陈诸儒学案	1	合计	23	61

由表6-14可知,京东路出身的学者出现于《宋元学案》的23个学案(共计24卷)中。人数最多的卷二“泰山学案”中共有11位京东路出身的学者,不必说主要是孙复、石介的弟子及再传弟子。其他学案中京东路的学者都在10人以下,但如前所述,吕氏一族及其门人分散于各学案当中。

京西路以河南府(洛阳)为首府,其管辖范围除今河南省的郑州、许昌、淮阳以西的部分之外,还包含陕西南部与湖北的一部分。北宋神宗熙宁年间分京西路为南北两路,京西北路以河南府为首府,其后金朝将其改称南京路,京西南路以襄阳府为首府。其地域上的构成如表6-15所示。

表6-15 《宋元学案》中京西路学者分布统计表

二级区划	人数	比率
河南府	38	63.33%
颍昌府	4	6.67%
顺昌府	4	6.67%
郑州	4	6.67%
蔡州	3	5.00%
邓州	2	3.33%
淮宁府	2	3.33%
孟州	1	1.67%
汝州	1	1.67%
均州	1	1.67%
合计	60	100.00%

由表6-15可知,京西路出身的60人中以河南府(洛阳)出身的最多,共达38人,而京西路其他的府州则只有寥寥数人。洛阳作为包括洛学在内的北宋旧党大本营,实际上是京西路乃至北宋全国的学术文化中心。但其后包括洛阳在内的京西北路被金人所占领,因此到了南宋几乎没有出现京西路出身的学者了。出身于洛阳的著名学者有"北宋五子"之一、先天象数易学的创始人邵雍及其家学(邵伯温、邵睦),以及"北宋五子"之二人、洛学创始人二程兄弟(程颢、程颐)及其门人(刘绚、尹焞等)。此外,"北宋六先生"之一、著名学者司马光原本出身于永兴军路陕州夏县,但因为反对王安石的变法而辞官离开政治中心开封,前往文化中心地洛阳定居,并成为集中于洛阳的旧党领袖,洛阳实际上是其学术活动的中心地。从这点来说,司马光的学派(朔学)实际上也可归入京西路中。

统计《宋元学案》各学案中京西路出身的学者数量,可以考察宋元两代京西路的学术源流及分布特征。如表6-16所示。

表6-16 《宋元学案》中京西路学者的学案分布统计表

卷次	学案名	人数	卷次	学案名	人数	卷次	学案名	人数
2	泰山学案	1	26	廌山学案	2	74	慈湖学案	1
3	高平学案	2	27	和靖学案	5	82	北山四先生学案	1
4	庐陵学案	2	28	兼山学案	2	90	鲁斋学案	1
7/8	涑水学案	3	29	震泽学案	1	92	草庐学案	1
9/10	百源学案	3	30	刘李诸儒学案	11	95	萧同诸儒学案	1
11/12	濂溪学案	1	31	吕范诸儒学案	1	96	元祐党案	4
13/14	明道学案	2	32	周许诸儒学案	1	98	荆公新学略	1
15/16	伊川学案	2	33	王张诸儒学案	3	100	屏山鸣道集说略	2
19	范吕诸儒学案	1	34	武夷学案	3	合计	28	60
24	上蔡学案	1	50	南轩学案	1			

由表6-16可知,京西路出身的学者出现在《宋元学案》的28个学案(共计33卷)中。卷三十"刘李诸儒学案"中的学者最多,共计11人,其中有二程早期的高徒刘绚、李吁和程颐晚年的高徒张绎等人。其他的学案均不过寥寥数人。卷二十七"和靖学案"中的学者第二多有5人,即程颐晚年的高徒

尹焞及其门人。总体来说,京西路之学术以二程洛学为主。

第六节 其他诸路的学者分布及其发展状况

其他诸路中的学者数量均不多,在此不拟详细讨论。这里只指出其学术特色与主要学派。

关于荆湖南路(湖南)值得注意的是,荆湖南路出身的学者共有37人,其地域上的构成如表6-17所示。

表6-17 《宋元学案》中荆湖南路学者分布统计表

二级区划	人数	比率
潭州	27	72.97%
永州	4	10.81%
全州	3	8.11%
衡州	1	2.70%
道州	1	2.70%
武冈军	1	2.70%
合计	37	100.00%

其中潭州出身的学者就有27人,可知潭州是其学术的中心地区。实际上潭州是以胡安国父子为代表的湖湘学派(湖南学)的根据地。胡安国、胡宏父子等人的原籍本是福建路(建宁府崇安县),后来因任官才移居湖南。其门下以潭州出身的学者为主。此外,二程早年之师、道州营道出身的周敦颐到南宋被胡宏、张栻、朱熹等人推崇为道学的开山祖师和“北宋五子”之首,但在北宋时其学术影响力并不大,其学案(“濂溪学案”)中也没有湖南籍的门人出现。从学案上的分布来说,湖南出身的学者出现于《宋元学案》的11个学案中,其中卷三十“刘李诸儒学案”中的学者最多共有9人,均为湖湘学派的最后一位大儒张栻之门人。居第二位的卷三十四“武夷学案”共8人,均为胡安国之门人。居第三位的卷四十二“五峰学案”有5人,均为胡宏之门人与后学。总之,荆湖南路的学术可说即是湖湘学派。

关于河北西路,河北西路出身的学者(37人)出现在《宋元学案》的15个学案之中。其中卷九十“鲁斋学案”最多,共有10人,即南宋末期元代初期兴起的北方朱学代表人物许衡(河北西路怀州河内人)及其家学、门人。居第二位的卷九十一“静修学案”中有8人,即北方朱学的代表人之一刘因的讲友及弟子。居第三位的卷一百“屏山鸣道集说略”中有5人,即金朝的儒佛折中者赵秉文(河北西路磁州滏阳人)与李纯甫的门人。学案的其他中学者均在两人以下。河北西路主要由金朝和元朝先后占领,很长时间几乎没有学者出现,直到南宋末期朱学北传之后,理学才兴盛起来,但在两宋的学术影响不大。

对于淮南路没有特别探讨的必要,这里只想指出一点,即《宋元学案》中“宋初三先生”之首、当时最大的教育家、宋学的创始人胡瑗(泰州如皋人)及其高徒徐积(楚州山阴人)均出身于淮南路。

对于河北东路只想指出一点。即“元代三大儒”之一、与许衡齐名的北方朱学代表人之一刘因是河北东路雄州容城人。

永兴军路出身的学者虽只有23人,但其中被朱熹推为“北宋六先生”之一、宋代最著名的政治家与学者之一的司马光及其家学(卷七、八“涑水学案上、下”)出身于永兴军路陕州夏县。而折中张载之关学与二程之洛学的张载高徒与程门四大弟子之一的吕大临,及其兄长吕大忠、吕大钧(卷三十一“吕范诸儒学案”)均出身于永兴军路京兆府蓝田县。由此可见,永兴军路的学术在宋代(主要是北宋)具有一定的学术地位。

荆湖北路(湖北)出身的著名学者前有二程的再传弟子、谢良佐的高徒朱震(荆门军人,卷三十七“汉上学案”),后有元代朱学北传第一人赵复(德安府人,卷九十“鲁斋学案”)。

河东路出身的著名学者前有“宋初三先生”之一、与胡瑗齐名的孙复(平阳府人,卷二“泰山学案”),后来河东路为金人所占领,到了金末元初出现了著名的经学家郝经(泽州陵川人,卷九十“鲁斋学案”)。

京畿路出身的学者有二程之门人邢恕,但元祐党禁时邢恕背叛其师程颐而依附于新党,因而遭到后世的恶评与不齿。[①]《宋史》便将其与新党领袖章惇等人一起收入“奸臣传”中。[②]

陕西路出身的学者虽很少,但其中有“北宋五子”之一、与二程洛学鼎立的关学创始人张载(凤翔郿县横渠镇人,卷十七、十八“横渠学案上、下”)这样的大儒,北宋灭亡后陕西路为金人所占领,关学的传承也衰微了。此外,二程之弟子侯仲良(卷三十“刘李诸儒学案”)是二程舅父侯无可之孙,出身于陕西路河中府。

金朝西京路出身的学者有金朝文坛盟主、主张儒佛折中的李纯甫(弘州

---

① (清)黄宗羲原著,(清)全祖望补修:《宋元学案》第二册,第1064页。

② 见《宋史》卷四百七十一“列传”第二百三十“奸臣一”,(元)脱脱等:《宋史》第三十九册,第13702~13705页。

襄阴人)及其门人。李纯甫与上述河北西路的赵秉文被视为北宋荆公新学与苏氏蜀学之余波,其学术以文学为主而夹杂异端之学,并提倡三教合一论,编纂者全祖望、王梓材因此将李纯甫作为儒学的反面教材,并在卷一百“屏山鸣道集说略”中对其思想进行了严厉地批判。

潼川府路没有出现著名学者,此处从略。

夔州路的著名学者有涪州出身的谯定与合州出身的度正。谯定是程颐的弟子,学兼儒佛,长于《易》,兼有象数、义理之易学,在当时有较大影响,东南三贤均为其再传。[①]度正长期在巴蜀地区任官司讲学,并且由度伯兼(程颐→郭忠孝→郭雍→度伯兼)而初窥程朱理学的门径,其后又与刘光祖(朱熹同调)、范仲黼、吴猎(范、吴两人均属蜀中南轩学派),进而在庆元年间求学于朱熹,成为朱熹晚年的重要门人,对传承理学做出了重要贡献。[②]

其他诸路均只有寥寥数人,而且也没有著名学者,在此一并从略。

以上我们结合理论诠释与统计分析,对《宋元学案》中的学者在地域上的分布与学术意义,以及各学案中学者的分布及其地域学术源流进行了探讨,并阐明了《宋元学案》中地域学术的展开及编纂者的思想史观。总而言之,清代浙东学派的代表人物、《宋元学案》的编纂者黄宗羲、黄百家父子及全祖望等人基于其重视地域思想史(尤其浙学)的立场,发掘了为数众多的各地域学者的事迹及其学术,并将其收入《宋元学案》之中,进而对其师承关系、学术地位、思想诠释等进行了详细的探讨。因此,《宋元学案》的内容与思想上的地域(尤其浙学)色彩非常鲜明。这一方面反映了宋代以来各地域儒学的高度繁荣,一方面对于《宋元学案》中思想史的建构也具有重要的意义。即突破了《宋史·道学传》只记录程朱理学之传承的狭隘思想史视野,给朱学的反对者江西陆学及浙东学派等各地域学派以相应的思想史地位,从而阐明了宋元儒学思想史的全貌及其发展脉络,并且使得《宋元学案》成为空前完备的宋元儒学思想史著作。

---

① 参见粟品孝《谯定所谓“见乃谓之象”考释——兼论与朱熹〈易〉学的分歧及其意义》,《宋代文化研究》2000年第0期;郭齐《谯定易学探微》,《宋代文化研究》2016年第0期。

② 关于度正的生平事迹及学术思想的论述,参见黄博《谣言、风俗与学术——宋代巴蜀地区的政治文化考察》,成都:巴蜀书社,2018年,第219～265页。

第七章　《宋元学案》中黄百家的哲学诠释及其思想立场

黄百家(1643—1709),乳名祝国[①],原名百学,字主一[②],号不失,又号耒史,别号黄竹农家,浙江余姚县通德乡黄竹浦(今余姚市明伟乡浦口村)人,国子监生,明末清初著名学者黄宗羲的季子,清代浙东学派的重要成员。他自幼传承家学,精研天文、历法、数学等专门学问。清康熙二十六年(1687)到康熙三十年(1691)间,黄百家曾两次进京参与《明史》的编纂,以其学术专长修纂了《明史》的《职官志》[③]《天文志》和《历志》[④]。在京期间,他曾与南怀仁、徐日升、安多、毕嘉等耶稣会士相交往,在学习和吸收天文历法等西方自然科学知识的同时,也接触到了"魂三品说"等天主教教义,还编著有《利玛

---

① 杨小明:《黄百家年谱简编》,第85页。

② 结合黄百家的字"主一"及其名"百家"来看,可知其名字已经蕴含有黄氏父子一本万殊的思想史观的意味在里面了。即道是儒学各学派的共通之物而非一家一派之私物,各学派虽然各自提倡其自得之学,但其实只得圣人大道(一本)之一斑(万殊)罢了。因此如果想得到圣道之全体,就应当兼取"百家"(万殊),而不应该只取一家之说以为道,其最终目标是总归于圣道之一本("主一")。这一点具体体现在《宋元学案》中黄氏父子对朱陆等儒学各学派采取兼收并蓄而折中于一的思想立场中。参见李明友《一本万殊——黄宗羲的哲学与哲学史观》,第113~115、140~144页。

③ 今上海图书馆藏有(清)黄百家:《明史职官志底本二卷》,清抄本。

④ 今中国科学院国家科学图书馆、北京大学图书馆藏有(清)黄百家:《明史历志二卷》,清中期(1645—1661)抄本。褚龙飞又发现绍兴图书馆藏黄百家《明史·历志》八卷抄本,比较后认为绍兴图书馆藏抄本与中国科学院国家科学图书馆藏两卷抄本以及南京图书馆藏《回回历法》抄本同为黄百家离开明史馆返乡后重撰的《明史·历志》八卷本。褚龙飞进而通过梳理《明史·历志》的编撰过程发现汤斌本应较黄百家本更早,其他现存版本则晚于黄百家本,同时梅文鼎《大统历志》也应算作《明史·历志》的一个版本。最后通过对比不同版本《明史·历志》,全面分析了黄百家本与其他各本之间的关联与差异,并重新探讨了黄百家在编修《明史·历志》方面的贡献。参见褚龙飞《黄百家〈明史·历志〉新探》,《上海交通大学学报(哲学社会科学版)》2019年第3期。此外,李亮通过比较包括黄百家抄本在内的不同版本的《明史·历志》在历法沿革、术文及算表等内容上的差异,梳理了其编修方式及体例的变更。参见李亮《〈明史〉历志中大统和回回历法的编修》,《中国科技史杂志》2018年第4期。关于南京图书馆藏黄百家撰《回回历法》的研究,参见陶培培《南京图书馆藏清抄本〈回回历法〉研究》,《自然科学史研究》2003年第2期。

窦传》。[①]他还曾向清代著名数学家梅文鼎学习推步法，撰有《勾股矩测解原》二卷[②]，又曾师从鄞县内家拳师王瑞伯学习拳法，著有《内家拳法》一卷[③]。他还著有《体独私钞》四卷[④]、《王刘异同》五卷[⑤]、《征南射法》一卷[⑥]、《哺记》一卷[⑦]、《明制女官考》一卷[⑧]、《学箕初稿》二卷（《四部丛刊·南雷集》附）[⑨]、《黄竹农家耳逆草》不分卷（即《学箕三稿》）[⑩]、《黄竹农家尉饥草》一卷（即《学箕四

---

① 参见杨小明《黄百家年谱简编》，第91～92页；汤开建汇释，汤开建校注《利玛窦明清中文文献资料汇释》，上海：上海古籍出版社，2017年，第554页。

② （清）黄百家：《勾股矩测解原》二卷，《景印文渊阁四库全书》第八〇二册，第679～696页。

③ 该书有《昭代丛书》本，其影印本见（清）黄百家《内家拳法》一卷，《丛书集成续编》第一〇二册，第505～509页。整理本参见王浩然、马青海《黄百家〈内家拳法〉今译》，《体育文史》1984年第6期；（清）黄百家《内家拳法》，游明生、赵蓉编著：《武当秘传短打绝技》，北京：北京体育大学出版社，2003年，第310～315页。

④ 该书在《四库全书》中列入存目。今未见，可能已经亡佚了。其四库提要云："国朝黄百家撰。百家字主一，余姚人。康熙中尝以荐预修明史。其父宗羲为刘宗周门人，故百家是编皆发明宗周之说。首揭宗周慎独宗旨，一一考辨，曰阐章。次以专言独者，曰明句。又采取古圣贤能慎独之人，曰证人。又取先儒旧训有合于慎独之义者，曰证言，皆参以其父宗羲所论，而推阐以己意。"参见（清）纪昀、（清）陆锡熊、（清）孙士毅等原著《钦定四库全书总目》上册，第1280页。

⑤ 该书在《四库全书》中列入存目。今未见，可能已经亡佚了。其四库提要云："国朝黄百家撰。是书大旨，在以刘宗周慎独之说，补王守仁良知之罅漏。首述二家立说之异，继证二家之同，末采择两家文集中语以类次之，而终以其父宗羲所撰王、刘两传。"参见（清）纪昀、（清）陆锡熊、（清）孙士毅等原著《钦定四库全书总目》上册，第1280页。

⑥ 该书有《檀几丛书》本及《古今说部丛书》本，今收入（清）黄百家《征南射法一卷》，《丛书集成续编》第七九册，上海：上海书店，1994年，第189页。

⑦ 该书有《昭代丛书》本，今收入（清）黄百家《哺记》一卷，《丛书集成续编》第八十三册，第621～624页。又见（清）黄百家《哺记》，任继愈总主编，范楚玉主编：《中国科学技术典籍通汇·农学卷》第四分册，开封：河南教育出版社，1994年，第199～202页。

⑧ 该书有《香艳丛书》本及《檀几丛书》本，今收入（清）黄百家《明制女官考》一卷，《丛书集成续编》第五十四册，第515页。

⑨ （清）黄百家：《学箕初稿》二卷，《清代诗文集汇编》第一百六十一册，第541～574页。其评价参见张舜徽《清人文集别录》，武汉：华中师范大学出版社，2004年，第11～12页。

⑩ （清）黄百家：《黄竹农家耳逆草》，陈红彦、谢东荣、萨仁高娃主编：《清代诗文集珍本丛刊》第一百二十八册，第331～546页。

稿》)[①]、《幸跌草》(即《学箕五稿》)[②]等著作,但多有散佚。此外,他还协助或接续其父黄宗羲编著有《宋儒学案》《元儒学案》(后合并为《宋元学案》)[③]、《明文授读》六十二卷[④]、《象数论》六卷(即《易学象数论》)、《四明山志》、《黄氏续录》(黄宗羲《黄氏家录》的续辑)等著作。《光绪慈溪县志》卷四十四"旧迹四"收录有其单篇文章《半生亭记》。[⑤]黄庆曾、黄中范等修辑的《竹桥黄氏宗谱》(悴伦堂1926年版,今藏余姚梨洲文献馆)中收录有黄百家的传记和诗文佚篇。[⑥]黄百家的个人论著目前尚未被整理出来,除了上述古籍刻本及影印本之外,还有个别的单篇文章随着一些资料性的著作被点校出版。[⑦]其传

---

① 该书在《中国古籍善本书目》及《贩书偶记续编》中有著录,今藏上海图书馆,参见(清)黄百家《黄竹农家慰饥草》一卷,清康熙四十四年(1705)刻本;孙殿起《贩书偶记续编》,上海:上海古籍出版社,1980年,第231页。

② 该书在四库全书中列入存目,今未见,可能已经亡佚。其四库提要云:"国朝黄百家撰。百家有《体独私抄》,已著录。是集凡杂文二十篇,其《序〈卢氏春秋三传纂凡〉》,谓《春秋》之本旨皆显以示人,无暗藏机括,使人如猜谜射覆者,深得圣人作《春秋》之意。其《王刘异同序》,亦深见两家之阃奥,大致颇肖其父,但苍老不及耳。书首题曰《学箕五稿》,则卷帙尚多,此其稿中之一种耳。"(清)纪昀、(清)陆锡熊、(清)孙士毅等原著:《钦定四库全书总目》下册,第2567页。

③ 黄宗羲、黄百家等人编纂的"黄氏原本"《宋元学案》今已不可得见,但基于"黄氏原本"的校补本有多种存世。其中梨洲文献馆藏黄璋校补稿本被收入《浙学未刊稿丛编》第一辑中影印出版。参见(清)黄宗羲、(清)黄百家、(清)全祖望续纂,(清)黄以周拾补《宋元学案不分卷》(稿本),《浙学未刊稿丛编》第一辑,第63~67册。此外,《元儒学案》还有单行本存世,中国国家图书馆藏有(清)黄宗羲撰,(清)黄百家辑,(清)全祖望续修《元儒学案四卷》,清姚江施氏修五凤楼抄本。

④ 黄百家在《明文授读》中留下了大量案语(以"百家私记"或"私记"开头),内容非常丰富。(清)黄宗羲辑,(清)黄百家,(清)张锡琨校读:《明文授读》六十二卷,《四库全书存目丛书集部》第四〇〇册;(清)黄宗羲辑,(清)黄百家、(清)张锡琨校读:《明文授读》六十二卷,《四库全书存目丛书集部》第四〇一册。

⑤ (清)杨泰亨、(清)冯可镛纂修:《光绪慈溪县志》一,《中国地方志集成·浙江府县志辑》三十五,上海:上海书店出版社,2000年,第927页。

⑥ 参见方祖猷《余姚〈竹桥黄氏宗谱〉的史料价值》,《宁波大学学报(人文科学版)》1996年第2期。

⑦ (清)黄百家:《半生亭记》,程丽珍主编:《江北历代名门望族资料选编》,宁波:宁波出版社,2018年,第442页;(清)黄百家:《续钞堂藏书目序》,《黄宗羲全集》第二十二册,第190~191页;(清)黄百家:《先遗献文孝公梨洲府君行略》,(清)黄炳垕:《黄宗羲年谱》,北京:中华书局,1993年,第62~78页;(清)黄百家:《神灯赋》,《宁波历代文选》编委会编:《宁波历代文选(散文卷)》,宁波:宁波出版社,2010年,第312~314页;(清)黄百家:《田草赋》,《宁波历代文选(散文卷)》,第314~317页;(清)黄百家:《赠吴子升序》,《宁波历代文选(散文卷)》,第317页;(清)黄百家:《鸡冠花记》,《宁波历代文选(散文卷)》,第317~319页;(清)黄百家:《黄宗羲行略》,上海图书馆编,王铁整理:《中国家谱资料选编·传记卷》,上海:上海古籍出版社,2013年,第398~405页;(清)黄百家、黄国声注解:《书后苇碧轩诗稿后》,汤高才主编:《历代小品大观》,北京:生活·读书·新知三联书店,1991年,第831~832页。

记见于《清史稿》卷四百八十[1]、《光绪余姚县志》卷二十三“列传十五”[2]及《清儒学案》卷二“南雷学案”等[3]。

目前海内外学术界对黄百家学术思想的研究主要集中在其生平著述与科技史贡献等方面。如杨小明于1995年4月在北京图书馆(今中国国家图书馆)首次发现了黄百家的著作《学箕三稿》(即清康熙刻本《黄竹农家耳逆草》),并在其《黄百家年谱简编》一文中对黄百家的生平及其学术活动作了详细的考察,又先后发表了一系列论述黄百家科技史贡献的论著。[4]此外,冯锦荣在《明末清初における黄百家の生涯と著作》一文中对黄百家著述的存佚情况及其基本内容作了较为详细的考察。[5]袁新国在其《黄百家的文献著作》一文中在杨小明的基础上对黄百家的著述及其存佚情况作了更进一步的考察。[6]在哲学

---

① (清)赵尔巽等:《清史稿》第四十册,北京:中华书局,1977年,第13106页。

② (清)周炳麟、(清)邵友濂、(清)孙德祖纂修:《光绪余姚县志》,《中国地方志集成·浙江府县志辑》三十六,第884页。

③ 徐世昌等:《清儒学案》第一册,北京:中华书局,2008年,第112页。此外今人撰写的黄百家生平介绍,可参见张落雁、周东旭《畴人父子黄宗羲与黄百家》,《东南商报》2010年10月3日第A10版;季学原主编《姚江文化史》,杭州:浙江古籍出版社,2006年,第304~306页;邵九华《黄百家》,市政协文史资料研究委员会、市文联乡贤研究会:《名人名胜录(古代篇)》,《余姚文史资料》第3辑,余姚:文联乡贤研究会出版,1987年,第65~66页;周东旭《奇才黄百家》,《宁波晚报》2013年10月22日第A23版。

④ 参见杨小明《黄百家年谱简编》,第85~98页; 杨小明《黄百家科学思想和成就钩沉》,《华侨大学学报(哲学社会科学版)》1997年第2期; 杨小明《黄百家与日月五星左、右旋之争》,《自然科学史研究》2002年第3期; 王栋、杨小明《从清代浙东学派看中西科技交流——以黄宗羲、黄百家为一典型案例的研究》,《东华大学学报(社会科学版)》2007年第3期; 杨小明《哥白尼日心地动说在中国的最早介绍》,《中国科技史料》1999年第1期; 杨小明、冯芒《黄百家物理学成就初探》,《宁波师院学报(社会科学版)》1996年第2期; 杨小明、冯芒《理论高度与实践深度的统一——试论黄百家的科学真理观》,《科学技术与辩证法》1999年第2期; 杨小明《〈天花仁术·序〉中有关人痘接种术的新史料》,《中华医史杂志》2000年第3期; 杨小明《梅文鼎的日月五星左旋说及其弊端》,《自然科学史研究》2003年第4期; 杨小明、黄勇《从〈明史〉历志看西学对清初中国科学的影响——以黄宗羲、黄百家父子的比较为例的研究》,《华侨大学学报(哲学社会科学版)》2005年第2期; 杨小明《清代浙东学派与科学》,北京:中国文联出版社,2001年。关于黄百家在科技史上的贡献,还可参见刘耘华《清初宁波文人的西学观:以黄宗羲为中心来考察》,《史林》2009年第3期; 韩琦《通天之学——耶稣会士和天文学在中国的传播》,北京:生活·读书·新知三联书店,2018年,第168~172页; 季学原主编《姚江文化史》,第344~347页;张如安《黄百家最早介绍哥白尼学说》,《宁波日报》1995年10月24日第8版。

⑤ 冯锦荣:《明末清初における黄百家の生涯と著作》,《中国思想史研究》第20卷,1997年,第61~92页。

⑥ 参见袁新国《黄百家的文献著作》,张宏敏、黄洪兴、袁新国主编:《浙江江夏文化研究:2013浙江江夏文化高峰论坛论文集》第1卷,武汉:武汉大学出版社,2014年,第137~139页。

思想方面,作为黄宗羲晚年主持编纂的宋元儒学思想史巨著《宋元学案》的主要编纂者之一,黄百家在整理和论述宋元儒学思想史的同时,也充分阐发了其自身的哲学观点与思想立场,在全书中留下了多达212条案语①和1篇文章(即下文要论述的《求仁篇》),对宋元两代儒学代表人物的哲学思想几乎都有评论。其中对宋明理学开山祖师"北宋五子"的评论尤为详尽,有不少值得注意的观点。这些评论可说是今天我们研究黄百家哲学诠释与思想立场最为系统的资料。②但目前学术界对于这方面的研究还很薄弱。因此笔者以其案语为中心,从宇宙本体论、人性论、道德观、修养工夫论四个方面出发,探讨黄百家在《宋元学案》中的哲学诠释及其思想立场。

第一节　宇宙本体论诠释——理气一元、气为理本

一、理气论的思想渊源

首先从黄百家的思想渊源出发简要回顾一下心学派的理气论。宋代心学的创始人陆九渊(象山)特别重视道德主体的自立,将本心(道德理性)直

① 黄宗羲在其正式编纂《明儒学案》与《宋元学案》(黄氏原本)之前,曾编纂了作为二书之蓝本的《理学录》一书。但此书长期罕为人知,甚至被认为已经亡佚,直到彭国翔于2003年在中国社会科学院文学所图书馆首次发现了该书的手稿残本。经比对知道其中有六条黄宗羲的案语在后来的《宋元学案》中被冠以"百家谨案"而成了黄百家的案语。参见彭国翔《黄宗羲佚著〈理学录〉考论》,《中共宁波市委党校学报》2011年第4期。笔者经过核对原文发现《理学录》中的这六条黄宗羲的案语与其相对应的《宋元学案》中题为黄百家的六条案语中有三条完全相同,另外三条大同小异。这种情况可能不是误题。也许是黄百家在编纂《宋元学案》时在其父的案语基础上加以转述或增补而成,所以改题为"百家谨案"。事实上《宋元学案》中黄百家的不少案语就是全文或部分地转述其父黄宗羲(或刘宗周)之语而稍加增补说明而成。这其实也恰好说明了黄氏父子思想的一贯性和黄百家对黄宗羲及刘宗周思想的继承。因此本书中仍将这六条案语视作黄百家的案语加以讨论。

② 依据冯锦荣的考察,黄百家的思想资料主要保存在他协助其父黄宗羲编纂的《宋元学案》《明文授读》二书所保留的案语中。黄百家的哲学著述还有《宋元儒传私记》(未见,但《宋元学案》中残留有两条)、《二程学案》二卷(未见,推测当是《宋元学案》中《明道学案》与《伊川学案》的合刻单行本)、《体独私钞》四卷与《王刘异同》五卷(依目录书知两书有续钞堂写本,未见,《四库全书总目提要·儒家类存目三》中有著录)、《求仁篇》(收录在《宋元学案》卷十三"明道学案上"的附录中),此外,还有《格物篇》《五行篇》(收入黄百家《黄竹农家耳逆草》中,杨小明《清代浙东学派与科学》一书中有论及)等文章或者只是未刊的写本,或者其内容已收入《宋元学案》之中。而《明文授读》中的案语基本是学者生平的补充说明,哲学思想方面的价值不大。参见冯锦荣《明末清初における黄百家の生涯と著作》,《中国思想史研究》第20卷,1997年,第61～92页。

接等同于宇宙本体(天理),提倡"心即理"[①],"宇宙便是吾心。吾心即是宇宙"[②],同时具有道器、理气一元论的思想倾向,将表征气化流行的形而下之阴阳(气、器)与作为宇宙万物之原理的形而上之太极(道、理)统一了起来[③]。明代心学的集大成者王守仁(阳明)认为"理者气之条理,气者理之运用"[④],主要强调理气的相互依存关系,但对于理气先后与本末关系等问题几乎不曾涉及。黄宗羲的恩师、明代心学殿军刘宗周(号念台,世称蕺山先生,1578—1645)为了纠正阳明后学空谈心性之流弊,力求避免陷入无根之谈而对心学进行了客观化的处理[⑤],因而较之一般的心学学者更为注重对客观理气关系的探讨[⑥]。具体来说,刘宗周以气作为构造天地万物的实体,主张:"盈天地间一气而已矣。有气斯有数,有数斯有象,有象斯有名,有名斯有物,有物斯有性,有性斯有道,故道其后起也。而求道者辄求之未始有气之先,以为道生气,则道亦何物也,而遂能生气乎?"[⑦]又说"理即是气之理,断然不在气先,不在气外。知此,则知道心即人心之本心,义理之性即气质之本性。千古支离之说,可以尽扫"[⑧]。刘宗周提倡理气、心性一元论,一方面批判了程朱的"理先气后""理本气末"的理本论思想以及"道心,天理;人心,人欲""义理之性""气质之性"的二元对立的心性理欲观,一方面又主张"盈天地间皆物也。自其分者而观之,天地万物各一物也。自其合者而观之,天地万物一物也。一物本无物也,无物者理之不物于物,为至善之体,而统于吾心者也"[⑨],从其一本万殊的立场出发将心体视为宇宙之本体,并认为理与气终究还是统归于本心之中。这是刘宗周基于其心学立场整合理学、心学与

---

① (宋)陆九渊:《陆九渊集》,第149页。

② (宋)陆九渊:《陆九渊集》,第273页。

③ (清)黄宗羲原著,(清)全祖望补修:《宋元学案》第一册,第500～501页。

④ (明)王守仁:《王阳明全集》一,吴光、钱明、董平、姚延福编校,杭州:浙江古籍出版社,2010年,第67页。

⑤ 参见东方朔《刘蕺山哲学研究》,第79页;东方朔《刘宗周评传》,南京:南京大学出版社,1998年,第113页。

⑥ 冈田武彦指出,明末心学殿军刘宗周虽然对朱王两学持批评态度,但特别重视阳明思想中的血脉和生命性的东西,开启王学秘笈并创立新儒学。其学问可以说是借鉴了朱子学的新王学。参见[日]冈田武彦《宋明哲学の本质》上,《冈田武彦全集》第十七册,第326页。张天杰指出,刘宗周对朱子学的吸收与其师许孚远有关。许孚远在理欲辨及主敬等思想上的朱子学倾向对刘宗周有重要影响。参见张天杰《刘宗周与朱子学——兼谈许孚远的朱学倾向及其对刘宗周的影响》,《福建论坛(人文社会科学版)》2013年第10期。

⑦ 《学言(三卷)》,(明)刘宗周:《刘宗周全集》第三册,杭州:浙江古籍出版社,2012年,第367页。

⑧ (《学言(三卷)》,(明)刘宗周:《刘宗周全集》第三册,第369页。

⑨ (清)黄宗羲:《明儒学案》,第1590页。

气学所得出的结论。其思想经浙东学派的创始人黄宗羲传至黄百家,并集中体现在《宋元学案》的哲学评论中。

二、理气先后的诠释

关于宇宙论层面的理气先后问题。黄百家主要通过阐发张载的气论思想,基于理气一元论批判了佛道的空无宇宙论及程朱的理先气后思想。黄百家在《宋元学案》卷九十二"草庐学案"中,辑录了元代理学家吴澄的一条语录,"理在气中,原不相离。老子以为先有理而后有气。横渠张子诋其有生于无之非,晦庵先生诋其有无为二之非。其无字是说理字,有字是说气字",进而在其后的案语中指出:"'理在气中'一语,亦须善看。一气流行,往来过复,有条不紊。从其流行之体谓之气,从其有条不紊谓之理,非别有一理在气中也。"[①]众所周知,老子主张"道生一,一生二,二生三,三生万物"(第四十二章),"天下万物生于有,有生于无"(第四十章),以超越(无形无象)而实存(有)的"道"作为宇宙的根源,至魏王弼则以作为"虚无"本体的"无"取代"道"作为宇宙的根源。受王弼"贵无论"的影响,宋代理学家认为老子所说"有生于无"是一种否定客观世界及其规律的虚无宇宙本体论思想,与儒家重视"有"的思想立场相对立,因此必须加以批判。[②]正如吴澄所指出的,北宋理学奠基人张载(横渠)以太虚为气之本体,一方面将太虚与气视作体用的关系,一方面又从其"太虚即气""虚空即气"的宇宙论出发,规定了"太虚⇌气⇌万物"的转化顺序,认为太虚与气就如同冰与水一样相互转化,气聚而为有形之万物,气散又复归于无形之太虚,无形之太虚与有形之气只是气化流行过程中的两种不同状态,并非从虚无中生出气来。基于这种气化

---

① (清)黄宗羲原著,(清)全祖望补修:《宋元学案》第四册,第3042页。

② 需要指出的是,宋儒一方面批判王弼的虚无本体论,一方面又借鉴其本体论思想而建立起儒学的道德本体论。因此有学者认为王弼虽然是魏晋玄学的代表人物,但从本质上来说是一位儒家学者。See Richard John Lynn, "WANG Bi and Xuanxue", in Xiaogan Liu, *Dao companion to Daoist philosophy*, Dordrecht: Springer Netherlands; Imprint: Springer, 2015, pp. 369—395.又日本江户前期儒学家、古学派创始人之一的伊藤仁斋就曾指出宋学开山周敦颐的《太极图说》中所谓"无极"其实就是周敦颐改造佛道(王弼)的虚无本体而为儒家倡导的"理"(道德本体)。参见[日]伊藤东涯《太极图说十论》,关仪一郎编:《日本儒林丛书》第5册,东京:株式会社凤出版,1978年,第7~8页。事实上,道学家的"理"与王弼的"无"虽然具体内涵不同,但在作为超越本体的地位上是一致的。朱熹以"无极""太极"来分别指称"理"的超越性与实存性,认为"无极而太极"中"无极 "与"太极"是同位关系(而非老子所主张的派生关系),实际上是通过"有""无"合一来克服王弼偏向"无"的弊端。

宇宙论，张载批判了道家“虚能生气”“有生于无”的虚无宇宙论思想。[①]黄百家高度评价了张载“虚空即气”的宇宙本体论思想，指出“天地之间，只一气之循环而已”[②]，认为气是充满整个天地间的唯一实体，而天道一阴一阳之聚散消长无非一气之流行，非如道家所说的那样“虚能生气”或“有生于无”，从而批判了理生气的宇宙论思想[③]。黄百家还基于理气一元论批判了佛教与程朱的宇宙论。具体来说，黄百家肯定了张载所谓“释氏不知天命，而以心法起灭天地”的宇宙论批判，指出“‘维天之命，於穆不已’，此道之大原也。释氏以理能生气，天道之运行气也，求道于未有天地之先……总由其不知天命，不识理即是气之本然，离气无所谓理，妄认气上一层别有理在，理无穷而气有尽，视天地乃理之所生，转觉其运行覆载之多事。真所谓夏虫之疑冰者与”[④]，以天命流行作为道之本源，指出天道之运行实际上就是气化之流行，理（道）不过是气之本然（规律），如无气的话则理也不能存在。黄百家进而指出，佛教求理于天地（气）未生之前，以明心见性的性空起灭天地，实际上是在气之上别求所谓理，是理能生气的另外一种表述。这实际上是把佛教的“空”与程朱理学的“理”等同起来加以批判。这也就是说，事物的生成必然遵循相应的规律（即“所以然之理”），但此规律（理）与物质（气）是一体两面的关系，并不是由理派生出物。

三、理气本末的诠释

关于本体论层面的理气本末问题。黄百家从其气为理本的气本论出发批判了程朱以形上形下、体用区分理气（道气）的理本气末思想。黄百家在卷十五“伊川学案上”中辑录了程颐的经典语录：“离了阴阳，更无道。所以阴阳者，是道也。阴阳，气也。气是形而下者，道是形而上者。形而上者，则是密也。”[⑤]程颐把道视作形而上之宇宙本体，相应地把气视作构成事物的形而下之材质，认为道是形成和规定气的形上本体（即所谓“密”），气与道（理）是“阴阳”（材质）与“所以阴阳”（本根）的关系。其中包含有“理本气末”的思

---

① （宋）张载：《张载集》，第7～9页。

② （清）黄宗羲原著，（清）全祖望补修：《宋元学案》第一册，第670页。

③ 卷十七“横渠学案上”：“先生以‘虚能生气’、‘有生于无’为诐淫，足见先生之学粹然，可为吾道大中之准。盖虚空即气，为物不二者也。若谓虚能生气，则有无自相隔碍，凡夫理气、心性、体用、动静，无之非二矣。此二氏以无为真，常有为幻妄之根本也。《大传》曰：‘一阴一阳之谓道。’阴阳迭运者气也。两间无无气之处。”（清）黄宗羲原著，（清）全祖望补修：《宋元学案》第一册，第670～671页。

④ （清）黄宗羲原著，（清）全祖望补修：《宋元学案》第一册，第703页。

⑤ （清）黄宗羲原著，（清）全祖望补修：《宋元学案》第一册，第609～610页。

想倾向,后来经过朱熹的进一步阐发,成为了程朱理本论的理论基石。黄百家则在其后的案语中指出:"'离了阴阳,更无道',此语已极直截。又云'所以阴阳者,是道也',犹云'阴阳之能运行者,是道也',即《易》'一阴一阳之谓道'之意。'所以'二字要善理会。"[①]黄百家一方面肯定了程颐的气(阴阳)外无道(理)的观点,一方面又指出"所以阴阳者"并非指居于阴阳(气)之上的形上本体,其实只不过是阴阳(气)之能运行之道(法则),相当于《易传》所说的一阴一阳之屈伸消长往来流行即是"道"。南宋理学集大成者朱熹(晦庵)从其理一分殊论出发,主张总天地万物之理为一太极,而事事物物中又各自具有一太极(禀性),以理为天地万物的根源和本体,在逻辑上先于气存在,主张"理先气后""理本气末"的理本论,但同时又强调理气"不离不杂"。即理气虽然本质上是二物("不杂"),但在天地万物中总是结合在一起的("不离")。朱熹据此理气、体用不杂不离的思想批判了老子截然分"有无(理气)为二"的思想。[②]如前所述,吴澄肯定了张、朱二人对老子"有生于无"的宇宙本体论(实为王弼之贵无论)的批判,进而提出了理本来便在气中,两者不可分离的观点。黄百家肯定了吴澄关于"理不离气"的主张,进而指出气是流行之本体,而理不过是指称气之流行的有条不紊(条理、法则),理本来就是依附于气的本质属性,并不是别有一个先验之理作为本体来主宰气。也就是说,事物之存在必然遵守一定的法则(即"所当然之则"),但法则(理)与事物(气)并不是本末、体用关系,相反事物才是本体,法则是依存于本体(实体)的属性。

黄百家的上述理气一元论观点实际上是对宋明以来理气合一论和气一元论思想的继承与发展。在黄百家之前,宋代张载首倡"虚空即气"(即虚气、理气相即不离)[③],明代朱子学者曹端、薛瑄强调理气为一体而不可分,气学派的罗钦顺主张理气合一,王廷相主张理出于气[④]。黄百家在此基础上又

---

① (清)黄宗羲原著,(清)全祖望补修:《宋元学案》第一册,第610页。

② (宋)朱熹:《晦庵先生朱文公文集》,朱杰人、严佐之、刘永翔主编:《朱子全书》第二十一册,第1571页。

③ 黄百家的理气论观点最集中地体现在他为宋代气本论的创始人张载编纂的"横渠学案"的案语中。黄百家在"横渠学案"中几乎全文辑录了张载的主要著作《正蒙》,并加入了明末东林学派高攀龙等人的注解,使之成为《宋元学案》中篇幅最大的学案,还留下了多达49条案语(在全书的单个学案中也是最多的),系统评论了张载的自然科学与性理学说,并借以阐发了自己的学术思想。

④ 关于明代气论思潮发展的详细论述,包括曹端、薛瑄、吴与弼、湛若水、王守仁、罗钦顺、王廷相、吕柟、吴廷翰、来知德、高攀龙、刘宗周、黄宗羲、方以智、王夫之、张宇初等人的气论思想。参见陈慧麒《明代气范畴思想研究》,北京:线装书局,2019年,第149~169页。

继承了心学派的王守仁、刘宗周，特别是其父黄宗羲的理气一元论，以气作为构成天地万物之实体，以理作为气之本质属性（规律、法则），从而批判了程朱以先后、本末、体用区分理气的二元论。进而黄百家基于其理气一元论论述了人性、道德等相关问题。以下先探讨其人性论诠释。

第二节 人性论诠释——性气一元、恶由习染、性善习远

一、理学人性论的发展脉络

人性问题作为孔孟以来儒家的中心论题，主要涉及人性的来源、本质、表现等方面，而沟通天道与人道，论证天赋之道德本质（本性）与现实表现（情才）之间的关系是其主要着眼点。宋代之前的中国思想界已经出现了性无善恶说（告子）、性善说（孟子）、性恶说（荀子）、性善恶混说（世硕、扬雄）、性三品说（王充、韩愈）等诸多人性论观点，但一直没有形成定论。正如《宋元学案》卷十七"横渠学案上"所收张载的经典语录所云，"形而后有气质之性，善反之，则天地之性存焉。故气质之性，君子有弗性者焉"[①]。北宋理学家张载最早明确地从其太虚本体论出发沟通天道与人性，依据构成性之质料的差异，区别了根源于气之本体——太虚之本性的"天地之性"与根源于太虚之气化的"气质之性"。[②]其后理学的奠基人程颐用天理取代太虚作为宇宙之本体，在继承先秦以来"生之谓性"的自然人性论及张载的性气二分论基础上，提出了"性即理"的主张，将天道（理）与人性直接会通起来，从而为孟子的性善说提供了形上本体论的解释，同时将现实中人性流于恶的原因归于形而下的气质（情才）。南宋理学集大成者朱熹又继承张载与程颐的观点，将人性分成由理所规定的"天命之性"（或称"义理之性"）与由理气结合而来的"气质之性"，认为"义理之性"作为天赋之道德理性虽是至善的，但堕入气之后便受到气质的障蔽，从而表现为善恶混杂的"气质之性"。这样说来，"义理之性"相对于"气质之性"来说是高一层次的人之本性，就好比理为气之本一样。朱熹的性气二元论（性本气末）统合了先秦以来的各种人性

---

① （清）黄宗羲原著，（清）全祖望补修：《宋元学案》第一册，第695页。

② 关于张载的气质变化说及其与道教中气之纯化的比较，参见［日］三浦国雄《气质变化考》，《日本中国学会报》第45卷，1993年，第95～110页。

论并成了宋代以降的权威观点。[①]

二、人性与气质之关系的诠释

在人性与气质的关系方面,黄百家基于性气一元论批判了程朱的性气二元论。具体来说,黄百家在上述张载区分人性为“天命之性”与“气质之性”的语录之后的案语中,依据张载所说的“故气质之性,君子有弗性者焉”,指出张载并未将“气质之性”视作人性,程朱的诠释并不符合张载人性论的本意。随后黄百家又引述明代北方王门学者杨东明(号晋庵,1548—1624)的理气一体观及其父黄宗羲的评论(摘录自《明儒学案》)来加以论述。杨东明以“气质之外无性(理)”作为其思想之要领,以气作为宇宙间的唯一实体,把理看作气之流行的本然条理。基于这种理气(性气)一体观,杨东明认为禀气之清浊决定理(性)之昭著或昏暗,而禀气之杂糅偏胜会导致人性不能皆善,但其气质杂糅中有本质,偏胜中有善根,所以孟子又说人性无不善。[②]黄宗羲在肯定杨东明的理气一体观的同时,又批评了其将不皆善的气质视作人性的观点,指出不皆善的气质是气之杂糅而非气质之本然,只有气质之本然才是性,气质之杂糅不是性,进而从其性气一元论的立场出发,指出性不能离开气质而独立存在,气质本身即是性,只不过气质之本然是性,如果气质失其本然的话便不是性。[③]黄百家进而指出,气质有清浊厚薄的不同,而君子不将气质视作性的理由是因为性是指气质之中一定的有条不紊而天下古今所同然的东西,为此才别立“性”之名目来指称其类本质 。否则只说体现个体差异的气质便已足够了,何必再多立“性”这一名目呢。黄百家又引述刘宗周的观点指出,生来的气质实际上出于后天的“习”,所以不能用来说明先天的“性”。[④]这样,黄百家便认定人性仅指天命之性,是气质之本然,与在后天习气中形成的气质无关,并进而以此性气一元论批判了程朱的性气二元论。卷四十九“晦翁学案下”所引朱熹的一条语录说:“才说性字,便是以人所受而言,此理便与气合了。但直指其性,则于气中又须见得别是一物始得,不可混并说也。”[⑤]朱熹认为现实中的人性(气质之性)虽均是理(禀

---

① 关于理学人性论发展脉络的论述,详见孙国珍《谈程朱理学中的人性论问题》,《内蒙古师大学报(哲学社会科学版)》1983年第1期。

② (清)黄宗羲原著,(清)全祖望补修:《宋元学案》第一册,第695页;(清)黄宗羲:《明儒学案》,第648~649页。

③ (清)黄宗羲原著,(清)全祖望补修:《宋元学案》第一册,第695~696页。

④ (清)黄宗羲原著,(清)全祖望补修:《宋元学案》第一册,第696~697页。

⑤ (清)黄宗羲原著,(清)全祖望补修:《宋元学案》第二册,第1569页。

而为性)与气(禀而为气质)相结合而成,然而性(理)与气质(气)终究还是本质不同的二物,不可如性气(理气)合一论者那样混为一谈。对此,黄百家主张“性即气之有条理者是,非别是一物也”①,认为性作为气质之条理不能离开气质而独立存在,就如同理是气之条理一样,从而站在理气、性气一元(一体)论的立场上批判了朱熹的性气二元论。卷十五“伊川学案上”的案语中,黄百家进而指出:“不知性者,从气质中指其义理之名。义理无气质,从何托体?气质无义理,不成人类。气质、义理,一物也,即一性也。”②认为性是气质之义理(本质),气质与义理不能作为两个独立的东西分割开来,实际上只是性之实体与本质属性这两个不可分割的方面,必须相互依存。

三、“变化气质”说的批判

黄百家进而依据“习染”说批判了张载以来宋明理学家基于性气二元论的“变化气质”说。理学家探讨人性论是为了给其为学目的及工夫论提供前提依据,即所谓“变化气质”说。如黄百家在前引张载关于“气质之性”的语录之后紧接着辑录了程颐所说的“学至气质变化,方是有功”③与真德秀所说的“张子有言:‘为学大益,在自求变化气质。’此即所谓‘善反之’者也”④。依据前述程朱理学的人性论观点,天命之性善本性是所有人都具备且相同的,这就给每个人成圣成贤(为学目的)提供了理论前提。但在达成此目标的为学工夫方面则因各人之禀赋而互异。圣人由于禀气清通,其天命之性未受障蔽而自然显现。普通人则因为气质有偏塞而障蔽了本性,故往往易流于恶,因此只有做变化气质的工夫使其气质恢复清通,才能复归于至善本性(天命之性),最终达到成圣成贤的目的。这是宋明理学家为学目的和为学工夫的一般主张。例如,明儒湛若水的弟子吕怀(1493—1573)继承张载的人性论并以“变化气质”作为其为学工夫论的主旨。在他看来,性统于心,本无所偏,但有身体则有气质,由于气质有偏,不免使心产生病痛(陷溺),从而导致心不能统性,因此主张通过修身来变化气质,从而得天理而存至善本性。⑤针对吕怀的变化气质说,黄百家在案语中引用其父黄宗羲之语予以批驳,指出气质(禀气)之偏根源于气化流行的过与不及,气质虽有偏,但作为

---

① (清)黄宗羲原著,(清)全祖望补修:《宋元学案》第二册,第1569页。

② (清)黄宗羲原著,(清)全祖望补修:《宋元学案》第一册,第613~614页。

③ (清)黄宗羲原著,(清)全祖望补修:《宋元学案》第一册,第694页。

④ (清)黄宗羲原著,(清)全祖望补修:《宋元学案》第一册,第695页。

⑤ (清)黄宗羲原著,(清)全祖望补修:《宋元学案》第一册,第696页。又参见(清)黄宗羲《明儒学案》,第913页。

气质之条理的中正本性仍然存在,气质本身是善的,根本无须变化,如果像吕怀所认为的那样由身之气质而使心性产生陷溺的话,就会人为地把心身、性气割裂成二物。可是孟子只说外在的环境(如收成的好坏、社会的治乱)会陷溺人心,没有说过人自身的气质会陷溺人心。陷溺人心的不是身体之气质,而是外在的习染。因此如果说张载所谓"气质之性"的问题在于将气质混同于性的话,那么吕怀的问题则在于离性于气质,把气质视作外在于人性的东西,实质上是一种性气二元论。其"变化气质"说的失误关键在于未意识到陷溺人心的其实是外在环境的习染而非气质本身。[①]但这里接着又产生了新的问题。即按照黄氏父子的上述观点,气质即是性,本身是善的,因此没有必要加以变化,那么推论下去就有可能得出天下所有人生来都是至善之圣人,世上本来不应该有不善之人的结论,而这与现实中善恶混在的人性显然是相矛盾的。然而在黄百家看来,所谓"气质即性"是指由气质而有天命之性,离开气质无所谓性的意思,也就是说没有两样性,所以程朱区分"义理之性"与"气质之性"的观点是错误的。黄百家进而又引述刘宗周之说指出:"性是气质中指点义理者,非气质即为性也。清浊厚薄不同,是气质一定之分,为习所从出者。气质就习上看,不就性上看。以气质言性,是以习言性也。"[②]即真正的人性是指气质中之义理(条理、规则),气质之偏不可说是人性。所谓生来气质的清浊厚薄是人所禀受的定分,而气质的驳杂偏胜取决于后天的习染,与先天本性无关。因此所谓气质无须变化是指气质之本然即是人之"恒性"(固有本性)不会也无须变化,但气质之杂糅偏胜并非气质之本然,因此虽说气质本身无须变化,但也不能因此而忽视矫正由后天习染所造成的气质之杂糅偏胜的工夫。[③]

四、"性善才恶"说的批判

黄百家又依据"习染"说批判了程颐的"性善才恶"说。程颐认为"性无不善,而有不善者,才也。性即是理,理则自尧、舜至于途人,一也。才禀于气,气有清浊,禀其清者为贤,禀其浊者为愚"[④]。从其"性即理"的立场出发,认为作为人性之本源的"天命之性"中只有四德,是本然至善的,孟子的"性善"说即指这种"天命之性"。而现实中人性总是通过才性、才质体现出来,这是由后天气禀(清浊)所决定之才性(贤愚),这种人性就是"气质之性"。对此,黄百家引《孟

---

① (清)黄宗羲:《明儒学案》,第911~912页。

② (清)黄宗羲原著,(清)全祖望补修:《宋元学案》第一册,第697页。

③ (清)黄宗羲原著,(清)全祖望补修:《宋元学案》第一册,第696~697页。

④ (清)黄宗羲原著,(清)全祖望补修:《宋元学案》第一册,第611、613页。

子·告子上》的“若夫为不善,非才之罪”后指出才原本是善的,性之善也通过才之善体现出来,因此不能说性善而才有不善。其理由在于“就人之气质得阴阳天命之全而性善焉,是性者因气质而有也。有是气质,而后有是性,则性之善亦因气质之善而善之也”[①]。黄百家认为《易传》所谓“一阴一阳之谓道,继之者善也,成之者性也”的“继善成性”说就是指人之气质禀受天命流行之全体(秩序)而性善,可见性是由气质而成立,先有气质方才有此性,因此性之善也是依据气质之善而来,不能说性善而气质不善。如此说来,性、才、气质皆为善,那么现实中的不善又是从哪里来的呢?黄百家指出,“然而知愚贤不肖生来不等者,天命至精,著于生初,当其在胎之时,即有习染,所以古人有胎教之言。如此辫麦洛地而有肥硗雨露人事之不齐,说不得辫麦之性不同也。孔子言‘习相远’,习不仅在堕地之后,其在胎时即有习矣。总之,于天命之性无与也”[②],认为气质之偏(愚贤不肖)实际上是由人自娘胎受孕以来的成长环境所决定的后天之习染所造成的,与人的本性(天命之性)没有关系。

五、“性近习远”说的新诠释

在“性”(先天)与“习”(后天)的关系方面,黄百家主张“性善(同)习远”,并着重批判了程颐对于孔子的“性近习远”说的诠释。程颐认为“论性不论气,不备;论气不论性,不明”[③],认为讨论人性必须将作为类本质的先天本性(性)与体现个体差异的后天气质(气)两方面的因素结合起来方才完备,并试图以其区分人性为天命之性(义理之性)与气质之性的性气二元论来统合先秦以来的各种人性论。程颐认为孟子的性善论是指穷极本源的“天命之性”(义理之性),而孔子所说“性相近也,习相远也”(《论语·阳货》)中的“性”则是指后天的气质之性(“生之谓性”)。先天本然之性(义理之性)为至善,这是所有人都相同的,气质之性则因人而异,因此不能说“性相同”,而只能说“性相近”了。对此,黄百家在其案语中引述刘宗周《论语学案》中的解释指出:“子刘子《论语学案》解‘性相近’章:‘性相近,犹言相同,言性善也。圣人就有生以后气质用事,杂糅不齐之中,指点粹然之体,此无啬,彼无丰。但人生有气质,此性若囿于气质之中,气习用事,各任其所习而往,或相倍蓰什佰千万无算,此岂性之故哉!夫习虽不能不歧乎远,然苟知其远而亟返之,则远者复归于近,即习即性,性体著矣。此章性解纷纷,只是模一近字……圣人正恐人混性于习,故判别两项分明若此。曰‘相近’云者,就两人寻性善

① (清)黄宗羲原著,(清)全祖望补修:《宋元学案》第一册,第613页。

② (清)黄宗羲原著,(清)全祖望补修:《宋元学案》第一册,第614页。

③ (清)黄宗羲原著,(清)全祖望补修:《宋元学案》第一册,第611页。

相同也。后人不解相近之说,始有‘无善无不善’,‘可以为善可以为不善’,‘有善有不善’之说。至荀卿直曰恶,扬子善恶混,种种滥觞,极矣。’”[①]黄百家认为“性相近”实际上是说“性相同”,也即是“性善”说。因为性是指气质之本体,本来是人人相同的,但人自胞胎受生以来性便囿于习染而成的气质之中,后天环境之习染的影响使人逐渐远离本性,但这并非性本身的问题。如果使习性由远而返之近的话,本然之性体就会呈现,所以孔子才说“性相近也,习相远也”。[②]人们对孔子性论歧见纷纭的关键在于对于“近”字的理解,如果把“近”理解成“近似”的“近”,则此相似之“性”必然还是有差别的。其实“性相近”中的“性”(天命本性)相当于一个标杆准则,而“近”指此“性”(标杆)使人相互“靠近”,而不是说不同人之间的“性”(如程颐所理解的气质之性)相互“近似”,实际上不同人之间的气性毕竟有材质之种种不一致,相互之间千差万别,因此说气质之性“相近”是难以成立的,只能说“性”(本性)相同,也即是性善。更进一步来说,性其实是从气质中指点出义理(条理),气质本身并不是性,程颐所说的杂糅不齐之才质是由后天的习染而来,与性不相干,如果以气质来说性,那其实是以习来说性了。孔子之所以要将性、习对言,就是唯恐人们把性与习混为一谈。所谓“性相近”实际上是说二人各自寻其本性(性善)而靠近趋于相同。换句话说,正是因为本性是至善的,人们才有可能摆脱气习的影响而最终趋于相同。这样说来,孔子与孟子实际都主张性善,其所谓性都是指天命本性,只不过孟子是立足于先天来源来说性善,孔子是立足于后天现实来说性善,那么程颐将两者区别对待的看法就有问题了。在刘宗周与黄百家看来,孟子为了说明人性之所以异于禽兽的地方,将先天至善的道德本性(天命之性)规定为人性之本质,但为了解释现实人性中存在的善恶之差异,儒者之间又产生了性恶、性无善恶、性善恶混、性三品等种种分歧,这其实是源于他们对孔子“性近习远”说的误解,即错误地以后天的“习”来说先天的“性”所造成的。黄百家、刘宗周对孔子“性近习远”说的这种解释是否符合孔子的本意暂且不谈。他们在主张性气一元(一体)的性善说的同时,将气质之杂糅归于后天的习染,从而批判了程朱以体用、善恶区分性气的二元论观点。这一点是清楚明白的。同时应该指

① (清)黄宗羲原著,(清)全祖望补修:《宋元学案》第一册,第612页。

② 福谷彬以性论为中心考察了孔孟一致论的发展历程,指出孔孟思想的一致论是从汉代到宋代逐渐形成的,宋代以前的孔孟一致论是以《论语》为主整合《孟子》,宋代程朱理学的孔孟一致论则是通过《孟子》的思想追溯性地理解《论语》的内容。参见[日]福谷彬《孔孟一致论の展开と朱子の位置——性论を中心として》,《日本中国学会报》第65卷,2013年,第103~118页。参考福谷彬的上述研究,可以说刘宗周、黄百家以孔子的“性相近”为“性相同”(性善),实际上就是以孟子的“性善论”统合了孔子的“性相近”论。

出，黄氏父子的性气一元论绝不是孤立的主张，实际上是明代中期以来批判程朱理本论的元气实体论思潮在人性论上的反映。例如作为清代浙东学派之先驱的东林学派（如高攀龙）与蕺山学派（刘宗周），以及同时代理学派的陆世仪（1611—1672）、气学派的王夫之（1619—1692）、反道学的颜元（1635—1704）等人均持类似的主张。

总而言之，在黄百家看来，性是气质之条理，情才是气质之表现，性（条理、本质）与气质（本体）以及情才（表现）是三位一体的关系，气质之偏由习染而来，性自身并无变化，性之善由气质之善而来，性与气质均为善，而恶与气质之杂糅来自后天之习染。追根溯源的话，明初的朱子学者曹端修正了朱熹的性气二元论，主张性气不分。气学派的王廷相进而主张性由气出。黄百家在继承前代学者之人性论的同时，主要依据刘宗周与黄宗羲的性气一元论和习染说批判了程朱理学的性气二元论和变化气质说。

第三节 道德观诠释——性情一元、爱为仁本、孝弟求仁

一、程朱理学的"仁性爱情"说

以上围绕着人性问题进行了论述，接下来论述黄百家的求仁说（道德观）。理学家所谓人性的具体内容即是人的道德本质。其中仁义礼智信"五常"被理学家视为人性中先天固有之德目。"五常"之中，仁义礼智是扩充"四端"而来之"四德"。而仁作为"四德"之首，又可兼包"四德"，是儒家道德观的核心概念。关于仁的来源、本质及内涵也成了自孔子以来的儒学史，特别是宋明理学史上的中心议题。追根溯源的话，《论语·颜渊》中樊迟问仁，孔子说"爱人"，以爱人作为实践仁德的基础。孔子的"仁"是指人与人之间的关系及其角色应遵守的社会秩序规范（"角色伦理"），而不是直接指称人性。[①]孟子则基于人生来固有的"四端之心"来给"四德"的成立提供论证。

---

① Roger T. Ames and Henry Rosemont Jr., "Family Reverence (xiao 孝) in the Analects: Confucian Role Ethics and the Dynamics of Intergenerational Transmission", in Amy. Olberding, *Dao companion to the Analects*, Dordrecht: Springer Netherlands; Imprint: Springer, 2014, pp. 117－136.伊藤仁斋指出，在先秦仁智（孔子）或仁义礼智（孟子）都是指天下通行的道德，是人生日用百行所应遵循的社会行为规范，甚至周敦颐在《周书》中所谓"五性"（仁义礼智信）也是指人伦道德规范，而不是指人固有的本性。以仁包"四德"、"五常"而作为人性是程朱的新诠释（所谓"性即理""理性"）。参见［日］伊藤东涯《通书管见》，关仪一郎：《日本儒林丛书》第5册，东京：株式会社凤出版，1978年，第5页。

孟子一方面说“恻隐之心,仁也;羞恶之心,义也;恭敬之心,礼也;是非之心,智也”(《孟子·告子上》),将“四端”之心(道德情感)视作“四德”(道德理性),认为“四端”与“四德”并无本质上的区别,一方面又说“恻隐之心,仁之端也;羞恶之心,义之端也;辞让之心,礼之端也;是非之心,智之端也”(《孟子·公孙丑上》),认为“四端”与“四德”之间存在程度上的差异,“四德”系由“四端”扩充成长而来。其后唐代韩愈进而提出“博爱之谓仁”,强调仁德是爱的推广。宋代理学奠基人程颐则从其性情二元的立场出发,一方面批判了韩愈以爱为仁的观点,一方面重新规定了孟子所说的“四端”与“四德”之间的关系,指出“恻隐固是爱也,爱自是情,仁自是性,岂可专以爱为仁”[①],认为爱属于形而下之情,仁属于形而上之性,二者有着本质的不同。其后朱熹一方面继承程颐以性情区分仁爱的思想,认为“四德”属于天所赋予的未发之性,“四端”属于已发之情,一方面又继承了张载的“心统性情”说,认为心包括并主宰性情,性情则是心之体用的关系,进而将“仁”定义为“心之德(全德),爱之(所以然之)理”。这就是程朱以仁属性、爱属情的“仁性爱情”说。总之,朱子学中的仁不能直接等同于爱,而是比爱高一层次的所以爱之根源。两者既相互区别又有密切的联系。

二、从“识仁”到“求仁”

与上述程颐、朱熹基于形上形下、体用二元的“仁性爱情”说不同,宋代理学的奠基人之一程颢(明道)在其《识仁篇》中指出“学者须先识仁。仁者浑然与物同体,义、礼、智、信皆仁也。识得此理,以诚敬存之而已,不须防检,不须穷索”[②],将仁理解为贯通天人的天地生生之德,基于本心对于内在于天地万物中的生意(即天地生生之德)的体认而陈述其体用一元的仁学本体论[③],认为通过体认仁体(识仁)便可达到与天地万物同体的天人合一境界。其中也包含有博爱的意思。[④]“识仁”是程颢的本体工夫论宗旨。《识仁篇》也被后世公认为程颢最重要的代表作。但朱熹借口《识仁篇》只有学问程度较高者才能从事而非初学者之急务,并且认为其有引人走入异端(墨子

① (清)黄宗羲原著,(清)全祖望补修:《宋元学案》第一册,第620页。

② (清)黄宗羲原著,(清)全祖望补修:《宋元学案》第一册,第540页。

③ 陈来指出:“明道不仅从精神境界上讲仁,也把仁看作宇宙的原理。如果说明道思想中精神境界的仁,其意义为万物一体,那么,他的思想中作为宇宙原理的仁,其意义是‘生生不息’。”参见陈来《仁学本体论》,北京:生活·读书·新知三联书店,2014年,第264页。

④ 陈立胜:《王阳明“万物一体”论——从“身一体”的立场看》,上海:华东师范大学出版社,2008年,第103~104页。

兼爱说)的危险,因而没有将其收入分类汇编周张二程思想精华的《近思录》中。此外,朱熹还在其思想成熟后的代表作《仁说》一文中,批评了程颢的高徒杨时将万物与我为一体视作仁体的仁说,指出万物一体是仁之效用而不可视之为仁之本体,又批评了程颢的另一位高徒谢良佐以觉言仁的仁说,指出知觉只是智之作用而不可被视作仁(兼包义、礼、智)之本体。朱熹认为杨、谢二人的仁说(实际上都源自程颢之仁说,只是朱熹为尊者讳,不便直接批评程颢)之失误在于把仁之作用当成了仁之本体。[①]其实程颢及其弟子杨时、谢良佐的仁说是立足于推扩内在本心仁体到天地万物的"体物不遗"与"感通无碍"。朱熹则将其理解成博施济众与感官知觉的外在作用了。[②]与朱熹的这种批评相反,黄百家指出"伊川之表先生墓,谓孟轲死,圣人之学不传,学不传,千载无真儒,先生生于千四百年之后,一人而已。……而要识先生之所以为真儒,千四百年后之一人者何在。盖由其学本于识仁。识仁,斯可以定性"[③],认为程颢之所以能够接续孔孟之绝学(仁学)就在于其学问以"识仁"为宗旨,即刘宗周所说的"先与识个大头脑所在,便好容易下工夫也"[④],也就是首先通过"识仁"体认得天命流行之本体(仁体),其后只需以"诚敬存之"的工夫来存养栽培此仁体,不须苦心极力地做外在的防检穷索工夫[⑤]。程颢认为这样存养仁体,长久就会自然达到与物同体、天人合一的最高境界。于是黄百家在编纂《明道学案》时将《识仁篇》作为体现程颢哲学宗旨的代表作置于思想资料之首,其下收录有刘宗周、顾宪成,以及黄氏父子自身的多条大段评论和案语。进而黄百家还亲自作《求仁篇》(近两千字)一文附于其后。[⑥]可见黄百家对于程颢"识仁"说的推崇和重视。这与朱熹的态度形成了鲜明的对比。

在《求仁篇》中,黄百家首先指出"求仁"是孔门儒学的第一要义,从而肯定了程颢识仁说的重要性,进而又指出《识仁篇》中只说"识得仁体,以诚敬

---

① (清)黄宗羲原著,(清)全祖望补修:《宋元学案》第二册,第1511页。

② 蔡仁厚:《宋明理学(南宋篇)》,台北:台湾学生书局,1980年,第114～118页。

③ (清)黄宗羲原著,(清)全祖望补修:《宋元学案》第一册,第580页。

④ (清)黄宗羲原著,(清)全祖望补修:《宋元学案》第一册,第541页。

⑤ 岛田虔次指出,程颢认为识得仁体后以诚敬保持不失就行了,不需要对于恶进行防卫、检点,或者对于道的分析的追究、探索,这是因为第二义的恶决不能对抗根源性的善。天道也不具有对善恶的差别之见,善恶都是天理之当然。参见[日]岛田虔次《朱子学与阳明学》,蒋国保译,西安:陕西师范大学出版社,1986年,第32～33页。

⑥ (清)黄宗羲原著,(清)全祖望补修:《宋元学案》第一册,第543～546页。该文原本收录于(清)黄百家《求仁篇》,《黄竹农家耳逆草》,陈红彦、谢东荣、萨仁高娃主编:《清代诗文集珍本丛刊》第一百二十八册,第331～337页。

存之”,又说“不须防检,不须穷索……存久自明”,是在识仁之前与识仁之后的工夫都“笼统”下一个“存”字。程颢可能觉得空说无益,关键在于自家默识体认仁体(天地生生之德),但后世学者往往缺乏程颢那样的悟性工夫,只从字面上读了《识仁篇》之后仍然难以领会具体该如何下手“求仁”。于是黄百家特意作了《求仁篇》以阐发程颢的言而未尽之意。黄百家的做法是回归到先秦原始儒家,追寻孔孟的仁说宗旨,于是在《求仁篇》中追溯了儒家创始人孔子在各种场合下回答弟子问仁时的说法,包括“以礼求仁”“以敬恕求仁”“以言顾行,行顾言……求仁”“以仁者之心,胞与为怀……求仁”“求仁于友辅”“求仁于感应”等诸多话头。这是从正面回答“求仁”包括哪些方面。黄百家进而指出孔子所称道的仁者都是能够成全其德性的人,因而不能以功业混仁,不能“以才混德”,不能“以一节概生平”。这是从反面回答哪些方面不是“求仁”。总而言之,仁是一种全德,是一个人的精神生命之全体,凡是德行有亏的人都不能称作真正的仁者。然而后儒往往以为孔子虽有各种对症下药的仁说,但似乎并未给“仁”下一个明确的定义,因此纷纷自立宗旨以补孔子之“缺漏”。在黄百家看来,孔子在教育上注重因材施教,使不同资质、才性的人都有门径可入,所以才有诸多话头,但这并不代表孔子没有一贯的仁说宗旨。实际上《中庸》所载孔子回答鲁哀公时所说的“仁者,人也,亲亲为大”就是孔子仁说的宗旨。黄百家接着又引孟子所说“仁也者,人也”(《尽心下》)、“亲亲,仁也”(《尽心上》)、“仁之实,事亲是也”(《离娄上》)来证明孝弟(孝亲敬长)为仁之根基即是孔孟一脉相承的仁说宗旨,并批评了程朱的“仁性爱情”说与孝弟非仁之本的观点。①这里很明显地体现出黄百家批判程朱理学而回归先秦儒家学说的立场。

---

① 楠本正继指出,朱子学中的仁是以家、国为本的爱,朱子驳斥《庄子·人间世》篇中以君臣为外在道义的思想,将君臣关系与父子一样彻底视为内在天性,因为不这样考虑则父子与君臣、家族与邦国之间就不能成为一贯巩固的存在,所以朱子有强烈的重视忠君的倾向。楠本正继特别指出山崎闇斋编纂的《朱子书抄略》中将君臣置于人伦之首。这与我们一般认为中国儒家重视父子孝道并将其置于五伦之首的看法不大一样,似乎反映的是日本儒家强调的忠君思想,但由楠本正继的上述分析可知,山崎闇斋的做法其实并没有歪曲朱子的精神。毋宁说日本江户时代之所以以朱子学作为统治思想正是基于上述朱子的忠孝一体的思想。楠本正继指出相较而言朱子学从家国一体的道德责任观念出发比较重视君臣关系,而阳明学从爱亲敬长(孝弟)的本心观念出发比较重视家族中心的父子关系。如王门泰州学派的王艮认为孝是人性的同时也是天命,甚至是国家之元气。因为孝弟是对父兄发露的良知不忍之心,以家族为本的社会组织乃至治理国家社会的政治行为全都出自孝。参见[日]楠本正继《宋明时代儒学思想の研究》(修订版),第222、494页。

三、"仁性爱情"说的批判

关于爱(孝弟)与仁的关系以及孝弟(爱)是不是仁之本的问题。朱熹继承程颐的"仁性爱情"说,在其代表作《仁说》一文中,认为人心禀受乾元(天道)之德(即"元亨利贞")而为"仁义礼智"之"四德",并将"四德"(性)与"四端"(情)视作未发与已发、体与用的关系,将恻隐等"四端"视作已发之情(爱),将仁义礼智"四德"视作爱之理(天命未发之性体)。朱熹在其答张栻的书信中,指出"由汉以来,以爱言仁之弊,正为不察性、情之辨,而遂以情为性尔"[①],批判了自古以来以爱(情)为仁的观点,将仁视作包含"四德"的心之全德与所以爱之理,又认为孝弟不属于性而属于知觉(情),而性与知觉则是体与用、公与私的关系,孝弟属于感官知觉,不可以知觉为性,因此性中没有孝弟。朱熹在其《论语集注·学而篇》第二章"孝弟也者,其为仁之本与"的注释中指出"盖仁是性也,孝弟是用也。性中只有仁义礼智四者而已。曷尝有孝弟来"[②]。认为仁是比孝弟高一层的所以孝弟之根源,孝弟不是仁之本体(根本),充其量只不过是仁体之发用或者践履行仁的开端罢了,也就是说行仁要从人伦中最切近的孝弟开始着手,但孝弟并非仁之根本和源头,因此主张求仁不能求之于形而下的身体(气、情)而必须求之于形而上的性体(理、性)。

黄百家则认为朱熹的解释明显违背了孔孟仁说的本意,进而在《求仁篇》中指出"性虽为公共之物,而天命于人,必俟有身而后有性。吾身由父母而生,则性亦由父母而有。性由父母而有,似属一人之私,然人人由父母而有,则仍是公共之物。夫公共之物,宜非止以自爱其亲,然人人之所以自爱其亲,正以见一本大同之道。所以孔子曰:'夫孝,天之经也。'谓之天经者,盖以此爱亲之心具自孩提之童,不学不虑,一本乎天,乃吾良知良能之知觉,即性体也。……无父母即无此身,父母即天地,我与父母固结而不可解之心,不知其所自来,此天然之至性,乃所谓仁也"[③],认为对于人来说最本源的莫过于由父母所生之身体,性是依存此身体方才得以成立,并不是来自于高于此身的形上本体(程朱所谓的天理)。性与身体(气质)并非公私对立的关系,而是一体两面的关系。事实上孝本于天,内化而为人生来所具有的良知良能之知觉,也即是性体(仁)。《求仁篇》的末尾,黄百家又引述了明代江右

① (宋)朱熹:《晦庵先生朱文公文集》,朱杰人、严佐之、刘永翔主编:《朱子全书》第二十一册,第1412页。

② (宋)朱熹:《四书章句集注》,北京:中华书局,1983年,第48页。

③ (清)黄宗羲原著,(清)全祖望补修:《宋元学案》第一册,第545~546页。

王门学者王时槐(号塘南,1522—1605)及其父黄宗羲的主张,强调性必须依存于气质(身体),有气质方有义理(德性),义理之发源在于生身父母(即天地),人能够事事以父母为心的话,就是天理,也就是为仁了。[①]而所谓"求仁"即是在实践亲亲、孝弟的工夫中体认此天赋性体之本源与本根的过程。[②]从思想源头来说,除了孔孟的孝弟为"仁之本"说之外,孔子的弟子、以孝道著称的曾子在《孝经》《礼记·祭义》中以本于天的孝作为道德之根本,以保身作为孝之始。明儒刘宗周则从其"道不离气"的道器一元论出发,批判了程朱将"五常"视作先天之人性的观点,主张父子等人伦关系(器)出现之后"五常"等伦理道德(道)方才得以成立。[③]而黄宗羲也从其心外无性、气外无理的心性、理气一元论出发,批判了朱熹的仁性爱情说,肯定了恻隐等"四端"之情即是仁,孝弟即是仁之根本。[④]黄百家的《求仁篇》可说是继承刘宗周与黄宗羲的观点并对先秦儒学的孝弟为仁说作了理论上的论证与阐发。[⑤]

总之,黄百家上溯至孔子、孟子等先秦原始儒家之仁说,在程颢识仁说的基础上,继承刘宗周与黄宗羲的道器、性情、仁爱一元论,主张在人性的本源(亲亲、孝弟)处求仁,从而批判了程朱以体用、本末区分性情、仁爱的二元论思想。

---

① 佐野大介指出,孝的对象有血亲(骨肉)和社会亲(非骨肉)两个方面,这是因为"模范"具有"应该做"且"难做"的两面性,以及孝具有"爱的孝"与"敬的孝"的两面性。参见[日]佐野大介《孝行谭における血缘性の意味》,《日本中国学会报》第61卷,2009年,第15~28页。依据佐野氏的论述,如果说黄氏父子的仁爱一体观中的孝是基于血亲的"爱的孝",那么程朱理学仁体爱用说中的孝则是基于社会性的"敬的孝"。

② 陈来指出,王时槐、黄百家的以孝弟求仁说是从心性来体认仁体,这种由道德实践接近本体的思路,与康德实践理性所说是一致的。参见陈来《宋明儒学的仁体观念》,《北京大学学报(哲学社会科学版)》2014年第3期。

③ 侯外庐、邱汉生、张岂之主编:《宋明理学史》下卷,第620~621页。

④ (清)黄宗羲原著,(清)全祖望补修:《宋元学案》第一册,第617~618页。

⑤ 当然仁与孝弟的关系自宋代以来聚讼纷纭,大体上分为程朱理学(仁体孝用、仁为孝本)与陆王心学(仁孝一体、孝为仁本)两种解释,刘宗周、黄宗羲、黄百家父子以孝弟为仁之根本的解释当然是心学的路数。关于宋明两代朱子学与阳明学关于仁与孝弟的不同解释,参见[日]青木洋司《南宋末における〈论语集注〉学而篇"孝弟也者、其为仁之本与"解释》,《日本中国学会2017年度〈研究集录〉》第1卷,2017年,第15~26页;[日]原信太郎《明代における〈论语〉学而篇"孝弟也者、其为仁之本与"章解释——阳明学者を中心として》,《日本中国学会2017年度〈研究集录〉》第1卷,2017年,第27~40页。

第四节 修养工夫论诠释——心学为本、和会朱陆、一本万殊

一、“尊德性”与“道问学”的关系

朱学(理学)与陆学(心学)是南宋中后期的道学发展过程中形成的两大阵营。两派之间的学术论争(所谓朱陆异同之辩)更是贯穿整个宋明理学发展史的一条主要线索。两派之间的分歧简单来说,朱熹与陆九渊虽然都以成圣成贤的“圣人之学”(道学)作为其学问的最终目的,但在“为学之方”即达成此目的的方法路径(修养工夫论)上存在分歧。具体来说,即是作为修养工夫论之具体内容的“尊德性”与“道问学”的意义及其地位的不同。朱熹信奉程颐所说的“涵养须用敬,进学则在致知”[①]的居敬穷理并行的二元工夫论,在进行“存心”“主敬”(主要指保持内在的诚敬状态和外在的整齐严肃)的道德涵养工夫(“尊德性”)的同时,又从理一分殊的立场出发,认为万事万物皆有其分殊之理,而人心之性即是天地万物之理的全体,强调只有通过穷究事事物物中分殊之理的格物致知(读书穷理)工夫(即“道问学”)才能穷尽人心中所具天理之全体大用。由此朱熹将“尊德性”与“道问学”视作修养方法中齐头并进、相辅相成的两个方面。陆九渊则认为天理内在于本心之中(“心即理”),因此以发明本心的内省工夫(“尊德性”)作为其学问宗旨,而以外在的格物穷理(“道问学”)作为次要的补充手段。由于陆学的“尊德性”具有朱学的“尊德性”中不具备的发明本心的本体工夫论意味,因此针对朱熹提出的二者可并行不悖的折中意见,陆九渊指出“元晦欲去两短,合两长,然吾以为不可,既不知尊德性,焉有所谓道问学”[②],认为只有“尊德性”才是儒家道德践履之学的前提和目的,作为补助手段的“道问学”归根结底无法与“尊德性”相提并论。[③]对此,黄百家在卷十七“横渠学案上”辑录了张载所谓“不尊德性,则问学从而不道”的一条语录之后,在案语中指出“学不求诸心,则无所归宿。道问学者,所以尊德性也。然不能尊德性,问学如何去道”[④],

---

① (宋)程颐、(宋)程颢:《二程集》上册,第188页。

② (宋)陆九渊:《陆九渊集》,第400页。

③ 朱熹所说的“道问学”包含与道德践履相关的工夫及与道德践履无关的纯知识的探求这两个方面,陆九渊反对的其实只是后者。因为在陆九渊看来,具体知识的探求与道德之养成并没有直接必然联系。

④ (清)黄宗羲原著,(清)全祖望补修:《宋元学案》第一册,第706页。

认为学问的关键在于反求之于本心,“尊德性”是“道问学”的前提与目的,而“道问学”不过是“尊德性”的手段罢了,很明显是站在陆九渊心学一边。

二、和会朱陆的思想倾向

为了调停朱陆两派之间的思想分歧,同时也为了相互补偏救弊(尤其以陆学之简易弥补朱学之支离),从南宋后期开始两派之间都出现了和会朱陆之思想异同的思潮。如南宋程绍开(1212—1280)站在陆学的立场上和会朱陆①,其弟子吴澄(1255—1330)则站在朱学的立场上和会朱陆②。进而在学术界出现了朱陆早年思想虽异,其后相互切磋取长补短,到晚年终于趋于一致的所谓“早异晚同”说。如明代理学家程敏政(号篁墩,1446—1499)编纂了《道一编》以调和朱陆之异同,认为朱陆“其初则诚若冰炭之相反,其中则觉夫疑信之相半,至于终,则有若辅车之相倚”③。其后明代心学集大成者王守仁(号阳明,1472—1529)受其影响编纂了《朱子晚年定论》,强调朱熹“晚岁固已大悟旧说之非……世之所传《集注》《或问》之类,乃其中年未定之说”④。程、王两书都力倡朱陆“早异晚同”说,并对包括黄氏父子在内的明清两代学者产生了很大的影响。⑤如黄宗羲在《宋元学案》所下的案语中指出“然考亭之悟,毕竟在晚年。阳明子为《朱子晚年定论》,虽或有出于早年者,其大意则灼然不失也”⑥,对《朱子晚年定论》的观点表示认同。程敏政在其《道一编》正文之开端辑录了理学史上因开启朱陆之争而著名的“鹅湖之会”上陆九龄(复斋)、陆九渊(象山)兄弟与朱熹所作的唱和诗,并下了案语。而《宋元学案》卷五十七“梭山复斋学案”也同样收录了朱陆“鹅湖之会”上的唱和诗。对比其后黄百家的案语与《道一编》中程敏政的案语可知二者内容几乎完全相同。虽然黄百家没有明说,但从时代先后及学术影响可知当是其案语照搬了《道一编》中程敏政的案语。⑦这实际上也意味着黄百家对程敏政主张的朱陆“早异晚同”说的认同。

然而,由于程敏政与王守仁二人在思想立场上的差异,两者在编纂上也

---

① (清)黄宗羲原著,(清)全祖望补修:《宋元学案》第四册,第2594页。

② (清)黄宗羲原著,(清)全祖望补修:《宋元学案》第四册,第3041页。

③ (明)程敏政:《道一编》,吴长庚主编:《朱陆学术考辨五种》,第9页。

④ (明)王守仁:《朱子晚年定论》,吴长庚主编:《朱陆学术考辨五种》,第88~89页。

⑤ 相关论述参见陈寒鸣《程敏政的朱、陆“早同晚异”论及其历史意义》,《哲学研究》1999年第7期;解光宇《程敏政“和会朱、陆”思想及其影响》,《孔子研究》2002年第2期;解光宇《程敏政、程曈关于“朱、陆异同”的对立及其影响》,《中国哲学史》2003年第1期。

⑥ (清)黄宗羲原著,(清)全祖望补修:《宋元学案》第二册,第1555页。

⑦ 参见(明)程敏政《道一编》,吴长庚主编:《朱陆学术考辨五种》,第18~19页;(清)黄宗羲原著,(清)全祖望补修《宋元学案》第三册,第1872~1873页。

有明显的不同。正如反对程、王二人的“早异晚同”说而力主朱陆“早同晚异”的明代朱子学者陈建(1497—1567)所指出的:“盖《道一编》犹并取二家言语比较异同,阳明编《定论》,则单取朱子所自言而不及象山一语。篁墩盖明以朱陆为同,而阳明则变为阳朱而阴陆耳。”[①]程敏政兼采朱陆双方之说并比较其异同,至少从形式上保持了兼收并蓄的中立态度。而王守仁则只取朱熹之说(即其认定的所谓朱子“晚年定论”)。这种差异反映了二人思想立场的不同。程敏政本人是朱子学者,出于对当时朱子学末流因门户之见而任意排斥陆学的学界情况深感忧虑而编纂了《道一编》,强调朱陆双方均以取长补短的态度反省自身的缺点而承认对方的长处,到了晚年最终殊途同归,以图调和朱陆异同。虽然在陈建这样的正统朱子学者看来,像程敏政这样把朱陆并列,说朱熹晚年反省自身并最终与陆九渊趋于一致的说法本身就是不顾事实地在替陆学作辩护。而王守仁作为明代心学的集大成者,其立场则明显站在南宋心学创始人陆九渊一边。正如陈建所指出的,王守仁明地里是表彰朱熹之学,实际上只是“借朱子之言,以形朱子平日之非,以著象山之是,以显后学当从”[②]。其目的在于表明朱熹晚年反省自身的学问并最终与陆九渊心学趋于一致,并借以说明自己的心学思想并不悖于朱子学说。黄百家在卷五十八“象山学案”的案语中从道统论出发强调朱陆两人的殊途同归,进而与《朱子晚年定论》的做法一样单方面引用了朱熹力倡“取长补短”的相关言论,并批评了后儒的门户之见。其方式与王守仁的做法如出一辙。由以上分析可知,黄百家受程敏政与王守仁的影响,在倾向于陆王心学的同时又力图调和朱陆在修养工夫论上的异同。[③]

三、一本万殊的思想立场

以上笔者以《宋元学案》中黄百家的案语为中心,围绕着理气、人性、道德(求仁)、修养工夫(朱陆异同)四个方面,考察了黄百家的哲学诠释及其思想立场。从哲学思想渊源来看,黄宗羲继承明代心学殿军刘宗周的思想,创立了以一本万殊、经世致用为宗旨的清代浙东学派。其思想倾向在其编纂的《明儒学案》中得到了充分体现。黄百家继承刘宗周与黄宗羲的哲学思想,在编纂《宋元学案》的过程中从理气、心性情的一元论出发,批判了程朱理学的理气、性气、性情、仁爱二元论。其思想在以心学为本的同时,又体现

---

① (明)陈建:《学蔀通辨》,吴长庚主编:《朱陆学术考辨五种》,第147页。

② (明)陈建:《学蔀通辨》,吴长庚主编:《朱陆学术考辨五种》,第121页。

③ (清)黄宗羲原著,(清)全祖望补修:《宋元学案》第三册,第1888页。

出清代浙东学派折中朱陆等各学派之思想异同而会归于一的一本万殊立场。[①]所以王梓材在《校刊宋元学案条例》中特意提醒读者道:“初观是书,似有门户之见。细阅梨洲、主一以及谢山诸案语,往往合会诸家,总归圣道之一。”[②]《宋元学案》的三位主要编纂者黄宗羲(梨洲)、黄百家(主一)、全祖望(谢山)对于宋元儒学思想的这种基于自身哲学思想立场的兼收并蓄态度一方面使得《宋元学案》深深打上了清代浙东学派思想的烙印,并因其学术批评价值超越了一般的思想文献汇编,一方面又使得《宋元学案》成为一部空前完备的宋元儒学思想史巨著。而黄百家作为黄宗羲学术思想的继承者在此过程中可谓起到了承上启下的重要作用。

---

① 清代浙东史学的殿军章学诚(1738—1801)在《浙东学术》中总结道:“浙东之学,虽出婺源,然自三袁之流,多宗江西陆氏,而通经服古,绝不空言德性,故不悖于朱子之教。至阳明王子,揭孟子之良知,复与朱子牴牾。蕺山刘氏,本良知而发明慎独,与朱子不合,亦不相诋也。梨洲黄氏,出蕺山刘氏之门,而开万氏弟兄经史之学;以至全氏祖望辈尚存其意,宗陆而不悖于朱者也。”(清)章学诚:《文史通义校注》,叶瑛校注,第523页。

② (清)王梓材:《校刊宋元学案条例》,(清)黄宗羲原著,(清)全祖望补修:《宋元学案》第一册,第22页。

第八章　朱陆修养工夫论的渊源及异同
——兼论《宋元学案》编纂者的思想立场

以朱熹为代表的“理学”与以陆九渊为代表的“心学”是南宋中后期道学阵营中最为重要的两大学派。从目前学术界的研究来看，朱陆的思想异同主要体现在以太极说为中心的本体论，以“性即理”与“心即理”为中心的心性论，以“尊德性”与“道问学”为宗旨的修养工夫论等方面。朱陆生前已经爆发了“鹅湖之会”（修养工夫论）与“无极太极之辩”（道器本体论）等方面的激烈论战，由此产生的朱陆异同之辩以及“理学”与“心学”两大阵营之争也成为贯穿整个理学发展史的主要线索与学术研究的重大课题。其中修养工夫论中涉及的“尊德性”与“道问学”、道德理性与工具理性、德育与智育的关系问题是人类思想史上历久弥新的话题，对于当代的教育及文化建设也极具指导和启发意义。

截至目前，海内外以朱陆异同，特别是以“尊德性”与“道问学”为论题的专题论文已有不少。[①]同时，也有多本以朱陆异同为主题的专著出版。[②]此

---

① 可参见陈寒鸣《程敏政的朱、陆“早同晚异”论及其历史意义》，《哲学研究》1999年第7期；解光宇《鹅湖之会：心学与理学分野》，《孔子研究》1999年第2期；解光宇《程敏政“和会朱、陆”思想及其影响》，《孔子研究》2002年第2期；解光宇《程敏政、程瞳关于“朱、陆异同”的对立及其影响》，《中国哲学史》2003年第1期；路新生《“尊德性”还是“道问学”？——以学术本体为视角》，《天津社会科学》2008年第4期；陈万求、刘志军《“尊德性而道问学”——传统儒学知识伦理论》，《湖南师范大学社会科学学报》2008年第2期；李昱东《评陆九渊的“尊德性”与朱熹的“道问学”》，《空大人文学报》2008年第17期；李长春《“道问学”处多了些子？——朱熹教育思想新论》，《北京大学教育评论》2009年第1期；[韩]정도원《朱陆异同과 元代朱陆和会论에 대한 再检讨》，《동양철학연구》第42卷，2005年，第285～327页。

② 可参见彭永捷《朱陆之辩——朱熹陆九渊哲学比较研究》，北京：人民出版社，2002年；王大德《朱陆异同新论——以“心与理、心与物”为向度之新综析》，台北：文史哲出版社，2009年。

外,许多著作也有涉及此问题。[①]另外,《历代"朱陆异同"典籍萃编》和《历代"朱陆异同"文类汇编》分别汇集了中国历代(从宋代至清代)论述朱陆异同的专著和单篇文章,可谓此方面的古代文献集成,其中与朱陆修养工夫论相关的内容很多,尚有待进一步的分析。[②]王孝廉在其《二程子修养方法论及其对朱陆的影响》一文中,论述了二程在修养工夫论(识仁、主敬、穷理等)方面与朱陆之间的思想关联,其目的在于从思想渊源出发考察朱陆修养工夫论的异同。[③]但朱陆修养工夫论的思想渊源绝不只限于二程,其与先秦思孟学派以及北宋理学创始人周敦颐、张载等人的思想继承关系还有进一步探讨之必要。同时,黄宗羲、黄百家、全祖望等人编纂的宋元儒学思想史巨著《宋元学案》中对朱陆异同非常关注,在其案语中有许多论述,其观点和立场有不少值得注意的地方。因此,笔者力图从朱陆及上述诸人的相关著作中发掘出更为丰富的材料,并结合前人时贤的相关论述,系统全面地探讨朱陆以"尊德性"与"道问学"为中心的修养工夫论的渊源及其内涵,在此基础上阐明《宋元学案》的编纂者对于朱陆异同的看法及其思想立场。

第一节 朱熹修养工夫论的渊源及其内涵

"尊德性"与"道问学"向来被视为朱陆修养工夫论的宗旨,但遍检朱熹与陆九渊的所有著作,其中直接提及"尊德性"与"道问学"的地方却并不多。朱熹作为中国古代哲学家中著作最多的学者之一,现存有数百卷的文集与语类等著作,但其中直接提及"尊德性"或"道问学"的地方不过数十条,且大部分集中在《朱子语类》解释《中庸》"尊德性而道问学"的文字中。[④]陆九渊的现存著作中更是只有一条语录直接提及"尊德性"或"道问学",两词共出

---

① 可参见陈来《朱子哲学研究》,上海:华东师范大学出版社,2000年,第341~421页;[加]秦家懿《朱熹的宗教思想》,曹剑波译,厦门:厦门大学出版社,2010年,第179~204页;Ying-shih Yü, "Morality and Knowledge in Zhu Xi's Philosophical System," in Josephine Chiu-Duke and Michael S. Duke, *Chinese History and Culture*, New York: Columbia University Press, 2016, pp. 181-207。

② 参见严佐之、戴扬本、刘永翔主编《历代"朱陆异同"典籍萃编》全六册,《朱子学文献大系·历代朱子学著述丛刊》,上海:上海古籍出版社,2018年;顾宏义、严佐之主编《历代"朱陆异同"文类汇编》全五册,《朱子学文献大系·历代朱子学研究文类丛编》,上海:上海古籍出版社,2018年;严佐之《"朱陆异同"历史文献与"朱陆异同之辨"历史衍变》,《中华文史论丛》2018年第2期。

③ 王孝廉:《二程子修养方法论及其对朱陆的影响》,《国际文化论集》第6卷,1991年,第71~82页。

④ (宋)黎靖德编:《朱子语类》第四册,第1585~1591页。

现5次。[①]但这绝不意味着它们在朱陆思想中的地位不重要,而是因为它们往往以内涵相同或相近的其他概念形式表述出来。正如陈荣捷指出的:朱熹常以并行的两种主张作为其思想之宗旨,如所谓"知行并进""居敬穷理""明诚两进""敬义夹持""博文约礼""持敬致知"等,这些成对的概念命题其实与"尊德性而道问学"的内涵相同或相近[②],有着非常紧密的关联[③]。以下结合论述主题重点考察"尊德性"与"道问学"、存心与致知、主敬与穷理、自诚明与自明诚、德性之知与见闻之知这几对命题,并围绕这些命题对朱熹的修养工夫论的渊源及其内涵进行一些探讨。

一、"尊德性"与"道问学"

"尊德性"与"道问学"出自《礼记·中庸》篇。朱熹将《中庸》收入《四书》中,并作《中庸章句》予以诠释。《中庸》言:"故君子尊德性而道问学,致广大而尽精微,极高明而道中庸。温故而知新,敦厚以崇礼。"朱熹认为《中庸》此五句中第一句"尊德性而道问学"是纲领,是统摄,五句中的上半部分"尊德性""致广大""极高明""温故""敦厚"是大纲工夫,而以"尊德性"为根本;下半部分"道问学""尽精微""道中庸""知新""崇礼"则是细密工夫,而以"道问学"为根本[④]。对于其具体内涵,朱熹在《中庸章句》中解释道:"尊者,恭敬奉持之意。德性者,吾所受于天之正理。道,由也。温,犹焊温之温,谓故学之矣,复时习之也。敦,加厚也。尊德性,所以存心而极乎道体之大也。道问学,所以致知而尽乎道体之细也。二者修德凝道之大端也。不以一毫私意自蔽,不以一毫私欲自累,涵泳乎其所已知。敦笃乎其所已能,此皆存心之属也。析理则不使有毫厘之差,处事则不使有过不及之谬,理义则日知其所未知,节文则日谨其所未谨,此皆致知之属也。盖非存心无以致知,而存心者又不可以不致知。故此五句,大小相资,首尾相应,圣贤所示入德之方,莫

---

① (宋)陆九渊:《陆九渊集》,第400页。

② [美]陈荣捷:《朱子新探索》,上海:华东师范大学出版社,2007年,第189页。

③ 三浦国雄指出,儒释道三教在收心法层面上的居敬、止观、坐忘三种身心修养工夫存在结构及思想上的关联。首先在智𫖮的天台止观中,止(定)是指向心之内境的静止意识,观(慧)是朝向外境的观察意识。其次在司马承祯的坐忘论里,虽受天台止观的影响,但将观与心之收敛(止)合一了。最后朱子学中的居敬穷理说在心理构造上与天台止观说相通,止观中的坐禅也成了道学家的静坐法。但理气二元论的立场决定了道学中必须将养生法与收心法区分开来。参见[日]三浦国雄《止观、坐忘与居敬——三教的身心技法》,连凡译,《榆林学院学报》2018年第1期。

④ (宋)黎靖德编:《朱子语类》第四册,第1590页。

详于此,学者宜尽心焉。”[①]按照朱熹的解释,“尊”指“恭敬奉持”,即以恭敬之心来遵奉持守(德性)。这里涉及心、性、天、理的关系。朱熹说:“心者,人之神明,所以具众理而应万事者也。性则心之所具之理,而天又理之所从以出者也。”[②]心是人的主体精神,而性(德性)依据程朱沟通天理人性的“性即理”说,是指天所赋予、人所禀受而存于人心中之天理,或者说天道(天理)落实于人道(人心)之呈现。朱熹又说:“‘德性’犹言义理之性。”[③]可知德性就是程朱所说根源于天理而纯善无恶的“义理之性”。所谓“尊德性”指恭敬持守天赋之德性,即通过存养心中所具之天理(“存心”,即“尊德性”)来极尽道德本体之全体大用。具体工夫包括消除心中私意私欲对于天理(德性)的障蔽,涵泳已经知道的(“温故”)与敦笃已经做到的(“敦厚”)。“道”训为“由”,指手段途径,所谓“道问学”即“致知”,指通过博学、审问、慎思、明辨、笃行的知行工夫来获取和推广知识(包括见闻之知与德性之知)使之无所不到,从而极尽道德本体之细微曲折。具体工夫包括辨析义理、处事应物,穷究(格物穷理)作为道德本体(天理)之体现的“理义”(伦理道德)与“节文”(礼仪规范)等。在朱熹看来,“尊德性”即是“存心”的过程(包括“致广大”“极高明”“温故”“敦厚”),“道问学”即是“致知”的过程(包括“尽精微”“道中庸”“知新”“崇礼”)。[④]朱熹指出:“今且须涵养。如今看道理未精进,便须于尊德性上用功;于德性上有不足处,便须于讲学上用功。二者须相趱逼,庶得互相振策出来。若能德性常尊,便恁地广大,便恁地光辉,于讲学上须更精密,见处须更分晓。若能常讲学,于本原上又须好。觉得年来朋友于讲学上却说较多,于尊德性上说较少,所以讲学处不甚明了。”[⑤]可见“尊德性”与“道问学”二者相资为用,互为条件,通贯道体之大(大纲)小(细节)精(道理)粗(事物)[⑥]、工夫之上(上达)下(下学)本(根本)末(枝叶)[⑦],有如车之两轮,都是修德体道过程中不可或缺的工夫手段。

朱熹上述关于“尊德性”与“道问学”关系的主张与北宋理学奠基人之一的张载有一定的思想关联。张载在解释《中庸》“尊德性而道问学”章时指

① (宋)朱熹:《四书章句集注》,第35~36页。

② (宋)朱熹:《四书章句集注》,第349页。

③ (宋)黎靖德编:《朱子语类》第四册,第1585页。

④ (宋)黎靖德编:《朱子语类》第四册,第1588页。

⑤ (宋)黎靖德编:《朱子语类》第六册,第2371页。

⑥ (宋)黎靖德编:《朱子语类》第四册,第1589页。

⑦ (宋)朱熹:《晦庵先生朱文公文集》,朱杰人、严佐之、刘永翔主编:《朱子全书》第二十二册,第2390页。

出，“不尊德性，则学问从而不道；不致广大，则精微无所立其诚；不极高明，则择乎中庸失时措之宜矣”[①]，强调“尊德性”“致广大”“极高明”分别是“道问学”“尽精微”“道中庸”的前提。张载又指出：“今且只将尊德性而道问学为心，日自求于问学有所背否，于德性有所懈否。此义亦是博文约礼，下学上达，以此警策一年，安得不长！每日须求多少为益，知所亡，改得少不善，此德性上之益。读书求义理，编书须理会有所归着，勿徒写过，又多识前言往行，此学问上益也，勿使有俄顷闲度，逐日似此，三年庶几有进。”[②]强调“尊德性”与“道问学”二者并行，不可偏废。朱熹则指出：“然圣贤教人，始终本末，循循有序，精粗巨细，无有或遗。故才尊德性，便有个‘道问学’一段事，虽当各自加功，然亦不是判然两事也。……盖道之为体，其大无外，其小无内，无一物之不在焉。故君子之学，既能尊德性以全其大，便须道问学以尽其小。其曰致广大、极高明、温故而敦厚，则皆尊德性之功也。其曰尽精微、道中庸、知新而崇礼，则皆道问学之事也。学者于此，固当以尊德性为主，然于道问学，亦不可不尽其力，要当使之有以交相滋益，互相发明，则自然该贯通达，而于道体之全无欠阙处矣。今时学者心量窄狭，不耐持久，故其为学，略有些少影响见闻，便自主张，以为至足，不能遍观博考，反复参验。其务为简约者，既荡而为异学之空虚，其急于功利者，又溺而为流俗之卑近，此为今日之大弊，学者尤不可以不戒。”[③]朱熹一方面认为当以“尊德性”为主，但另一方面又强调“道问学”不可偏废、相互发明，只有两者兼顾才能通贯道之大小、本末。由此出发，朱熹认为陆氏心学因其只重视“尊德性”忽视“道问学”而易流为禅学异端之空虚，功利之学又因欠缺“尊德性”工夫，易流于追名逐利的俗流而不能自拔，批评两者各有偏颇，非中庸之道。在此我们还发现一个有意思的现象，上述张载前一条强调“尊德性”为“道问学”前提的语录未被收入朱熹编纂的《近思录》中，而后一条强调“尊德性”与“道问学”不可偏废的语录则被收入《近思录》中。由此可见朱熹本人的思想立场。事实上，沿着张载所说的前一条语录推下去可通至陆九渊以“尊德性”为“道问学”之前提和目的的修养论主张，而沿着张载所说的后一条语录推下去可通至朱熹“尊德性”“道问学”两轮并行的修养论主张。

---

① （宋）张载：《张载集》，第28页。

② （宋）张载：《张载集》，第376页。

③ （宋）朱熹：《晦庵先生朱文公文集》，朱杰人、严佐之、刘永翔主编：《朱子全书》第二十四册，第3591～3592页。

二、“存心”与“致知”

“存心”一词原本出自《孟子》。孟子说:“君子所以异于人者,以其存心也。君子以仁存心,以礼存心。”(《离娄下》)孟子针对告子所谓“生之谓性”的自然人性论,指出人之所以区别于禽兽的地方在于人生来具有天赋之道德理性(即仁义礼智之德性),进而以能否存养此道德理性(以仁为内在核心,以礼为外在表现)来区分君子与小人。孟子又说:“尽其心者,知其性也。知其性,则知天矣。存其心,养其性,所以事天也。”(《尽心上》)他在继承三代以来的天命论基础上,发扬人的主体能动性,提倡通过尽心知性、存心养性的知行工夫来发明和践履人内在的先天道德理性,阐发了合人道(心性)于天道(天命)的天人合一思想。孟子的心、性、天相贯通的思想到了宋代理学家那里获得了形上本体(天理)的论证。如宋代理学奠基人程颐回答弟子“问:孟子言心、性、天,只是一理否。曰:然。自理言之谓之天,自禀受言之谓之性,自存诸人言之谓之心。”[①]又说:“孟子曰:‘尽其心,知其性。’心即性也。在天为命,在人为性,论其所主为心,其实只是一个道,又岂有限量。天下更无性外之物。若曰有限量,除是性外有物始得。”[②]又说:“心具天德,心有不尽处,便是天德处未能尽,何缘知性知天?尽己心,则能尽人尽物,与天地参赞化育。”[③]程颐从其理本论出发,认为心、性、天(命)只是从三个不同角度指称天理(道),其实质是一致的,因此主张“性即理”“心即性”“心与理同”[④],认为理、性(天德)贯穿于整个天地万物之中,所以天下无性外之物,而理、性即具备于吾人无限量之道德心中,因此通过“尽心”便可以“知性知天”了。朱熹继承程颐的上述思想,进而指出:“意者在天为命,在人为性,性无形质,而含之于心。故一心之中,天德具足,尽此心则知性知天矣。……大抵‘尽其心’,只是穷尽其在心之理耳。”[⑤]认为人禀天理而为性,而性又统合于心中(“心统性情”),所以人心中具备天理(天德)之全体,只要“尽心”即可“知性知天”,而“尽心”即是穷尽心中所具之天理(“穷理”)。朱熹又指出:“尽心知性而知天,所以造其理也。存心养性以事天,所以履其事也。不知其理,固不能履其事。然徒造其理而不履其事,则亦无以有诸己矣。”[⑥]朱熹

---

① (宋)程颐、(宋)程颢:《二程集》上册,第296~297页。

② (宋)程颐、(宋)程颢:《二程集》上册,第204页。

③ (宋)程颐、(宋)程颢:《二程集》上册,第78页。

④ 卢连章:《程颢程颐评传》,南京:南京大学出版社,2001年,第162页。

⑤ (宋)黎靖德编:《朱子语类》第四册,第1433页。

⑥ (宋)朱熹:《四书章句集注》,第349页。

从其理事并进、知行互发的立场出发,将发明心性(天德)的"尽心知性"工夫作为穷究天理(德性)的手段,将存养心性的"存心养性"工夫作为道德践履("尊德性")之手段,认为前者是后者的前提,后者是前者的保障。

"致知"原本是朱熹编定的《大学》"八条目"之一。《大学》讲"致知在格物",强调通过接触事物来获取知识,但对于"格物"的内涵及其具体过程没有给出详细解释。朱熹则继承程颐的"理一分殊"和"格物穷理"说,在其所作《大学章句》的"格物致知补传"中指出:"所谓致知在格物者,言欲致吾之知,在即物而穷其理也。盖人心之灵莫不有知,而天下之物莫不有理,惟于理有未穷,故其知有不尽也。是以大学始教,必使学者即凡天下之物,莫不因其已知之理而益穷之,以求至乎其极。至于用力之久,而一旦豁然贯通焉,则众物之表里精粗无不到,而吾心之全体大用无不明矣。此谓物格,此谓知之至也。"[①]认为万事万物皆有其分殊之理,而人心之性即具天地万物之理的全体,这样一来,通过穷究天下万物之理的"格物穷理"工夫便可穷尽吾人心性中的各个细微之处,这种工夫如果持之以恒地积累下去的话,一旦产生从感性(表层现象)到理性(深层本质)的飞跃,便会达到"众物之表里精粗无不到,而吾心之全体大用无不明"的豁然贯通境界[②],即一方面能够认识事物的表象和本质,另一方面能发明吾人心性(天理)的全体大用。这就是说知识(物理)的获得同时意味着道德(性理)的觉醒。[③]这种企图以外在工夫来实现内在工夫的思想最早可以追溯到《尚书·商书·仲虺之

---

① (宋)朱熹:《四书章句集注》,第6～7页。

② 岛田虔次指出,目前学界对于朱熹的"豁然贯通"说有两种解释,一种解释是纵向的从浅层到深层意识的飞跃,另一种解释是横向的归纳积累的飞跃。参见[日]岛田虔次《朱子学与阳明学》,西安:陕西师范大学出版社,1986年,中文版自序第2～3页。笔者在此取前一种解释。因为这与朱熹的理(深层本质)气(表层现象)二元论体系相符合。

③ Kim Yung Sik指出"豁然贯通"就是"类推引申",是朱熹"考察事物"和"知识引申"的关键方法。由于智力努力和道德努力之间的密切联系,类推引申也自然成为修身的方法。《大学》的三纲八目就集中体现了这一点。See Yung Sik Kim, "'Analogical Extension'('leitui') in Zhu Xi's Methodology of 'Investigation of Things'('gewu') and 'Extension of Knowledge'('zhizhi')", *Journal of Song-Yuan Studies*, No. 34(2004).

诰》中“以礼制心”的思想。[①]孟子也有上述“以礼存心”的主张。[②]当然在朱子这里格物穷理实际上是贯通内外并企图使之融合起来的。总之,朱熹认为通过穷究事事物物中所具有的分殊之理的格物工夫,最终能够达到对天理整体(理一)的完全认识(致知),成就所谓“全体大用”。此一过程即“道问学”的工夫。

三、“主敬”与“穷理”

正如明代朱子学者徐问所指出的,“世学或谓心中不须用一个敬字,且病宋儒程、朱‘主敬’及‘主一’之说。不知敬非别物,只是尊德性,常以心为天、为君、为严师,翼若有临而不敢怠放”[③]。朱学中的“尊德性”“道问学”与其主敬(居敬)穷理(格物)的修养工夫相当。追根溯源的话,二程的老师周敦颐从其天人合一论出发,提倡效法寂然不动之太极本体的“主静”(实为超越动静)工夫论。程颢在继承周敦颐的“主静”工夫论的同时,又考虑到专在“静”处下工夫的话,则动时工夫欠缺,容易产生喜静厌动的弊病。于是程颢提出“敬以直内,义以方外,仁也。……夫能敬以直内,义以方外,则与物同矣”[④],以《周易·文言传》所谓“敬以直内,义以方外”的“合内外之道”[⑤]来补充说明周敦颐的“主静”工夫,提倡内外、动静皆顺应天理流行而不杂一毫私欲于其间的主敬工夫。程颢认为这样长久下工夫,直至本体与工夫合一,便可自然达到仁者浑然与物同体的天人合一境界。

与其兄程颢对天命流行之仁体的当下直觉体认路数不同,程颐由体用分解入手将理(道)与气(阴阳)、本体与工夫理解成存有论的形上与形下的

---

① 李民、王健:《尚书译注》,上海:上海古籍出版社,2012年,第88页。

② Shirley Chan指出,出土郭店楚简中的《性自命出》(成书年代大致在孔孟之间)也证明了上述以外养内是儒家一贯倡导的修养方法。具体来说,性作为一种与生俱来的本性,为事物的成长和发展提供了必要的基础。但人性本身,尤其是喜、怒、哀、悲之气,只有在外界刺激和心的诱导下才能被提取出来,然后被称为情。“情”由“性”衍生而来,是一种对外界因素做出反应的自然情感倾向。由于心没有一个固定的意图,需要有重要的指导来激发内在潜能来发展和培养内在的美德。因此,情也构成了通过文化实践和道德修养的性,一个通过学习和文化实践的外部影响激活和提炼与生俱来的自然过程,也就是一个持续的内部和外部、预先确定和发展、自然和文化特征的循环和互动过程。如果外部影响是积极的,如仪式和音乐,结果将是自然和社会实践的和谐统一。See Shirley Chan, “Xing(性)and Qing(情): Human Nature and Moral Cultivation in the Guodian Text Xing zi ming chu (性自命出)(Nature Derives from Endowment)”, *Dao Companion to the Excavated Guodian Bamboo Manuscripts*, Cham: Springer International Publishing, 2019, pp. 213−237.

③ (清)黄宗羲:《明儒学案》,第1247~1248页。

④ (宋)程颐、(宋)程颢:《二程集》上册,第120页。

⑤ (宋)程颐、(宋)程颢:《二程集》上册,第118页。

关系,因而在为学工夫上提倡下学而上达,认为如果只是致力于居敬涵养的上达工夫的话,便会欠缺下学工夫。有鉴于此,程颐以“穷理”来解释《大学》的“格物”并将其作为“致知”的手段,使之与居敬涵养相表里。程颐说:“所谓敬者,主一之谓敬。所谓一者,无适之谓一。”①又说:“格犹穷也。物犹理也。犹曰穷其理而已也。穷其理,然后足以致之。不穷则不能致也。”②由此他提出了“涵养须用敬,进学则在致知”③的主敬穷理相辅相成的工夫径路。在二者的先后主次关系上,程颐一方面主张格物穷理是体道工夫之始,一方面又把主敬(主一)的涵养工夫作为致知(格物致知)的主体前提条件,强调“入道莫如敬,未有能致知而不在敬者”④,认为只有做到心中没有私意杂念的干扰(“收其心而不放”⑤)方能穷究事事物物之理。

朱熹继承程颐的主敬穷理思想,在“己丑之悟”后提出“中和新说”,确立了静涵动察的工夫论主旨,强调思虑未发时的主敬涵养工夫与思虑已发时的致知察识工夫二者并行不悖,缺一不可。朱熹指出:“格物时是穷尽事物之理,这方是区处理会。到得知至时,却已自有个主宰,会去分别取舍。初间或只见得表,不见得里;只见得粗,不见得精。到知至时,方知得到;能知得到,方会意诚,可者必为,不可者决不肯为。到心正,则胸中无些子私蔽。洞然光明正大,截然有主而不乱,此身便修,家便齐,国便治,而天下可平。”⑥正如南宋朱子学者真德秀所指出的:“程子曰:‘涵养须用敬,进学在致知。’盖穷理以此心为主,必须以敬自持,使心有主宰,无私意邪念之纷扰,然后有以为穷理之基。……《中庸》‘尊德性道问学’章与《大学》此章皆同此意也。”⑦程朱所谓的主敬涵养属于“尊德性”工夫,而格物致知属于“道问学”工夫。具体来说,即通过主敬涵养使心有主宰并去除障蔽天理的私意私欲,这是格物的主体前提条件,然后通过博学、审问、慎思、明辨的读书穷理工夫来穷究事事物物之理(格物),然后再以这些体得的义理(天理)作为主宰心的准则(致知)来涵养心性(诚意、正心),同时又用来指导后面的格物(包括道德践履和知识追求两个方面),如此往复不已,最终实现《大

① (宋)程颐、(宋)程颢:《二程集》上册,第169页。
② (宋)程颐、(宋)程颢:《二程集》上册,第316页。
③ (宋)程颐、(宋)程颢:《二程集》上册,第188页。
④ (宋)程颐、(宋)程颢:《二程集》上册,第66页。
⑤ (宋)程颐、(宋)程颢:《二程集》上册,第316页。
⑥ (宋)黎靖德编:《朱子语类》第一册,第312页。
⑦ (宋)真德秀:《西山先生真文忠公文集》,王云五主编:《万有文库》第二集,第527页。

学》所倡导的修齐治平的内圣外王之道。[①]而《中庸》所谓“尊德性而道问学”与《大学》所谓“三纲领”“八条目”之由内向外、由本到末展开的内涵是一致的。在朱熹看来,主敬与穷理虽然各自有其工夫,但二者相互发明,二端而一本。[②]存养(主敬)之中就有穷理的工夫,穷理之中就有存养的工夫。穷理就是穷究那个能存养的东西的意思,存养也是存养那个能穷究的东西的意思。[③]

值得注意的是,朱熹指出:“所谓穷理者,事事物物,各自有个事物底道理,穷之须要周尽。若见得一边,不见一边,便不该通。穷之未得,更须款曲推明。盖天理在人,终有明处。‘大学之道,在明明德’,谓人合下便有此明德。虽为物欲掩蔽,然这些明底道理未尝泯绝。须从明处渐渐推将去,穷到是处,吾心亦自有准则。穷理之初,如攻坚物,必寻其罅隙可入之处,乃从而击之,则用力为不难矣。孟子论四端,便各自有个柄靶,仁义礼智皆有头绪可寻。即其所发之端,而求其可见之体,莫非可穷之理也。”[④]又说:“如今说格物,只晨起开目时,便有四件在这里,不用外寻,仁义礼智是也。如才方开门时,便有四人在门里。”[⑤]可知朱熹所说的格物对象虽然是包括人自身在内的天地万物,但其着眼点不在于穷究外在的物理,而在于体认自身内在的道德性理(“四德”)。如此说来穷究外在物理是不是做的无用功呢?朱熹指出:“天地万物莫不有理。……格物者,欲究极其物之理,使无不尽,然后我之知无所不至。物理即道理,天下初无二理。”[⑥]可知外在的物理与内在的性

① 辻井义辉指出,朱熹所谓心的主宰论是指在与他人的关系中,实践主体所具备的道理,在此基础上,通过使其作为四端等感情作出反应,从而使其作为他人的理想状态,最终自己做出决定。在心的主宰论中,理是作为主宰担当者自身真正本源性的应有状态,也就是说,把这样的理作为主体的主宰作用,才是本来就有的“真实的自己”。这一过程就是朱熹的主敬穷理。参见[日]辻井义辉《朱熹哲学における“主宰”论——关系性と主体的责任をめぐる问い》,《日本中国学会报》第64卷,2012年,第157~170页。

② (宋)黎靖德编:《朱子语类》第一册,第149~150页。

③ (宋)黎靖德编:《朱子语类》第四册,第1539页。

④ (宋)黎靖德编:《朱子语类》第一册,第289页。

⑤ (宋)黎靖德编:《朱子语类》第一册,第285页。

⑥ (宋)黎靖德编:《朱子语类》第一册,第294页。

理根本是一致的(理一分殊),而穷究物理可作为发明性理的手段。[①]由此不难理解朱熹为什么毕生致力于穷究天地万物之理,无论何事都要讲求个所以然了。格物穷理所要得到的知识其实不在于具体事物的见闻之知,而在于本心(德性)之知。如果说主敬是道德主义的维度,那么穷理则是知识主义的维度,朱熹力图将两方面结合起来,而其最终归结点仍然是道德主义的。[②]朱熹又说:“致知乃本心之知。如一面镜子,本全体通明,只被昏翳了,而今逐旋磨去,使四边皆照见,其明无所不到。”[③]可知致知的关键在于去除物欲对本心的障蔽以发明天赋仁义礼智之德性。因此朱学中的“存心致知”“居敬穷理”的“尊德性”“道问学”工夫,虽说也涵盖了探索自然之理(科学)[④]及社会实践(外王)的层面,但仍以发明人伦道德(内圣)作为其最终目的。

四、“自诚明”与“自明诚”

朱熹“尊德性”与“道问学”之工夫论与《中庸》之“诚”“明”,《易传》之“尽性”“穷理”,以及张载提出的“德性所知”“见闻之知”等密切相关。追根溯源的话,东汉郑玄在注释《礼记·中庸》篇的“尊德性而道问学”时指出“德性,谓性之至诚者”“问学,学诚者也”,以出自《中庸》的“性之至诚”与“学诚”的性、学(教)二分来解释“德性”与“问学”。其后,孔颖达在《礼记正义》中指出:“此一经明君子欲行圣人之道,当须勤学。前经明圣人性之至诚,此经明贤人学而至诚也。”[⑤]以圣、贤的不同品级来区分“尊德性”与“道问学”的工夫。相较而言,郑玄的注释侧重于性、教的不同路径,而孔颖达的注释则更强调

---

① 日本江户前期儒学家、古学派创始人之一的山鹿素行认为,未能区分“事物”(物)和“事实”(事)是理学的根本谬误;“事物”总是在“事实”之前,前者是物理的实在,后者是经验的活动。简而言之,“事实”不属于“事物”,而是属于人类思想和行动的领域。这些活动在权力结构中发生,随着时间的推移,它们的重复被称为“习俗”和历史。田浩(Hoyt Cleveland Tillman)进而指出山鹿素行所发现的新儒家将“物”视为“事”的谬误,有助于解释朱熹的“格物”与科学探究之间的脱节。余英时在《论戴震与章学诚》中已经指出朱熹对知识探究的规定与近代科学探究的取向之间存在内在的逻辑。See Hoyt Cleveland Tillman, “The Idea and The Reality of The “Thing” During The Sung: Philosophical Attitudes Toward Wu”, *Bulletin of Sung and Yüan Studies*, No. 14(1978).

② 这正如岛田虔次所指出的,朱熹的格物穷理要求内在之理与外在之理的合一,即将事事物物之理也作为道德知的对象。与陆九渊学问的道德主义相比,朱子学无疑是知识主义的,但并不是没有德性主义。参见[日]岛田虔次《朱子学与阳明学》,蒋国保译,第68～70页。

③ (宋)黎靖德编:《朱子语类》第一册,第283页。

④ 参见乐爱国《宋儒对自然知识的重视与研究》,《宋代文化研究》,2008年第0期。

⑤ (汉)郑玄注,(唐)孔颖达等正义:《礼记正义》,(清)阮元校刻:《十三经注疏(下)》,上海:上海古籍出版社,2008年,第1699页。

圣、贤的不同品级。有学者认为,这两种倾向可谓分别开启了张载的“德性之知”与“见闻之知”,甚至可说为后来的朱陆之争埋下了伏笔。[①]

《中庸》说:“诚者,天之道也。诚之者,人之道也。”依据朱熹的解释,“诚”指真实无妄,也即是天理(天道)的本来面貌,“诚之”指虽尚未达到真实无妄的“诚”之境界,但以此为努力方向,是人事(人道)所应尽的职责。[②]《中庸》又说:“自诚明,谓之性。自明诚,谓之教。诚则明矣。明则诚矣。”按照朱熹的解释,圣人由于禀气清明而无人欲之杂,其德性本来就是真实无伪而无所不明的,这是圣人所固有的本性,自然符合“诚”之天道,而贤人由于禀气驳杂而有人欲之累,其学只能先发明善性,经过后天努力方能达到真实无伪的诚的境界,因此贤人之为学必须从后天的教化入手,此即是人所应当尽力之人道,符合“诚”之天道则自然明善,由发明善性最终也可以到达“诚”之境界,二者殊途而同归。[③]由朱熹的解释可知,《中庸》之“诚”作为天赋德性之本源,“自诚明”相当于由“尊德性”以“道问学”的先天(圣人)工夫径路,而“明”作为教化学习之手段,“自明诚”相当于由“道问学”以“尊德性”的后天(贤人)工夫径路。追溯朱熹“诚明说”的渊源的话,宋代理学奠基人周敦颐(1017—1073)最早基于其宇宙本体论寻求人道(人性)之依据,将《易传》的天道观(乾道)与《中庸》的心性论(诚)结合起来,以生化万物的本源“乾元”为天道,进而将“乾元”作为“四德”之本——诚(即天命之性)的本源,而诚又是“五常”“百行”等伦理道德的本源。《太极图说》中的“太极”与《通书》中的“乾元”同义。而“主静”的工夫则是确立自己的性命,也就是人道的手段。[④]这样,周敦颐便以诚为中介,按乾元(太极天道)—诚—主静(人极人道)的顺序将天道与人道结合了起来,从而阐发了天人合一的思想。与周敦颐同时代的理学先驱陈襄(1017—1080)继承孟子的“诚者,天之道也;思诚者,人之道也”(《离娄上》)的思想,指出圣人先得乎诚,由诚而明,即圣人之德本来就是真实无伪的,因而无须学习便可自然由诚达于明;而贤人则通过思诚择善的后天工夫,才能由明以达于诚的境界。[⑤]比较可知,朱熹的诚明说可说是用周敦颐的诚体太极(朱熹将其诠释为天理)的本体论为陈襄以诚明区分圣贤的工夫论做了理论上的论证。

---

① 路新生:《“尊德性”还是“道问学”?——以学术本体为视角》,《天津社会科学》2008年第4期。

② (宋)朱熹:《四书章句集注》,第31页。

③ (宋)朱熹:《四书章句集注》,第32页。

④ (清)黄宗羲原著,(清)全祖望补修:《宋元学案》第一册,第482~483页。

⑤ (宋)陈襄等著,陈友荣、陈德仁合编:《陈襄文化文集》,福建省纪念陈襄暨陈氏首届源流研讨会筹委会刊行,2000年,第231页。

《周易·说卦传》有“穷理尽性以至于命”的说法。张载进而指出:“‘自明诚’,由穷理而尽性也;‘自诚明’,由尽性而穷理也。”[①]又说:“须知自诚明与自明诚者有异。自诚明者,先尽性以至于穷理也,谓先自其性理会来,以至穷理;自明诚者,先穷理以至于尽性也,谓先从学问理会,以推达于天性也。某自是以仲尼为学而知者,某今亦窃希于明诚,所以勉勉安于不退。”[②]结合《中庸》与《易传》提出了性、教二分的为学径路。张载所谓“由尽性而穷理”即由“尊德性”以“道问学”的工夫路数,而所谓“由穷理而尽性”即由“道问学”以“尊德性”的工夫路数,其自身工夫的落脚点在于“自明诚”的“由穷理而尽性”的教化路径上。对此,当时二程与张载之间已产生了分歧。张载认为为学应当从学习探究礼乐规范之理(穷理)入手,先变化气质以彰明己之性,再彰明人之性,推而广之以彰明万物之性,循序渐进方能上达于天命,从而与天合一。[③]针对关学的这种“穷理→尽性→至命”(“自明诚”、由“道问学”以达“尊德性”)三阶段的渐修工夫论,二程则主张“‘穷理尽性以至于命’,三事一时并了,元无次序。不可将穷理作知之事。若实穷得理,即性命亦可了。”[④]又说:“穷理、尽性、至命,一事也。才穷理便尽性,尽性便至命。因指柱曰:此木可以为柱,理也。其曲直者,性也。其所以曲直者,命也。理、性、命,一而已。”[⑤]又程颐回答弟子“问:横渠言:由明以至诚,由诚以至明。此言恐过当。曰:由明以至诚,此句却是。由诚以至明,则不然。诚即明也”[⑥]。具体来说,二程从其天理论出发,认为理、性、命指称的是同一天道流行的三个不同方面而非三个阶段,穷理、尽性、至命是没有先后顺序而可一并完成的,因而强调“诚即明矣”,即发明天赋之道德理性(善性)即是穷理。站在修养论(道德践履)而非认识论(知识追求)的角度来看,二程(尤其是程颢)当下体认出天理(仁体、即天地生生之德),其工夫由上(天道)直贯到下(人道),确实没有必要像张载那样先穷理后尽性才能至于天命(天道)。朱熹则从其理一分殊论出发,强调下学(分殊)而上达(理一)的循序渐进工夫,甚至将程颢及其弟子谢良佐等人当下体认仁体(天理)的顿教路线视为走入禅学捷径而加以批评,因此自然倾向于张载“自明诚”与“由穷理而尽性”的渐修工夫,认为虽然从道理上说二程强调天下之理本一(“理一”)和体

① (宋)张载:《张载集》,第21页。
② (宋)张载:《张载集》,第330页。
③ (宋)程颐、(宋)程颢:《二程集》上册,第115页。
④ (宋)程颐、(宋)程颢:《二程集》上册,第15页。
⑤ (宋)程颐、(宋)程颢:《二程集》上册,第410页。
⑥ (宋)程颐、(宋)程颢:《二程集》上册,第308页。

认天理的主张并没有错,但从具体事事物物上的工夫来说则必须一一理会穷究分殊之理,因此程、张之说各有侧重,不可偏废,即所谓"盖以理言之,则精粗本末,初无二致,固不容有渐次,当如程子之论;若以其事而言,则其亲疏近远,深浅先后,又不容于无别,当如张子之言也"①,从而折中了程、张之分歧。朱熹又指出张载的诚明说是以性、教作为两种为学的路径,不是像二程那样以之区分圣贤工夫的不同品级,所以才说由诚至明,其立场自与二程不同,并对二程"诚即明矣"的顿悟主张提出质疑,认为当系弟子记录有误所导致。②

五、"德性之知"与"见闻之知"

孟子提出"尽心知性知天"的认识论和道德修养路径。张载进而指出:"大其心,则能体天下之物。物有未体,则心为有外。世人之心,止于闻见之狭。圣人尽性,不以见闻梏其心。其视天下,无一物非我。孟子谓尽心则知性知天以此。天大无外。故有外心,不足以合天心。见闻之知,乃物交而知,非德性所知。德性所知,不萌于见闻。"③以"大心"说来解释孟子的"尽心"说。在张载看来,世人或者因耳目之见闻而障蔽其道德本心,从而导致不能尽其心,其原因在于不了解"心"的来源及本质。④张载指出:"有无一,内外合,(庸圣同。)此人心之所自来也。若圣人则不专以闻见为心,故能不专以闻见为用。无所不感者虚也,感即合也,咸也。以万物本一,故一能合异;以其能合异,故谓之感;若非有异则无合。天性,乾坤、阴阳也,二端故有感,本一故能合。天地生万物,所受虽不同,皆无须臾之不感,所谓性即天道也。"⑤可知"有无一,内外合"即是人心之本源。⑥具体来说,张载认为"由太虚,有天之名;由气化,有道之名;合虚与气,有性之名;合性与知觉,有心之名"⑦,认为心是由性(本体)与知觉(作用)结合而来,性又是由太虚(气之本体)与气结合而来。张载最先明确地从其太虚本体论出发沟通天道与人性,依据构成性之质料的差异,区分了根源于气之本体——太虚之本性的"天地之性"与根源于太虚之气化的"气质之性"。由此可知,心根源于作为气之本体的太虚(天道)及其气化运行之道。因此张载认为要"尽心"(发明心性)就

---

① (宋)朱熹:《四书或问》,朱杰人、严佐之、刘永翔主编:《朱子全书》第六册,第596页。
② (宋)朱熹:《四书或问》,朱杰人、严佐之、刘永翔主编:《朱子全书》第六册,第595页。
③ (宋)张载:《张载集》,第24页。
④ (宋)张载:《张载集》,第25页。
⑤⑥ (宋)张载:《张载集》,第63页。
⑦ (宋)张载:《张载集》,第9页。

必须“大其心”，追溯人心之来源，将无形之太虚（天）与有形之气化（道）、将内在的德性（天性）与外在的耳目见闻（知觉）结合起来，以前者为体，以后者为用，才能摆脱狭隘见闻之知的束缚而体认到天德良知。张载的“合天心”说即是基于其太虚气化论沟通人道（心性）与天道的天人合一论。

对此，朱熹与弟子之间有如下问答：“问合虚与气有性之名，合性与知觉有心之名。曰：虚只是说理。”[①]按照朱熹的理解，张载所说的“太虚”即是指“理（天理）”，而其“大心”说则是基于其本体论（理气论）而来。朱熹指出：“盖尽心，则只是极其大；心极其大，则知性知天，而无有外之心矣。”[②]认为张载的“大心”说并不符合孟子的“尽心”说，因为“孟子之意，只是说穷理之至，则心自然极其全体而无余，非是要大其心而后知性知天也”[③]。如前所述，朱熹认为“尽心”即是穷尽心中所具之天理，因此在朱熹看来，张载不讲格物穷理而只抽象地谈扩充心性，不免落入悬空想象而令人难以下手。因此朱熹强调：“只是格物多后，自然豁然有个贯通处，这便是‘下学而上达’也。孟子之意，只是如此。”[④]朱熹进而指出：“‘大其心，则能遍体天下之物。’体，犹‘仁体事而无不在’，言心理流行，脉络贯通，无有不到。苟一物有未体，则便有不到处。包括不尽，是心为有外。盖私意间隔，而物我对立，则虽至亲，且未必能无外矣。故‘有外之心，不足以合天心’。”[⑤]认为性体之流行贯通天下万物而无所不至，因此如果有一物未穷究体认到，便有未至之处而包括不尽，这样便会外之于吾人之心了。其原因在于人往往有私意间隔于物我（心）之间，物与我便会对立起来，这样即使对于我们的至亲，也不免将其见外了。因此圣人才要发明本性，不以见闻私意来束缚其心，便能够体认天下万物而到达“物我为一”的境地。这样，朱熹便以其“天人一理”的思想重新解释了张载基于“天人一气”的“合天心”说，并且强调格物穷理是尽心的必经途径。

张载所谓“大心体物”的关键在于其“德性所知”与“见闻之知”的认识论（同时也是修养论）。“见闻之知”是耳目感官与外界事物相接触而获得的认识，“德性所知”则是由对本心良知的内省而来的“天德良知”。张载认为“德性所知”作为天赋道德理性与后天积累的“见闻之知”无关。由此可见，张载虽从其“大心”说出发提出了“德性所知”与“见闻之知”的“合内外”的修养论和认识论，但其“德性所知”的获取与朱熹的“尊德性”（“主敬”）工夫不大相同，却与陆九渊的“尊德性”（“发明本心”）工夫颇为相近。因此朱熹虽然使用张载发明的这两个概念，却不像张载那样强调“不萌于见闻”的“德性所知”对于

---

① （宋）黎靖德编：《朱子语类》第四册，第1432页。

②③④⑤ （宋）黎靖德编：《朱子语类》第七册，第2519页。

"见闻之知"的超越性[1],因为那样有可能导致人们忽视在见闻上下工夫。朱熹与弟子有如下问答:"'世人之心止于见闻之狭,圣人尽性,不以见闻梏其心。'伯丰问:'如何得不以见闻梏其心。'曰:'张子此说,是说圣人尽性事。如今人理会学,须是有见闻,岂能舍此。先是于见闻上做工夫到,然后脱然贯通。盖寻常见闻,一事只知得一个道理,若到贯通,便都是一理,曾子是已。尽性,是论圣人事。'"[2]朱熹认为张载所说圣人超越见闻的尽性工夫不适合于普通人,并从其理一分殊、下学上达的立场出发将张载的"见闻之知"与程颐的"格物穷理"结合了起来,并重新规定了"见闻之知"与"德性之知"的关系,即认为普通人为学应该首先通过"道问学"获取"见闻之知",这样做不断积累的工夫,便自然会达到豁然贯通的境地,从而体悟到天下万物其实只是一理,这样才能发明"德性之知"。

综上所述,朱熹主要继承程颐的"理一分殊"与"主敬穷理"思想,并通过对《中庸》的"诚明"说、《易传》的"敬义"与"穷理尽性"、《大学》的"格物致知"、《孟子》的"存心尽心",以及张载的"德性所知、见闻之知"等思想的阐发,从其理事并进、知行互发的立场出发,确立了"尊德性"与"道问学"两轮并行、相辅相成的修养工夫论。

第二节 陆九渊修养工夫论的渊源及其内涵——"识仁"与"明心"

陆九渊以孟子所谓"先立乎其大者"作为其为学宗旨。那么,所谓"大者"究竟指什么呢?孟子提出"大体""小体"说(《告子上》),认为只要能体认得道德本体——本心("大者"),口腹饮食等肉体感官欲望("小者")就不能动摇其天赋之德性,从而能够成为"不失其赤子之心"的"大人"了。宋代周敦颐进而以孟子的观点来解释"孔颜乐处"[3],并以"寻孔颜乐处"来启发少年时代的二程兄弟摆脱世俗功名利禄的羁绊,确立成圣成贤的为学志向。[4]至于"孔颜乐处"究竟指什么?或者说"乐"在何处?周敦颐对此没有明说。明代朱子学者曹端解释道:"今端窃谓孔、颜之乐者仁也。非是乐这仁,仁中自

---

① 陈来:《朱子哲学研究》,第275页。

② (宋)黎靖德编:《朱子语类》第七册,第2517～2518页。

③ (宋)周敦颐:《周敦颐集》,陈克明点校,北京:中华书局,1990年,第82页。

④ (宋)程颐、(宋)程颢:《二程集》上册,第16页。

有其乐耳。"[①]认为孔颜之乐在于求仁。这其实并非曹端的创见。二程已经指出："仁者在己，何忧之有？凡不在己，逐物在外，皆忧也。'乐天知命故不忧'，此之谓也。若颜子箪瓢，在他人则忧，而颜子独乐者，仁而已。"[②]由此可知，"寻孔颜乐处"是理学家所倡导的一种安贫乐道的为己之学，其实质是乐天知命而与天道融为一体的仁者境界（天人合一）。其后，二程基于各自的生命体验阐发其仁说，进而构建了不同倾向的本体工夫论体系。具体来说，学界一般认为二程是陆王心学与程朱理学分化的开端，而程颢的思想中具有心学倾向。[③]程颢在周敦颐的启发下，以"识仁"作为其思想宗旨。程颢在《识仁篇》中说："学者须先识仁。仁者，浑然与物同体。义、礼、知、信皆仁也。识得此理，以诚敬存之而已。不须防检，不须穷索。……此道与物无对，大不足以名之。天地之用皆我之用。孟子言，万物皆备于我。须反身而诚，乃为大乐。"[④]又说："学者识得仁体，实有诸己，只要义理栽培。如求经义，皆栽培之意。"[⑤]可见，程颢将体认"仁体"作为其本体工夫论的宗旨。所谓"仁体"，实质是指具有道德创生和宇宙本体意义的道德本体（道体、天理）。程颢认为当下体贴出仁体（天理）的话，接下来只需要通过诚敬工夫来存养栽培此本根，则处事应物动静语默自然无不合宜，不需苦心极力地做外在的"防检穷索"工夫。程颢还认为理、性、命是一事，穷理并非认识论上的穷究物理，其实只是对道德心性的一种内省罢了。[⑥]这显然已经开启了陆九渊心学的易简工夫，而与程颐、朱熹所倡导的下学而上达的渐修工夫路数不同。

明儒夏尚朴指出："象山之学，虽主于尊德性，然亦未尝不道问学，但其所以尊德性、道问学，与圣贤不同。程子论仁，谓识得此理，以诚敬存之而已。又谓识得仁体，实有诸己，只要义理栽培。盖言识在所行之先，必先识其理，然后有下手处。象山谓能收敛精神在此，当恻隐自恻隐，当羞恶自羞恶，更无待于扩充。"[⑦]一语道破了陆九渊所谓"尊德性"与程颢所谓"识仁"思想之间的内在关联。虽然陆九渊没有明确的师承并自述其学是在读《孟子》的过程中自家体悟出来的，但正如清儒全祖望所指出的，"象山之学，本无所

---

① （明）曹端：《曹端集》，王秉伦点校，北京：中华书局，2003年，第79页。

② （宋）程颐、（宋）程颢：《二程集》上册，第352页。

③ 冯友兰：《中国哲学史》上，北京：中华书局，2014年，第748页。

④ （宋）程颐、（宋）程颢：《二程集》上册，第16～17页。

⑤⑥ （宋）程颐、（宋）程颢：《二程集》上册，第15页。

⑦ （清）黄宗羲：《明儒学案》，第72页。

承,东发以为遥出于上蔡,予以为兼出于信伯。盖程门已有此一种矣"[①]。宋代心学有一条由北宋程颢开其端绪,经过两宋之际谢良佐、王苹、张九成的进一步发展[这里也反映了与后来奉为正统的洛学(道南学派—闽学)之传承不同的洛学向心学转化的另一条方向][②],直至南宋由陆九渊正式开宗立派的发展脉络。[③]事实上,陆九渊曾批评程颐的二元(二本)论思想不符合先秦思孟的主张[④],而对程颢的一本论则绝无此种批评。这也表明其思想的倾向性。因此我们完全可以从学理上探讨程颢与陆九渊二人在思想上的内在关联。程颢说:"是以仁者无对。放之东海而准,放之西海而准,放之南海而准,放之北海而准。医家言四体不仁,最能体仁之名也。"[⑤]程颢从其"天人本无二"[⑥]"天人无间"[⑦]"道,一本也"[⑧]的天人一本论出发,认为仁是贯通天人的宇宙本源与天命性体,识得仁体后再以诚敬来存养的话便自然能达到天人、内外、人物合为一体的"仁者无对"境界。陆九渊则说:"宇宙便是吾心,吾心即是宇宙。千万世之前,有圣人出焉,同此心同此理也。千万世之后,有圣人出焉,同此心同此理也。东南西北海有圣人出焉,同此心同此理也。"[⑨]将作为道德主体的"心"提升为宇宙本体。陆九渊又说:"盖心,一心也,理,一理也。至当归一,精义无二,此心此理,实不容有二。故夫子曰:'吾道一以贯之。'孟子曰:'夫道一而已矣。'又曰:'道二,仁与不仁而已矣。'如是则为仁,反是则为不仁。仁即此心也,此理也。……此吾之本心也。"[⑩]陆九渊认

---

① (清)黄宗羲原著,(清)全祖望补修:《宋元学案》第一册,第6页。

② 参见何俊《洛学向心学的转化——论王苹、张九成思想走向》,《哲学研究》2001年第1期。

③ 关于洛学心学化的脉络及谢良佐、王苹、张九成等程门后学的本心观念与陆九渊思想的关系,参见刘文钊《陆九渊心学与二程洛学关系研究》,硕士学位论文,南昌大学,2019年。彭永捷指出,虽然从心学发展演化的历史逻辑来看,从程颢到陆九渊、王守仁是一条顺理成章的主线,但从实际的学术传承来看,难以说象山之学来自于程颢;陆九渊与二程和孟子都有密切的关系,因此与其在象山与程颢思想相似性中来找寻思想与学术渊源上的联系,倒不如上溯到象山与二程思想的共同源头——先秦儒家的代表人物孔子和孟子那里来发现朱陆学术异同上的学术根源。总之,因为象山与二程或程颢的学术渊源并不明显,与其说象山继承了程颢的思想,不如说象山继承并超越了二程所明确提出的哲学课题。参见彭永捷《朱陆之辩的哲学实质——兼论陆象山的学术渊源》,《中国哲学史》1998年第3期。笔者不赞成其说。

④ (宋)陆九渊:《陆九渊集》,第388页。

⑤ (宋)程颐、(宋)程颢:《二程集》上册,第120页。

⑥ (宋)程颐、(宋)程颢:《二程集》上册,第81页。

⑦ (宋)程颐、(宋)程颢:《二程集》上册,第33页。

⑧ (宋)程颐、(宋)程颢:《二程集》上册,第117页。

⑨ (宋)陆九渊:《陆九渊集》,第273页。

⑩ (宋)陆九渊:《陆九渊集》,第4～5页。

为仁即是天理，也即是人之本心。又说："仁，人心也，心之在人，是人之所以为人，而与禽兽草木异焉者也，可放而不求哉？"[①]对比可知，在本体论层面，程颢所说的"仁体"作为放之四海皆准的普遍原则（天理），与陆九渊思想中作为宇宙本体的本心（天理）相当。而在工夫论层面，程颢思想中当下体认天理的"识仁"工夫与陆学中"发明本心"的尊德性工夫也有内在逻辑上的关联，两者都是对本心（天理、善性）的当下直觉体认。由上述可知，陆九渊与程颢的思想在道德本体（本心与仁体）与"尊德性"工夫（发明本心与识仁）两个层面上都具有内在的关联与一致性。

与朱熹强调读书穷理的"道问学"工夫不同，陆九渊从"先立乎其大者"的立场出发，强调"收拾精神，自作主宰。万物皆备于我，有何欠阙。当恻隐时自然恻隐，当羞恶时自然羞恶"[②]，又说，"前言往行所当博识……耗气劳体，丧其本心。非徒无益，所伤实多"[③]，"欲明夫理者，不可以无其本。本之不立，而能以明夫理者，吾未之见也"[④]，认为读书穷理时首先必须心中有主宰然后才能不至于迷惑，明理（穷理）必须以发明人之本心为前提基础，穷理的最终目的在于践履，而道德践履其实就是基于本心良知的自然呈现，不需一味从事于泛观博览的外求工夫。陆九渊指出："人非木石，安得无心。……存之者，存此心也，故曰'大人者，不失其赤子之心'。四端者，即此心也。天之所以与我者，即此心也。人皆有是心，心皆具是理，心即理也。"[⑤]与程颢一样，陆九渊也将孟子所说的"四端""四德"视作本心和天理。又说："万物森然于方寸之间，满心而发，充塞宇宙，无非此理。孟子就四端上指示人，岂是人心只有这四端而已。又就乍见孺子入井皆有怵惕恻隐之心一端示人，又得此心昭然，但能充此心足矣。"[⑥]陆九渊继承孟子的"四端扩充说"，强调本心即天理（"心即理"），而天理完全具备于本心之中（不假外求），因此教人先发明其本心以立本体。其发明本心说与由程颢"识仁"之旨派生出来的湖湘学派"先识仁体""察识端倪"说相呼应。其着眼点在于首先发明本心以立本体，涵养省察的工夫从而有施行之处，也就是说先立本体方才好下工

① （宋）陆九渊：《陆九渊集》，第373页。
② （宋）陆九渊：《陆九渊集》，第455～456页。
③ （宋）陆九渊：《陆九渊集》，第162页。
④ （宋）陆九渊：《陆九渊集》，第378页。
⑤ （宋）陆九渊：《陆九渊集》，第149页。
⑥ （宋）陆九渊：《陆九渊集》，第423页。

夫。[①]陆九渊认为如能体得本心(天理)的话,便自然能够处事应物无不得当,这样便将“道问学”收摄于“尊德性”之中了。

综上所述,陆九渊远承孟子的“先立乎其大者”“四端扩充”说,近承程颢的“识仁”说,从其“心即理”的立场出发,确立了其以发明本心的“尊德性”为宗旨统摄“道问学”的修养工夫论。

第三节　朱陆修养工夫论的异同
——《宋元学案》编纂者的诠释及其立场

以上从多方面出发论述了朱熹与陆九渊思想中以“尊德性”与“道问学”为主旨的修养工夫论的渊源及内涵。以下以《宋元学案》中编纂者的诠释为中心,同时参考古今中外相关论述,首先论述朱陆的论争及其思想发展,然后检讨双方在修养工夫论上的异同及其得失,并阐明其现实意义。

一、“鹅湖之会”与朱陆修养工夫的论争

同为道学中人,朱陆二人在“成圣成贤”这一根本目标上并无二致,但在达成此目标的工夫路径上存在较大分歧。双方曾就此在“鹅湖之会”上展开了激烈的辩论。“鹅湖之会,论及教人。元晦之意,欲令人泛观博览,而后归之约。二陆之意,欲先发明人之本心,而后使之博览。朱以陆之教人为太简,陆以朱之教人为支离,此颇不合。”[②]朱陆立场针锋相对,结果不能达成一致,谁也未能说服对方。“鹅湖之会”上陆九渊将自己的“尊德性”主张称为简易直截的“易简工夫”,将朱熹的“道问学”主张斥为烦琐破碎的“支离事业”。朱熹嫌陆氏的顿悟教法太过简易,陆氏则嫌朱熹的渐修教法太过支离。具体来说,朱熹指出:“圣人之教学者,不过博文约礼两事尔。博文,是‘道问学’之事,于天下事物之理,皆欲知之。约礼,是‘尊德性’之事,于吾心固有之理,无一息而不存。”[③]其为学工夫在于从“博文”(“道问学”)即广泛穷究事物各自禀赋的分殊之理入手,然后“约礼”(“尊德性”),省悟到天地万物之理本来同一,走的是一条由博返约的路径。陆九渊则指出:“天下之理,将从其

---

① 正如岛田虔次所指出的,在修养工夫论上,朱熹重视去人欲的消极收敛工夫,而陆王重视存天理的积极扩充工夫。二者的差别用伊藤仁斋的话来说就是“恶不仁”与“好仁”的区别。参见[日]岛田虔次《朱子学与阳明学》,蒋国保译,第67页。

② (宋)陆九渊:《陆九渊集》,第491页。

③ (宋)黎靖德编:《朱子语类》第二册,第569页。

简且易者而学之乎？将欲其繁且难者而学之乎？若繁且难者果足以为道，劳苦而为之可也，其实本不足以为道，学者何苦于繁难之说。简且易者，又易知易从，又信足以为道，学者何惮而不为简易之从乎？"[①]又说："为学不当无日新，易赞乾坤之简易，曰：'易知易从，有亲有功，可久可大。'然则学无二事，无二道，根本苟立，保养不替，自然日新。所谓可久可大者，不出简易而已。"[②]又说："学有本末先后，其进有序，不容躐等。吾所发明端绪，乃第一步，所谓升高自下也。"[③]其为学工夫在于首先发明人先天具有的道德本心（仁义礼智之善性）以树立根本，然后再泛观博览涉猎知识，走的是一条以简驭繁的路径。朱陆两人的工夫径路正好相反。

在"鹅湖之会"后，朱熹也逐渐反思到自身学问的"支离"导致在道德践履上多不得力的弊端，指出："日用功夫，不可以老病而自懈，觉得此心操存舍亡，只在反掌之间。向来诚是太涉支离，盖无本以自立，则事事皆病耳。……又闻讲授亦颇勤劳，此恐或有未便。今日正要清源正本，以察事变之防微，岂可一向汩溺于故纸堆中，使精神昏弊，失后忘前，而可以谓之学乎？"[④]其立本体的主张显然表明朱熹力图吸纳陆九渊的"尊德性"主张。[⑤]朱熹进而总结，"大抵子思以来，教人之法惟以尊德性、道问学两事为用力之要。今子静所说，专是尊德性之事，而熹平日所论，却是问学上多了。……今当反身用力，去短集长，庶几不堕一边耳"[⑥]，提出了"反身用力，去短集长"的两全之策。其意图在于使"尊德性"与"道问学"并行不悖。朱熹甚至说："大抵此学以尊德性、求放心为本，而讲于圣贤亲切之训以开明之，此为要切之务。若通古今、考世变，则亦随力所至，推广增益，以为补助耳。不当以彼

---

① （宋）陆九渊：《陆九渊集》，第423页。

② （宋）陆九渊：《陆九渊集》，第64页。

③ （宋）陆九渊：《陆九渊集》，第531页。

④ （宋）朱熹：《晦庵先生朱文公文集》，朱仁杰、严佐之、刘永翔主编：《朱子全书》第二十二册，第2208～2209页。

⑤ 陈荣捷指出："以尊德性为本，而与道问学交相为用，可谓之朱子晚年定论矣。"南宋大儒王应麟已经指出："观朱文公《答项平甫书》'尊德性、道问学'之说，未尝不取陆氏之所长。"参见（清）黄宗羲原著，（清）全祖望补修《宋元学案》第二册，第1583页。陈荣捷进而还以此批评了向来学者（吴澄、王守仁、黄宗羲）认为朱熹偏于"道问学"一边的看法。朱熹的高徒陈淳已经指出："先生平日教人，'尊德性''道问学'固不偏废，而著力处却多在'道问学'上。江西一派，只是厌烦就简，偏于'尊德性'上去。先生力为之挽，乃确然自立一家门户，而不肯回。"参见（清）黄宗羲原著，（清）全祖望补修《宋元学案》第二册，第1582页；［美］陈荣捷《朱子新探索》，第188～189页。

⑥ （宋）朱熹：《晦庵先生朱文公文集》，朱杰人、严佐之、刘永翔主编：《朱子全书》第二十三册，第2541页。

为重,而反轻凝定收敛之实,少圣贤亲切之训也。”[①]以“尊德性”为根本,以“道问学”为“补助”手段,看起来似乎与陆九渊的主张趋于一致了。但由于朱熹不言“本心”与“心即理”,因此朱学中的“尊德性”一般来说不具有陆学中的本体工夫论意味,至多只是给“道问学”提供了一个主体条件,其工夫重心仍不免偏于外在格物穷理的“道问学”一边。陆九渊则认为万物之理皆先天具于本心中,因此将体认道德本心(“尊德性”)放在优先位置,而将外在的格物穷理作为次要的补充手段,认为只有“尊德性”才是学问之前提和根本,而“道问学”无法与之相提并论。因此针对朱熹的“去短集长”,陆九渊用“元晦欲去两短,合两长,然吾以为不可,既不知尊德性,焉有所谓道问学”[②],予以反驳。

如前所述,张载所谓“德性所知”的来源及其相对于“见闻之知”的超越性与陆九渊的“尊德性”主张相近,而张载在解释“尊德性而道问学”时指出:“不尊德性,则学问从而不道;不致广大,则精微无所立其诚;不极高明,则择乎中庸失时措之宜矣。”[③]强调“尊德性”“致广大”“极高明”分别是“道问学”“尽精微”“道中庸”的前提。由此可见,张载关于“尊德性”与“道问学”关系的看法也与陆九渊此处的主张一脉相承,只不过陆九渊走得更远,将“尊德性”作为“道问学”的前提和目的,进而以“尊德性”来统摄道问学。而朱熹虽也承认尊德性为前提主体条件,但更为重视“道问学”工夫,强调两轮并行,从另一方面发挥了张载的思想。总而言之,朱陆两人虽都兼顾“尊德性”与“道问学”,但其地位和侧重点大不相同。陆九渊以发明本心的“尊德性”为宗旨,将先立本体作为学问的入门基石,而朱熹则较为重视“道问学”,将格物穷理的下学工夫作为学问的入门手段。朱陆间学问的侧重点虽有不同,但其“成圣成贤”的根本目的则是一致的。

元代南方朱学的代表人物吴澄(号草庐,1249—1333)为了纠正朱熹后学(陈淳、饶鲁等)流于支离破碎的章句训诂之学的弊病,指出为学应该以德性为根本[④],即应该沿着先求之于自己的本心然后读书的为学次序,似乎倾向于陆九渊心学的立场,但其“尊德性”与“道问学”的具体内容还是朱子学

---

① (宋)朱熹:《晦庵先生朱文公文集》,朱杰人、严佐之、刘永翔主编:《朱子全书》第二十二册,第2196页。

② (宋)陆九渊:《陆九渊集》,第400页。

③ (宋)张载:《张载集》,第28页。

④ 《元史》卷一百七十一“吴澄传”:“朱子于道问学之功居多,而陆子以尊德性为主。问学不本于德性,则其蔽必偏于语言训释之末,故学必以德性为本,庶几得之。”(明)宋濂等:《元史》第十三册,第4012页。

的“主一持敬”与“读书穷理”工夫[①]，并将“尊德性”与“道问学”视作本末、体用的关系。其实如上所述，朱熹提倡“去短集长”，在陆九渊的影响下，晚年思想中已经有了这种倾向。其后，明代朱子学者程敏政（号篁墩，1446—1499）编纂了《道一编》，从朱陆的文集中辑录了诸多言论来比较其异同，提出了朱陆开始相异，中途半信半疑，最终趋于一致的“早异晚同”说，指出朱熹与陆九渊晚年都采取取长补短的态度而趋于一致。此说是基于其调停朱陆两派之论争的主观愿望，与实际情况并不符合。[②]其实“鹅湖之会”后，陆九渊虽然吸收朱熹的意见提倡读书的“道问学”工夫，但仍然终生固守其以“发明本心”的“尊德性”为宗旨的立场。

其后，明代心学的集大成者王守仁（号阳明，1472—1529）指出，陆九渊重视“尊德性”的同时也没有舍弃读书穷理的“道问学”工夫，只是其教法与普通人不同，强调对自身（本心）之“大本达道”（本体）的体认[③]，其“先立乎其大者”的说法还是出自孔孟之言论而并非虚说，即使是引起世人非议的“易简”“觉悟”之说其实也与佛教之说有本质区别；同样，朱熹提倡兼顾居敬与穷理、“尊德性”与“道问学”两方面，并有“存心”“存天理”的“尊德性”主张，因此不能说其学问“支离”，其所强调的章句训诂、格物致知的“道问学”工夫其实是针对当时学者颠倒下学上达之为学顺序的“躐等”“妄作”之弊病而对症下药的主张，只是后来学者往往偏于一边而产生了“支离灭裂”的弊病，但这并非朱熹自身的责任。[④]王守仁承认朱陆双方皆为“圣人之徒”，并反驳了世人对朱陆二人的指责，当然其真实意图还是在于针对世人对心学的指责为陆九渊作辩护，并显示其自身学问（阳明心学）并不违背朱子学。

二、朱陆修养工夫之比较——“易简”与“支离”

黄宗羲、黄百家父子以及全祖望等人继承上述南宋末年以来的朱陆合

---

① 卷九十二“草庐学案”：“若曰徒求之五经，而不反之吾心，是买椟而弃珠也。此则至论。……学者来此讲问，每先令其主一持敬，以尊德性，然后令其读书穷理，以道问学。有数条自警省之语，又拣择数件书，以开学者格致之端，是盖欲先反之吾心，而后求之五经也。”（清）黄宗羲原著，（清）全祖望补修：《宋元学案》第四册，第3041页。

② 参见梅彦《朱陆晚年之异初探》，《中州学刊》1988年第3期。

③ 陆九渊说：“人谓某不教人读书，如敏求前日来问某手处，某教他读《旅獒》《太甲》《告子》‘牛山之木’以下，何尝不读书来。只是比他人读得别些子。”（宋）陆九渊：《陆九渊集》，第446页。

④ （明）王守仁：《王阳明全集》二，第845～847页。

一论,在编纂《宋元学案》时对此问题也进行了详细探讨。[①]如卷五十八“象山学案”中陆九渊的小传之下收录有黄氏父子的案语及全祖望的文章《淳熙四先生祠堂碑文》,三位编纂者对于朱陆异同的看法在其中有充分的体现。又如卷五十七“梭山复斋学案”陆九龄的附录中,对于体现朱陆“尊德性”与“道问学”主张的践履与讲学,黄百家、顾諟、杨开沅都有案语加以讨论。其中有不少值得我们注意的观点。

首先,黄宗羲在陆九渊小传后的案语中[②],比较了朱陆两家的思想异同,即陆九渊以“尊德性”为宗,将立本体放在优先地位,朱熹则以“道问学”为宗,将格物穷理的工夫作为学问的入门手段。黄宗羲进而简要叙述了朱陆“鹅湖之会”与“无极太极之辩”的主旨。[③]特别是“鹅湖之会”上朱陆双方围绕着为学方法展开了激烈辩论,陆九渊将自己的“尊德性”主张视作简捷有效的“易简工夫”[④],将朱熹的“道问学”主张视作烦琐破碎的“支离事业”[⑤]。其后朱陆又围绕周敦颐《太极图》及《太极图说》展开了激烈辩论。最终朱学一派将陆学视为“禅学”,陆学一派将朱学视为“俗学”,两派如水火不相容般争辩不已,其流弊不可胜言。但在黄宗羲看来:朱陆二人都继承了濂洛之道统,各秉公心提倡其自得之学,并不是有意相互对立;朱陆两人的学问只是在入门方法的先后顺序上有所不同,其实两者都是兼顾“尊德性”与“道问学”的。黄宗羲进而还效法程敏政的《道一编》,从朱陆的文集中辑录了许多言论,证明朱陆晚年都反省了自身的短处而吸取对手的长处,强调朱陆二人

---

① 韩国学者정도원认为黄宗羲的和会朱陆主张与之前的朱陆早异晚同说相比,是以明代灭亡和批判阳明左派的时代背景为前提的,但黄氏关于朱陆合一的理论既没有证据,也没有合理性,并认为黄氏以此立场编纂和解释思想史(《宋元学案》《明儒学案》)是错误的。参见[韩]정도원《朱陆异同과元代朱陆和会论에 대한 再检讨》,第285~327页。结合下面的分析,我们认为韩国学者的这一论断确实有一定道理,但更为重要的是阐明黄氏和会朱陆的意图、立场及其学术意义。

② 参见卷五十八“象山学案”,(清)黄宗羲原著,(清)全祖望补修:《宋元学案》第三册,第1885~1888页。

③ 黄宗羲在其案语中将“鹅湖之会”与“无极太极之辩”的时间先后顺序弄颠倒了,后来编纂者王梓材在其案语中对此进行了更正。参见卷五十八“象山学案”,(清)黄宗羲原著,(清)全祖望补修:《宋元学案》第三册,第1886页。

④ 《易·系辞传》:“易则易知,简则易从。……易简而天下之理得矣。”滕复认为出自《周易》的“简易”精神是中国哲学及儒学精髓,并详细论述了阳明学的思想立场,指出作为阳明学先驱的陆学也贯穿了此“简易”法则。参见滕复《阳明学说与中国传统哲学的精髓》,方祖猷、滕复主编:《论浙东学术》,第176~186页。

⑤ 顾春指出朱陆“尊德性”与“道问学”论争之原因在于朱陆教育思想方法上的对立,即“易简”与“支离”的对立。参见顾春《来源·争论·特性——陆九渊教育思想三论》,北京:教育科学出版社,2003年,第96页。

到了晚年终于趋于一致了，并明确赞同王守仁的《朱子晚年定论》（“早异晚同”说）。[①]最后，黄宗羲还引用其父黄尊素之语对朱子学者批判陆学的过激言论予以反驳。

黄百家继承黄宗羲的朱陆合一论，在其案语中叙述了朱陆的“道问学”与“尊德性”的思想主旨，又从道统论出发论述了朱陆思想的殊途同归，进而与王守仁《朱子晚年定论》的做法一样辑录了朱熹取长补短的多条言论并批评了后儒的门户之见。[②]卷五十七“梭山复斋学案”在辑录了理学史上被视为朱陆论争开端的著名事件“鹅湖之会”上陆九龄、陆九渊与朱熹的唱和诗之后，黄百家依据程敏政《道一编》中的案语指出朱陆各自偏向“道问学”与“尊德性”的一边而产生“训诂”（烦琐支离）与“无言”（狂妄易简）的弊病，然后又引朱陆晚年之语强调了二人学问之殊途同归，即认为朱陆早年思想虽异，其后相互切磋取长补短，到晚年终于趋于一致。[③]黄百家又强调学问的关键在于反求之于本心，“尊德性”是“道问学”的前提与目的，而“道问学”不过是“尊德性”的手段罢了。[④]由此可见，黄百家受程敏政与王守仁的朱陆早异晚同说的影响，在倾向于陆九渊心学的同时主张朱陆合一。

全祖望在其《淳熙四先生祠堂碑文》中指出朱陆因其各自学问渊源（杨时、谢良佐）的不同[⑤]，其教人的出发点虽有所不同，但朱学中有陆九渊所强调的“践履”之说，陆学中也有朱熹所强调的“讲明”（讲学）之说[⑥]，两者只是在入门的侧重点上有所不同罢了。而且朱熹曾经批评了继承中原文献传统的金华吕学（吕祖谦、吕祖俭兄弟为代表）的博杂，并强调了“反约”的重要性。[⑦]由此可见，称朱学是“支离之末学”的观点是不对的。同样，陆九渊也

---

① （清）黄宗羲原著，（清）全祖望补修：《宋元学案》第二册，第1554～1555页。参见何善蒙编著《传习录十讲》，贵阳：孔学堂书局，2016年，第43～46页。

② （清）黄宗羲原著，（清）全祖望补修：《宋元学案》第三册，第1888页。

③ 对照参看（明）程敏政《道一编》，吴长庚主编：《朱陆学术考辨五种》，第18～19页；（清）黄宗羲原著，（清）全祖望补修：《宋元学案》第三册，第1872～1873页。

④ 卷十七“横渠学案上”：“学不求诸心，则无所归宿。道问学者，所以尊德性也。然不能尊德性，问学如何去道。……”（清）黄宗羲原著，（清）全祖望补修：《宋元学案》第一册，第706页。

⑤ 参见卷五十八“象山学案”，（清）黄宗羲原著，（清）全祖望补修：《宋元学案》第三册，第1888～1889页。

⑥ 陆九渊说：“为学有讲明、有践履。《大学》致知、格物，《中庸》博学、审问、慎思、明辨……此讲明也。《大学》修身正心，《中庸》笃行之，《孟子》终条理者圣之事，此践履也。”（宋）陆九渊：《陆九渊集》，第160页。

⑦ （宋）朱熹：《晦庵先生朱文公文集》，朱仁杰、严佐之、刘永翔主编：《朱子全书》第二十一册，第1333～1334页。

曾经批评其弟子包扬(字显道)只重视“尊德性”的道德践履而认为读书会阻塞仁义的过激言论,强调践履与读书不可偏废。[①]由此可见,称陆学为不读书的“顿悟之禅学”也是不对的。全祖望进而指出,读书穷理必须心中有主宰方才能够不迷惑,不可只致力于泛观博览,因此陆九渊才教人发明本心,这一主张是基于孟子的“四端扩充说”,同时也与湖湘学派的“察识端倪”说相符合,也就是说发明本心树立本体之后涵养省察的工夫才好下手,其落脚点仍然在道德践履上,因此和佛教的顿悟是不同的。这样,全祖望在调和朱陆异同的同时为陆学作了辩护。

杨开沅在其案语中首先叙述了“鹅湖之会”上朱陆论争的主旨[②],即朱熹的方法在于从“博览”(博文)即广泛穷究事物分殊之道理入手,然后“反约”(约礼)即省悟到天地万物之理本同[③];而陆氏兄弟的方法则在于首先发明天赋的本心(仁义礼智之善性),然后再博览即广泛涉猎知识。两者正好相反,所以容易产生争端。朱熹嫌陆氏的教法太过简略,陆氏则嫌朱熹的教法烦琐支离。其实朱陆二人都继承了濂洛之道统,各秉其公心而提倡自身体贴出来的学问,并不是有意相互对立。杨开沅进而还引朱熹的《祭陆子寿教授》说明朱陆晚年的合一(早异晚同)。这也是《宋元学案》编纂者的一贯立场。其实陆九龄(字子寿)与陆九渊(字子静)兄弟之间也存在差异,“鹅湖之会”之前及会上,陆九龄基本赞成其弟陆九渊的主张,但在“鹅湖之会”之后,陆九龄逐渐转向朱熹的“道问学”立场,而陆九渊则一直坚固其“尊德性”优先的立场。

三、朱陆修养内容之比较——践履与讲学

如前所述,陆九渊以“尊德性”为宗而朱熹较为重视“道问学”。陆九渊的“尊德性”工夫具体体现在道德“践履”之中,而朱熹的“道问学”工夫具体体现在“讲学”(读书穷理)之中。陆九渊与其弟子的问答可以为证:“格物是下手处。伯敏云:‘如何样格物。’先生云:‘研究物理。’伯敏云:‘天下万物不胜其繁,如何尽研究得。’先生云:‘万物皆备于我,只要明理。’”[④]又曾自述:“复斋家兄一日见问云:‘吾弟今在何处做工夫?’某答云:‘在人情、事势、物

---

① (宋)陆九渊:《陆九渊集》,第85页。

② 参见卷五十七“梭山复斋学案”,(清)黄宗羲原著,(清)全祖望补修:《宋元学案》第三册,第1875页。

③ 朱熹指出:“圣人之教学者,不过博文约礼两事尔。博文,是‘道问学’之事,于天下事物之理,皆欲知之。约礼,是‘尊德性’之事,于吾心固有之理,无一息而不存。”(宋)黎靖德编:《朱子语类》第二册,第569页。

④ (宋)陆九渊:《陆九渊集》,第440页。

理上做些工夫。'复斋应而已。若知物价之低昂,与夫辨物之美恶真伪,则吾不可不谓之能。然吾之所谓做工夫,非此之谓也。"①可知陆九渊所谓"格物""穷理"工夫并非指辨别物价之高低或事物之真伪等研究客观事物的道理,而是在"人情事势物理"上做道德践履的工夫,其途径是发明天赋的善性(天理)。事实上,朱熹所说的"道问学"包含与道德实践相关的工夫及与道德无关的纯知识的探求两个方面,而陆九渊反对的其实只是后者。因为在陆九渊看来,具体知识的探求与道德的养成并没有直接必然联系。古今中外社会上高学历高智商而道德品行低下甚至犯罪者比比皆是。陆九渊特别重视发明本心的工夫,将朱熹追求事物具体知识的工夫视作支离破碎、玩物丧志之"俗学"的原因即在这里。朱熹则指出:"子寿兄弟气象甚好,其病却是尽废讲学而专务践履,于践履之中要人提撕省察,悟得本心,此为病之大者。要其操持谨质,表里不二,实有以过人者。惜乎其自信太过,规模窄狭,不复取人之善,将流于异学而不自知耳。"②朱熹虽称赞陆氏兄弟重道德操守的人品操守,但对陆氏及其弟子中存在的废弃读书讲学而专门致力于道德践履的偏向感到不满,认为如果只注重省察本心的"尊德性"工夫而废弃讲学的话,就会使为学的规模狭窄,最终会流入专任本心的禅学异端中去,因此强调了讲学的重要性。

对于朱熹的上述看法,黄百家指出在"践履操持"的道德实践上立脚并没有什么问题,朱熹所批判的废弃讲学、狂妄自大虽说会拖累"践履操持",但如果走向另一个极端专务讲学的话,其弊病反而可能较专务"践履操持"要更大一些。可见黄百家认为践履与讲学二者可以并行不悖而不相矛盾,同时又认为如果非要做选择的话,可能"践履操持"的弊病还要小一些。③编纂者之一的顾諟在其案语中指出朱熹其实并不是批判"践履操持"会流入异端,只是不满陆氏兄弟狂妄自大,又举朱熹对"北宋六先生"之一的司马光的评价为例,认为朱熹并非专重致知(讲学)而轻视力行(践履),同样陆氏兄弟虽重"尊德性",但也没有忽视致知。④总之,朱熹虽重视讲学,但并未轻视践履,只是强

---

① (宋)陆九渊:《陆九渊集》,第400页。

② (宋)朱熹:《晦庵先生朱文公文集》,朱仁杰、严佐之、刘永翔主编:《朱子全书》第二十一册,第1350页。

③④ 卷五十七"梭山复斋学案":"百家谨案:从践履操持立脚,恐不得指为大病。但尽废讲学,自信太过,正是践履操持一累耳。若使纯事讲学,而于践履操持不甚得力,同一偏胜,较之其病。孰大孰小乎。"(清)黄宗羲原著,(清)全祖望补修:《宋元学案》第三册,第1875页。

调“知先行后”罢了。同样,陆九渊虽重视践履,但也没有忽视讲学[①],只是将立本体(“尊德性”)作为讲学读书的前提与目的罢了[②]。

值得注意的是,黄百家的上述说法其实是有感而发。即明代中晚期以来,伴随着阳明学的流行,在全国范围内兴起了“会讲”(或称“讲会”)[③]一类的讲学活动,这些“会讲”大抵都是谈论形而上的心性义理,往往与现实相游离,发展到后来出现肯定三教一致的思潮,导致士大夫立身规矩松弛,名教纲纪坠落,其流弊招致了明朝亡国(所谓“清谈误国”)的恶果。[④]黄百家所说的专务讲学之弊病当是针对明朝灭亡的惨痛教训而发。这并非只是黄百家的个人看法,其实是明末清初的一股时代批判思潮。这一思潮从明末的东林学派开始,一直延续到清初各派。如明末东林学派看破了阳明学的本质,排斥阳明学而提倡回归程朱,强调恢复儒家矩镬和砥砺名节,并提倡以“君子”作为理想人格。[⑤]明末东林学派对王学的修正也显示出晚明思想因为社会和政治的动荡变化,开始从心性道德的议论转向经世之学。[⑥]其后清初倾向于朱子学的顾炎武同样致力于以程朱理学来纠正阳明后学的流弊,提倡“行己有耻”与“博学于文”并行。“行己有耻”即指道德践履工夫,“博学于文”则是以朱子学格物致知的工夫来纠正心学末流专求诸心的偏向。[⑦]同时代倾向于阳明学的黄宗羲一方面对明末讲学内容的空疏进行了严厉的批判,一方面又借用讲学的教育方式,提倡在以六经为大本、史书为辅助的“明经

---

① 韩国学者고재석考察了陆九渊毕生的讲学活动,指出陆九渊一直致力于讲学和培养弟子,取得了非常大的成绩。只是相比于朱子学,其讲学具有以下特征:其一,陆九渊没有过分拘泥于强制性的学规或外在的法规制度,而是强调基于作为道德行为判断标准的本心的自律性;其二,陆九渊不过分强调读书,而是把读书看作树立和扩充本心的辅助方法;其三,讲学的目标是成为圣人,只要基于凡圣皆同的先验性的良知良能,树立这样的心境,不断付诸践履就可以到达圣人境界。参见[韩]고재석《陆九渊의 讲学活动에 대한 考察》,《동양철학연구》第53卷,2008年,第245~278页。胡青指出,陆九渊强调对自身固有本心的直觉体认以及主观能动性,由此决定其讲学具有以下特点:庄严肃穆的讲学气氛,尽废学规的管理办法,细致缜密的读书指导,直指思想矛盾症结处的逼问谈话,漫游胜境、歌诗抚琴的陶冶之道。参见胡青《陆九渊与象山精舍》,《教育研究与实验》1986年第2期。《宋元学案》中对陆九渊及其弟子的讲学记录就鲜明地体现了上述特点。

② 陆九渊指出:“讲学固无穷,然须头项分明,方可讲辨。”又说:“如读书接事间,见有理会不得处,却加穷究理会,亦是本分事,亦岂可教他莫要穷究理会。”(宋)陆九渊:《陆九渊集》,第50、84页。

③ 参见《明嘉靖时期王学知识人的会讲活动》,陈来:《中国近世思想史研究》(增订版),第374页。

④ 参见[日]岛田虔次《中国近代思维的挫折》,第159~167页。

⑤ 参见[日]岛田虔次《中国近代思维的挫折》,第172~173页。

⑥ 参见[马来西亚]李佳爱《〈明儒学案〉学术观研究》,第50~51页。

⑦ 参见葛兆光《中国思想史第一卷:七世纪前中国的知识、思想与信仰世界》,第403~404页。

通史”基础上反求诸心的经世致用(包括科学技术)之实学。[①]因此全祖望评价黄宗羲的教育业绩说:“凡受公之教者,不堕讲学之流弊。”[②]同样,黄百家也批判了当时讲学的两大阵营,其一是“习口头之机锋而改头换面”者诋毁程朱理学,此主要是指阳明后学的狂禅倾向,其二是“假饾饤之帖括,名为翌注”者诋毁陆王心学,此主要是指朱子学末流的沉溺于章句训诂之学,进而指出先儒(如王阳明、刘宗周)的讲学宗旨都是历经艰辛从身心体认中得来的。[③]黄百家又指出,讲学不能空谈本心,必须实实在在地下穷经、通史、读破万卷书的工夫之后,才能提高见识和开阔胸襟,这就是孔子由博反约的教导。这实际就是提倡以朱子学的读书穷理、下学而上达的工夫来挽救阳明后学空谈本心的流弊。[④]由此可见,黄氏父子在倾向于阳明心学的同时,又受明清之际时代思潮的影响对阳明学末流的讲学流弊予以了批判。

此外,讲学与践履、“道问学”与“尊德性”又可说是知行关系的具体体现。朱熹说:“‘尊德性、致广大、极高明、温故、敦厚’,皆是说行处;‘道问学、尽精微、道中庸、知新、崇礼’,皆是说知处。”[⑤]从知行关系来看,大体上讲学属“知”,而践履属“行”。朱熹说:“致知、力行,用功不可偏。偏过一边,则一边受病。如程子云:‘涵养须用敬,进学则在致知。’分明自作两脚说,但只要分先后轻重。论先后,当以致知为先;论轻重,当以力行为重。”[⑥]朱熹虽重视致知(讲学),但并未轻视力行(践履),只是强调从工夫先后次序上来说是“知先行后”,而从其地位(目的)来讲,“行”比“知”还要更重要一些。陆九渊虽然重视道德践履,但也没有废弃讲学。事实上陆九渊也讲“知先行后”,即所谓:“为学有讲明,有践履。……自大学言之,固先乎讲明矣。……未尝学

---

① 参见《甬上证人书院记》,(清)全祖望:《全祖望集汇校集注》,朱铸禹汇校集注,第1061～1062页。又参见吴震《明代知识界讲学活动系年(1522—1602)》,上海:学林出版社,2003年,第40页;吴光主编《黄宗羲与清代浙东学派》,第85～87页。

② 全祖望《梨洲先生神道碑文》云:“公谓明人讲学,袭语录之糟粕,不以六经为根柢,束书而从事于游谈,故受业者必先穷经。经术所以经世,方不为迂儒之学,故兼令读史。又谓读书不多,无以证斯理之变化,多而不求于心,则为俗学,故凡受公之教者,不堕讲学之流弊。”《梨洲先生神道碑文》,(清)全祖望:《全祖望集汇校集注》,朱铸禹汇校集注,第219页。

③ 参见《人谱补图序》,(清)黄百家:《学箕初稿二卷》,《清代诗文集汇编》第一六一册,第548～549页。

④ 参见《上徐果亭先生书》,(清)黄百家:《学箕初稿二卷》,《清代诗文集汇编》第一六一册,第562～563页;《甬上证人书院记》,(清)全祖望:《全祖望集汇校集注》,朱铸禹汇校集注,第1061～1062页。

⑤ (宋)黎靖德编:《朱子语类》第四册,第1586页。

⑥ (宋)黎靖德编:《朱子语类》第一册,第148页。

问思辨,而曰吾唯笃行之而已,是冥行者也。……讲明有所未至,则虽材质之卓异,践行之纯笃,如伊尹之任,伯夷之清,柳下惠之和,不思不勉,从容而然,可以谓之圣矣,而孟子顾有所不愿学。拘儒瞽生又安可以其硁硁之必为,而傲知学之士哉?然必一意实学,不事空言,然后可以谓之讲明。若谓口耳之学为讲明,则又非圣人之徒矣。"[①]认为"讲明"在践履之先,不先"讲明"道理就从事于践履则是如同瞎子摸象般的"冥行",资质高"生知安行"的圣人虽不用力于"讲明"也不会有差失,但并不能成为一般学者效法的榜样。问题的关键在于"讲明"的内容必须落实到"为己"的心性"实学",而非"为人"的"口耳之学"。可见,陆九渊并不反对讲学的形式,只是强调讲学的目的和内容不在于"为人"的"口耳之学",而在于反身切己的"为己"之学。所以陆九渊的弟子毛必强指出:"先生之讲学也,先欲复本心以为主宰,既得其本心,从此涵养,使日充月明。读书考古,不过欲明此理,尽此心耳。"[②]归根结底,陆九渊不过是将发明本心("尊德性")作为读书讲学的前提与目的罢了。陆九渊说:"讲学固无穷,然须头项分明,方可讲辩。"[③]又说:"如读书接事间,见有理会不得处,却加穷究理会,亦是本分事,亦岂可教他莫要穷究理会。"[④]又说:"学者须是打叠田地净洁,然后令他奋发植立。若田地不净洁,则奋发植立不得。古人为学即'读书然后为学'可见。然田地不净洁,亦读书不得。若读书,则是假寇兵,资盗粮。"[⑤]可知陆九渊认为"尊德性"是"道问学"的保障和指针,不先"尊德性"以培养德性而光顾着"道问学"以读书穷理的话,"道问学"就有可能迷失方向而误入歧途。陆九渊的这些话虽是针对当时读书人的弊病而发,但对我们今天轻视德性教育和道德理性而偏重知性教育和工具理性,往往把人培养成有才无德的工具,从而导致道德滑坡、唯利是图等社会问题来说,仍有振聋发聩的警示意义。儒学作为一种成德之学,其思想价值和现实意义即在这里。

四、朱陆两派门户之争——禅学与俗学

以朱熹为代表的理学派继承了程颐"《书》言天叙,天秩。天有是理,圣人循而行之,所谓道也。圣人本天,释氏本心"[⑥]的割裂天(理)、人(心)的"二本"论,

---

① (宋)陆九渊:《陆九渊集》,第160页。

② (宋)陆九渊:《陆九渊集》,第502页。

③ (宋)陆九渊:《陆九渊集》,第50页。

④ (宋)陆九渊:《陆九渊集》,第84页。

⑤ (宋)陆九渊:《陆九渊集》,第463页。

⑥ (宋)程颐、(宋)程颢:《二程集》上册,第274页。

认为儒家从天理出发重视格物穷理，而禅学则从本心出发重视内在的觉悟和反求，从而将两者对立起来了。这当然是为了强调儒释之间的差异，即以天理之实应对佛教明心见性的性空。如朱熹说："儒者之学，大要以穷理为先。盖凡一物有一理，须先明此，然后心之所发，轻重长短，各有准则。……若不于此先致其知，但见其所以为心者如此，识其所以为心者如此，泛然而无所准则，则其所存所发，亦何自而中于理乎。且如释氏擎拳竖拂、运水般(搬)柴之说，岂不见此心？岂不识此心？而卒不可与入尧舜之道者，正为不见天理，而专认此心以为主宰，故不免流于自私耳。前辈有言，圣人本天，释氏本心，盖谓此也。"[①]"吴仁父说及陆氏之学。曰：只是禅。初间犹自以吾儒之说盖覆"[②]。以陆王为代表的心学派则继承了程颢的"只心便是天，尽之便知性，知性便知天(一作性便是天)，当处便认取，更不可外求"[③]的天人一本思想，认为道学以明心为要，将理学视作析心与理为二的"二本支离"之俗学。正如陆九渊所说："心只是一个心，某之心，吾友之心，上而千百载圣贤之心，下而千百载复有一圣贤，其心亦只如此。心之体甚大，若能尽我之心，便与天同。为学只是理会此。"[④]认为本心是古今天下所有人都一致相同的，发明本心便可与天合一。又说："故道之不明，天下虽有美材厚德，而不能以自成自达，困于闻见之支离，穷年卒岁而无所至止。若其气质之不美，志念之不正，而假窃附会，蠹食蛆长于经传文字之间者，何可胜道？"[⑤]认为一味在支离琐碎的闻见考索之学上用力只会妨碍体道。又说："古人教人，不过存心、养心、求放心。此心之良，人所固有，人惟不知保养而反戕贼放失之耳。苟知其如此，而防闲其戕贼放失之端，日夕保养灌溉，使之畅茂条达，如手足之捍头面，则岂有艰难支离之事？今曰向学，而又艰难支离，迟回不进，则是未知其心，未知其戕贼放失，未知所以保养灌溉。此乃为学之门，进德之地。"[⑥]认为为学的关键在于存养本心，而非外在的格物穷理。

针对朱陆两派的争论，黄宗羲在《明儒学案·姚江学案》中王守仁的传记后有如下评论："或者以释氏本心之说，颇近于心学，不知儒释界限只一理字。释氏于天地万物之理，一切置之度外，更不复讲，而止守此明觉。世儒则不恃此明觉，而求理于天地万物之间，所为绝异。然其归理于天地万物，归明觉于

---

① (宋)朱熹：《晦庵先生朱文公文集》，朱杰人、严佐之、刘永翔主编：《朱子全书》第二十一册，第1314页。

② (宋)黎靖德编：《朱子语类》第八册，第2978页。

③ (宋)程颐、(宋)程颢：《二程集》上册，第15页。

④ (宋)陆九渊：《陆九渊集》，第444页。

⑤ (宋)陆九渊：《陆九渊集》，第13页。

⑥ (宋)陆九渊：《陆九渊集》，第64页。

吾心,则一也。向外寻理,终是无源之水,无根之木,总使合得,本体上已费转手,故沿门乞火与合眼见暗,相去不远。先生点出心之所以为心,不在明觉而在天理,金镜已坠而复收,遂使儒释疆界渺若山河,此有目者所共睹也。"[①]黄宗羲认为儒释之差异其实只在于"理"(天理,即儒家的伦理纲常)之一字上,儒者(程朱)其实与禅学一样,将理归之于天地万物,将明觉(良知和知觉)归于人心,但又不像释氏那样专任主观心识,而强调求理于客观天地万物(穷理)以获取知识和启发良知(致知)。事实上,程朱所说的心包括理(性)与气(情)两个层面,只有性(本性)专属于理的层面,所以只能说"性即理"而不讲"心即理"。因此说程朱偏于"本天",而释氏偏于"本心"大体上是可以的。但把陆王心学视作"本心"之禅学则是一种误解。王守仁指出:"圣人之学,心学也。……盖王道息而伯术行,功利之徒,外假天理之近似以济其私,而以欺于人曰:天理固如是。不知既无其心矣,而尚何有所谓天理者乎?自是而后析心与理而为二,而精一之学亡。世儒之支离,外索于刑名器数之末,以求明其所谓物理者,而不知吾心即物理,初无假于外也。佛老之空虚,遗弃其人伦事物之常,以求明其所谓吾心者,而不知物理即吾心,不可得而遗也。……故吾尝断以陆氏之学,孟氏之学也。"[②]陆王心学其实只是将程朱所说"天理"中知识理性层面的意义抽去,只保留其道德理性的层面,又继承孟子的"性善论"和"四端"说,认为吾人之本心本性先天就完备此道德理性,不假外求,所以说"心即理"(心性理合一),反对程朱求理于外的做法,强调反求诸本心,当下体认道德本体,从而将思孟学派代表的儒家道德心性之学推到了一个新的发展阶段。[③]事实上,这种发明本心的道德践履之学将宇宙本体与社会规范内化为根植于良心本性的道德律令,是拔本塞源式从根本上成就自己(成己),进而成就社会(成人),最终成就天地万物(成物)的进德修业、内圣外王的过程。抽去其中不合时宜的内容,保留儒学传统中的合理内核,这种以心性为本的道德践履之学对于纠正当下过分强调外在规范和法律约束,忽视人的内在诉求,缺乏精神信仰与道德律令而导致人心浮躁、道德滑坡、社会冲突等现实问题,仍然具有十分重要的教育意义。

需要指出的是,黄宗羲的上述主张实际上是基于其"一本万殊"的思想

---

① (清)黄宗羲:《明儒学案》,第180~181页。

② (宋)陆九渊:《陆九渊集》,第537~538页。

③ 佐藤鍊太郎指出王守仁及其大弟子王畿等虽然都借用了禅语展开其学说,但意思却不一样。在为学目标及其修养方法上,王守仁和王畿都是以儒家人伦及经世为指向,批判佛教的出世及自私倾向。事实上,王守仁及王畿在思想体系上都是以《易·系辞传》中的气的生成论作为世界观的根基,同时又利用了表示佛教如来藏缘起思想的禅语展开其良知说。参见[日]佐藤鍊太郎《阳明学派の禅的思想とその评价》,《日本中国学会报》第54卷,2002年,第240~253页。

史观。即“道”是儒家各派的共通之物而非一门一派之私有物,各学派从各自立场出发提倡其自得之学问,实际上其取得只不过是大道(一本)之一斑(万殊)罢了。因此想要获得圣贤之道的话,就必须求之于百家各派之中,而不应仅取其中任何一家(包括朱子学)之言便以为是道之全体。[①]关于这一点,可从《宋元学案》中黄氏父子等编纂者在调和朱陆等各学派之异同的同时,又重视学问之自得创见的思想立场中体现出来。[②]同时,这也反映了宋元明时期陆王心学的传承对于以黄宗羲为首的清代浙东学派的影响。其中黄宗羲的恩师刘宗周是明代心学的殿军,而全祖望的座主(科举的考试官)与学友李绂则是清代陆学的代表人物。黄宗羲、全祖望不仅受浙东心学传统的影响,黄宗羲还特别推崇以“经史并重”“兼收博取”为特色的浙东金华文献之学(吕学),全祖望则推崇同乡四明朱学的代表黄震与王应麟的学问与人品。特别是王应麟那样以文献之学融会贯通所有学问、学派的做法可说是全祖望一生的事业。

综上所述,朱、陆二人思想体系中以“尊德性”与“道问学”为宗旨的修养工夫论与先秦思孟学派及其阐发者北宋四子(周敦颐、张载、二程)等理学奠基人之间有着密切的渊源关系。其中朱熹的修养工夫论主要继承了程颐主敬穷理的二元论思想,陆九渊的修养工夫论则远溯至孟子的大体说,并与程颢“识仁”的一本论思想一脉相承。由此“尊德性”与“道问学”在朱陆思想体系中的含义和地位存在较大差异,并直接导致了朱陆易简与支离的修养方法、践履与讲学的修养内容,以及禅学与俗学的学术门户之争。在修养方法上,朱学中的“尊德性”主要是保持心之诚敬状态并为格物致知的“道问学”提供主体条件,陆学中的“尊德性”则是直截体认本体、发明本心的工夫。在

---

① 黄宗羲指出:“盖道非一家之私,圣贤之血路,散殊于百家。求之愈艰,则得之愈真。虽其得之有至有不至,要不可谓无与于道者也。……所至各异,其求道之心则一也。”《朝议大夫奉敕提督山东学政布政司右参议兼按察司佥事清溪钱先生墓志铭》,(清)黄宗羲:《黄宗羲全集》第二十册,第379～380页。黄宗羲《明儒学案序》:“盈天地间皆心也。人与天地万物为一体,故穷天地万物之理,即在吾心之中。后之学者错会前贤之意,以为此理悬空于天地万物之间,吾从而穷之,不几于义外乎。此处一差,则万殊不能归一。夫苟工夫著到,不离此心,则万殊总为一致,学术之不同,正以见道体之无尽也。奈何今之君子,必欲出于一途,剿其成说,以衡量古今,稍有异同,即诋之为离经畔道。时风众势,不免为黄芽白苇之归耳。夫道犹海也,江淮河汉以至泾渭蹄涔,莫不昼夜曲折以趋之,其各自为水者,至于海而为一水矣。使为海若者汰然自喜曰,‘咨尔诸水,导源而来,不有缓急平险,清浊远近之殊乎。不谓尽吾之族类也,盍各返尔故处。’如是,则不待尾闾之泄,而蓬莱有清浅之患矣。今之好同恶异者,何以异是。”《明儒学案序》,(清)黄宗羲:《明儒学案》,序第7页。

② 参见李明友《一本万殊——黄宗羲的哲学与哲学史观》,第113～115、140～144页;杨国荣《论黄宗羲的学术史观》,《史学月刊》1992年第3期。

修养内容上,陆学中的“道问学”是指伦理道德上的践履工夫,朱学中的“道问学”除此之外还包括穷究考索事物具体知识的讲学工夫。朱熹更多强调“尊德性”与“道问学”两轮并进,并以“道问学”为入德之基。陆九渊则强调“尊德性”是“道问学”的前提与目的,以“尊德性”为其本体工夫论的宗旨。朱陆两派禅学与俗学的门户之争可追溯至程颐“圣人本天,释氏本心”的“二本论”与程颢“只心便是天”的“一本论”。其实,儒释之辨只在一“理”字,陆王心学只是将天理收归于道德本心,并未丧失儒家的道德本位立场,因此并非如程朱理学指责的那样是“本心”之禅学。

本论二小结

以上,本论二中对《宋元学案》相关的思想史、哲学史的四个专题分章进行了系统研究。每章的研究结论如下:

第五章"道统论的突破与《宋元学案》中的思想史观"。

黄宗羲、黄百家父子基于一本万殊的思想史观,在《宋元学案》中突破了《宋史·道学传》以程朱理学为正统的道统思想史视域,主张废除"道学传"而统归"儒林传",体现了和会朱、陆、浙学等各派,重视自得创见的思想立场。基于此立场,黄氏父子高度评价并确立了"宋初三先生"作为宋学开山和道学先驱的思想史地位,并将其置于《宋元学案》的开端。全祖望基于人品与学问兼顾的史学家立场,只以胡瑗、孙复二人作为宋学开山,并进一步拓宽了黄氏父子道(道学)、儒(儒林)合一的思想史视域,兼容并包道、儒、文(文艺)等各派人物,从而填补了宋元儒学史上的诸多空白,完备了《宋元学案》中的思想史构建,体现了去短集长的会通思想史观。

第六章"《宋元学案》中思想史的地域构成与发展脉络"。

统计《宋元学案》中收录各地域学者数量及其学派构成,由多至少依次为:两浙路(以浙东学派、金华朱学、四明朱学、四明陆学为主)、福建路(以道南学派、闽学为主)、江南西路(以江西陆学为主)、江南东路(以新安朱学为主)、成都府路(以苏氏蜀学、南轩学派、鹤山学派为主)、京东路(以东莱吕氏之学、泰山学派为主)与京西路(以洛学为主),以及荆湖南路(以湖湘学派为主)等。其中,两浙出身的学者和进士最多,浙东出身的学者数量又远远超过了浙西,所谓浙学的繁荣主要是指浙东学术。浙东所属州府之中,婺州与庆元府出身的学者数量较多。通过分析两浙学者的学案分布,可将浙学的发展脉络分为萌芽期、发展期、全盛期与分化期四个阶段。其中南宋中后期的三个主要学派——朱学、陆学和浙学的传承都集中于浙东,并直接影响了明代阳明学及清代浙东学派的形成。属于清代浙东学派的编纂者黄宗羲、全祖望等人基于重视地域思想史及表彰浙学的立场,发掘大量各地域学者(尤其是浙学先贤),进而探讨其师承关系、学术地位、思想诠释等方面,使得

《宋元学案》在内容与思想上都有着鲜明的地域色彩,同时展现了宋元两代的儒学思想史的全貌及其发展脉络。

第七章"《宋元学案》中黄百家的哲学诠释及其思想立场"。

黄百家在《宋元学案》中通过评论宋元儒学阐发了自身的哲学思想立场。在宇宙本体论上,黄百家继承刘宗周、黄宗羲的理气一元论,以气作为构成天地万物之实体,以理作为气之本质属性,批判了程朱的理气二元论。在人性论上,黄百家继承刘、黄二人的性气一元论和性善习远说,主张性与气质均为善,而恶来自后天习染,批判了程朱以善恶区分性气的二元论与变化气质说。在道德观上,黄百家回归到先秦孔孟仁说,在程颢识仁说基础上,继承刘、黄二人的道器、性情、仁爱一元论,主张于人性之本源(孝弟)处求仁,批判了程朱的性情、仁爱二元论。在修养工夫论上,黄百家在以心学为本的同时又折中朱陆各派思想而会归于一,体现了清代浙东学派一本万殊的思想立场。

第八章"朱陆修养工夫论的渊源及异同"。

朱陆的修养工夫论与先秦思孟学派及周敦颐、张载、二程等理学奠基人之间存在渊源关系。朱熹在继承程颐理一分殊与居敬穷理思想基础上,通过对《中庸》《易传》《大学》《孟子》及周敦颐、张载思想的阐发,从理事并进、知行互发的立场出发,确立了"尊德性"与"道问学"并行的修养论。陆九渊远承孟子大体说,近承程颢识仁说,从心即理的立场出发,确立了以发明本心的"尊德性"为宗旨统摄"道问学"的修养论。朱陆修养工夫论在来源、内涵及地位上的差异直接导致朱陆易简与支离的教育方法、践履与讲学的教育内容,以及禅学与俗学的门户之争。其实儒释之区别只在于是否承认天理,陆王心学只是将天理收归道德本心,并未丧失儒家的道德本位立场。《宋元学案》的编纂者在倾向于心学的同时又折中朱陆而会归于一,体现了清代浙东学派一本万殊的思想立场。

本论三　《宋元学案》相关儒耶思想交涉专题研究

第九章 儒家仁说及其与耶教思想的比较
——以朱熹、黄氏父子及利玛窦为代表

儒家所提倡的以“五常”为中心的道德观作为古代中国社会伦理道德规范的基础，对维系世道人心和社会秩序起到了重要的作用，但从汉末直至唐代，废弃伦常讲求出世的佛道二教思想兴盛，而同时期汉唐章句训诂之学对儒家思想的性理精义阐发不力，再加上社会局势的动荡造成的道德伦理的沦丧，儒学理论的发展一时停滞不前。直至宋代，道学家在继承先秦儒家义理系统的基础上接受佛道二教思想的影响和刺激，从天道或者天理等所谓形而上的宇宙本体上寻求儒家道德伦理的根源，进而据此贯通心性和规范道德，从而完成了对儒家哲学义理系统的改造和完善，开拓了所谓“新儒学”思潮。宋明新儒学思想的核心在于其心性论和道德观。而其中“仁”作为新儒学道德观的核心范畴受到特别的重视，并一度成为学术界的中心话题。[①]宋代新儒学（理学）的集大成者朱熹在其著作《仁说》《仁说图》，及其与张栻、吕祖谦等学者间的学术辩论中详细论述并批判总结了南宋前期的仁说，成为南宋以降的权威学说。其后到了明末清初，浙东学派的著名学者黄宗羲、黄百家父子等人编著了总结宋明理学发展脉络的学术史巨著《宋元学案》（黄氏父子及全祖望等人编著）与《明儒学案》（黄宗羲编著），并在其中对包括朱子学在内的各派学说进行了系统的总结批判。仁说即是其中的重要内容。比黄氏父子更早一些，明末以利玛窦（1552—1610）为代表的欧洲入华天主教耶稣会士出于传教的需要，也对中国传统思想尤其是作为官方统治思想的朱子学进行了系统地批判。仁说也是儒耶思想交涉中的一个重要论题。但海内外学术界对此还没有进行过专门的比较哲学研究。因此本章

---

① 关于两宋之间的仁说及其在道学话语体系中发展的详细情况，陈来指出：“仁说及求仁之学是早期道学的主题，也是前期道学的核心话语，提供了道学从北宋后期到南宋前期发展的重要动力。”“朱子的仁说是对南宋前期道学仁说的清理和总结……而朱子的仁说既依据于对二程仁说的整理和发挥，也体现了朱子个人在思想和方法上的特色。”《论宋代道学话语的形成和转变——论二程到朱子的仁说》，陈来：《中国近世思想史研究》（增订版），第56页。

拟从本体论、心性论与修养工夫论三个层面来论述和比较朱熹、黄氏父子及利玛窦的仁说(道德观),阐明各自学说的主旨并比较其异同,以推进关于儒耶思想交涉方面的研究。

第一节 朱熹的仁说

首先,朱熹在其《仁说图》中指出:

> 仁者,天地生物之心(元亨利贞便是天地之心),而人之所得以为心。
>
> 未发之前,四德具焉,而惟仁则包乎四者。是以涵育浑全,无所不统。所谓生之性,爱之理,仁之体也。已发之际,四端著焉,而惟恻隐则贯乎四端。是以周流贯彻,无所不通。所谓性之情,爱之发,仁之用也。专言则未发是体,已发是用。偏言则仁是体,恻隐是用。
>
> 公者所以体仁,犹言克己复礼为仁也。盖公则仁,仁则爱。孝弟其用也,而恕其施也。知觉乃智之事。[①]

归纳上述朱熹关于"仁"的论述可知,其仁说实兼具本体论、心性论和工夫论(修养论)三个层面的内涵。

一、本体论层面

在本体论层面,仁是天地生物之心(意志),或者说天地生生之德性。天地生成化育万物的意志即是天地之心,即孔子所说的"天何言哉!四时行焉,百物生焉"(《论语·阳货》)。这种生化是一个气化流行的过程,即所谓"一元之气,运转流通,略无停间,只是生出许多万物而已"。[②]这种气化过程也就是周敦颐在《太极图说》中所规定的太极→阴阳→五行→天地万物的宇宙生成次序。在这里,太极作为生化万物之本源,也即是仁(道德)之本体(仁体)。周敦颐在《通书·诚上》章中又以《中庸》里面表征真实无妄的"诚"体来指称道体(道德本体),这个意义上的"诚"与"太极"同义,进而又用《易传》中所谓乾卦之德性——元亨利贞"四德"来具体表述从"诚"(天道流行)之本源(动力因)到完成(目的因)的一个完整过程。元亨利贞"四德"在《易

---

① (宋)黎靖德编:《朱子语类》第七册,第2633页。

② (宋)黎靖德编:《朱子语类》第一册,第4页。

传》中指天道(乾道)生成万物的始终过程,实即一气流通过程中的不同阶段,也即是天地生物之德性功能("天地之心"),是对仁体的具体描述。朱熹继承周敦颐的太极说和诚体说,并以二程发明的宇宙本体——天理来统摄概括太极、诚体、仁体等形上本体范畴,指出:"诚者,至实而无妄之谓,天所赋、物所受之正理也。……诚即所谓太极也。"[①]又说:"理,只是一个理。理举着,全无欠阙。且如言着仁,则都在仁上;言着诚,则都在诚上;言着忠恕,则都在忠恕上;言着忠信,则都在忠信上。只为只是这个道理,自然血脉贯通。"[②]在朱熹看来,太极、诚、仁同是指称此一天理,只不过角度有所不同,太极是从至高无上方面指称此理,诚是从真实无妄方面指称此理,仁是从实际内容(性即理)方面指称此理[③],所以才说"理一也,以其实有,故谓之诚。以

① (宋)周敦颐:《周敦颐集》,第12页。

② (宋)黎靖德编:《朱子语类》第一册,第100页。

③ 我们这里讨论的是朱熹对"诚""太极"等本体的诠释。但要注意的是,朱熹与周敦颐自身的思想不尽一致。周敦颐在《通书》第四章"圣"中说"寂然不动者,诚也"。朱熹指出:"本然而未发者,实理之体。"参见(宋)周敦颐《周敦颐集》,第16页。伊藤仁斋进而指出:"周子所谓诚者,与《中庸》、孟子不同,既论于上。毕竟通天人而指未发之体而言。即程子所谓在天曰命,在人为性。朱子所谓太极者也。"参见[日]伊藤东涯《通书管见》,《日本儒林丛书》第5册,第5页。认为周敦颐以"诚"为"寂然不动者",即贯通天人的未发之本体。这与《中庸》里"诚"贯通已发、未发有所不同。而其后二程进而指出天道本体(天理)从天道流行来看即为"命",从人之禀受来看则为"性",其实质则是一致的。朱熹在解释周敦颐《太极图说》时以太极为"理",以阴阳为"气",从而建构起了其理本气末的宇宙本体论体系。在朱熹看来,太极是从至高无上角度指称此"理","太极"即是寂然不动的宇宙本体。因此朱熹认为周敦颐《太极图说》中的"太极"与《通书》中的"诚"同义。仁斋则指出:"然朱子所谓太极者,兼动静,该体用,而无所不在也。而周子所谓诚无为,及曰寂然不动者诚也,则专为未发之体,至静之物。……此似老子所谓致虚极守静笃之说,而非圣人之旨矣。"一方面认为朱熹所诠释的"太极"与周敦颐所谓的"诚"有所不同。因为朱熹所谓的"太极"是兼含动静、统摄体用的宇宙本源与天道本体,是天理(天道)之总称,同时又通过天命赋性下贯到万事万物之中,即所谓总天地万物之理为一太极,而事事物物又各有一太极(理一分殊)。而周敦颐所谓的"诚"则仅指"无为"而"寂然不动"的天道本体,专指静止未发的本体,此主"静"的"诚体"思想来源于道家老子的主静思想,与《易传》主"动"的思想不同。仁斋进而指出:"然则《图说》所云,太极动而生阳,静而生阴者,盖指一元气而言。而其上面一层,无声无臭处,是谓无极耳。"认为《太极图说》中的"太极"应仍按汉唐以来流行的太极元气说来解释,周敦颐的发挥在于受道家虚无本体论的影响在"太极"之上加了"无极"(仁斋以之为天理),以超出形下现象界(器)之上的形上天理(无极)作为元气(太极)之本体,并且也只有以"太极"为"元气"才能解决朱熹"太极"说中寂然不动的天理本体何以能动静分化出阴阳二气的理气动静缝隙难题。由此可见,伊藤父子认为《通书》中的"诚"是指未发的天命实理,与《太极图说》中作为"元气"的"太极"及朱熹所谓的太极宇宙本体——天理均有所不同。其结论是基于对作为周敦颐思想源头的先秦儒学、朱熹的诠释以及周敦颐本人思想的对比分析,反映了哲学范畴的变化发展。

其体言,则有仁义礼智之实"[1]。总而言之,朱熹哲学中本体论层面的仁即是作为宇宙本体的天理,或者说是天理在人性中的呈现,是高于形而下之气(情)的形上本体。

二、心性论层面

在心性论层面,前述朱熹关于本体论的论证给心性论提供了价值源头与理论依据,即所谓"'天地之大德曰生',人受天地之气而生,故此心必仁,仁则生矣"[2]。因为"人受天地之气而生",必然禀受此天理仁体(天地之心)而为人自身的德性(性即理),天心之德(元亨利贞)下贯而为人心之德(仁义礼智)。[3]心性论主要包括理智(知)、情感(仁)和意志(勇)等领域。就作为儒家正统与宋明理学源头的思孟学派(孔子→曾子→子思→孟子)来看,按照孔子及其弟子(有子)的观点,孝弟(爱亲敬长)这种人生来即具备的最基本的情感是仁德之本。孔子的弟子、以孝道著称的曾子在《孝经》《礼记·祭义》中以孝为道德之根本,以保身为孝之始。子思在《中庸》里进一步以中和来区分喜怒哀乐之情感的未发(寂)与已发(感)两种状态,认为二者是"大本"(本体)与"达道"(作用)的关系。孟子则点出人生来即具备恻隐、羞恶、辞让、是非的"四端"之心(情),并以之作为仁义礼智"四德"(德性)的根基。其后儒家学者多继承思孟学派以爱(情)言仁。到了宋代,随着儒家体用论思想的成熟,理学的奠基人程颐首先区分了形上与形下、其然与其所以然的体用二元对立关系,并以之来处理未发与已发、性与情、仁与爱的体用关系。其后朱熹接受张载的"心统性情"说及程颐的"性即理"与"仁性爱情"说,将仁定义为"心之德,爱之理",认为心包括并主宰性、情两方面,并进而明确了性与情、仁与爱的体用关系[4],将仁视作天赋予人心的未发之性体,将爱、情

---

① (宋)黎靖德编:《朱子语类》第一册,第104页。

② (宋)黎靖德编:《朱子语类》第一册,第85页。

③ 《朱子语类》卷六:"仁义礼智,便是元亨利贞。若春间不曾发生,得到夏无缘得长,秋冬亦无可收藏。""生底意思是仁,杀底意思是义,发见会通是礼,收藏不测是智。""郑问:'仁是生底意,义礼智则如何?'曰:'天只是一元之气。春生时,全见是生;到夏长时,也只是这底;到秋来成遂,也只是这底;到冬天藏敛,也只是这底。仁义礼智割做四段,一个便是一个;浑沦看,只是一个。'"(宋)黎靖德编:《朱子语类》第一册,第107页。

④ 《朱子语类》卷五:"旧看五峰说,只将心对性说,一个情字都无下落。后来看横渠'心统性情'之说,乃知此话有大功,始寻得个'情'字着落,与孟子说一般。孟子言:'恻隐之心,仁之端也。'仁,性也;恻隐,情也,此是情上见得心。又曰'仁义礼智根于心',此是性上见得心。盖心便是包得那性情,性是体,情是用。"(宋)黎靖德编:《朱子语类》第一册,第91页。

视作人心的已发之“四端”，将二者对立了起来[①]。基于此，朱熹在其答张栻的书信中强调“由汉以来，以爱言仁之弊，正为不察性情之辨，而遂以情为性尔”[②]，批判了以爱（情）定义仁（性）的传统观点。朱熹一方面将仁视作心中所具备的包含“四德”在内的全德（心之德）与爱之“所以然之理”（爱之理），一方面认为孝弟属于知觉而非仁（性）之本体，因此不过是仁之作用或践履行仁的开端罢了。两者存在体用上的本质区别。所以朱熹在其《论证集注》中注释《学而篇》第二章“孝弟也者，其为仁之本与”时指出“盖仁是性也，孝弟是用也。性中只有仁义礼智四者而已。曷尝有孝弟来”[③]，认为仁是本性，孝弟只是本性所发出来的作用，性中无所谓孝弟之情，因此孝弟不可为仁之本（本源）[④]。总而言之，朱熹哲学中心性论层面的仁是兼包“四德”的心之全德，是比孝弟（情）高一层次的性体（天理），是孝弟（爱）之所以然的形上本体依据。

三、工夫论层面

在工夫论层面，朱熹指出：“百行皆仁义礼智中出。”[⑤]又说：“百行万善，固是都合着力，然如何件件去理会得！百行万善总于五常，五常又总于仁，所以孔孟只教人求仁。求仁只是‘主敬’，‘求放心’，若能如此，道理便在这里。”[⑥]因为仁对应乾元，蕴含有生意。乾元是天道气化生物之本源。与之相应，仁是心之全德，兼包“四德”“五常”，是人道日用百行之本源。《大学》中说“物有本末，事有终始”，强调做人做事都要从根本处着力。要想成圣成贤，成就一个具有全德的人，其关键就在于体认道德之本源——即所谓“求仁”。

---

① 《朱子语类》卷五：“性以理言，情乃发用处，心即管摄性情者也。故程子曰‘有指体而言者，“寂然不动”是也’，此言性也；‘有指用而言者，“感而遂通”是也’，此言情也。”“‘心统性情’，故言心之体用，尝跨过两头未发、已发处说。仁之得名，只专在未发上。恻隐便是已发，却是相对言之。”（宋）黎靖德编：《朱子语类》第一册，第94页。

② （宋）朱熹：《晦庵先生朱文公文集》，朱杰人、严佐之、刘永翔主编：《朱子全书》第二十一册，第1412页。

③ （宋）朱熹：《四书章句集注》，第48页。

④ Virág Curie 指出朱熹试图把握并重新定义情感的本体论和伦理地位。朱熹接受张载心与情合一的洞见作为新的情感理论的基础，从而将一种思考自我的新方式付诸实施。在最基本的层面上，朱熹将情感内化融入自我之中，使之成为由心、性和情感组成的三部分结构的一部分，从而使情感成为道德自我的功能。也就是说，情感被重新定义为人类固有禀赋的一部分，本质上与道德本质紧密相连，但又与之截然不同。See Curie Virág, “Emotions and human agency in the thought of Zhu Xi”, *Journal of Song－Yuan Studies*, No. 37(2007).

⑤ （宋）黎靖德编：《朱子语类》第一册，第107页。

⑥ （宋）黎靖德编：《朱子语类》第一册，第113页。

孔孟因此才孜孜不倦地在各种场合下指点“求仁”之方法。关于“求仁”的工夫,朱熹主要继承了程颐“涵养须用敬,进学则在致知”[①]的主敬穷理二元工夫路数,以“主敬”“求放心”作为求仁之方[②]。程颐指出:“所谓敬者,主一之谓敬。所谓一者,无适之谓一。”[③]程颐一方面主张格物穷理是体道工夫之始,一方面又把主敬(主一)的涵养工夫作为致知(格物致知)的前提主体条件,强调“入道莫如敬,未有能致知而不在敬者”[④],认为只有做到心中没有私意邪念的干扰(“收其心而不放”)[⑤]方能穷究事事物物之理。程朱所谓的主敬涵养属于《中庸》所谓“尊德性”的工夫,重点在于使心有主宰并去除障蔽天理的私意私欲。朱熹认为只要主敬常存养此心,达到纯熟的地步,便可达到仁。[⑥]此外,程朱以为爱属于一己之私欲(情欲),而仁属于天下之公理(天理)。因此又强调以“公”作为求仁的方法,在人身上做工夫来践履行仁。[⑦]朱熹认为公是仁的前提条件,能体认得公则能体认得仁,反之亦然。[⑧]具体来说,即克去私欲而做到大公无私,则天理不受障蔽而自然流行,这便达于仁了。[⑨]其关键即在于主敬,朱熹认为主敬则心中有主宰而私欲不萌,便可达于仁。总而言之,朱熹一方面以仁为形而上的性体(天理),是抽象的“心之德”,是不可能作为某种事物来把捉或体认的,因此不赞成从程颢、杨时直至湖湘学派等一元工夫论者所主张的直截体认仁体(“识仁”)的本体工夫路数,一方面又以仁为爱(情)之所以然之理(“爱之理”),因此也不赞成程颢、

---

① (宋)程颐、(宋)程颢:《二程集》上册,第188页。

② 《朱子语类》卷六:“学者须是求仁。所谓求仁者,不放此心。圣人亦只教人求仁。盖仁义礼智四者,仁足以包之。若是存得仁,自然头头做着,不用逐事安排。故曰:‘苟志于仁矣,无恶也。’今看《大学》,亦要识此意,所谓‘顾諟天之明命’,‘无他,求其放心而已’。”(宋)黎靖德编:《朱子语类》第一册,第113页。

③ (宋)程颐、(宋)程颢:《二程集》上册,第169页。

④ (宋)程颐、(宋)程颢:《二程集》上册,第66页。

⑤ (宋)程颐、(宋)程颢:《二程集》上册,第316页。

⑥ 《朱子语类》卷十二:“程子只教人持敬。孔子告仲弓亦只是说‘如见大宾,如承大祭’。此心常存得,便见得仁。”(宋)黎靖德编:《朱子语类》第一册,第208页。

⑦ 《朱子语类》卷六:“公是仁之方法,人身是仁之材料。”(宋)黎靖德编:《朱子语类》第一册,第116页。

⑧ 《朱子语类》卷六:“仁是爱底道理,公是仁底道理。故公则仁,仁则爱。”“公却是仁发处。无公,则仁行不得。”“仁,将‘公’字体之。及乎脱落了‘公’字,其活底是仁。”(宋)黎靖德编:《朱子语类》第一册,第116页。

⑨ 《朱子语类》卷六:“公不可谓之仁,但公而无私便是仁。”“做到私欲净尽,天理流行,便是仁。”“谓之无私欲然后仁,则可;谓无私便是仁,则不可。盖惟无私欲而后仁始见,如无所壅底而后水方行。”(宋)黎靖德编:《朱子语类》第一册,第117页。

谢良佐从孝弟情感(爱)的知体明觉方面来体认仁体的主张(以觉言仁),而只消极地强调以敬存心,去除私欲的障蔽,则天理自然澄明,也就能达到仁了。

第二节　《宋元学案》中黄氏父子的仁说及其对朱熹仁说的批判

由上述分析不难看出,朱熹的仁说与先秦儒家思孟学派之仁说多所抵牾,因为朱熹的仁说主要继承的是程颐的体用二元对立的仁性爱情说,其思想呈现为以体用区分理气、心性、本体工夫的二元论,与直承思孟一系下来的心学一元论路数有所不同。因此宋元以降朱子学虽被统治者定为官学,但修正、批评乃至反对朱子学说者代不乏人。特别是到了明末清初,儒家内部出现了批判宋明理学而复归于先秦儒学传统解释的学术思潮(所谓"回归原典运动"[①]),黄宗羲、黄百家父子的仁说及其对朱熹仁说的批判就集中体现了这一时代思潮。以下仍然从本体论、心性论、工夫论三个层面来分析黄氏父子之仁说及其对朱熹仁说的批判。

一、本体论层面

在本体论层面,黄宗羲的老师、明代心学的殿军刘宗周为了纠正阳明后学空谈心性的主观流弊,比起一般的心学学者更加注重对客观理气关系的探讨。作为明代与王守仁齐名的心学大师湛若水的三传弟子,刘宗周一方面继承了唐枢、许孚远的"心即气"思想[②],以气作为构成天地万物的实体,同时又受阳明心学的影响将气收摄于作为宇宙主体的本心之中[③]。黄宗羲继

① 林庆彰:《明末清初经学研究的回归原典运动》,第100~110页。

② 原典参见(明)湛若水《新论》,黄明同主编:《湛若水全集》第十二册,上海:上海古籍出版社,2020年,第73~74页;(明)唐枢《礼元剩语》,《木钟台集初集十种十卷再集十种十一卷杂集十种十卷》一,《四库全书存目丛书子部》第一六二册,第406~407页;《唐一庵先生祠堂记》,(明)许孚远:《敬和堂集八卷(存四卷)》,《四库全书存目丛书集部》第一三六册,第528~529页;《答朱用韬》,(明)许孚远:《敬和堂集八卷(存四卷)》,第544~547页。相关研究参见张学智《明代哲学史》(修订版),北京:中国人民大学出版社,2012年,第76~78页;姚才刚《许孚远哲学思想初探》,《中国哲学史》2008年第1期;朱义禄《黄宗羲、刘宗周思想比较初探》,《浙江学刊》1987年第2期。

③ 参见(清)黄宗羲《明儒学案》,第1590页。原典见《大学古记约义(一卷)》,(明)刘宗周:《刘宗周全集》第二册,第609页。

承刘宗周的上述思想,提出“理为气之理,无气则无理”[1],以理为气之条理,在主张气外无理的理气合一论的同时,又提出“盈天地皆心也”[2]与“人心之理,即天地万物之理”[3],认为心是天地万物之本源。而对于心和气的相互关系,黄宗羲认为孟子的“万物皆备于我”实际是通过“一气之流通”来实现的,而气则是达到“物我一体”与“心物合一”的不可或缺的中间环节。[4]因此黄宗羲的本体论不是彻底的气本论,终究还是属于王学的心本论。[5]黄氏父子进而基于其理气、心性合一论批判了朱熹的理气、性情二元论,认为“理生气”说不能成立,理是依赖于气而成立,更具体地说理不过是气之条理罢了。由此,作为理之显现于人心中的性(理)也是依赖此心(“心即气”)而成立,而非如朱熹所说的性是心之本体,从而将心中所具有的性(理)与情(气)合而为一,并将程朱主张的形而上的心性论比作佛教求先天之人性于后天气质之前,从而予以了批判。[6]这样,黄氏父子就批判了朱熹以仁(性)属于形而

---

① (清)黄宗羲:《明儒学案》,第112页。

② (清)黄宗羲:《明儒学案》,第7页。

③ (清)黄宗羲:《明儒学案》,第511页。

④ 黄宗羲在《明儒学案》卷二十二胡直的小传后指出:“夫所谓理者,气之流行而不失其则者也。太虚中无处非气,则亦无处非理。孟子言万物皆备于我,言我与天地万物一气流通,无有碍隔,故人心之理,即天地万物之理,非二也。若有我之私未去,堕落形骸,则不能备万物矣。不能备万物,而徒向万物求理,与我了无干涉,故曰理在心,不在天地万物,非谓天地万物竟无理也。”(清)黄宗羲:《明儒学案》,第511～512页。

⑤ 陈立骧指出,在黄宗羲的思想中,“理”“气”“心”“性”等都是同一宇宙本体的不同称呼,但其中“气”与“心”是宇宙本体最重要的称谓,因为有气才有理,有心才有性。黄宗羲的“盈天地皆心也”与“盈天地间皆气也”并非矛盾的两个命题,其实是对于同一实存的宇宙人生之本体所作的不同描述:前者“心”侧重从主观、内隐与作用方法来说本体,着眼于实存的小宇宙(人的生命),后者侧重从客观、外显与存有的方面来说本体,着眼于实存的大宇宙,但大小宇宙根本就是一而不可分的。同样,理与气是“一物而两名,非两物而一体也”,也就是说,“理”“气”只是同一实存的宇宙本体、同一存有(一物)的两个不同称谓(名称),而不是两个异层异质的东西结合在一起或结合成一体,因此黄宗羲主张“理气是一”(一元),而非“理气合一”。参见陈立骧《试论黄梨洲哲学思想的特性》,赵毅、秦海滢主编:《第十二届明史国际学术研讨会论文集》,大连:辽宁师范大学出版社,2008年,第457～470页。

⑥ 《宋元学案》卷十五“伊川学案上”:“百家谨案:《孟子师说》:‘天地间只有一气充周,生人生物。人禀是气以生,心即气之灵处,所谓知气在上也。心体流行,其流行而有条理者即性也。……流行而不失其序,是即理也。理不可见,见之于气;性不可见,见之于心。心即气也。心失其养,则狂澜横溢,流行而失其序矣。养气即是养心。然言养心,犹觉难把捉。言养气,则动作威仪、旦昼呼吸,实可持循也。佛氏明心见性,以无能生气,故必推原于生气之本,其所谓“本来面目”,“父母未生前”,“语言道断,心行路绝”,皆是也。至于参话头,则壅遏其气,使不流行。离气以求心性,吾不知所明者何心,所见者何性也。’”(清)黄宗羲原著,(清)全祖望补修:《宋元学案》第一册,第598页。

上的天理本体的观点，而主张从形下之气的层面来把握仁体（性体）。

二、心性论层面

在心性论层面，主要涉及两个方面的问题，一是“仁性爱情”说，一是“孝弟为仁之本”说。关于“仁性爱情”说，如前所述，程朱以情属喜怒哀乐之已发，以性属喜怒哀乐之未发，将性情割裂成体用二元的对立关系。而黄宗羲则从其理气合一的立场出发主张性情合一，认为情（喜怒哀乐）实际上贯通未发与已发，而喜怒哀乐（情）之未发与已发的中和状态即是性，性情的合一恰如理气合一而非二元对立的关系。①关于喜怒哀乐与性的关系，黄百家引述刘宗周之语指出“《中庸》言喜怒哀乐专指四德而言，非以七情言也”②，即认为喜怒哀乐不属于“七情”而属于性之德，与仁义礼智“四德”同样处于超越的层面上，因而认为喜怒哀乐只能就“四德”来说，而不能就“七情”（喜怒哀乐爱恶欲）来说。这样喜怒哀乐就贯通已发未发、动静、寂感了。这是刘宗周基于其理气合一论得出的结论。即喜怒哀乐是基于一气流行之秩序，“七情”则是此秩序的错杂，因此喜怒哀乐就天道而言即是元亨利贞，就四时而言则是春夏秋冬。③黄百家在引述刘宗周的上述论证后进而指出，“四端”与“四德”虽名称不同，但本质上是一物，只不过人见“四端”而命名为“四德”罢了。性体之中无动静，其间喜怒哀乐之情的未发之中（里、隐）与已发之和（表、显）是表里、隐显而非先后（体用）关系，因此皆属于性，情（喜怒哀乐）是

---

① 黄宗羲在《明儒学案》卷十九黄弘纲的小传后指出：“自来儒者以未发为性，已发为情，其实性情二字，无处可容分析。性之于情，犹理之于气，非情亦何从见性，故喜怒哀乐，情也。中和，性也。于未发言喜怒哀乐，是明明言未发有情矣，奈何分析性情？则求性者必求之未发，此归寂之宗所由立也。一时同门与双江辨者，皆从已发见未发，亦仍是析情于发，析性于未发，其情性不能归一同也。”（清）黄宗羲：《明儒学案》，第449页。

② （清）黄宗羲：《明儒学案》，第1525页。

③ 参见东方朔《刘宗周评传》，第129页。又陈立胜指出：刘宗周将“喜怒哀乐”与“春夏秋冬”相配的所谓“四德说”确有创新性，但并非没有思想渊源，如汉代董仲舒以喜怒哀乐描述天道生生，而杨简、王守仁心学中也以喜怒哀乐描述心体；刘宗周所说的“春夏秋冬”绝不仅仅是天体运行方面的经验事实，而是天道生生所敞开的“境遇”；“喜怒哀乐”与“春夏秋冬”的相配不是异质的简单杂糅或比附，而是天人交感共振的存有体验，作为一元生气不息的节律，有其深刻的宗教底蕴。参见陈立胜《刘蕺山“喜怒哀乐”与“春夏秋冬”比配说申辩》，《中国现象学与哲学评论》2015年第1期。

性之显露于外而不是性的对立面。[①]这样,黄氏父子便依据性情合一论批判了程朱以“四端”为形而下之情,“四德”为形而上之性的仁性爱情说。

关于“孝弟为仁之本”的问题。黄百家引述黄宗羲的论述指出,孝弟(爱亲敬长)是人禀气而生来具有的最初情感,是其后人生行事的基础和本源,所以说孝弟是仁德之本。朱熹在其《论语集注》中以孝弟属于心,而以仁属于较心(孝弟)高一层次的形上之性(理),性是本,情是末,情由性派生而来,所以认为孝弟不过是践履行仁之基础而非仁之本源。黄氏父子则从其心外无性、气外无理的心性、理气合一论出发,认为孟子所谓的“四端”与“四德”并非如朱熹所说的是已发与未发、用与体截然对立的形下形上关系,二者是表里、显隐的关系,只存在同一性质下的程度等差,并无本质上的区别。黄氏父子进而指出不是先有仁义礼智“四德”而后发而为“四端”,相反是因“四端”而见其为仁义礼智,并且强调朱熹的理生气之说推下来必然会导致性生情、“四德”规定“四端”、仁高于孝弟之说,产生一味致力于追求所谓空虚之境而脱离实际的蹈空之弊病。[②]这样,黄氏父子便依据其性情合一论批判了朱熹的“孝弟为行仁之本”说,肯定了孝弟是仁德(道德)的本源。

三、工夫论层面

在工夫论层面,黄百家上溯至孔子、孟子等先秦原始儒家之仁说,在程颢仁说的基础上,主张对于人来说最切近的莫过于由父母所生之身体(气质),性是依存此身体方才得以成立,并不是来自于脱离此身的形上本体(程朱所谓天所赋予的理性)。性与身体知觉并非公私对立的关系,而是亦公亦私、心同理同的关系。事实上爱亲之孝心本于天,作为人生来所具有的良知良能之知觉,也即是性之本体(仁)。换句话说,性其实是依存于气质(身

---

① 《宋元学案》卷十五“伊川学案上”:“百家谨案:……盖子刘子意,以仁义礼智之性,由恻隐、羞恶、辞让、是非而名,故恻隐即仁也。时位有动静,性体无动静,非未发为性,已发为情,中、和尽属性也。情者性之情、不得与性对。此开辟以来之特解,须细心体会。”(清)黄宗羲原著,(清)全祖望补修:《宋元学案》第一册,第621页。

② 《宋元学案》卷十五“伊川学案上”:“百家尝忆姜定庵先生问孝弟为仁之本,先遗献曰:‘凡人气聚成形,无一物带来,而爱亲敬长,最初只有这些子,后来盛德大业,皆原于此,故曰“仁之本”。《集注》:“为仁,犹曰行仁。”谓“性中只有个仁义礼智,曷尝有孝弟来”。盖以孝弟属心,心之上一层方才是性,有性而后有情,故以孝弟为行仁之本,不可为仁之本。李见罗《道性编》皆发此意。愚以为心外无性,气外无理。如孟子曰:“恻隐之心,仁也;羞恶之心,义也;恭敬之心,礼也;是非之心,智也。”盖因恻隐、羞恶、恭敬、是非而后见其为仁义礼智,非是先有仁义礼智而后发之为恻隐、羞恶、恭敬、是非也。人无此心,则性种断灭矣。是故理生气之说,其弊必至于语言道断,心行路绝而后已。程子曰:“尽性至命,必本于孝弟。”孰谓孝弟不可为仁之本与?’”(清)黄宗羲原著,(清)全祖望补修:《宋元学案》第一册,第617~618页。

体），并呈现于作为人之天性的孝弟（爱亲敬长）这种最基本的人伦情感之中，而孝弟作为人生来具备的良知良能（本能）即是人的本性。黄百家又引述了明代江右王门学者王时槐（号塘南，1522—1605）及其父黄宗羲的主张，强调性必须依存于气质（身体），有气质方有义理（德性），义理之发源在于生身父母（即生我之天地本源），人能够事事以父母为心的话，就是体认得天理，也就达到仁了。而所谓“求仁”即是在实践孝弟的过程中体认仁之本源与本根（仁体）的过程。总而言之，黄百家继承刘宗周与黄宗羲的理气（道器）、性情、仁爱合一论，主张于人性之本源（孝弟）处求仁，从而批判了朱熹基于其“性即理”说的形上求仁说。

第三节　利玛窦的仁说及其与朱熹、黄氏父子仁说的比较

明末来自欧洲并将天主教教义传入中国的耶稣会士也基于其宗教立场批判了中国传统的仁说（道德观）。以利玛窦为代表的耶稣会士为了更好地向中国人传播天主教义，采取了附会儒学的传教策略（所谓“合儒”“补儒”以达“超儒”），并借用儒家经典中的仁爱范畴阐述了天主教的道德观。通过对儒耶双方道德观异同的检讨，可以充分显现出各自的思想特质及其异同。以下从本体论、心性论、工夫论三个层面来分析利玛窦之仁说及其与朱熹、黄氏父子之仁说的异同。

一、本体论层面

在本体论层面，利玛窦在其《天主实义》下卷第七篇“论人性本善，而述天主门士正学”中借用儒家的所谓“仁”“爱”范畴作了如下论述：

> 夫德之品众矣，不能具论，吾今为子惟揭其纲，则仁其要焉。得其纲，则余者随之。……夫仁之说，可约而以二言穷之。曰：爱天主，为天主无以尚；而为天主者，爱人如己也。行斯二者，百行全备矣。然二亦一而已。笃爱一人，则并爱其所爱者矣。天主爱人，吾真爱天主者，有不爱人者乎！此仁之德，所以为尊。其尊非他，乃因上帝。①

---

① ［意］利玛窦：《天主实义》，朱维铮主编：《利玛窦中文著译集》，上海：复旦大学出版社，2001年，第78～79页。

与朱熹将仁视为兼包和统摄“四德”的“全德”一样,利玛窦也承认仁为最重要的德目,但基于其天主教神学立场,认为仁德的本源在于创造及主宰宇宙的天主,因此把“爱天主”作为实践仁德的前提与根本。与此相对,朱熹所谓本体层面的仁基于其理本论,即前述“天地生物之心,人之所得以为心”,认为仁德的根源在于作为万事万物本源的天(即作为宇宙本体与道德本体的天理)。黄氏父子则基于其气本论,认为仁之根源在于气质(气),即由父母遗传而来的身体。比较可知,利玛窦、朱熹、黄氏父子对于仁之本体论的观点,呈现由外向内、由形上向形下、由抽象到具体的差别。具体来说,利玛窦的仁说中作为仁之本源的天主是外在于人心的,是形上而抽象的“他者”;朱熹仁说中作为仁之本源的天理外在于人心的同时又具于人心之内,是由形上贯通至形下的客体存在;黄氏父子仁说中作为仁之本源的气质则收摄于人心(心即气),是由形下达于形上的主体情感。

二、心性论层面

在心性论层面,从仁的根源扩充开来(在事事物物上践履)的话,就涉及“仁”与“爱”的关系问题。儒家讲仁者爱人,但这种爱是由本及末,依亲疏远近而有差等的,即从最亲近的父母兄弟开始,推广至宗族、民众,最终达到与天地万物为一体(“万物一体之仁”)的境界,遵循着“亲亲→仁民→爱物”的顺序。与此相反,正如利玛窦所述,天主教教义中的“爱”以“爱天主”为前提,进而推广至“爱人如己”,即对天下所有人一视同仁的无差别的“博爱”。这种“博爱”是建立在人类皆是天主创造而为其子民的创世说和平等观念基础之上的,与中国思想史上富有浓厚宗教色彩的先秦诸子之一派墨家的“兼爱”说比较接近,而与基于家族宗法制的儒家所谓“万物一体之仁”的说法有本质不同。儒家所谓“万物一体之仁”的仁说是立足于内在本心仁体的“体物不遗”与“感通无碍”,本质上是一种天人合一的人生境界(所谓“一天人,合内外”),而非如利玛窦基于西方科学分类学所理解的混淆了主客、物我之区别与界限。①

如前所述,朱熹从其心性情三分的立场出发认为爱只是仁(体)之作用,

---

① 《天主实义》第四篇:“西士曰:前世之儒,借万物一体之说,以翼愚民悦从于仁。所谓一体,仅谓一原耳已,如信之为真一体,将反灭仁义之道矣。何为其然耶?仁义相施,必待有二。若以众物实为一体,则是以众物实为一物,而但以虚像为之异耳,彼虚像焉能相爱相敬哉!故曰为仁者,推己及人也;仁者以己及人也,义者人老老、长长也;俱要人己之殊。除人己之殊,则毕除仁义之理矣。设谓物都是己,则但以爱己、奉己为仁义。将小人惟知有己,不知有人,独得仁义乎?”参见[意]利玛窦《天主实义》,朱维铮主编:《利玛窦中文著译集》,第45页。

而仁则是爱之所以然之理，并据以批判了韩愈的博爱说及其有博爱意味的程颢、杨时的万物一体之仁说。同样在《天主实义》里中士（朱子学者）针对天主教的"博爱说"提出了"仁道之大，比诸天地无不覆载，今曰一爱已尔，似乎太隘"的质疑。对此利玛窦作了如下论述：

> 天下万事皆由爱作，而天主之爱独可已乎？爱天主者，固奉敬之，必显其功德，扬其声教，传其圣道，辟彼异端者。然爱天主之效，莫诚乎爱人也。所谓"仁者爱人"，不爱人，何以验其诚敬上帝欤？①

利玛窦一方面将"爱天主"作为"爱他人"的前提和根源（充分条件），另一方面又将"爱他人"作为"爱天主"的保障（必要条件），从而基于其天主教神学信仰反驳了朱子学者的质疑。但朱子学与天主教的仁爱观也有其相通之外，依据朱熹基于理气二元论的"仁性爱情"说，仁是爱之理（本体），爱是性之情（作用），孝弟是行仁之方，不可将属于情的孝弟视为仁之本源，仁是较爱高一层次的性体。由此可知朱子学中仁与爱的关系恰似天主作为造物主（根源）位于万物之上一样。其原因在于朱子学中的所谓"天理"虽非天主（上帝）那样作为精神实体的人格神，亦非气一元论所谓的物质实体，但正如已有中外学者所指出的那样，天理作为位于物质世界之上的宇宙本体与根源，可说与天主（上帝）之间存在某种程度的相似性。②与朱熹的理本论不同，儒家中主张气本论（气一元）的黄氏父子则从其理气合一论的立场出发，继承先秦儒家的传统观点，将孝弟视作仁之本源，提倡孝弟（情）即是仁（性）的仁爱、性情合一论。

三、工夫论层面

在工夫论层面，如前面《仁说图》所述，朱熹认为包括仁在内的"四德"来

---

① ［意］利玛窦：《天主实义》，朱维铮主编：《利玛窦中文著译集》，第80页。

② 日本学者柴田笃指出："朱子学に即して言えば、道の本原としての天、善なる性の根拠である天、理を支える究極のものとしての天、こういった天の概念に接近する形で、天主の概念を説いていったといえる。こうした利瑪竇の論法を受けて、当時の士大夫たちは朱子学的思想の中から天主教への接近を図ったと考えられる。（今译：就朱子学而言，作为道之本原的天、作为善性之根据的天、作为支撑理的终极存在之天，可以说所谓天主概念是与上述天的概念相接近的形态。我们认为当时的士大夫们接受利玛窦的这种论述方法，力图从朱子学的思想出发接近天主教。）"［日］柴田笃《天主教と朱子学——〈天主实义〉第二篇を中心にして》，《哲学年报》第52卷，1993年，第125～144页。又桑靖宇也论述指出朱熹思想中作为主宰者的天具有人格神的性质，与天主教中的上帝存在某种程度的相似性。参见桑靖宇《朱熹哲学中的天与上帝——兼评利玛窦的以耶解儒》，《武汉大学学报（哲学社会科学版）》2011年第2期。

源于天而内在于人心。而“四德”也是人之所以区别于禽兽的至善道德本性,强调通过主敬涵养的工夫去除后天气质的障蔽,恢复本然之善性,做到“存天理,灭人欲”,即可达到仁了。与朱熹代表的儒家道德伦理本位立场不同,利玛窦基于西方的理性主义立场,认为人性(灵魂)之所以区别于禽兽之性(觉魂)在于天主赋予的灵魂所具有的推理判断能力,具体又包括“记含”(记忆)、“明悟”(理智)、“爱欲”(意志)三个方面,这种灵魂的功能使人具有的趋于“可爱、可欲”的意志行为本能即是本性之善(良善)。利玛窦进而区分了“性”与“德”、“良善”与“习善”,指出:

> 性之善,为良善;德之善,为习善。夫良善者,天主原化性命之德,而我无功焉。我所谓功,止在自习积德之善也。孩提之童爱亲,鸟兽亦爱之。常人不论仁与不仁,乍见孺子将入于井,即皆怵惕,此皆良善耳。鸟兽与不仁者,何德之有乎?见义而即行之,乃为德耳。彼或有所未能,或有所未暇视义,无以成德也。①

利玛窦所谓的“性”是人由于天主赋予灵魂从而所具有的先天本性,其所谓“良善”即人人皆具有的本性之善,与后天人为无关。与此相对,利玛窦所谓的“德”是后天学习养成的品德,其所谓“习善”即是此后天人为的“自习积德之善”。在利玛窦看来,孟子所谓人生来具备的怵惕恻隐之“四端”即是本性之“良善”,而朱子学中作为人性的仁义礼智“四德”只是后天之“习善”,而非本性之“良善”。这与朱熹的观点可谓正好相反。②朱熹认为仁义礼智

---

① [意]利玛窦:《天主实义》,朱维铮主编:《利玛窦中文著译集》,第74页。

② 关于“四端”与“四德”的关系,日本古学派伊藤父子的论述可以与利玛窦的论述相互发明。伊藤父子指出:“四端之端。古注疏曰:端本也。谓仁义礼智之端本起于此也。按字书又训始训绪,总皆一意。而考亭特用端绪之义,谓犹物在于中而绪见于外也。然训字之例,虽有数义,俱归于一意。绪字亦当与本始字同其义。……若考亭之所谓,则与本始之义相反,非字训之例。孟子之意以为人之有四端也。犹其身之有四体,人人具足,不假外求,苟知扩充之,则犹火燃泉达,竟成仁义礼智之德。故以四端之心为仁义礼智之端本。此孟子之本旨,而汉儒之所相传授也。”[日]伊藤仁斋:《语孟字义》,关义一郎:《日本儒林丛书》第6册,东京:株式会社凤出版,1978年,第38页。认为孟子所说的“四端”(恻隐、善恶、辞让、是非)是人生来就固有的本性(“性”),而仁义礼智(“四德”)是扩充此“四端”(人性)而来的道德规范。“四端”之“端”依古注(《孟子注疏》)为“本”(端本)之意,而非朱熹所强调外在的端绪(与“本”相对立的“末”)。伊藤父子的诠释与朱熹将“四端”视作情(作用),将“四德”(仁义礼智)视作规定“四端”之性(本体)的二元对立阐释可说恰好相反。仁斋以“四端”(性)为“四德”之本,朱熹则以“四德”(性)为“四端”之本。

“四德”或“五常”才是本性之“良善”，“四端”则是此本性之作用流行。[①]基于此，朱熹的求仁工夫强调去除后天气质的障蔽而复归于天命赋予之初的本然之善性（即仁义礼智），即所谓“变化气质”的“复性”说。利玛窦则认为“复性”（“复初”）说的前提是人生来都是不学而能的圣人，那样会减弱后天学习的意义，事实上，对于先天本性的“良善”人力无所作为，人应当在后天的“习善”上作努力，而非所谓“复性（初）”。换句话说，儒家所谓的“良善”之性善是人生来就本然自足、不假外求的完全德性，而天主教所谓的“良善”则只是人生来内在的一种潜能，需要后天加以努力才能展现出来。利玛窦认为儒家（朱子学）所谓的仁义礼智之善性只是“习善”，而非本然之“良善”。因为儒家所言的仁义礼智之天理（性即理）是依赖于灵魂性体的属性，是后起的社会道德规范，不能作为人之本性。说得更明白一些，仁义礼智都是对本性的一种修饰，使本性由内展现于外，即孔子所谓“绘事后素”与子夏所谓“礼后乎”中的礼乐教养，而道德的根源则在于天主（上帝）所赋予人的灵魂神性。《天主实义》第七篇：“西士曰：……故谓‘人心者’，始生如素简无所书也，又如艳貌女人，其美则可爱，然皆其父母之遗德也，不足以见其本德之巧；若

---

① 值得注意的是，朱熹以“五常”（包括“四德”）为“五性”的立场来自其对周敦颐思想的诠释。《通书》“诚几德”第三章说：“德，爱曰仁，宜曰义，理曰礼，通曰智，守曰信。”朱熹指出：“道之得于心者，谓之德，其别有是五者之用，而因以名其体焉，即五行之性也。”（宋）周敦颐：《周敦颐集》，第16页。朱熹在其注解中以“诚”配“太极”，以“善恶”配“阴阳”，以“五性”配“五行”，将《通书》与《太极图说》（《太极图》）完全配比起来了，但这明显是牵强附会之说。因为朱熹一方面认为周敦颐所说的“五性”就是仁义礼智信这五种道德理性，是人先天的善性，是纯善的，另一方面又说“五性”出于善恶，不免自相矛盾。所以朱熹自己也感觉这样配比有些说不过去。事实上，周敦颐的本意并不是以“五性”配“五行”，其《太极图说》中所谓“五性感动”也不是指“仁义礼智信”，而是指“刚柔善恶中”（刚善、刚恶、柔善、柔恶、中）“五性”。如前所述，仁义礼智——“四德”并称始自孟子，其后儒者一般将其视为道或德，即人伦道德规范，一般不将其视作人固有的本性。而《通书》此章也说“德，爱曰仁……”。伊藤据此认为，周敦颐也是将仁义礼智信视作“德”而非“性”的。直到程颐这里，为了给孟子的性善说作形上本体论证，才将“四德”（仁义礼智）提升到天理层面，并认为此“四德”是人心中先天具备的道德理性。这就是程朱的“性即理”说。而且朱熹又以“四德”加上“信”的“五常”作为周敦颐的“五性”，与周敦颐的本意不符。［日］伊藤东涯：《通书管见》，《日本儒林丛书》第5册，第4页。此外，《通书》“慎动”第五章说：“动而正曰道，用而和曰德。匪仁，匪义，匪礼，匪智，匪信，悉邪也。”这里强调发用流行（日常行为）过程达到和谐即是德，下面又说做不到仁义礼智信五者都是邪，可见周敦颐将仁义作为人们应该遵守的社会道德规范，而不是作为人生来就内在固有的本性，而且其所谓德（仁义礼智信）也是指已发而言，而不是朱熹所诠释的未发之天理。［日］伊藤东涯：《通书管见》，《日本儒林丛书》第5册，第5页。这样，伊藤就批判了朱熹以“五性”为“五常”的诠释。伊藤以“四德”“五常”为后天道德规范而非先天本性的看法与利玛窦这里的论述可以相互发明。总之，伊藤与利玛窦虽然思想立场不同，但都是回归到先秦儒学的本义以批判朱子学，所以结论有相似之处。

视其衣锦尚䌹,而后其德可知也,兹乃女子本德矣。吾性质虽妍,如无德以饰之,何足誉乎?吾西国学者,谓德乃神性之宝服,以久习义,念义行生也。谓服,则可著,可脱,而得之于忻然为善之念,所谓圣贤者也;不善者反是。但得与罪,皆无形之服也,而惟无形之心,即吾所谓神者衣之耳。中士曰:论性与德,古今众矣,如阐其衷根,则兹始闻焉。夫为非义,犹以污秽染本性;为义,犹以文锦彰之。故德修而性弥美焉,此诚君子修己之功,然又有勉于外事,而不复反本者。"[①]因此,在利玛窦看来,成就仁德的关键在于通过后天的修德习善使本性得以充分展现,而不是复归于本性。由上可知,利玛窦与朱熹的道德修养工夫路数可谓恰好相反,前者强调后天和积极有为(肯定欲望、伸展个性),后者强调先天和消极无为(存理灭欲、恢复本性)。[②]

黄氏父子通过区别"性"(先天)与"习"(后天)的不同批判了程朱理学所

① [意]利玛窦:《天主实义》,朱维铮主编:《利玛窦中文著译集》,第74~75页。

② 值得注意的是,利玛窦这里对理学主静工夫论的批判与后来伊藤仁斋的批判有相通之处。就理学主静工夫的渊源来说,首先理学开山周敦颐将《易传》(乾道)与《中庸》(诚)结合起来,以生成万物的"乾元"为天道,进而将"乾元"作为性命之本——诚之本源,《太极图说》中的"太极"与《通书》中的"乾元"同义。而"主静"的工夫则是确立自己的性命,也就是人道的手段。参见(清)黄宗羲原著,(清)全祖望补修《宋元学案》第一册,第482~483页。这样,周敦颐便以诚为中介,按"乾元(天道)—诚—主静立极(人道)"的顺序将天道与人道结合了起来,从而阐明了其天人合一的思想。周敦颐的思想主体虽然来自《易传》《中庸》,但也深受道家(道教)的天道观与工夫论的影响。其"无欲主静"工夫便与老子思想有关。"诚上"第一章中在贯通天道与人道的基础上,周敦颐依据《易传》的"继善成性"说,将化育万物的生生之天道视作性命之源。人禀受天命以为性。乾卦的"元亨利贞"即是天命流行、继善成性的完整过程,即"诚上"章所说"元亨诚之通,利贞诚之复"。元亨利贞在天道气化流行层面表现为春夏秋冬,春夏(元亨)是气的伸展发散,周敦颐称之为"诚之通",秋冬(利贞)是气之收敛而复归于天道,周敦颐称之为"诚之复"。春夏属于动与阳,秋冬属于静与阴。周敦颐在这里显然是以复归于阴(静)为"复"。这与《周易》的主"动"贵"阳"的思想旨趣明显不同。《周易》的复卦以五阴爻之下生成一阳爻为"复"。其象辞说"复其见天地之心乎",明显是以一阳来复为"复"。而周敦颐以利贞为"诚之复"。《通书》"诚下"第二章中以寂然不动规定"诚"也是如此。周敦颐的"无欲主静"说大体本于《老子》第十六章所谓"致虚极,守静笃。万物并作,吾以观其复。夫物芸芸,各归其根。归根曰静,静曰复命,复命曰常"的"守静归根"思想。参见[日]伊藤东涯《通书管见》,《日本儒林丛书》第5册,第1页。因此后来程颐在与苏昞(季明)讨论中和问题时,针对王弼以来的"静见天地之心"的说法提出了"动见天地之心",并载入其《程氏易传》中。程颐是将天地生生不息的功用(意志)视为"天地之心",强调冬去春来一阳来复之动即见天地之心(即天地生生之德),进而对将主静的工夫比作佛老的空寂、虚无之说的做法进行了批判。参见(宋)程颐、(宋)程颢《二程集》上册,第157、189、201、366页。并将周敦颐的"主一之谓静,无欲之谓一"(笔者自拟)的"主静"说改造成了"主一之谓敬,无适之谓一"的"主敬"说。从这里也可以看出,伊藤对于周敦颐"无欲主静"的批评确实有其理论依据,并在程颐的基础之上又做了追根溯源的工作,从而揭示了周敦颐思想的渊源及其实质。

谓“变化气质”以求“复性”的工夫论。黄氏父子所谓的“性”即本性(善性)，其所谓的“习”则是后天环境的习染。黄氏父子进而从其性气合一论出发，批判了程朱分人性为“天命之性”与“气质之性”的性气二元论，认定人性仅指天命之性，是气质之本然，与气质所受后天之习染无关①，并指出程朱“变化气质”说失误之关键在于未意识到陷溺人心的其实是外在环境的习染而非气质本身②。在黄氏父子看来，性是气质之条理，情才是气质之表现，性(条理、本质)与气质(本体)以及情才(表现)是一体的关系，气质之偏由习染而来，性自身并无变化，性之善由气质之善而来，性与气质均为善，而恶实际上来自于后天的习染。由此黄氏父子在主张性气合一的性善说的同时，将气质之杂糅归于后天的习染，从而批判了以气质言性的二元人性论。由上述可知，虽然从人性与道德的本源上看，利玛窦的天主赋性论与黄氏父子的性气合一论截然不同，但黄氏父子在道德修养工夫上与利玛窦一样强调人的本性不会因外在环境的习染而变化，因而反对“复性说”而强调后天的学习修为，其着力点在于矫正由后天习染造成的气质之杂糅偏胜的工夫。

以上，本章从本体论、心性论及工夫论三个层面出发，论述并比较了以朱熹、黄氏父子为代表的儒家和以利玛窦为代表的天主教思想在仁说(道德观)方面的异同。归纳来说，在本体论层面，朱熹从其理本论出发以形上天理作为仁之本源；黄氏父子从其气本论出发以形下气质(孝弟)作为仁之本源；而利玛窦则从其天主教神学立场出发以天主赋性作为仁德之本源。在心性论层面，朱熹从其理气、心性二元论出发，主张仁是禀自天理之德性、爱之所以然之理(“仁性爱情”说)；黄氏父子从其理气、心性合一论出发，主张性本于气、仁本于孝弟(仁爱合一)说；利玛窦则从其天人二元对立的立场出发，主张博爱为仁，并以爱天主作为爱人的前提依据。在工夫论层面，朱熹从其性气、理欲二元对立的立场出发，主张存理灭欲(“复性”)的形上求仁说；黄氏父子从其性气、理欲合一的立场出发，主张去除后天习染而求仁(性)于孝弟(气质)；利玛窦则从其天人、灵肉二元对立的立场出发，主张求仁在于通过后天的修德习善使本性得以充分展现。相比较而言，一方面，黄氏父子从其理气、心性、理欲合一的立场出发，批判了朱熹基于理气、心性、理欲二元论的仁说。而利玛窦则从其天人、灵肉、理欲二元对立的立场出发批判了包括朱子学在内的儒家仁说，其立场与结论与朱熹及黄氏父子互有异同：在本体论层面较近于朱熹，而在心性论与工夫论层面则较近于黄氏父

① (清)黄宗羲原著，(清)全祖望补修：《宋元学案》第一册，第696～697页。

② (清)黄宗羲：《明儒学案》，第911～912页。

子。从时代先后及黄氏父子的学术思想渊源来看,黄氏父子在某些方面确实对以利玛窦为代表的天主教思想有所吸收和借鉴(如黄宗羲对上帝信仰的肯定①,黄百家对"魂三品说"的肯定②等)。另一方面,从主客、天人关系的角度来看,黄氏父子的心学道德观(仁说)是根源于人心的自律道德观,利玛窦的神学道德观则是根源于作为他者和造物主之天主的他律道德观,而朱熹的理学道德观则兼具主观与客观、自律与他律两方面的特征。

---

① 《破邪论》,(清)黄宗羲:《黄宗羲全集》第一册,第194页。

② (清)黄宗羲原著,(清)全祖望补修:《宋元学案》第二册,第1521页。

第十章　黄宗羲的魂魄说及其与耶教思想的比较
——以《宋元学案》中收录的《破邪论·魂魄》为中心

清代浙东学派的创始人黄宗羲无疑是清初儒学界的领袖人物之一。他继承其师明代心学殿军刘宗周的学术思想，又接受其父黄尊素“通知史事”[①]的教导，提倡在以六经为根底、以史书为羽翼的基础上反求诸己心的一本万殊、经世致用之体用实学。[②] 基于对明人空谈性理不理实务而导致亡国的学术反思，为了经世致用和救亡图存，黄宗羲广泛学习和研究了包括今天所说的哲学社会科学与自然科学在内的诸多领域，在史学、哲学、文学、天文、历算、地理等方面都有很高的造诣与成就，堪称百科全书式的学者。另一方面，明末清初随着以利玛窦为代表的大批耶稣会士来华，西方科学技术知识得以传入中国，并受到儒家士大夫的普遍欢迎。黄宗羲就是学习和传播西方科学技术的代表人物之一。但耶稣会士来华的真正目的是传播福音神学并使中国人尤其是儒家士大夫皈依天主教，以取代中国传统的儒释道信仰。同时耶稣会士也向西方介绍了中国，客观上起到中西文化交流的作

---

① 《梨洲先生神道碑文》：“忠端公之被逮也，谓公曰：‘学者不可不通知史事，可读《献征录》’。公遂自明十三朝实录上溯二十一史，靡不究心，而归宿于诸经。既治经，则旁求之九流百家，于书无所不窥。”(清)全祖望：《梨洲先生神道碑文》，《全祖望集汇校集注》，朱铸禹汇校集注，第214页。

② 《梨洲先生神道碑文》：“公谓明人讲学，袭语录之糟粕，不以六经为根柢，束书而从事于游谈，故受业者必先穷经。经术所以经世，方不为迂儒之学，故兼令读史。又谓读书不多，无以证斯理之变化，多而不求于心，则为俗学，故凡受公之教者，不堕讲学之流弊。公以濂洛之统，综会诸家：横渠之礼教，康节之数学，东莱之文献，艮斋、止斋之经制，水心之文章，莫不旁推交通，连珠合璧，自来儒林所未有也。”(清)全祖望：《梨洲先生神道碑文》，《全祖望集汇校集注》，朱铸禹汇校集注，第219～220页。小川晴久考察了17、18世纪中日韩三国在与西方科技文化接触下涌现出来的一批实学思想家(又称百科全书派)，中国的实学思想家有方以智、王夫之和戴震。小川晴久进而指出实学概念的三个特征：实事求是(实证性)、兼容并包不主一尊的宏大立场，以及从实心出发，立足于实事、实地，最后付诸实行。参见[日]小川晴久《実学概念について》，《日本中国学会报》第33卷，1981年，第131～138页。其实黄宗羲可以说是更为典型的百科全书式的实学思想家，小川氏所说的上述这些特征在黄宗羲的实学思想中都有鲜明的体现。

用,但也为后来西方的殖民扩张做了铺垫和准备。①科学技术实际上只是利玛窦等人用以吸引和拉拢中国人,尤其是以士大夫为主体的精英阶层的手段和敲门砖罢了。这种手段与目的的脱节也是利玛窦出于在以儒学为本位的专制帝国传教的策略性考虑。关于当时主流的儒家学者对天主教神学思想的态度和反应,正如有学者指出的,大体可分为三种情况:中性的、积极接受的、排斥天学的②,也可总结为轻视、漠视、回避③。黄宗羲对于天主教的态度大体被归于中性或漠视一类。正如已有研究者所指出的,黄宗羲思想中的哲学本体论与伦理价值观方面基本是对宋明理学(包括理学、心学、气学在内的广义概念)的继承,与天主教神学似乎关系不大,但这并不意味着黄宗羲在哲学思想领域与天主教思想完全无关联。④事实上,海内外学术界已经有不少学者论及黄宗羲与天主教的思想关联。⑤研究者通过考察黄宗羲晚年所作《破邪论》中的《上帝》篇,多肯定其上帝说是在利玛窦《天主实义》的语境下展开论述的,二者对上帝信仰的结论也大体相同或联系紧密。而对于《破邪论》中的另外两篇哲学文献《魂魄》篇与《地狱》篇则少有人论及。事实上这两篇与天主教的关联虽然不像《上帝》篇直接提到天主教并加以批判那么明显,但对于我们全面认识黄宗羲与天主教的思想关联及其异同同样具有重要价值。其中《魂魄》篇尤为重要,其内容关涉《上帝》与《地狱》两篇。本章即以黄宗羲的《破邪论·魂魄》篇(收入《宋元学案》卷四十八"晦翁

---

① 参见陈卫平《第一页与胚胎:明清之际的中西文化比较》,桂林:广西师范大学出版社,2015年,第36~37页;陈检豪、张科甲《〈利玛窦中国札记〉简评——基于政策人类学"五性"分析角度》,陶庆主编:《政策人类学:新政治人类与公共服务》,上海:上海社会科学院出版社,2016年,第64~68页。

② 孙尚扬:《基督教与明末儒学》,北京:东方出版社,1994年,第133~136页;孙尚扬:《圣俗之间》,北京:中国广播电视出版社,1999年,序第6页。

③ 张晓林:《天主实义与中国学统——文化互动与诠释》,上海:学林出版社,2005年,第295~327页。

④ 张晓林:《天主实义与中国学统——文化互动与诠释》,第306~307页。

⑤ 相关研究参见陈受颐《明末清初耶稣会士的儒教观及其反应》,陶希圣主编:《明史论丛——明代宗教》,台北:台湾学生书局,1968年,第119页;[日]后藤基巳《明清思想とキリスト教》,东京:研文出版,1979年,第95~121页;[法]谢和耐《中国文化与基督教的冲撞》,于硕等译,沈阳:辽宁人民出版社,1989年,第33页;夏瑰琦《黄宗羲与西学关系之探讨》,吴光主编:《黄梨洲三百年祭——祭文·笔谈·论述·佚著》,北京:当代中国出版社,1997年,第169~176页;徐海松《论黄宗羲与徐光启和刘宗周的西学观》,《杭州师范学院学报》1997年第4期;张晓林《天主实义与中国学统——文化互动与诠释》,第307~309页;贾庆军《冲突抑或融合——明清之际西学东渐与浙江学人》,北京:海洋出版社,2009年,第75~82页;朱光磊《黄宗羲论天主教》,陶飞亚主编:《中国基督教青年学者论坛》,《宗教与历史》第二辑,上海:上海大学出版社,2014年,第69~75页。

学案上”)为中心,分魂魄、轮回(附地狱)、祭祀三大论题,将其与利玛窦《天主实义》为代表的天主教思想文献进行比较哲学的分析,阐明双方的思想内涵及其异同,进而揭示其学术意义。

第一节 魂魄说的内涵及其根源

一、儒家魂魄说的内涵及其对道教“三魂七魄”说的批判

鬼神魂魄说作为中国传统思想中的重要课题,与宇宙生成论及本体论都有密切的关系。虽然上古宗教中的鬼神被视为有实体并主宰人世祸福的神灵,但从以人文道德战胜宗教迷信的周代开始,人们已将鬼神自然化,将其视为阴阳二气之聚散消长变化,并认为其过程体现了天地生生之功用。《周易·系辞上》云:“精气为物,游魂为变,是故知鬼神之情状。”韩康伯注云:“尽聚散之理,则能知变化之道。”孔颖达疏云:“物既以聚而生,以散而死,皆是鬼神所为,但极聚散之理,则知鬼神之情状也。”①汉唐以后的儒家学者直至宋明理学家大都以阴阳之变化、气之屈伸往来解释鬼神。如汉王充《论衡·论死》篇云:“鬼神,阴阳之名也。阴气逆物而归,故谓之鬼。阳气导物而生,故谓之神。”②朱熹《四书章句集注》云:“程子曰:‘鬼神,天地之功用,而造化之迹也。’张子曰:‘鬼神者,二气之良能也。’愚谓以二气言,则鬼者阴之灵也,神者阳之灵也。以一气言,则至而伸者为神,反而归者为鬼,其实一物而已。”③《朱子语类》卷三云:“鬼神只是气、屈伸往来者气也。”④与鬼神论关系密切的魂魄观念分别依存于人的精神(心)与肉体感官(身)两个层面。具体来说,中国古代一般认为魂魄概指依附在人的形体上,主宰人之思维(精神)与肉体的精神灵气。其中魂是阳气,构成人的思维才智;魄是粗粝重浊的阴气,构成人的感觉形体。分开来说,魂与魄可视为两个不同的存在:魂是一种阳性的神灵,附于人的气,主宰人的精神思维活动;魄是一种阴性的神灵,附于人之形,主宰人的形体感官活动。如《左传·昭公七年》载子产云:“人生始化曰魄,既生魄,阳曰魂。用物精多,则魂魄强,是以有精爽至于神明。”杜

---

① (魏)王弼注,(唐)孔颖达疏:《周易正义》,卢光明、李申整理:《十三经注疏》,北京:北京大学出版社,2000年,第313页。

② 刘盼遂:《论衡集解》,北京:古籍出版社,1957年,第414页。

③ (宋)朱熹:《四书章句集注》,第25页。

④ (宋)黎靖德编:《朱子语类》第一册,第34页。关于朱熹鬼神论的详细论述,参见[日]三浦国雄《朱子と气と身体》,第67~129页。

预注云:"魄,形也。阳,神气也。"孔颖达疏云:"人之生也,始变化为形,形之灵者名之曰魄也。既生魄矣,魄内自有阳气。气之神者,名之曰魂也。魂魄神灵之名,本从形气而有。形气既殊,魂魄亦异。附形之灵为魄,附气之神为魂也。附形之灵者,谓初生之时,耳目心识,手足运动,啼呼为声,此则魄之灵也。附气之神者,谓精神性识,渐有所知,此则附气之神也。"①《淮南子·说山训》云:"魄问于魂曰:'道何以为体?'"高诱注云:"魂,人阳神也;魄,人阴神也。"②概而言之,从气化的角度来看,鬼神与魂魄的内涵基本一致,而魂魄为鬼神之本。③天赋予人魂为阳,属于神;地赋予人魄为阴,属于鬼。魂魄、性命是阴阳的象征,同为元气的变化。魂魄(阴阳)协调则人体健康。人死则魂(阳气)归于天,精神与魄(形体)脱离,形体骨肉(阴气)归于地下。《淮南子·主术训》云:"天气为魂,地气为魄。"④《大戴礼记·曾子天圆》云:"阳之精气曰神,阴之精气曰灵。"卢辩注云:"神为魂,灵为魄,魂魄阴阳之精,有生之本也。及其死也,魂气上升于天,为神;体魄下降于地,为鬼。各及其所自出也。"⑤

传统魂魄说用来解释人的生命活动有其合理性,但在与阴阳五行思想及民间宗教迷信结合以后出现了种种牵强附会之说。这与以追求长生不死、得道成仙为目的的道教及建立在阴阳五行说基础上的传统中医学有着密切的关系。如在道教中有所谓"三魂七魄"之数。"三魂七魄"说最早见于东晋葛洪《抱朴子内篇·地真》云:"师言欲长生,当勤服大药,欲得通神,当金水分形。形分则自见其身中之三魂七魄,而天灵地祇,皆可接见,山川之神,皆可使役也。"⑥关于"三魂"的内容有多种不同的说法。道教经典《云笈七签》卷之十一"三洞经教部"中引《太微灵书》云:"人有三魂,一曰胎光,二曰爽灵,三曰幽精。"⑦具体来说,"三魂"又称天魂、命魂与地魂,其中天魂,名胎光,太清阳和之气,属于天。胎光主生命,源于母体。命魂,名爽灵,阴气之变,属于五行。爽灵主财禄。命魂决定智慧与能力。地魂,名幽精,阴气之杂,属于地。幽精主灾衰。地魂控制人体性腺、性取向。⑧关于"七魄",《云

① (晋)杜预注,(唐)孔颖达等正义:《春秋左传正义》,《十三经注疏》下,上海:上海古籍出版社,1990年,第2050页。

② 刘文典:《淮南鸿烈集解》下,北京:中华书局,1989年,第520页。

③ (晋)杜预注,(唐)孔颖达等正义:《春秋左传正义》,《十三经注疏》下,第2050页。

④ 刘文典:《淮南鸿烈集解》上,第270页。

⑤ (汉)戴德辑:《大戴礼记》,济南:山东友谊书社,1991年,第117页。

⑥ 王明校释:《抱朴子内篇校释》,北京:中华书局,1985年,第326页。

⑦ (宋)张君房辑:《云笈七签》一,李永晟点校,北京:中华书局,2003年,第238页。

⑧ (宋)张君房辑:《云笈七签》三,第1188~1190页。

笈七签》卷五十四云："其第一魄名尸狗，其第二魄名伏矢，其第三魄名雀阴，其第四魄名吞贼，其第五魄名非毒，其第六魄名除秽，其第七魄名臭肺。此皆七魄之名也，身中之浊鬼也。"[①]具体来说，"七魄"分别指：尸狗，主人体睡眠时候的警觉性；伏矢，主分散身体毒素；雀阴，主生殖功能的调节；吞贼，主夜间消除身体有害物质；非毒，主散邪气淤积，如肿瘤等；除秽，主清除身体代谢物；臭肺，主呼吸调节。道教认为要学仙就得学闭气，此时魂离体而升天，只留下魄来看守躯体。但魄被视为人体内的蟊贼，"常不欲人生"[②]，只要魂不守舍，留下看家的魄就要勾结邪鬼，轻则制造噩梦，重则令人死亡。所以道教的修行要求"炼三魂"[③]，以魂制魄，即把人体内的蟊贼制服了，就不会勾结外鬼来侵扰，人就可以长生不死。总之，道教的"三魂七魄"说源于修炼，即通过阳魂制阴魄来求得长生。

道教"三魂七魄"说认为人身中同时有三种魂和七种魄，甚至还认为这三种魂与七种魄有相同的人的形象，似乎是一种与个人品质无关的神物。[④]这种荒诞神秘的说法自然会引起儒家学者的批判。儒家认为人只有魂魄二者。因此要给"三魂七魄"做出符合儒家魂魄说的解释，其关键在于如何解释"三、七"之数。南宋朱熹指出："魂属木，魄属金。所以说'三魂七魄'，是金木之数也。"[⑤]宋末元初学者俞琰进而解释道："医家谓肝属东方木而藏魂，肺属西方金而藏魄，道家乃有三魂七魄之说。魂果有三，魄果有七乎？曰：非也。盖九宫数以三居左，七居右也。白玉蟾三龙四虎之说亦犹是，盖太玄以三为木、四为金也。"[⑥]中国传统中医认为魂宿于肝内，有促使人成长以及统制心之功用，而魄则宿于肺内，有促进五官之动作并使其成长的作用。如《黄帝内经·素问》卷第七"宣明五气篇第二十三"："五脏所藏：心藏神，肺藏魄，肝藏魂，脾藏意，肾藏志，是谓五脏所藏。"[⑦]中医进而又将魂魄与五行及五方相配，即俞琰所指出的"医家谓肝属东方木而藏魂，肺属西方金而藏魄"。朱熹和俞琰都是用中医的魂魄与五方、五行相配的理论来解释道家的

① (宋)张君房辑：《云笈七签》三，第1194页。
② (宋)张君房辑：《云笈七签》一，第345页。
③ (宋)张君房辑：《云笈七签》三，第1193页。
④ (宋)张君房辑：《云笈七签》一，第345页。
⑤ (宋)黎靖德编：《朱子语类》第一册，第42页。关于朱熹魂魄观的详细研究，See Yǒng－sik Kim, *The natural philosophy of Chu Hsi (1130－1200)*, Memoirs of the American Philosophical Society held at Philadelphia for promoting useful knowledge, Vol. 235, Philadelphia: American Philosophical Society, 2000, pp. 223－230.
⑥ (宋)俞琰：《席上腐谈》，王云五主编：《丛书集成初编》，北京：中华书局，1985年，第12页。
⑦ (唐)王冰注编：《黄帝内经》，北京：中医古籍出版社，2003年，第57～58页。

"三魂七魄"说。具体来说,即"三"与"七"并不是指"三种"与"七种"这种数量词,实是因"二四为肩,六八为足,左三右七,戴九履一,五居中央"[①]的所谓九宫算(或称纵横图,即数学上的"三阶幻方",横、竖、斜任意方向上的三个数字相加皆为十五)中三居左(东)、七居右(西),而三又与木(东)配,七又与金(西)配,从而得出:肝=木(东)=魂=三,肺=金(西)=魄=七。这样"三"与"魂"皆指同一魂,"七"与"魄"皆指同一魄,据此朱熹和俞琰认为"三魂七魄"并非指"三种魂七种魄",而是"(三)魂(七)魄",也就是"魂魄"。[②]这样,朱熹等人就用儒家的"魂魄"解释了道教所谓"三魂七魄"说。

二、黄宗羲的魂魄说及其与天主教"魂三品说"的比较

黄宗羲、黄百家父子编纂的《宋元学案》卷四十八"晦翁学案上"的"语要"中辑录了上述朱熹关于"三魂七魄"说的语录,并随后附上了黄宗羲所作《破邪论》中的《魂魄》篇全文[③],在朱熹批判道教"三魂七魄"说的基础上进一步批判了传统中医及佛道二教的魂魄说[④]。以下,围绕此文从几个方面来阐明黄宗羲的观点,再将其与利玛窦《天主实义》中的相关论述进行比较分析,阐明其异同及学术意义。黄宗羲在《破邪论·魂魄》中首先指出:

> 或问:"医家言心藏神,脾藏意,府藏魂,肺藏魄,肾藏精与志,信乎。"
>
> 曰:非也,此以五行相配,多为名目,其实人身止有魂魄二者而已。《礼记》曰:"魂也者,阳之盛也。魄也者,阴之盛也。"延陵季子之葬,曰骨肉归复于土,命也,若魂气无不之也。不言魄者,已葬,故不及魄。《易》曰:"精气为物,游魂为变。"所谓精气即魄也。神与意与志皆魂之所为也。魂魄如何分别?曰:昭昭灵灵者是魂,运动作为者是魄。魄依形而立,魂无形可见。故虎死眼光入地,掘之有物如石,谓之"虎威"。自缢之人,其下亦有如石者,犹星陨为石,皆魄也。凡战场之磷火,阴雨之哭声,一切为疠者,皆魄之为也,魂无与焉。譬之于烛,其炷是形,其焰是魄,其光明是魂。[⑤]

---

① (汉)徐岳撰,(北周)甄鸾注:《数术记遗》,北京:中华书局,1985年,第20~22页。

② 参见刘瑞明《刘瑞明文史述林》下,兰州:甘肃人民出版社,2012年,第1880~1882页。

③ (清)黄宗羲原著,(清)全祖望补修:《宋元学案》第二册,第1516~1517页。

④ 《破邪论》,(清)黄宗羲:《黄宗羲全集》第一册,第180~182页。

⑤ 《破邪论》,(清)黄宗羲:《黄宗羲全集》第一册,第195~196页。

黄宗羲批判了上述以《黄帝内经》为代表的传统中医将魂魄与五行(五脏)相配的牵强附会之说,指出人只有魂与魄二者,这与上述俞琰、朱熹对“三魂七魄”说的批判是一致的。黄宗羲进而又依据《礼记》(《郊特牲》与《檀弓下》)的记载以阴阳二气之说规定了魂魄,并按此传统观点指出人死则魄归地而魂升天。同时为了明确魂与魄的区别,黄宗羲又引《周易·系辞传》指出魄作为依形而立之精气属于物质层面,魂作为无形的神、意、志之主体则属于精神层面。可知黄宗羲的魂魄说主要依据先秦儒家典籍的记载,代表的是正统儒家观念。

上述以黄宗羲为代表的儒家魂魄说正是利玛窦等耶稣会士的重点批判对象。利玛窦指出“人有魂、魄,两者全而生焉;死则其魄化散归土,而魂常在不灭。吾入中国尝闻有以魂为可灭,而等之禽兽者;其余天下名教名邦,皆省人魂不灭,而大殊于禽兽者也”[①]。利玛窦认为人由魂与魄结合而生,分散而死,这一点与以黄宗羲为代表的儒家无别,其与儒家最大的区别在于强调天主所赋予的“魂”是所有生物生命活动的原理,而天主赋予人类个体的灵魂是超越和主宰肉体形骸的有始无终、永存不灭的精神实体(神体)。因为肉体形骸由土水气火“四元行”构成,最终必然走向散亡,是有始有终的物质存在,而作为精神实体的灵魂则是天主所赋予的神体,与“四元行”无关。儒家作为构成天地万物之质料的气(统摄阴阳五行)在利玛窦这里仅被视为“四元行”之一,不足以成为构成万物的唯一基本物质。[②]由此可知,儒家思想中的人魂(气)与天主教的人魂(灵魂、神体)在根源与本质上不同。基于天主教的这种灵魂与肉体的二元对立观,利玛窦批判了儒家以气来规定魂并认为死后人魂(灵魂)会散灭的观点,认为儒家这种基于万物皆由气化生成的万物一体说会将人(兼具神性与兽性)等同于禽兽。这里很明显地反映出利玛窦主张的天主赋魂(性)说与黄宗羲主张的中国传统气论之间的对立。

在批判儒家基于气化论的魂魄说的同时,利玛窦正面宣扬天主教“魂三品说”,云:“彼世界之魂有三品。下品名曰生魂,即草木之魂是也。此魂扶草木以生长,草木枯萎,魂亦消灭。中品名曰觉魂,则禽兽之魂也。此能附禽兽长育,而又使之以耳目视听,以口鼻啖嗅,以肢体觉物情。但不能推论道理,至死而魂亦灭焉。上品名曰灵魂,即人魂也。此兼生魂觉魂,能扶人长养及使人知觉物情,而又使之能推论事物,明辨理义,人身虽死而魂非死,

① [意]利玛窦:《天主实义》,朱维铮主编:《利玛窦中文著译集》,第26页。
② [意]利玛窦:《天主实义》,朱维铮主编:《利玛窦中文著译集》,第39页。

盖永存不灭者焉。”[①]“魂三品”具体指促使植物生长发育的下品“生魂”,促使动物生长发育和知觉运动的中品“觉魂”,以及促使人类生长发育、知觉运动和推论明辨的上品“灵魂”。利玛窦认为中品“觉魂”包括下品“生魂”促使生长发育的机能,而上品“灵魂”又包括下品“生魂”促使生长发育的机能与中品“觉魂”促使知觉运动的机能。这种“魂三品”的机能说与中国先秦儒家荀子的性论颇为相近。如荀子指出:“水火有气而无生,草木有生而无知,禽兽有知而无义,人有气、有生、有知,亦且有义,故最为天下贵也。”[②]唐人杨倞注云“生谓滋长,知谓性识”,“义谓裁断也”。“滋长”即指生长。“性识”是指天性所具有的认识能力,这里指动物生来即具备的感官知觉能力。“义”是指裁决与判断是非的能力。利玛窦也注意到了这一点,但又认为儒家这种基于气论的对人、物性质的区分还不够精细,而且儒家思想中万物有灵的一体观会抹杀人性与物性的区别。[③]

包括利玛窦在内的耶稣会士都强调人魂的唯一性,即天主教的“魂三品说”与上述道教的“三魂七魄”说完全不同。前者是就天地间包括人在内的所有生物而言,后者则是单就人类个体而言。依据天主教的“魂三品说”,人类的灵魂虽然具备低等的生魂、觉魂的机能,但并不是说人身中同时具有生、觉、灵三种魂。事实上每个人只有一个合于自身的独一无二的灵魂,因此和黄宗羲等儒家学者一样,耶稣会士[如艾儒略(1582—1649)]也批评了中医将魂魄与五行(五脏)相配的说法,认为魂是唯一本体,肝、心、脑的功能都是魂的作用。因此不能说它们各有其魂,实际只能说“一魂三用之具”[④]。需要指出的是,以知识渊博著称并与汤若望等耶稣会士有过交往[⑤]的黄宗羲应该了解当时广为流传的利玛窦《天主实义》及其“魂三品说”。虽然从现存文献中找不到黄宗羲直接使用“生魂”“觉魂”“灵魂”三个名词的地方,但在他编纂的《明儒学案》《宋元学案》《明文海》中“灵魂”一词多次出现,此外他还在《破邪论·魂魄》中说过“依草附木之精魂”[⑥](详见下文)。特别是黄宗羲的季子、其学术思想的忠实继承者黄百家代替其父在北京修史时曾与南怀仁等耶稣会士有过深入交往,钻研过《天主实义》一类的天主教教理书,著有

---

① [意]利玛窦:《天主实义》,朱维铮主编:《利玛窦中文著译集》,第26页。

② (清)王先谦:《荀子集解》,沈啸寰、王星贤点校,北京:中华书局,1988年,第164页。

③ [意]利玛窦:《天主实义》,朱维铮主编:《利玛窦中文著译集》,第38页。

④ [意]艾儒略:《性学觕述》,黄兴涛、王国荣编:《明清之际西学文本:50种重要文献汇编》第一册,北京:中华书局,2013年,第252页。

⑤ 参见方祖猷《黄宗羲长传》,杭州:浙江大学出版社,2011年,第79页。

⑥ 《破邪论》,(清)黄宗羲:《黄宗羲全集》第一册,第182页。

《利玛窦传》,并赞成其“魂三品说”。[①]黄百家在《宋元学案·晦翁学案》中辑录朱熹关于“枯槁之物亦有性”的一条语录之后,在案语中指出“泰西人分人物三等,人为万物之首,有灵魂。动物能食色,有觉魂。草木无知,有生魂。颇谛当”[②],直接引述了“魂三品说”,并对其加以赞赏。这其实可以看作黄百家在继承其父思想基础上所做的进一步阐发。需要指出的是,黄百家对“魂三品说”最多只是认同其机能及其对人物之性(魂)的区分,并非对其天主赋魂(性)说的本源之认同。这是由儒家气一元论与天主教神学在本体论上的根本差异所决定的。

第二节　佛教轮回说及地狱说的批判

一、黄宗羲的生死观及其对佛教轮回说的批判

如前所述,黄宗羲与利玛窦都认为人因魂魄结合而生,因魂魄分离而死,即魂魄伴随着人的死生过程而分合。对此过程中两者的先后关系,黄宗羲接着在《破邪论·魂魄》中指出:

> 子产曰:“人生始化曰魄,既生魄,阳曰魂。”是人之生,先有魄而后有魂也。及其死也,有魂先去而魄尚存者,今巫祝家死后避哀之说是也。有魄已落而魂尚未去者,如楚穆王杀成王,谥之曰“灵”,不瞑,曰“成”,乃瞑,中行献子死而视,不可含是也。[③]

黄宗羲引用《左传·昭公七年》所载子产之语,来说明人自受生以后,伴随着身体的形成方才有主宰身体的魄,继而才具有主宰精神的魂。这是黄宗羲继承儒家的传统气化宇宙论得出的结论。即由气化形成具体形质,因而具备了依形体而立的魄,然后才能生成主宰精神的抽象的魂。[④]对于人死后魂魄离开肉体的先后关系,黄宗羲则持两可态度,认为存在“魂先魄后”与“魄先魂后”两种情况。黄宗羲在生死方面的魂魄先后说恰好又是天主教魂魄说的批判对象。一方面,耶稣会士认为灵魂是人受生之时由天主所赋予

---

① 参见杨小明《黄百家年谱简编》,第85～98页。

② (清)黄宗羲原著,(清)全祖望补修:《宋元学案》第二册,第1521页。

③ 《破邪论》,(清)黄宗羲:《黄宗羲全集》第一册,第180页。

④ 参见(晋)杜预注,(唐)孔颖达等正义《春秋左传正义》,《十三经注疏》下,第2050页。

的,魂魄是同时具备的,不存在先后关系。[①]另一方面,耶稣会士又认为人死只是魄亡,而魂是不灭(有始无终)的。[②]

其次是关于死后人魂的归宿问题。这个问题站在佛教的立场来看,有所谓"六道轮回"之说。轮回又称流转或转生。佛教认为包括人在内的所有生物都处在永劫之中,依其业报而转化,就像旋转的车轮一样,众生在迷妄世界的"三界"(欲界、色界、无色界)与"六道"(天道、人间道、阿修罗道、畜生道、饿鬼道、地狱道)中生死轮回。人或动物在其死后灵魂进入母胎再一次投生就叫作"投胎"或"转生"。对此黄宗羲在《破邪论·魂魄》中基于气本论对佛教的轮回说予以了批判,指出:

> 然则释氏投胎托生之说有之乎?曰:有之而不尽然也。史传如羊叔子识环之事甚多,故不可谓之无。或者禀得气厚,或者培养功深,或专心致志,透过生死,凶暴之徒,性与人殊,投入异类,亦或有之。此在亿兆分之中,有此一分,其余皆随气而散,散有迟速。总之不能留也。释氏执其一端以概万理,以为无始以来,此魂常聚,轮回六道,展转无已。若是则盛衰、消息、聚散、有无、成亏之理,一切可以抹却矣。试观天下之人,尸居余气,精神蒙懂,即其生时,魂已欲散,焉能死后而复聚乎?且六合之内,种类不同,似人非人,地气隔绝,禽虫之中,牛象虮虱,大小悬殊,有魄无魂,何所凭以为轮回乎?[③]

追根溯源的话,北宋理学家张载批判了佛教的轮回说,以太虚作为宇宙气化之根源与本体,认为气聚而为有形之万物,气散又复归于无形之太虚。这样就形成了"太虚⇌气⇌万物"的气化循环。对此南宋理学的集大成者朱熹指出"横渠辟释氏轮回之说。然其说聚散屈伸处,其弊却是大轮回。盖释氏是个个各自轮回,横渠是一发和了,依旧一大轮回"[④],认为张载之太虚说虽否定了佛教的个体"轮回",但却陷入气化循环的"大轮回"中。比张载稍晚的理学奠基人程颐则以理作为宇宙最高本体,认为气分散之后不再返回所谓太虚,而是从真元之气不断地产生气,这便是天地生生(天理)之功用[⑤],

---

① 参见[意]艾儒略《性学牿述》,黄兴涛、王国荣编:《明清之际西学文本:50种重要文献汇编》第一册,第257页。

② 参见[意]利玛窦《天主实义》,朱维铮主编:《利玛窦中文著译集》,第35页。

③ 《破邪论》,(清)黄宗羲:《黄宗羲全集》第一册,第181页。

④ (宋)黎靖德编:《朱子语类》第七册,第2537页。

⑤ (宋)程颐、(宋)程颢:《二程集》上册,第148页。

在批判张载太虚说的同时，也依据天理论驳斥了佛教的轮回说[①]。如果说程朱驳斥张载气化大轮回说的关键在于确立理先气后、理本气末的理本论的话，那么其驳斥佛教个体轮回说的关键则在于区分人、物之性。朱熹继承程颐的"性即理"和"理一分殊"思想，将儒家倡导的人性中固有之伦理道德提升为宇宙本源与本体（天理），并进而以天理作为天地万物之性的本源，指出："论万物之一原，则理同而气异；观万物之异体，则气犹相近而理绝不同也。气之异者，粹驳之不齐；理之异者，偏全之或异。"[②]他从义理之性（禀自天理）与气质之性（理气结合）的性气二元论出发区分了万物之性质，认为人类与动物之间气质相近而理（仁义礼智、道德理性）则不同。具体来说，人禀得理性之全体，动物则只禀得一部分。这种不以气质构成不同而以道德理性之偏全来区分人、物之性的观点在黄宗羲看来与佛教的"佛性说"类似，反而会泯灭人性与禽兽之性的区别，甚至有可能为轮回说张本，因此必须予以批判。黄宗羲指出：

> 程子"性即理也"之言，截得清楚，然极须理会，单为人性言之则可，欲以该万物之性则不可。即孟子之言性善，亦是据人性言之，不以此通之于物也，若谓人物皆禀天地之理以为性，人得其全，物得其偏，便不是。夫所谓理者，仁义礼智是也。禽兽何尝有是？如虎狼之残忍，牛犬之顽钝，皆不可不谓之性，具此知觉，即具此性。晦翁言"人物气犹相近，而理绝不同"，不知物之知觉，绝非人之知觉，其不同先在乎气也。理者，纯粹至善者也，安得有偏全！人虽桀纣之穷凶极恶，未尝不知此事是恶，是陷溺之中，其理亦全，物之此心已绝，岂可谓偏者犹在乎？若论其统体，天以其气之精者生人，粗者生物，虽一气而有精粗之判。故气质之性，但可言物，不可言人，在人虽有昏明厚薄之异，总之是有理之气，禽兽之所禀者，是无理之气，非无理也，其不得与人同者，正是天之理也。释氏说"蠢动含灵，皆有佛性"，彼欲济其投胎托舍之说，蠛蠓之微与帝王平等，父母之亲，入禽兽轮回，正坐人物一气，充类以至无理也。盖人而丧其良心入于禽兽者有矣，未有禽兽而复为人者也。投胎托舍，偶而一见，亦自有之，未有辗转不已如释氏之论，自家亦说不去也。[③]

---

① 傅小凡：《宋明道学新论——本体论建构与主体性转向》，北京：社会科学文献出版社，2005年，第68～71页。

② （宋）朱熹：《晦庵先生朱文公文集》，朱杰人、严佐之、刘永翔主编：《朱子全书》第二十二册，第2130页。

③ 《孟子师说》，（清）黄宗羲：《黄宗羲全集》第一册，第125～126页。

黄宗羲以理(性)为气之条理,站在无气(气质)则理(性)也不能存在的理气、性气合一论立场上,批判了程朱以“义理之性”与“气质之性”区分人性与物性的性气二元论。在黄宗羲看来,一方面,程朱所谓“义理之性”(“性即理”)只适用于说明人性,对于物性来说则并不适用。人与物虽均禀受天地之理而为性,但只有人类才具备四德一类的道德理性。说得更明白一些的话,动物禀受之理(禀性)与人类禀受之理是不同的。正因为人与物所禀之“理”(性)不同,因此不能像程朱那样以禀受天理(仁义礼智)之偏全来区分人性与物性。另一方面,程朱所谓“气质之性”(“无理之气”)只适用于说明物性,不能用于来说明人性。因为心虽然包括知觉(气、情)和理(性)两方面,但心具有此知觉的话即有此性,换句话来说性是由知觉所决定的,而不是如程朱所说的性决定知觉。人类与动物虽均有其知觉,但人与物由其气质的差异决定其知觉也是不同的。理作为纯粹至善之本体无所谓偏全之区别,人虽然因为禀气的“昏明厚薄”而产生才性上的差异,但人所禀受之气终究是“有理之气”(德性),而动物所禀受之气则是“无理之气”。正因为人与物由气(构成形体之气质)而区分,所以其理也不相同。这样人、物在气与理两方面皆不同,因此本性(“生之理”)也不同。人与物之间不可能像轮回说那样相互转化,所以佛教的轮回说不能成立。

二、利玛窦对佛教轮回说的批判及其与黄宗羲思想的比较

因为佛教轮回说与天主教的灵魂救赎及天堂地狱说根本矛盾,而佛教轮回说在中国尤其是民间信仰层面的影响很大,所以利玛窦在《天主实义》中专辟一章来加以批判。首先,利玛窦从轮回说的现实表现出发证明轮回之事不可信,即今生之人不能记忆前世之事,与轮回说相悖。针对中士提出书籍上多记载有人能回忆前世的质疑,利玛窦指出记忆前世是附于人及禽兽的魔鬼所为,并非人或禽兽自己所为,而佛教传入中国之前也没有所谓记忆前世之事,可知其为佛教传说,不然的话,人和禽兽都应该能记忆前世。针对中士提出的佛教认为轮回之后,人魂与禽兽之体不相称,所以不能记忆起前世的辩解,利玛窦依据灵魂神体说指出灵魂是不依赖于身形肉体而存在的独立实体,不存在受肉身的限制不能达意的问题。[1]其次,利玛窦从万物的性质根源出发证明轮回之不可能。如前所述,宋明理学家一般依据理气来统论人物之性,与此相反,利玛窦则依据天主赋性说,指出天主是生成万

---

① [意]利玛窦:《天主实义》,朱维铮主编:《利玛窦中文著译集》,第49～50页。

物之本源，万物的性（魂）均由天主所赋予，其中植物被赋予“生魂”，动物被赋予“觉魂”，而人类则被赋予“灵魂”。利玛窦依据“魂三品说”将人类的灵魂与植物的生魂、动物的觉魂区分开来，认为魂三品的区别决定了三者的本性、类别与形貌不同（魂→性→类→貌），反之观万物的形貌也知其魂不同。而人类的灵魂是上帝依据每个人的身体所做的独一无二的神体，人与人相互之间尚且不可替代或转移，更何况人与物之间由于具有完全不同的性质，相互之间更不可能转化或转移[①]，从而批判了佛教的轮回说[②]。再次，利玛窦从社会效果出发说明轮回说不能沮恶劝善，无益于世道教化。利玛窦从理性推理的角度出发指出人（魂）变禽兽（魂）并不能起到惩罚的作用，因为恶人的所作所为本就是禽兽行径，如果轮回变为禽兽的话恰好是遂其所欲，只会适得其反，反而有害于沮恶劝善。[③]最后，利玛窦从经济与人伦的角度出发说明轮回说之有害。从经济的角度来看，如果人能轮回变成禽兽的话，可能出现人所役使的牲口是父母亲人之后身的情况，杀之当然有悖于人伦，所以佛教戒杀生，但却不能避免役使牲口，因为那样的话农牧业就要废除了。[④]从人伦的角度来看，如果人能轮回成为他人的话，那么信轮回之说将大乱人伦，也就是乱婚姻之礼，因为不能保证自己的配偶不是亲人的后身，也会乱仆役之事，因为不能保证自己所驱使詈责的小人不是亲友的后身。[⑤]

对比可知，黄宗羲虽然与天主教一样以人性与物性存在根本不同因而不能相互转化批判佛教的轮回说，但却和朱熹一样依据中国史料中的记载认为不能完全否定转生投胎之事。朱熹指出：“死而气散，泯然无迹者，是其常。道理恁地。有托生者，是偶然聚得气不散，又怎生去凑着那生气，便再生，然非其常也。伊川云：‘《左传》伯有之为厉，又别是一理。’言非死生之常理也。”[⑥]黄宗羲在《破邪论·魂魄》中进而依据人之禀气从理论上给予了说明，指出转生之事只是个别的特例，而佛教的错误则在于将其作为一个公理予以绝对化了。总之，黄宗羲对人物在气质上的区分及其对程朱理学以道德理性之偏全来区分人物之性的批判与利玛窦依据西洋生物学与天主教“魂三品说”对理学性论及佛教轮回说的批判大体一致，但与利玛窦彻底否定轮回说不同，黄宗羲在某种程度上保留了传统信仰及其记载，体现出对儒家文化传统的一种维护。

---

①③④ ［意］利玛窦：《天主实义》，朱维铮主编：《利玛窦中文著译集》，第51页。

② ［意］利玛窦：《天主实义》，朱维铮主编：《利玛窦中文著译集》，第50～51页。

⑤ ［意］利玛窦：《天主实义》，朱维铮主编：《利玛窦中文著译集》，第52页。

⑥ （宋）黎靖德编：《朱子语类》第一册，第44页。

三、黄宗羲对佛教地狱说的批判及其与天主教的比较

黄宗羲还批判了与轮回说密切关联的佛教地狱说。在《破邪论·地狱》篇中,黄宗羲一方面站在儒家德主刑辅的仁政立场上批评佛教地狱说中各种刑罚之残酷①;另一方面针对常人希望借地狱说起到所谓劝善罚恶的社会效果的看法,从阴阳气化和合的角度出发,指出"夫人之为恶,阴也,刑狱之事,亦阴也。以阴止阴,则沍结而不可解,唯阳和之气,足以化之"②,认为佛教地狱惩罚是以暴易暴无助于调和理顺天地阴阳之气,因为"天上地下,无一非生气之充满,使有阴惨之象,滞于一隅,则天地不能合德矣"③。因此地狱说只是佛教一家之私言,不足以成为天下之大道公理。进一步的问题是,如果不信地狱说,那么对于奸恶之人在身后该如何惩罚呢?黄宗羲从孔子修《春秋》的史学传统出发,认为"苟其人之行事,载之于史,传之于后,使千载而下,人人欲加刃其颈,贱之为禽兽,是亦足矣。孟氏所谓'乱臣贼子惧',不须以地狱蛇足于其后也"④,认为通过史书直笔的褒贬足以使善人流芳百世,使恶人遗臭万年,从而使世道人心有所敬畏,这已经足以达到赏善罚恶的社会效果了。可以看出黄宗羲基本是站在孔孟的现实理性主义立场上立论,认为佛教的地狱说不仅违反人道而且是不必要的。对于以追求现世功名为人生目标的儒家士大夫来说,来世的善恶报应只能是一种迷信色彩的幻想。黄宗羲在批判佛教地狱说的立场上虽与利玛窦一致,但由上述分析可知他更不会认同天主教的地狱说,所以压根就没有提及,因为天主教的地狱中对死后灵魂的刑罚之残酷较之佛教的地狱有过之而无不及⑤,而且天主教还反对佛教可超脱地狱之苦的轮回说,认为一旦堕入地狱便永远受苦,不可能再通过轮回超脱天主的惩罚⑥。像黄宗羲这样深受儒家人文精神浸染的理性主义者很难相信这种基于神学信仰的天堂地狱赏罚说。而利玛窦也坚决反对黄宗羲这种不言来世和天堂地狱赏罚的善恶报应说,认为说报应只在本世的话太过于轻微,且有失公平,不足以满足人心的欲求,不足以满足诚德的功业,也不足以体现上帝赏善罚恶的力量,因而是不合情理的。⑦

---

①②③ 《破邪论》,(清)黄宗羲:《黄宗羲全集》第一册,第182~183页。

④ 《破邪论》,(清)黄宗羲:《黄宗羲全集》第一册,第199页。

⑤ 参见[意]艾儒略等《口铎日抄》,[加]郑安德编:《明末清初耶稣会思想文献汇编》,北京大学宗教研究所,北京,2000年,第440页。

⑥ [意]利玛窦:《天主实义》,朱维铮主编:《利玛窦中文著译集》,第70~71页。

⑦ 参见[意]利玛窦《天主实义》,朱维铮主编:《利玛窦中文著译集》,第66页。

第三节 灵魂的归宿与祭祀的本质

一、黄宗羲区分圣贤、凡愚的灵魂归宿观

死后灵魂的归宿，即灵魂是否会散灭的问题也是儒耶交涉的一个焦点。与此密切相关的是对儒家祭祀的评价及其宗教性的认识。黄宗羲在《破邪论·魂魄》中接着指出：

> 然则儒者谓圣贤愚凡，无有不散之气，同归于尽者，然乎否耶？曰：亦非也。吾谓有聚必散者，为愚凡而言也。圣贤之精神，长留天地，宁有散理？先儒言，何曾见尧舜做鬼来，决其必散。尧舜之鬼，纲维天地，岂待其现形人世，而后谓之鬼乎？"文王陟降，在帝左右。"岂无是事，而诗人亿度言之耶？周公之金縢，傅说之箕尾，明以告人，凡后世之志士仁人，其过化之地，必有所存之神，犹能以仁风笃烈，拔下民之塌茸，固非依草附木之精魂，可以诬也。死而不亡，岂不信乎？[①]

如前所述，黄宗羲依据先秦儒家传统气论规定了魂魄的内涵，魂在本质上也是一种气，而气是有聚散的。因此持"神灭论"之无神论观点的儒者认为，人死以后主宰精神的魂气将消散无遗。这与佛教的"神不灭"观点是根本对立的，因此在中国思想史上儒家无神论者与佛教徒就"神灭神不灭"问题有过激烈的争论。对此问题的回答，黄宗羲采取了折中立场，即在人类中区分了圣贤与凡愚，一方面认为常人（凡愚）死后其魂气必然分散，一方面又依据《诗经·大雅·文王》与《尚书·金縢》等先秦文献的记载，认为尧、舜、周公、傅说等圣贤的精神（魂）永远留存于天地之间。由此可见，黄宗羲在批判佛教有神论（神不灭）与儒家自然主义无神论的同时又对两者采取了折中的态度。众所周知，中国古代有所谓"三不朽"说（即《左传》襄公二十四年中所载的"立德""立功""立言"）。这种说法实包含精神超越肉体生命的信仰成分[②]，即认为人类有三种"生命"：一种是"个体生命"，即一般所谓的肉体生命，包括人生在世时的各种生命活动；一种是"政治生命"，即其政治主张与实践活动对社会的影响过程；一种是"精神生命"，即其精神思想对人类产生

---

① 《破邪论》，(清)黄宗羲：《黄宗羲全集》第一册，第181页。

② 参见冯友兰《中国哲学史》上，第363～364页。

影响的过程。例如,儒家的最高圣人孔子在其七十三岁时结束了肉体生命,而其政治主张(政治生命)直至清末一直是支撑中国社会的政治支柱,其道德人格与思想("精神生命")更是具有永恒的价值,可说是人类思想与行为的永恒精神向导,因此可以说是"死而不亡"、永垂不朽的。从这点来看,黄宗羲的上述主张应该是基于其强调圣贤的精神生命对人类的教化作用的立场而立论的,其出发点还是儒家尤其是宋明理学所强调的以成圣成贤作为学问与人生追求的最高目的,而这又是以圣贤的教化、师道的确立为前提的。由此出发强调圣人在精神层面的永垂不朽就是理所当然的了。

二、利玛窦论灵魂不灭及其与黄宗羲思想的比较

利玛窦依据天主赋性说,指出天主是生成万物之源,万物的性(魂之机能)均由天主所赋予。其中赋予植物的"生魂"与赋予动物的"觉魂"都依赖于身形而存在,植物、动物身形灭亡之后也随之消亡,因而都是"有始有终"的"依赖者"。只有赋予人类的"灵魂"是"有始无终"的"自立者",即天主在每个人受生之时创造其灵魂出来后就永远不灭了。[①]应该指出,前述黄宗羲以圣凡、贤愚、善恶来区别人魂消亡与否的观点在儒者中具有代表性。与利玛窦对话的中士指出:"君子平生异于小人,则身后亦宜异于小人。死生同也,则所以异者,必在于魂也。故儒有一种,言善者能以道存聚本心,是以身死而心不散灭;恶者以罪败坏本心,是以身死而心之散灭随焉。此亦可诱人于善焉。"[②]利玛窦在其《中国传教史》中向欧洲人介绍中国的宗教派别时也指出:"关于灵魂之不朽,古人似乎没有什么怀疑,甚而好似他们想人死后在天堂仍活很久,但没有讲什么人是在地狱。只有现在的文人们认为人在死后,灵魂完全消灭,不相信在来世有天堂及地狱。但有些人觉得这种看法不合情理,而说只有善人的灵魂不朽,因为这些人因了行善,使灵魂凝固坚实;坏人既然不能聚精养神,他们的灵魂离开肉体后就分散消灭。"[③]对此利玛窦指出"人之灵魂不拘善恶,皆不随身后而灭"[④],认为灵魂的永远不灭适用于所有人,并不存在黄宗羲所说的圣凡、贤愚、善恶之区别对待。双方在圣贤的魂不灭上是一致的,因此争论的焦点在于恶人的灵魂是否不灭。对此,利玛窦首先指出灵魂不会聚散:"人魂匪沙匪水,可以聚散。魂乃神也,一身之主,四肢之动,宗焉。以神散身,犹之可也;以身散神,如

---

① [意]利玛窦:《天主实义》,朱维铮主编:《利玛窦中文著译集》,第12、26页。

②④ [意]利玛窦:《天主实义》,朱维铮主编:《利玛窦中文著译集》,第31页。

③ [意]利玛窦:《利玛窦中国传教史》上,刘俊余、王玉川译,《利玛窦全集》一,台北:光启出版社,1986年,第84页。

之何可哉!"[①]认为灵魂是天主所赋予的神性,不会像由四元行构成的肉身那样有聚散,并且由于灵魂不依赖于肉身,因此肉身的散灭对灵魂没有影响。在此基础上,利玛窦进而指出灵魂、精神不会因恶而散坏,"使恶行能散本心,则是小人必不寿矣。然有自少至老为恶不止,何以散其心犹能生耶?心之于身,重乎血。血既散,身且不能立,则心既散,身又焉能行?况心坚乎身,积恶于己,不能散身,何独能散其心乎?若生时心已散,何待死后乎?"[②]认为身(肉体)心(精神)并不必然因为恶行而散灭,所以世上多有恶人长寿的情况。利玛窦指出天主不因其善恶而改变其本性,因为禽兽虽善不能常生,"如鸟兽之性,非常生之性,则虽其间有善,未缘俾鸟兽常生"[③],反之魔鬼虽恶不能殄灭,"魔鬼之性,乃常生之性,纵其为恶,未缘俾魔鬼殄灭"[④],因此恶人灵魂也不能因其恶而散灭,"则恶人之心,岂能因其恶而散灭焉"[⑤]。利玛窦进而指出恶人灵魂一概受灭亡之刑罚不公平,"使恶人之魂概受灭亡之刑,则其刑亦未公,固非天主所出。盖重罪有等,岂宜一切罚以灭亡哉?"[⑥]因为罪恶是有轻重等差的,如果不分轻重一律使犯有罪恶之人的灵魂消亡的话会有失天主赏罚的公平。利玛窦进而指出更为严重的后果是,灵魂散灭的观点会导人为恶:"况被灭者,既归于无,则亦必无患难、无苦辛、无所受刑,而其罪反脱,则是引导世人以无惧为恶,引导为恶者以无惧增其恶也。"[⑦]因为使恶人灵魂消亡的话,实际上相当于使恶人逃脱了身后的惩罚,会使其生前无所忌惮而为非作歹,反而不能起到赏善罚恶的教化效果。利玛窦最后指出儒家所谓的心散、心亡只是一种譬喻之辞,并不是说精神(心)真的会散灭或消亡:"圣贤所谓心散、心亡,乃是譬词。如吾泛滥逐于外事,而不专一,即谓'心散';如吾所务不在本性内事,而在外逸,即谓'心亡';非必真散、真亡也。"[⑧]因此,心散、心亡、心放只是比喻凡愚的心思追逐外物而不知返,放失了其内在的本心本性,并不是说凡愚的精神实体(灵魂)真的散灭消亡了。应该说正如利玛窦所批判的,黄宗羲在人魂是否会散灭问题上所做的圣凡的人为区分在理论上确实难以自圆其说,更多的是基于儒家社会人文教化与人生境界追求的一种理想主义的诉求。

三、黄宗羲对儒家祭祀的意义及其本质的阐发

与人魂散灭与否密切相关的是儒家祭祀的意义及其本质的问题。中国自古以来就有祖先崇拜的传统,并通过祭祀的形式来表达。而祭祀的基本理论前提就是万物有灵与人魂不灭。这样说来,魂气之消散与儒家祭祀之间就产生了矛盾。具体来说,如果按照传统儒家观点,普通人死后其魂气必

①②③④⑤⑥⑦⑧　[意]利玛窦:《天主实义》,朱维铮主编:《利玛窦中文著译集》,第32页。

定要消散无遗的话,那么在祭祀之时怎么能够“来格”(即产生感应)呢?如果后人与祖先之间不能产生感应交流的话,祭祀似乎就会失去神圣性而变得徒具形式,甚至沦为利玛窦所讥讽的“童子空戏”①。这是持无神论立场的儒者处于建立在有神论基础上的祭祀传统与重视人伦道德的理性主义之两难处境中所必须直面的难题。对此,朱熹一方面指出“人之所以病而终尽,则其气散矣。或遭刑,或忽然而死者,气犹聚而未散,然亦终于一散。释道所以自私其身者,便死时亦只是留其身不得,终是不甘心,死御冤愤者亦然,故其气皆不散”②,认为人正常死亡的情况下其气即散,人如果死于非命的话,其气不会立即消散,但长时间后终将消散。总而言之,人死后其魂气必散。另一方面,朱熹又从“理生气”的宇宙本体论出发,主张由理决定了气之生生不息,并依据谢良佐的“祖考精神便是自家精神”③的说法,认为祖先之气传至子孙,在祭祀之时通过精神(诚敬之心)的感召(感格)就能再次汇集到直系子孙(“尸”)的身体中④,从而展开其宗教实践⑤。但以气之聚散感格来解释祭祀很难解释圆满,因为如果祖先之气永存世界就会陷入轮回说,如果说气必散灭那么气散之后祭祀是否还有意义?⑥对这一问题,黄宗羲在其《破邪论·魂魄》的最后一段中指出:

---

① [意]利玛窦:《天主实义》,朱维铮主编:《利玛窦中文著译集》,第30页。

② (宋)黎靖德编:《朱子语类》第一册,第44页。

③ (宋)谢良佐撰,(宋)曾恬、胡安国辑录,(宋)朱熹删定:《上蔡语录》,朱杰人、严佐之、刘永翔主编:《朱子全书外编》,上海:华东师范大学出版社,2010年,第13页。

④ (宋)朱熹:《晦庵先生朱文公文集》,朱杰人、严佐之、刘永翔主编:《朱子全书》第二十二册,第2438~2439页。

⑤ 陈曦与田浩通过对朱熹在南康任上仪式实践的探讨,提供了一个研究地方官员如何与王朝的祭祀指南及民间宗教仪式实践相互作用的案例。See Xi Chen(陈曦)and Hoyt Cleveland Tillman(田浩), “Ghosts, Gods, and the Ritual Practice of Local Officials during the Song: With a Focus on Zhu Xi in Nankang Prefecture”, *Journal of Song—Yuan Studies*, Vol. 44 (2014). 另外,关于朱熹宗教观的理论研究,See Julia Ching(秦家懿), *The Religious Thought of Chu Hsi*, New York: Oxford University Press, Incorporated, 2000。该书中文版参见[加]秦家懿《朱熹的宗教思想》,曹剑波译,厦门:厦门大学出版社,2010年。该书把重点放在了朱熹的宗教思想上,集中探讨了朱熹对太极、灵魂、宗教仪式及其人性与修身的哲学问题的处理。Gardner Daniel K. 指出朱熹的鬼神观在某种程度上可视为朱熹对抗宋代社会中佛道教义广泛影响的一种努力及对传统中国生死观的重申。See Daniel K. Gardner, “Ghosts and Spirits in the Sung Neo—Confucian World: Chu Hsi on kuei—shen”, *Journal of the American Oriental Society*, Vol. 115, No. 4(1995).

⑥ 正如岛田虔次所指出的,祭祀场合下的魂气感格说强调完全相同的气的反复往来,这与佛教的轮回说之间很难划清界限。参见[日]岛田虔次《朱子学与阳明学》,蒋国保译,第56页。这里其实也显示出哲学思辨与宗教信仰之间的冲突。

> 或疑普天之下，无有不祭其祖先者，而谓凡愚之魂尽散，则祭乃虚拘乎？曰凡愚之魂散矣，而有子孙者，便是他未尽之气。儒者谓子孙尽其诚意，感他魂之来格，亦非也。他何曾有魂在天地间，其魂即在子孙思慕之中。此以后天追合先天，然亦甚难，故必三日斋，七日戒，阳厌阴厌，又立尸以生气迎之。庶几其一线之气，若非孝子慈孙，则亦同一散尽也。[①]

黄宗羲认为子孙自身即是祖先未尽之气，因此祖先之气也通过遗传子孙得以存续。但由这种气脉相承出发并不能得出朱熹所说的只要子孙在祭祖时尽其诚意便能感召来祖先之魂的结论，因为黄宗羲认为常人的魂在死后已散，并不存在一个神灵实体能够留在天地间，那么感格说也无从谈起了。这里体现出黄宗羲思想中比较彻底的理性主义色彩。但作为儒家本位知识分子的黄宗羲并不因此否认儒家祭祖的价值意义，只是指出祖先之魂（精神）并不像宗教的鬼魂说或理学所谓“感格”说那样作为实体存在于天地之间，而实际上是存在于子孙的思慕中。这一主张其实也是源自先秦儒家。孔子曾说“祭如在，祭神如神在”（《论语·八佾》），强调祭祀时尽恭敬之诚心的重要性。荀子则指出：“祭者，志意思慕之情也。忠信爱敬之至矣，礼节文貌之盛矣，苟非圣人，莫之能知也。圣人明知之，士君子安行之，官人以为守，百姓以成俗；其在君子以为人道也，其在百姓以为鬼事也。”[②]《礼记·祭义》中进而对祭祀过程中孝子的这种思慕之情进行了栩栩如生地描述：“斋之日，思其居处，思其笑语，思其志意，思其所乐，思其所嗜。斋三日，乃见其所为斋者。祭之日，入室，僾然必有见乎其位。周还出户，肃然必有闻乎其容声。出户而听，忾然必有闻乎其叹息之声。”[③]这种态度即是儒家孝道所倡导的“事死如事生，事亡如事存”[④]。事实上，在中国古代思想史上，对人存在意义的揭示从政治神学转向人文主义，导致孔子创立了古典儒学，并通过子

① 《破邪论》，（清）黄宗羲：《黄宗羲全集》第一册，第181～182页。

② （清）王先谦：《荀子集解》，第376页。

③ （汉）郑玄注，（唐）孔颖达疏：《礼记正义》，李学勤主编：《十三经注疏》，北京：北京大学出版社，2000年，第1530页。

④ （清）王先谦：《荀子集解》，第378页。

思、孟子、荀子等人得到进一步发展。[①]这种人文主义色彩的观念其实是周人用世俗道德教化改造殷人上帝崇拜的产物[②],意味着礼仪行为的焦点从人与神的关系转向人类社会成员之间的关系,体现在社会制度、规范、习俗和风俗之中。但这种转变不应被理解一种远离宗教和灵性的运动。事实上,礼仪的原始宗教功能,即将特定的人类领域与整体整合在一起,仍然保持不变。[③]

总之,黄宗羲从气本论出发将神秘的魂气还原到人的身体上,批判了朱熹的魂气感格说,又在吸收先秦以来的传统儒家思想基础上承认了祭祀的世俗意义。

四、利玛窦对儒家祭祀的解释及其与黄宗羲思想的比较

关于利玛窦对儒家祭祀的看法,正如有学者指出的,利玛窦为了适应中国的宗教和民俗,对中国的"祭孔"和"祭祖"采取了策略性的宽容态度,即将儒家的祭祀解释成一种"尽孝思之诚"的非宗教性世俗礼仪,并认为这种世俗礼仪与天主教信仰及神学仪式可并行不悖,以便适应中国国情并扫除中国人尤其是儒家士大夫皈依天主教的障碍。这种宗教宽容态度就是后来信奉天主的同时能否同时按中国的礼仪祭拜圣人和祖先的所谓"礼仪之争"中康熙帝所说的"利玛窦规矩"[④]。而其直接理论依据恰好就是上述《荀子·礼论》中的记载。[⑤]具体来说,利玛窦也认为儒家祭祀的意义在于"志慕思念",即"表示对祖先的爱情及感恩之情",其作用是"为了教导子孙和无知的人孝敬仍然在世的父母。看到有地位的人,事奉过世的仍像在世的,自然是一种教训"[⑥]。总之,利玛窦认为儒家的祭祀只是一种情感的表达或一种世俗教

---

① See VincentShen(沈清松), "The Fading of Political Theology and the Rise of Creative Humanism", *Dao Companion to Classical Confucian Philosophy*, Dordrecht: Springer, 2014, pp. 23—51.

② 参见孙尚扬《基督教与明末儒学》,第21页。

③ See David L. Hall(郝大维)and Roger T. Ames(安乐哲), *Thinking through Confucius*, SUNY Series in Systematic Philosophy, Albany, NY: State University of New York Press, 1987, pp. 86～87.

④ 关于中国古代作为礼的神祇祭祀的详细考察,参见[日]关口顺《礼としての神祇祭祀の考察——日本における神祇祭祀と対比して》,《日本中国学会报》第64卷,2012年,第299～313页。关于中国古代祭祀的种类(阶级性)及其意义的详细考察,参见[日]吾妻重二《儒教の再考——义礼·祭祀·神々·五经》,《日本中国学会报》第65卷,2013年,第3～20页。

⑤ 参见孙尚扬《基督教与明末儒学》,第22页。

⑥ [意]利玛窦:《利玛窦中国传教史》上,《利玛窦全集》一,第85页。

化的方式，所谓“慎终追远，民德归厚矣”（《论语·学而》），即指通过此仪式所追求达到的社会效果，并不具有神秘的宗教色彩。其功用正如杜维明所说的，体现为一种人文主义关怀，即在儒家传统中，礼仪是道德教育的重要组成部分，而且由于儒家对待鬼神的态度基本上是人文主义的，祭祖等祭祀活动往往是伦理关怀的表现。[①]进而如狄百瑞所说的上升为一种政治制度和手段，即在孔子看来，祭祀是整个政治和社会秩序的关键，而遵守传统礼仪被他视为一种比统治者强加于人民的所有法律、惩罚和严刑更有效的治理手段。[②]只不过如孙尚扬指出：“祭礼中礼和俗（即荀子所谓社会上层的‘君子’与下层民间的‘小人’）两重脉络。在荀子看来，祭祖活动在民间具有宗教迷信色彩。而利玛窦则不可能，也无必要注意到祭祖在中国历史上的演变及细微的礼俗之别，而只是一概而论只在他的解释中赋予这种中国礼仪以一种世俗的道德意义。这也是一种与带有技巧性的解释相互关联的策略，也是他常用的一种理论伎俩。”[③]其实不仅对儒家祭祀是这样，利玛窦甚至将佛教造像那样的偶像崇拜都说成是表达“思慕”情感的礼仪，不承认其宗教性意义。[④]但另一方面，正如孙尚扬所指出的，利玛窦在以儒证耶，即附会儒家经典来论证灵魂不朽与天堂地狱的存在时，承认了“祭祖是‘异教’的宗教仪式”。这两种看似矛盾的观点也给后来的“礼仪之争”埋下了伏笔。[⑤]尤其站在天主教原教旨主义者的立场上来看，利玛窦的文化适应策略最终会导致形成一种儒家式的基督宗教哲学。[⑥]这无疑将损害天主教信仰的纯洁性和优越性，因此利玛窦一去世，在华传教士就因为对“利玛窦规矩”的不

---

① See Weiming Tu(杜维明), *Centrality and commonality: An essay on Confucian religiousness, SUNY series in Chinese philosophy and culture*, Albany, NY: State University of New York Press, 1989, pp. 45,46.

② See William Theodore de Bary(狄百瑞), *The trouble with Confucianism(The Tanner Lectures on Human Values)*, Cambridge, MA: Harvard University Press, 1991, pp. 25,26.

③ 参见孙尚扬《基督教与明末儒学》，第27～28页。

④ [意]利玛窦撰，[法]梅谦立注：《天主实义今注》，北京：商务印书馆，2014年，第202页。

⑤ 参见孙尚扬、[比]钟鸣旦《1840年前的中国基督教》，北京：学苑出版社，2004年，第122页；孙尚扬《利玛窦与徐光启》，北京：中国国际广播出版社，2009年，第66页。

⑥ 如比利时籍耶稣会士卫方济（François Noël，1651－1729）在其1711年出版的《中国哲学》（*Philosophia Sinica*）一书中，将宋明新儒学（程朱理学）认定为与先秦儒学一脉相承的有神论体系，并且试图通过与中世纪的亚里士多德哲学的类比，将宋明新儒学与基督宗教思想结合起来。参见[法]梅谦立、王格《超越二元，迈向统一——耶稣会士卫方济〈中国哲学〉（1711年）及其儒家诠释学的初探》，《哲学与文化》2017年第11期；王格《“中国哲学”何以正当的最早论说——明清之际西人之证言》，《哲学研究》2019年第7期。

同意见而展开论争,从而拉开了礼仪之争的帷幕。[①]

事实上,利玛窦为了证明上古中国人也相信人死之后其灵魂不灭,以《尚书》《诗经》中所载商周君主的鬼神(祖先)崇拜为例子予以说明。如解释《盘庚》时他指出:“盘庚者,成汤九世孙,相违四百祀,而犹祭之,而犹惧之,而犹以其能降罪、降不详,励己、劝民,则必以汤为仍在而未散矣。”[②]同样在解释《西伯戡黎》时利玛窦指出:“祖伊在盘庚之后,而谓殷先王既崩而能相其后孙,则以死者之灵魂为永在不灭矣。”[③]在利玛窦看来,商周人的鬼神崇拜就是天主教所说的灵魂不灭,也就是说祖先的灵魂是一种有始无终的精神实体。因此利玛窦反对宋明理学家以气化屈伸消长解释鬼神的思想,指出“所谓二气良能、造化之迹、气之屈伸,非诸经所指之鬼神也”[④],认为它们不符合先秦儒家经典的本义。正如《破邪论·上帝》篇中所表明的,黄宗羲也承认中国上古所谓昊天上帝是世界(气化生成)的唯一主宰,指出“天一而已,四时之寒暑温凉,总一气之升降为之。其主宰是气者,既昊天上帝也”[⑤],并批评了后儒所谓“五帝”说和佛教不敬天的“唯我独尊”说。在“抑佛崇天”上黄宗羲似乎与利玛窦的观点如出一辙。但黄宗羲不相信天主“三位一体”的基督论,把“道成肉身”的耶稣基督也视作“人鬼”而非“上帝”,指出:“为天主之教者,抑佛而崇天是已,乃立天主之像记其事,实则以人鬼当之,并上帝而抹杀之矣。”[⑥]黄宗羲这里强调的是昊天上帝和天主的差异。即昊天上帝乃一气之枢纽所在,是无形之灵明,并不是偏于一隅的实体或偶像。而黄氏所理解天主(耶稣基督)乃一实体性、偶像性存在。所以黄氏认为这种偏于一隅的实体不可能是最高本源,充其量只是天(气)中一神而已,真正的本源必须是虚明之存在。同时黄宗羲也批判了程朱理学以天为理的观点,认为“盖冥冥之中,实有以主之者”[⑦],这个主宰具体来说就是昊天上帝,而非抽象的形而上的理。在此基础上,黄宗羲批评了朱熹以理为主宰的感通说来解释祭祀的观点与佛教的偶像崇拜,指出“古者设为郊祀之礼,岂真徒为故事而来格来享,听其不可知乎?是必有真实不虚者存乎其间,恶得以理之一字虚言之也。佛氏之言,则以天实有神,是囿于形气之物,而我以真空驾于其

---

① 参见吴莉苇《中国礼仪之争:文明的张力与权力的较量》,上海:上海古籍出版社,2007年,第9页;张国刚、吴莉苇《中西文化关系史》,北京:高等教育出版社,2006年,第364～366、385～391页。

②③ [意]利玛窦:《天主实义》,朱维铮主编:《利玛窦中文著译集》,第33页。

④ [意]利玛窦:《天主实义》,朱维铮主编:《利玛窦中文著译集》,第34页。

⑤⑥ 《破邪论》,(清)黄宗羲:《黄宗羲全集》第一册,第179页。

⑦ 《破邪论》,(清)黄宗羲:《黄宗羲全集》第一册,第179页

上,则不得不为我之役使矣。故其敬畏之心荡然"[①],认为前者因为不言主宰万物的昊天上帝而"以理之一字虚言之",会使祭祀(包括上帝、祖先)来格流于空虚形式,而后者则以人造偶像凌驾于昊天上帝之上,会使人失去敬畏之心。这与利玛窦对程朱理本论及佛教偶像崇拜的批判可谓如出一辙。对比可知,黄宗羲与利玛窦对儒家祭祀的态度在思想根源(本体)上相对立,前者是基于气本论,而后者则是基于基督论和天主赋性说,但其得出的结论,即祭祀礼仪的社会效果和意义在于表达子孙的思慕之情与社会教化这一点上却基本一致,可谓殊途而同归。[②]总之,儒家学者对宗教的态度是实用主义和工具性的。儒者似乎没有一种敬畏、狂喜或虔诚的能力,深情地想象祖先的神灵在祭祀上的存在是他们所能走的最远的路。除此之外,宗教对儒者来说是一种使群众保持一致的有用的,甚至是必要的手段。[③]这正如学者冯友兰、梁漱溟、列文森、狄百瑞等人所指出的,一个民族要想在地球上独立存在,就必须始终忠实于自己的历史和文化。一个民族要坚持自己的信仰,勇敢地前进,就不应该放弃自己古老的文明,以免它变成无源之水、无根之树。儒家祭祀的宗教意义及其情感表达与社会教化的非宗教功能,实质上就是凝聚中国人及其文化的精神信仰,对于传统文化的传承及其现代转化来说依然具有不可忽视的理论价值与现实意义。[④]

以上笔者围绕着黄宗羲的《破邪论》与利玛窦的《天主实义》,从魂魄说的内涵及其根源、佛教轮回及地狱说批判、灵魂的归宿与祭祀的本质三个大的方面出发,阐明了双方的观点立场并比较了其异同。总的来说,黄宗羲主

---

① 《破邪论》,(清)黄宗羲:《黄宗羲全集》第一册,第180页。

② 值得注意的是,黄宗羲的弟子万斯大继承发扬了其师将祭祀礼仪根源于天的思想,力图将祭天、宗庙的问题收摄在宗法下,将自己对宗法的认识,按照天子的礼法理念,也就是天的理念,进行了逻辑化。也就是说,以天的运行为基础,给予一个坚定不移的基础,将其理念贯彻到祭天、宗庙及宗法,从而构筑了一个从天到宗法的整合的礼法世界。通过把宗法的基础建筑于天,使该制度坚如磐石。这样,万斯大就在黄宗羲的基础上通过以天为基础构成的一贯结构性的礼的世界,给宗法赋予了强有力的普遍性。参见[日]松崎哲之《浙东の礼学——万斯大〈学礼质疑〉の世界像》,《日本中国学会报》第60卷,2008年,第196～210页。

③ See W. J. Boot, "Spirits, Gods, and Heaven in Confucian Thought", in Junjie Huang and John Allen. Tucker, *Dao companion to Japanese Confucian philosophy*, Dordrecht, London: Springer, 2014, pp. 69—108.

④ 参见冯友兰《中国哲学史》上,第358～363页;梁漱溟《东西文化及其哲学》,《梁漱溟全集》第一卷,济南:山东人民出版社,2005年,第469～470页;Joseph Richmond Levenson(列文森), *Confucian China and its modern fate. Vol.1: The Problem of Intellectual Continuity*, Berkeley, Los Angeles: University of California Press, 1968, p. 106. William Theodore de Bary(狄百瑞), *The trouble with Confucianism(The Tanner Lectures on Human Values)*, pp. 25,26.

要从其气本论的宇宙本体论和注重经世致用及道德教化的实学思想立场出发,从先秦儒家经典中寻找依据,批判了民间迷信及儒(理学)释道的魂魄说以及佛教轮回说,肯定了儒家祭祀的世俗意义。而利玛窦则从其天主赋性说与天堂地狱赏罚论出发,批判了儒家的魂魄说、佛教的地狱轮回说,并给予儒家的祭祀以非宗教的解释。比较可知,双方在魂魄说的根源上基本对立,黄氏依据的是传统儒家的气化论,利玛窦依据的是天主赋性(魂)论,但在批判道教的"三魂七魄"说及中医的魂魄与五脏五行相配说上双方基本一致;双方在以人性与物性的不同来批判佛教轮回说上大体一致,但黄宗羲并不认可天主教的地狱说;双方在灵魂是否散灭的问题上观点不一致,黄宗羲从社会教化的角度出发认为灵魂散灭与否存在圣凡的区别,而利玛窦则站在天主赋性与天堂地狱赏罚说的基础上强调所有人的灵魂都是天主所赋予的有始无终的神体;双方在对祭祀的看法上基本一致,都认为祭祀是表达子孙思慕之情的一种仪式。本章通过比较分析所得出的这些复杂的异同情况正好体现出儒家学者黄宗羲与天主教神父利玛窦在世界观上根本对立的同时,却在具体问题与措施层面上有所交涉与融合,甚至殊途同归,从而有助于加深我们对明末清初儒家主流学者与天主教神学的思想异同及其交涉的认识。需要指出的是,黄宗羲作为儒家本位主流学者对天主教采取基于自身思想立场的批判态度,而从其承认儒家祭祀之非宗教世俗意义等方面来看,恰好可视为"利玛窦规矩"影响下儒家主流学者的批判性回应。这也从一个侧面反映了"利玛窦规矩"的价值和意义,对于我们今天在继承优秀传统文化的基础上批判和借鉴外来文化具有一定的启发意义。

第十一章 “四因说”视域下的儒耶思想交涉
——以朱熹、黄氏父子及利玛窦、艾儒略为代表

明清时期,耶稣会士传入中国的天主教神学思想和科技知识,对当时的思想界产生了广泛而深远的影响。儒耶交涉也被认为是中西思想文化交流史上第一次深入对话与碰撞。当时,大多数儒家知识分子反对耶教(天主教)思想,但也有一些人赞成。有学者指出,当时儒家正统的主流学者对天主教教义一般采取轻视、漠视或回避(暗中引用却讳言)三种态度,并分别以王夫之、黄宗羲和戴震为代表。[①]虽然这是一种普遍的情况,但并不妨碍一些主流儒家学者对天主教持开放的态度,黄宗羲的幼子、学术继承人黄百家就是其中一位。[②]据今人研究,康熙二十六年至康熙三十年间(1687—1691),黄百家曾多次到北京参加《明史》的编修,在北京,他曾与南怀仁、徐日升、安多、毕嘉等耶稣会士交往,在学习和吸收天文历法等西方自然科学知识的同时,也接触到了天主教教义。[③]他的父亲黄宗羲对天主教教义持批判态度。晚年,黄宗羲在《破邪论》一书中批评天主教为异端,但在上帝信仰(承认古代对上帝的崇拜)[④]和灵魂观念(相信圣贤的灵魂是不朽的)[⑤]方面有所保留。黄百家研讨了明末入华耶稣会士利玛窦的《天主实义》等天主教教理书,进而撰写了《利玛窦传》,并认同天主教的核心教义“魂三品说”。因此,黄百家在编纂《宋元学案》时,有意识地引入了“魂三品说”。在《宋元学案》卷四十八“晦翁学案上”辑录朱熹关于“枯槁之物亦有性”的一条语录之后,黄百家

---

① 张晓林:《天主实义与中国学统——文化互动与诠释》,第295～327页。此外还有人依据当时中国士人对耶教灵魂论的回应,将其分为“反教者”“支持者”“温和派”三派。其实质与张晓林的论述大体相同。参见黄志鹏《明末清初亚里士多德主义灵魂论的汉译及其影响》,博士学位论文,中山大学,2018年。

② 杨小明:《黄百家科学思想和成就钩沉》,第81页。

③ 杨小明:《黄百家年谱简编》,第85～98页;汤开建汇释校注:《利玛窦明清中文文献资料汇释》,第554页。

④ 《破邪论》,(清)黄宗羲:《黄宗羲全集》第一册,第179～180页。

⑤ 《破邪论》,(清)黄宗羲:《黄宗羲全集》第一册,第180～182页。

在其案语中指出"泰西人分人物三等:人为万物之首,有灵魂;动物能食色,有觉魂;草木无知,有生魂。颇谛当"[①],对"魂三品说"直接表示赞赏,并提示了"魂三品说"可与朱熹为代表的儒家性论进行比较。黄百家虽然只是点到为止,没有就此展开详细的论述,但可以启发我们进行儒家性论与天主教"魂三品说"的比较与会通。[②]海内外学术界或以耶教性论的核心理论"魂三品说"为中心,论述利玛窦等耶稣会士所论灵魂说对儒家(朱子学)性论的批判,或者比较利玛窦等人所论天主(或上帝)与朱子学所论天理之异同等。[③]

这些论证与观点虽颇多可取之处,但一方面对利玛窦之外的其他耶稣会士(如艾儒略)及其论著关注很少,尚不足以全面反映儒耶魂性思想之交涉,另

---

① (清)黄宗羲原著,(清)全祖望补修:《宋元学案》第二册,第1521页。

② 刘耘华以黄宗羲为线索探讨了明末清初宁波学者对西学(天主教文化)的态度,首先上溯到黄宗羲之师刘宗周那里,指出刘宗周从其体用无间、道器合一论出发,对西学持彻底否定立场;其次黄宗羲对于西学总体上排斥其神学(宗教)而接纳其技艺,但对于上帝、魂魄、天堂、地狱等方面的观点又受到天主教的影响;最后黄宗羲的弟子、后学万斯同、黄百家、全祖望对于西学的态度也基本一致,即对西学持怀疑和否定态度,并且在"西学中源"的招牌下将西方技艺之"用"吸收到儒学的"道体"之中,这种态度也是当时的主流立场。刘耘华也提到黄百家在《宋元学案》中引述"魂三品说"的案语,但认为这条案语并不意味着黄百家通晓西学,黄百家此说只是从认识论的维度上以备一说,并未将"魂三品说"作为生命与价值的话题来论说。总之黄百家对西学的吸收远未达到徐光启贯通中西的高度。参见刘耘华《清初宁波文人的西学观:以黄宗羲为中心来考察》,《史林》2009年第3期。我们认为刘耘华对黄宗羲西学观的论述很恰当,但论述黄百家对西学的态度及其吸收的地方存在误读和评价过低的问题。根据包括笔者在内的学界的研究,黄百家不仅积极吸收当时西方传入的科学技术知识,还吸收了其宗教思想,并且已经致力于中西思想的会通。

③ 海内外相关研究中,以灵魂与性论之比较为中心的论述参见[日]柴田笃《明末天主教の灵魂观——中国思想と对话をめぐって》,《东方学》第76卷,1988年,第94~107页;[日]堀池信夫《中国哲学とヨーロッパの哲学者》上,东京:明治书院,1996年,第410~430页;[日]堀池信夫《中国哲学とヨーロッパの哲学者》下,东京:明治书院,1996年,第31~41页;[日]播本崇史《明末天主教书における灵魂论》,《日本中国学会报》第63卷,2011年,第143~157页;许苏民《中西哲学比较研究史》上卷,南京:南京大学出版社,2014年,第63~92页;白虹《利玛窦对阿奎那人学思想的中国化诠释——以〈天主实义〉"论人魂不灭大异禽兽"篇为例》,《北京行政学院学报》2018年第2期;Huang Zhipeng(黄志鹏), "Encounter between Soul and Human Nature: An Examination of Xia Dachang's 'Xingshuo'", *Frontiers of Philosophy in China*, Vol. 14, No. 2(2019).以天主(上帝)与天理(太极)之比较为中心的论述参见Knud Lundbaek, "The Image of Neo-Confucianism in Confucius Sinarum Philosophus", *Journal of the History of Ideas*, Vol. 44, No. 1(Jan., 1983);[日]后藤基巳《明清思想とキリスト教》,第95~121页;[日]柴田笃《天主教と朱子学——〈天主实义〉第二篇を中心にして》,第125~144页;张晓林《天主实义与中国学统——文化互动与诠释》,第89~186页;桑靖宇《朱熹哲学中的天与上帝——兼评利玛窦的以耶解儒》,《武汉大学学报(哲学社会科学版)》2011年第2期; Yu Liu, "Adapting Catholicism to Confucianism: Matteo Ricci's Tianzhu Shiyi", *The European Legacy*, Vol. 19, No. 1(2014);何先月《上帝与天主的互化——利玛窦帝天说中的跨语际文化诠释学》,《宗教学研究》2019年第4期。

一方面以耶教论述万物生成、构成及其目的的“四因说”为理论框架，通贯儒家宇宙本体论与人性论，对儒耶魂性思想进行全面深入地比较哲学研究还不够充分。为此本章从耶教中选取利玛窦、艾儒略等人为代表，从儒家中选取宋代的理本论者朱熹，以及明清之际的气本论者黄宗羲、黄百家父子（基于《宋元学案》中的案语）等人为代表，分析“四因说”视域下的耶教“魂三品说”与儒家性论的内涵，进而阐明儒耶魂性思想的比较、会通及其学术意义。

第一节 耶教“魂三品说”及“四因说”的分析

以下先简要分析作为耶教“性学”[①]理论基础的“魂三品说”及“四因说”的内涵，进而阐明“四因说”视域下的耶教“魂三品说”与儒家代表人物、理学集大成者朱熹的性论之会通，以此为理论架构分析朱熹的性论。

关于“魂三品说”的内涵。明末著名耶稣会士利玛窦继承亚里士多德主义的“魂三品说”[②]，对魂的三种不同品类之区分作了详细论述。在其以问答体形式论述儒耶思想交涉的汉文名著《天主实义》中，利玛窦将草木之魂、禽兽之魂、人类之魂分别汉译为“生魂”“觉魂”“灵魂”。这一译名为其后的耶稣会士及黄百家等中国学者所接受。利玛窦在《天主实义》上卷第三篇“论人魂不灭大异禽兽”中指出：“彼世界之魂有三品。下品名曰生魂，即草木之魂是也。此魂扶草木以生长，草木枯萎，魂亦消灭。中品名曰觉魂，则禽兽之魂也，此能附禽兽长育，而又使之以耳目视听，以口鼻啖嗅，以肢体觉物

① 所谓“性学”是关于人本身和人的能力所能认知的关于万物的学问，以人性论为代表。明末清初著名意大利籍耶稣会士艾儒略所作的《性学觕述》是当时介绍西方“性学”（灵魂论）最全面、最系统的一部著作。根据目前学术界的研究，《性学觕述》的基本理论源自作为教会哲学基础的亚里士多德的《论灵魂》《自然诸短篇》。与同时代耶稣会士毕方济的《灵言蠡勺》相比，两者虽然都是对亚里士多德主义灵魂论的阐述，并且都对思想界产生了重要影响，但毕方济侧重在形而上学层面，艾儒略则侧重在自然哲学层面。并且艾儒略采用了很多中国传统思想尤其宋明理学的概念来阐述自己的理论，因而更加具有中西思想比较与会通的意义。参见黄志鹏《明末亚里士多德灵魂论的汉译：自然哲学抑或形而上学？——基于〈灵言蠡勺〉和〈性学觕述〉的初步比较研究》，《宗教与历史》2018年第2期。

② 利玛窦等人传播的灵魂说虽然源自亚里士多德，但已经经过了中世纪经院哲学家阿奎那的改造以符合基督宗教的信仰。此外，有人将利玛窦所述“生魂”“觉魂”“灵魂”称为“三魂说”，但由于中国原始信仰中已有“三魂说”，尤其道教的“三魂七魄”说为艾儒略所批判（见《性学觕述》），为避免混淆，我们称耶稣会士所述为“魂三品说”。这也是基于下文利玛窦的论述。黄志鹏：《明末亚里士多德灵魂论的汉译：自然哲学抑或形而上学？——基于〈灵言蠡勺〉和〈性学觕述〉的初步比较研究》，《宗教与历史》2018年第2期。

情。但不能推论道理,至死而魂亦灭焉。上品名曰灵魂,即人魂也。此兼生魂觉魂,能扶人长养,及使人知觉物情,而又使之能推论事物,明辨理义;人身虽死,而魂非死,盖永存不灭者焉。"[①]

"魂三品说"中由低到高的生魂(植物)、觉魂(动物)、灵魂(人类)是由高级至低级向下"兼容"的,这种"兼容"是机能上的"兼容",不是实体上的"兼有"。因此可以说动物的觉魂兼有生魂之机能(生长),而不能说动物兼有生魂、觉魂两种魂,同样对于人类灵魂也是如此,只能说灵魂除了自身特有的明达(理智、思维)之机能外,又兼有生魂(生长)、觉魂(知觉)之机能,而不能说人兼有生、觉、灵三种魂。这是由人、物各具的唯一本性所决定的。[②]据此"魂三品说",所有生物与"魂三品"可对应如表11-1所示。

表11-1 "魂三品"及其机能一览表

生物	魂	机能
植物	生魂	生长
动物	觉魂	生长+知觉
人类	灵魂	生长+知觉+理性

关于"四因说"的内涵。依据明清之际耶稣会士傅汎际与李之藻合作翻译的讲述亚里士多德天体运行模式及其运动原理的著作《寰有诠》,及艾儒略的《性学觕述》中所载亚里士多德的"四因说",万物的形成即是由"作者"(动力因,即天主)推动"模者"(形式因)与"质者"(质料因)相结合,最终归于"为者"(目的因)的过程。动力因与目的因外在于万物,形式因与质料因则内在于万物之中。"模者"(形式因)构成万物的形式,"质者"(质料因)构成万物的材料,其中"质者"又分为"元质"与"次质"。"元质"是指无生命的存在物或原始物质,其作用相当于中国古代思想中的"元气"。"次质"是在"元质"基础上加上寒热干湿等属性而成,包括火、气、水、土四元行,其作用相当于中国思想中的"五行"。"模者"又可分为"依赖模"和"体模"。"依赖模"指不能离开实体独立存在的属性,如人的物理属性与道德属性。"体模"又可分为"质模"(生魂、觉魂)与"神模"(灵魂)两类。"质模"与"神模"即是上述"魂三品"。

---

① [意]利玛窦:《天主实义》,朱维铮主编:《利玛窦中文著译集》,第26页。又参见[意]利玛窦撰,[法]梅谦立注《天主实义今注》,第109页。梅谦立通过对比分析指出,利玛窦解释"魂三品说"的这段文字基本沿袭了罗明坚(入华的第一位耶稣会士)所著《天主实录》中的文字,但"生魂""觉魂""灵魂"这三个专名则是利玛窦新加上去的。

② [意]艾儒略:《性学觕述》,黄兴涛、王国荣编:《明清之际西学文本:50种重要文献汇编》第一册,第251~253页。

由此,质料因与形式因的具体内容如表11-2所示。

表11-2 质料因与形式因分类一览表

<table>
<tr><td>质料因</td><td>元质</td><td colspan="4">四元行(次质)</td></tr>
<tr><td rowspan="5">形式因</td><td>外模</td><td colspan="4">依赖者</td></tr>
<tr><td rowspan="4">内模</td><td rowspan="4">体模</td><td colspan="2">不生活者</td><td>死模(无生物)</td></tr>
<tr><td rowspan="3">活模(魂三品)</td><td rowspan="2">质模</td><td>生魂(植物)</td></tr>
<tr><td>觉魂(动物)</td></tr>
<tr><td>神模</td><td>灵魂(人类)</td></tr>
</table>

根据“四因说”,万物是由形式因(模、魂)与质料因(元质)相结合而成。如《寰有诠》中指出:“所谓万有之体皆繇此成。盖万有必繇二缘合而成体。一谓之质,一谓之模。当其质未加模,是谓初质。及其质、模缔结,是谓次质。缔结灵魂则成人,缔结觉魂则成动物,缔结生魂则成植物也。万模递加成万体矣。”[①]由此可知,天主教中万物的构造可表示如表11-3所示。

表11-3 天主教中万物的构造(质料与形式)一览表

万物	质(质料)	模(形式)	机能
无生物	元质	死模	存在
植物	元质	生魂	存在+生长
动物	元质	觉魂	存在+生长+知觉
人类	元质	灵魂	存在+生长+知觉+思维

关于耶教“魂三品说”与儒家性论之会通。如前所述,利玛窦在其《天主实义》中论述了作为教会哲学基础的“魂三品说”,指出植物、动物与人类分别具有生魂、觉魂和灵魂,并决定其本性、类别、形貌的根本不同。[②]在利玛窦这里,由天主赋予的灵魂是高于“性”并决定“性”的神体,与儒家(理学)以性属理、魂属气,主张理(性)决定气(魂)的观念恰好相反。耶教灵魂说与儒家人性论的这种差异使得中国儒者往往难以接受作为天主教教义核心的灵魂说。明末入华的著名耶稣会士艾儒略继承并进一步发展了利玛窦定下的立足于天主教会通中西思想的适应策略(所谓“利玛窦规矩”),将灵魂说与中国传统儒释道三教的人性论会通起来,从而扫除中国人信奉天主教的最大障碍。为此,艾儒略在其《性学觕述》中首先在“生觉灵三魂总论”中论述

① [葡]傅汎际述义,(明)李之藻笔录:《寰有诠》,黄兴涛、王国荣编:《明清之际西学文本:50种重要文献汇编》第三册,北京:中华书局,2013年,第1256~1257页。

② [意]利玛窦:《天主实义》,朱维铮主编:《利玛窦中文著译集》,第50页。

了万物生成的“四因说”,即“造”(动力因)、“为”(目的因)、“质”(质料因)、“模”(形式因),确立了生魂、觉魂、灵魂作为模→内模→生活者(魂)的性质地位,进而论“魂性诸称异同”,直接把“魂”与“性”会通了起来。这种会通是在与中国思想的对话与诠释中进行的。在艾儒略看来,所谓“灵性”“灵魂”“灵心”“灵神”“神体”“良知”“灵才”“灵台”“方寸”“真我”“天君”“元神”“明德”“未发之中”“大体”这些中国思想(包括儒释道三教)中指称性体的不同概念是一物而异名,虽然命名角度各有不同,但其所指实质是一致的,都是指由天主赋予人而主宰肉体(肉身、形骸、体魄、躯壳、血肉)的神体(精神实体)——灵魂(灵性)。[①]这是艾儒略基于其形式因与质料因、灵魂与肉体二元结合的内部构成说,将儒学(主要指理学)的人性论纳入到天主教灵魂肉体说的框架里面。就理学的人性论而言,所谓“性”“良知”“明德”“未发之中”“大体”都是指天所赋予的道德理性(天命、天道、天理),而艾儒略将它们都等同于灵魂神性,从而将儒学中天所赋予的“性”与耶教中天主所赋予的“魂”直接会通了起来。因此又将“生魂”“觉魂”“灵魂”分别称为“生性”“觉性”“灵性”。[②]上述黄百家所持的儒家(朱熹理学)性论与天主教“魂三品说”相通的观点,可能受了艾儒略的会通儒耶性论思想的影响。艾儒略通过诠释会通不同宗教、学说中核心范畴、概念的方式,将儒释道三教的人性论纳入到耶教灵魂肉体说的框架中。这种会通虽然不能从根本上消除儒耶思想的分歧,但却揭示了其思想结构上的某种共通性,具有相当的理论价值。

从思想结构上来看,“四因说”尤其是形式因与质料因二元结合的内部构成说,其实也适用于说明儒家尤其是朱熹理学的万物生成论及性论。从形式结构上看,朱子学中的太极天理相当于“四因说”中的动力因(天主),性

① [意]艾儒略:《性学觕述》,黄兴涛、王国荣编:《明清之际西学文本:50种重要文献汇编》第一册,第249~250页。

② 虽然在艾儒略之前,耶稣会士已有“生性”“觉性”“灵性”之称,如明末耶稣会士苏若望著《天主圣教约言》(该书刊于1601年)中即有此称,即“生魂”“觉魂”“灵魂”之别称。但就目前我们对耶教文献的梳理来看,对“魂”“性”异同进行详细证论并会通二者的工作则当以艾儒略《性学觕述》为最早。另据沈清松以及前述黄志鹏的研究,与黄百家同时代的中国天主教徒夏大常著《性说》,并使用“灵性”一词。夏大常借助亚里士多德主义的灵魂学说来纠正他认为的中国传统人性论中的谬误,从而传播天主教信仰,但在解释人性善恶的问题时,仍然不脱儒家传统性善说的框架,并意图会通耶教灵魂说与儒家人性论。由此可知,前述黄百家在《宋元学案》中以“魂三品说”解释朱熹的性论绝不是偶然的。当时魂性思想的会通已经成为包括夏大常、黄百家在内的中国士人的普遍观念。参见沈清松《省思利玛窦来华启动的相互外推策略——以早期耶稣会士与华人教友论述为例》,吴根友主编:《比较哲学与比较文化论丛》第10辑,北京:中国社会科学出版社,2016年,第3~38页。 Huang Zhipeng(黄志鹏),“Encounter between Soul and Human Nature: An Examination of Xia Dachang's ‘Xingshuo’”, pp. 264-283.

(即理)相当于形式因(模、魂),气相当于质料因(元质),与天理道体合一(天人合一)相当于目的因(回归上帝)。在天主教这里,生物是由魂(包括生魂、觉魂、灵魂)与质(元质)相结合而成,人是由灵魂(形式因)与肉体(质料因)相结合而成。在程朱理学这里,生物是由性(理)与气质(气)相结合而形成,人也是由性(理)与气质(气)相结合而成。可见理学所说的“性”与天主教所说的“魂”(模)虽然在本质上是不同的,但至少在形式上,“性”与“魂”是可以会通的。从《宋元学案·晦翁学案》来看,编纂者黄百家有意识地辑录了朱熹关于物性与人性的重要论述,并将其比附为“魂三品说”。以下即以此为切入点,论述儒家(理学)代表朱熹的性论(万物构成说),并为后面论述儒耶魂性思想的比较与会通打下基础。

第二节 儒家性论的分析——以朱熹理学为中心

关于性论,特别是人性与物性的区别,自先秦以来已有种种观点。到了宋代,随着为儒家道德伦理建立形上本体依据的性理学的发展成熟,理学的集大成者朱熹在继承前人思想的基础之上,从理气二元论出发依据“义理之性”与“气质之性”的性气二元论(相当于“四因说”中形式因与质料因二元结合的内部构成说)解释了万物之性质构成。朱熹在答余方叔的信中指出:

> 天之生物,有有血气知觉者,人兽是也;有无血气知觉而但有生气者,草木是也;有生气已绝而但有形色臭味者,枯槁是也。[①]

“形色臭味”(形气)、“生气”、“血气知觉”均为形体(身体)的属性与感觉器官的功用,属于宋儒所谓“气质之性”的表现。这是朱熹继承传统儒家的气论(如荀子)[②],并依据气质之机能来对万物所作的区分。依此则朱熹基于气论对万物在气质(相当于“四因说”中的质料因)上所作的区分如表11-4所示。

---

① (清)黄宗羲原著,(清)全祖望补修:《宋元学案》第二册,第1567页。

② 《荀子》卷五《王制篇》第九:“水火有气而无生,草木有生而无知,禽兽有知而无义,人有气、有生、有知,亦且有义,故最为天下贵也。”(清)王先谦:《荀子集解》,第164页。依据荀子的观点,万物的性质构造可表述为:无生物(气)、植物(气+生)、动物(气+生+知)、人类(气+生+知+义)。

表11-4 朱子学中万物在气质上的区分

万物	气
无生物	形气
植物	生气(兼形气)
动物、人类	血气(兼生气)

朱熹继承程颐的"性即理"和"理一分殊"的本体论思想,将儒家倡导的人性中固有之伦理道德提升为宇宙本源与本体(天理),并进而以天理作为天地万物之性的本源,指出"论万物之一原,则理同而气异;观万物之异体,则气犹相近,而理绝不同"①。对于前一句的解释是"'理同而气异',此一句是说方付与万物之初,以其天命流行,只是一般,故理同;以其二五之气有清浊纯驳,故气异"②,认为天命流行赋予万物之本源是唯一的,故可说"理同",但构成万物的气质则有清浊纯驳之差异,因此说"气异"。其着眼点在于天命本源之同,即所谓"理一"。对于后一句的解释是"下句是就万物已得之后说。以其虽有清浊之不同,而同此二五之气,故气相近。以其昏明开塞之甚远,故理绝不同"③,认为构成万物之形质的气质虽有清浊之不同,但同为阴阳五行之气生成,所以说"气相近",而作为宇宙本体赋予万物的理(禀性)在与气结合之后,受到作为承载材料的气质清浊的影响,从而导致其所禀赋的与气结合之后形成的性(分殊之理的表现)也互异了,所以说"理绝不同"。其着眼点在于气质对理(禀性)的遮蔽和影响,即所谓"分殊"。朱熹在上述答余方叔的信中接着指出:

> 是虽其分之殊,而其理则未尝不同。但以其分之殊,则有其理之在是者不能不异,故人为最灵而备有五常之性,禽兽则昏而不能备,草木、枯槁则又并与其知觉者而亡焉。但其所以为是物之理,则未尝不具尔。若如所谓"绝无生气便无生理",则是天下乃有无性之物,而理之在天下乃有空阙不满之处也,而可乎?④

万物皆由气化生成,并在气质上存在差异,这一点源自先秦思想传统,基本上没有异议。但对于朱熹所阐发的天理及其体现在万物中的义理之性的普遍性,具体来说即枯槁(无生物)是否有性(理)的问题,当时学者之间还存在争议。余方叔认为生物具备"生气"(气质之性)则"生理"自然具备,但枯槁因为不能生长发育而无"生气",所以也不具备"生理"(本然之性),即作

①②③ (宋)黎靖德编:《朱子语类》第一册,第57页。

④ (清)黄宗羲原著,(清)全祖望补修:《宋元学案》第二册,第1567页。

为道德理性(五常)形上化的天理并不存在于无生物之中。朱熹则继承并贯彻了程颐的“性即理”说,将伦理道德(本性)提升为宇宙本根(天理),认为此天理即是万物“所以然之理”,枯槁一类的无生物自然有其“所以然之理”,因而皆有其性(“性即理”)。因此朱熹认为若如余方叔所说“无生气便无此理”,则理(性)就不能周备于所有的天地万物之中,便会出现有气而无理(性)之物,这便动摇了作为宇宙本体的天理(性)的绝对性与普遍性,也违背了朱熹关于具体事物中理气、性气“不离不杂”的主张。这当然是朱熹所无法接受的。由此还引申出气质之性与义理之性的关系问题。当时徐子融也持与余方叔相似的看法。朱熹在答徐子融的信中批驳道:

又谓“枯槁之物只有气质之性而无本然之性”,此语尤可笑。若果如此,则是物只有一性,而人却有两性矣。此语非常丑差。盖由不知气质之性只是此性堕在气质之中,故随气质而自为一性,正周子所谓“各一其性”者。向使元无本然之性,则此气质之性又从何处得来邪。况亦非独周、程、张子之言为然,如孔子言“成之者性”,又言“各正性命”,何尝分别某物是有性底,某物是无性底。孟子言“山之性”、“水之性”,山水何尝有知觉邪?若于此看得通透,即知天下无无性之物。除是无物,方是无性。若有此物,即如来谕木烧为灰,人阴为土,亦有此灰土之气,既有灰土之气,即有灰土之性,安得为枯槁无性也?[①]

徐子融认为枯槁这类无生物只有“形气”而无“生气”,有“形气”是说无生物也有其形态及其物质构成,因此说“枯槁之物只有气质之性而无本然之性”。可知徐子融是将气质之性等同于气性(“形气”),又认为枯槁中没有天理赋予的本然之性。这样就产生了无生物只有气质之性而无本然之性的说法。朱熹认为虽然理逻辑上在气之先,但在具体事物之中,总是有气必有理,有理必有气,理气不离不杂,天理赋予人物即为其本然之性,而气质之性其实只是万物受命赋形后,本然之性(天理)堕入气质中与之相结合之后表现出来的善恶混在的状态,可知气质之性是后天形成的,并非人物的本性,如果没有先天的本然之性(本性)的话,也就无所谓气质之性了。在朱熹看来,徐子融的说法是没有把气质之性与本然之性区分清楚。由此朱熹将程颢、程颐首倡的“性即理”说从人性推广到天地万物之性,主张“枯槁有性”,并在答门人提问时作了如下解释:

---

① (清)黄宗羲原著,(清)全祖望补修:《宋元学案》第二册,第1567页。

问:“枯槁之物亦有性,是如何?”曰:“枯槁之物,谓之无生意则可,谓之无生理则不可。如朽木无所用,止可付之爨灶,是无生意矣。然烧甚么木则是甚么气,亦各不同,这是理元如此。且如大黄、附子,亦是枯槁,然大黄不可为附子,附子不可为大黄。一草一木,皆天地和平之气。”①

在朱熹看来,枯槁之类的无生物因不能生长发育,所以可说无“生意”,但进而说其无“生理”(“所以然之理”)则不可。事实上正是“生理”决定了事物在本质上的不同,所以各有其特性与功用,相互之间不可完全等同替代。朱熹又依据血气知觉之有无区别了生物中的动物与植物,并认为植物中贯穿着生意之流行,因而似乎也有其知觉一般,从而也具备了“仁”“义”等德性,因此又作了如下论述:

问:“动物有知,植物无知,何也?”曰:“动物有血气,故能知;植物虽不可言知,然一般生意,亦可默见。若戕贼之,便枯悴,不复悦泽,亦似有知者。尝观一般花树,朝日照曜之时,欣欣向荣,有这生意,皮包不住,自迸出来。若枯枝老叶,便觉憔悴,盖气行已过也。”问:“此处见得仁意否?”曰:“只看戕贼之便雕悴,亦是义底意思。”②

但对于“枯槁之物”是否也有“仁义”道德理性(“伦理”内化而为“性理”)的疑问,朱熹采取避而不谈的回避态度,转而从一般意义上讲所以然之“物理”和“生理”。

问:“枯槁有理否?”曰:“才有物,便有理。天不曾生个笔,人把兔毫来做笔。才有笔,便有理。”又问:“笔上如何分仁义?”曰:“小小底,不消恁地分仁义。”③

问:“理是人物同得于天者。如物之无情者,亦有理否?”曰:“固是有理,如舟只可行之于水,车只可行之于陆。”④

朱熹指出:“天地万物莫不有理。……格物者,欲究极其物之理,使无不尽,然后我之知无所不至。物理即道理,天下初无二理。”⑤可知外在的物理与内在

①② (清)黄宗羲原著,(清)全祖望补修:《宋元学案》第二册,第1521页。
③④ (宋)黎靖德编:《朱子语类》第一册,第61页。
⑤ (宋)黎靖德编:《朱子语类》第一册,第294页。

的性理根本是一致的(理一分殊),而穷究物理可作为发明性理的手段。

如上所述,朱熹从其“性即理”与“理一分殊”的立场出发区别了无生物与生物之性,总结其性论(相当于“四因说”中的形式因及其机能)的要点,如表11-5所示。

表11-5 朱子学中万物在性论上的区分

万物	性	机能
无生物	理	存在
植物	理	生意(兼存在)
动物、人类	理	知觉(兼生意)

按照朱熹的理本论,万物皆有其所以“存在”的“生理”(所以然之理),其形气因气而成立,而理则贯注于其中。“生意”则是前述“生气”之机能,“生气”之中包含有“生意”,“知觉”则作为“血气”之机能,有“血气”则有“知觉”。合而观之,朱熹对无生物和生物的性质所作的区分如表11-6所示。

表11-6 朱子学中无生物与生物在性质上的区分

万物	性	气	机能
无生物	理	形气	存在
植物	理	生气(兼形气)	生意(兼存在)
动物、人类	理	血气(兼生气)	知觉(兼生意)

如上所述,人类似乎被包含在动物之中,没有与动物区别开来,那么对于人性与物性之间的区别,朱熹究竟是怎么考虑的呢?朱熹在前述答徐子融的信中指出:

伊川先生言“性即理也”,此一句自古无人敢如此道。心,则知觉之在人而具此理者也。横渠先生又言“由太虚有天之名,由气化有道之名,合虚与气有性之名,合性与知觉有心之名”,其名义亦甚密,皆不易之至论也。盖天之生物,其理固无差别,但人物所禀形气不同,故其心有明暗之殊,而性有全不全之异尔。若所谓仁,则是性中四德之首,非在性外别为一物而与性并行也。然惟人心至灵,故能全此四德而发为四端,物则气偏驳而心昏蔽,固有所不能全矣。然其父子之相亲,君臣之相统,间亦有仅存而不昧者。然欲其克己复礼以为仁,善善恶恶以为义,则有所不能矣。然不可谓无是性也。若生物之无知觉者,则又其形气偏中之偏者,故理之在是物者,亦随其形气而自为一物之理,虽若不复可论仁义礼智之仿佛,然亦不可谓无是性也。[①]

追根溯源的话,张载为了解释性之善恶的问题最早表述了将人性区分为"天地之性"与"气质之性"的思想。程颐在此基础上又依据"性即理"说给孟子的性善论作了理论上的解释,认为人生来就禀赋有道德理性(本性),同时又认为人皆禀气质而生,由此而来的人性即是气质之性。后来朱熹继承张载、程颐的观点,将性区分为"义理之性"(本然之性)与"气质之性"。张载又提出"由太虚有天之名,由气化有道之名,合虚与气有性之名,合性与知觉有心之名""心统性情"。朱熹认为张载所说的"虚"(太虚)实即二程所说的"理"(天理),并在此基础上得出"心则知觉之在人而具此理者"的结论,认为心(精神)包含意志理性(理、性)与知觉感性(气、情)两个方面,二者是体用的关系。程颐又说"动物有知,植物无知,其性自异。但赋形于天地,其理则一"[②],主张动物与植物相比气性(有无知觉)虽异,但同由天地化生,其所禀之理(天理)是相同的。这就将其"性即理"说的适用范围由人类扩展到了包括动植物在内的一切生物。朱熹继承上述程颐的"性即理"说以及张载的性气二分论,并进一步将其推广到包括无生物在内的天地万物,主张作为宇宙本体的天理是唯一的,人与物皆禀受天理而为其本然之性,但受其气质清浊的影响,其禀性会出现"正通偏塞"的差异。具体来说,只有禀得天地之"精气"的人类才能兼备"五常"之性(理),禀得天地之"粗气"的动物因受其先天气质"昏塞"之障蔽而不能兼备"五常"之性。因此,只有人类能够用理性自觉约束自己的言行使之合乎仁义道德("克己复礼"),而动物的行为哪怕合乎道德,也只是出于生理本能,没有合乎仁义道德(理性)的自由意志(即所

① (清)黄宗羲原著,(清)全祖望补修:《宋元学案》第二册,第1566～1567页。

② (清)黄宗羲原著,(清)全祖望补修:《宋元学案》第一册,第611页。

谓“尽心”“择善”)。[①]综合上述朱熹关于万物构成的理气、性气二元论观点，参照“四因说”中的形式因(性)与质料因(气)的内部构成说,朱熹关于万物构成的性论可整理如表11-7所示。

表11-7 朱子学中万物构成的性气二元分类表

万物	性	气	机能
无生物	理	形气	存在
植物	理	生气(兼形气)	生意(兼存在)
动物	理	血气(兼生气)	知觉(兼生意)
人类	理	精气(兼血气)	德性(兼知觉)

第三节 耶教“魂三品说”与儒家性论思想的比较与会通——以“四因说”为中心

上文以耶教“魂三品说”及“四因说”为理论框架分析了朱熹的性论(万物构成说),以下即在此基础之上,从“四因说”即动力因、形式因(包括“魂三品说”)、质料因、目的因四个大的方面来分析儒耶性论(万物构成说)的比较及其会通。

一、动力因——天理与天主的比较与会通

天理在朱子学中既是“三纲五常”这些儒家伦理道德的客观抽象,同时

① 成中英指出,如何规划自我以应对构建良好社会与正义政府之需求,是儒家哲学始终关切的重心。“自我”概念蕴含时间的与超越的、参与的与反思的两个面向,中国语境下的“自己”,其中“自”与“己”则分别指代这两个不同的面向。但“自己”并非意味着自我的二分,相反,它充分展现了自我是如何动态地、充满活力地在“自”与“己”的相互调适和相互转化中变化着自身的,而这正是儒家心、性观念的题中之意。可以说,儒家以“尽心(心智)”为核心的修己,端赖其对于人心和人性的体察;儒家独特的被人性自觉接纳的自由意志,是其自我理念中道德成立的根基。因此,我们可以把儒家的自由意志观称为“自由意志的自我决定论”,以区别于以“软决定论”为基本特征的“自由意志的非自我决定论”。See Chung－ying Cheng(成中英), “A Theory of Confucian Selfhood: Self－Cultivation and Free Will in Confucian Philosophy”, Kwong－loi Shun(信广来)and David B. Wong, *Confucian ethics: A comparative study of self, autonomy, and community*, New York: Cambridge University Press, 2004, pp. 124－147. 成中英、刘雪飞:《儒家的自我理念:论儒家哲学中的修己与自由意志》,《孔子研究》2019年第2期。参照成中英的理论,我们可以把理学中的“本然之性”(本性)与“气质之性”(才性)分别作为超越的与现实的“自我”(人性),而理学的修养论就是从现实的“自我”中找回并复归于超越的“自我”。自由意志就是由现实指向超越的一种定向。这种意志不是外在强加于人的,而是人对自身心性的一种自在反省,也即所谓“自由意志的自我决定论”。理学中以“尊德性”“道问学”为代表的心性修养方法论(包括居敬与穷理、敬以直内与义以方外、约礼与博文、正心诚意与致知格物、存心养性与尽心知性等)都可以归入“自由意志的自我决定论”。

作为万物存在的根据又被赋予形而上的宇宙本体之意义,是高于形而下的物质世界(气、器)的独立存在,永远存在于天地之间,并在逻辑上先于天地万物,气有聚散而理无成毁。从这个意义上来看,朱子学中的“理”与耶教中“天主”的地位与作用相当,都是作为万事万物之生成与存在根源的动力因。如果想在明代以降信奉朱子学的儒家社会中树立“天主”的信仰权威,势必就要消解“理”的这种形上学意义。利玛窦采取的策略是附会“旧儒”(先秦原始儒学)而批判当时占据统治地位的“新儒”(宋明理学),一方面把先秦儒学中带有人格意志的主宰之“天”“上帝”观念转化为耶教中人格神的“天主”(“上帝”)①,一方面又贬低宋明理学中的最高本体天理,认为宋儒之说实质上是一种无神论,已经背离了先秦儒学的本义②。具体而言,宋明理学中又有理本论(理气二元论)与气本论(理气合一论)的分别,相应的与天主教的比较也不尽相同。

首先,关于理本论与天主教在动力因上的比较。程朱理本论中的天理既是生化和主宰万物的宇宙根源,又是儒家伦理道德的本体(道体),是宇宙本体与道德本体的统一。对此,耶稣会士大体从如下三方面予以了批判。其一是从实体与属性,即所谓“自立者”与“依赖者”的关系出发,认为理是“依赖者”(属性)。如利玛窦指出,所谓太极天理不外乎“在物之理”(物理)与“人心之理”(性理),前者依赖于事物,后者依赖于人心。总之万物之理都是依赖者,不能离开自立者而独立存在,更不可能反过来成为自立者(事物或人心)的根据。③其后艾儒略进一步指出,自立者又分为两类,一种是有形而属四行者(有始有终),如天地金石人物之类,一种是无形而不属四行者(有始无终),如天神人魂之类。相应的依赖者也分为两类,一种是有形而依赖有形者,比如事物的物理属性,一种是无形而依赖无形者,如人的道德、情感(五德七情)属性,相当于“模者”(形式因)中的“依赖模”。这样作为道德本体(道德理性)的天理在天主教的立场看来,实质只是人的道德属性(品德),是一种“依赖者”,必须依附于作为“自立者”的性体(灵魂)才能存在,因此不能成为道德的本源。其二是从理的机能,即有无明觉(意志、理智)出

---

① [意]利玛窦:《天主实义》,朱维铮主编:《利玛窦中文著译集》,第21~22页。

② 正如黄保罗所论述的,在中国思想发展的过程中,经历了从有神论到人本主义的嬗变,上帝的观念从人格化的神性转变为人格化的天性、自然规律和人性。See Paulos Huang, *Confronting Confucian understandings of the Christian doctrine of salvation: A systematic theological analysis of the basic problems in the Confucian-Christian dialogue*, Studies in systematic theology, Vol. v. 3, Leiden, Boston: BRILL, 2009.

③ [意]利玛窦:《天主实义》,朱维铮主编:《利玛窦中文著译集》,第17~18页。

发，认为理无明觉（灵觉），不可能创造出有灵觉的万物。无论是理本论者以化生万物的太极为天理，还是气本论者以太极为元气，在耶稣会士看来都是天主创造的无灵觉之物，都不具备创生能力。其三是从理物（理气）关系出发，反对程朱理学所持的理在物先与理本物末的观点，认为理是事物的规律和法则，与物一样同为天主所创造，虽然事物的创造必然遵循相应的规律（即“所以然之理”），且事物的运行必然遵守一定的法则（“所当然之则”），但规律、法则本身并不能创造事物。在这里，规律（“所以然之理”）虽然逻辑上在物之先，但其自身并不能创生万物，必须等待造物主运用此规律来创造。同样，法则（“所当然之则”）与事物一样为造物主所创造，必须依赖造物主的安排才能实行。[①]这样以利玛窦、艾儒略为代表的耶稣会士一方面否定了“理”作为动力因的形上学意义，一方面又将作为宇宙本体与道德本体的“理”贬低为依赖于自立者（实体）的属性（依赖模）或者质料因中无灵觉无生机的元质，从而达到其以天主教的天主取代儒学“天理”本体的目的。这种诠释应该是出于争夺思想话语权而采取的一种有意识的曲解和误读。[②]

其次，关于气本论与天主教在动力因上的比较。在宇宙论层面的理气先后问题上，《宋元学案》的编纂者黄百家在其案语中肯定了吴澄关于“理气不离”的主张，进而指出气是流行之本体，理不过是指称气之流行的有条不紊（条理、规律），理本来就是依附于气的本质属性，并不是从外面别有一个理来到此气中。也就是说，规律（理）与物质（气）是一体两面的关系，并不是由理派生出物。[③]在本体论层面的理气本末问题上，黄百家一方面肯定了程颐的气（阴阳）外无道（理）的观点，一方面又指出“所以阴阳者”并非指居于阴阳（气）之上作为其存在根据的形上本体，而只不过是阴阳（气）运行之道（法则）。也就是说，法则（理）与事物（气）并不是本末关系，相反事物才是本体，法则是本体之属性。[④]需要指出的是，黄百家的理气合一论观点是对宋明以来理气合一论（气本论）的继承与发展。在黄百家之前，宋代张载首倡“虚空即气”（即虚气、理气相即不离），明代理学家曹端、薛瑄强调理气为一体而不可分，罗钦顺主张理气合一，王廷相主张理出于气。黄百家在此基础上又继承了心学派的王守仁、刘宗周，及其父黄宗羲的理气合一论，以气作为构成天地万物之实体，以理作为气之本质属性（规律、法则），从而批判了程朱的理本论。这与天主教对程朱理学的批

---

① [意]艾儒略：《性学觕述》，黄兴涛、王国荣编：《明清之际西学文本：50种重要文献汇编》第一册，第376～377页。

② 参见张晓林《天主实义与中国学统——文化互动与诠释》，第115、158页。

③ （清）黄宗羲原著，（清）全祖望补修：《宋元学案》第四册，第3042页。

④ （清）黄宗羲原著，（清）全祖望补修：《宋元学案》第一册，第610页。

判可谓如出一辙。这在当时的学术界可说是一股普遍思潮,如作为清代浙东学派之先驱的东林学派与蕺山学派,以及同时代理学派的陆世仪、气学派的王夫之、反道学的颜元等人均持有相同或相近的主张。还有明末天主教三大柱石——徐光启、李之藻、杨廷筠的实学思想更是深受天主教的影响,三人在明末由理学转向朴学(汉学)的思想转型过程中追随并引导了当时的"汉学"思潮,对后世产生深远影响。[①]虽然宋明理学的发展本身有一条从理本论到气本论的发展线索[②],但明末清初这股以"元气实体论"批判理学本体论的思潮中,耶稣会士推波助澜的作用当不容忽视[③]。

二、形式因与质料因的比较与会通

首先,关于形式因——魂与性的比较与会通。天主教所说的"魂"是指所有生物生命活动的原理。"魂三品"中的"生魂"所具有的促使植物生长发育的机能,与荀子所说的"生"及朱熹所说的"生气"之机能"生意"相对应。"魂三品"中的"觉魂"所具有的促使动物产生知觉运动的机能,也与荀子所说的"知"[④]及朱熹所说的"血气"之机能"知觉"相对应。对人区别于禽兽的本质特性,利玛窦为代表的耶教与儒家则有同有异。荀子以"义"(裁决、判断能力)来区分人与物[⑤],利玛窦也强调人的灵魂在兼具"生魂"与"觉魂"之机能的基础上,还具备能"推论事物,明辨理义"的固有机能。可知荀子所说的人性与耶教所说灵魂的机能大体一致,但两者的思想根源不一样,荀子的人性论建立在自然气论上,利玛窦则将其建立在天主赋性说上。如前所述,朱熹依据道德禀性(天理)之偏全与气质之通塞来区分人性与物性。利玛窦

---

① 参见李天纲《跨文化诠释:经学与神学的相遇》,杨乃乔主编:《中国经学诠释学与西方诠释学》,上海:中西书局,2016年,第502~511页。

② 关于明代气论思潮发展的详细论述,包括曹端、薛瑄、吴与弼、湛若水、王守仁、罗钦顺、王廷相、吕柟、吴廷翰、来知德、高攀龙、刘宗周、黄宗羲、方以智、王夫之、张宇初等人的气论思想,参见陈慧麒《明代气范畴思想研究》,第149~169页。

③ 参见孙承晟《观念的交织:明清之际西方自然哲学在中国的传播》,广州:广东人民出版社,2018年,第17~21页。

④ 《荀子》卷十三《礼论篇》第十九:"凡生天地之间者,有血气之属必有知,有知之属莫不爱其类。……有血气之属莫知于人。"参见(清)王先谦《荀子集解》,第372~373页。

⑤ 《荀子》卷三《非相篇》第五:"故人之所以为人者,非特以其二足而无毛也,以其有辨也。夫禽兽有父子,而无父子之亲,有牝牡而无男女之别。故人道莫不有辨。辨莫大于分,分莫大于礼,礼莫大于圣王。"(清)王先谦:《荀子集解》,第78~79页。《荀子》卷五《王制篇》第九:"力不若牛,走不若马,而牛马为用,何也。曰:人能群,彼不能群也。人何以能群。曰:分。分何以能行。曰:义。故义以分则和,和则一,一则多力,多力则强,强则胜物。故宫室可得而居也。故序四时,裁万物,兼利天下,无它故焉,得之分义也。"(清)王先谦:《荀子集解》,第164页。

则依据“魂三品”之不同来区别人性与物性，指出：“凡物非徒以貌相定本性，乃惟以魂有定之。始本魂，然后为本性。有此本性，然后定于此类。既定此类，然后生此貌。故性异同由魂异同焉，类异同由性异同焉，貌异同由类异同焉。”①在利玛窦这里由天主赋予的“魂”是较“性”高一等且决定“性”的神体。即本魂决定本性，本性决定种类，种类决定形貌。遵循的是“魂→性→类→貌”这样一种决定顺序。

其次，关于质料因——包括元质与元气、四行与五行的比较与会通。关于构成万物的共同材质，即元质与元气的关系。与气本论者一样，耶稣会士为了消解太极的形上学意义，不取宋明理学中的太极天理说，而是采纳汉唐儒学的太极元气说。如艾儒略指出：“元质是造物主自生天地之初，备为千变万化之具。……昔儒有云太极元气，庶几近之。”②认为太极即是元气，而元气又对应质料因中无灵觉无生机而构成万物的最基本物质——元质（龙华民《灵魂道体说》中称之为“质体”③），因此主张太极即是天主所创造的元质，不可能成为创造万物之根源④。但在儒家的观念中，人与物都是由气所产生，气是有灵性的东西，具有靠悟性不能预测的精妙自在的作用或性能（称之为“神”）。气是本质上包括阴阳两种矛盾力量的存在。一切的存在，无非是从这样的气（阴阳）之自身运动的过程中产生出来的。⑤如张载所谓“鬼神者，二气之良能也”⑥。儒家这种气自身的作用（运动）在耶教的元质这里是不存在的，在耶教看来气的作用（运动）只能是由天主（动力因）所推动的结果。关于四行（四元行）与五行的比较。朱熹理学虽然主要继承的是程颐强调理先气后、理本气末的理本论，但同时也吸收了周敦颐和张载等人的气论思想，将五行作为构成万物的基本材质，无论气、阴阳，还是阴阳、五行，乃至万物都是连续的，没有本质的不同，只不过存在凝集、搭配的程度问题。利玛窦则站在西方自然科学立场上将“元质”作为构成万物的共同材质。所谓“元质”是指无生命的存在物或原始物质，具体而言又包括火、气、水、土四

---

① ［意］利玛窦：《天主实义》，朱维铮主编：《利玛窦中文著译集》，第50页。

② ［意］艾儒略：《性学觕述》，黄兴涛、王国荣编：《明清之际西学文本：50种重要文献汇编》第一册，第248页。

③ ［意］龙华民：《灵魂道体说》，黄兴涛、王国荣编：《明清之际西学文本：50种重要文献汇编》第一册，2013年，第442页。

④ ［意］艾儒略：《万物真原》，黄兴涛、王国荣编：《明清之际西学文本：50种重要文献汇编》第一册，第375～376页。

⑤ 参见［日］岛田虔次《朱子学与阳明学》，蒋国保译，第44页。

⑥ （宋）张载：《张载集》，第9页。

元行。利玛窦指出:“凡天下之物,莫不以火、气、水、土四行相结以成。”[①]四元行说表面上类似于中国传统的五行说而实则不同。[②]一般来说,五行说中水、火二行直接由气生成,是最基本的材质,木、金二行由水、火生成,而土则是水、火、金、木混合而成。即五行根源于阴阳二气,阴阳二气又来自于天地混沌未分时之元气。四行说则根源于亚里士多德的天体构造理论,认为天体构造由里到外依次是土、水、气、火四元行,彼此是相互独立的圈层,四种元素的转化、组合和分离构成了所有自然现象,但与五行说中的相生相克关系(事物之间既相互生成又相互制约)及其顺序不同。[③]

三、动力因、形式因、质料因之关系的比较与会通

关于动力因、形式因、质料因——即天(理)、性(魂)与气之间相互关系。在儒家这里有理本论(理气、性气二元论)与气本论(理气、性气合一论)的差别。相应的与天主教的比较也不尽相同。

首先,在主张理气、性气二元论的程朱理学这里,性属于形而上之理(“性即理”说),而魂属于形而下之气(“魂属气”说),因此,性是魂的存在依据。关于“性即理”说。宋明理学的开山祖师周敦颐在其《太极图说》中构建了一个“无极→太极→阴阳→五行→万物”的宇宙生成序列,太极元气分化为阴阳二气,阴阳二气分化为金木水火土五行,五行则是构造万物形体的材质。朱熹继承程颐的理本论(性即理)和理一分殊思想,并将周敦颐《太极图说》中的太极宇宙论改造成天理本体论,将太极视作宇宙本体——天理,将五行作为构成万物的共同材质,认为天地间只有唯一的太极本体(天理),事事物物之中又各自具备一太极(分殊之理),其分殊之理即是万物之本性。此即程朱的“性即理”说。关于“魂属气”说。中国古代思想中认为魂是一个阳性的附于人的精气,人死后复归于天。而与此相对应的性则属于天所赋予的道德理性,即天理贯注于天地万物而为万物之本性。在理学这里,理是能够主宰并规定气的根据,与此相对应,性也是规定魂的根据。这样就是性决定魂了,与前述利玛窦所说的魂决定性恰好相反。这种魂与性的地位差异是由于耶教的天主赋魂说与儒家的天命、天道、天理赋性说的根本不同所造成的。在天主教这里,灵魂(灵性)是作为造物主的天主赋予的有始无终之神体,虽然较之生魂、觉魂为高贵,但在本质上毕竟不能与作为宇宙根源及主宰的天主相提并论。而在儒家这里,由于信奉天人合一,人性在本质上与天道(理)本体是一致的。这样在天、魂、性

---

① [意]利玛窦:《天主实义》,朱维铮主编:《利玛窦中文著译集》,第27页。

② [意]利玛窦:《乾坤体义》,朱维铮主编:《利玛窦中文著译集》,第525~533页。

③ 参见孙承晟《观念的交织:明清之际西方自然哲学在中国的传播》,第166页。

的关系上就形成了耶教的"天主→魂(神体)→性(本能)"与理学的"天(理)⇔性(理)→魂(气)"的区别。

其次,在气本论者黄宗羲、黄百家父子这里,一方面基于理气合一论批判了程朱的"性即理"说,认为"性即理"只适用于解释人性,并不适用于解释物性。人与物虽均禀受天地之理而为性,但只有人类才具备四德一类的道德理性,因此程朱依据道德理性之偏全来区分人性与物性的观点是不能成立的。黄氏父子认为,心虽然包括知觉(气、情)和理(性)两方面,但心具有此知觉的话即有此性,换句话来说性是由知觉(气)所决定的,而不是如程朱所说的性决定知觉。人类与动物虽均有其知觉,但人与动物由其气质的差异决定其知觉也是不同的。理作为纯粹至善之本体无所谓偏全之区别,人虽然因为禀气的"昏明厚薄"而产生才性上的差异,但人所禀受之气终究是"有理之气"(德性),而动物所禀受之气则是"无理之气",因此"气质之性"("无理之气")只适用于说明物性,而不能用于说明人性。也就是说,动物禀受之理(禀性)与人类禀受之理是不同的。因此前述朱熹所谓"论万物之一原,则理同而气异;观万物之异体,则气犹相近而理绝不同"的说法是不能成立的。这样黄氏父子就从其理气、性气一元论出发,以理(性)为气(气质)之条理与本然状态,提倡"性即气"以反对程朱"性即理"的性气二元论,认为人与动物由气而区分,所以其理(条理)也不相同。这样人与物在气质(本体)与理(条理)两方面皆不同,因此性("生之理")也不同。①总而言之,黄氏父子主张人与物因气之差异而理亦相异,而道德理性只有人类才具备,从而批判了程朱依据道德属性之偏全区别人性与物性的"性即理"观点。

另一方面,在气本论者这里,又基于性气合一论批判了耶教的灵魂说。具体来说,即性与魂皆属气,所谓"性,阳气也,生而聚于身,死则升于天。每见人气续则生,气绝则死,是知生死之根独关一气也"②的以性(魂)为气的观点("魂属气"说)。这是将人之灵性视为来自于天又复归于天的气,这种气是大自然中的气,这反映了中国人以气作为天地间的唯一实体,灵性(魂)是来自于天之阳气(魂),与来自地的阴气(魄)相结合而形成人。但这种性气一元论在艾儒略看来会泯灭人性(灵性、灵魂)与植物的生性(生魂)、动物的觉性(觉魂)的区别,导致把人性看作如生性、觉性那样随生气、觉气的聚散

---

① 《宋元学案》的编纂者黄百家在辑录了程颐的"性即理"说之后,在案语中引述其父黄宗羲所著《孟子师说》中的论述批判了程朱的"性即理"说。

② [意]艾儒略:《性学觕述》,黄兴涛、王国荣编:《明清之际西学文本:50种重要文献汇编》第一册,第250~251页。

而生灭,没有意识到人性纯为天主所赋之神体,是高于形而下之气(四元行之一)的精神实体。中国人所说的气则不光指自然之气,还包括精神、道德之气(为学目的即在于成就圣贤气象),但这在艾儒略看来无疑是混淆了精神与物质的界限。因此艾儒略坚持"性自性,气自气",性气绝非一物的性气二元论,又指出如果以性为气的话,由于气的不断消长变化,必然造成性也随之日新月异不断变易(如明末清初气本论的代表人物王夫之就主张"性日生日成"的人性论),这样无法保证性作为永恒绝对的精神实体的一成不变性。这自然是艾儒略为代表的耶稣会士所不能接受的。[①]所以上述争论归根结底是耶教的性气二元论与儒家气本论者的性气一元论的差异所造成的。

最后,针对中国人所谓"人性非空中呼吸之气固矣,但云即人身精气何伤"[②]的性为精气的观点,艾儒略分析指出中国人所谓精气说的矛盾之处。在艾氏看来,以人性为人身精气的话,必然会导致灵性(灵魂)随人身体精气之强弱盛衰而盛衰,但这与事实往往相反,如人临死之前精神反而异常清醒,可见性不属于精气。如果说性虽然不是气,但气中有灵,即是灵性的话,则又对气有所误解,混淆了精神与物质的界限。艾儒略也承认气是构成天地万物的物质实体,但认为如果像中国传统哲学那样认为物只禀得气之粗者,人禀得气之精者的话,则将天地间浑然一气割裂为二,在道理上是讲不通的。最后艾儒略指出气与灵性(灵魂)在本质上虽完全不同,但都属微妙而不能或难以体察之物,所以中国人往往由于这种表面上的相似而将性与气、精神与物质混为一谈。[③]

由上述分析可知,耶稣会士基于其天主赋魂(性)说批判了儒家的"性即理"与"性即气"("魂属气")说。

四、目的因的比较与会通

关于目的因——性(魂)与天(天主)的关系以及人生目的的比较与会通,主要涉及灵魂是否散灭,人物是否共性,万物是否一体(天人合一)及人生目的诸问题。

首先,关于灵魂是否散灭。由上述魂与气的关系,又引申出魂灭与魂不灭的争论,以及人死后灵魂归宿的问题。如朱熹以理作为万物之根据,理(性)依气而行,认为人死之后,其精神魂气虽然不会立即消散,但经历长时间后最终仍然会散亡。这样的话,人魂之消散与祭祀之间又产生了矛盾。因为祭祀的

---

①② [意]艾儒略:《性学觕述》,黄兴涛、王国荣编:《明清之际西学文本:50种重要文献汇编》第一册,第250~251页。

③ [意]艾儒略:《性学觕述》,黄兴涛、王国荣编:《明清之际西学文本:50种重要文献汇编》第一册,第251页。

基本理论前提就是万物有灵与人魂不灭。如果人的魂气必定要消散无遗的话，那么在祭祀之时怎么能够“来格”呢？如果后人与祖先之间不能感应交流的话，儒家礼制中最重视的祭祀似乎就会失去神圣性而变得徒具形式了。这是持无神论的儒者处于建立在有神论基础上的祭祀传统与人文理性主义的两难处境中所必须直面的难题。对此问题，朱熹一方面认为人正常死亡的情况下其气即散，人若死于非命的话，其气不会立即消散，但长时间后终将消散，总而言之，人死其魂气必散①，一方面又从天地生生之理的立场出发，主张气的生生不息，并依据谢良佐（上蔡）所谓“祖考精神便是自家精神”的说法，认为祖先之气遗传至子孙，在祭祀时通过精神（诚敬之心）的感召（感格）就能再次汇集到直系子孙（“尸”）的身体中②。朱熹的观点无疑带有祖先崇拜的宗教信仰成分在里面。儒家内部虽有性气一元论与性气二元论的分别，但都以魂属气，而不把魂视作一种精神实体。归根结底其所持的是神（魂）灭论。利玛窦对于上述以朱熹为代表的儒家魂灭说进行了批判，指出“人有魂魄，两者全而生焉。死则其魄化散归土，而魂常在不灭”③，认为人的魂（灵魂）在死后永存不灭。利玛窦指出：“凡知觉之事，倚赖于身形。身形死散，则觉魂无所用之，故草木禽兽之魂，依身以为本情，身殁而情魂随之以殒。若推论明辨之事，则不必倚据于身形，而其灵自在；身虽殁，形虽涣，其灵魂仍复能用之也，故人与草木禽兽不同也。”④利玛窦认为植物的生魂及其机能（生长）和动物的觉魂及其机能（知觉）都是依附于形体而存在的，形体消亡之后，生魂与觉魂也将无用武之地而随之湮灭，只有人的灵魂及其机能（推论明辨）是不依赖于身形而永远存在的。天主教认为，无始无终的天主是创造万物的动力因，在每个人受生时分别创造其灵魂。人的灵魂是“有始无终”的精神实体，一经创造出来即永不消灭。只有这样才能保证人死后灵魂回归天主身边听候其审判。总而言之，在天主教这里，死后灵魂不灭涉及“四因说”中的动力因和目的因，灵魂为人受生时天主所创造，其死后即回归天主，按其生前由自由意志所行之善恶定其赏罚，以受报应。

其次，关于人物是否共性。一方面，主性气一元论的气本论者从宇宙生成的角度出发，强调万物都本源于天地之一气而所禀受有分殊，所以人和物在本质上相同。这在艾儒略看来这必然会导致将人性与物性，灵魂与生魂、觉魂混为一谈，因此必须予以驳斥。艾儒略与利玛窦一样从性决定类的西方分类学角度来理解，认为如果万物一体、一性，那么万物就是一物，必然泯

---

① 参见（宋）黎靖德编《朱子语类》第一册，第44页。

② （宋）朱熹：《晦庵先生朱文公文集》，朱杰人、严佐之、刘永翔主编：《朱子全书》第二十二册，第2438～2439页。

③④ ［意］利玛窦：《天主实义》，朱维铮主编：《利玛窦中文著译集》，第26页。

灭万物的类别,导致人、物不分。儒家所谓的性(气)本一而所禀有精粗的观念在艾儒略看来只是论形而下的体质禀气,与形而上的性体灵魂无关。批判了人物共性的观点之后,艾儒略进而指出就算缩小范围到仅局限于人,也最多只能说人类具有同类的性与魂(类本质),而不能说个体人的性体灵魂相同,也就是说每个人的性体灵魂都是独一无二的。另一方面,主张性气二元论的程朱理学则认为人先天皆具义理之性,不论圣凡、贤愚都具有相同的本性本心(天理),不同之处在于人生来的气禀与生后的习染,但这并不妨碍人性本同(性本善)。这就好比水流有清浊、江河之区别,但水性相同,人虽因气禀习染有寿夭贤愚的区别,但人性本同一样。艾儒略则从上述不同人的性体灵魂只能说类同不能说相同的观点出发,对理学所谓人的本性相同说进行了批驳。[①]但其论述是用理学所谓的气禀之性即气性、与习得之性即习性的差异驳斥了理学强调的本然义理之性的相同。双方的争论实际上并不在一个层面上。其根源在于天主教基于"原罪"观念主张性恶,与基于天道秩序而主张性善(所谓"继善成性")的正统儒家观念不同。

再次,关于万物是否一体。艾儒略进而又在"人性非造物主之分体"中驳斥了儒家作为人物共性之理论根源的万物一体说。站在儒家的宇宙生成论角度来看,人物的形质虽然有别,但性则同禀于造物主(天),即都由天化生而成,因此本来相同,并认为人与物都是造物主一体之分殊。这种一本万殊说,可以建立在气本论上说气一分殊,也可以建立在理本论上说理一分殊。总而言之,作为宇宙生成本源的气或理具有生生不已的创生机能(生生之德),虽不断创生而其自身并无增损。尤其是理一分殊说中的理虽然不是人格神的天主,但作为万物根源与道德理性用"月印万川""随器取量"来说明万物一本而所禀有分殊,至少在理论上能够自圆其说。而且这种理一分殊说即天(理)赋性说,与耶教的天主赋魂说有相通之处。艾儒略因此直接回避理一分殊说,认为只有具体有形质的事物才能有"分",造物主(相当于天理)属无形质的神体,不可以分。这是将"分"理解成了具体的"划分"或"分割",其实"理一分殊"中的"分"是"分化"的意思。前者相当于整体分割成部分,会对作为本源的整体造成损失,后者相当于对整体的一种复制投影,不会对作为本源的整体造成损失。同样,气一分殊说中的气(元气)虽然在化生万物过程中有聚散而无消亡,但艾儒略将儒家思想中抽象的气理解成四元行中的具象之气,所以认为气的分殊必然会对作为本源的整体造成

---

① [意]艾儒略:《性学觕述》,黄兴涛、王国荣编:《明清之际西学文本:50种重要文献汇编》第一册,第485页。

损失。这在强调天主全知、全能、无德不备的艾儒略看来当然是不能接受的。而且儒家的一本万殊说会导致天人合一、天人同体说，这在主张天主高于人、物的艾儒略看来当然是对天主的一种僭越。①

最后，关于人生目的（境界）。儒家一般主张事物存在的根据及其本性内在于该事物自身，并依据天道性命相贯通的天人合一论主张性是由天所赋予的（“天命之谓性”），人与其他物种相比是具备最灵妙之气，或者说具备完全德性（如孟子、朱熹）的最高级生物，但归根结底万物的本源与本根是一致的。这也就是儒家所谓天地同根、万物一体、天人合一的思想。与此相反，天主教则到超时空的“他者”——天主那里寻求万物的本源和存在依据，认为万物皆由天主所创造，人类又是万物的管理者，虽然先天犯有“原罪”但可通过行善向天主赎罪。天主依据人生前的行事来裁判人死后其灵魂是升天堂还是下地狱。由此天主教主张人的灵魂是“有始无终”的绝对精神实体，与动植物依附于形体的生魂与觉魂相比存在本质区别。总而言之，在儒家这里，人生的目的就是天人合一，到达人生最高境界的圣人就能与天理道体合一而同体。在天主教这里，人无论如何高尚聪明都不可能与全知全能的天主相提并论，人生的目的只能是生前一心侍奉天主而死后灵魂回到天主（上帝）那里听候其审判赏罚。②

总结上述基于“四因说”对天主教“魂三品说”与儒家（理学）性论（万物构成说）思想之比较与会通的论述，可以归纳如表11-8所示。

表11-8 “四因说”视域下耶儒性论的比较分析表

四因说	耶教性论			儒家（理学）性论		
动力因	天主（公）	天地万物（私）	外在超越	天理道体（公）	天地万物（私）	内在超越

① ［意］艾儒略：《性学觕述》，黄兴涛、王国荣编：《明清之际西学文本：50种重要文献汇编》第一册，第254～255页。

② 正如黄保罗所指出的，儒家与基督教的救赎方式是不同的。一方面，对于基督徒来说，人类不能拯救自己，而只能通过恩典和信仰。也就是说，在圣灵的带领下，人可以通过一个发展过程成为神性的参与者。而道成肉身的耶稣基督既是人又是神，是使人与神重新结合的唯一中介。儒家将基督教的这种救赎方法称为“外在超越”。另一方面，儒家认为，人可以通过自我修身来拯救自己，这被称为“内在超越”。因为儒家的自然法则（天理、原则）是人类与天堂之间的中介，并通过人类能够发现和实现人性（心性或理），这是自然法则的主观形式（天、天理、原则）在人类这里。See Paulos Huang, *Confronting Confucian understandings of the Christian doctrine of salvation: A systematic theological analysis of the basic problems in the Confucian－Christian dialogue*, Studies in systematic theology, Vol. v. 3.

续表

<table>
<tr><th>四因说</th><th colspan="5">耶教性论</th><th colspan="3">儒家(理学)性论</th></tr>
<tr><td>目的因</td><td>天主</td><td colspan="3">回归天主受天堂地狱之赏罚</td><td></td><td>天理道体</td><td>与天理道体合一</td><td></td></tr>
<tr><td>质料因</td><td>元质</td><td colspan="3">四元行(次质)</td><td rowspan="6">内在</td><td>元气</td><td>阴阳五行</td><td rowspan="6">内在</td></tr>
<tr><td rowspan="5">形式因</td><td colspan="4">外模(依赖者)</td><td colspan="2">形貌、品德</td></tr>
<tr><td rowspan="4">内模(体模)</td><td colspan="2">不生活者</td><td>死模(无生物)</td><td>性(枯槁)</td><td rowspan="4">天理、道体(性即理、魂属气)</td></tr>
<tr><td rowspan="3">生活者(魂三品)</td><td rowspan="2">质模</td><td>生魂(植)</td><td>性(植)</td></tr>
<tr><td>觉魂(动)</td><td>性(动)</td></tr>
<tr><td>神模</td><td>灵魂(人)</td><td>性(人)</td></tr>
</table>

综上所述,耶稣会士在儒耶魂性思想的比较上采取的策略是依据万物构成之“四因说”,用作为动力因和目的因的人格神天主来代替儒家的天道(天理)本体,进而基于其形式因与质料因、灵魂与肉体二元结合的内部构成说,将儒家性论纳入到天主教灵魂肉体说的框架中。概括来说,在动力因方面,耶稣会士把儒家作为动力因并代表道德本体的天道、天命、天理等道体范畴降格为依赖于实体的属性,用人格神的天主(上帝)作为动力因来代替儒学的天道(天理)本体。在形式因方面,耶稣会士基于“魂三品说”批判了理学的“性即理”与“魂属气”说。“魂三品说”之形下机能(生长、知觉、论辨)与儒家的气论(如荀子)大体一致,而“魂三品说”之形上根源(天主赋性)则与儒家的天命、天道论(如朱熹的天理论)不同。同时气本论者黄宗羲、黄百家父子对朱熹理本论及“性即理”说的批判与耶稣会士可谓如出一辙。在质料因方面,耶稣会士依据太极元气说把作为儒家形上本体的太极道体视为质料因中的元质,又依据四元行说批判了中国传统阴阳五行说。在目的因方面,耶教基于灵魂不灭与天主救赎论批判了儒家的魂灭论与天人合一论。总的来看,以利玛窦、艾儒略为代表的这些深入了解中国思想文化的耶稣会士大体抱着平等对话的态度,基于耶教思想致力于中西思想的会通。虽然其立场、目的与结论不一定能为我们所接受,但无疑有助于我们理解中西思想的会通与异同。其致思路径时至今日仍然值得我们加以总结和借鉴。

本论三小结

以上，本论三中与对《宋元学案》相关的儒耶思想交涉的三个专题进行了系统研究。其主要观点如下：

第九章“儒家仁说及其与耶教思想的比较——以朱熹、黄氏父子及利玛窦为代表”。

朱熹的仁说包括本体论、心性论及工夫论三个层面。本体论层面，仁是是天理在人性中的呈现，是高于形而下之气(情)的形上本体。心性论层面，仁是兼包“四德”的心之全德，是孝弟(爱)之所以然的形上本体依据。工夫论层面，朱熹强调以敬存心，去除私欲的障蔽，则天理自然澄明，就能达到仁。黄氏父子从其理气、心性、理欲合一的立场出发，批判了朱熹基于理气、心性、理欲二元论的仁说。利玛窦从其天人、灵肉、理欲二元对立的立场出发批判了包括朱子学在内的儒家仁说，其观点与结论与朱熹及黄氏父子互有异同：在本体论层面较近于朱熹，而在心性论与工夫论层面则较近于黄氏父子。而黄氏父子的思想对以利玛窦为代表的天主教思想也有所吸收。

第十章“黄宗羲的魂魄说及其与耶教思想的比较——以《宋元学案》中收录的《破邪论·魂魄》为中心”。

黄宗羲从气本论的宇宙本体论及注重经世致用与道德教化的立场出发，在批判程朱理学的同时回归先秦儒学原典，批判了道教的魂魄说及中医的魂魄五行相配说，从气本论出发区分人性与物性，批判了程朱的性即理说及佛教地狱轮回说，并对祭祀及圣贤灵魂不朽给予理性解释，在批判朱熹魂气感格说的同时维护了儒家人文信仰。利玛窦基于天主赋魂说与天堂地狱赏罚论，批判了儒家基于气化论的魂灭说、佛教轮回说，并给予儒家祭祀以非宗教性的解释。双方在魂魄的根源及本质、灵魂归宿、地狱有无的认识上对立，在对程朱理学与佛教轮回说的批判及祭祀的世俗功能认识上基本一致，体现了黄宗羲为代表的主流儒家学者基于自身立场对利玛窦倡导的适应中国国情传教策略的批判性回应。

第十一章“‘四因说’视域下的儒耶思想交涉——以朱熹、黄氏父子及利玛窦、艾儒略为代表”。

“四因说”视域下形式因与质料因的内部构成说,适用于解释儒家尤其朱熹理学的万物生成论及性论。从结构上看,理学中的天理道体相当于动力因,性(理)相当于形式因,气相当于质料因,与天理道体合一相当于目的因。耶稣会士依据“四因说”,用天主取代天理,进而基于灵肉二元的内部构成说,将儒学中天所赋予的性与耶教中天主所赋予的魂会通起来,从而将儒家性论纳入到耶教灵魂肉体说的框架中。在动力因上,耶教把天理降格为依附于实体的属性。在形式因上,耶教基于“魂三品说”批判了“性即理”与“魂属气”说。在质料因上,耶教依据太极元气说把太极视为质料因中的元质。在目的因上,耶教基于灵魂不灭与天主救赎论批判了儒家的魂灭论与天人合一论。

结　论

本书以《宋元学案》中宋元儒学思想史的编纂、构建与诠释为问题意识，采用以点带面的方式，以《宋元学案》的构成要素与具体学案（学者）为点，以《宋元学案》的层次结构与思想史脉络为线索，探讨了《宋元学案》的内容构成、思想史观及哲学诠释诸方面。总的来看，由清代浙东学派学者黄宗羲、黄百家、全祖望、王梓材、冯云濠等人编纂的《宋元学案》作为学案体裁的学术思想史著作，除了具有沿着思想史发展的脉络（序录），将某时代的学者分成若干学案（学派），并以学者的传记及思想资料作为其主要内容这些学案体著作的共同特征之外，由于前后三阶段数十位编纂者历经一个半世纪以上方才编纂完成的缘故，同时具有哲学史、思想史和文献资料汇编的性质。大体上来说，第一阶段康熙年间，由黄宗羲、黄百家父子等人编纂的《宋元学案》黄氏原本的性质近乎哲学史（道学史）；第二阶段乾隆年间，由全祖望等人编纂的《宋元学案》全氏修补本的性质近乎思想史；第三阶段道光年间，由王梓材、冯云濠等人编纂的《宋元学案》王冯校补本的性质近乎文献资料汇编。这三个部分由于前后三阶段的编纂叠加在一起，使得现行《宋元学案》的内容构成变得十分复杂。因此笔者认为对于《宋元学案》的研究应将文献学、思想史和哲学诠释的三条路径结合起来，即通过文献学的研究阐明《宋元学案》的内容构成及其学术意义，通过思想史的研究阐明《宋元学案》中宋元思想史的发展脉络及各地域的学术源流，通过哲学诠释的研究阐明《宋元学案》中收录学者的思想宗旨与学术评价，以及编纂者的思想立场。接下来就从文献学、思想史、哲学诠释三条路径出发，全面分析《宋元学案》的三重层次及其内容并阐明其学术价值，以作为全书的总结。

第一节 《宋元学案》中的文献编纂及其内容构成

现行百卷本《宋元学案》的内容构成包括:卷首“宋元儒学案序录”是全书的纲领,正文凡100卷包括86个学案、2个党案和3个略案(下文一般用“学案”一名包举党案与略案)。各学案一般由学案表、序录、小传、思想资料和附录五部分内容构成,此外全书随处可见编纂者的案语或相关评论文章(如黄百家的《求仁说》)。以下即按顺序探讨其内容构成及学术价值。

一、学案的设立及其学术意义

黄宗羲在编纂《宋元学案》黄氏原本时主要依据学术宗旨与地域分布两个标准设立学案。其后全祖望在补修《宋元学案》时从黄氏原本的学案中分出了共59个学案,又另外设立了32个学案,从而确立了今本《宋元学案》的91个学案共100卷的规模。全祖望的修补可分为“修定”“次定”“补定”“补本”四个方面。[①]其中“修定”指增损黄氏原本中某学案的内容,“次定”指将黄氏原本中为宋代道学核心人物“北宋五子”(邵雍、周敦颐、二程、张载)及朱熹设立的六个学案分成上、下两卷,两者都对黄氏原本的学案体系没有增损。这些学案的设立实际上反映了黄宗羲与全祖望的共识。“补定”与“补本”则是全祖望在黄氏原本的基础上设立了新学案,大体都是为了特意表彰某位学者的学术思想与地位而单独设立了学案。“补定”是指某人虽然已经收录于黄氏原本之中,但原本只是附于他人(案主)的学案之中,而全祖望则将其独立出来别立一学案。其中一种情况是为拥有自己的学术宗旨且与师说不尽一致的学者别立学案(如为胡瑗的弟子、吕氏文献之学的先驱吕希哲别立“荥阳学案”)。这与黄宗羲在其《明儒学案·凡例》中所强调的各人学问自得之“宗旨”一脉相承,全祖望在其补修本《宋元学案》中对此进行了全面贯彻。还有一种情况是黄宗羲在其黄氏原本中同《明儒学案》一样,依据地域学派设置了一系列学案(如“永嘉学案”“金溪学案”等),后来全祖望将其分割成为若干学案,并将其变更为以各学派的创始人的姓氏或名号来命名。全祖望的这种做法强调了各学派创始人自身的思想史地位,黄宗羲的做法则强调了地域、学派整体的学术传承。以上的“修定”和“次定”合起来有32个学案共38卷,“补定”则有27个学案共29卷,三者加起来即是现行百卷本

① (清)王梓材:《校刊宋元学案条例》,(清)黄宗羲原著,(清)全祖望补修:《宋元学案》第一册,第21页。

《宋元学案》中出自黄氏原本的学者学案，凡59个学案共67卷。“补本”有32个学案共33卷，则是全祖望为黄氏原本中未收录的人物设立的学案。即全祖望突破了黄宗羲的道学思想史视域，为思想史上的许多次要学者(如陈襄、“三汤”等)，或者与思想界关系密切的政治家与倡导者(范仲淹、赵鼎等)，乃至道学的反对派与杂学(王安石新学、苏氏蜀学等)，以及处于思想界周边的政治事件(元祐党禁与庆元党禁)设立了学案，从而大大扩充了黄氏原本的学案规模并最终确定了今本《宋元学案》的思想史框架。经过全祖望的修补，宋元时代思想界中的主流与支派、正统与异端、中心与周边等各家各派大体齐备，从而使得作为宋元儒学思想史的《宋元学案》的内容趋于完备。总的来看，全祖望设立学案不仅考虑学者的哲学思想、学术地位或思想史脉络等学术因素，同时也考虑到表彰忠义、气节等政治道德的因素。因此，对石介那样在学术思想上成一大家，但在人品等方面有可议之处的学者，因为不太推崇而没有为其单独设立学案，而像郭忠孝虽在传承程颐易学上有一定贡献，但全祖望主要是为了表彰其殉节忠义而单立一学案。因此和《明儒学案》比起来，现行《宋元学案》中的学案在形式上和正史中的列传(学案)及大事表(党案)相近，作为思想家的黄宗羲与作为史学家的全祖望在学术倾向上的差异也在这里充分体现出来。

二、学案表与学者的师承关系

一般来说，作为思想史的《宋元学案》着重于学术源流和师承关系的分析，各学案中将学者的师承关系予以图示化的学案表即是其具体体现。将学案表与正文中人物全称(正式名称)前的标记合起来看的话，《宋元学案》中所收的2427位宋元学者之间有着非常复杂的关系及其身份，从而形成了一张庞大的学术人脉关系网络。这些关系可以区分为两大类。即“讲友”“学侣”“同调”“家学”“门人”“私淑”“续传”“别传”“再传”等是处理师承关系中一般情况的通例，而“所出”“所传”“之先”“别派”“余派”“之学”“之余”等则是处理师承关系中特殊情况的特例。同时，学者往往处在多重关系中并拥有多个身份，而《宋元学案》中同一人物必定在其关系者的“关系”中列名出现，从而使得学者的正式名称(如吕祖谦的正式名称是“成公吕东莱先生祖谦”)在《宋元学案》的多重关系中反复出现。其中一处作为主要关系，其下列有正式名称、小传、思想资料等内容，其他出现的地方则作为次要关系，其下只列举其正式名称，并用“参照法”注明详情参见其“主要关系”所在的地方。这样编纂者便一一明确了《宋元学案》中所有学者间的关系和身份，同时区分了多重关系、身份之间的主次地位。由此《宋元学案》中的学者关系虽庞大复杂却有条不紊,并将《宋元学案》中数量庞大的学者关联了起来,成为一个不可分割的统一体,同时也为学术源流脉络及学者之间交往活动的分析研究提供了线索和依据。如通过统计学者所持之身份(如朱熹作为"延平门人"即李侗门人的身份),可以考察其学术渊源(先驱和同调),而通过统计"关系"(如"晦翁讲友""晦翁门人"等)中出现的学者(晦翁——朱熹等)的次数,则可以考察该学者的学术影响力(同调和后继)。其中出现次数在百次以上的五位学者——朱熹(274次)、陆九渊(113次)、程颐(110次)、吕祖谦(107次)和张栻(104次)可称得上是"宋学五大家"。其出现的次数实际上反映了这些学者的学术思想在宋元时期的传播范围及其影响力。

三、传记、思想资料及附录的编纂

《宋元学案》中共有2272条小传,这些小传一般包括姓名、字、与已经收载于《宋元学案》中某人间的亲属关系或师承关系、籍贯或出生地、科举所获得的资格或官职、事迹或学术活动、言论及评论、著作、参考史料等内容。相较而言,《宋史》等正史中的传记重在传达与人物相关的完整无缺的史实,而《宋元学案》中的传记则因其学术思想史的性质强调人物自身的学术活动与人格气象等。从小传所辑录的资料来看,伴随着《宋元学案》复杂的成书过程,小传的编纂从开始到完成经历了多个阶段。统计其中由最后的修补者王梓材所补的697条小传的出典,可知其总共引用了178种文献资料,涉及范围十分广泛,包含经史子集四部的书籍。从引用的数目上来说,以《宋史》和《万姓统谱》为主要依据;从种类上来说,则以方志和文集为主体。除了小传之外,各学案学者的附录中也经常可见人物相关的事迹和史实,其中自然存在着种种的问题。正如王梓材所指出的那样[1],黄氏父子与全祖望生前都有修订《宋史》之意图,因此在编纂《宋元学案》时围绕着人物的生平事迹和史实做了大量的考证工作。由此《宋元学案》的小传及其考证与《明儒学案》相比不仅数量庞大,而且史料价值很高,可据以订补《宋史》等相关史籍之不足与讹误。《宋元学案》中的一百条以"谢山"(全祖望之号)开头的附录文章更是如此。这些文章的内容大多与全祖望的家乡(鄞县,今属浙江宁波)出身的宋元两代先贤事迹相关,是以地方史大家著称的全祖望一生最重要的学术成果的一部分。

思想资料与附录主要是与学者的思想、学术相关的原典及历代相关评

---

① (清)王梓材:《校刊宋元学案条例》,(清)黄宗羲原著,(清)全祖望补修:《宋元学案》第一册,第22页。

论文献，可说是《宋元学案》的中心内容。首先，根据笔者的统计，《宋元学案》中的思想资料部分总共辑录有174位学者的323种著作、文章和语录等资料。编纂者基于其编纂原则与观点立场，从数量庞大的宋元时期学者的著作及相关文献中辑录资料并进行剪裁、排列。一般来说，辑录进《宋元学案》中的资料较好地体现了学者的思想宗旨与学术精华，但仍不免打上了编纂者自身的学术思想烙印，有些辑录资料失于断章取义（最典型的是"晦翁学案"中从刘宗周的《圣学宗要》中直接搬来割裂后的朱熹"中和说"）。编纂者当中，继承刘宗周学术思想的黄宗羲、黄百家父子的心学倾向和门户立场表现得最为明显（如周敦颐"濂溪学案"中一反朱熹以来的惯例，将《通书》置于《太极图说》之前，并对《太极图》的渊源提出质疑）。这一点集中体现在他们编纂的"北宋五子"和朱陆等诸大儒的学案中。《宋元学案》各学案中思想资料的排列顺序虽不可一概而论，但一般来说，排列在前面的资料往往包含有强调的意思。同时由于受成书过程中主客观条件尤其文献资料欠缺等方面的限制，《宋元学案》中思想资料的编纂还有许多不完备的地方。其次，《宋元学案》中共计有78个学案242位学者的小传或思想资料的后面有附录。附录的内容一般是为了补充前面的小传或思想资料而辑录的有关案主的事迹和历代相关评论等，其中收录有大量意味深长的逸闻逸事和精彩评论。但附录与小传、思想资料间的界限往往不太清晰。因此，《宋元学案》最后的编纂者王梓材为了使全书的体例和内容一致，对先前黄氏父子和全祖望所辑录资料的归属进行了调整，从大的方面可分为"移为"（同卷）和"移入"（同卷以外）二种情形。这些调整虽在某种程度上打乱了黄氏原本与全氏修补本的面貌，但由于王梓材在其调整后或在案语中说明其行踪或理由，或标明其出处，可据以探知其去向并予以还原。

四、编纂者的案语及其学术价值

根据笔者的统计，今本《宋元学案》正文百卷及卷首中共有2143条案语或附录文章，收录有大量编纂成果与重要学术观点。其中除文献的编纂与整理之外，在《宋元学案》编纂的第一阶段（黄氏原本）中，编纂者黄宗羲、黄百家、杨开沅、顾諟、张采以宋元道学的发展脉络（先驱、高潮、后继）为主体展开编纂和论述，并在案语中致力于学者思想的诠释与评价。从这方面来看，《宋元学案》黄氏原本可谓"精华版"的哲学史（道学史）。从案语的学案分布来看，第一阶段编纂者的案语集中在北宋道学创始人"北宋五子"与南宋道学代表人物朱熹（理学）、陆九渊（心学）的学案中，其原因除了这些大儒学术思想的独创性与重要性之外，同黄氏父子自身的学术思想也有密切的关联。其评论集中体现了从明末蕺山学派派生出来的清代浙东学派代表人物黄氏父子等人的思想倾向。在《宋元学案》编纂的第二阶段(全氏修补本)中,史学家全祖望主要致力于学术源流(序录)、师承关系的分析(周程授受等)以及史实的考证(小传与附录文章)、乡邦先贤学术思想的表彰等方面。其案语主要是史学(思想史)与考据学(历史文献学)方面的内容。全祖望不仅定下了今本《宋元学案》的思想史框架,而且通过大量的史实考证提高了全书的史料价值,同时也使得今本《宋元学案》的史学色彩非常浓厚。从案语的学案分布来看,其案语大多集中在黄氏父子所不太关注或忽视的人物身上。这也反映了全氏与黄氏父子在学术侧重点上的不同,即全氏注重史实考证,黄氏父子注重哲学诠释。在《宋元学案》编纂的第三阶段(王冯校补本)中,王梓材和冯云濠作为《宋元学案》最后的编纂者在全氏修补本的基础上加以修订,补充了大量的资料并留下了与修订和调整相关的大量案语,从而也使得现行《宋元学案》作为宋元儒学史资料汇编的文献学色彩非常浓厚。以上《宋元学案》成书三阶段的编纂者都是属于清代浙东学派的学者,其学术观点与立场贯穿于《宋元学案》的编纂及其全文之中,这可说是理解《宋元学案》的思想倾向及评价的关键所在。

总之,《宋元学案》作为前后三阶段的编纂者基于各自的学术专长,前后跨越一个半世纪以上方才编纂完成的宋元儒学思想史巨著,其文献与史料价值非常高,并以其内容构成的完备性集学案体著作之大成,成为近代以来与宋元儒学乃至中国哲学相关的学术史、思想史、哲学史著作的经典范式。如作为现代中国哲学史研究奠基之作的胡适《中国哲学史大纲》和冯友兰《中国哲学史》,虽然在内容及视野上多有突破,但从体例上来看仍然是传统学案体的延续。现代以来虽然出现了试图突破学案体的写作范式,以问题意识为中心的哲学史、思想史著作(如张岱年《中国哲学大纲》与葛兆光《中国思想史》),但以学案体为代表的传统学术史样式仍然具有不可替代的重要地位。[①]后来的学案体著作如民国唐晏编纂的《两汉三国学案》、民国徐世昌主持编纂的《清儒学案》等都以《宋元学案》为范本,但在体例的完备性

① 参见单虹泽《范式转换与历史建构:对当代中国哲学史撰写的省察》,《武陵学刊》2020年第6期。

上都没有超出《宋元学案》。[①]

第二节 《宋元学案》中的思想史建构及其学术意义

如果说《明儒学案》注重学者的思想问题与学问宗旨的诠释,那么《宋元学案》偏重史实与考证,以及学派传承与思想源流的梳理。这可说是由《明儒学案》的编纂者黄宗羲与《宋元学案》的实际完成者全祖望之间学术专长和思想倾向上的差异所造成的。以下即从三个方面归纳分析编纂者的思想史观及《宋元学案》中的思想史建构。

一、思想史的视域立场及其总体脉络

从思想史的视域及其立场来看,黄宗羲、黄百家父子突破了《宋史·道学传》以来只局限于朱子学的狭窄思想史视野,批判了《宋史》以来在"儒林传"之外另立"道学传"的做法,主张废除"道学传"而统归"儒林传"。基于此立场,他们高度评价了"宋初三先生"的历史功绩,为之单独设立学案并将其置

① 如程得中考察了《清儒学案》的编辑思想、体例及学术资料选编等方面,指出其编辑思想的进步体现在:(一)编纂目的是保存史料以供后人研究,保证了编纂的客观性;(二)不拘门户,无存轩轾;(三)于清代学人力求网罗净尽,宁详毋略;(四)破除儒林、文苑的传统界限,将文学之士立于学案。其编辑体例的创新体现在:首创正案、附案两大体例,正案继承《明儒学案》的总论、案主传略和学术资料选编三段式结构,又继承《宋元学案》的体例增添"附录"。附案则别为家学、弟子、交游、从游、私淑五类,从而使学案体史书体裁臻于完善。参见程得中《〈清儒学案〉编纂成就刍议》,《编辑之友》2011年第12期。由程得中的论述可知,《清儒学案》在编辑思想上完全继承了《宋元学案》尤其全祖望补修本的思想立场,而在编辑体例上,《清儒学案》也基本继承了《宋元学案》,只是侧重点不同。总之,《清儒学案》内容上较之《宋元学案》(不包括《宋元学案补遗》)更加丰富和整齐,但在编纂思想及体例上并没有超出《宋元学案》的范围,而在学术思想价值上,《清儒学案》更是不及《宋元学案》和《明儒学案》。这一点集中体现在材料的剪裁及编纂者的案语评论中。因此称《清儒学案》为最后一部严格意义上的学案体著作("学案体史籍的殿军")是可以的,但如果像朱曦林那样称《清儒学案》为学案体史籍的集大成之作,则言过其实。参见朱曦林《近百年来〈清儒学案〉研究回顾》,《中国史研究动态》2018年第3期。而且正如学者所指出的,《清儒学案》由于政治立场及门户之见,遗漏了康有为、梁启超、严复、廖平等清代启蒙学者或今文经学家。这也是《清儒学案》为人所诟病的一个主要原因。参见沙志利《从〈清儒学案书札〉看前人对〈清儒学案〉之评价》,《儒家典籍与思想研究》第6辑,2014年。此外,中华书局点校本《清儒学案》中存在大量校勘不当之处,仅卷一至卷十中就发现有脱句6例105字,失校35例,误断97例。参见姚文永《中华书局本〈清儒学案〉勘误举例》,《淡江人文社会学刊》2010年第42期。

于《宋元学案》的开端,从而确立了三先生作为道学先驱和宋学创始人的思想史地位。[①]值得注意的是,黄氏父子的这种做法实际上是基于其一本万殊的思想史观。即"道"作为儒学中各学派的共通之物,并非一家一派之私物,各学派虽各自提倡其自得之学问,实际上其所得不过是圣人大"道"(一本、全体)之"一斑"(万殊、部分)罢了。因此,如果想从整体上把握与天道合一的圣贤之道,就应该从百家各派中寻求,而不应该只取任何一家之教便以为是道之全部。[②]这一立场体现在《宋元学案》中就是黄氏父子一方面折中朱陆等各学派之异同,一方面重视学问之自得创见(成一家之言)的思想立场。[③]全祖望在黄氏父子的道(道学传)、儒(儒林传)合一的思想史视域基础上,进一步扩展到了道、儒、文(文艺传)合一的思想史视域[④],体现了去短集长的思想立场。这反映了全祖望作为史学家擅长史实考证与学术源流的梳理,同时其思想史视野较黄氏父子更为开放,更少门户之见,也因此进一步突破了黄宗羲、黄百家父子的道学思想史体系,广泛采录道学以外的人物或事件,从而填补了思想史上的诸多空白,展现了宋元儒学思想史的全貌。

现行百卷本《宋元学案》中的思想史脉络主要体现了其实质意义上的完成者全祖望的见解,特别是集中体现在卷首"宋元儒学案序录"中。"宋元儒学案序录"作为全祖望对于宋元思想史发展脉络的总结性论述,也是《宋元学案》全书的纲领。笔者依据序录中宋元思想史的发展脉络,将《宋元学案》的86个学案、2个党案和3个略案依次分成了8个阶段与9个部分,进而依据《宋元学案》中的师承、宗旨、地域等因素来探讨了这8个阶段中各学派的发展脉络及其代表人物的思想史地位等。其主要观点如下:

第一阶段:宋学的创立与学派的形成——胡瑗、孙复及其同调势力(卷一"安定学案"至卷六"士刘诸儒学案")。

此阶段主要包括宋学的创始人胡瑗及其弟子徐积、孙复及其弟子石介,推进北宋儒学复兴运动的政治家范仲淹与古文运动领袖欧阳修,以及与"宋初三先生"同时在各地兴起的"闽中四先生"(陈襄、郑穆、陈烈、周希孟)、士建中(孙复同调)、申颜、侯可(以上二人为关学之先驱)、王开祖(确立永嘉师道的先驱)等学者。

第二阶段:北宋六先生与道学的创立——以洛阳和关中为中心(卷七、

---

① (清)黄宗羲原著,(清)全祖望补修:《宋元学案》第一册,第73、121~122页。

② 参见《明儒学案序》,(清)黄宗羲:《明儒学案》,第7页。

③ 参见李明友《一本万殊——黄宗羲的哲学与哲学史观》,第113~115、140~144页。

④ 参见(清)全祖望《宝甈集序》,《全祖望集汇校集注》,朱铸禹汇校集注,第609页。

八“涑水学案上、下”至卷十九“范吕诸儒学案”)。

此阶段主要包括作为宋代道学创始人的“北宋六先生”,即司马光(朔学)、周敦颐(濂学)、程颢和程颐(二程、洛学)、张载(关学)、邵雍(象数学)。

第三阶段:北宋六先生的弟子与道学的传承——以洛学为中心(卷二十“元城学案”至卷三十三“王张诸儒学案”)。

第四阶段:南宋初期的思想界与儒学的传承——以湖湘学派与道南学派为中心(卷三十四“武夷学案”至卷四十七“艾轩学案”)。

第三、第四两阶段反映了两宋之间的道学传承,其顺序与上述第二阶段相同,依次是“北宋六先生”的直接弟子、再传弟子或私淑弟子,主要包括洛学的直接弟子谢良佐、杨时、尹焞、王苹、吕大临,洛学的私淑弟子胡安国、陈瓘、邹浩,洛学的再传弟子吕本中(附吕希哲、东莱吕学的先驱),罗从彦与李侗(道南学派),胡寅与胡宏(湖湘学派)。

第五阶段:南宋儒学的兴盛与论争——朱学、陆学、浙学及其同调者(卷四十八、四十九“晦翁学案上、下”至卷六十一“徐陈诸儒学案”)。

此阶段主要包括理学的集大成者朱熹(闽学),朱熹的讲友、湖湘学派的代表人物张栻,朱熹的讲友、吕氏中原文献之学的集大成者吕祖谦(东莱吕学、婺学),朱熹的论敌兼浙东学派的代表人物薛季宣、陈傅良、叶适(以上三人属永嘉学派)、陈亮(永康学派),永嘉学派的同调唐仲友,江西陆学的创始人陆九韶、陆九龄、陆九渊兄弟(心学)。

第六阶段:朱张吕陆的弟子与学术界的整合(卷六十二“西山蔡氏学案”至卷七十九“丘刘诸儒学案”)。

第七阶段:南宋后期的儒学与朱陆的合流(卷八十“鹤山学案”至卷八十九“介轩学案”)。

第六、第七两阶段主要反映了朱张吕陆诸位南宋儒学大师的后学与思想界的整合,主要包括朱陆的直系弟子黄榦、辅广、陈淳、“甬上四先生”(杨简、袁燮、舒璘、沈焕),朱陆的再传弟子与私淑弟子魏了翁与真德秀、何基、王柏、金履祥、许谦(以上四人属金华朱学)、王应麟、黄震、史蒙卿(以上三人属四明朱学,兼综朱陆吕三家而以朱学为主)。

第八阶段:元代朱学的官学化与陆学的传承(卷九十“鲁斋学案”至卷九十五“萧同诸儒学案”)。

主要包括元代儒学的代表人物许衡与刘因(北方朱学)、吴澄与郑玉(南方朱学与朱陆折中者)、陈苑与赵偕(元代陆学)。

以上八个阶段共86个学案基本展现了北宋仁宗朝前后至元代末期的儒学发展历程。

第九部分:党禁与杂学,包括政治事件——“元祐党禁”与“庆元党禁”、道学的主要反对派新学、蜀学及作为两派之余波的金朝儒学(杂学)。

在此部分中,全祖望单独设立了关于政治事件的2个党案与关于道学反对派的3个略案,即关系到两宋治乱兴亡与学派兴衰的重大政治事件——“元祐党禁”(卷九十六“元祐党案”)与“庆元党禁”(卷九十七“庆元党案”),作为北宋后期至南宋初期的官学并与洛学相敌对的王安石新学(卷九十八“荆公新学略”),被朱熹视为杂于佛老的道学反对派三苏蜀学(卷九十九“苏氏蜀学略”),以及被视作王、苏两派之余波(儒佛折中论者)的金朝儒学代表人物李纯甫和赵秉文(卷一百“屏山鸣道集说略”)。

由此《宋元学案》中宋元儒学思想史的框架与脉络,以及思想与政治、文化等客观环境间的互动影响关系得以全面展现。其中,第一阶段是宋学的产生及道学的先导。第二阶段以北宋六先生为代表的道学以及最后的新学与蜀学是北宋儒学的高潮。第三阶段与第四阶段是从北宋后期开始直到南宋初期的过渡期。第五阶段则是南宋乃至两宋儒学的高峰。第六阶段与第七阶段则是以朱学为主融合各学派的儒学整合期。第八阶段是以朱学的官学化为主的从宋末到明初的过渡期。最后“屏山鸣道集说略”,即金朝儒学,则是宋元两朝之间的过渡期。

通过以上分析可知,《宋元学案》中的91个学案、党案、略案看似比较零散,实际上秩序井然不乱,已经包含有现代思想史著作的建构(先驱、高潮、后继的思想史发展脉络)和要素(学术背景、生平事迹、学术思想的诠释与评价),其中贯穿着编纂者推崇学术思想上的自得创见,道德与事功并重的有体有用之实学,折中朱陆等各学派的一本万殊思想史观,以及学问优先于社会地位的纯粹学术态度。①从历史上来看,中国虽自先秦以来即拥有悠久的学术思想史传统,并且出现了《庄子·天下》《荀子·非十二子》《韩非子·显学》

---

① (清)黄宗羲原著,(清)全祖望补修:《宋元学案》第三册,第2057页。赵向东指出,黄宗羲的史学思想主要体现在以下几个方面:第一,黄宗羲主张治史要“经世致用”,合学问与事功为一,注重现实,倡导经世致用,匡时救世;第二,黄宗羲提倡治史要独立思考,善于怀疑;第三,黄宗羲倡导学术民主,贵独断之学;第四,黄宗羲主张治史要据事直书,并且寓褒贬于其中。赵向东所论述的黄宗羲治史的这四条原则在黄领导编纂的宋元思想史著作《宋元学案》中都有着集中的体现,黄宗羲本人自不必说,继承其思想立场的末子黄百家、私淑弟子全祖望等《宋元学案》的编纂者也都遵循了上述原则。参见赵向东《略论黄宗羲的史学思想》,《兰州大学学报》1990年第3期。

《史记》“论六家要旨”和史书中的儒林传、道学传、艺文志、经籍志[①]等具有学术思想史性质的文献史料，此外还有如朱熹《伊洛渊源录》、李心传《道命录》、周汝登《圣学宗传》、孙奇逢《理学宗传》等学术思想史专著[②]。但正如梁启超所指出的那样[③]，从体裁的完备性来看，还是要等到黄宗羲的《明儒学案》与《宋元学案》两部学案巨著的诞生，才称得上是完善的学术史专著[④]。而《宋元学案》从思想史的建构及其要素的完备性来说可谓是传统学术思想史的集大成之作。

二、思想史的具体展开及其观点

《宋元学案》的编纂者在思想史发展的具体进程及学者的思想史地位等方面的阐发上，也有很多值得注意的地方。这里按照上述《宋元学案》中宋元儒学发展的八个阶段、九个部分总结概括如下：

① 如宋末元初史学家马端临编纂的《文献通考·经籍考》贯穿了《文献通考》的“文”（典籍）、“献”（贤者）、“考”（考订）三位一体的编纂原则，进而为了达成其“记其著作之本末，考其流传之真伪，订其文理之纯驳”的编纂目的（“辨章学术，考镜源流”），马端临一方面按照时代学术思想进行了忠实地记录，一方面论述了书籍之性质与特征、流传与真伪等方面，进而基于其朱子学立场对所收书籍的内容及其背后的学术思想进行了检讨。参见（元）马端临《文献通考》，中华书局，1986年，第9页。白寿彝因此指出《经籍考》以目录书的形式承担了“学术文化史”的任务。参见白寿彝《中国史学史论集》，北京：中华书局，1999年，第500页。也就是说，《经籍考》超出了一般的目录文献，其实是关于“意识形态”的著作。

② 梅新林、俞樟华系统归纳和整理了中国学术史的发展脉络，指出中国学术史的主要样式有八种，即以庄周的《庄子·天下》篇为发端的序跋体，以司马迁的《史记·儒林列传》为发端的传记体，以刘歆的《七略》为发端的目录体，以程颐的《河南程氏遗书》为发端的笔记体，以朱熹的《伊洛渊源录》为发端的道录体，以黄宗羲的《宋元学案》为发端的学案体，以梁启超的《中国近三百年学术史》为代表的章节体，以民国期间刘汝霖的《汉晋学术编年》《东晋南北朝学术编年》为代表的学术编年体。参见梅新林、俞樟华《中国学术史研究的主要体式与成果》，《浙江师范大学学报（社会科学版）》2009年第1期。其归纳较我们更为细致，同时也将《宋元学案》为发端（其实当以更早成书的《明儒学案》为发端）的学案体作为中国古代学术史发展的最成熟形态。这可以说已经成为中国学术史研究中的共识。

③ 梁启超：《中国近三百年学术史》，《梁启超全集》第八册，第4453、4476页。

④ 关于学案体体裁的学术思想史的起源，学术界还存在一些争议，大体可分为以下两种意见：罗炳良、詹子庆、叶建华、阮芝生、黄进兴、仓修良等人认为黄宗羲编纂的《明儒学案》与《宋元学案》开创了学案体的新体裁，而卢钟锋、陈祖武、周春健等人则将朱熹的《伊洛渊源录》视作学案体的开山之作。参见周春健《〈伊洛渊源录〉与学案体》，第773～776页。对此笔者取折中的态度，即学案体的渊源虽然可以追溯至朱熹的《伊洛渊源录》乃至正史中的“儒林传”“道学传”等学术史文献，但从体裁的完备性来看，还是要等到黄宗羲的《明儒学案》出现以后，学案体的体裁方才得以确立。其后《宋元学案》经过黄宗羲、黄百家、全祖望、王梓材等人的次第修纂不断完善而得以集学案体学术史之大成。

第一阶段:关于“宋初三先生”胡瑗、孙复及其弟子石介的思想史地位,《宋元学案》的编纂者之间存在着不同意见。即黄氏父子以胡瑗、孙复、石介三人作为宋学的开端。而全祖望则只以胡瑗与孙复二人作为宋学的开端,并为二人各立了“安定学案”与“泰山学案”,将石介附入其师孙复的“泰山学案”中而没有为其单独设立学案。全祖望的做法实际上是基于其对石介人品学问的非议,但现在的学术界一般按照当时学术地位及贡献的实际情况,同黄氏父子一样将“宋初三先生”作为宋学的开山。全祖望确立了范仲淹、欧阳修等人作为宋学先驱的思想史地位,进而描述了宋代儒学复兴中各地域学统及其学派的兴起。

第二阶段:黄百家确立了周敦颐“阐发心性义理之精微”的道学开山地位。在周程授受关系上,编纂者认为周敦颐对二程虽有引领入门之功,但二程未尽传周敦颐之学,二程思想的形成主要是靠自得及其与学者间的切磋。对于二程的思想差异及宋明道学分派(程朱理学与陆王心学)的关系,黄氏父子等第一阶段的编纂者认为,二程的思想宗旨即本体论(天理、性即理)虽然大体相同,但在修养工夫论上存在差异,具体来说存在一条由周敦颐的“主静”经程颢的“主敬”直到程颐、朱熹的“主敬穷理”的发展脉络。也就是说二程思想在本体论上还是属于同一体系(理学),只是在修养工夫上有所不同。同时,黄氏父子还指出,朱熹主要继承的是程颐理气二元论的思想体系,对于程颢体用一元的浑一思想体系(为道南学派所继承)则存在隔阂而未得其传,同时也指出二程的思想与王守仁“致良知”“心即理”“知行合一”、刘宗周“诚意”“慎独”的思想宗旨之间存在关联。其将程颢、程颐两人同时作为明代心学代表人物王、刘二人之先驱的立场体现得很清楚。[①]这在某种程度上是基于其调和宋学与明学,并为心学寻求思想渊源之意图,同时也体现出思想史发展的复杂性和多元性,而且可说与二程自身的共识相吻合。[②]当然,这个问题非常复杂,不仅限于二程自身,还关系到道学发展的整体脉络,尚有进一步探讨的必要,但黄氏父子的主张可说是值得重视的一家之言。

第三阶段、第四阶段:黄宗羲推许谢良佐为程门弟子之首,反对以湖湘学派与道南学派的发展盛衰来评判其开创者谢良佐、杨时本人的思想造诣;黄宗羲指出谢良佐的“以觉为仁”及湖湘学派的“察识端倪”说与程颢的“识

---

① 此外,《宋元学案》的编纂者还在其案语中论及程颐与聂豹(双江)、王艮(心斋)等阳明后学学者之间的思想关联。参见(清)黄宗羲原著,(清)全祖望补修《宋元学案》第一册,第610、618页。

② 如程颐晚年曾对其弟子张绎说:“我昔状明道先生之行。我之道盖与明道同。异时欲知我者,求之于此文可也。”(宋)程颐、(宋)程颢:《二程集》上册,第346页。

仁”说一脉相承,道南学派到李侗为止传承的是程颢的一元论工夫路数,而朱熹又上溯至程颐洛学并确立其二元论的思想宗旨,因此对道南学派静坐体认本体的宗旨多有批评;以不名一师、不主一家为特色的东莱吕氏家族作为宋元时期首屈一指的儒学世家,共有7代22人名登《宋元学案》之中。

第五阶段:全祖望从去短集长的立场出发表彰了朱熹“致广大,尽精微,综罗百代”的思想体系;黄宗羲从朱陆“早异晚同”说出发,认为朱熹晚年终于放弃居敬穷理的二元工夫论,重新回归周敦颐直至道南一系在未发之中求性体的主静脉络;黄宗羲认为朱熹早年沉溺于章句训诂之学(道问学)而不得修养方法之要领,张栻则较早知道重视对心的涵养体认工夫(尊德性);全祖望明确了吕祖谦作为与朱熹、张栻齐名的道学宗师的学术地位;全祖望指出叶适与程朱理学始同而终异,并且在批判程朱理学的过程中集永嘉学派之大成,强调就事功上寻求义理,从而洗涤了、净化了浙东功利之说。江西陆学的形成与其家族背景密切相关,三陆子的思想和而不同,其中陆九渊的发明本心说与湖湘学派的“先识仁体”说相呼应,即先立本体才容易下工夫。

对作为洛学支流的浙东学派(永嘉学派与永康学派)的发展源流,编纂者指出永嘉学派的学术脉络具体分为三条支脉,其源头都是程颐洛学。一支的基本传承谱系是程颐→周行己→郑伯熊→叶适。具体来说,两宋之际永嘉学派的先驱周行己、许景衡等“元丰太学九先生”在传承洛学的同时也传承了关学。郑伯熊是周行己的私淑弟子,是永嘉学派由理性之学转为事功之学的关键人物。叶适是郑伯熊的弟子,也是永嘉学派的集大成者,其学派当时十分兴盛,与朱熹的理学及陆九渊的心学相颉颃。永嘉学派另一支的基本传承脉络是程颐→袁溉→薛季宣→陈傅良。此派是通常意义上的永嘉学派。具体来说,编纂者表彰了薛季宣创立的永嘉学派学问的广博与实用性,同时也反驳了理学派(朱学)对所谓功利之学的蔑视。薛季宣的弟子陈傅良一方面继承程门理学,一方面发挥“实事实理”思想,刻苦钻研经制,将理学与事功之学结合在一起。而陈傅良也是郑伯熊的门人。叶适也曾问学与薛季宣、陈傅良。可知永嘉学派的上述两支到了陈傅良这里已经开始合流,而最终由叶适总其成。叶适洗濯了二程道学对永嘉学派的影响,批判了后儒之学、朱熹理学与陆九渊心学,尤其是否定了理学的道统说,从而将永嘉学与理学从根本上区别了开来。永嘉学派的最后一支的基本传承脉络是程颐→潘安固→徐谊→黄中。其中,潘安固是程颐的私淑及周行己、许景衡的学侣。徐谊是潘安固的续传、陈傅良的学侣及陆九渊的同调,其思想与陆九渊心学相接近。对于“永康学派”的创始人和代表人物陈亮的学问渊源,黄百家与全祖望都认为陈亮的学问无所承接。其后编纂者王梓材则指出:“龙川在太学尝与陈止斋等为芮祭酒门人。又先生《祭郑景望龙图文》称之曰‘吾郑先生’,则先生亦在郑氏之门矣。”[①]可知陈亮师事郑伯熊、芮煜,而郑伯熊是叶适和陈傅良之师,芮煜是陈傅良之师,因此陈亮与上述永嘉学派的二支都可谓同源,进而郑伯熊又是程颐的再传弟子,因此陈亮的学术渊源也可追溯到程颐洛学。

第六阶段、第七阶段:编纂者表彰了黄榦、辅广、陈淳等人传播和发明朱子学的突出贡献;黄宗羲指出陆九渊将发明本心作为工夫之入门,杨简却将其作为工夫之终极目的,从而将心学禅学化并失去师门教人之旨;编纂者明确了朱学的嫡系经黄榦传至金华朱学,历经由理学流为文章的三变而传承至明代;编纂者阐明了兼修朱、吕、陆三家之学的四明朱学代表王应麟、黄震、史蒙卿的学术宗旨及其纠正浙东心学流弊的学术贡献,强调了学问贵在自得和创新,从中可见编纂者折中朱陆各派的思想立场。王应麟对朱、陆、浙东事功学派兼容并包而以文献来统合的学风与吕祖谦的中原文献之学一脉相承,所以被全祖望推为吕学之正宗。

第八阶段:编纂者肯定了赵复北传朱子学的贡献,分析了其门下的北方两大儒许衡、刘因在出处进退及学术思想上的差异,反驳了后人基于夷夏之辨的正统观念对身为元人的刘因的政治倾向的指责;编纂者描述了宋末以来的朱、陆合流历程,指出元代南方朱学的代表吴澄、郑玉都和会朱、陆而深造自得;编纂者表彰了元代陈苑、赵偕中兴陆学的贡献。

第九阶段:编纂者以《道命录》为蓝本编纂了反映思想与政治之互动影响的“元祐党案”和“庆元学案”,并首次将作为道学对立派的新学、蜀学及金代儒学纳入到宋元思想史的视域中,但又基于正统立场将其视为阳儒阴释的典型予以批判。

三、思想史的地域构成及其学术意义

据统计,《宋元学案》的2272条小传中标明有学者之籍贯或出生地的共计有2075条。笔者提取这些小传中的籍贯(或出生地)与科举资格(进士、明经等)两个要素,依据《宋史》《元史》等正史的“地理志”中所载宋元时期的三级行政区划(路—府、州、军、监—县)一一标记学者之籍贯,并进而考察了《宋元学案》中宋元学者的地域分布及其学术意义。由统计分析可知《宋元学案》中学者数量排名由高到低的地域及其代表学派分别为:两浙路(共计795人,以浙东事功学派、金华朱学、四明朱学、四明陆学为主)、福建路(共计

① (清)黄宗羲原著,(清)全祖望补修:《宋元学案》第三册,第1830页。

345人,以道南学派、闽学为主)、江南西路(共计237人,以江西陆学为主)与江南东路(共计195人,以新安朱学为主)、成都府路(共计94人,以苏氏蜀学、南轩学派、鹤山学派为主)、京东路(共计61人,以东莱吕氏家学、泰山学派为主)、京西路(共计60人,以洛学为主)及荆湖南路(共计37人,以湖湘学派为主)等。《宋元学案》所收录的学者当中,以两浙路出身的学者及进士数量为最多,而浙东(两浙东路)出身的学者数量(共计627人)又远超浙西(两浙西路)的人数(共计168人),可知所谓“浙学”的繁荣主要是指浙东学术。这集中体现在南宋的“浙东学派”及陆学、朱学的门人、后学的传承中。具体到两浙路所辖州府之中学者数量列在前五位的婺州(金华)、庆元府(宁波,又称明州)、瑞安府(温州)、台州及绍兴府均属于南宋的两浙东路(浙东)。其中,庆元府不仅是宋元(特别是南宋)学术文化最为繁荣的地域之一,同时也是《宋元学案》的主要编纂者全祖望、王梓材、冯云濠的家乡与黄宗羲的主要讲学地(甬上讲经会与证人书院)。尤其作为地方史研究大家的全祖望毕生致力于搜寻宋元两代前辈乡贤的生平事迹,并将其收录到《宋元学案》中。因此经过全祖望的补修,《宋元学案》的内容与思想上的“浙学”(以浙东学术为代表)地域色彩非常浓厚。这一方面体现了南宋以来明州及浙东学术文化的繁荣,也是由于全祖望在《宋元学案》中致力于表彰乡邦先贤学术(浙东事功学派、四明心学、四明朱学等)的意图使然。进而统计《宋元学案》各学案中两浙路学者数量的话,可以考察宋元两代两浙路的学术源流与分布特征。尤其南宋中后期的三个主要学派——朱学(金华朱学、四明朱学等为代表)、陆学(“甬上四先生”为代表)、浙学(金华吕学、永嘉学派、永康学派为代表)的传承都集中于浙东,并对明代阳明学与清代浙东学派的形成产生了深远的影响,确实是值得关注的地域文化现象。

总之,编纂者基于其兼容开放的思想史观,在《宋元学案》中构建了比较完备的宋元儒学思想史体系,并且对宋元思想史的发展脉络和分派等问题提出了独到的见解,为后世的宋元思想史著作提供了范式,同时由于其自身的地域色彩烙印,可据以探讨宋元儒学思想史上各地域的学术源流及特色。

第三节 《宋元学案》中的哲学诠释及其思想立场

如前所述,现行《宋元学案》由于其前后次第叠加的成书过程,其内容从大的方面可分为黄氏原本和全氏修补本两部分。其中以黄氏父子为代表的第一阶段编纂者在《宋元学案》黄氏原本中特别关注学者哲学思想的诠释与评价。从这点来看,《宋元学案》黄氏原本实际上与黄宗羲编著的《明儒学案》一脉相承,哲学史的色彩非常浓厚。黄氏原本的学案及其卷次后由全祖望进行了修订,最后又经王梓材的修订而有所调整,但其原本的内容基本保存了下来。因此可以从现行百卷本《宋元学案》的相关内容来探讨黄氏父子的哲学诠释与思想立场。全祖望在其全氏修补本中虽主要致力于史实的考证,但也编纂和补充了大量的思想资料,进而也留下了相关的评论。这里以黄氏父子等编纂者的案语评论为中心,从三个大的方面探讨《宋元学案》对宋元学者哲学思想的诠释与评价,同时阐明编纂者的思想观点和立场。

一、哲学体系的建构与诠释

其一是理气论。黄氏父子受明代中期以来主张理气合一论或气一元论(元气实体论)的实学思潮影响,批判了程朱"理先气后"(宇宙论)、"理本气末"(本体论)的理气论思想。在宇宙论层面,程颐基于其理生气的宇宙论立场批判了张载的太虚宇宙论,认为理为主宰气之根源,气(物)散之后不会再返回太虚,而是由真元之气自然不间断地生出气来,这就是天地化育的生生之理。[①]黄氏父子则将气作为天地万物的本体(实体),将理作为气之条理(规律、法则)[②],主张理由气而见,不可分先后,由此批判了程颐及其继承者朱熹的理先气后思想[③]。在本体论层面,程颐把道视作形而上之宇宙本体,相应地把气视作构成事物的形而下之材质,认为道是形成和规定气的形上根源与本体(即所谓"密"),气与道(理)是"阴阳"(材质)与"所以阴阳"(本根)的关系,其中包含有"理本气末"的理本论倾向。黄氏父子一方面肯定了程颐的气(阴阳)外无道(理)的观点,一方面又指出"所以阴阳者"并非指居于阴阳(气)之上的形上本体,而只不过是阴阳(气)存在之道(规律、法则)[④],相当于《易传》所说的一阴一阳之屈伸消长往来运行即是道。总之,事物之生成必然遵守一定的道理(即"所以然之理"),事物之运行必须遵循一定的法则(即"所当然之则"),但道理(规律)、法则(理)与事物(气)并不是先后、本末的关系,相反事物才是本体,规律与法则是依附于事物本体的条理属性。黄氏父子由此立场出发批判了宋元哲学史上具有理气(道气、道器)二元论倾向的思想家(程颐、朱熹等),表彰了具有理气合一倾向的思想家(程颢、张载、吴澄等)。

---

① 参见(清)黄宗羲原著,(清)全祖望补修《宋元学案》第一册,第592页。
② 参见(清)黄宗羲原著,(清)全祖望补修《宋元学案》第四册,第3041～3042页。
③ 参见(清)黄宗羲原著,(清)全祖望补修《宋元学案》第一册,第592页。
④ 参见(清)黄宗羲原著,(清)全祖望补修《宋元学案》第一册,第609～610页。

其二是心性论。黄氏父子从其理气、心性一元论出发，主张“心即气”，将性作为心(气)流行之条理，将情才作为气质的具体表现，认为气质之偏由习染而来，性自身不变，性之善实际上是出于气质之善，性与气质均为善，恶其实是出于后天环境之习染。黄氏父子以这种性气一元的人性论(性善论)批判了程朱于后天气质之上寻求先天人性的性气二元论与性善才恶的观点，以及由此而来的区分“气质之性”与“义理之性”的二元人性论。[①]关于人性与物性的区别，黄氏父子主张人与物由于禀气的差异而其理(性)也随之不同，从而批判了程朱以禀受天理而来的道德属性(仁义礼智)之偏全来区别人性与物性的观点。[②]关于性情(中和、未发已发)的关系，程颐及朱熹以情属喜怒哀乐之已发，以性属喜怒哀乐之未发，将性情视作体用的关系。黄氏父子则继承刘宗周的思想，主张喜怒哀乐不属于情，而是属于性或性之德，与仁义礼智之“四德”同样处于超越之层面的“四德说”，并从性情一元论的立场出发，认为喜怒哀乐实际上属于未发并贯穿动静之中，性体无动静，其间未发之中与已发之和均属于性，情是性之情，并非性之对立面。[③]性情是同一本体的内外表里而非本末先后关系。黄宗羲进而从其理气一元论的立场出发，主张性情是一，即喜怒哀乐实际上贯穿未发和已发，未发和已发间的中和状态即为性，性即情之流行而有条理的状态，性与情的关系就像理与气的关系一样。由此，黄氏父子肯定了吕大临以心体贯穿未发与已发的“中和说”与道南学派“观喜怒哀乐未发以前气象”的静坐体认本体的心性工夫论。[④]

其三是道德观(仁说)。朱熹继承程颐的“仁性爱情”说，认为人心禀受乾元(天道)生生之德(即“元亨利贞”)而为人道“仁义礼智”之“四德”，并将“四德”(性)与“四端”(情)视作未发与已发、体与用的关系，将恻隐等“四端”视作已发之情(爱)，将仁义礼智“四德”视作爱之理(天命未发之性体)。朱熹进而批判了自古以来的以爱(情)为仁的观点，将仁视作包含“四德”的心之全德与所以爱之理，又认为孝弟不属于性而属于知觉(情)，主张孝弟非仁之本而不过是行仁之本，因此求仁不能求之于形而下的人伦(气、情)而必须

---

① (清)黄宗羲原著，(清)全祖望补修：《宋元学案》第一册，第696～698页。

② (清)黄宗羲原著，(清)全祖望补修：《宋元学案》第一册，第614～615、693页。

③ 卷十五“伊川学案上”：“盖子刘子意，以仁义礼智之性，由恻隐、羞恶、辞让、是非而名，故恻隐即仁也。时位有动静，性体无动静，非未发为性，已发为情，中、和尽属性也。情者性之情，不得与性对。此开辟以来之特解，须细心体会。”(清)黄宗羲原著，(清)全祖望补修：《宋元学案》第一册，第621页。

④ (清)黄宗羲原著，(清)全祖望补修：《宋元学案》第二册，第1108～1109页。

求之于形而上的道德(理、性)。黄氏父子则回归到原始儒家孔孟之仁说,在程颢"识仁"说的基础上,从其道不离器、性情一元论的立场出发,批判了朱熹的仁说,主张恻隐等"四端"之情即是仁,孝弟即是仁之本根,应当从人性之本源,即亲亲、孝弟之人伦(即天理)关系处求仁①,从而批判了程朱将形上形下割裂为二的"仁性爱情"说,同时也肯定了程颢基于体认万物内含之生意(即天地生生之德)而来的万物一体之仁说②,以及继承程颢观点的弟子谢良佐的以觉(生命体认)言仁之仁说③。

其四是工夫论(主敬穷理)。在主敬与穷理的工夫论的本质上,黄氏父子从其师门(刘宗周)继承来的心学立场出发,认为程朱思想中的穷理不是要穷尽事事物物之理(分殊),而是在于体认唯一之本体④,程朱理学工夫论中穷理的对象是包括人在内的天地万物,但其实说的是道德义理,并最终归结到道德修养(伦理)上,不是后来学者所误解的专于事事物物上穷究道理(物理)。在主敬与穷理的主次问题上,黄宗羲从其一本万殊的本体工夫合一论出发,以主敬("理一")为穷理("分殊")的前提和目的,在批判专求本体(发明本心)而不理会事物的杨简心学的同时⑤,也反对舍弃本体而只求于一事一物上的程朱末流的"无本之学"。在主敬与穷理的先后关系上,黄氏父子认为程朱提倡的主敬与穷理其实是一个工夫的内外两个方面,不可分先后,只是后来的学者专务穷理而产生了支离无根的弊病。其思想立场在倾向于程颢识仁的本体工夫合一论的同时,也批判了程朱居敬穷理并行的二元工夫论。⑥

二、哲学思想的比较与会通

其一是朱陆异同之辩。黄氏父子受宋代以来的朱陆合一论,特别是主张

---

① (清)黄宗羲原著,(清)全祖望补修:《宋元学案》第一册,第617～618页。

② (清)黄宗羲原著,(清)全祖望补修:《宋元学案》第一册,第542～546页。

③ (清)黄宗羲原著,(清)全祖望补修:《宋元学案》第二册,第925页。

④ (清)黄宗羲原著,(清)全祖望补修:《宋元学案》第一册,第607页。

⑤ 卷七十四"慈湖学案":"宗羲案:慈湖所传,皆以明悟为主,故其言曰:'此一二十年以来,觉者踰百人矣,古未之见,吾道其亨乎。'然考之自钱融堂、陈和仲以外,未必皆为豪杰之士也,而况于圣贤乎。史所载赵与箸以聚敛称,而慈湖谓其已觉,何也?夫所谓觉者,识得本体之谓也。象山以是为始功,而慈湖以是为究竟,此慈湖之失其传也。"(清)黄宗羲原著,(清)全祖望补修:《宋元学案》第三册,第2506页。

⑥ 卷十六"伊川学案下":"宗羲案:明道、伊川大旨虽同,而其所以接人,伊川已大变其说……"(清)黄宗羲原著,(清)全祖望补修:《宋元学案》第一册,第652页。

朱陆思想“早异晚同”说的程敏政的《道一编》[①]与王守仁的《朱子晚年定论》[②]的影响，在倾向于陆王心学的同时力图调和朱陆异同。对于本体论层面的朱陆“无极”“太极”之辩（道器本体论），黄宗羲虽与朱熹一样不以无极为独立于太极之外的东西，但又指出太极不是朱熹所说的独立于形而下的气之上的形上本体，实际上不过是阴阳自身的属性罢了，并认为朱熹从其理先气后、理本气末的理气论出发规定了太极与阴阳之关系，其实是误解了周敦颐所说太极的有无、道器合一的真实含义。[③]黄宗羲在调停朱陆论争的同时，其对太极的理解倾向于陆九渊的道器合一论而批判了朱熹的理本论。对于修养工夫论层面的朱陆“尊德性”“道问学”之论争（鹅湖之会），黄氏父子认为学问的归结点在于求之于自己的本心，“尊德性”是“道问学”的前提和目的，“道问学”不过是“尊德性”的手段，明显倾向于陆九渊以“尊敬性”（发明本心）为根本来统摄“道问学”的心学立场，同时从其朱陆合一的立场出发认为朱陆双方其实都是兼顾“尊德性”和“道问学”的，虽然入门次序上有所不同，但在成圣成贤的根本目的上是一致的，并且朱陆二人到晚年终于殊途同归了。[④]

其二是朱陈王霸义利之辩（体用论）。黄宗羲在承认陈亮所主张的事功（功利主义）本身所具有的现实合理性的同时，又从历史的实际情况出发肯定了朱熹所强调的“三纲五常”等道德标准的绝对普遍性，同时指出了事功的相对局限性。因此黄宗羲主张“事功本于仁义，仁义达之事功”，“事功原于学道，学道达之事功”，将道德与事功视作体用、本末的关系，认为两者不可偏废，从而总结了宋明以来关于学道（道德仁义）与事功（功利）关系的论争。[⑤]其学术观点在折中道学与事功之学的同时，又稍偏向于陈亮事功之学一边。这与上述朱陆异同之辩中黄宗羲所持的以尊德性为本的同时兼顾道问学的心学立场一起构成了黄宗羲经世致用的体用实学的基本立场，体现了他对浙东学术精神的继承和发展。

其三是儒释之辩（异端论）。黄氏父子认为儒释之间的差异只在“天理”二字上，而不在工夫手段上，即儒家肯定客观世界及其规律（天理）的实有，

---

① 对照以下两书相关内容即可知晓。（明）程敏政：《道一编》，吴长庚主编：《朱陆学术考辨五种》，第18～19页；（清）黄宗羲原著，（清）全祖望补修：《宋元学案》第三册，第1872～1873页。

② 卷四十八“晦翁学案上”：“宗羲案：……然考亭之悟，毕竟在晚年。阳明子为《朱子晚年定论》，虽或有出于早年者，其大意则灼然不失也。”（清）黄宗羲原著，（清）全祖望补修：《宋元学案》第二册，第1554～1555页。

③ （清）黄宗羲原著，（清）全祖望补修：《宋元学案》第一册，第499～500页。

④ （清）黄宗羲原著，（清）全祖望补修：《宋元学案》第一册，第706页。又参见（清）黄宗羲原著，（清）全祖望补修《宋元学案》第三册，第1885～1888页。

⑤ （清）黄宗羲原著，（清）全祖望补修：《宋元学案》第三册，第1839～1840页。

并以天理之实应对佛教明心见性的性空,主要强调了儒佛两家在根本理论上的差异,因此对像胡寅那样仅仅依据是否合于人伦规范等表面现象来批判佛教(禅学)的做法不大推崇。[①]针对程朱理学将陆王心学视作禅学异端的看法,黄氏父子反驳了程朱理学的非难并为心学作了辩护,指出一方面程朱理学实际上与禅学一样将理归之于天地万物,将明觉(知觉)归之于人心,一方面程朱偏于"本天",释氏偏于"本心",陆王心学则从其"心即理"的立场出发,强调心作为道德主体与认识主体的能动性,将通过格物的天理体认(本天)与通过致知的良知扩充(本心)统一起来,从而将儒学发展推进到一个新的阶段,因此如程颐所谓"圣人本天,释氏本心"[②]那样将天(理)与心、儒与释对立起来的说法失之偏颇。[③]

三、宗教观与儒耶思想交涉

身处明末清初思想转型(从理学转向朴学、史学)及中西文化碰撞交流(耶儒交涉)的历史背景下,黄氏父子基于自身一本万殊与经世致用的思想立场,通过《宋元学案》《明儒学案》等著述系统总结了宋明理学,同时有选择地吸收了西方自然科学及天主教思想。明末以来耶稣会士出于传教的需要,也对中国传统思想进行了系统批判。黄氏父子与耶稣会士在哲学思想诸领域尤其是在批判朱子学方面多有可资比较的内容。本书从以下三个方面进行了详细探讨。

其一是仁说(从本体、心性、工夫三个层面出发)。朱熹的仁说包括本体论、心性论及工夫论三个层面。本体论层面,仁是天理在人性中的呈现,是高于形而下之气(情)的形上本体。心性论层面,仁是兼包四德的心之全德,是孝弟(爱)之所以然的形上本体依据。工夫论层面,朱熹强调以敬存心,去除私欲的障蔽,则天理自然澄明,就能达到仁。黄氏父子从其理气、心性、理欲合一的立场出发,批判了朱熹基于理气、心性、理欲二元论的仁说。利玛

① (清)黄宗羲原著,(清)全祖望补修:《宋元学案》第二册,第1357页。

② 程颐说:"天有是理,圣人循而行之,所谓道也。圣人本天,释氏本心。"(宋)程颐、(宋)程颢:《二程集》上册,第274页。

③ 卷十三"明道学案上":"百家谨案:《乐记》已有'灭天理而穷人欲'之语,至先生始发越大明于天下。盖吾儒之与佛氏异者,全在此二字。吾儒之学,一本乎天理。而佛氏以理为障,最恶天理。先生少时亦曾出入老、释者几十年,不为所染,卒能发明孔、孟正学于千四百年无传之后者,则以'天理'二字立其宗也。"(清)黄宗羲原著,(清)全祖望补修:《宋元学案》第一册,第569页。卷十四"明道学案下":"百家谨案:……不知儒、释之辨,只在有理与无理而已。非必凡内求诸己,务求自得者便是禅,懵懂失向,沿门乞火者便是儒也。"(清)黄宗羲原著,(清)全祖望补修:《宋元学案》第一册,第580页。

窦从其天人、灵肉、理欲二元对立的立场出发批判了包括朱子学在内的儒家仁说,其立场与结论与朱熹及黄氏父子互有异同:在本体论层面较近于朱熹,而在心性论与工夫论层面则较近于黄氏父子。而黄氏父子的思想对以利玛窦为代表的天主教思想也有所吸收。

其二是宗教观(魂魄、轮回与祭祀)。黄宗羲从气本论的宇宙本体论及注重经世致用与道德教化的实学立场出发,在批判程朱理学的同时回归先秦儒学原典,批判了道教的魂魄说及中医的魂魄五行相配说,从气本论出发区分人性与物性,批判了程朱的性即理说及佛教地狱轮回说,并对祭祀及圣贤灵魂不朽给予理性解释,在批判朱熹魂气感格说的同时维护了儒家人文信仰。利玛窦基于天主赋魂说与天堂地狱赏罚论,批判了儒家基于气化论的魂灭说、佛教轮回说,并给予儒家祭祀以非宗教性的解释。双方在魂魄的根源及本质、灵魂是否散灭、地狱有无的认识上对立,在对程朱理学与佛教轮回说的批判及祭祀的世俗功能认识上基本一致,体现了主流儒家学者基于自身立场对利玛窦倡导的适应中国国情传教策略的批判性回应。

其三是性论(基于四因说)。耶稣会士依据论述万物生成、构造及目的之四因说会通儒学中天赋之性与天主教中天主赋予之魂,将儒家性论纳入到四因说的框架中。从结构上看,理学中的天理相当于动力因,性(理)相当于形式因,气相当于质料因,天人、性理合一相当于目的因。在动力因上,天主教将天理视为依附于实体的属性。在形式因上,天主教基于天主赋性批判了性即理与魂属气说。在质料因上,天主教依据太极元气说把太极视为质料因中的元质。在目的因上,天主教基于天主赋性与灵魂救赎批判了儒家万物一体、天人合一论。同时气本论者黄宗羲、黄百家父子对朱熹理本论及性即理说的批判与耶稣会士可谓如出一辙。

以上从哲学体系的建构与诠释、哲学论争的比较与会通、宗教观与儒耶思想交涉等方面出发,论述了《宋元学案》中黄宗羲、黄百家父子等人的哲学诠释及其思想立场。从思想渊源来看,黄宗羲作为明代心学殿军刘宗周的弟子,在继承其思想的同时,又受到明末清初社会形势与学术思潮的影响,创立了以一本万殊、经世致用之体用实学为主旨的清代浙东学派①,其思想

① 小川晴久考察了17、18世纪中日韩三国在与西方科技文化接触下涌现出来的一批实学思想家(又称百科全书派)。其中中国的实学思想家他举出方以智、王夫之和戴震,其实黄宗羲可以说是更为典型的百科全书式的实学思想家。小川晴久进而指出实学概念的特征:实事求是(实证性)、兼容并包不主一尊的宏大立场,以及从实心出发,立足于实事、实地,最后付诸实行。参见[日]小川晴久《实学概念について》,第131～138页。这些特征在黄宗羲身上都有着鲜明的体现。

倾向充分体现在《明儒学案》中[①],后来在编纂《宋元学案》黄氏原本时也贯彻了这一思想立场。黄百家继承其父黄宗羲的思想立场,在黄氏原本中从理气、心性和本体工夫的一元论出发,对宋元时代学者的哲学思想进行了系统地诠释和评价,并体现出倾向于陆王心学的同时又折中朱陆等各学派之思想异同而会归于一的清代浙东学派的一本万殊思想立场。[②]

最后,需要指出的是,《宋元学案》作为传统宋元儒学思想史的集大成之作,将宋元两代的儒学思想予以体系化,提供了基本资料、评价标准和思考方式,并且同时具有哲学史、思想史和文献资料汇编的性质,其内容则关系到整个宋元明清哲学。这种复杂的性质一方面丰富了《宋元学案》的层次和内容,一方面也给其研究带来了困难。尤其宋元两代的古籍文献目前尚有不下数千种留存于世,其中作为《宋元学案》直接资料来源及可资以互相参照的文献已经汗牛充栋。再加上宋元之后与《宋元学案》中的评论及诠释相关的文献,特别是作为编纂者直接思想渊源的明代阳明学、朱子学以及编纂者(都属于清代浙东学派)自身的论著也非常繁复。现代以来宋元明清儒学作为学界关注的一个热点,海内外相关研究成果更是不胜枚举。笔者虽然已经尽可能地搜集了相关文献资料及海内外研究论著并加以分析(本书中直接引用的海内外文献已近千种),但肯定还有不少遗漏。同时本书中涉及宋元明清学者众多,内容复杂,限于研究目的和篇幅,不可能面面俱到,只能就与研究主题密切相关的方面加以论述。虽然本书系统论述并总结了目前笔者研究《宋元学案》的内容性质及其学术价值,但所得出的观点无疑不是终结。在今后的研究中,首先要加强基础工作,更深入地挖掘和分析相关原典文献,对相关学派及学者的哲学思想进行更加深入细致的研究,进而扩展研究的视野,对儒学内部及其与佛、道、耶教之间的交涉关系,思想与政治之间的相互影响,以及东亚思想乃至中西文化的互动影响等方面做更进一步的研究。

---

① 黄敦兵、雷海燕指出,黄宗羲在《明儒学案》的编纂中贯穿了“道非一家之私”“圣贤血脉散诸百家”等精彩的哲学史观,并且已经吐露出了近代学术平等与学术民主的思想霞光。参见黄敦兵、雷海燕《从哲学史学角度看黄宗羲学案体著述的哲学特质》,《中共宁波市委党校学报》2007年第5期。黄敦兵、雷海燕又指出,黄宗羲打破了宋代儒学之门户,从新的时代背景出发,对宋代儒学进行整合,对明代心学进行总结,他总结性的哲学史著述中有着可贵的问题意识:著史的客观态度,“通今致用”的学术经世取向,致力于“求真”“贵创”、重“学脉”而创立了学案体范式。参见黄敦兵、雷海燕《黄宗羲学案体范式的问题意识——以〈王畿学案〉为例》,《兰州学刊》2007年第2期。

② 王梓材指出:“初观是书,似有门户之见。细阅梨洲,主一以及谢山诸案语,往往合会诸家,总归圣道之一。”(清)王梓材:《校刊宋元学案条例》,(清)黄宗羲原著,(清)全祖望补修:《宋元学案》第一册,第22页。

附录一 《宋元学案》中的学案及其主要学者

表附-1 《宋元学案》中的学案及其学者一览表

卷次	案次	百卷本案名	黄氏原本案名	全祖望修补	主要学者	学派与关系	年代
卷首		宋元儒学案序录		定本			
1	1	安定学案	安定学案	修定	胡瑗（弟子徐积）	“宋初三先生”（宋学开山）	北宋中期仁宗朝前后
2	2	泰山学案	泰山学案	修定	孙复、石介	同上	
3	3	高平学案		补本	范仲淹、李觏等	庆历改革的主要人物（宋学先驱）	庆历(1041—1048)
4	4	庐陵学案		补本	欧阳修、刘敞等	庆历以后的主要人物（宋学先驱）	
5	5	古灵四先生学案		补本	陈襄、郑穆、陈烈、周希孟	“闽中四先生”（胡瑗、孙复等人的同调）	
6	6	士刘诸儒学案		补本	士建中、刘颜等	庆历之际的各地方学者	
7/8	7	涑水学案上/下		补本	司马光	“北宋六先生”之一（朔学）	北宋神宗朝前后
9/10	8	百源学案上/下	康节学案	次定/修定	邵雍	“北宋五子”之一（象数学）	
11/12	9	濂溪学案上/下	濂溪学案	次定/修定	周敦颐	“北宋五子”之一（濂学）	
13/14	10	明道学案上/下	明道学案	次定/修定	程颢	“北宋五子”之一（洛学）	

续表

卷次	案次	百卷本案名	黄氏原本案名	全祖望修补	主要学者	学派与关系	年代
15/16	11	伊川学案上/下	伊川学案	次定/修定	程颐	“北宋五子”之一(洛学)	
17/18	12	横渠学案上/下	横渠学案	次定/修定	张载	“北宋五子”之一(关学)	
19	13	范吕诸儒学案		补本	范镇、吕公著等	北宋六先生的同调	
20	14	元城学案		补本	刘安世	司马光的弟子	北宋哲宗朝前后
21	15	华阳学案		补本	范祖禹	司马光的弟子	
22	16	景迂学案		补本	晁说之	司马光的弟子(又私淑邵雍)	
23	17	荥阳学案	附安定学案	补定	吕希哲	吕公著的家学(吕氏中原文献之学)	
24	18	上蔡学案	上蔡学案	修定	谢良佐	(开创湖湘学派)以下程门之高徒	北宋末至南宋初
25	19	龟山学案	龟山学案	修定	杨时	(开创道南学派)	
26	20	廌山学案	廌山学案	修定	游酢		
27	21	和靖学案	和靖学案	修定	尹焞		
28	22	兼山学案		补本	郭忠孝、郭雍		
29	23	震泽学案		补本	王苹	(心学先驱)	
30	24	刘李诸儒学案	附二程学案	补定	刘絢、李吁等	二程的其他弟子	
31	25	吕范诸儒学案	蓝田学案	补定	吕大忠、吕大钧、吕大临、范育等	张载的弟子(关学)	
32	26	周许诸儒学案	永嘉学案之一	补定	周行己、许景衡等	永嘉学派(浙学)的开端(程氏弟子、关学再传)	
33	27	王张诸儒学案	附康节学案	补定	王豫、张峄等	邵雍的弟子	
34	28	武夷学案	武夷学案	修定	胡安国	湖湘学派(洛学私淑)	
35	29	陈邹诸儒学案		补本	陈瓘、邹浩等	北宋末年的学者(洛学私淑、元祐之余)	

续表

卷次	案次	百卷本案名	黄氏原本案名	全祖望修补	主要学者	学派与关系	年代
36	30	紫微学案	附和靖学案	补定	吕本中等	尹焞等人的门人（转益多师、中原文献之学）	南宋初期
37	31	汉上学案	朱震传本在上蔡学案	补本	朱震	谢良佐的弟子	
38	32	默堂学案	陈渊传本在上蔡学案	补本	陈渊	以下杨时的弟子	
39	33	豫章学案	豫章学案	修定	罗从彦、李侗	（道南学派）	
40	34	横浦学案	横浦学案	修定	张九成	（心学先驱）	
41	35	衡麓学案	附武夷学案	补定	胡寅	湖湘学派	
42	36	五峰学案		补定	胡宏	湖湘学派	
43	37	刘胡诸儒学案	刘胡诸儒学案(胡宪附武夷学案)	补定	刘勉之、胡宪、刘子翚等	朱熹早年的老师（洛学再传）	
44	38	赵张诸儒学案		补本	赵鼎、张浚等	南宋初期的学者政治家(提倡洛学)	
45	39	范许诸儒学案		补本	范浚、许翰等	洛学同调、中原文献之学	
46	40	玉山学案		补本	汪应辰	程门门流	南宋中期
47	41	艾轩学案	艾轩学案	修定	林光朝	程门门流	
48/49	42	晦翁学案上/下	紫阳学案	次定/修定	朱熹	“东南三贤”(延平门人、洛学三传、闽学)	
50	43	南轩学案	南轩学案	修定	张栻	“东南三贤”(五峰门人、洛学三传、湖湘学派)	
51	44	东莱学案	东莱学案	修定	吕祖谦	“东南三贤”(婺学、金华学派)	
52	45	艮斋学案	永嘉学案之二	补定	薛季宣	永嘉学派，事功派(袁氏门人、二程再传)	

续表

卷次	案次	百卷本案名	黄氏原本案名	全祖望修补	主要学者	学派与关系	年代
53	46	止斋学案	永嘉学案之二	补定	陈傅良	永嘉学派,事功派(薛季宣、郑伯熊门人,二程、武夷三传)	
54/55	47	水心学案上/下	永嘉学案(并入)	补定	叶适	永嘉学派,事功派(郑伯熊门人)	
56	48	龙川学案	永康学案	补定	陈亮	永康学派,事功派(郑伯熊门人)	
57	49	梭山复斋学案	金溪学案之一、之二	修定	陆九韶、陆九龄	陆学(江西陆学)	
58	50	象山学案	金溪学案之三	修定	陆九渊	陆学(心学),朱熹之劲敌	
59	51	清江学案		补本	刘靖之、刘清之	朱张吕之道学同调	
60	52	说斋学案		补本	唐仲友	永嘉学派的同调	
61	53	徐陈诸儒学案		补本	徐谊、陈葵等	陆学的同调	
62	54	西山蔡氏学案	附紫阳学案	补定	蔡元定	朱熹的弟子	南宋后期
63	55	勉斋学案	勉斋学案	修定	黄榦	朱熹的弟子	
64	56	潜庵学案	潜庵学案	修定	辅广	朱熹的弟子	
65	57	木钟学案	潜室学案	修定	陈埴、叶味道等	(浙东永嘉朱门的开端)	
66	58	南湖学案	南湖学案	补定	杜煜、杜知仁、车若水等	朱熹的弟子	
67	59	九峰学案	原在西山蔡氏学案	补定	蔡沈	朱熹的弟子	
68	60	北溪学案	北溪学案	修定	陈淳	朱熹的弟子	
69/70	61	沧洲诸儒学案上/下	沧洲诸儒学案	补定	李燔、张洽、廖德明、李方子等	朱熹的弟子	
71	62	岳麓诸儒学案	岳麓诸儒学案	补定	胡大时、彭龟年、吴猎、游九言等	张栻的弟子(湖湘之南轩学派)	
72	63	二江诸儒学案		补本	宇文绍节、陈概、范仲黼等	张栻的弟子(蜀中之南轩学派)	

续表

卷次	案次	百卷本案名	黄氏原本案名	全祖望修补	主要学者	学派与关系	年代
73	64	丽泽诸儒学案	丽泽诸儒学案	补定	叶邽、楼昉等	吕祖谦的弟子	
74	65	慈湖学案	附金溪学案	补定	杨简	陆九渊的弟子（四明陆学）	
75	66	絜斋学案	附金溪学案	补定	袁燮	陆九渊的弟子	
76	67	广平定川学案	附金溪学案	补定	舒璘、沈焕	舒璘为陆九渊弟子、沈焕为陆九龄弟子	
77	68	槐堂诸儒学案	附金溪学案	补定	傅梦泉、邓约礼等	陆学的诸弟子(金溪学派、江西陆学)	
78	69	张祝诸儒学案	附康节学案	补本	张行成、祝泌等	邵雍的后学	
79	70	丘刘诸儒学案		补本	丘密、刘光祖、楼钥、柴中行等	其他学者(师承不详)	
80	71	鹤山学案	鹤山学案	修定	魏了翁	朱熹私淑	南宋末
81	72	西山真氏学案	西山学案	修定	真德秀	朱熹再传	
82	73	北山四先生学案	金华学案	修定	何基、王柏、金履祥、许谦	金华朱学(朱门浙学)	南宋末至元朝
83	74	双峰学案	双峰学案	修定	饶鲁（黄榦门人）	朱熹再传	
84	75	存斋晦静息庵学案		补本	汤千、汤巾、汤中	朱熹三传(真西山门人、朱陆折中)	
85	76	深宁学案	附西山学案	补定	王应麟	四明朱学(兼治朱、吕、陆三家)	
86	77	东发学案	四明朱门学案二	补定	黄震	四明朱学(朱熹四传)	
87	78	静清学案	四明朱门学案一	补定	史蒙卿	四明朱学(朱熹后学)	
88	79	巽斋学案		补本	欧阳守道	朱熹后学	
89	80	介轩学案	新安学案	修定	董梦程、马端临、曹泾等	朱熹后学(新安朱学)	
90	81	鲁斋学案	北方学案	修定	赵复、许衡	元代北方朱学	元朝

续表

卷次	案次	百卷本案名	黄氏原本案名	全祖望修补	主要学者	学派与关系	年代
91	82	静修学案	附北方学案	补定	刘因	元代北方朱学	
92	83	草庐学案	草庐学案	修定	吴澄	元代南方朱学(朱陆折中)	
93	84	静明宝峰学案	附金溪学案	补定	陈苑、赵偕	元代陆学(陆学四传)	
94	85	师山学案		补本	郑玉	陆学五传、朱熹续传(朱陆折中)	
95	86	萧同诸儒学案		补本	萧㪺、同恕等	其他学者(师传不详)	
96	87	元祐党案		补本	司马光、程颐等元祐党人	“元祐党禁”(附“绍兴学禁”)	北宋后期至南宋初期
97	88	庆元党案		补本	赵汝愚、朱熹等庆元党人	“庆元党禁”	南宋中期
98	89	荆公新学略		补本	王安石	新学(杂学、杂于禅)	北宋中期
99	90	苏氏蜀学略		补本	苏洵、苏轼、苏辙	蜀学(杂学、杂于禅)	北宋中期
100	91	屏山鸣道集说略		补本	李纯甫、赵秉文	新学、蜀学余派(儒佛折中论者)	金朝

附录二 《宋元学案》中各卷的内容构成
——以卷二“泰山学案”为例

宋元学案卷二

泰山学案　黄宗羲原本　　黄百家纂辑　　全祖望修定

泰山学案表

表附-2　卷二“泰山学案”学案表

孙复 高平讲友	**石介**	**姜潜**见上泰山门人			
		马默			
		何群	**冯正符** 父尧民		
		莫说见上泰山门人			
		苏唐询			
		杜默			
		徐遁			
		高拱辰			
		赵狩			
		孟宗儒			
	文彦博 附师史炤				
	刘牧	**黄黎献**			
		吴祕	**郑夬**别见“王张诸儒学案”		
		私淑**徐庸**			
	范纯仁别见“高平学案”				
	吕希哲别为“荥阳学案”				
	朱光庭别见“刘李诸儒学案”				
	张洞				
	姜潜	**刘挚** 父居正	子**跂**	孙**长福**	曾孙**荀**别见“衡麓学案”
					曾孙**芮**别见“元城学案”
			子**蹈**		
		梁焘			
		晁说之别为“景迂学案”			
	祖无择				
	饶子仪				

续表

	李缊 附曹起				
	莫说	子**表深**别见“安定学案”			
	朱长文	**胡安国**别为“武夷学案”			
	范纯仁别见“高平学案”				
	吕希哲别为“荥阳学案” 并徂徕学侣				
			李世弼 泰山续传	子昶	**李谦**
					马绍 附师张播
					吴衍
胡瑗别为“安定学案” 泰山学侣					
士建中					
刘颜并为“士刘诸儒学案” 并泰山同调					

泰山学案序录

祖望谨案:泰山之与安定,同学十年,而所造各有不同。安定,冬日之日也;泰山,夏日之日也。故如徐仲车,宛有安定风格;而泰山高弟为石守道,以振顽懦,则岩岩气象,倍有力焉。抑又可以见二家渊源之不紊也。述“泰山学案”。(梓材案:是卷与“安定学案”,谢山所修梨洲本原底并藏庐氏。又案:泰山著述,莫重于《春秋尊王发微》,故从黄氏补本录之。)

高平讲友

殿丞孙泰山先生复

孙复,字明复,晋州平阳人。四举开封府籍进士不第,退居泰山,学《春秋》,著《尊王发微》十二篇。……所得著书十有五篇,录藏秘阁。(云濠案:李焘《续通鉴长编》称所得书十有五卷。考《四库全书总目》称内府藏本十二卷,而《中兴书目》别有《春秋总论》三卷,合为十五卷。)

百家谨案:先文洁公曰:“宋兴八十年,安定胡先生、泰山孙先生、徂徕石先生始以师道明正学,继而濂、洛兴矣。故本朝理学虽至伊洛而精,实自三先生而始,故晦庵有‘伊川不敢忘三先生’之语。震既钞读伊洛书,而终之以徂徕、安定笃实之学,以推其发源之自,以示归根复命之意,使为吾子孙者毋蹈或者末流谈虚之失,而反之笃行之实。”盖先生应举不第,退居泰山,聚徒著书,以治经为教。先生与安定同学,而《宋史》谓瑗治经不如复。安定之经术精矣,先生复过之。惜其书世少其传,其略见徂徕作《泰山书院记》。

春秋尊王发微

《诗》至《黍离》而降,《书》至《文侯之命》而绝,《春秋》乃作,自隐公始也。

…………

睢阳子集(补)

孔子而下,称大儒者,曰孟轲、荀卿、扬雄。至于董仲舒,则忽而不举,何哉?仲舒对策,推明孔子,抑黜百家,诸不在六艺之科者皆绝其道,勿使并进,斯可谓尽心于圣人之道者也。暴秦之后,圣道晦而复明者,仲舒之力。(《董仲舒》。)

…………

附录

先生退居泰山之阳,枯槁憔悴,须眉皓白。……其女亦甘淡泊,事先生尽礼,当时士大夫莫不贤之。(《渑水燕谈》。)

…………

祖望谨案:此段稍可疑,宜再考。……

欧阳文忠曰:先生治《春秋》,不惑传注,不为曲说以乱经。其言简易,明于诸侯大夫功罪,以考时之盛衰,而推见王道之治乱,得于经之本义为多。(补。)

…………

泰山学侣

文昭胡安定先生瑗(别为"安定学案"。)

泰山同调

评事士熙道先生建中

主簿刘子望先生颜(并为"士刘诸儒学案"。)

泰山门人

直讲石徂徕先生介

石介,字守道,奉符人。第进士……有《徂徕集》行于世。(云濠案:《徂徕集》三十卷。谢山《学案札记》:《徂徕易解》五卷。陈直斋曰:所解止六十四卦,亦无大发明。)

梓材谨案:《宋史·范忠宣传》云:"仲淹门下多贤士,如胡瑗、孙复、石介、李觏之徒,纯仁皆与从游。"知胡、孙、石、李四先生皆在文正门下,而先生与盱江辈行较后于安定、泰山,则列之文正门人可也。

春秋说

称"人"者贬也,而人不必皆贬,微者亦称人。……天王一也,或称天以著其失,或去天以示其非。

《春秋》为无王而作,孰谓隐为贤且让而始之哉!(以上《总论》。)

…………

徂徕文集

尧、舜、禹、汤、文、武、周、孔之道,万世常行,不可易之道也。佛、老以妖妄怪诞之教坏乱之,杨亿以淫巧浮伪之言破碎之。(《怪说》。)

慈溪黄氏曰:徂徕先生学正识卓,辟邪说,卫正道……见托儒者之名售佛、老之说者,辟之又当何如哉?

…………

附录

守道为举子时……

…………

叶水心《习学记言》曰……

谢山《读徂徕集》曰……

忠烈文先生彦博(附师史炤。)

文彦博,字宽夫,介休人。少与张昪、高若讷从颍昌史炤学,炤母异之……后特命出籍,追复太师,谥曰忠烈。(参史传。)

梓材谨案:王定国《闻见近录》以先生兄弟为泰山门人,则颍昌史氏特其幼学师也。

附录

《吕氏杂志》曰:凡与交游,书其父祖知名于世者,须避其名讳。文潞公与故旧款接,一坐未尝犯其父讳。

梓材谨案:此条自"荥阳学案"梨洲原本移入。

运判刘长民先生牧

刘牧,字先之,号长民,衢之西安人。……

忠宣范尧夫先生纯仁(别见"高平学案"。)

侍讲吕原明先生希哲(别为"荥阳学案"。)

学士朱先生光庭(别见"刘李诸儒学案"。)

进士张先生洞

张洞,字明远,任城人。第进士。石徂徕尝有书与先生曰……

百家谨案:《宋史》有《张洞列传》,字仲通,祥符人,官至工部郎中,别是一人。

县令姜至之先生潜

姜潜,字至之,奉符人。从泰山学《春秋》,亦从徂徕。……《宋史》传列之"隐逸",非也。先生不喜人作诗,尝曰:"损心气,招悔吝。"亦名言也。(修。)

龙学祖先生无择

…………

饶凌云先生子仪

…………

县尉李先生缊(附曹起。)

…………

通议莫先生说

…………

正字朱乐圃先生长文

…………

徂徕学侣

忠宣范尧夫先生纯仁(别见“高平学案”。)

侍讲吕原明先生希哲(别为“荥阳学案”。)

徂徕门人(泰山再传。)

县令姜至之先生潜(见上“泰山门人”。)

转运马先生默

…………

处士何安逸先生群

…………

通议莫先生说(见上“泰山门人”。)

苏先生唐询

…………

杜先生默

…………

徐先生遁

…………

高先生拱辰

…………

赵先生狩

…………

孟先生宗儒

孟宗儒,本道士。从徂徕受《春秋》,遂弃其巾服,乞为儒,徂徕更名之曰宗儒。

百家谨案:“十七史”以来,止有“儒林”。……

长民门人

黄先生黎献

…………

提刑吴先生袐

…………

长民私淑

集贤徐先生庸

…………

至之门人

忠肃刘先生挚(父居正。)

…………

左丞梁先生焘

梁焘,字况之,须城人。以父任为太庙斋郎。……其好贤乐善如此。(同上。)

梓材谨案:刘子卿《明本释》引先生语云:“不信己之所为,而归之天意,不可也。”又言其师事孙泰山门人姜至之。是先生姜氏门人也。

詹事晁景迂先生说之(别为“景迂学案”。)

通议家学

知州莫先生表深(别见“安定学案”。)

乐圃门人

文定胡武夷先生安国(别为“武夷学案”。)

安逸门人(泰山三传。)

主簿冯先生正符(父尧民。)

…………

提刑门人

主簿郑扬庭先生夬(别见“王张诸儒学案”。)

忠肃家学

朝奉刘学易先生跂

…………

奉议刘先生蹈

…………

宣教刘先生长福

…………

知军刘先生荀(别见“衡麓学案”。)

提刑刘顺宁先生芮(别见“元城学案”。)

泰山续传

进士李先生世弼

…………

李氏家学

尚书李先生昶

…………

梓材谨案:以上二传,黄氏补本本合为一传,列“李张诸儒学案”。今以其宗泰山之学,附入于此。

尚书门人

集贤李野斋先生谦

…………

右丞马先生绍(附师张播。)

…………

吴先生衍

吴衍。

附录三　《宋元学案》中收录学者及其关系一览

《宋元学案》中共收录了2427位宋元时期的学者(包括部分由元入明的学者),这些学者都隶属于讲友、学侣、同调、家学、门人、私淑、续传、别传、所出、所传、之先、再传、别派、余派、之学、之余等种种关系之中。我们按照学案卷次的顺序,将全书100卷中的所有学者及其关系整理如下。其中每一列中最左边粗体的人名是师承关系标记中关系人的姓名,其下是讲友、门人等关系名称,关系名称的下面每列靠右边的人名是此关系下所属学者的姓名。如下表卷1“安定学案”中第一条师承关系是“高平讲友”,其中“高平”即是范仲淹的号,而范仲淹就是关系人(有时两人同时为关系人则用顿号隔开),“讲友”即是关系名称,其下收录学者的正式名称为“文昭胡安定先生瑗”,即学者胡瑗。这条的意思是指范仲淹的讲友有胡瑗(或者反过来说胡瑗是范仲淹的讲友)。其他以此类推。其中有标为“□”的是《宋元学案》原书中此处佚名的标记,今保持原样。此外下表中每卷“关系人”的排列按照《宋元学案》原书中的顺序,而其关系及其所属学者(往往有多人)则按出现顺序排列,并且在每卷中按照“关系人”将其下所有的“关系”及其学者做了归并。如第一卷中胡瑗作为关系人时下面的私淑和续传等关系是断开的,中间插了别的关系人及其所属的学者。今将关系人胡瑗下面的所有关系(同调、学侣、私淑、续传、门人)及其所属学者都归并在一起,各卷中的各位“关系人”及其关系都以此类推排列。相关论述详见本论一第二章。

卷1安定	孙复	徐积	刘彝	张坚	陈舜俞
学案	石介	吕希纯	钱藻	祝常	周颖
范仲淹	同调	钱公辅	苗授	管师复	翁升
讲友	陈襄	孙觉	欧阳发	管师常	江致一
胡瑗	杨适	滕元发	朱临	庐秉	陈敏
胡瑗	门人	顾临	翁仲通	林晟	盛侨
学侣	程颐	汪澥	杜汝霖	游烈	倪天隐
阮逸	范纯佑	徐中行	莫君陈	徐唐	吴孜

张巨
田述古
潘及甫
陈高
陈贻范
安焘
□□□
朱光庭
饶子仪
范纯仁
吕希哲
莫表深
私淑
罗适
续传
吴儆
汪深
徐积
同调
赵君锡
门人
江端礼
马存
孙觉
门人
邢居实
李昭玘
傅楫
徐中行
家学
徐庭筠
徐庭槐
徐庭兰
刘彝
家学
刘淮夫
门人
邹夔
邹棐
翁仲通
家学
翁彦约
翁彦深
翁彦国
倪天隐
门人
彭汝砺
田述古
门人
吕好问
吕切问
徐庭筠
门人
郑伯熊
邹棐
家学
邹括
杜汝霖
家学
杜陵
杜旟
杜旃
杜斿
杜旞
杜旝
莫砥
家学
莫伯虚
卷2泰山学案
范仲淹
讲友
孙复
孙复
学侣
胡瑗
同调
士建中
刘颜
门人
石介
文彦博
刘牧
朱光庭
张洞
祖无择
饶子仪
李缊
朱长文
范纯仁
吕希哲
姜潜
莫说
续传
李世弼
石介
学侣
范纯仁
吕希哲
门人
姜潜
马默
何群
莫说
苏唐询
杜默
徐遁
高拱辰
赵狩
孟宗儒
刘牧
私淑
徐庸
门人
黄黎献
吴祕
姜潜
门人
刘挚
梁焘
晁说之
莫说
家学
莫表深
朱长文
门人
胡安国
何群
门人
冯正符
吴祕
门人
郑夬
刘挚
家学
刘跂
刘蹈
刘长福
刘荀
刘芮
李世弼
家学
李袓
李袓
门人
李谦
马绍
吴衍
卷3高平学案
戚同文
所传
范仲淹
范仲淹
所出
戚同文
讲友
孙复
胡瑗
周敦颐
同调
韩琦
欧阳修
家学
范纯佑
范纯仁
范纯粹
范纯礼
门人
石介
刘牧
富弼
李觏
张方平
张载
李觏
学侣
范纯仁
吕希哲
门人
徐唐
曾巩
孙立节
韩琦
家学
韩忠彦
门人
赵君锡
续传
韩冠卿
韩宜卿
范纯仁
家学
范正平
范正思
范正思
门人
李之仪
李之仪
门人
韦许
孙立节
家学
孙勴
孙勰
门人
胡埜
卷4庐陵学案
范仲淹
同调
欧阳修
欧阳修
讲友
吕公著
梅尧臣
尹洙
学侣
苏洵
家学
欧阳发
欧阳棐
门人
陈舜俞
张巨
曾巩
丁骘
胡宗愈
焦千之

刘攽
刘敞
苏轼
苏辙
王安石
王回
徐无党
别附
蒋之奇
续传
郑耕老
焦千之
门人
吕希纯
吕希哲
吕希绩
刘敞
家学
刘奉世
门人
江端礼
王回
曾巩
家学
曾肇
门人
陈师道
李撰
李撰
家学
李弥大
李弥逊
李弥正
刘攽
续传
刘恭
卷5古灵四先生学案
胡瑗
同调
陈襄
陈襄
讲友
刘彝
陈烈
郑穆
周希孟
同调
司马光
吴师仁
章望之
张载
门人
孙觉
管师复
管师常
陈贻范
傅楫
刘淮夫
陈砥
黄颖
吕逢时
吴道
章衡
张公谔
周希孟
学侣
蔡襄
曹颖叔
刘夔
门人
曾伉
刘康夫
潘鲠
傅楫
家学
傅希龙
管师常
门人
林石
林石
门人
沈躬行
卷6士刘诸儒学案
孙复
同调
士建中
刘颜
胡瑗
同调
杨适
丁昌期
杜醇
楼郁
王开祖
王致
吴师仁
陈襄
同调
黄晞
章望之
关学之先
之先
侯可
申颜
蜀学之先
之先
宇文之邵
士建中
门人
赵狩
私淑
李组
刘颜
家学
刘庠
门人
张洞
曹起
吴师仁
家学
吴师礼
杨适
门人
王说
王致
家学
王该
王说
王勋
门人
陈摅
丰稷
史简
汪洙
姚孳
俞伟
袁毂
周师厚
楼郁
续传
楼钥
家学
楼常
门人
罗适
丰稷
史诏
舒亶
袁毂
周锷
周师厚
家学
周锷
周铢
史简
家学
史诏
侯可
家学
侯仲良
汪洙
家学
汪大猷
徐中行
家学
史浩
史弥巩
史弥林
史弥忠
袁毂
续传
袁燮
卷7/卷8涑水学案上/下
陈襄
同调
司马光
司马光
讲友
程颐
陈舜俞
程颢
邵雍
张载
同调
范镇
傅尧俞
李常
李周
吕公著
吕诲
孙固
赵瞻
学侣
刘攽
刘恕
私淑
陈瓘
黄隐
唐广仁
续传
李寿
陆贺
朱松
家学
司马宏
司马康
司马朴
司马通国
司马植
门人
田述古
邢居实
晁说之
樊资深
范祖禹
李陶
刘安世
牛师德
欧阳中立
尹材
张云卿
刘恕
家学
刘羲仲
孙固

家学

孙朴

尹材

家学

尹焞

黄隐

续传

黄黼

陆贺

家学

陆九皋

陆九龄

陆九韶

陆九思

陆九渊

李焘

家学

李壁

李埴

陆九皋

门人

刘尧夫

卷9/卷10百源学案上/下

司马光

讲友

邵雍

邵雍

讲友

程珦

富弼

学侣

程颐

程颢

张载

私淑

晁说之

陈瓘

牛师德

续传

蔡发

刘衡

王湜

张行成

家学

邵伯温

邵睦

邵溥

门人

吕希纯

田述古

吕希哲

李吁

吕希绩

王豫

尹材

张嵎

张云卿

周纯明

邵伯温

门人

司马植

赵鼎

卷11/卷12濂溪学案上/下

范仲淹

讲友

周敦颐

周敦颐

讲友

程珦

傅耆

胡宿

许渤

孔延之

李初平

王拱辰

周文敏

同调

赵抃

私淑

黄庭坚

苏轼

门人

程颐

程颢

程珦

家学

程颐

程颢

胡宿

家学

胡宗愈

孔延之

家学

孔平仲

孔文仲

孔武仲

孔文仲、孔武仲

门人

曾几

卷13/卷14明道学案上/下

周敦颐

门人

程颢

程颢

同调

韩维

王岩叟

学侣

程颐

吕希哲

张载

私淑

陈瓘

靳裁之

续传

李俊民

门人

田述古

朱光庭

侯仲良

李吁

刘立之

刘绚

吕大钧

吕大临

吕大忠

邵伯温

苏昞

谢良佐

邢恕

杨时

游酢

靳裁之

门人

胡安国

卷15/卷16伊川学案上/下

胡瑗、周敦颐

门人

程颐

程颐

讲友

韩维

吕公著

司马光

学侣

朱长文

范祖禹

方元寀

张载

私淑

胡安国

蔡元康

陈瓘

蒋元中

刘子翚

罗靖

罗竦

潘安固

张辉

赵霄

邹浩

续传

李简

刘肃

张特立

赵复

家学

程端中

程晖

门人

田述古

吕希哲

陈渊

范冲

郭忠孝

许景衡

李朴

李吁

刘绚

罗从彦

吕大钧

吕大临

吕大忠

吕义山

邵伯温

苏昞

王苹

萧楚

谢良佐

杨迪

杨国宝

杨时

尹焞

游酢

周行己

方元寀

家学

方禾

方耒

方壬

方翥

卷17/卷18横渠学案上/下

范仲淹

门人

张载

张载

同调

吕大防

学侣

程颐

吕希哲

程颢

张戬

私淑

晁说之

续传

蔡发

门人

范育

吕大钧

吕大临

吕大忠

卷19范吕诸儒学案
司马光
同调
范镇
李常
吕公著
程颢
同调
韩维
王岩叟
张载
同调
吕大防
王致、楼郁
门人
丰稷
丰稷
同调
李潜
续传
丰谊
家学
丰安常
门人
陈瓘
李朴
张庭坚
元祐之学
之学
常安民
杜纯
龚夬
李深
上官均
范镇
家学
范百禄
范祖禹
吕公著
家学
吕希纯
吕希哲
吕希绩
门人
邢居实
李常
门人
黄庭坚
李潜
家学
李格
李朴
门人
吕好问
吕切问
龚夬
家学
龚大壮
龚节亨
上官均
续传
上官谥
家学
上官憕
上官恢
上官愔
杜纯
家学
杜纮
杜钦卨
门人
晁补之
常安民
家学
常同
李深
家学
李阶
李郁
黄庭坚
门人
王庭秀
韩维
续传
韩瓘
韩璜
韩元吉

卷20元城学案
司马光
门人
刘安世
刘安世
同调
陈瓘
学侣
韩扮则
石子植
颜岐
门人
曾几
曾恬
韩瓘
胡珵
李光
刘勉之
吕本中
马大年
孙伟
孙伟
家学
孙蒙正
门人
刘芮
李光
家学
李孟博
李孟传
李孟坚
李孟珍
门人
曹粹中
潘畤
刘芮
门人
张杓
张栻
潘畤
家学
潘友端
潘友恭
潘友文

卷21华阳学案
司马光
门人
范祖禹
范祖禹
讲友
吕希哲
刘恕
续传
范仲黼
范子长
范子该
家学
范冲
门人
黄庭坚
司马康

卷22景迂学案
司马光
门人
晁说之
晁说之
同调
吴棫
学侣
晁咏之
刘羲仲
汪革
门人
王安中
朱弁
晁咏之
门人
邵溥

卷23荥阳学案
胡瑗、程颐
门人
吕希哲
吕希哲
讲友
孙觉
李常
家学
吕好问
吕切问
吕本中
门人
黎确
饶节
汪革
汪莘
谢薖
谢逸
颜岐
赵演
汪革
家学
汪大经
谢逸
门人
汪大经

卷24上蔡学案
程颢、程颐
门人
谢良佐
谢良佐
讲友
胡安国
吕大忠
游酢
邹浩
续传
康渊
谢袭
门人
曾恬
詹勉
郑瞉
朱巽
朱震
康渊
门人
李杞
李雄
毛友诚

卷25龟山学案
程颢、程颐
门人
杨时
杨时

讲友
胡安国
陈瓘
李夔
游复
郑修
邹浩
续传
黄颢
家学
杨安止
杨迪
杨云
门人
曹令德
曾恬
柴禹功
陈彦
陈渊
范济美
高闶
关治
胡理
胡宏
胡寅
黄锾
江琦
李德骏
李似祖
李郁
廖刚
廖衙
林宋卿
刘勉之
庐魁
罗从彦
吕本中
潘良贵
史禹声
宋之才
童大定
王居正
王苹
王师愈
王庭秀
翁谷
萧颉
徐存
徐俯
喻樗
章宪
章悊
张九成
赵敦临
邹柄

潘良贵
讲友
范浚
家学
潘好谦
潘畤
门人
王师愈

李夔
家学
李纲

李纲
讲友
许翰

萧颉
门人
徐存
朱松

赵敦临
门人
童大定
汪大猷
魏杞

童大定
讲友
舒黻
门人
舒璘

高闶
门人
任材
童大定

喻樗
门人
程迥
汪应辰
尤袤

徐俯
门人
曾季狸

李郁
家学
李吕

徐存
门人
柴瑾
柴卫
江介
江泳
陆律
郑升之
郑雍
周贲
周孚

潘好谦
家学
潘景夔
潘景尹

王师愈
家学
王瀚
王洽

魏杞
门人
陈居仁
张良臣

舒黻
家学
舒璘

程迥
门人
曹建
高元之
宋元龟
宋元之

李吕
家学
李闳祖
李相祖
李壮祖

江介
门人
程端蒙

陈居仁
家学
陈允平
陈卓
门人
张端义

张良臣
家学
张畤

尤袤
续传
尤焴

卷26鹰山学案

程颢、程颐
门人
游酢

游酢
讲友
胡安国
陈瓘
门人
曾开
陈侁
江琦
吕本中

曾开
家学
曾集

陈侁
家学
陈长方
陈少方

卷27和靖学案

程颐
门人
尹焞

尹焞
讲友
冯理
苏昞
王苹
张绎
私淑
高闶
门人
刘芮
□伯充
蔡迨
蔡仍
程玮
冯忠恕
高选
韩元吉
黄循圣
陆景端
吕本中
吕广问
吕和问
吕稽中
吕坚中
吕弸中
祁宽
任材
沈晦
王时敏
邢纯
徐度
徐正夫
虞仲琳

吕和问、吕广问
讲友
罗靖
罗竦

吕和问
学侣
滕恺
门人
李缯

吕弸中
家学
吕大伦
吕大器
吕大同
吕大猷

徐度
门人
林宪

陆景端
- 门人
  - 林光朝

高材
- 家学
  - 高公亮

韩元吉
- 家学
  - 韩淲
- 门人
  - 吕祖谦

李缯
- 家学
  - 李季札

卷28兼山学案

程颐
- 门人
  - 郭忠孝

郭忠孝
- 同调
  - 邵伯温
- 家学
  - 郭雍

郭雍
- 门人
  - 蒋行简
  - 谢谔

谢谔
- 门人
  - 曾机
  - 曾雩
  - 曾震
  - 孟程
  - 欧阳朴
  - 左揆

曾震
- 家学
  - 曾克己
  - 曾克家
  - 曾克宽
  - 曾克允

郭忠孝、郭雍
- 续传
  - 黎立武

卷29震泽学案

程颐、杨时
- 门人
  - 王苹

王苹
- 讲友
  - 尹焞
  - 张绎
- 学侣
  - 李子勉
  - 吕本中
- 门人
  - 曾逮
  - 曾几
  - 陈长方
  - 陈少方
  - 范如圭
  - 方翥
  - 陆景端
  - 施庭先
  - 宋宜之
  - 杨邦弼
  - 章宪
  - 章悊
  - 周宪

方翥
- 讲友
  - 林光朝
  - 陆九渊
- 家学
  - 方耒

施庭先
- 门人
  - 方翥
- □□
  - □□
  - 陈戌
  - 晏明中

卷30刘李诸儒学案

程颢、程颐
- 门人
  - 朱光庭
  - 侯仲良
  - 李吁
  - 刘立之
  - 刘绚
  - 邢恕

程颐
- 门人
  - 畅大隐
  - 范文甫
  - 范棫
  - 冯理
  - 焦瑗
  - 李参
  - 李处遯
  - 李处廉
  - 林大节
  - 马伸
  - 孟厚
  - 谯定
  - 邵溥
  - 唐棣
  - 吴给
  - 谢湜
  - 晏敦复
  - 袁溉
  - 翟霖
  - 张闳中
  - 张绎
  - 赵彦道
  - 周纯明
  - 周孚先
  - 周恭先

侯仲良
- 门人
  - 胡宏
  - 胡宁
  - 胡寅

邢恕
- 家学
  - 邢居实

马伸
- 门人
  - 何兑

袁溉
- 门人
  - 蒋行简
  - 薛季宣

焦瑗
- 门人
  - 高闶
  - 沈铭
  - 沈镗
  - 沈铢
  - 童大定
  - 赵敦临

冯理
- 家学
  - 冯忠恕

谯定
- 门人
  - 冯时行
  - 胡宪
  - 刘勉之
  - 张行成
  - 张浚

何兑
- 家学
  - 何镐

沈铢
- 家学
  - 沈炳
  - 沈焕
- 门人
  - 舒烈
  - 孙允

冯时行
- 门人
  - 李舜臣

孙允
- 家学
  - 孙枝

李舜臣
- 家学
  - 李道传
  - 李心传
  - 李性传

李心传
- 门人
  - 高斯得

朱光庭
- 续传
  - 朱右

卷31吕范诸儒学案

张载、程颐
- 门人
  - 吕大钧
  - 吕大临
  - 吕大忠
  - 苏昞

张载
- 门人
  - 范育
  - 李复
  - 潘拯
  - 邵清
  - 田腴
  - 薛昌朝
  - 游师雄
  - 张舜民
  - 种师道

吕大忠
- 门人
  - 马涓
  - 张瞻

吕大钧
- 家学
  - 吕义山

吕大临
- 门人
  - 许景衡
  - 沈躬行
  - 谢天申
  - 周行己

游师雄
- 家学
  - 游⿺辶義

田腴
- 门人
  - 吕好问
  - 吕切问

邵清
- 家学
  - 邵景之
  - 邵整

邵整
- 门人
  - 苏大璋

卷32周许诸儒学案

程颐、吕大临
门人
许景衡
沈躬行
谢天申
周行己
程颐
门人
鲍若雨
陈经邦
陈经德
陈经郛
陈经正
戴述
刘安节
刘安上
潘闵
周行己、许景衡
讲友
蒋元中
张辉
赵霄
学侣
蔡元康
潘安固
周行己
续传
周去非
门人
李迎
吴表臣
许景衡
门人
林季狸
林季仲
林叔豹
林仲熊
别附
萧振
沈躬行
续传
沈体仁
家学
沈大经
沈大廉
沈琪
刘安节
家学
刘安礼
张辉
家学
张孝恺
门人
诸葛纯
吴表臣
续传
吴潨
家学
吴松年
吴松年
讲友
郑伯熊
林光朝
吕祖谦
王十朋
郑伯熊
同调
郎鹏举
张淳
家学
郑伯谦
门人
蔡幼学
陈傅良
陈亮
叶适
朱伯起
别附
木待问
张孝恺
门人
陈傅良
诸葛纯
家学
诸葛说
潘安固
续传
刘畛
徐谊
吴潨
门人
方来
潘凯
郑伯谦
续传
胡一桂

卷33王张诸儒学案

邵雍
门人
郑夬
侯绍曾
姜愚
秦玠
王豫
杨国宝
杨贤宝
张嵋
张峋
张仲宾
周长孺
周长孺
家学
周纯明
杨贤宝
门人
晁说之
王豫
续传
杜可大

卷34武夷学案

朱长文、靳裁之
门人
胡安国
胡安国
讲友
曾开
李植
刘夔
唐巩
向子韶
朱震
邹浩
同调
叶廷珪
家学
胡宏
胡宁
胡宪
胡寅
门人
刘芮
彪虎臣
曾几
范如圭
方畴
韩璜
胡铨
胡襄
江琦
黎明
李椿
闾丘昕
谭知礼
汪应辰
王枢
向滈
向沈
向浯
徐时动
薛徽言
杨训
乐洪
再传
曾渐
张默
向子韶
家学
向沈
叶廷珪
门人
陈俊卿
黄祖舜
叶颙
郑丙
胡宁
续传
赵复
家学
胡大本
曾几
家学
曾逮
曾逢
曾集
门人
陆游
吕大器
范如圭
家学
范念德
薛徽言
家学
薛季宣
胡铨
家学
胡澥
胡泳
门人
杨万里
周必大
彪虎臣
家学
彪居正
陈俊卿
家学
陈定
陈宓
陈守

卷35陈邹诸儒学案

丰稷
门人
陈瓘
龚原
门人
邹浩
陈瓘、邹浩
同调
唐广仁
杨时
门人
关治
元祐之余
之余

陈正
邓名世
胡宗伋
刘若川
唐恕
夏侯旄
陈瓘
续传
黄槱
家学
陈渊
陈正汇
门人
曾恬
蒋琉
蒋璇
李郁
廖刚
林宋卿
吕本中
詹勉
张琪
邹浩
家学
邹柄
唐广仁
门人
吕本中
胡宗伋
家学
胡沂
门人
孙畴
孙介
刘若川
门人
周必大
周必刚
周必强
胡沂
家学
胡拱
胡撙
孙介
家学
孙应时
邓名世
续传
邹斌
卷36紫微学案
吕希哲
家学
吕本中
吕本中
讲友
曾几
许忻
家学
吕大伦
吕大器
吕大同
吕大猷
门人
曾季狸
方畴
方丰之
李樗
李楠
林之奇
汪应辰
王师愈
王时敏
章宪
章悊
周宪
林之奇
学侣
黄槱
家学
林子冲
门人
刘世南
吕祖谦
吕大器
家学
吕祖俭
吕祖谦
方丰之
家学
方士繇
卷37汉上学案
谢良佐
门人
朱震
朱震
同调
沈该
学侣
胡铨
朱巽
门人
刘长福
徐畸
徐畸
门人
吴葵
沈该
续传
田畴
卷38默堂学案
程颐、杨时
门人
陈渊
陈渊
讲友
范冲
罗从彦
门人
沈度
卷39豫章学案
程颐、杨时
门人
罗从彦
罗从彦
讲友
廖衙
门人
李侗
朱松
李侗
门人
刘嘉誉
罗博文
朱熹
朱松
家学
朱熹
刘嘉誉
家学
刘砥
刘砺
刘世南
卷40横浦学案
杨时
门人
张九成
张九成
讲友
施德操
姚述尧
叶先觉
喻樗
张浚
同调
杨璇
门人
刘荀
樊光远
方畴
郭钦止
韩元吉
郎煜
凌景夏
倪称
沈清臣
史浩
汪应辰
徐椿年
于恕
于宪
施德操
家学
施庭先
沈清臣
门人
赵彦肃
于恕
门人
郎煜
倪称
家学
倪思
史浩
家学
史定之
史弥坚
史守之
门人
张良臣
卷41衡麓学案
胡安国
家学
胡寅
胡寅
讲友
韩璜
胡襄
江琦
刘衡
张祁
同调
赵鼎
学侣
胡宏
胡宁
梁观国
家学
胡大原
胡大正
门人
刘荀
毛以谟
梁观国
讲友
陈元中
高登
张祁
家学
张孝祥
高登
门人
林宗臣

林宗臣
门人
陈淳

卷42五峰学案

胡安国
家学
胡宏
胡宏
学侣
彪虎臣
曾几
胡宪
李椿
家学
胡大本
胡大时
胡大原
胡实
门人
彪居正
方畴
孙蒙正
吴翌
向浯
萧□
张栻
赵师孟
赵棠
所传
杨大异
彪居正
门人
刘强学
赵棠
家学
赵方
萧口
家学
萧佐

卷43刘胡诸儒学案

刘安世、杨时
门人
刘勉之
胡安国
家学
胡宪
程颐
私淑
刘子翚
刘勉之、胡宪
学侣
方德顺
陆祐
朱松
刘勉之
门人
吕祖谦
朱熹
胡宪
门人
方耒
刘懋
邵景之
魏掞之
朱熹
刘子翚
家学
刘珙
刘玶
门人
方耒
黄铢
刘懋
詹体仁
朱熹
陆祐
门人
李樗
李楠
林之奇
刘懋
家学
刘炳
刘爚

卷44赵张诸儒学案

邵伯温
门人
赵鼎
谯定
门人
张浚
赵鼎、张浚
同调
陈良翰
陈鹏飞
芮煜
学侣
汪应辰
赵鼎
续传
赵纶
家学
赵谧
门人
王大宝
张浚
家学
张杓
张栻
门人
陆游
罗博文
王十朋
杨万里
张杰
芮煜
门人
蔡幼学
陈傅良
陈亮
陈武
吕祖谦
陈鹏飞
门人
范端臣
黄补
林光朝
王大宝
门人
张栻
张杓
家学
张忠恕
王十朋
家学
王闻礼
王闻诗
门人
宋晋之
杨万里
家学
杨长孺
门人
刘俨
吕陟

卷45范许诸儒学案

潘良贵
讲友
范浚
李纲
讲友
许翰
吕本中
讲友
许忻
程颐
门人
萧楚
范浚
家学
范端臣
门人
柴喆
陈九言
高梅
邵恂
虞唐佐
张龟年
许忻
门人
陆九龄
萧楚
门人
冯澥
胡铨
范端臣
门人
范处义
许翰
续传
高元之

卷46玉山学案

吕本中、张九成
门人
汪应辰
汪应辰
学侣
陆九龄
吕大同
赵汝愚
朱熹
家学
汪伯时
汪逵
门人
吕祖谦
尤袤
章颖
张杰
赵焯
郑侨
赵汝愚
同调
陈岘
家学
赵必愿
赵崇度
赵崇模
赵崇实
赵崇宪
赵良淳
陈岘
家学
陈昉
陈均
郑侨
家学
郑寅
门人
王介

卷47艾轩学案

陆景端

门人
林光朝
林光朝
讲友
陈俊卿
陈昭度
方翥
陆九渊
吴松年
赵汝愚
门人
陈士楚
陈叔盥
黄刍
林阿盥
林亦之
刘朔
刘夙
魏几
陈昭度
门人
黄钟
林亦之
门人
陈藻
刘夙
家学
刘弥邵
刘弥正
门人
孟涣
刘朔
家学
刘起晦
门人
孟涣
陈藻
门人
林希逸
刘翼
刘弥正
家学
刘克逊
刘克庄
刘克庄
门人
洪天锡
洪天锡
门人
丘葵

卷48/卷49晦翁学案上/下

李侗
门人
朱熹
朱熹
讲友
方耒
韩元吉
何镐
吕祖谦
潘畤
石憝
张杰
张栻
赵汝靓
赵汝愚
同调
刘光祖
刘靖之
刘清之
赵不息
学侣
陈景思
黄樵仲
项安世
私淑
蔡和
柴中行
陈均
陈缜
李大有
李道传
楼钥
魏了翁
吴柔胜
谢梦生
詹初
赵汝腾
续传
方镕
熊朋来
余季芳
俞琰
俞浙
赵复
家学
朱洪范
朱塾
朱埜
朱在
门人
包逊
包扬
包约
蔡沆
蔡沈
蔡渊
蔡元定
陈淳
陈易
陈埴
杜煜
杜知仁
辅广
辅万
傅定
傅梦泉
高松
胡大时
许子春
黄榦
黄谦
李大同
李燔
李方子
廖德明
刘黼
吕乔年
潘友端
彭龟年
石斗文
石宗昭
舒璘
宋之源
孙应时
王瀚
王介
王洽
叶味道
余元一
喻仲可
詹仪之
张洽
张巽
赵崇度
赵崇宪
赵蕃
赵善佐
赵师蒧
赵师恕
赵师雍
周介
周良
诸葛千能
邹补之
石憝
门人
杜煜
杜知仁
赵不息
家学
赵汝谠
赵汝谈
吴柔胜
家学
吴潜
吴渊
赵汝腾
续传
赵必晔
俞浙
门人
黄奇孙
俞琰
门人
王都中
赵必晔
门人
陈旅
陈仁伯

卷50南轩学案

胡宏
门人
张栻
张栻
讲友
吕祖谦
潘畤
吴松年
张杰
赵汝愚
朱熹
同调
刘靖之
刘清之
丘密
赵不息
学侣
陈傅良
胡大本
吕陟
张寓
私淑
程遇孙
邓谏从
李大有
魏了翁
薛绂
虞刚简
张方
赵昱
续传
木天骏
张唐
家学
张洽
张庶
张忠恕
门人
曾集
陈概
陈孔硕
范仲黼
范子长
范子该

傅梦泉
胡大时
李修己
吕胜己
彭龟年
舒璘
宋德之
王遇
吴必大
吴猎
袭盖卿
杨知章
游九功
游九言
宇文绍节
詹箪民
詹仪之
张仕佺
之余
方敏中

卷51东莱学案

林之奇、汪应辰

门人
吕祖谦

吕祖谦

讲友
潘畤
张栻
朱熹
同调
郭良臣
刘靖之
刘清之
丘崈
学侣
陈傅良
陈亮
私淑
李大有
续传
宋濂
王祎
家学
吕祖俭
吕祖泰
门人
陈刚
陈孔硕
丁希亮
辅广
葛洪
刘炳
刘爚
楼昉
倪千里
潘友端
乔行简
沈有开
石斗文
石宗昭
舒璘
宋甡
王遇
吴必大
叶邽
袁燮
章用中
赵焯
朱塾

郭良臣

家学
郭澄
郭江
郭溥

吕祖俭

家学
吕康年
吕乔年
吕延年
门人
舒衍
张渭

吕延年

门人
羊哲

卷52艮斋学案

袁溉

门人
薛季宣

薛季宣

讲友
郑伯熊
刘朔
刘夙
郑伯英
同调
张淳
学侣
陈亮
叶适
家学
薛叔似
门人
陈傅良
沈有开
王枏
徐元德

薛季宣、王枏

学侣
郭澄

王枏

门人
楼钥

张淳

续传
敖继公

敖继翁

门人
倪渊
赵孟頫

倪渊

门人
杨维桢

杨维桢

门人
郑真

卷53止斋学案

郑伯熊、薛季宣

门人
陈傅良

陈傅良

同调
戴溪
钱文子
唐仲友
学侣
陈谦
陈武
黄度
徐谊
薛叔似
郑鉴
续传
木天骏
家学
陈说
门人
蔡幼学
曹叔远
陈端己
高松
洪霖
胡大时
胡时
黄章
林颐叔
林渊叔
林子燕
吕冲之
吕声之
倪千里
沈昌
沈体仁
沈有开
吴汉英
吴琚
徐筠
袁申儒
章用中
赵希錧
朱黼

黄度

家学
黄章
门人
周南

戴溪

门人
胡大时
宋之源
周爽

蔡幼学

家学
蔡范
门人
李元白
周端朝

倪千里

门人
虞复

卷54/卷55水心学案上/下

郑伯熊

门人
叶适

叶适

学侣
陈景思
陈亮
刘愚
王绰
项安世
门人
蔡仍
陈昂
陈耆卿
陈韡
陈埴
戴许
戴栩
邓传之
丁希亮
方来
孔元忠
厉仲方
林居安
毛当时
孟导
孟猷
邵持正
宋驹
孙之宏
滕宬
王大受
王度
王汶

王象祖
王植
吴子良
夏庭简
叶绍翁
袁聘儒
张垓
赵汝谠
赵汝铎
赵汝谈
周端朝
周南

刘愚
门人
余嵘

王绰
门人
蔡仍
戴许
王汶
薛蒙
尤焴

陈耆卿
门人
车若水
吴子良

孙之宏
家学
孙嵘叟

吴子良
门人
刘庄孙
舒岳祥

舒岳祥
门人
戴表元
林处恭

卷56龙川学案

郑伯熊、芮煜
门人
陈亮

陈亮
讲友
吕祖谦
薛季宣
叶适
同调
王自中
学侣
倪朴
门人
陈刚
陈桧
陈猛
陈颐
丁希亮
方坦
何大猷
何凝
胡括
金潚
郎景明
厉仲方
林慥
凌坚
刘范
楼应元
庐任
吕约
钱廓
孙贯
吴深
徐硕
喻侃
喻民献
喻南强
章椿
章海
章湜
章涛
章渭
章与
章允
周扩
周作

王自中
门人
彭仲刚

吴深
家学
吴邃

吴邃
家学
吴思齐

吴思齐
讲友
方凤
谢翱
门人
黄景昌

方凤
门人
黄溍
黄景昌
柳贯
吴莱

谢翱
门人
黄景昌

吴莱
门人
胡翰
宋濂

卷57梭山复斋学案

陆贺
家学
陆九龄
陆九韶
陆九渊

陆九韶
徐仲诚
严松

陆九龄
门人
曹建
曾滂
李修己
李缨
刘尧夫
饶延年
沈焕
万人杰
袁燮

李缨
门人
邹斌

卷58象山学案

林光朝
讲友
陆九渊

陆九渊
同调
陈葵
徐谊
学侣
丰谊
黄文晟
李浩
刘恭
刘清之
罗点
王厚之
杨庭显
私淑
姚宏中
赵彦肃
续传
汪深
陈苑
程绍开
胡长孺
汤巾
吴澄
周可象
家学
陆持之
门人
曹建
曾祖道
邓约礼
符叙
傅梦泉
傅子云
胡大时
黄叔丰
蒋元夫
李耆寿
刘定夫
刘孟容
沈炳
舒琥
舒璘
舒琪
万人杰
严松
杨简
袁燮

李浩
家学
李肃
门人
邓约礼

杨庭显
家学
杨简
门人
舒璘

丰谊
家学
丰有俊

陆持之
门人
叶元老

赵彦肃
门人
喻仲可

卷59清江学案

朱熹、张栻
同调
刘靖之

刘靖之
家学
刘清之

刘清之
学侣
陆九渊
彭龟年
向浯
家学
刘孟容
门人
曾祖道
韩淲

韩度
韩冠卿
韩宜卿
许子春
黄榦
李埴
刘黼
宋之源
赵蕃

赵蕃
门人
施霆亨
郑梦协
周端朝

韩宜卿
家学
韩度
韩忼
韩性

卷60说斋学案

永嘉同调
同调
唐仲友

唐仲友
学侣
唐仲温
唐仲义
门人
傅寅
金式
吴葵
叶秀发
张端义
朱质

傅寅
家学
傅定
门人
傅芷

卷61徐陈诸儒学案

陈葵、陆九渊
同调
徐谊
永嘉同调
同调
钱文子

陆九渊
同调
陈葵

徐谊
门人
丁黼
黄中
赵希錧

蔡和
门人
曹豳
丁黼
乔行简
汤程

卷62西山蔡氏学案

朱熹
门人
蔡元定

蔡元定
学侣
刘炳
刘砥
刘砺
刘爚
楼钥
家学
蔡沆
蔡沈
蔡渊
门人
杨至
朱塾
朱埜

蔡渊
家学
蔡格
门人
陈光祖
何□
翁泳
熊刚大
熊庆胄
熊酉
徐几
叶采

陈光祖
家学
陈沂

卷63勉斋学案

朱熹、刘清之
门人
黄榦

黄榦
讲友
胡伯履
李道传
李燔
李方子
刘砥
刘刚中
刘砺
王遇
杨楫
杨仕训
余元一
詹初
张洽
家学
黄辅
黄辂
门人
蔡念成
曾成叔
陈伦
陈如晦
陈象祖
董梦程
方来
方丕父
方暹
何□
何基
黄师雍
黄振龙
家摃
李晦
李鉴
李武伯
梁祖康
刘子玠
饶鲁
宋斌
吴昌裔
吴泳
熊刚大
薛师邵
叶士龙
叶真
袁俊明
张元简
赵必愿
赵师恕
郑鼎新

余元一
学侣
余崇龟

方暹
门人
万镇

卷64潜庵学案

朱熹、吕祖谦
门人
辅广

辅广
学侣
辅万
魏了翁
张洽
门人
董槐
余端臣
朱鹏飞
所传
安刘
韩翼甫
刘□

余端臣
门人
汪元春
王文贯

王文贯
门人
黄震
汪元春

韩翼甫
家学
韩忼
韩性
门人
陈普

韩性
学侣
黄叔英
任士林
门人
黄奇孙
李齐
王冕
夏泰亨

刘敬堂
门人
熊禾

汪元春
门人
徐天锡
徐天彝

陈普
门人
韩信同
黄裳
杨琬

熊禾
门人
安实
董真卿

韩信同
门人
黄宽
林文琪
张以宁
郑轙

卷65木钟学案

朱熹、叶适
门人
陈埴

朱熹
门人
叶味道
之余
史伯璇
章仕尧
陈埴、叶味道
讲友
谢梦生
陈埴
门人
车安行
董楷
翁敏之
翁岩寿
徐霆
赵□
叶味道
家学
叶采
门人
缪主一
王柏
王梦松
赵景纬
翁岩寿
门人
胡一桂
车安行
家学
车瑢
车若水
车若绾
车惟贤
赵□
门人
贾汉英
王梦松
门人
余学古
贾汉英
门人
严侣
余学古
门人
胡长孺
胡长孺
门人
陈刚
李康
文诚
吴雄
谢晖
陈刚
门人
陈善
洪涛
李时可
林温
王清
章瑶
章仕尧
门人
蒋允汶
彭庭坚
赵次诚
史伯璿
门人
徐兴祖
徐宗实
徐宗实
门人
黄淮
徐兴祖
门人
张文选

卷66南湖学案
朱熹、石憝
门人
杜煜
杜知仁
杜煜
同调
车瑾
家学
杜范
门人
丘渐
杜知仁
家学
杜范
车瑾
家学
车安行
车景山
车若水
车若绾
车似度
车似庆
车倬
门人
蔡梦说
杜范
门人
车若水
车若水
讲友
胡常
沈可亨
王赍
同调
蔡希点
戴良齐
门人
金叔明
潘希宗
盛象翁
丘渐
门人
戴亨
方仪
蔡梦说
门人
方仪
高耕
黄超然
蔡希点
门人
潘希宗
戴良齐
门人
吴澄

卷67九峰学案
朱熹
门人
蔡沈
蔡沈
同调
黄千能
续传
陈师凯
黄镇成
刘实翁
家学
蔡杭
蔡模
蔡权
门人
陈光祖
何□
刘钦
刘钦
家学
刘泾
何云源
门人
刘汉传
刘实翁
门人
王充耘

卷68北溪学案
朱熹、林宗臣
门人
陈淳
陈淳
讲友
陈易
王遇
杨仕训
门人
陈沂
黄必昌
黄以翼
江与权
李龏
梁集
邵甲
苏思恭
王次传
王隽
王昭
王震
杨昭复
叶采
张应霆
郑思忱
郑思永
郑闻
朱右
卓琮
陈易
学侣
蔡和
陈沂
讲友
谢升贤
蔡和
门人
黄必昌
黄以翼
江与权
苏思恭
王次传
王隽
郑思忱
郑思永
卓琮
杨昭复
门人
吕大圭
王昭
门人
吕大圭
吕大圭
门人
丘葵
丘葵
门人
吕椿

卷69沧洲诸儒学案上
朱熹
门人
杜斿
杜旝
蔡念成

曹建	黄灏	刘砥	王遇	赵师渊	门人
曹彦纯	黄士毅	刘定夫	吴必大	郑可学	真德秀
曹彦约	黄孝恭	刘黻	吴昶	郑昭先	**林夔孙**
曾三聘	黄学皋	刘刚中	吴仁杰	周谟	门人
曾祖道	黄㽦	刘镜	吴寿昌	**卷70沧洲**	江万里
陈定	黄义刚	刘砺	吴英	**诸儒学案下**	**江万里**
陈骏	黄义勇	刘孟容	袭盖卿	**李燔**	学侣
陈孔硕	黄寅	刘炎	徐侨	门人	刘南甫
陈孔夙	江默	刘爚	徐寓	方暹	门人
陈宓	姜大中	吕胜己	徐昭然	许应庚	赵介如
陈守	黎贵臣	欧阳谦之	严世文	饶鲁	**傅伯成**
陈文蔚	李伯诚	潘柄	杨道夫	宋斌	家学
程端蒙	李东	潘时举	杨方	赵范	傅康
程珙	李燔	潘友恭	杨复	赵葵	傅壅
程洵	李方子	潘植	杨楫	**廖德明**	**度正**
程永奇	李闳祖	丘珏	杨履正	门人	门人
戴蒙	李辉	饶干	杨仕训	陈沂	赵景纬
董铢	李季札	饶敏学	杨骧	邹应博	**陈孔硕**
窦澄	李耆寿	任希夷	杨与立	**李方子**	家学
窦从周	李杞	上官谧	杨至	门人	陈韡
度正	李如圭	沈僩	叶湜	陈沂	**陈宓**
范念德	李唐咨	施允寿	叶武子	牟子才	门人
方大壮	李文子	石洪庆	应纯之	叶采	黄绩
方禾	李相祖	宋斌	应茂之	**徐侨**	**程端蒙**
方壬	李雄	宋之润	应谦之	门人	门人
方士繇	李周翰	宋之汪	游僘	王世杰	董梦程
方谊	李壮祖	孙调	余大雅	叶由庚	**董铢**
冯允中	李宗思	孙枝	余宋杰	朱元龙	家学
符叙	梁瑑	孙自任	俞闻中	朱中	董梦程
傅伯成	廖德明	孙自新	詹体仁	**刘爚**	门人
傅诚	廖晋卿	孙自修	詹渊	家学	程正则
甘节	林夔孙	汤泳	章康	刘垕	董琮
郭磊卿	林湜	滕珙	张洽	门人	**曼渊**
贺善	林学蒙	滕璘	张显父	陈沂	门人
胡泳	林易简	童伯羽	张宗说	**程洵**	阳枋
许升	林至	万人杰	赵纶	门人	阳岊
曼渊	刘赍	王过	赵汝谈	董铢	**方士繇**
黄干	刘炳	王力行	赵师夏	**詹体仁**	家学

方丕父
窦从周、窦澄
门人
卫炳
汤泳
门人
卫翼
张宗说
门人
江埙
潘柄
门人
黄绩
苏国台
滕璘
门人
赵雷
滕珙
家学
滕铅
胡泳
门人
黄辅
李仁垕
欧阳谦之
家学
欧阳守道
杨方
门人
孟涣
杨复
门人
李鉴
李唐咨
门人
陈思谦
杨至
门人

陈沂
刘炎
门人
王佖
王侃
孙枝
家学
孙愿质
刘砥
家学
刘子玠
陈文蔚
门人
徐元杰
叶湜
家学
叶采
黄干
门人
李鉴
饶鲁
朱熹
再传
丘富国
赵葵
家学
赵溍
叶采
门人
陈天泽
王世杰
门人
石一鳌
刘垕
家学
刘钦
刘应李
门人

熊庆胄
刘应李
讲友
胡一桂
熊禾
刘南甫
门人
欧阳守道
阳岊
家学
阳恪
门人
韩居仁
史蒙卿
黄绩
家学
黄仲元
门人
郑献翁
赵雷
家学
赵顺孙
滕铅
门人
黄智孙
黄智孙
同调
陈源长
门人
陈栎
程显道
潘时举
所传
陈绍大
丘富国
门人
张贡
张谅

郑仪孙
石一鳌
家学
石定子
门人
陈取青
黄溍
陈取青
同调
李直方
家学
陈樵
赵介如
门人
汪华
燕公楠
陈源长
家学
陈栎
郑仪孙
门人
张复
黄溍
门人
陈基
戴良
高明
蒋允升
刘涓
宋濂
王祎
李直方
门人
陈樵
陈士允
胡濙
陈栎
门人

程存
倪士毅
吴彬
叶大有
朱升
高明
门人
李孝谦

卷71岳麓诸儒学案

张栻
门人
吴儆
曹集
曾撙
陈琦
胡大时
简克己
蒋复
蒋元夫
李壁
李埴
梁子强
刘强学
潘友端
彭龟年
沈有开
宋刚仲
宋甡
宋文仲
苏权
王居仁
吴猎
吴伦
萧佐
谢用宾
游九功
游九言

张巽
赵方
赵善佐
钟如愚
钟照之
周去非
周奭
彭龟年
家学
彭汯
彭铉
彭钦
游九言
门人
窦从周
刘宰
王遂
郑节夫
赵方
家学
赵范
赵葵
苏权
家学
苏国台
周去非
家学
周端朝
李壁
门人
高崇
刘宰
门人
黄复
王遂
门人
黄震

卷72二江诸儒学案

张栻
门人
陈概
范荪
范仲黼
范子长
范子该
李修己
宋德之
杨知章
宇文绍节
张仕佺
私淑
程遇孙
邓谏从
薛绂
虞刚简
张方

陈概
讲友
黄裳

宇文绍节
门人
程公许
程公说
程公硕

杨知章
家学
杨子谟

李修己
家学
李义山

范仲黼
门人
师遇
苏在镕
张钧

范子长
门人
高载

范子该
续传
范大冶
所传
魏了翁

宋德之
门人
高崇

虞刚简
续传
虞汲
家学
虞兟

黄裳
门人
杨泰之

李义山
门人
彭泫

卷73丽泽诸儒学案

吕祖谦
门人
杜旟
陈黼
陈锡
葛洪
巩丰
巩嵘
巩岘
郭澄
郭粹中
郭敏中
郭时中
郭颐
郭允中
胡子廉
黄涣
黄谦
康文豹
康文虎
李诚之
李大同
楼昞
楼昉
楼季恺
楼孟恺
楼叔恺
楼仲恺
卢汝管
卢汝琰
潘景夔
潘景宪
潘景尹
潘景愈
彭仲刚
戚如圭
戚如琥
戚如玉
乔行简
乔梦符
石范
时澜
时沄
汪淳
汪大度
汪大亨
汪大明
汪大章
汪仲仪
王瀚
王介
王洽
王深源
夏明诚
邢世材
徐侃
徐文虎
徐倬
羊永德
叶诞
叶邽
叶秀发
詹仪之
赵善谈
赵彦秬
郑宗强
周介
朱质
邹补之

叶邽
家学
叶霖
叶荣发
叶审言
门人
徐侨

楼昉
门人
李壁
李埴
王抃
应繇
郑清之

王介
家学
王埜

王瀚
家学
王柏

羊永德
家学
羊哲

时澜
家学
时少章

王深源
门人
郑闻

王抃
家学
王应凤
王应麟

郑清之
门人
赵范
赵葵

戚如琥
家学
戚崇僧
戚绍
戚象祖

汪大度
家学
汪开之

卷74慈湖学案

陆九渊
门人
杨简

杨简
讲友
韩宜卿
蒋存诚
沈焕
沈文彪
舒璘
汤建
袁燮
学侣
韩度
叶秀发
私淑
刘宰
真德秀
续传
杨芮
家学
杨恪
门人
曹夙
曹正
曾熠
陈埙
方溥
冯国寿
冯兴宗
傅大原
傅正夫
顾平甫
桂万荣
何元寿
洪简
洪梦炎
洪扬祖
许孚
刘厚南
马朴
马燮
马应之
钱时
钱槱
邵甲
沈巩
沈民献
史定之

史弥巩
史弥坚
史弥林
史弥忠
史守之
舒铣
舒衍
舒益
孙明仲
童居易
王晋老
王琦
王震
王子庸
魏榘
吴埛
吴埙
夏希贤
徐凤
薛疑之
叶佑之
余元发
袁甫
张端义
张汾
张渭
赵彦械
赵与筹
郑节夫
钟宏
朱介
邹近仁
邹梦遇
沈文彪
续传
沈辉卿
沈源
家学
沈民献
史弥坚
家学
史宾之
史弥巩
续传
史蒙卿
门人
王扐
钱时
家学
钱櫄
钱允文
门人
洪扬祖
吕人龙
夏希贤
续传
陈苑
洪源
鲁渊
宋梦鼎
陈埙
家学
陈蒙
门人
全晋孙
全谦孙
张端义
童居易
家学
童铉
童金
童钟
门人
曹汉炎
严畏
曹汉炎、严畏
讲友
黄震
叶佑之
门人
张端义
马朴
家学
马燮
王琦
门人
钟季正
邵甲
家学
邵大椿
薛疑之
家学
薛璩
夏希贤
家学
夏溥
夏潜之
夏清之
夏溥
同调
洪震老
吴暾
门人
汪汝懋
赵汸
郑玉
宋梦鼎、鲁渊
同调
张复
洪梦炎
续传
洪赜
全谦孙
家学
全耆
全整
全晋孙
家学
全彦
全整
邵大椿
门人
郑棠
赵与筹
续传
赵偕
吴暾
门人
方道叡
汪汝懋
郑玉
洪震老
门人
郑玉
洪赜
门人
汪汝懋
全彦
门人
黄润玉
桂万荣
续传
桂瑔
桂同德
桂彦良
汪汝懋
门人
沈源
唐辕

卷75絜斋学案

吕祖谦、陆九渊
门人
袁燮
袁燮
讲友
陈傅良
沈焕
舒璘
杨简
赵师渊
私淑
刘宰
真德秀
家学
袁甫
袁肃
门人
傅正夫
洪扬祖
胡谦
胡谊
邵叔谊
史定之
史弥巩
史弥坚
史弥林
史弥忠
史守之
舒衍
孙枝
魏榘
徐愿
袁韶
郑节夫
朱介
朱元龙
朱震
袁甫
续传
袁裒
门人
陈宗礼
洪扬祖
真志道
袁韶
续传
袁桷

卷76广平定川学案

张栻、陆九渊
门人
舒璘
陆九渊
门人
沈炳
舒琥
舒琪
陆九龄
门人
沈焕
舒璘、沈焕
讲友
吕祖俭
杨简
袁燮
舒璘
同调
杨琛
续传
舒浒
舒津
家学
舒镳
舒错
舒铣
舒钘
舒钲

门人	陈去华	熊鉴	叶梦得	欧阳镇	门人
戴泳	邓远	徐仲诚	**彭兴宗**	**李肃**	廖应淮
邓梦真	邓约礼	徐子石	门人	家学	**荆□**
李元白	董德修	严滋	陆持之	李复	门人
罗子有	丰有俊	游元	**詹阜民**	**邵叔谊**	李俊民
汪行简	符初	俞廷椿	门人	家学	**廖应淮**
袁肃	傅梦泉	詹阜民	顾平甫	邵鲁子	门人
舒琪	傅子云	章节夫	喻仲可	**危和**	彭复初
门人	高商老	张明之	**诸葛千能**	门人	**彭复初**
诸葛□	高宗商	张商佐	门人	罗必元	门人
沈焕	胡拱	张孝直	高公亮	罗晋君	傅立
家学	胡撙	赵师葴	**石宗昭**	**欧阳镇**	**傅立**
沈传曾	黄椿	赵师雍	续传	门人	门人
沈鲁曾	黄棐	赵子新	石余亨	罗晋君	程直方
沈敏曾	黄栯	周良	门人	**石余亨**	**卷79丘刘**
沈省曾	黄裳	周清叟	钟颖	门人	**诸儒学案**
门人	黄叔丰	朱桴	**孙应时**	黄奇孙	**张栻、吕祖谦**
吕乔年	江泰之	朱泰卿	门人	**卷78张祝**	同调
舒钘	李伯敏	诸葛□	胡衍	**诸儒学案**	丘密
舒衍	李复	诸葛千能	史弥坚	**邵雍**	**朱熹**
竺大年	李肃	邹斌	**胡撙**	续传	同调
李元白	李云	**危稹**	家学	王卿月	刘光祖
门人	利元吉	学侣	胡卫	张行成	私淑
安刘	林梦英	危和	胡衍	别派	柴中行
王良学	刘尧夫	门人	**邹斌**	杜可大	楼钥
舒津	孟涣	罗必元	门人	荆□	**楼钥**
门人	缪文子	罗晋君	吴潜	之余	讲友
李淯孙	潘友文	**傅梦泉**	吴渊	朱元升	崔与之
卷77槐堂	彭兴宗	续传	**包扬**	祝泌	门人
诸儒学案	丘元寿	陈苑	家学	**张行成**	史守之
陆九渊	饶延年	家学	包恢	门人	孙枝
门人	邵叔谊	傅道夫	**包逊**	吕凝之	**柴中行**
□显仲	石斗文	傅正夫	门人	**祝泌**	学侣
包逊	石宗昭	**邓约礼**	罗必元	续传	柴元裕
包扬	孙应时	门人	**罗必元**	傅立	柴中守
包约	王允文	傅子云	讲友	门人	门人
晁百谈	危稹	**傅子云**	柴中守	廖应淮	饶鲁
陈刚	吴绍古	门人	冯曾	**杜可大**	汤汉

汤巾
汤千
汤中
庆元之学
之学
林大中
游仲鸿
赵巩
丘崈
门人
史宾之
刘光祖
门人
游似
周端朝
崔与之
门人
洪咨夔
柴中守
门人
罗晋君
柴元裕
门人
李伯玉
饶鲁
汤汉
游仲鸿
家学
游似
游似
家学
游汶
洪咨夔
门人
程掌
卷80鹤山
学案
范子该
所传
魏了翁
魏了翁
讲友
辅广
李从周
李燔
李坤臣
谯仲午
张洽
真德秀
学侣
高崇
高定子
高稼
高载
家学
魏克愚
魏文翁
门人
程掌
郭黄中
许玠
许月卿
蒋公顺
蒋山
蒋重珍
牟子才
史绳祖
史守道
税与权
唐季乙
滕处厚
王万
吴泳
严植
叶元老
游似
虞兟
张端义
李坤臣
学侣
魏天佑
门人
高斯得
郭黄中
魏文翁
牟子才
同调
王爚
家学
牟巘
牟应龙
门人
唐震
赵范
赵葵
高稼
家学
高斯得
王爚
门人
李芾
唐震
赵卯发
唐震
门人
胡应之
毛振
屠高
王涛
卷81西山
真氏学案
詹体仁
门人
真德秀
真德秀
讲友
李燔
李方子
魏了翁
张洽
续传
王天与
家学
真志道
门人
陈均
程掌
江埙
金文刚
孔元龙
刘克庄
刘炎
吕敬伯
吕良才
马光祖
汤巾
汤千
汤中
王迈
王埜
熊庆胄
徐几
徐元杰
周天骏
徐元杰
同调
刘汉弼
王埜、徐几
门人
王应麟
刘汉弼
家学
刘汉传
门人
陈策
卷82北山
四先生学案
黄榦
门人
何基
何基
学侣
何□
叶由庚
家学
何凤
何钦
何宗诚
何宗瑞
何宗映
门人
季镛
金麟
金履祥
倪公度
倪公晦
倪公武
童俱
童偕
汪开之
王柏
王侃
吴梅
余泽
张必大
张润之
朱熹
续传
方镕
王柏
学侣
潘墀
续传
牟楷
家学
王佖
王珹
王侃
王相
门人
车若水
陈天瑞
樊万
黄超然
金履祥
林□
盛象翁
王贲
闻人诜
薛松年
杨珏
张[illegible]
周敬孙
朱致中
方镕
家学
方逢辰
方逢振
方一夔
方逢辰
同调
蒋沐
续传
方道叡
门人
邵桂士
汪斗建
魏新之

张翌
- 讲友
  - 赵宏伟
- 门人
  - 夹谷之奇
  - 杨刚中

林□
- 同调
  - 张莘夫
- 门人
  - 陈德永
  - 张明卿

金履祥
- 门人
  - 郭子昭
  - 许谦
  - 柳贯
  - 唐良骥
  - 卫富益

许谦
- 同调
  - 赵宏伟
- 学侣
  - 吴师道
  - 张枢
- 家学
  - 许亨
  - 许元
- 门人
  - 范祖干
  - 方麟
  - 方用
  - 合剌不花
  - 何宗诚
  - 何宗瑞
  - 何宗映
  - 胡翰
  - 江孚
  - 江起
  - 蒋元
  - 揭傒斯
  - 敬俨
  - 李国凤
  - 李唐
  - 李序
  - 李亦
  - 李裕
  - 刘涓
  - 刘名叔
  - 楼巨卿
  - 吕机
  - 吕溥
  - 吕权
  - 吕洙
  - 马道贯
  - 欧阳玄
  - 戚崇僧
  - 苏友龙
  - 唐怀德
  - 王麟
  - 王余庆
  - 卫富益
  - 叶仪
  - 张匡敬
  - 赵子渐
  - 朱公迁
  - 朱同善
  - 朱震亨

魏新之
- 讲友
  - 孙潼发
  - 袁易

周敬孙
- 家学
  - 周仁荣

杨珏
- 门人
  - 孟梦恂
  - 周仁荣

陈天瑞
- 门人
  - 孟梦恂
  - 周仁荣

闻人诜
- 家学
  - 闻人梦吉

盛象翁
- 门人
  - 陈德永

张莘夫
- 家学
  - 张明卿
- 门人
  - 邓文原

牟楷
- 同调
  - 陈绍大

范祖干、叶仪
- 学侣
  - 郑谧

柳贯
- 门人
  - 戴良
  - 宋濂
  - 杨璲
  - 郑涛

吴师道
- 家学
  - 吴沈
- 门人
  - 胡翰
  - 徐原
  - 诸葛伯衡

汪斗建
- 家学
  - 汪汝懋

蒋沐
- 家学
  - 蒋元

周仁荣
- 门人
  - 泰不华
  - 周润祖

周润祖
- 讲友
  - 朱嗣寿

闻人梦吉
- 门人
  - 宋濂
  - 唐以仁
  - 吴履

陈德永
- 门人
  - 朱右

邓文原
- 门人
  - 王守诚

范祖干
- 门人
  - 汪与立
  - 邢沂

叶仪
- 门人
  - 何寿朋
  - 许亨
  - 许元

苏友龙
- 家学
  - 苏伯衡

李唐
- 家学
  - 李希明

卫富益
- 门人
  - 黄彝
  - 沈梦麟
  - 郑忠

蒋元
- 家学
  - 蒋允升

方麟、李亦
- 门人
  - 蒋允升

戴良
- 门人
  - 李悌谦
  - 李孝谦
  - 李忠谦
  - 唐辕

朱嗣寿
- 门人
  - 陶凯

宋濂
- 门人
  - 方孝孺

唐以仁
- 家学
  - 唐光祖

唐光祖
- 门人
  - 胡仕宁

卷83双峰学案

黄榦、柴中行
- 门人
  - 饶鲁

饶鲁
- 讲友
  - 方暹
- 私淑
  - 吴存
  - 袁易
- 门人
  - 蔡汝揆
  - 陈大猷
  - 程若庸
  - 许应庚
  - 李实
  - 鲁士能
  - 罗天西
  - 罗椅
  - 饶应中
  - 史泳
  - 汤伯阳
  - 万镇
  - 汪华
  - 汪相
  - 王佖
  - 吴迂
  - 吴中
  - 赵良淳

赵良淳
- 同调
  - 徐道隆

陈大猷
- 家学
  - 陈澔

吴中
- 门人
  - 朱以实

朱以实
- 同调
  - 吴存
- 家学
  - 朱公迁

程若庸
- 门人
  - 程巨夫

    - 范奕
    - 金若洙
    - 吴澄
    - 吴锡畴

饶应中
- 门人
    - 龚焕
    - 熊凯

汪华
- 家学
    - 汪应升
- 再传
    - 汪克宽
    - 汪时中

吴迂
- 门人
    - 戴璹
    - 汪克宽
    - 郑合生

程巨夫
- 门人
    - 揭傒斯
    - 赵孟頫

揭傒斯
- 讲友
    - 林梦正

熊凯
- 门人
    - 熊良辅

龚焕
- 门人
    - 熊良辅

朱公迁
- 门人
    - 洪初
    - 李仕鲁

林梦正
- 门人
    - 徐一夔

徐一夔
- 讲友
    - 周棐

洪初
- 门人
    - 王逢

王逢
- 门人
    - 何英

卷84存斋晦静息庵学案

柴中行、真德秀
- 门人
    - 汤巾
    - 汤千
    - 汤中

汤巾
- 家学
    - 汤汉
- 门人
    - 徐霖

汤汉
- 学侣
    - 王应麟
- 门人
    - 危复之

徐霖
- 门人
    - 曾子良
    - 谢枋得
    - 徐直方

徐直方
- 同调
    - 程绍开

谢枋得
- 门人
    - 蔡正孙
    - 方南一
    - 胡一桂
    - 李天勇
    - 王济渊
    - 魏天应
    - 徐炎午
    - 虞舜臣

曾子良
- 门人
    - 饶宗鲁
    - 吴定翁

饶宗鲁
- 学侣
    - 胡志仁
- 家学
    - 饶敬仲

程绍开
- 门人
    - 吴澄

卷85深宁学案

王埜、徐凤
- 门人
    - 王应麟

王应麟
- 同调
    - 黄震
- 学侣
    - 韩性
    - 王应凤
- 家学
    - 王昌世
    - 王厚孙
    - 王良学
    - 王宁孙
- 门人
    - 戴表元
    - 胡三省
    - 黄叔雅
    - 史蒙卿
    - 王惟贤
    - 袁桷
    - 郑芳叔

胡三省
- 家学
    - 胡幼文

戴表元
- 门人
    - 袁桷

郑芳叔
- 家学
    - 郑驹
    - 郑觉民
    - 郑真

卷86东发学案

王文贯、王遂
- 门人
    - 黄震

黄震
- 同调
    - 安刘
- 学侣
    - 陈著
    - 黄翔凤
- 续传
    - 陈桱
    - 杨维桢
- 家学
    - 黄玠
    - 黄梦干
    - 黄叔雅
    - 黄叔英
    - 黄正孙

黄翔凤
- 门人
    - 陈深

陈著
- 家学
    - 陈桱
    - 陈泌
    - 陈深
    - 陈洙
- 门人
    - 胡幼文
    - 黄正孙
    - 吴汉
    - 吴应奎
    - 赵炎

黄叔英
- 门人
    - 岑士贵
    - 黄珏
    - 王士毅

卷87静清学案

阳岊、王应麟
- 门人
    - 史蒙卿

史蒙卿
- 门人
    - 程端礼
    - 程端学

程端礼
- 门人
    - 蒋宗简
    - 戚秉肃
    - 王楚鳌
    - 徐仁
    - 乐良

乐良
- 门人
    - 陈韶
    - 张信

卷88巽斋学案

刘南甫
- 门人
    - 欧阳守道

欧阳守道
- 学侣
    - 欧阳新
- 门人
    - 邓光荐
    - 刘辰翁
    - 文天祥

文天祥
- 讲友
    - 罗开礼
    - 张千载
- 门人
    - 王炎午

欧阳新
- 家学
    - 欧阳逢泰

欧阳逢泰
- 讲友
    - 董景舒
    - 邢天荣
    - 尹谷
- 家学
    - 欧阳龙生
    - 欧阳玄

王炎午
- 同调
    - 谢翱
- 门人
    - 刘省吾

邓光荐
- 门人

张珪

卷89介轩学案

黄榦、程端蒙
门人
董梦程

董铢
门人
程正则
董琮

董梦程
同调
余季芳
家学
董鼎
门人
胡方平
许月卿
沈贵珤

朱熹
续传
曹泾
朱洪范

许月卿
讲友
齐鲁瞻
门人
程荣秀
江凯

程正则
门人
程时登

余季芳
家学
余芑舒
余济
余仲敬
门人
王希旦

朱洪范
门人
胡斗元

曹泾
门人
马端临

董鼎
家学
董真卿

沈贵珤
门人
程若庸
范启
胡方平

胡方平
家学
胡一桂

程时登
门人
许瑶

胡斗元
家学
胡炳文

胡一桂
门人
董真卿

胡炳文
门人
陈廷玉
程仲文
王偁

董真卿
家学
董僎

王偁
门人
张以忠

张以忠
门人
郑四表

郑四表
门人
赵谦

卷90鲁斋学案

程颐、朱熹
续传
赵复

赵复
同调
砚弥坚
学侣
郝经
王粹
别传
刘因
所传
许衡

许衡
讲友
窦默
姚枢
同调
刘德渊
张文谦
家学
许师敬
许师可
门人
白栋
李怜吉
解
畅师文
高凝
韩思永
贺伯颜
李文炳
刘安中
刘季伟
刘宣
吕域
苏郁
孙安
王宾
王都中
王宽
王遵礼
徐毅
姚炖
姚燧
耶律有尚
赵矩

姚枢
学侣
杨奂
家学
姚炖
姚燧

刘德渊
门人
董朴

杨奂
门人
郝经
姚燧

郝经
家学
郝庸
门人
荀宗道

砚弥坚
门人
刘因
滕安上

姚燧
门人
李术鲁翀

卷91静修学案

赵复
别传
刘因

刘因
讲友
滕安上
私淑
安熙
门人
杜萧
郝庸
李道恒
李天篪
林起宗
刘君举
乌冲

滕安上
门人
王文渊

安熙
家学
安煦
门人
李士兴
苏天爵
杨俊民

卷92草庐学案

程若庸、戴良齐
门人
吴澄

吴澄
讲友
王科
虞汲
同调
贡奎
黄泽
武恪
家学
吴当
门人
包希鲁
鲍恂
陈伯柔
丁俨
贡师泰
许晋孙
黄极
黄㝷
黄盅
解观
蓝光
黎仲基
李本
李栋
李扩
李心原
潘音
皮溍
饶敬仲
王梁
王祁
王彰
危素
夏友兰
熊本
杨准
虞集
元明善

袁明善	张理	王权	张翥	鲍偕	萧斞
赵宏毅	**赵汸**	王慎	**桂彦良**	鲍元康	**萧斞**
郑真	门人	王真	家学	洪斌	同调
朱夏	倪尚谊	王直	桂宗蕃	洪杰	韩择
虞集	**卷93静明**	翁昉	桂宗儒	洪宅	侯均
讲友	**宝峰学案**	翁旭	**向寿**	汪自明	门人
杜本	**杨简、傅梦泉**	乌本良	家学	王友直	李术鲁翀
门人	续传	乌斯道	向朴	吴虎臣	第五居仁
陈伯柔	陈苑	向寿	**胡舜咨**	**鲍同仁**	贾仲元
陈旅	**赵与筹**	徐君道	门人	家学	吕思诚
李伯柔	续传	叶心	李孝谦	鲍淮	**同恕**
刘霖	赵偕	郑慎	**卷94师山**	鲍浚	同调
苏天爵	**赵偕**	郑原殷	**学案**	鲍深	赵世延
王守诚	讲友	周士枢	**夏溥、吴暾**	**鲍叶**	门人
熊本	时观	**陈苑**	门人	家学	第五居仁
王科	王约	门人	郑玉	鲍观	贾仲元
家学	学侣	曾振宗	**郑玉**	鲍偕	**李术鲁翀**
王梁	杨芮	李存	讲友	**胡默**	门人
虞汲	门人	闵甲	鲍同仁	门人	窦伯辉
家学	岑仁	舒衍	鲍叶	鲍颎	**吕思诚**
虞集	陈麟	吴谦	危素	洪斌	门人
门人	方观	祝蕃	同调	**程文**	和希文
李术鲁翀	方原	**桂彦良、乌本良**	程文	门人	**贾仲元**
欧阳玄	冯文荣	讲友	胡默	王友直	门人
贡奎	高克柔	胡舜咨	王廷珍	**郑潜**	石伯元
家学	顾宁	**祝蕃**	学侣	家学	**卷96元祐党案**
贡师泰	顾勋	门人	唐仲实	郑桓	**元祐党籍**
黄泽	桂彦良	危素	家学	门人	程颐
门人	洪璋	**李存**	郑琏	鲍颎	吕希纯
赵汸	李恒	门人	郑潜	**鲍深**	孙觉
陈旅	李善	李䌹	郑忠	家学	顾临
讲友	罗本	刘礼	门人	鲍葆	安焘
乌本良	罗拱	上官岊	鲍葆	鲍颎	赵君锡
贡归泰	茅甫生	涂几	鲍观	**卷95萧同**	李昭玘
门人	裘善缉	王埏	鲍淮	**诸儒学案**	文彦博
郑桓	裘重	危素	鲍颎	**朱熹**	朱光庭
杜本	童惠	徐震	鲍浚	续传	范纯仁
门人	王桓	张率	鲍深	同恕	吕希哲

马默	孔文仲	王存	吕惠卿	黄度	张致远
刘挚	孔武仲	王汾	强浚明	黄黼	赵巩
梁焘	李格非	王巩	王能甫	黄灏	赵汝譡
晁说之	李勉	王古	吴材	黄由	赵汝谈
毕仲游	李深	王觌	邢恕	蒋传	赵汝愚
岑象求	李之纯	王岩叟	杨畏	李祥	郑湜
曾肇	李之仪	王钦臣	叶梦得	李埴	周必大
常安民	李祉	吴安持	翟思	林大中	周端朝
常立	李周	吴安诗	章惇	林仲麟	周南
晁补之	刘安世	吴俦	张商英	留正	朱熹
陈次升	刘奉世	鲜于侁	赵挺之	刘光祖	**附攻庆元伪**
陈郛	刘唐老	谢文瓘	郑雍	楼钥	**学者**
陈瓘	陆佃	姚勔	周秩	吕祖俭	陈谠
陈祐	吕大防	尹材	**附攻专门之**	吕祖泰	陈贾
邓考甫	吕公著	余卞	**学者**	孟浩	丁逢
邓忠臣	吕陶	余爽	曹筠	彭龟年	傅伯寿
杜纯	吕希绩	张保源	陈公辅	沈有开	高文虎
范百禄	马涓	张耒	何若	孙逢吉	韩侂胄
范纯粹	欧阳棐	张舜民	秦桧	孙元卿	何澹
范纯礼	欧阳中立	张庭坚	石公揆	田澹	胡纮
范柔中	钱勰	赵卨	汪勃	汪逵	许及之
范正平	秦观	赵彦若	张震	王厚之	黄抡
范祖禹	任伯雨	赵瞻	郑仲熊	王蔺	京镗
丰稷	商倚	郑侠	周秘	吴猎	李沐
傅尧俞	上官均	周锷	**卷97庆元**	吴柔胜	林采
龚夬	司马光	朱光裔	**党案**	项安世	林栗
龚原	司马康	邹浩	**庆元党禁**	徐范	刘德秀
韩川	宋保国	**附攻元祐之**	白炎震	徐谊	刘三杰
韩维	苏昞	**学者**	蔡幼学	薛叔似	糜师旦
韩忠彦	苏嘉	安惇	蔡元定	杨方	钱鍪
胡宗愈	苏轼	蔡卞	曾三聘	杨宏中	钱象祖
黄庭坚	苏辙	蔡京	陈傅良	杨简	邵褒
黄隐	孙谔	曾布	陈武	叶适	沈继祖
家愿	孙固	黄履	陈岘	游仲鸿	施康年
贾易	孙升	蹇序辰	范仲黼	袁燮	汪义端
江公望	汤馘	来之邵	范仲壬	詹体仁	王淮
蒋之奇	唐义问	李清臣	何异	章颖	王沇
孔平仲	汪衍	林希	皇甫斌	张衜	杨大法

姚愈
叶翥
余嚞
张伯垓
张釜
张贵谟
张岩
赵善坚
赵师召
赵彦逾
郑丙

附晚宋诋詈诸儒者

周密

卷98荆公新学略

欧阳修

门人
王安石

王安石

附传
王安国
王安礼
讲友
曾巩
孙侔
学侣
宋保国
家学
王雱
门人
汪澥
吕希哲
蔡卞
蔡京
蔡肇
陈祥道
龚原
许允成
蹇序辰
林希
陆佃
吕惠卿
王无咎
晏防
杨畏
郑侠
余派
李纯甫

为新学者

方悫
耿南仲
马希孟
孟厚
王安中
王昭禹
郑宗颜

龚原

门人
沈躬行
邹浩

陆佃

家学
陆宰

陈祥道

家学
陈旸

陆宰

家学
陆游

王安礼

续传
王厚之

卷99苏氏蜀学略

欧阳修

学侣
苏洵

苏洵

讲友
任汲
任孜
家学
苏轼
苏辙
门人
钟棐
钟檠

苏轼、苏辙

讲友
家安国
家定国
家勤国

苏轼

同调
吕陶
家学
苏迨
苏过
苏迈
苏元老
门人
蔡肇
晁补之
黄庭坚
李格非
李荐
李之仪
秦观
孙勴
孙勰
王巩
张耒
余派
李纯甫

苏辙

同调
李之纯
续传
苏友龙
家学
苏迟
苏适
苏逊
门人
张耒

任孜

家学
任伯雨

家勤国

家学
家愿

李之纯

家学
李之仪

任伯雨

家学
任申先
任象先

苏元老

门人
张浚

晁补之

门人
李植

任象先

家学
任尽言

任申先

续传
任希夷

卷100屏山鸣道集说略

王安石、苏轼

余派
李纯甫

李纯甫

讲友
赵秉文
门人
雷渊
李经
宋九嘉
王权
张谷英
张毂

李纯甫、赵秉文

学侣
刘从益

赵秉文

同调
董文甫
门人
张邦直

雷渊、宋九嘉

同调
周嗣明

刘从益

家学
刘祁
刘郁
门人
王郁
张邦直

雷渊

家学
雷膺

周嗣明

门人
王德元

刘祁

门人
郝经

王德元

门人
郝守宁
刘世安
张居礼

附录四 《宋元学案》中收录思想资料的史源分析

关于《宋元学案》中辑录的思想资料的原典文献，如本论一第三章中所述，乾隆时代编纂的《四库全书》的年代正处于《宋元学案》成书的第二阶段（全氏修补本）到第三阶段（王冯校补本）之间，而且《宋元学案》中思想资料的原典（主要是宋元学者的专著、文集与相关文献）大多已收录在《四库全书》（《景印文渊阁四库全书》）中。再加上四库馆臣在为《四库全书》所收宋元儒著作所作的提要又多可与全祖望在《宋元学案》中的议论相互发明。因此，我们在查找《宋元学案》中思想文献的原典时一般以四库全书本为首，同时也参考其他版本，尤其是20世纪以来出版的各种古籍影印和点校整理本。此项工作为厘清《宋元学案》的史源及其编纂特征，并为基于思想资料、编纂者案语所进行的思想诠释和评价等方面的探讨打下基础。在本书的注释中一般都引用最新的点校整理本或影印本。需要指出的是，思想文献中除了该学者本人的论著之外，编纂者还辑录了历代的相关注解和评论，今一并指出其史料来源。此外还有不少思想文献是编纂者从该学者相关的二手文献中辑录的，如下面卷一“安定学案”中胡瑗的《论语说》及《春秋说》就主要是辑录自黄震的《黄氏日钞》。

下面按学案顺序将《宋元学案》中所有思想文献及可查到的史源整理列表如表附-3所示。

表附-3 《宋元学案》中的思想资料的史源分析

卷次学案	师承关系	学者	思想文献及其条数	史源分析
卷一安定学案	范仲淹讲友	胡瑗	论语说9条	《四库全书》儒家类（宋）黄震撰《黄氏日钞》卷四十五“读诸儒书（十二）”（包括黄震的评语一条），（元）汪克宽《春秋胡传附录纂疏》卷五、卷二十六，（元）郑玉《春秋阙疑》卷三十三
			春秋说7条	《黄氏日钞》卷七“读春秋（一）”及卷八“读春秋（二）”
	胡瑗门人	徐积	荀子辩18条、辩习1条、	《四库全书》别集类（宋）徐积《节孝集》卷二十九“杂文”

续表

卷次学案	师承关系	学者	思想文献及其条数	史源分析
			语录9条、训学者文1条	《节孝集》卷三十一
卷二泰山学案	范仲淹讲友	孙复	春秋尊王发微235条	《四库全书》春秋类(宋)孙复《春秋尊王发微》卷十二
			睢阳子集(补)6条	《四库全书》别集类(宋)孙复《孙明复小集》卷一
	孙复门人	石介	春秋说10条	(宋)黄震《黄氏日钞》卷七"读春秋(一)",(宋)吕大圭《春秋或问》卷十四、卷十五、卷十六、(元)程端学《春秋本义》卷十六,(宋)张洽《春秋集传》卷八、卷十七,(元)汪克宽《春秋胡传附录纂疏》卷二十一、卷二十二
			徂徕文集19条	《四库全书》别集类(宋)石介《徂徕集》卷二十、(宋)黄震《黄氏日钞》卷四十五"读诸儒书"
卷三高平学案	戚同文所传	范仲淹	易义4条	《四库全书》别集类(宋)范仲淹《范文正集》卷五"易义"
	范仲淹门人	李觏	盱江文集2条	(宋)李觏《直讲李先生文集》卷十五
			常语11条	(宋)李觏《直讲李先生文集》卷三十二、卷三十四
			常语辩23条	(宋)余允文《尊孟辨》卷中
	范纯仁家学	范正平	范子夷说2条	(宋)吕本中《童蒙训》卷下
卷四庐陵学案	范仲淹同调	欧阳修	易童子问38条	《四库全书》别集类(宋)欧阳修《文忠集》卷七十六"易童子问第一"、卷七十七"易童子问第二"、卷七十八"易童子问第三"
			文集2条	《文忠集》卷十七《居士集》十七"本论"中、下
	欧阳修门人	刘敞	公是先生弟子记2条	(宋)刘敞《公是先生弟子记》卷四,别附王梓材案语1条及(清)全祖望《鲒埼亭集外编》卷二十四"公是先生文钞序"
	欧阳修续传	郑耕老	读书说1条	(宋)吕祖谦《少仪外传》卷上

续表

卷次学案	师承关系	学者	思想文献及其条数	史源分析
卷五古灵四先生学案	胡瑗同调	陈襄	古灵先生文集26条	《四库全书》别集类(宋)陈襄《古灵集》卷五"奏状"、卷十四"书"、卷十五"书"、卷十六"启"、卷十八"序记"、卷十九"文"
			古灵语3条	《四库全书》杂家类(宋)晁说之《晁氏客语》(1条)、刘执中《祠堂记》(2条)
			熙宁经筵论荐三十三人品目33条	《古灵集》卷一
			与陈安抚荐士书(九人)7条	《古灵集》卷十四"书"
卷六士刘诸儒学案	胡瑗同调	王开祖	儒志编13条	《四库全书》儒家类(宋)王开祖《儒志编》卷一
卷七、卷八涑水学案上、下	陈襄同调	司马光	温公迂书17条	《四库全书》别集类(宋)司马光撰《传家集》卷七十四
			温公疑孟(附朱子《读余隐之尊孟辨》)32条	《四库全书》四书类(宋)余允文《尊孟辨》卷上
			温公潜虚16条	《四库全书》术数类(宋)司马光《潜虚》
卷九、卷十百源学案上、下	司马光讲友	邵雍	观物内篇20条	(宋)邵雍《皇极经世书》卷十一、卷十二,(清)李光地《性理精义》卷三,(明)胡广《性理大全书》卷八《皇极经世书(二)》、卷九《皇极经世书(三)》、卷十《皇极经世书(四)》
			观物外篇61条	(宋)邵雍《皇极经世书》卷十三、卷十四,(宋)张行成《皇极经世观物外篇衍义》卷五,(清)李光地《性理精义》卷三,(宋)鲍云龙《天原发微》卷六
			渔樵问答12条	(宋)刘安节《刘左史文集》卷四、(明)胡广《性理大全书》卷十三《皇极经世书(七)》、(宋)张行成《皇极经世观物外篇衍义》卷九
			先天卦位图:八卦次序之图(图一)3条	(宋)邵雍《皇极经世书》卷十三,(宋)朱熹《晦庵集》卷四十五、卷八十五

续表

卷次学案	师承关系	学者	思想文献及其条数	史源分析
			八卦方位之图(图二)3条	(宋)邵雍《皇极经世书》卷十三、(元)胡一桂《周易本义启蒙翼传》上篇
			六十四卦次序之图(图三)3条	(宋)邵雍《皇极经世书》卷十三、(宋)胡方平《易学启蒙通释》卷上、(宋)朱熹《晦庵集》卷第三十八
			六十四卦圆图(方位图)(图四)7条	(宋)邵雍《皇极经世书》卷十三,(宋)黎靖德《朱子语类》卷六十五、卷一百
			方图(四分四层图)(图五)4条	(明)胡居仁《易像钞》卷二、(宋)胡方平《易学启蒙通释》卷上、(元)胡一桂《周易启蒙翼传》上篇
			卦气图(图六)4条	(宋)鲍云龙《天原发微》卷十一、(宋)胡方平《易学启蒙通释》卷上、(清)钱澄之《田间易学》卷首下
			附先天图辩11条	归有光“易图论”(今《震川集》卷一)、黄宗羲《易学象数论》(论先天图等)、黄宗炎《易学辨惑》(周易象辞先天卦图辨、辨先天八卦方位图、辨先天横图、辨圆图、辨方图)
			经世衍易图2条	(宋)王霆震《古文集成前集》卷六十三“前壬集二”
			经世天地四象图(图七)3条	(宋)王霆震《古文集成前集》卷六十三“前壬集二”、(明)胡广《性理大全书》卷七“皇极经世书(一)”
			经世挂一图108条	(宋)张行成《皇极经世观物外篇衍义》卷一、(清)黄宗羲《易学象数论》卷五
			经世既济阳图、经世既济阴图	(清)黄宗羲《易学象数论》卷五
			经世声音图、附声音论8条	(明)程明善《啸余谱》“皇极声音数序”、(宋)祝泌《观物篇解》卷四、(明)胡广《性理大全书》卷八《皇极经世书(二)》、(元)袁桷《清容居士集》卷四十二
			附梨洲皇极经世论6条	(清)黄宗羲《易学象数论》卷五

续表

卷次学案	师承关系	学者	思想文献及其条数	史源分析
			康节语(全祖望补)2条	(宋)邵伯温《易学辨惑》
	邵雍家学	邵伯温	语录4条	(明)胡广《性理大全书》卷八《皇极经世书(二)》、卷九《皇极经世书(三)》
卷十一、卷十二濂溪学案上、下	范仲淹讲友	周敦颐	通书79条	(宋)周敦颐《周元公集》卷四,(明)刘宗周《学言》,(明)薛瑄《读书录》卷八,(明)罗洪先《念庵文集》卷三,(清)黄宗羲《明儒学案》卷二十八,(明)薛瑄《读书续录》卷二、(清)黄宗羲《孟子师说》卷二、卷七,(宋)黄震《黄氏日钞》卷三十三《读本朝诸儒理学书》,(宋)朱熹《晦庵集》卷八十一
			太极图1条、太极图说3条	(宋)周敦颐《周元公集》卷一、(明)刘宗周《圣学宗要》
			附梨洲太极图讲义1条	(清)黄宗羲《太极图讲义》
			附朱陆太极图说辩33条	(宋)陆九渊《象山集》卷二、(宋)朱熹《晦庵集》卷三十六、(宋)王柏《鲁斋集》卷八、(元)刘因《静修先生文集》卷二十二、(元)吴澄《吴文正集》卷四、(元)许谦《白云集》卷四、(清)黄宗炎《忧患学易》"太极图辩"
卷十三、卷十四明道学案上、下	周敦颐门人	程颢	识仁篇10条	(宋)程颢《二程遗书》卷二上、(明)刘宗周《圣学宗要》、(明)顾宪成《顾端文公遗书·小心斋札记》卷一
			定性书6条	(宋)程颢《二程文集》卷三
			语录153条	(宋)程颢《二程遗书》卷二上、卷十一、卷一、卷十二、卷十八、卷三、卷四、卷七、卷九、卷十三、卷十四、卷十五、卷二十五、卷二下,(宋)程颢《二程外书》第一、第八、第二、第十二、第五、卷六、第七、第十一,(宋)程颐《伊川易传》卷之三,(清)黄宗羲《孟子师说》卷七,(宋)朱熹《晦庵集》卷第七十,(宋)程颢《二程文集》卷十二

续表

卷次学案	师承关系	学者	思想文献及其条数	史源分析
			陈治法十事1条	(宋)程颢《二程文集》卷二
	程颢私淑	靳裁之	靳先生语	(明)张良知《(嘉靖)许州志》卷六
卷十五、卷十六伊川学案上、下	胡瑗、周敦颐门人	程颐	语录235条	《二程集》(《二程遗书》《二程外书》《二程文集》《周易程氏传》)、朱熹《晦庵先生朱文公文集》(1条)、朱熹《四书章句集注》(1条)
			四箴并序74条	(宋)程颐《二程文集》卷九、(宋)黄震《黄氏日钞》卷三十三"读本朝诸儒理学书"、(宋)陈淳《北溪大全集》卷二十"视箴解""听箴解""言箴解""动箴解"
			颜子所好何学论1条	(宋)程颐《二程文集》卷九
	程颐续传	李简	学易记序1条	(元)李简《学易记》"学易记原序"
卷十七、卷十八横渠学案上、下	范仲淹门人	张载	西铭、东铭、正蒙、横渠理窟、语录、文集、性理拾遗、近思录拾遗	《张载集》相关部分(中华书局版)
卷十九范吕诸儒学案	王致、楼郁门人	丰稷	孟子注3条	(宋)朱熹《孟子集注》卷十三《尽心章句上》、卷十四《尽心章句下》
	丰稷同调	李潜	李先生说(吕紫微居仁述)10条	(宋)吕本中《童蒙训》卷下
卷二十元城学案	司马光门人	刘安世	元城语录33条	《四库全书》杂家类(宋)马永卿编、(明)王崇庆解《元城语录解》卷三
			元城谈录2条、元城道护录8条	《四库全书》儒家类(宋)黄震《黄氏日钞》卷四十四"读本朝诸儒书(十一下)"
			元城语1条	《四库全书》别集类(宋)林之奇《拙斋文集》卷二"记闻下"
	刘安世门人	李光	李泰发语(其子孟珍所述)2条	(宋)林之奇《拙斋文集》卷二
卷二十一华阳学案	司马光门人	范祖禹	中庸论5条	《四库全书》别集类(宋)范祖禹《范太史集》卷三十五

续表

卷次学案	师承关系	学者	思想文献及其条数	史源分析
			华阳文集2条	《四库全书》别集类(宋)范祖禹《范太史集》卷三十五
卷二十二景迂学案	司马光门人	晁说之	儒言13条	《四库全书》别集类(宋)晁说之《景迂生集》卷十三"儒言"
			景迂生集4条	《景迂生集》卷十四"杂著"
			晁氏客语15条	《四库全书》杂家类(宋)晁说之《晁氏客语》
			易玄星纪谱28条	《景迂生集》卷十"易玄星纪谱"
卷二十三荥阳学案	胡瑗、程颐门人	吕希哲	吕氏杂志4条	《四库全书》儒家类(宋)吕本中《童蒙训》卷下
			荥阳公说(补)10条	《童蒙训》卷上
卷二十四上蔡学案	程颢、程颐门人	谢良佐	语录40条	《四库全书》儒家类(宋)谢良佐撰《上蔡语录》卷一
			论语解序1条	《四库全书》总集类(宋)吕祖谦《宋文鉴》卷九十二[①]
	谢良佐门人	曾恬	记上蔡语6条	(宋)真德秀《西山读书记》卷三十六、(宋)刘荀《明本释》卷下、(宋)黄震《黄氏日抄》卷四十一
卷二十五龟山学案	程颢、程颐门人	杨时	语录28条	《四库全书》别集类(宋)杨时《龟山集》卷十"语录(荆州所闻甲)"、卷十三"语录四(余杭所闻)"等
			龟山文集9条	《龟山集》卷二十一"书六"等
	杨时门人	喻樗	玉泉语录(补)4条	(宋)林之奇《拙斋文集》卷一
	喻樗门人	尤袤	尤延之语1条	(宋)杨万里《诚斋集》卷第九十三
卷二十六廌山学案	程颢、程颐门人	游酢	廌山遗文1条	(宋)游酢《游廌山集》卷四
卷二十七和靖学案	程颐门人	尹焞	和靖说9条	《四库全书》别集类(宋)尹焞《和靖集》卷五"师说上"、卷六"师说中"、卷七"师说下"
			和靖文集2条	《和靖集》卷三杂文"进论语状"、(宋)黄震《黄氏日抄》卷四十一
	尹焞门人	祁宽	祁氏师说2条	(宋)程颐《二程外书》卷十二

续表

卷次学案	师承关系	学者	思想文献及其条数	史源分析
		王时敏	王氏师说8条	(宋)尹焞《和靖集》卷五
卷二十八兼山学案	郭忠孝家学	郭雍	郭氏传家易说自序1条、传家易说总论15条	(宋)郭雍《郭氏传家易说》
	郭雍门人	谢谔	艮斋先生语4条	(宋)杨万里《诚斋集》卷一百二十一
			艮斋二铭2条	(宋)杨万里《诚斋集》卷一百二十一
卷二十九震泽学案	程颐、杨时门人	王苹	震泽记善录18条、震泽文集1条	《四库全书》别集类(宋)王苹《王著作集》卷八
	王苹门人	陈长方	步里客谈1条	(宋)陈长方《步里客谈》卷下
卷三十刘李诸儒学案	李舜臣家学	李心传	微之语2条	(宋)李心传《建炎以来朝野杂记》乙集卷四
			道命录序1条	(宋)李心传《道命录》
卷三十一吕范诸儒学案	张载、程颐门人	吕大钧	吕氏乡约21条	(宋)朱熹《晦庵集》卷七十四
			吊说1条	(宋)吕祖谦《宋文鉴》卷第一百零八
	张载、程颐门人	吕大临	克己铭1条	《四库全书》总集类(宋)吕祖谦《宋文鉴》卷七十三[②](今收入1993年北京中华书局版陈俊民辑校《蓝田吕氏遗著辑校》)
			未发问答1条	《四库全书》总集类(宋)程颐《二程文集》卷十《伊川文集》书启"与吕大临论中书"[③]
			语录6条	《四库全书》四书类(宋)朱熹《孟子精义》卷十一
			吕博士说(补)1条	《四库全书》儒家类(宋)吕本中《童蒙训》卷下[④]
	张载门人	田腴	田先生说(吕紫微居仁记)5条	(宋)吕本中《童蒙训》卷下
卷三十二周许诸儒学案	程颐、吕大临门人	周行己	浮沚语1条	(宋)吕本中《童蒙训》卷下
		许景衡	先生论学诗1条	(宋)许景衡《横塘集》卷十八
	程颐门人	刘安节	大刘先生语5条	(宋)刘安节《刘左史文集》卷四
		刘安上	小刘先生语4条	(宋)刘安上《刘给事文集》卷五

续表

卷次学案	师承关系	学者	思想文献及其条数	史源分析
		鲍若雨	敬亭语4条	(宋)程颐《二程遗书》卷二十三
	沈躬行家学	沈大廉	论语说5条	(宋)胡宏《五峰集》卷五“易外传语指南”
卷三十四武夷学案	朱长文、靳裁之门人	胡安国	胡氏传家录(补)8条、时政论4条	《四库全书》别集类(宋)胡寅《斐然集》卷二十五“先公行状”[5]
	胡安国门人	曾几	曾茶山语(补)4条	(宋)林之奇《拙斋文集》卷一“记闻上”
	叶廷珪门人	黄祖舜	论语说5条	(宋)胡宏《五峰集》卷五“易外传语指南”
卷三十五陈邹诸儒学案	丰稷门人	陈瓘	陈右司说16条	(宋)朱熹《小学集注》卷五“外篇”
			忠肃文集6条	(宋)陈瓘《四明尊尧集》卷十
			杂说11条	《四库全书》别集类(宋)邓肃《栟榈集》卷十三、(宋)杨时《龟山集》卷二十六,(宋)陈渊《默堂集》卷二十二、《四库全书》政书类(元)马端临《文献通考》卷二百二十六、《经籍考》卷五十三
	龚原门人(王安石再传)	邹浩	道乡语录14条	《四库全书》别集类(宋)邹浩《道乡集》卷三十二“杂著”
			杂记6条	(宋)邹浩《道乡集》卷三十二“杂著”、《四库全书》传记类(宋)朱熹纂集《宋名臣言行录后集》卷十三
			附说4条	《道乡集》卷二十八“序”
卷三十六紫微学案	吕希哲家学	吕本中	西垣童蒙训(补)10条	(宋)吕本中《童蒙训》卷三
			舍人官箴24条	《四库全书》职官类(宋)吕本中《官箴》
			紫微说(补)2条	(宋)吕本中《东莱诗集》卷九[6]
			杂录1条	《四库全书》杂家类(宋)吕本中《紫微杂说》[7]
	吕本中门人	林之奇	拙斋纪问(补)14条	(宋)林之奇《拙斋文集》卷一“记闻上”、卷二“记闻下”
卷三十七汉上学案	谢良佐门人	朱震	汉上易卦图说12条	(宋)朱震《汉上易传》卷七
			汉上易丛说11条	(清)纳兰性德《大易集义粹言》卷七十六

续表

卷次学案	师承关系	学者	思想文献及其条数	史源分析
卷三十九豫章学案	程颐、杨时门人	罗从彦	议论要语11条	《四库全书》别集类(宋)罗从彦《豫章文集》卷十一“杂著”
			遵尧录10条	《豫章文集》卷四“集录”
			豫章问答(补)2条、附说(补)3条	《豫章文集》卷十二“杂著”
	罗从彦门人	李侗	延平答问48条	《四库全书》儒家类(宋)朱熹《延平答问》[8]
		朱松	韦斋文集2条	(宋)朱松《韦斋集》卷九
			韦斋语2条	(宋)朱松《韦斋集》卷七
卷四十横浦学案	杨时门人	张九成	横浦心传53条	(宋)张九成《心传录》
			横浦日新15条	(宋)张九成《日新录》
	张九成讲友	施德操	孟子发题1条	(宋)张九成《横浦集》卷二十
	张九成门人	于宪	录横浦语1条	(宋)张九成《心传录》卷中
	倪称家学	倪思	经钼堂杂志9条	(宋)倪思《经钼堂杂志》卷二
卷四十一衡麓学案	胡安国家学	胡寅	崇正辩50条	《四库全书存目丛书(补编)》(宋)胡寅《崇正辩》卷三,今有北京中华书局容肇祖点校本
卷四十二五峰学案	胡安国家学	胡宏	胡子知言20条、五峰先生语4条	《四库全书》儒家类(宋)胡宏《知言》(今有1987年北京中华书局版吴仁华点校《胡宏集》)
			知言疑义17条	《四库全书》别集类(宋)朱熹《晦庵先生朱文公文集》卷七十三“杂著”
			五峰文集20条	《四库全书》别集类(宋)胡宏《五峰集》
	胡宏家学	胡实	广仲问答3条	(宋)张栻《南轩集》卷三十“答问”
		胡大原	伯逢问答2条	(宋)张栻《南轩集》卷二十九“答问”
	胡宏门人	吴翌	澄斋问答3条	(宋)张栻《南轩集》卷二十九“答问”
卷四十三刘胡诸儒学案	胡安国家学	胡宪	胡籍溪语(补)1条	(宋)林之奇《拙斋文集》卷一“记闻上”
	洛学私淑	刘子翚	圣传论2条	(宋)刘子翚《屏山集》卷一“论”

续表

卷次学案	师承关系	学者	思想文献及其条数	史源分析
卷四十四赵张诸儒学案	谯定门人	张浚	张魏公语1条	(宋)魏了翁《鹤山全集》重校鹤山先生大全文集卷六十一
	张浚门人	杨万里	庸言62条	(宋)杨万里《诚斋集》卷第九十一“庸言”
			诚斋文集4条	(宋)杨万里《诚斋集》卷第六十三、(清)全祖望《鲒埼亭集外编》卷二十七“题跋”
卷四十五范许诸儒学案	潘良贵讲友	范浚	香溪文集18条	(宋)范浚《香溪集》范香溪先生文集卷一
卷四十六玉山学案	吕本中、张九成门人	汪应辰	玉山文集9条	(宋)汪应辰《文定集》卷十六等
卷四十七艾轩学案	陆景端门人	林光朝	艾轩语4条	(宋)林光朝《艾轩集》卷六
	陈藻门人	林希逸	鬳斋学记(补)5条	(宋)林希逸《鬳斋续集》卷二十八
卷四十八、卷四十九晦翁学案上、下	李侗门人	朱熹	中和说9条	(明)刘宗周《圣学宗要》、(宋)朱熹《晦庵集》卷第七十五
			观心说1条	(宋)朱熹《晦庵集》卷六十七
			仁说1条	(宋)朱熹《晦庵集》卷六十七
			语要152条	(宋)黎靖德《朱子语类》卷一等
			晦翁文集45条	(宋)朱熹《晦庵集》卷八十等
			白鹿洞书院教条1条	(宋)朱熹《晦庵集》卷七十四
	朱学续传	俞琰	周易集说自序1条	(宋)俞琰《周易集说》
卷五十南轩学案	胡宏门人	张栻	南轩答问45条	(宋)张栻《南轩集》卷二十七“书”等
			南轩文集(补)63条	(宋)张栻《南轩集》卷十三“记”等
卷五十一东莱学案	林之奇、汪应辰门人	吕祖谦	丽泽讲义(补)75条	《四库全书》儒家类(宋)吕乔年编《丽泽论说集录》卷十
			东莱遗集(补)99条	《四库全书》别集类(宋)吕祖谦《东莱集》卷四十

续表

<table>
<tr><th>卷次学案</th><th>师承关系</th><th>学者</th><th>思想文献及其条数</th><th>史源分析</th></tr>
<tr><td rowspan="2">卷五十二艮斋学案</td><td>袁溉门人</td><td>薛季宣</td><td>艮斋浪语集7条</td><td>《四库全书》别集类(宋)薛季宣《浪语集》卷三十五</td></tr>
<tr><td>张淳续传</td><td>敖继公</td><td>仪礼集说自序1条</td><td>(元)敖继公《仪礼集说》</td></tr>
<tr><td rowspan="3">卷五十三止斋学案</td><td rowspan="2">郑伯熊、薛季宣门人</td><td rowspan="2">陈傅良</td><td>经筵孟子讲义4条</td><td>《四库全书》别集类(宋)陈傅良《止斋集》卷二十八</td></tr>
<tr><td>止斋文集2条</td><td>《止斋集》卷四十“进周礼说序”“夏休井田谱序”</td></tr>
<tr><td>陈傅良门人</td><td>朱黼</td><td>朱文昭语1条</td><td>(宋)王应麟《困学纪闻》卷二十</td></tr>
<tr><td rowspan="6">卷五十四、卷五十五水心学案上、下</td><td rowspan="6">郑伯熊门人</td><td rowspan="6">叶适</td><td>总述讲学大旨31条</td><td>《四库全书》杂家类(宋)叶适《习学记言》卷四十九“因范育序正蒙遂总述讲学大指”</td></tr>
<tr><td>水心习学记言242条</td><td>《习学记言》卷五十(今中华书局本书名为《习学记言序目》,详见本论一第四章第三节中的相关论述)</td></tr>
<tr><td>水心文集(补)27条</td><td>《四库全书》别集类(宋)叶适《水心集》卷二十九</td></tr>
<tr><td>水心外集10条</td><td>(宋)叶适《水心集》水心先生文集卷四前集、《黄氏日钞》卷六十八“读文集(十)·叶水心文集”</td></tr>
<tr><td>水心语1条</td><td>《习学记言》卷五“禹贡五子之歌甘誓”</td></tr>
<tr><td>卷五十六龙川学案</td><td>郑伯熊、芮煜门人</td><td>陈亮</td><td>陈同甫集10条</td><td>《四库全书》别集类(宋)陈亮撰《龙川集》卷二十“书·壬寅答朱元晦秘书”“又书”</td></tr>
<tr><td rowspan="3">卷五十七梭山复斋学案</td><td rowspan="3">陆贺家学</td><td>陆九韶</td><td>梭山日记(补)15条</td><td>(宋)陆九韶《陆氏家制》卷一(《续修四库全书》儒家类)[9]</td></tr>
<tr><td rowspan="2">陆九龄</td><td>复斋文集(补)22条</td><td>《黄氏日钞》卷四十二“陆复斋文集”</td></tr>
<tr><td>鹅湖示同志诗3条</td><td>《四库全书》别集类陆(宋)陆九渊《象山语录》卷二</td></tr>
<tr><td rowspan="2">卷五十八象山学案</td><td rowspan="2">林光朝讲友</td><td rowspan="2">陆九渊</td><td>语录66条</td><td>《象山语录》卷四</td></tr>
<tr><td>白鹿洞讲义(补)3条</td><td>《四库全书》别集类(宋)陆九渊《象山集》卷二十三“讲义·白鹿洞书院讲义”</td></tr>
</table>

续表

卷次学案	师承关系	学者	思想文献及其条数	史源分析
			辩太极图说书21条	《象山集》卷十二"与朱元晦"、朱熹《晦庵先生朱文公文集》卷三十六"书(陆陈辩答)"
	陆九渊学侣	杨庭显	慈湖先训59条	(宋)杨简《慈湖遗书》卷十七
卷五十九清江学案	刘靖之家学	刘清之	静春先生语8条	(宋)李幼武《宋名臣言行录外集》卷十四
卷六十说斋学案	永嘉同调	唐仲友	愚书33条、说斋文集7条	《续金华丛书》收录的《金华唐氏遗书十四卷》[10]、(清)全祖望《鲒埼亭集外编》卷二十四"序"
卷六十二西山蔡氏学案	朱熹门人	蔡元定	律吕本原106条	(宋)蔡元定《律吕新书》卷一
	蔡元定家学	蔡渊	易象意言66条	(宋)蔡渊《易象意言》
卷六十三勉斋学案	朱熹、刘清之门人	黄榦	圣贤道统传授总叙说1、中庸总论1条、中庸总说1条	《四库全书》别集类(宋)黄榦《勉斋集》卷三"经说"
			勉斋文集14条	《勉斋集》卷八、卷十四等
	黄榦讲友	詹初	流塘集(补)13条	(宋)詹初《寒松阁集》卷一"翼学序经"
卷六十四潜庵学案	朱熹、吕祖谦门人	辅广	诗童子问	有题名无内容
			宗辅录(补)12条	(明)胡其久《语溪宗辅录》卷四[11]
			辅汉卿说1条	《四库全书》别集类(宋)魏了翁《鹤山全集》卷一百零九"师友雅言下"
	韩翼甫门人	陈普	石堂文集2条	(宋)陈普《石堂先生遗集》卷十二
	韩性学侣	任士林	中易自序2条	(元)任士林《松乡集》卷四、(清)全祖望《鲒埼亭集外编》卷四十四
	刘敬堂门人	熊禾	勿轩文集11条	(宋)熊禾《勿轩集》卷一等
	陈普门人	韩信同	中村遗书	(宋)赵顺孙《四书纂疏》
卷六十五木钟学案	朱熹、叶适门人	陈埴	四端说1条	(宋)陈埴《木钟集》卷二
			木钟集90条	(宋)陈埴《木钟集》卷一等
			潜室语(黄氏补)7条	(宋)陈埴《木钟集》卷十

续表

卷次学案	师承关系	学者	思想文献及其条数	史源分析
	叶味道家学	叶采	平翁语1条	(宋)车若水《脚气集》卷下
卷六十六南湖学案	杜煜家学	杜范	清献文集(补)1条	(宋)杜范《清献集》杜清献公集卷十六
	杜范门人	车若水	玉峰脚气集14条	(宋)车若水《脚气集》卷上等
卷六十七九峰学案	朱熹门人	蔡沈	书经集传序1条	(宋)蔡沈《书经集传》九峰蔡先生书集传序
			洪范皇极序1、洪范皇极图6、洪范皇极内篇83、筮法13条、皇极内篇数总名81条	(宋)蔡沈《洪范皇极内外篇》
卷六十八	北溪学案	陈淳	北溪语录13条	《四库全书》儒家类(宋)陈淳《北溪字义》卷二
			示学者文2条	《四库全书》别集类(宋)陈淳《北溪大全集》卷十五“师友渊源”“用功节目”
			北溪文集(补)34条	《北溪大全集》卷五“书问”、卷六“问目”、卷二十七“书”
	吕大圭门人	丘葵	周礼补亡自序2条	(宋)邱葵《钓矶诗集》卷五“警学遗言义方堂瞻先贤遗像”
卷六十九、卷七十沧洲诸儒学案上、下	朱熹门人	刘刚中	师友问答15条	(宋)刘刚中《师友问答》
		詹体仁	詹元善语(补)1条	(宋)王应麟《困学纪闻》卷二
		程端蒙	性理字训1条	(宋)程端蒙《性理字训》
		董铢	程董二先生学则(补)24条	(元)佚名《居家必用事类全集》甲集
		李季札	录所闻晦庵先生语24条	(宋)黎靖德《朱子语类》卷十等
	黄智孙门人	陈栎	定宇文集1条	(元)陈栎《定宇集》卷一
	陈栎门人	倪士毅	朱子纲目凡例序1条	(宋)朱熹《御批资治通鉴纲目》卷首上
		朱升[12]	易前图说2条	(明)程敏政《新安文献志》卷三十一“说原”

续表

卷次学案	师承关系	学者	思想文献及其条数	史源分析
卷七十一岳麓诸儒学案	张栻门人	胡大时	湖南答问11条	(宋)朱熹《晦庵集》晦庵先生朱文公文集卷五十三
	游九言门人	刘宰	漫塘文集12条	(宋)刘宰《漫塘集》卷六等
卷七十四慈湖学案	陆九渊门人	杨简	慈湖己易1条	《四库全书》别集类(宋)杨简《慈湖遗书》卷七“家记一(己易·泛论易)”
			绝四记1条	《慈湖遗书》卷二“记”
	杨简门人	钱时	新安州学讲义1条	(明)程敏政《新安文献志》卷三十九
卷七十五絜斋学案	吕祖谦、陆九渊门人	袁燮	絜斋粹言10条	(宋)袁燮《絜斋毛诗经筵讲义》卷一
	袁燮家学	袁甫	经筵讲义8条	(宋)袁甫《蒙斋集》卷一
			蒙斋文集(补)1条	(宋)袁甫《蒙斋集》卷十四
卷七十六广平定川学案	张栻、陆九渊门人	舒璘	广平类稿25条	《四库全书》别集类(宋)舒璘《舒文靖集》卷二
	陆九龄门人	沈焕	定川言行编(袁正献公所辑)(补)8条	(宋)沈焕《定川遗书》卷二
卷七十八张祝诸儒学案	邵学之余	祝泌	皇极经世书钤自序1条	(明)程明善《啸余谱》“皇极声音数序”
卷七十九丘刘诸儒学案	朱熹同调	刘光祖	论道学疏1条	(宋)李心传《道命录》卷六
	朱熹私淑	楼钥	攻媿文集3条	(宋)楼钥《攻媿集》卷六十七
卷八十鹤山学案	范子该所传	魏了翁	鹤山师友雅言26条	《四库全书》别集类(宋)魏了翁《鹤山全集》卷一百零八“师友雅言上”、卷一百零九“师友雅言下”
			鹤山大全集42条	《鹤山全集》卷三十四“书·答袁衢州甫”、卷三十六“书·答真侍郎”、卷九十二“送左署归庐陵”等
			鹤山奏札(补)4条	《鹤山全集》卷十六“奏议·乙酉上殿札子三”“论士大夫风俗疏”“论敷求硕儒开阐正学疏”“应诏封事帖黄”

续表

卷次学案	师承关系	学者	思想文献及其条数	史源分析
	李坤臣学侣	魏天祐	魏德先语1条	(宋)魏了翁《鹤山全集》重校鹤山先生大全文集卷七十一
卷八十一西山真氏学案	詹体仁门人	真德秀	西山答问16条	《四库全书》别集类(宋)真德秀《西山文集》卷三十"问答"
			大学衍义自序1条	《西山文集》卷二十九"大学衍义序"
	真德秀续传	王天与	尚书纂传自序1条	(元)王天与《尚书纂传》
卷八十二北山四先生学案	黄榦门人	何基	何文定语6条	《四库全书》别集类(元)吴师道《礼部集》卷二十"事述·节录何王二先生行实寄史局诸公"、(宋)何基《何北山先生遗集》卷四
	何基门人	王柏	鲁斋要语12条	《四库全书》别集类(宋)王柏《鲁斋集》卷五"序·送曹西溆序"、卷七"书·上王右司书"、卷八"复天台陈司户"等
			朋友服议1条	《鲁斋集》卷十"杂著·朋友服议"
	何基门人	金履祥	复其见天地之心讲义2条	《四库全书》别集类(金)履祥撰《仁山文集》卷三"讲义·复其见天地之心"
			孟子性命章讲义2条	《仁山文集》卷三"讲义·孟子性命章讲义"
	方镕家学	方逢辰	石峡书院讲义1条	(宋)方逢辰《蛟峰集》文集卷七
			蛟峰文集4条	(宋)方逢辰《蛟峰集》文集卷五等
	金履祥门人	许谦	白云文集2条	《四库全书》别集类(元)许谦《白云集》卷二"序·送胡古愚序"、卷三"书·答吴正传书"
	许谦门人	胡翰	仲子文集(补)6条	(明)胡翰《胡仲子集》卷一等
卷八十三双峰学案	黄榦、柴中行门人	饶鲁	双峰语录8条	(元)程端礼《程氏家塾读书分年日程》卷三
	饶鲁门人	程若庸	斛峰书院讲义2条	(明)程敏政《新安文献志》卷三十九"讲义经义"
	龚焕门人	熊良辅	周易本义集成自序1条	(元)熊良辅《周易本义集成》上经卷一
	汪华再传	汪克宽	经礼补逸后论1条	(元)汪克宽《环谷集》卷六

续表

卷次学案	师承关系	学者	思想文献及其条数	史源分析
			通鉴纲目凡例考异自序1条	(元)汪克宽《环谷集》卷四
卷八十四存斋晦静息庵学案	徐霖门人	谢枋得	叠山文集8条	(宋)谢枋得《叠山集》卷四等
卷八十五深宁学案	王埜、徐凤门人	王应麟	困学纪闻(补)64条	《四库全书》杂家类(宋)王应麟《困学纪闻》卷二十
			深宁文集(补)8条	《四库全书》别集类(宋)王应麟《四明文献集》卷一"记·慈湖书院记""奉化社稷坛记""德润斋记"等
	王应麟门人	胡三省	通鉴注释自序3条	(元)胡三省《新注资治通鉴序》、(清)全祖望《鲒埼亭集外编》卷十八"记"
	戴表元门人	袁桷	清容答问(高舜元问)14条	(元)袁桷《清容居士集》卷四十二等
卷八十六东发学案	王文贯、王遂门人	黄震	东发讲义3条	《四库全书》儒家类(宋)黄震《黄氏日钞》卷八十二"讲义·抚州辛未冬至讲义"
			东发日钞14条	《黄氏日钞》卷一"读孝经"、卷二"读论语"、卷三"读孟子"、卷四"读毛诗"、卷五"读尚书"、卷六"读易"、卷七"读春秋一"、卷三十"读周礼"、卷三十二"读孔氏书"、卷三十三"读本朝诸儒理学书"
	黄震学侣	陈著	本堂文集(补)	(宋)陈著《本堂集》卷三十七
卷八十七静清学案	阳岊、王应麟门人	史蒙卿	果斋训语1条	《四库全书》儒家类(元)程端礼《读书分年日程》卷首
	史蒙卿门人	程端礼	集庆路江东书院讲义1条	(元)程端礼《程氏家塾读书分年日程》卷三
			存存斋铭1条	(元)程端礼《畏斋集》卷六
			读书分年日程43条	(元)程端礼《程氏家塾读书分年日程》卷一等

续表

卷次学案	师承关系	学者	思想文献及其条数	史源分析
		程端学	春秋或问10条	(元)程端学《春秋或问》卷一等
卷八十八巽斋学案	欧阳守道门人	文天祥	御试策10条	(宋)文天祥《文山集》文山先生全集卷三"文集"
			西涧书院释菜讲义1条	(宋)文天祥《文山集》文山先生全集卷十一"文集"
			正气歌并序1条	(宋)文天祥《文山集》文山先生全集卷十四"别集"
卷八十九介轩学案	曹泾门人	马端临	文献通考自序1条	(元)马端临《文献通考自序》
	胡方平家学	胡一桂	周易本义附录纂疏启蒙翼传序1条	(元)胡一桂《双湖先生文集》卷一"序"
			文王作易爻辞辩1条	(元)胡一桂《周易本义启蒙翼传》下篇
			易文言辩1条	(元)胡一桂《双湖先生文集》卷二"论记铭"、(元)胡一桂《易本义附录纂疏》周易本义国录第十五
			十七史纂首篇1条	(元)胡一桂《双湖先生文集》卷六"史纂通要纲断"
	胡斗元家学	胡炳文	周易本义通释序1条	(元)胡炳文《云峰集》卷三
			四书通序1条	(元)胡炳文《云峰集》卷三
卷九十鲁斋学案	赵复所传	许衡	鲁斋遗书13条	《四库全书》别集类(元)许衡《鲁斋遗书》卷一"语录上"
卷九十一静修学案	赵复别传	刘因	静修文集1条	《四库全书》别集类(元)刘因《静修集》卷七"杂著·与政府书"
卷九十二草庐学案	程若庸、戴良齐门人	吴澄	草庐精语44条	《四库全书》别集类(元)吴澄《吴文正集》卷二"答问·答人问性理""答王参政仪伯问""评郑夹漈通志答刘教谕"等
			诸经序说20条	《吴文正集》卷一"杂著·四经叙录"
	吴澄同调	黄泽	九江经说15条	(元)赵汸《东山存稿》卷七"黄楚望先生行状"

续表

卷次学案	师承关系	学者	思想文献及其条数	史源分析
	吴澄门人	虞集	道园文集1条	(元)虞集《道园学古录》卷五“送李扩序”
	黄泽门人	赵汸	春秋集传自序1条	(元)赵汸《东山存稿》卷三“春秋集传序”
			春秋左氏传补注自序1条	(元)赵汸《春秋左氏传补注》序
	杜本门人	张理	易象图说自序1条	(元)张理《易象图说》内篇卷上
卷九十三静明宝峰学案	赵与筹续传	赵偕	宝云堂集8条	(宋)赵偕《赵宝峰先生文集》卷二等
			治县权宜(为陈令文昭作)16条	(宋)赵偕《赵宝峰先生文集》卷一
	陈苑门人	李存	俟庵文集(补)9条	(元)李存《俟庵集》卷二十八“上陈先生书一”等
卷九十四师山学案	夏溥、吴暾门人	郑玉	师山文集13条	《四库全书》别集类(元)郑玉《师山集》“余力稿序”与《遗文》卷一“王居敬字序”、《遗文》卷三“与汪真卿书”“周易大传附注序”“春秋经传阙疑序”“送葛子熙之武昌学录序”“送徐推官序”“跋太极图西铭解后”、卷六“休宁县达噜噶斋额森托音公去思碑”
卷九十八荆公新学略	欧阳修门人	王安石	临川文集9条	《四库全书》别集类(宋)王安石《临川文集》卷六十七“论议”之“王霸”“性情”“勇惠”“仁智”“中述”“行述”、卷六十八“论议·原性”、卷六十九“论议”之“原教”“原过”
	陆宰家学	陆游	陆务观语1条	(宋)陆游《渭南文集》卷三十一“跋吕文靖门铭”
卷九十九苏氏蜀学略	欧阳修学侣	苏洵	老泉文集6条	《四库全书》别集类(宋)苏洵《嘉祐集》卷六“六经论”之“易论”“礼论”“乐论”“诗论”“书论”“春秋论”
	苏洵家学	苏轼	苏氏易解38条	《四库全书》儒家类(宋)朱熹《杂学辨·苏氏易解》
		苏辙	苏黄门老子解29条	(宋)朱熹《杂学辨·苏黄门老子解》

续表

卷次 学案	师承关系	学者	思想文献及其条数	史源分析
卷一百 屏山鸣 道集说 略	王安石、苏轼余派	李纯甫	鸣道集说4条	(金)李纯甫《鸣道集说(卷五)》(蓝吉富主编《大藏经补编》第二十六册[13])
	李纯甫讲友	赵秉文	滏水文集7条	《四库全书》别集类(金)赵秉文《滏水集》卷一"太学"之"原教""性道教说""中说""诚说""庸说""和说"

注:

① 谢良佐的《论语解》已佚。参见(宋)吕祖谦《皇朝文鉴》,黄灵庚、吴战垒主编:《吕祖谦全集》第十三册,杭州:浙江古籍出版社,2008年,第655~657页。

② (宋)吕祖谦:《皇朝文鉴》,黄灵庚、吴战垒主编:《吕祖谦全集》第十三册,第355~356页。

③ (宋)程颐、(宋)程颢:《二程集》上册,第605~609页。

④ (宋)吕本中:《童蒙训》,王云五主编:《万有文库》第二集,第24页。

⑤ (宋)胡寅:《斐然集》,容肇祖点校,北京:中华书局,1993年,第518~561页。

⑥ "紫微说"虽不见于《四库全书》,其实是夹在吕本中《东莱诗集》卷九"叔度季明学问甚勤,而求于余甚重,其将必有所成也。因作两诗寄之"与卷十九"和伯少颍迁仲将归福唐,偶成数诗欲奉寄,无便未果也。辰叔常季南还,因以奉送"两诗之下的自注之中,《四部丛刊》续编影宋本中收录此文,但《四库全书》集部别集类的吕本中《东莱诗集》卷九中只有此诗的正文。

⑦ 《四库全书》子部杂家类杂考之属的王应麟撰《困学纪闻》卷十五中也有收录,根据王梓材的小注可知,全祖望是从《困学纪闻》中辑录此文的。见卷三十六"紫微学案":"梓材谨案:谢山所节王氏《困学纪闻》引吕居仁《杂录》如是,即谢山所谓与《童蒙训》互相出入者也。深宁谓二语本魏李秉《象诫》。"(清)黄宗羲原著,(清)全祖望补修:《宋元学案》第二册,第1240页。

⑧ 参见(宋)朱熹《延平答问》,朱杰人、严佐之、刘永翔主编:《朱子全书》第十三册,上海:上海古籍出版社、合肥:安徽教育出版社,2010年,第303~366页。

⑨ (宋)陆九韶:《陆氏家制一卷》,《续修四库全书》第九三五册,上海:上海古籍出版社,2002年,第257~262页。

⑩ 卷六十"说斋学案"中唐仲友的思想资料包括"愚书"(33条)、"说斋文集"(7条)。这些都出自全祖望自己从《永乐大典》中辑录出来的《唐说斋文钞》。《四库全书》中只是收录有唐仲友的《帝王经世图谱》十六卷(永乐大典本)。此外,2002年上海古籍出版社出版的《续修四库全书》五六册经部诗类中收录有唐仲友所撰《诗解钞》一卷(影印上海师大图书馆藏民国胡氏梦选楼刻续金华丛书金华唐氏遗书本),又《续修四库全书》第一三一八册集部别集类收录唐仲友《悦斋文钞》十卷《补》一卷(影印民国十三年胡氏梦选楼刻续金华丛书金华唐氏遗书本)。台北新文丰出版公司《丛书集成续编》(续金华丛书本)第一八四册收录了《金华唐氏遗书十四卷》,包括《诗解钞一卷》《九经发题一卷》《鲁军制九问一卷》《愚书一卷》《悦斋文钞十卷补一卷》。

⑪ 《四库全书》中虽收录有《诗童子问》,但不见《宗辅录》之内容。此书即明代胡其久庥《语溪宗辅录》四卷,但似乎并未刊行而只有清初朴学斋黑格抄本留存,不容易见到。因此一般可将《宋元学案》中的这十二条作为原典来引用。2017年福建教育出版社出版了田智忠校的《辅广集辑释》。

⑫ 参见周兆茂《朱升理学思想三题》,《江淮论坛》1990年第6期。

⑬ 四库馆臣虽从《永乐大典》中辑录了《鸣道集说》一卷,但并未将其收入《四库全书》中,只是在《四库全书总目》子部杂家类的存目中保留其提要。此书五卷之全本收在蓝吉富主编《大藏经补编》第二十六册中。参见(金)李纯甫《鸣道集说五卷》,蓝吉富主编《大藏经补编》第二十六册,台北:华宇出版社,1986年,第799~892页。又元代释念常曾从其中辑录了十九条收入《佛祖历代通载》卷二十中。

附录五　《宋元学案》中附录的史源分析（部分）

如本论一第三章中的论述,《宋元学案》中的附录是其编纂上的一大特色。附录的内容篇幅虽然没有思想文献多,但其史料来源则更加复杂多端,其中收录有大量意味深长的逸闻逸事和历代学者的相关评论,从而大大提高了《宋元学案》的学术参考价值。本书的研究中对此多有吸收。表附-4按学案顺序列出《宋元学案》中附录的史料来源。因篇幅限制,笔者对从卷一"安定学案"到卷十六"伊川学案下"为止的附录基本逐条考查其史源,卷十六之后从张载开始有附录的每位学者只举个别例子。此外,下表中"附录文字"是依次排列的《宋元学案》中的附录原文,摘录时文字有省略的地方笔者用省略号表示。凡是附录文字后面没有加括号,说明该条附录出自黄氏原本,其他条目括号中的文字为最后的编纂者王梓材所加,以单独注明该条附录的来源,如"(补)"代表该条附录是全祖望在黄氏原本基础上新补充的,"(黄氏补本)"代表该条附录出自黄璋校补本。"史源分析"中个别未找到史源的标记为"未详"。

表附-4　《宋元学案》中附录的史源分析(部分)

学案名	学者	附录文字	史源分析
卷一安定学案	胡瑗	先生世居安定,流寓陵州。父讷为宁海节度推官……先生故址也。人称之为安定先生,溯其源也。	(宋)潘自牧《记纂渊海》卷十一
		先生在太学,其初人未信服。……旨意明白,众皆大服。《五经》异论,弟子记之,目为《胡氏口义》。	(宋)吕希哲《吕氏杂记》卷上
		先生在学时,每公私试罢,掌仪率诸生会于肯善堂,合雅乐歌《诗》。……亦自歌《诗》奏乐,琴瑟之声彻于外。	(宋)林駉《源流至论》后集卷十
		先生尝召对,例须就阁门习仪。……及登对,乃大称旨。上谓左右曰:"胡瑗进退周旋,皆合古礼。"	(宋)朱熹《五朝名臣言行录》卷十
		先生初为直讲,有旨专掌一学之政,遂推诚教育多士。……故人人皆乐从而有成效。朝廷名臣,往往皆先生之徒也。	(宋)李廌《师友谈记》

续表

学案名	学者	附录文字	史源分析
		徐积初见先生,头容少偏。先生厉声云:“头容直!”积猛然自省,不特头容要直,心亦要直,自是不敢有邪心。	(明)刘宗周《人谱类记》卷上
		神宗题赞先生像曰:“先生之道,得孔、孟之宗;先生之教,行苏、湖之中。……诚斯文之模范,为后世之钦崇!”	未详
		其孙涤曰:“先祖治家甚严……‘嫁女胜吾家,则女之事人必钦必戒。娶妇不若吾家,则妇之事舅姑必执妇道。’”	(宋)刘清之《戒子通录》卷五
		陈右司曰:“胡先生在迩英,专以损上益下,损下益上为说。”(补)	(宋)吕本中《童蒙训》卷下
		晁公武曰:“安定《易解》甚详,盖门人倪天隐所纂,故序首称‘先生曰’。”(补)	(宋)晁公武《郡斋读书志》卷一上
		又曰:“《渐卦》‘鸿渐于陆’,先生有取于范谔昌《易坠简》之说。”(补)	(宋)晁公武《郡斋读书志》卷一上
		又曰:“程正叔解,颇与翼之相类。”(补)	(宋)晁公武《郡斋读书志》卷一上
		薛艮斋《与朱晦翁书》曰:“教以安定之传,盖不出于章句诵说……智者观之,不待辩而章矣。”	(宋)薛季宣《浪语集》卷二十三
		陈直斋曰:“……伊川令学者先看王辅嗣、胡翼之、王介甫三家《易》……三家于象数,扫除略尽……。”(补)	(宋)陈振孙《直斋书录解题》卷一
		黄东发曰:“先生明体用之学。师道之立,自先生始。……二十余年,人始信服。立己立人之难如此。”	(宋)黄震《黄氏日钞》卷五十
	徐积	先生三岁而孤,晨昏匍匐床下,求其父甚哀。……卒迁道就故所卖肉家。先生尝曰:“吾之行信,自此始也。”	(宋)吕本中《童蒙训》卷下
		既冠,徒步从安定先生学。安定门下逾千人……常曰:“吾于安定之门,所得多矣。言之在耳,一字不违也。”	(宋)徐积《节孝集》事实一卷
		二叔父议析居,先生涕泣止之,不可。……故太夫人虽在穷巷,奉养充美,无须臾不快也。	(宋)徐积《节孝集》事实一卷

续表

学案名	学者	附录文字	史源分析
		太夫人之丧,庐墓三年,雪夜号伏,呼问太夫人寒否如平生……墓左有杏,两枝连合。至孝感应如此。	(宋)徐积《节孝集》事实一卷
		先生畜犬,孳生至数十,不以与人。或问之,曰:"吾不忍其母子相离也。"	(宋)吕本中《童蒙训》卷中
		《东坡志林》曰:"仲车,古之独行也,于陵仲子不能过……虽新且密,无不先知,此二反也。"	(宋)苏轼《东坡志林》卷二
		吕紫微《童蒙训》曰:"徐仲车教门人,多于空中书一'正'字,且云:'于安定处得此一字,用不尽。'"(补)	(宋)吕本中《童蒙训》卷下
		汪玉山《书节孝行状后》曰:"节孝先生尝语东坡曰:……鲁直谢曰:'立参于前,坐倚于衡,何日忘之!'"(补)	(宋)汪应辰《文定集》卷十二
		王深宁《困学纪闻》曰:"师氏三德。朱子曰:'……孝德以知逆恶,赵无娩、徐仲车之徒以之。'"(补)	(宋)王应麟《困学纪闻》卷四
	孙觉	游定夫曰:"莘老少而好《易》,以是行己,亦以是立朝。或进或退,或语或默,或从或违,皆占于《易》而后行。"	(宋)游酢《游廌山集》卷四
卷二泰山学案	孙复	先生退居泰山之阳,枯槁憔悴……其女亦甘淡泊,事先生尽礼,当时士大夫莫不贤之。(《渑水燕谈》)	(宋)王辟之《渑水燕谈录》卷二
		范文正在睢阳掌学,有孙秀才者索游……道德高迈。朝廷召至,乃昔日索游孙秀才也。(《杨公笔录》)	(宋)魏泰《东轩笔录》卷十四
		欧阳文忠曰:"先生治《春秋》,不惑传注,不为曲说乱经。……而推见王道之治乱,得于经之本义为多。"(补)	(宋)欧阳修《居士集》卷二十七
		王得臣曰:"泰山著《春秋尊王发微》,以为凡经所书,皆变古乱常则书,故曰'《春秋》无褒'"……。(补)	(宋)王得臣《麈史》卷中
		朱子曰:"……本朝孙明复之徒,虽未能深于圣经,然观其推言治道,凛凛然可畏,终得圣人意思。"(补)	(宋)黎靖德《朱子语类》卷八十三
		百家谨案:石徂徕《泰山书院记》:"……呜呼,观于徂徕事师之严,虽不见先生之书,不可以知先生之道之尊哉?"	(宋)石介《徂徕石先生全集》卷十九"记"

续表

学案名	学者	附录文字	史源分析
	石介	守道为举子时,寓学于南都,其固穷苦学,世无比者。……便以食还,王咨重之。(《倦游录》)	(宋)朱熹《五朝名臣言行录》卷十
		景佑二年,录五代及诸国后。时辟先生御史台主簿,未至,论不当求诸伪国后,坐罢。……杜不能用。(史)	(宋)欧阳修《居士集》卷四十七
		欧阳公志其墓曰:“先生非隐者也,其仕尝位于朝矣。……先生安然,不惑不变,曰:‘吾道固如是。吾勇过孟轲矣!’”	(宋)欧阳修《居士集》卷三十四
		《吕氏家塾记》曰:“……作《怪说》三篇以排佛、老及杨亿。于是新进后学,不敢为杨、刘体,亦不敢谈佛、老。”	(宋)朱熹《五朝名臣言行录》卷十
		杜默曰:“夏英公因《庆历诗》之斥己,恨先生刺骨。……先生亦不自安,乃请外,得濮州通判。”	(明)冯琦《宋史纪事本末》卷五
		李端叔《姑溪集》曰:“初,夏竦在枢府……提刑吕居简亦言无故发棺,何以示后,具状上之,始获免。”	(宋)陈均《宋九朝编年备要》卷十三
		孙氏《鸿庆居士集》曰:“夏竦既谗先生于仁宗,谓介不死,北走契丹。……”(以上梨洲原本。)	(宋)魏泰《东轩笔录》卷九
		叶水心《习学记言》曰:“救时莫如养力,辨道莫如平气。石介以其忿嫉不忍之意……”(补)	(宋)叶适《习学记言》卷五十
		谢山《读徂徕集》曰:“徂徕先生严气正性……夫欲崇节谊而乃有取于斯二人者,‘一言以为不知’,其斯之谓与!”	(清)全祖望《鲒埼亭集外编》卷三十一
	文彦博	《吕氏杂志》曰:“凡与交游,书其父祖知名于世者,须避其名讳。文潞公与故旧款接,一坐未尝犯其父讳。”	(宋)祝穆《事文类聚》别集卷二十六
卷三高平学案	范仲淹	晏殊留守南京,公遭母忧,晏分请掌府学。常宿学中,训督学者夜课。……由是从学者辐凑。(《记闻》)	(宋)司马光《涑水记闻》卷十
		公为参知政事时,告诸子曰:“吾贫时与汝母养吾亲,汝母躬执爨,而吾亲甘旨未尝充也。……”(《小学外篇》)	(宋)朱熹《小学集注》卷五外篇
		钱君倚《义田记》曰:“范文正公平生好施与,择其亲而贫、疏而贤者咸施之。……此其大较也。”	(宋)楼昉《崇古文诀》卷三十二“宋文”

续表

学案名	学者	附录文字	史源分析
		吕紫微《童蒙训》曰:"范子夷说,其祖作外任官时,与京中人书,戒其慎勿窃论曲直,取小名,受大祸……。"	(宋)吕本中《童蒙训》卷下
		汪玉山与朱子书曰:"范文正公一见横渠,奇之,授以《中庸》。若谓从学,则不可。"	(宋)汪应辰《文定集》卷十五
		谢山《跋范文正公年谱》曰:"公于贵后,以金帛酬朱氏抚育之恩……则于义未为当,不可以大贤而曲护之。"	(清)全祖望《鲒埼亭集外编》卷三十四
	韩琦	神宗皇帝即位之初年,虽却韩琦新法之疏至于再三,逮琦薨,两宫震悼,躬制神道碑,念之不已,称为社稷之臣。	(宋)邵博《闻见后录》卷二十四
		《元城谈录》曰:"韩魏公镇北门,朝臣决令,守把兵士不伏,以解府。……魏公和平,略无崖岸。"	(宋)朱熹《三朝名臣言行录》卷一
		又《语录》曰:"欧公非《系辞》,韩魏公与同政府甚久,无事不言,独不与言《系辞》。"	(宋)黄震《黄氏日钞》卷四十四
		《晁氏客语》曰:"韩公谓永叔曰:'凡处事,但自家踏得脚地稳,一任闲言语。'"	(宋)晁说之《晁氏客语》
		胡文定曰:"本朝卿相,当以李文靖、韩忠献为冠。"	(宋)胡寅《斐然集》卷二十五
	范纯仁	知襄城,伯兄纯佑久心疾……富公责之曰:"台阁清资,人岂易得,何必苦辞?"先生曰:"富贵有命。"	(宋)朱熹《三朝名臣言行录》第十一
		文正公在睢阳,遣先生到姑苏取麦五百斛。……文正曰:"何不以麦舟与之?"曰:"已与之矣。"	(宋)释惠洪《冷斋夜话》卷十
		襄民素不事蚕织,未有植桑者。先生因有罪情轻者,视所植多寡荣茂除其罚。民思不忘,号著作林。	(宋)朱熹《三朝名臣言行录》卷十一
		旱久不雨,先生度将来必阙食,遂尽籍境内客舟,召其主而谕之曰:"……诸县饥,境内之民不知也。"	(宋)朱熹《三朝名臣言行录》卷十一
		自陕西运副召还,神宗问曰:"卿在陕西久主漕挽……"对曰:"城郭粗完,甲兵粗修,粮储粗备。"……。	(宋)朱熹《三朝名臣言行录》卷十一

续表

学案名	学者	附录文字	史源分析
		环庆大饥,公初到,饿殍满路。……先生曰:“人七日不食即死,何可待报?诸公但弗预,吾宁独坐罪。”	(宋)朱熹《三朝名臣言行录》卷十一
		除给事中,时哲宗、宣仁共政。……先生与温公虽同志,及临事,不苟同,不见小,思前料后,剂量矫正,类如此。	(宋)朱熹《三朝名臣言行录》卷十一
		温公欲令进士召朝官保任然后应举,又更贡举法。先生曰:“举人难得朝士相知。……”温公从之。	(宋)朱熹《三朝名臣言行录》卷十一
		除兼侍讲,公语人曰:“国之本在君,君之本在心。人君之学,当正心诚意,以仁为体……归于人君可用而后止。”	(宋)朱熹《三朝名臣言行录》卷十一
		元祐三年,有吴处厚者以蔡确《题安州车盖亭诗》来上,以为谤讪。……汲公不敢言,先生因乞罢政。	(宋)朱熹《三朝名臣言行录》卷十一
		西边儒帅有以威敌斥境请于先生者,手自答曰:“大辂与柴车较逐……兼不可胜。不惟不可胜,虽胜亦非也。”	(宋)邵博《闻见后录》卷二十二
		百家谨案:……又“未解疆埸之严,几空帑藏之积,有城必守,得地难耕”,凡八事……先生之至死尽忠如此。	(宋)范纯仁《范忠宣公文集》卷七
		邹道乡曰:“范丞相平生所称引奏对,只是《孝经》……。尝云:‘人作好事,不堪再说。说着便不中。’”	(宋)邹浩《道乡集》卷三十二“杂著”
		《吕舍人官箴》曰:“范忠宣公镇西京日,尝戒属官受纳租税,不要令两头探。或问何谓……”(黄氏补本)	(宋)吕本中《官箴》
		汪玉山《与吕逢吉书》曰:“忠宣持论,专欲消合党类,兼收并用,而不知其势亦有未易为者。……愿更慎言之。”	(宋)汪应辰《文定集》卷十六
	范纯粹	邹道乡曰:“范德孺在太原,每支官吏及军士粮,同出一廒。虽有湿恶,军士自不怨。”	(宋)邹浩《道乡集》卷三十二“杂著”
	富弼	神宗欲相富弼,以疾辞,退居洛阳,多以手疏论天下大利害,神宗必赐手札报之。……弼薨,躬制祭文。	(宋)晁说之《嵩山文集》卷三
		刘器之曰:“富郑公年八十,书座屏云:‘守口如瓶,防意如城。’”	(宋)晁说之《晁氏客语》

续表

学案名	学者	附录文字	史源分析
		《元城语录》曰:“富郑公使敌,说以用兵则国家受其害,人臣享其利。……前辈读书,必见于用。”	(宋)马永卿《元城语录》卷下
		陈唯室《步里客谈》曰:“富文忠少日,有诟者,如不闻知。或告之,则曰:‘恐骂他人。’……”	(宋)陈长方《步里客谈》卷上
	张方平	《元城语录》曰:“东坡下御史狱,张安道上书救之,其子不敢投。……岂不激怒?但当言‘本朝未尝杀士大夫’。”	(宋)马永卿《元城语录》卷下
	范正平	吕紫微《童蒙训》曰:“范子夷能世其家……居一官便思尽心治一官之事,只此便是学圣人也。……”	(宋)吕本中《童蒙训》卷下
		又曰:“忠宣公当国,子夷是时官当入远,不肯用父恩例求移近,卒授远地。……与中贵人争打量地界不屈,待罪去。”	(宋)吕本中《童蒙训》卷中
	范正思	陈右司曰:“范子思所知所守,过于其兄,范氏家学便有使处。”	(宋)吕本中《童蒙训》卷下
卷四庐陵学案	欧阳修	吕紫微《童蒙训》曰:“荥阳公尝言。……公退,谓叔祖曰:‘观欧阳公礼数,乃知吾辈不如前辈远矣!’”	(宋)吕本中《童蒙训》卷上
		施德操曰:“欧公语《易》,以谓《文言》《大系》皆非孔子所作,乃当时《易》师为之耳。……。”	(宋)施德操《北窗炙輠录》卷上
		汪玉山《与吕逢吉书》曰:“欧阳公作《濮议》……欧阳公有知,当悔怍于地下矣。以此知文字不可不慎。”	(宋)汪应辰《文定集》卷十六
		吕东莱《与周子充书》曰:“欧阳公每以平心自许。《濮议》之成,盖在治平之后,辞气尚有余怒。以此知临事之难。”	(宋)吕祖谦《东莱集》别集卷九
		叶水心《习学记言》曰:“以经为正而不汩于章读笺诂,此欧阳氏读书法也。……虽能信经,而失事理之实者不少。”	(宋)叶适《习学记言》卷四十七
		又曰:“欧阳氏语‘文学止于润身,政事可以及物’,始悟人之穷力苦心于学问文辞者……非所以责之也。”	(宋)叶适《习学记言》卷五十
		又曰:“欧阳氏策,为三代井田礼乐而发者五……岂特不以为非,而直谓唐太宗之治几乎三王,则不必论矣。”	(宋)叶适《习学记言》卷五十

续表

学案名	学者	附录文字	史源分析
		王厚斋曰:"欧阳公以《河图》《洛书》为怪妄。……苏、曾皆欧阳公门人,而议论不苟同如此!"	(宋)王应麟《困学纪闻》卷一
	欧阳棐	吕荥阳曰:"朝廷奖用言者,固是美意,然亦不可不审。……器之贤者,犹有此误,况他人乎!"	(宋)吕本中《童蒙训》卷中
	刘攽	刘静春曰:"吾家原父、贡父二先生,高才博物,风节凛然。惜其与关、洛同时,而不偕之讲学。"	未详
	曾巩	叶水心《习学记言》曰:"曾某不附王安石,流落外补,汲汲自纳于人主……要之,其文与识皆未达于大道。"	(宋)叶适《习学记言》卷五十
		问:"南丰云:'有知之之明,而不能好之,未可也……'……陈潜室曰:'若用一物以乐之,即非所以为乐。'"(《木钟集》)	(宋)陈埴《木钟集》卷一
	陈师道	叶水心《习学记言》曰:"陈师道所师独曾巩,至与孔子同称。……见理未尽,而执志甚坚,惜乎!"	(宋)叶适《习学记言》卷五十
		魏鹤山《师友雅言》曰:"后山诗'仰看一鸟过,虚负百年身',甚有深意。"	(宋)魏了翁《鹤山全集》卷一百九十
	郑耕老	叶水心志其墓曰:"谷叔尝著《仁义》《礼乐》《扶中》……而佛者以寂灭无为乱之,此性命道德之蠹。"	(宋)叶适《水心集》卷十五"前集"
卷五古灵四先生学案	陈烈	或问:"陈烈行古礼……"张横浦曰:"今取《乡党》言,訚訚侃侃……岂不为怪状?但世俗以人视人故耳!"	(宋)张九成《心传录》卷中
	章衡	《元城语录》曰:"王安石荐李定时,陈襄弹之,未行。已擢监察御史里行……章衡行之。贤不肖于此可见。"	(宋)黄震《黄氏日钞》卷四十四
卷八涑水学案下	司马光	范纯甫言:"公初官时,年尚少。家人每每见其卧斋中……夫人以天下安危为念,岂可不敬耶!"(《冷斋记》)	(宋)朱熹《三朝名臣言行录》卷七
		英宗疾既平,皇太后还政。公上疏言治身莫先于孝,治国莫先于公。……皆母子间人所难言者。(《行状》)	(宋)朱熹《三朝名臣言行录》卷七
		吕晦叔曰:"昨使契丹,彼接伴问副使狄咨曰:'……'其人曰:'不为中丞邪?闻是人甚忠亮。'"	(宋)朱熹《三朝名臣言行录》卷七

续表

学案名	学者	附录文字	史源分析
		上谓晦叔曰:"司马光方直,其如迂阔何!"……晦叔曰:"大抵虑事深远,则近于迂矣。愿陛下更察之!"(并《日录》)	(宋)朱熹《三朝名臣言行录》卷七
		魏公言君实初除枢副,竟辞不受。……"君实作事,今人所不可及,需求之古人。"(《魏公语录》)	(宋)朱熹《三朝名臣言行录》卷七
		蒲宗孟论人才,及司马光,神宗曰:"……"……及求宫寮,曰:"莫如司马光、吕公著二人。"	(宋)邵伯温《闻见前录》卷十一
		温公尝谓金陵曰:"介甫行新法,乃引用一副真小人……"……介甫默然。后果有卖荆公者,虽悔之无及。	(宋)马永卿《元城语录》卷上
		温公创独乐园,自伤不得与众同也。洛俗春日放园,园丁得茶汤钱,与主人平分。……(并《元城语录》)	(宋)马永卿《元城语录》卷中
		潞公谓温公曰:"彦博留守北京,遣人入大辽侦事,回云:'……君实清名,在夷狄如此。'"公愧谢。	(宋)朱熹《三朝名臣言行录》卷七
		公尝问康节曰:"光何如人?"曰:"君实脚踏实地人也。"公深以为知言。康节又曰:"君实九分人也。"……	(宋)朱熹《三朝名臣言行录》卷七
		公居洛,尝同范景仁登嵩顶……"登山有道,徐行则不困。措足于平稳之地,则不跌。"(并《言行录》)	(宋)朱熹《三朝名臣言行录》卷七
		《程氏遗书》曰:"先生每与君实说话……先生曰:'君实只为能受人尽言,尽人忤逆,更不怒,便是好处。'"	《二程遗书》卷十九
		刘元城曰:"熙宁初,温公谏用兵,不留稿。大意以富民与贫民邻居为喻。"	(宋)黄震《黄氏日钞》卷四十四
		又曰:"金陵以两府啖温公,不可,台谏党金陵者遂诬之如霍光事。……元祐遂获其用,皆神庙保养成就之力。"	(宋)黄震《黄氏日钞》卷四十四
		又曰:"微仲、尧夫不知君子小人势不两立如冰炭……然生民之患如拯溺救焚,何暇更顾异日一身之患。"	(宋)朱熹《三朝名臣言行录》卷十二
		陈忠肃《与龟山书》曰:"凡温公之学,主之以诚,守之以谦,得之十百而守之一二。"	(宋)林之奇《拙斋文集》卷二"记闻下"

续表

学案名	学者	附录文字	史源分析
		又《答杨游二公书》曰:“司马文正公最与康节善,然未尝及先天学。盖其学同而不同。”	未详
		汪玉山《与何运使书》曰:“温公有《补文中子传》一卷,比方得之……曰‘素与吾言’‘德林与吾言’者哉!”	(宋)汪应辰《文定集》卷十五
		朱子曰:“温公可谓智仁勇。他那治国救世处,是甚次第!其规模稍大,又有学问。其人严而正。”	(宋)黎靖德《朱子语类》卷一百三十
		又曰:“尝得温公《易说》于洛人范仲彪炳……好事者于北方互市得板本,喜其复全,然无以别其真伪。”	(宋)朱熹《晦庵集》卷八十一
		张南轩曰:“司马温公改新法,或劝其防后患……更不论一己利害。虽圣人,不过如此说。近于‘终条理者’矣。”	(宋)罗大经《鹤林玉露》卷七
		刘漫堂《麻城学记》曰:“温公之学,始于不妄语,而成于脚踏实地。学者明乎是,则暗室不可欺,妻妾不可罔。”	(宋)刘宰《漫塘文集》卷二十一
		魏鹤山《师友雅言》曰:“迂叟有言:‘今人所谓文,古人所谓辞也。……不耻下问,为孔文子之文。’”	(宋)魏了翁《鹤山全集》卷一百九十
		王深宁《困学纪闻》曰:“欧阳子之论笃矣,而‘不以天参人’之说,或议其失。……或指其疵。信乎立言之难!”	(宋)王应麟《困学纪闻》卷十四
	刘恕	晁景迂《与刘壮舆书》曰:“十五六时在淮南,立侍先丈之侧,蒙戒告‘无从妖学,无读妖言’……奉之不忘。”	(宋)晁说之《嵩山文集》卷十五
		汪玉山《与吕逢吉》曰:“刘道原、苏子由皆疑《周官》。……则所传自非完书。在慎择之,不可尽以为不然。”	(宋)汪应辰《文定集》卷十六
	司马康	姚福曰:“温公平生不喜《孟子》,以为伪书,出于东汉,因作《疑孟论》。……亦异乎阿其所好者矣。”	(明)姚福《青溪暇笔》卷上
卷十百源学案下	邵雍	二程尝侍太中公访先生于天津之庐。先生移酒饮月坡上,欢甚……曰:“内圣外王之道也。”	(宋)邵伯温《闻见前录》卷十五
		居洛四十年……尝有诗云:“斟有浅深存燮理,饮无多少系经纶。莫道山翁拙于用,也能康济自家身!”	(宋)胡仔《苕溪渔隐丛话后集》卷二十二

续表

学案名	学者	附录文字	史源分析
		先生与富郑公早相知。富初为相,属大卿田棐挽之出,先生不答,以诗谢之。……较之先生,一龙一猪矣。	(宋)邵伯温《闻见前录》卷十八
		先生为隐者之服,乌帽绦褐,见卿相不易也。	(宋)邵伯温《闻见前录》卷十九
		司马温公见先生,曰:"明日僧修颙开堂说法,富公、晦叔欲偕往听之。……先生曰:'不能学人胡乱走也!'"	(宋)邵伯温《闻见前录》卷十八
		图数之学,由陈图南抟,种明逸放,穆伯长修、李挺之之才递传于先生。……虽野店,饭必襕,坐必拜。	(宋)晁说之《嵩山文集》卷十九
		一日雷起,先生谓伊川曰:"子知雷起处乎?"伊川曰:"某知之,尧夫不知也。"……先生咥然。	《二程遗书》卷二十一上
		晁以道问先生之数于伊川,答云:"某与尧夫同里巷居三十余年,世间事无所不问,惟未尝一字及数。"	《二程外书》第十二"传闻杂记"
		明道云:"尧夫欲传数学于某兄弟……尧夫初学于李挺之,师礼其严,虽在野店……欲学尧夫,亦必如此。"	(宋)谢良佐《上蔡语录》卷三
		明道闻先生之数既久,甚熟。……"尧夫之数,只是加一倍法。以此知《太玄》都不济事!"	(宋)谢良佐《上蔡语录》卷三
		先生与商州赵守有旧,时章惇作商州令。……后从先生游,欲传数学,先生谓须十年不仕乃可,盖不之许也。	(宋)吕本中《童蒙训》卷上
		邵子文云:"邢和叔亦欲从先君学,先君略为开其端倪……"断章云:"出人才业尤须惜,慎弗轻为西晋风!"	(宋)邵伯温《易学辨惑》
		伊川云:"邵尧夫临终时,只是谐谑,须臾而去。……但烛理明,自能之。只如尧夫事,他自如此,亦岂尝学也。"	《二程遗书》卷十八
		张峄述行略曰:"先生治《易》《书》《诗》《春秋》之学……呜呼,美矣,至矣,天下之能事毕矣!"	(宋)李幼武《宋名臣言行录外集》卷五
		明道铭其墓曰:"呜呼先生,志豪力雄。阔步长趋,凌高厉空。……呜皋在南,伊流在东,有宁一宫,先生所终。"	《二程文集》卷四

续表

学案名	学者	附录文字	史源分析
		元祐中，韩康公尹洛，请谥于朝，常博欧阳棐议曰："……案《谥法》，温良好乐曰康，能固所守曰节。"	(宋)李幼武《宋名臣言行录外集》卷五
		杨龟山曰："《皇极》之书，皆孔子所未言者。然其论古今治乱成败之变，若合符节……恨未得其门而入耳！"	(宋)杨时《龟山集》卷十九"书四"
		谢上蔡曰："尧夫直是豪才。在风尘时节，便是偏霸手段。"	(宋)谢良佐《上蔡语录》卷一
		又曰："尧夫诗'天向一中分体用'，此句有病。"(补)	(宋)谢良佐《上蔡语录》卷一
		又曰："尧夫见得天地万物进退消长之理，便敢做大。于下学上达底事，更不施功。"(补)	(宋)谢良佐《上蔡语录》卷一
		又曰："尧夫精《易》，然二程不贵其术。"(补)	(宋)谢良佐《上蔡语录》卷一
		或问："邵尧夫诗云：廓然心境大无伦，尽此规模有几人？……他人语言，不可准拟。"(《横浦心传》)	(宋)张九成《心传录》卷中
		朱子曰："康节为人须极会处置事。……又不曾枉用了心，他用心都在紧要上。为他静极了，看得天下事理精明。"	(宋)黎靖德《朱子语类》卷一百
		又曰："康节本是要出来有为底人，然又不肯深犯手做。凡事直待可做处……才觉难，便拽身退。正张子房之流。"	(宋)黎靖德《朱子语类》卷一百
		又曰："伊川之学，于大体上莹彻，于小小节目上犹有疏处。康节能尽得事物之变，却于大体上有未莹处。"	(宋)黎靖德《朱子语类》卷一百
		又曰："程、邵之学固不同，然二程所以推尊康节者至矣。盖以其信道不惑……则亦未可以其道不同而遽贬之也。"	(宋)朱熹《晦庵集》卷三十
		叶水心《习学记言》曰："初分大道非常道，才有先天未后天。"……奈何舍实事而希影象也?(补)	(宋)叶适《习学记言》卷四十七
		又曰："邵某以玩物为道，非是。孔子之门惟曾皙。……故有云淡风轻、傍花随柳之趣。"(补)	(宋)叶适《习学记言》卷四十七

续表

学案名	学者	附录文字	史源分析
		又曰:"独立孔门无一事,惟传颜氏得心斋。"案颜氏立孔门,其传具在……非所以言颜子也。(补)	(宋)叶适《习学记言》卷四十七
		又曰:"邵某无名公传,尊己自誉,失古人为学之本意,山林玩世之异迹也。"(补)	(宋)叶适《习学记言》卷五十
		魏鹤山曰:"邵子平生之书,其心术之精微在《皇极经世》……秦、汉以来诸儒,无此气象。读者当自得之。"	(宋)魏了翁《鹤山全集》卷五十二
		熊勿轩《祀典议》曰:"或谓:'涑水之学,不由师传,其德言功烈之所就……'……百世以俟,不易吾言矣!"	(宋)熊禾《勿轩集》卷二
		又曰:"间尝以此求正于乡先生福清林若存,谓此论直可质无疑而俟不惑。……当益明矣。并识于此,以俟来者。"	(宋)熊禾《勿轩集》卷二
		胡敬斋曰:"程子言康节空中楼阁,朱子言其四通八达,须实地上安脚更好。"	(明)胡居仁《居业录》卷三
		又曰:"明道作康节墓志,言七十子同尊圣人……言'先生之道,可谓安且成矣',是康节自成一家。"	(明)胡居仁《居业录》卷三
		问高忠宪:"明道许康节内圣外王之学,何以后儒论学只说程、朱?"忠宪曰:"……未免有玩世意。"	(明)高攀龙《高子遗书》卷五
卷十二濂溪学案下	周敦颐	先生名张宗范之亭曰养心而为之说曰:"孟子曰:'养心莫善于寡欲。……'……养心之善,有大焉如此,存乎其人而已。"	(宋)周敦颐《周元公集》卷六
		荀子言"养心莫善于诚"。先生曰:"荀子元不识诚。"明道曰:"既诚矣,心焉用养邪!"	(宋)周敦颐《周元公集》卷六
		嘉祐四年,蒲宗孟泛蜀江,道合州,初见先生,相与款洽,连三日。……乃以妹归之。先生初娶陆,继以蒲。	(宋)李幼武《宋名臣言行录外集》卷一
		熙宁四年,先生领广东宪事,以洗冤泽物为己任。……改葬毕,曰:"强疾而来者,为葬尔。今欲以病污麾绂邪?"	(宋)李幼武《宋名臣言行录外集》卷一
		庐山之麓有溪焉,发源于莲花峰下,洁清绀寒……先生濯缨而乐之,筑书堂其上,名之曰濂溪,志乡间在目中也。	(宋)李幼武《宋名臣言行录外集》卷一

续表

学案名	学者	附录文字	史源分析
		自合州归,王介甫提点江东刑狱,与先生相遇,语连日夜。介甫退而精思,不能得也。	(宋)李幼武《宋名臣言行录外集》卷一
		明道曰:"昔受学于周茂叔,每令寻仲尼、颜子乐处,所乐何事。"	(宋)李幼武《宋名臣言行录外集》卷一
		又曰:"自再见周茂叔后,吟风弄月以归,有'吾与点也'之意。"	(宋)李幼武《宋名臣言行录外集》卷一
		又曰:"吾年十六七时,好田猎。既见茂叔,则自谓已无此好矣。……复见猎者,不觉有喜心,乃知果未也。"	(宋)李幼武《宋名臣言行录外集》卷一
		又曰:"周茂叔窗前草不除去,问之,云:'与自家意思一般。'子厚观驴鸣,亦谓如此。"	(宋)周敦颐《周元公集》卷六
		伊川见康节,伊川指食卓而问曰:"此卓安在地上,不知天地安在何处?"康节为之极论其理,以至六合之外。伊川叹曰:"平生唯见周茂叔论至此。"	(宋)邵伯温《易学辨惑》
		黄山谷曰:"濂溪先生胸怀洒落,如光风霁月。廉于取名而锐于求志……陋于希世而尚友千古。"	(宋)黄庭坚《豫章黄先生文集》集一
		吕荥阳曰:"二程初从濂溪游,后青出于蓝。"(补)	(明)孙绪《沙溪集》卷十二"杂著"
		吕紫微曰:"二程始从茂叔,后更自光大。"(补)	(宋)吕本中《童蒙训》卷上
		胡五峰曰:"周子启程氏兄弟以不传之妙……然后知《通书》之言,包括至大,而圣门之事业无穷矣。"	(宋)胡宏《五峰集》卷三
		汪玉山与朱子书曰:"濂溪先生高明纯正,然谓二程受学,恐未能尽。"	(宋)汪应辰《文定集》卷十五
		朱子曰:"濂溪在当时,人见其政事精绝,则以为宦业过人……无有知其学者。唯程太中知之,宜其生两程夫子也。"	(宋)黎靖德《朱子语类》卷九十三
		又为先生像赞曰:"道丧千载,圣远言湮。不有先觉,孰开后人!《书》不尽言,图不尽意。风月无边,庭草交翠。"	(宋)朱熹《晦庵集》卷八十五

续表

学案名	学者	附录文字	史源分析
		张南轩曰:“自秦、汉以来,言治者汩于五霸功利之习,求道者沦于异端空虚之说……孔、孟之意,于以复明。”	(宋)张栻《南轩集》卷十记
		黄勉斋曰:“周子以诚为本,以欲为戒,此周子继孔、孟不传之绪也。……此二程得统于周子者也。”	(宋)黄榦《勉斋集》卷二十六
		魏鹤山曰:“周子奋自南服,超然独得,以上承孔、孟垂绝之绪。……固非若异端之虚寂,百氏之支离也。”	(宋)魏了翁《鹤山全集》卷四十七
		又《师友雅言》曰:“《黄帝书》云:‘地在太虚之中,大气举之。’”……以为唯闻之茂叔者,恐是此。(补)	(宋)魏了翁《鹤山全集》卷一百九十
		黄东发曰:“诸子之书,与凡文集之行于世者……尤有功于孔、孟。较之圣帝明王之事业,所谓揭中天之日月者哉!”	(宋)黄震《黄氏日钞》卷三十三
		吴草庐曰:“周子生于千载之下,不由师授,默契道妙。士君子有志斯世……皆可以行志,顾其人何如耳!”	(元)吴澄《吴文正集》卷五十六
		罗整庵曰:“周子之言性,有自其本而言者,诚源、诚立……遂疑周子专以刚柔善恶言性,其亦疏矣。”	(明)罗钦顺《困知记》卷上
		又曰:“《通书》四十章,义精词确,其为周子手笔无疑。……深有合乎《易传》‘乾道变化,各正性命’之旨矣。”	(明)罗钦顺《困知记》卷下
		高景逸曰:“元公之书,字字与佛相反……元公谓‘圣人之道,仁义中正而已矣’,会得此语,可谓深于辟佛者矣。”	(明)高攀龙《高子遗书》卷八上
	胡宿	先生尝至润州,与濂溪游。或谓濂溪与先生同师润州鹤林寺僧寿涯……遂同受《易》书。(《濂溪志》)	(宋)度正《濂溪先生周元公年表》
	赵抃	《刘元城语录》曰:“赵清献求绝欲,挂父母像于卧床。……自誓于父母坟前。且士大夫不为则止耳,何必尔!”	(宋)马永卿《元城语录》卷上
		吕紫微《童蒙训》曰:“……‘清献自守一世……后生有多少事,岂可便比前辈!’即而叔献果建水事求进。”	(宋)吕本中《童蒙训》卷上

续表

学案名	学者	附录文字	史源分析
		朱子《跋清献家问》曰:“……见于章贡《道行》之篇者可考也。而公于佛学盖没身焉,何邪?”	(宋)朱熹《晦庵集》卷八十三
卷十四明道学案下	程颢	先生数岁,即有成人之度,赋《酌贪泉诗》“中心如自固,外物岂能迁”,已见志操矣!	《二程遗书》附录
		十五六岁与弟伊川受学于濂溪,即慨然有为圣贤之志。尝自言再见茂叔后,吟风弄月,有“吾与点也”意。	《二程遗书》卷三
		明道作县,常于坐右书“视民如伤”,云:“颢每日尝有愧于此。”观其用心,应是不到错决挞了人。	(宋)李幼武《宋名臣言行录外集》卷二
		明道主簿上元时,谢师直为江东转运判官,师宰来省其兄,尝从明道假公仆掘桑白皮。……师宰之相信如此。	《二程文集》卷十三
		伊川云:“谢师直尹洛时,尝谈经,与鄙意不合,因曰:‘伯淳亦然。往在上元……非通《易》,能如是乎?’”	(宋)李幼武《宋名臣言行录外集》卷二
		荐为御史,神宗召对,问所以为御史。对曰:“使臣拾遗补阙,裨赞朝廷,则可。……”神宗叹赏,以为得御史体。	《二程遗书》附录
		一日,神宗纵言,及于辞命。先生曰:“人主之学,惟当务为急。辞命非所先也。”神宗为之动容。	《二程遗书》附录
		先生为御史时,神宗尝使推择人才。所荐数十人,以父表弟张载暨弟颐为首,天下咸称允当。	《二程文集》卷十二
		熙宁五年,太中公告老而归,先生求折资监当以便养……自是身益退,位益卑,而名益高于天下。	(宋)李幼武《宋名臣言行录外集》卷二
		王荆公尝与明道论事不合……后来逐不附己者,而独不怒明道,且曰:“此人虽未知道,亦忠信人也。”	《二程遗书》卷十九
		先生尝曰:“熙宁初,王介甫行新法,并用君子小人。……尚有听从之理,俾小人无隙以乘,其为害不至此之甚也。”	《二程外书》第十二“传闻杂记”
		扶沟地卑,岁有水旱,先生经画沟洫之法以治之,未及兴工而去官,曰:“……此吾所以不敢不尽心也。”	(宋)朱熹《伊洛渊源录》卷三

续表

学案名	学者	附录文字	史源分析
		在澶州日,修桥少一长梁,曾博求之民间。后因出入,见林木之佳者,必起计度之心。……心不可有一事。	《二程遗书》卷三
		明道终日坐,如泥塑人,然接人浑是一团和气,所谓"望之俨然,即之也温"。	《二程外书》第十二"传闻杂记"
		张子厚学成德尊,识者谓与孔子为比。然犹秘其学,不多为人讲之。……与洛人并。推其所自,先生发之也。	《二程遗书》附录
		明道先生与门人讲论,有不合者,则曰更有商量。伊川则直曰不然。	《二程外书》第十一"时氏本拾遗"
		先生谓学者曰:"贤看某如此,某煞用工夫。见理后须开放……守几于不自在,故有乐以乐之。乐即是放开也。"	(宋)谢良佐《上蔡语录》卷二
		明道见谢子记问甚博,曰:"贤却记得许多!"谢子不觉面赤身汗,先生曰:"只此便是恻隐之心!"	《二程外书》第十二"传闻杂记"
		谢子曰:"吾尝习忘以养生。"明道曰:"施之养生则可,于道有害。……孟子所以异于释氏心也。"	(宋)谢良佐《上蔡语录》卷一
		《程氏遗书》曰:"学者先学文,鲜有能至道。至如博观泛滥,亦自为害。"……"贤读书,慎不要循行数墨。"	《二程外书》第十二"传闻杂记"
		又曰:良佐昔录《五经》语作一册,伯淳见之,谓曰:"玩物丧志!"	《二程外书》第十二"传闻杂记"
		上蔡曰:"先生善言《诗》,他又不曾章解句释,但优游玩味,吟哦上下,便使人有得处。"	(宋)谢良佐《上蔡语录》卷一
		又曰:"昔伯淳先生教予……伯淳曰:'与贤说话,却是扶醉汉,救得一边,倒了一边。只怕人执着一边。'"	(宋)谢良佐《上蔡语录》卷二
		刘立之曰:"先生德性充完,粹和之气盎于面背……曰:'使民各输其情。'又问御史,曰:'正己以格物。'"	(宋)李幼武《宋名臣言行录外集》卷二
		又曰:"先生平生与人交,无隐情,虽童仆必托以忠信,故人亦不忍欺之。……既奴持物如期而归,众始叹服。"	《二程遗书》附录

续表

学案名	学者	附录文字	史源分析
		范淳夫曰:“颜子之不迁不贰,惟伯淳有之。”	(宋)李幼武《宋名臣言行录外集》卷二
		邵伯温曰:“元丰八年三月五日,神宗升遐,诏至洛,故相韩康公为留守……今年四十,而其言益验,故表而出之。”	(宋)邵伯温《闻见前录》卷十三
		侯仲良曰:“朱公掞见明道于汝州,归谓人曰:‘某在春风中坐了一月。’”	(宋)李幼武《宋名臣言行录外集》卷二
		刘左司曰:“诚意积于中者既厚,则感动于外者亦深,故伯淳所在临政,上下响应。”(补)	(宋)刘安节《刘左史文集》卷四
		《震泽记善录》曰:“明道云:‘才说明日,便是悠悠。穷经进学,须是日就月将。’”(补)	(宋)王苹《王著作集》卷八
		《吕氏童蒙训》曰:明道先生言:‘人心不同,如其面。不同者皆私心也,至于公则不然。’”(补)	(宋)吕本中《童蒙训》卷中
		张横浦曰:“明道书窗前有茂草覆砌,或劝之芟,曰:‘不可!欲常见造物生意。’”又置盆池畜小鱼数尾……(补)	(宋)张九成《日新录》
		又曰:“……试涵泳‘春风和气’之言,则仁义礼智之人,其发达于声容色理者,如在吾目中矣。”(补)	(宋)张九成《日新录》
		叶水心《习学记言》曰:“案程氏答张氏论定性……未有自坐老、佛病处而辩老、佛,以明圣人之道者也。”(补)	(宋)叶适《习学记言》卷五十
		吕子约曰:“读《明道行状》,可以观圣贤气象。”(补)	(宋)王应麟《困学纪闻》卷十五
		胡敬斋曰:“明道天资高,本领纯粹,其学自大本上流出,于细微处又精尽。”	(明)胡居仁《居业录》卷三
		又曰:“明道才大德盛,当时入朝建言,若依他做,三代之治可运于掌……故明道深惜此机会,以为两分其罪。”	(明)胡居仁《居业录》卷三
		罗整庵曰:“张子《正蒙》‘由太虚,有天之名’数语,亦是将理气看作二物。……未有归一之期也。”	(明)罗钦顺《困知记》卷下

续表

学案名	学者	附录文字	史源分析
		高景逸曰:“先儒惟明道先生看得禅书透,识得禅弊真。”	(明)高攀龙《高子遗书》卷一
		又曰:“《大学》者,圣学也;《中庸》者,圣心也。……不识性为何物矣。是儒者至善极处,是佛氏毫厘差处。”	(明)高攀龙《高子遗书》卷三
		唐一庵曰:“明道之学,嫡衍周派,一天人,合内外……筮仕十疏,足以占王道之端倪。惜早世,未极其止。”	(明)董斯张《吴兴艺文补》卷三十二
卷十六伊川学案下	程颐	先生母夫人有知人之鉴。二先生幼时,勉之读书……后皆验。夫人已知之于童稚中矣。(明道幼时名延寿。)	(宋)程颢《二程文集》卷十三
		百家谨案:二程母夫人侯郡君……尝曰:“子之所以不肖者,由母蔽其过而父不知也。”……自是怪绝。	(宋)程颢《二程文集》卷十三
		二程随侍太中知汉州,宿一僧寺。明道入门而右……盖明道和易,人皆亲近,先生严重,人不敢近也。	(宋)李幼武《宋名臣言行录外集》卷三
		明道犹有谑语,尝闻一名公解《中庸》……伊川直是谨严,坐间无问尊卑长幼,莫不肃然。(补)	《二程外书》第十二“传闻杂记”
		经筵承受张茂则尝招讲官啜茶观画,先生曰:“吾平生不啜茶,亦不识画。”竟不往。	《二程遗书》附录
		贬涪州,渡江,中流船几覆,舟中人皆号哭,先生独正襟安坐如常。……先生欲与之言,父老径去不顾。	《二程外书》第十二“传闻杂记”
		伊川涪陵之行,过滟滪,波涛中舟人皆失措……“舍去如斯,达去如斯?”方欲答之,而舟已行。(补)	《二程外书》第十二“传闻杂记”
		先生被谪时,李邦直尹洛,令都监来见伊川,才出见之……曰:“渠是时与某不相知,岂可受!”	(宋)李幼武《宋名臣言行录外集》卷三
		韩公维与二先生善,屈致于颍昌。……“汝辈从长者行,敢笑语如此,韩氏孝谨之风衰矣!”韩遂皆逐去之。	《二程外书》第十二“传闻杂记”
		先生与韩公维约,候韩公年八十一往见之。是岁元日,因子弟贺正……“我不敢言,正为此耳!”再三谢过而别。	《二程外书》第十二“传闻杂记”

续表

学案名	学者	附录文字	史源分析
		吕汲公以百缣遗伊川,伊川辞之。时族兄子公孙在旁……天下之贫者亦众矣。分帛固多,恐公不能周也。	《二程遗书》“伊川先生语第七上”
		崇宁三年,谓张思叔曰:“吾受气甚薄,三十而浸盛……”先生默然,曰:“吾以忘生徇欲为深耻!”	《二程遗书》“伊川先生语第七上”
		尹和靖年二十始登先生之门……先生曰:“某在,何必观此。若不得某心,只是记得他意。”和靖自此不敢复读。	(宋)李幼武《宋名臣言行录外集》卷三
		《易传》成书已久,学者莫得传授……曰:“自量精力未衰,尚觊有少进耳!”其后浸疾,始以授和靖、思叔。	《二程遗书》附录
		南方学者从先生既久,有归者。或问曰:“学者久从学于门,谁是最有得者?”先生曰:“岂敢便道有得处! ……”	(宋)李幼武《宋名臣言行录外集》卷三
		问:“先生曾定《六礼》,今已成未?”曰:“……然所定即《礼》之名数,若《礼》之文,亦非亲作不可也。”	《二程遗书》“伊川先生语第四”
		鲜于侁问:“颜子在陋巷……不知所乐者何事?”先生曰:“若有道可乐,便不是颜子。”……邹志完曰:“伊川见处极高!”	《二程外书》第七“胡氏本拾遗”
		伊川见人静坐,便叹其善学。	《二程外书》第十二“传闻杂记”
		游定夫问“阴阳不测之谓神”,伊川曰:“贤是疑了问:是拣难底问? 静坐独处不难,居广居、应天下为难。”	《二程外书》第十二“传闻杂记”
		谢良佐往见伊川,伊川曰:“近日事如何?”对曰:“天下何思何虑!”伊川曰:……“恰好着工夫也!”	《二程外书》第十二“传闻杂记”
		刘蕺山曰:“此事本不易承当,然不教人、不承当,亦不得。”	未详
		尹焞尝请曰:“焞今日解得‘心广体胖’之义。”伊川正色曰:“何如?”……伊川曰:“乐亦没处着。”	《二程外书》第十二“传闻杂记”
		尹焞偶学《虞书》,伊川曰:“贤那得许多工夫!”	《二程外书》第十二“传闻杂记”

续表

学案名	学者	附录文字	史源分析
		尹彦明问于程子:“如何是道?”程子曰:“行处是。”	《二程外书》第十二“传闻杂记”
		思叔诟詈仆夫,伊川曰:“何不动心忍性!”思叔惭谢。	《二程外书》第十二“传闻杂记”
		范淳夫之女读《孟子》,至“出入无时”……先生闻之曰:“此女虽不识孟子,却能识心。”	《二程外书》第十一“时氏本拾遗”
		有患心疾,见物皆狮子。伊川教之以见即直前捕执之,无物也。久之,疑疾遂愈。	《二程外书》第十一“时氏本拾遗”
		司马温公、吕申公尝言于朝曰:“程颐之为人,言必忠信,动遵礼义,真儒者之高蹈,圣世之逸民。”	《二程遗书》附录
		朱光庭又言曰:“程颐道德纯备,学问渊博,有经天纬地之才,有制礼作乐之具,实天民之先觉,圣代之真儒也。”	《二程遗书》附录
		吕申公又言曰:“程颐年三十四,有特立之操,出群之资,洞明经术……徒有偏长。使在朝廷,必为国器。”	《二程遗书》附录
		王岩叟尝言于朝曰:“程颐学极圣人之精微,行全君子之纯粹,与其兄颢俱以德名显于时。”	《二程遗书》附录
		又曰:“颐抱道养德之日久,而潜神积虑之功深,静而阅天下之义理者多,必有嘉言,以新圣听。”	《二程遗书》附录
		胡文定公言于朝曰:“伏见元祐之初,宰臣秉政当国,急于得人……而天下之道术定,岂曰小补之哉!”	《二程遗书》附录
		《吕氏童蒙训》曰:“伊川尝言:‘今僧家读一卷经,便要一卷经中道理受用。儒者读书……’”(补)	《二程外书》第十二“传闻杂记”
		又曰:宿州高朝奉述伊川先生尝说:“……情也,非性也,故孟子云:‘仁者,人也。’”(补)	(宋)吕本中《童蒙训》卷下(明刻本)
		张横浦曰:“伊川之学,自践履中入,故能深识圣贤气象。如曰:‘……自非以心体之,安能别白如此!’”	(宋)张九成《日新录》
		又曰:“伊川妙处,全在要人力行,所以不欲苦言。用意深者当自得之,言之又不免作梦。”	(宋)张九成《心传录》卷中

续表

学案名	学者	附录文字	史源分析
		汪玉山与朱子书曰:“伊川于濂溪,若止云少年尝从学,则无害矣。”(补)	(宋)汪应辰《文定集》卷十五
		又曰:“康节子孙,大抵不取程子,盖私意也。”(补)	(宋)汪应辰《文定集》卷十五
		朱子曰:“伊川言‘性即理也’,与横渠言‘心统性情’,此二句颠破不得。”	(宋)黎靖德《朱子语类》卷五
		又曰:“……‘性即理也’一语,直是孔子后惟是伊川说得尽。这一句便是千万世说性之根基,是个公共底物事。……”	(宋)黎靖德《朱子语类》卷九十三
		刘刚中问:“程伊川粹然大儒,何故使苏东坡竟疑其奸?”朱子答曰:“伊川绳趋矩步,子瞻脱岸破崖。气盛心粗,知德者鲜矣,夫子所以致叹夫由也。”(补)	未详
		叶水心《习学记言》曰:“程氏《视听言动箴》,其辞缓,其理散,举杂而病不切。”(补)	(宋)叶适《习学记言》卷四十九
		黄东发曰:“伊川十八,上书仁宗,谓应时而出,自比诸葛。……则本朝文密之弊,固难与俗吏言久矣。”	(宋)黄震《黄氏日钞》卷三十三
		又曰:“伊川尝言:‘今日之祸,亦是元祐做成。’愚谓理亦有此……虽南渡,未必人心戴宋如此。”	(宋)黄震《黄氏日钞》卷三十三
		又曰:“明道之殁,伊川状其行,求铭于韩持国,而文潞公题其墓。……迨晦庵朱先生,始访其事《年谱》云。”	(宋)黄震《黄氏日钞》卷三十三
		吴草庐曰:“夫‘修己以敬’,吾圣门之教也。……周子之学主静,而程子易之以敬,盖敬则能主静矣。”	(元)吴澄《吴文正集》卷五十三
		薛敬轩曰:“伊川为讲官,以三代之上望其君。从与否则在彼,而己其肯自贬以徇之哉!”	(明)薛瑄《读书录》卷十一
		又曰:“伊川以筵疏,皆格心之论。三代以下,为人臣者但论政事、人才而已,未有直从本原,如程子之论也。”	(明)薛瑄《读书续录》卷四
		叶六桐曰:“明道不废观释、老书,与学者言,有时偶举示佛语。伊川一切屏除……何曾染得孔子?”	(清)缪荃孙《云自在龛随笔》卷六

续表

学案名	学者	附录文字	史源分析
	程端中	序《伊川文集》曰:"不肖孤既无以嗣闻斯道,姑用记其言……虽于先生之道未能备见其纯全,亦将庶几焉!"	(明)程敏政《新安文献志》卷十七
卷十八横渠学案下	张载	薛文清曰:"读《西铭》,有天下为一家,中国为一人之气象。"又曰:"读《西铭》,知天地万物为一体。又曰:《西铭》立心,可以语王道。"	(明)薛瑄《读书录附续录》卷一
	张戬	横渠《理窟气质》曰:"慎喜怒,此只矫其末而不知治其本,宜矫轻警惰。若天祺,气重也,亦有矫情过实处。"	(宋)张载《经学理窟·气质》
卷十九范吕诸儒学案	范镇	《邵氏闻见录》曰:或曰:"司马温公、范蜀公同以清德闻天下。……此二公出处之不同,其道则同也。"	(宋)邵伯温《闻见前录》卷十二
	吕公著	《吕氏家塾广记》曰:"正献公每事持重近厚,然去就之际,极于介洁。……故历事四朝,无一年不自列求去。"	(宋)吕祖谦《东莱集》别集卷六
	李常	吕荥阳曰:"李公择有乐正子之好善。"	(宋)吕本中《童蒙训》卷上
	韩维	程伊川上先生书,求撰明道墓志,曰:"家兄学术才行,为世所重……言足以取信后世,莫如阁下。"	《二程文集》卷十
	王岩叟	朱子《伊洛渊源录》曰:"王端明彦霖,元祐中为台谏官……盖知尊先生者,然恐其未必在弟子之列也。"	(宋)朱熹《伊洛渊源录》卷十四
	丰稷	中丞胡简修公宗愈、侍御史王明叟觐荐公复为殿中侍御史,苏子由当制……人以为公论。	(宋)李朴《丰清敏公遗事》
		又曰:"公之践履,非有意为之也。……无本于中,袭取于外,虽有小善,的然可观,岂能日进无疆,老而弥笃哉!"	(宋)袁燮《絜斋集》卷九"记"
	龚夬	吕紫微曰:"龚彦和贬化州,徒步径往,以扇乞钱。"	(宋)吕本中《童蒙训》卷下
	吕希纯	吕紫微曰:"元符末,叔祖待制坐元祐党人贬道州……以为未受复官命也。前辈慎事如此!"	(宋)吕本中《童蒙训》卷下
	黄庭坚	汪玉山《跋山谷帖》曰:山谷诗《示张氏子》曰:"莫学今时新进士,谈说性命如悬河。"盖当时学者之弊。	(宋)汪应辰《文定集》卷十一

续表

学案名	学者	附录文字	史源分析
	张庭坚	吕紫微曰:"张才叔专务以直道进退,不求苟得。"	(宋)吕本中《童蒙训》卷上
卷二十元城学案	刘安世	先生登第,与二同年谒李若谷参政……"何尝教贤缓不及事!且道世间甚事不因忙错了?"(《吕氏杂录》)	(宋)朱熹《三朝名臣言行录》卷十二
		元城终身未尝草字,书尺未尝使人代。	(宋)黄震《黄氏日钞》卷四十四
		谢山《书宋史元城传后》曰:"朱子曰:'忠臣杀身,不足以存国……'予初犹疑其语……元祐党人竟何罪至此!"	(清)全祖望《鲒埼亭集外编》卷二十八
		先生一日扶其母篮舆行山中……"官异人也!蛇吾山之神,见官喜相迎耳。官远行无恙乎?"(《闻见录》)	(宋)邵伯温《闻见前录》卷十三
	李光	《元城道护录》曰:"李光好官员,可惜为蔡攸所引。……绍兴中以忤秦桧谪海外,著《易说》,自号读易老人。"	(宋)黄震《黄氏日抄》卷四十四
	胡珵	汪玉山《与吕逢吉》曰:"胡德辉言《温公日记》极有可疑……惑一妖尼之言,则所谓后来增加者,当有之。"	(宋)汪应辰《文定集》卷十六
卷二十一华阳学案	范祖禹	朱子《伊洛渊源录》曰:"淳夫家传《遗事》载其言行之懿甚详……议论亦多资于程氏。"	(宋)朱熹《伊洛渊源录》卷七
卷二十二景迂学案	晁说之	《易规自序》曰:"山县无事,辄以所闻读易自娱,若著书则不敢。而又未能忘言于斯世也,作《易规》十有一篇。"	(宋)晁说之《嵩山文集》卷十一
		《京氏易式自序》曰:"元祐戊辰仲冬在兖州为此书……昔人自期死而后传其所著之书,用意深矣!"	(宋)晁说之《嵩山文集》卷十七
		谢山《景迂先生船场祠堂碑铭》曰:"景迂先生以大观之庚寅谪居甬上船场……则终日一杯,哦诗于超然亭畔而已。"	(清)全祖望《鲒埼亭集》卷二十三
	吴棫	吕东莱《与朱侍讲书》曰:"吴才老之说,就解《论语》上看,则有味。……辩之必力,其发亦自偏。"	(宋)吕祖谦《东莱集》别集卷八
卷二十三荥阳学案	吕希哲	正献居家简重寡默,而申国夫人性严有法度……郑、卫之音,未尝经耳。不正之书,非礼之色,未尝接目。	(宋)朱熹《伊洛渊源录》卷七

续表

学案名	学者	附录文字	史源分析
	吕切问	紫微曰:"叔父舜从既与东莱公从当世贤士大夫游,尝训子弟曰:……前辈自警如此。"	(宋)吕本中《童蒙训》卷上
	汪革	吕紫微曰:"汪信民,政和间诸公熟闻其名……诸公皆卓然自立,不愧古人,迩来流俗不复以为贵矣。"	(宋)吕本中《童蒙训》卷中
	颜岐	吕舍人《官箴》曰:予尝为泰州狱掾,颜夷仲以书劝予治狱次第,每一事写一幅相戒。……其不听者少矣。	(宋)吕本中《官箴》
卷二十四上蔡学案	谢良佐	冯忠恕闻陈叔易言伊川尝许良佐有王佐才,以是质于和靖。……虽甚喜之,但不闻此语耳。(《记善录》)	(宋)李幼武《宋名臣言行录外集》卷七
		谢山《论上蔡应城事》曰:胡文定公为湖北提举时……朱子以上蔡天资高,凡如此者,殆亦贤知之过与!	(清)全祖望《鲒埼亭集外编》卷三十七
	詹勉	上蔡手柬胡文定曰:"学之所贵,有诸己为难。……有志于道者不可不戒。真当朝夕点检,令了了也。"	(宋)李幼武《宋名臣言行录外集》卷七
卷二十五龟山学案	杨时	虔州有疑狱,众所不决者,先生皆立断。……及潜去后,守议不持平,先生力与之争,方知其有守。	(宋)朱熹《伊洛渊源录》卷十
	游复	龟山志游执中曰:尝以昼验之妻子,以观其行之笃与否也;夜考之梦寐,以卜其志之定与未也。(补)	(宋)杨时《龟山集》卷三十志铭一
	郑修	龟山与季常言:"学者当有所疑,乃能进德。……"季常曰:"……今观所言,方知古之学者善学。"	(宋)杨时《龟山集》卷十一语录二
	廖刚	《横浦日新》曰:……。昔廖刚尚书问龟山先生以治心修身之术,先生以《舜跖》一章使刚求之。……	(宋)张九成《日新录》
	高闶	施氏《北窗炙輠》曰:"高抑崇始封进札子,以为非和气不足以治天下,上首肯之。"抑崇乃问上曰:……	(宋)施德操《北窗炙輠录》卷上
	喻樗	陈唯室《步里客谈》曰:"喻子才道王侍郎刚中语云:'文字使人击节叹赏,不如使人肃然起敬。'"(补)	(宋)陈长方《步里客谈》卷下

续表

学案名	学者	附录文字	史源分析
	汪大猷	汪玉山《与敷文兄书》曰:“诸子失学非细事,此正是着力时。若半路上落下,他日悔之无及。……”(补)	(宋)汪应辰《文定集》
	尤袤	孝宗将内禅,先令皇太子议事。遂初以常少兼谕德,上书太子曰……太子答曰:“可谓见爱之深。”(补)	(宋)尤袤《梁溪遗稿》卷二
	李吕	先生晚与朱子契……“《易》在识时,权之以义。苟非真知义之所在而喜言变,则反害《易》矣。”	(明)陈道《(弘治)八闽通志》卷七十
卷二十六廌山学案	游酢	筮仕之初,县有疑狱,十余年不决。公摄邑事……精练如素宦者,人服其明。(云濠案:此条为杨文靖语)	(宋)杨时《龟山集》卷三十三“志铭四”
		游子问谢子曰:“公于外物,一切放得下否?”谢子谓胡子曰:“……将来斩断,便没事。”(《上蔡语录》)	(宋)谢良佐《上蔡语录》卷一
卷二十七和靖学案	尹焞	李泰发曰:“和靖之学,真所谓洁静精微。”(补)	(宋)陈思《两宋名贤小集》卷一百五十八
	陆景端	施氏《北窗炙輠》曰:“子正谓予曰:‘孟子论浩然之气。“至大至刚,以直养而无害”。……’”予深喜其说。	(宋)施德操《北窗炙輠录》卷下
	沈晦	朱子曰:“熹记顷年汪端明说:‘……’余闻之悚然,始知前日空言无实,全不济事,自此读书益加详细。”	(宋)黎靖德《朱子语类》卷十一
	□伯充	林拙斋《纪问》曰:“伯充尝作小诗,道其欲学问之意,贴壁间。舍人见之,曰:‘莫只做说话了!’”	(宋)林之奇《拙斋文集》卷二“记闻下”
卷二十八兼山学案	郭忠孝	黎立武曰:“杨氏曰……游氏曰……至是焚稿而属兼山以书传之。乃知游氏、杨氏所得于师者,初年之论也。”	(清)朱彝尊《经义考》卷一百五十二
	郭雍	叶水心为蒋行简志曰:“郭白云言‘艮者限也’。夫艮有止而无限。……则或可矣,然非止之正也。”	(宋)叶适《水心集》“水心先生文集卷十八”
卷二十九震泽学案	王苹	先生昔在洛中,晚坐……思叔曰:“如是说,便不好。”先生曰:“道须涵泳,方有自得。”	(宋)王苹《王著作集》卷八

续表

学案名	学者	附录文字	史源分析
	李子勉	震泽《送李子勉序》曰:“子勉,予畏友也,刚直不屈……予尝有意于斯而未能,顾与子勉共进之。”	(宋)王苹《王著作集》卷二
	陈长方	《震泽记善录》曰:“陈齐之自言,初疑‘逝者如斯’……盖至此方有所自得。”	(宋)王苹《王著作集》卷八
	施庭先	施彦执《北窗炙輠》曰:“余尝爱族侄庭先生说《诗》,以为:‘……惟却了他不得,故独为之舞蹈耳。’”	(宋)施德操《北窗炙輠录》卷下
	方翥	从兄略为广东转运副使,作万卷楼,储书千二百笥……先生既第,不涉仕途凡十八年,尽读之。	(明)凌迪知《万姓统谱》卷四十九
卷三十刘李诸儒学案	刘绚	先生殁,伊川哭之曰:圣学不传久矣! 吾生百世之后……则所以惜子,岂止游从之情哉!	(宋)程颐《二程文集》卷十二
	李吁	吕正字祭先生文曰:“子之胸中,闳肆开发,求之孔门,如赐也达。……夭于中道,使不得尽其才。”	(宋)朱熹《伊洛渊源录》卷八
	侯仲良	尹和靖曰:“伊川谓侯子议论,只好隔壁听。”	《二程外书》第十一“时氏本拾遗”
	朱光庭	簿万年,数假邑事,邑人谓之明镜。	(宋)范祖禹《范太史集》卷四十三
	邢恕	《上蔡语录》曰:“邢七云一日三点检……邢曰:‘无可说。’先生曰:‘无可说,便不得不说?’”	(宋)谢良佐《上蔡语录》卷三
	张绎	施氏《北窗炙輠》曰:“张思叔,伊川高弟也。……惟思叔之文理极精微,卓乎在诸公之上也。”	(宋)施德操《北窗炙輠录》卷上
卷三十一吕范诸儒学案	吕大忠	《上蔡语录》曰:“晋伯甚好学,初理会个仁字不透……”晋伯因悟,曰:“公说仁字,正与尊宿门说禅一般。”	(宋)谢良佐《上蔡语录》卷一
	吕大钧	百家谨案:先生,比部蕡之第三子也。既事横渠,卒业于二程。务为实践之学……横渠之叹为勇不可及,信哉!	(元)脱脱等《宋史》卷三百四十
	吕大临	百家谨案:先生论选举,欲立士规以养德励行,更学制以量材进艺……郑公谢之。其严正如此!	(元)脱脱等《宋史》卷三百四十
	苏昞	季明尝以“治经为付道居业之实,居常讲习只是空言无益”,质之两先生。伯淳先生曰……	《二程遗书》卷一

续表

学案名	学者	附录文字	史源分析
	马涓	□□□曰:“马涓官南京,元城在焉。马涓廷试日,元城作详定官所取也……元城闻而是之,自是甚欢。”(补)	(宋)王明清《挥麈录》“挥麈前录卷之三”
卷三十二周许诸儒学案	周行己	先生作《浮沚记》曰:“予浮云其仕,泛然出,油然归。……非曰能之,愿学焉!”(补)	(明)汤日昭《(万历)温州府志》卷十六
	郑伯熊	吕东莱《与陈同甫书》曰:“景元廓落,自其所长。区区所望于渠者,正欲其爱养气血,点检细行以待时。”	(宋)吕祖谦《东莱集》别集卷十
卷三十四武夷学案	胡安国	《拙斋纪问》曰:“胡文定尝言:‘……《归妹》之义有“天地不交”之语,此类可见。’”	(宋)林之奇《拙斋文集》卷一“记闻上”
		百家谨案:靖康金议立邦昌,马时中伸抗言于稠人曰:“吾曹职为争臣……天下后世亮之。因叹知人之难也!”	(宋)王明清《挥麈录》“挥麈余话卷之二”
	刘燮	《胡氏传家录》曰:“四海神交,惟河清刘曼字君奕,其人有相业。”(补)	(宋)胡寅《斐然集》卷二十五
	曾几	先生早从舅氏孔文仲、武仲讲学,又从刘元城、胡文定游,其学益粹。	(宋)陈思《两宋名贤小集》卷一百九十
卷三十五陈邹诸儒学案	陈瓘	一日,尝与家人语,家人戏问是实否。公退,自责累曰:“岂吾尝有欺于人邪?何为有此问也。”(以下《行略》)	(宋)朱熹《三朝名臣言行录》卷十三、(宋)赵善璙《自警编》卷二
	邹浩	林醇中与书云:“惟绝欲平心,调饮食,省思虑,则邪不能干。”	(宋)邹浩《道乡集》卷十二诗
		钱济明与书云:“穷绝之域,有书可观。不尔,则日月之徙,烟云之变,皆吾方册也。言与不言,皆与我会。”	(宋)杨时《龟山集》卷二十五“序”
		张牧之与书云:“恶固不可为,为善复如此!惟望事事节约。”	(宋)李祖尧《内简尺牍编注》卷十
	唐广仁	又《官箴》曰:“唐充之,贤者也,深为陈、邹二公所知。……故不免自异以致祸患,非明哲保身之谓。”	(宋)吕本中《官箴》
	关治	《吕氏官箴》曰:“关止叔获盗,法当改官……止叔不忍以此被赏也。”(黄氏补本)	(宋)吕本中《官箴》

续表

学案名	学者	附录文字	史源分析
卷三十六紫微学案	吕本中	自少讲学,即闻父祖至论,又与诸君子晨夕相接熏陶。尝言德无常师……公之学问,端绪深远盖如此!	(宋)李幼武《宋名臣言行录别集》上卷七
卷三十七汉上学案	朱震	先生初为胡文定所荐,称疾不至。会赵忠简公鼎为参知政事……听其自择慈祥仁惠之人使之。	(元)脱脱等《宋史》卷四百三十五
卷三十八默堂学案	陈渊	先生幼颖悟异常儿,得闻家学。十有八岁,首领乡荐……以为深识圣贤旨趣,遂以子妻之。	(宋)陈渊《默堂集》卷十五
卷三十九豫章学案	罗从彦	百家谨案:《豫章年谱》谓政和二年壬辰,先生四十一岁,龟山为萧山令……先君子别有《豫章年谱订正》。	(清)李清馥《闽中理学渊源考》卷四
	李侗	赵师夏曰:"李先生不特以得于传授者为学,其心造之妙,盖有先儒所未言者。"	(明)金贲亨《台学源流》卷三
	朱松	先生自谓卞急害道,因取古人佩韦之义,以名其斋,早夜其间,以自警饬。……而守之愈坚。	(宋)朱熹《晦庵集》第九十七
卷四十横浦学案	张九成	先生夙学天成,八岁默诵《六经》,通大旨。……若与神明为伍,更相惊服而师尊之。	(宋)李幼武《宋名臣言行录别集》下卷九
	施德操	横浦曰:"施彦执作《孟子发题》,云孟子有大功四……"此说亦是一见,然谓之"功",似亦未善。	(宋)张九成《横浦集》卷二十
	凌景夏	于恕曰:"舅氏平日师友弟子间,如凌季文……和易而知几。茂实沈静。圣锡敏悟,操履有守。"	未详
	樊光远	施彦执曰:"余尝爱茂实谓'有一武王必有一伯夷,有一陈平必有一王陵……'。不如是,无复人道矣。"	(宋)施德操《北窗炙輠录》卷上
	倪思	王深宁《因学纪闻》曰:"齐斋倪公三戒:不妄出入,不妄言语,不妄忧虑。"	(宋)王应麟《困学纪闻》卷二十、(宋)倪思《经钼堂杂志》卷八
卷四十一衡麓学案	胡寅	朱子曰:"致堂议论英发,人物伟然。……诵张才叔《自靖人自献于先王义》、陈了翁奏状等。可谓豪杰之人也!"	(宋)黎靖德《朱子语类》卷一百一
	张祁	林拙斋《纪问》曰:"张安国言其父尝教之云:'世间如贪鄙、刻薄等事……便只把做常事看。'"(补)	(宋)林之奇《拙斋文集》卷一"记闻上"

续表

学案名	学者	附录文字	史源分析
卷四十二五峰学案	胡宏	绍兴间,先生尝上书,略云,徽、钦二帝,劫于仇敌,远适穷荒。……何摧中正之易,去奸邪之难!	(宋)胡宏《五峰集》卷二书
	胡实	南轩《与朱元晦书》曰:"胡广仲不起,可伤。渠迩来虽肯讲论……然胡氏失之,亦甚害事。"(补)	(宋)张栻《南轩集》卷二十一书
卷四十三刘胡诸儒学案	刘勉之	中书舍人吕公居仁知公之深,尝以小诗问讯,有"老大多材,十年坚坐"之句……其所望于先生者如此!	(宋)李幼武《宋名臣言行录外集》卷十一
	胡宪	先生归隐故山,决意不出,文定称其有隐君子之操,贤士大夫皆注心高仰之。……始不得已出拜命。	(宋)李幼武《宋名臣言行录外集》卷十一、(宋)朱熹《晦庵集》卷九十七
	刘子翚	先生学尤深于《易》。家有东西二斋,东以复名,西以蒙名。斋之记有曰:"三代而下,《易》学废矣!……"	(宋)李幼武《宋名臣言行录外集》卷十一
	陆祐	林少颖祭先生文曰:"嗟嗟先生,仕则不达,寿则不永。……"云。观此,亦足以见其人之大概矣!(从黄氏补本录入。)	(宋)林之奇《拙斋文集》卷十九"祭文"
	魏掞之	幼有大志。少长,游郡庠,事胡公宪,奇之。……又尽交其先达名士。于是闻见日广,而声称日益大。	(宋)李幼武《宋名臣言行录外集》卷十四
	刘珙	南轩《与朱元晦书》曰:"共父,今日达官似皆不逮之……此有赖于兄,爱之尤深,责之尤重。"(补)	(宋)张栻《南轩集》卷二十二"书"
	刘玶	朱子《与平甫书》曰:"学问之道,不在于多言,但默坐澄心体认,天理若见……讲学始有力也。"(补)	(宋)朱熹《晦庵集》卷九十七
卷四十六玉山学案	汪应辰	吕东莱与端明书曰:"侍郎丈出处进退之际,实消长否泰之端。……以感悟上心,风示天下。"	(宋)吕祖谦《东莱集》别集卷七
	赵汝愚	吕东莱《与周子充书》曰:"子直庶几善道,而于事物似未尽谙。……弃瑕使过亦何妨?公与子直厚,胡不语之。"	(宋)吕祖谦《东莱集》别集卷九
		王深宁《困学纪闻》曰:南塘挽赵忠定公云:"空令考亭老,垂白注《离骚》。"杨楫跋《楚辞集注》云……	(宋)王应麟《困学纪闻》卷十八

续表

学案名	学者	附录文字	史源分析
	章颖	张南轩答先生书曰:“汪端明以‘正大’二字奉告,此意固美,然要须有下手处。……而致吾存养穷索之功。”	(宋)张栻《南轩集》卷二十六书
卷四十七艾轩学案	林光朝	公与龟山之孙杨次山书有云:“某幼闻李太白、石曼卿之为人,即踊跃道其事。……又却不闻道,此大可惜。”	(宋)林光朝《艾轩集》卷六
	刘夙	乾道五年,曾觌召归,过衢州,守臣刘宾之谕以入城决不相见,觌乃取道城外。	(宋)李心传《建炎以来朝野杂记》乙集卷六
	刘朔	林谦之、刘复之以名儒荐对,及曾、龙罪恶,皆补县,自是无敢言者。	(宋)李心传《建炎以来朝野杂记》乙集卷六
	陈藻	后村刘氏作《三先生祠堂》,有曰:“里中前一辈,及艾轩之门者众矣。……所谓公论在人心者邪!”	(宋)刘克庄《后村集》卷九十
卷四十八与卷四十九晦翁学案上、下	朱熹	先生之父韦斋,建炎间为南剑州尤溪尉。罢官待调,迁寓于隔溪郑氏之书室,于庚戌九月十五日生先生,后人因名所近之山曰毓秀峰。	未详
		先生幼有异禀,五岁入小学,始诵《孝经》,即了其大义,书八字于其上曰:“若不如此,便不成人。”间从群儿嬉游,独以沙列八卦象,详观侧玩。又尝指日问韦斋曰:“日何所附?”曰:“附于天。”又问:“天何所附?”……	(宋)李幼武《宋名臣言行录外集》卷十二
		韦斋疾,以家事属刘子羽,而诀于籍溪胡宪、白水刘勉之、屏山刘子翚,且俾先生父事之。……独事籍溪最久。	(宋)李幼武《宋名臣言行录外集》卷十二
		孝宗即位,应诏上封事,首论圣学,次论金人有不共之仇……亦有百害而无一利。次年趋召命,又极言之。	(宋)李幼武《宋名臣言行录外集》卷十二
		乾道四年,建州饥,先生请于府,贷粟散给,民多免死。社仓之法始此。	(宋)李幼武《宋名臣言行录外集》卷十二
		淳熙二年,吕东莱自东阳来访,先生留止寒泉精舍月余,商订《近思录》。饯东莱至鹅湖……相与讲辩其所闻。	(宋)李幼武《宋名臣言行录外集》卷十二
		六年,知南康军,立濂溪祠,以二程配。别立五贤堂,祀陶靖节、刘西涧父子、李公择、陈了斋。复白鹿洞书院。	(宋)李幼武《宋名臣言行录外集》卷十二

续表

学案名	学者	附录文字	史源分析
		十三年,入对,上封事。次年戊申,又上封事。	(宋)李幼武《宋名臣言行录外集》卷十二
		绍熙元年,知漳州,刊《四经》《四子书》成。	(宋)李幼武《宋名臣言行录外集》卷十二
		光宗之立也,赵忠定求能通信于长信宫者,未有其人。……及先生再申前疏,而御批与祠,先生去国矣。	(宋)李幼武《宋名臣言行录外集》卷十二
		庆元元年,侂胄诬赵相以不轨,窜置永州,且创"伪学"之名以斥善类。……朝廷时治党人方急,赵相死于道。	(宋)李幼武《宋名臣言行录外集》卷十二
		又《与陈同甫书》曰:"朱元晦英迈刚明,工夫就实入细,殊未可量。陆子静亦坚实有力,但欠开阔尔。"	(宋)吕祖谦《东莱集》别集卷十
		沈叔晦曰:"晦翁是进退用舍关时轻重者,且愿此老无恙。"	(宋)沈焕《定川遗书》卷二
	石憝	子重问:"'止于至善',至善乃极则否?"朱子答曰:"不然。至善者,本也,万善皆于此乎出。"	(宋)朱熹《晦庵集》卷四十二
	项安世	魏鹤山《师友雅言》曰:"最爱项平甫《孚斋诗》云:'乳殼中函天浑沌,浮筠破处玉嶙峋。'"	(宋)魏了翁《鹤山全集》卷一百八
卷五十南轩学案	张栻	孝宗初,起忠献谪籍,都督诸军事,即奏先生书写机宜文字。先生时年甫三十……帝异其言。	(宋)杨万里《诚斋集》卷一百十五
	张忠恕	魏鹤山《师友雅言》曰:"上初即位,三从官轮日上殿……毕竟有家学渊源云。"	(宋)魏了翁《鹤山全集》卷之一百九十
卷五十一东莱学案	吕祖谦	李微之曰:"伯恭以进《文鉴》,为陈骙所诋。其后侂胄方以道学为禁,史臣亦据骙言诋之。然伯恭既为辞臣丑诋,自当力逊职名,今受之,非矣。直卿亦以予言为然。"(补)	(宋)李心传《建炎以来朝野杂记》乙集卷六
	吕祖俭	子约问"主忠信"之言后于"不重则不威",其意如何。……却打入无形影无稽考处去也。	(宋)朱熹《晦庵集》卷四十七
卷五十二艮斋学案	薛季宣	张南轩《与吕伯恭书》曰:"士龙正欲详闻其为人,事功固有所当为,若曰喜事功,则喜字上煞有病。"	(宋)张栻《南轩集》卷二十五书

续表

学案名	学者	附录文字	史源分析
	薛叔似	水心祭薛象先曰:“彼建安之裁量,外永嘉而弗同。幸于公而无疑,亦莫知其所从。”	(宋)叶适《水心集》卷二十八“前集”
	徐元德	吕东莱《与陈同甫书》曰:“徐居厚极有立作,士人中殊难得。”	(宋)吕祖谦《东莱集》别集卷十
卷五十三止斋学案	陈傅良	吕东莱《与朱侍讲书》曰:“示谕明白劲正,诚中近岁诸人之病。……无向来崎岖周遮气象,甚可喜也。”	(宋)吕祖谦《东莱集》别集卷八
	郑鉴	张南轩《与朱元晦书》曰:“郑自明直言亦不易,朝廷容受固可喜。……在言者亦更须审顾也。”	(宋)张栻《南轩集》卷二十三“书”
卷五十五水心学案下	叶适	先生尝言于孝宗曰:“今天下非不知请和之非义,然而不敢自言于上者,畏用兵之害也……”(补)	(宋)叶适《水心集》卷四“前集”
	丁希亮	水心与书曰:“少詹自负太过,慕为豪杰非常之行,轻鄙中正平易之论……故不愿少詹如此。”(补)	(宋)叶适《水心集》卷二十七“前集”
	余嵘	刘漫堂《通侍郎书》曰:“舆人之诵,在闽惟希元,在浙惟侍郎。……故姑言之,惟姑听而姑容之。”(补)	(宋)刘宰《漫塘文集》卷十
卷五十六龙川学案	陈亮	公天资异常,俯视一世,常以经纶天下自任。……谢恩诗有云:“复仇自是平生志,勿谓儒臣鬓发苍。”	(宋)李幼武《宋名臣言行录外集》卷十六
卷五十七梭山复斋学案	陆九韶	先生隐居山中,昼之言行,夜必书之。其家累世义居……度不可容,则言之官府,屏之远方焉。	(宋)罗大经《鹤林玉露》卷五
	陆九龄	《象山语录》曰:“复斋家兄一日见问云:‘吾弟今在何处做工夫?’某答云:……”	(宋)陆九渊《象山集》卷三十四
	严松	松年尝问梭山:“孟子说诸侯以王道,行王道以崇周室乎?”行王道以得天位乎?梭山曰:……	(宋)陆九渊《象山集》卷三十四
卷五十八象山学案	陆九渊	徐子宜与先生同赴南宫试,论出天地之性人为贵。……曰:“虽欲自异于天地,不可也。此乃某平日得力处。”	(宋)陆九渊《象山集》卷三十六
		詹流塘曰:“陆子是天资极高底人,朱子却是曾子。”(补)	未详
		赵宝峰示子弟曰:“陆子静亦未知子思、孟子之是非。”(补)	(宋)赵偕《赵宝峰先生文集》卷二

续表

学案名	学者	附录文字	史源分析
	杨庭显	慈湖曰:“先公一日闲步到蔬园,顾谓园仆……先公因欣然顾简曰:‘余即吾师也。’吾意释然。”	(宋)杨简《慈湖遗书》卷十七
	罗点	罗此庵自西府归,有里人叩之曰:“吾有蓄疑,而不敢白于公者有年。今容白之,可乎?”……(补)	(宋)叶绍翁《四朝闻见录》卷一甲集
	赵彦肃	杨慈湖状行实曰:“先生书无不习,习无不究。自始仕,习明经科。……”	(宋)杨简《慈湖遗书》
	姚宏中	陈北溪《答陈伯澡书》曰:“姚省元过温陵,得款曲讲论……虽云笃志,恐散漫而无伦。”	(宋)陈淳《北溪大全集》
卷五十九清江学案	刘清之	先生孝友诚笃,质直好义,意广而心和,强敏而有立。……而当世巨儒如玉山汪公、巽岩李公皆敬慕之。	(宋)李幼武《宋名臣言行录外集》卷十四
	徐谊	舒广平答先生书曰:“吾人平生所志,期不负所学。中都臭味……以涤尽利禄境,庶此志获申。”	(宋)舒璘《舒文靖集》
	丁黼	吴鹤林曰:“恭愍生平忠雅端靖,持论侃然。宁避乌台之官……皆其英风义魄所风厉也。”	(宋)吴泳《鹤林集》卷三十四“碑墓志”
卷六十二西山蔡氏学案	蔡元定	晦翁往净安寺候元定。元定自府乘舟就贬所,过净安……晦翁曰:“此人富贵气。”(《别录》)	(宋)黎靖德《朱子语类》卷一百七
		唐□□曰:“濂溪、明道、伊川,讲道盛矣,因子明理,复有一邵康节出焉。……其功亦不细矣。”	(清)熊赐履《学统》卷二十八“翼统”
	蔡渊	王厚斋曰:“伯静解《离·九三》云:‘鼓缶而歌,当衰而乐也。……’此说长于古注。”(补)	(宋)王应麟《困学纪闻》卷一
卷六十三勉斋学案	黄榦	尝诣东莱吕伯恭,以所闻于朱文公者相质正。及张南轩亡,文公与先生书曰:“吾道益孤,所望于贤者不轻。”	(元)脱脱等《宋史》卷四百三十
	家摃	真西山请绝金币,乔行简为淮西漕,独曰:“强鞑必亡金。……”史弥远主其说。……	(宋)叶绍翁《四朝闻见录》卷一甲集
卷六十四潜庵学案	辅广	百家谨案:辅潜庵一儒生耳,漕试四举不第,陈秋塘送之诗云:“闻说平生辅汉卿,武夷山下啜残羹。”其衰飒一至此也,而所传之学……此先遗献云:“道之行不行,岂以时位哉?何先生之牢落而自远有耀乎?”	(宋)张端义《贵耳集》卷上

续表

学案名	学者	附录文字	史源分析
	董槐	方文正孝孺曰:"董文清公槐、叶丞相梦鼎、王文宪公柏皆谓《大学》致知格物传未尝阙……"	(明)方孝孺《逊志斋集》卷十八
卷六十五木钟学案	叶采	陈北溪《答卓廷瑞》曰:"叶仲圭资质甚颖敏,可与适道,而贪多欲速……而鲜循序就实工夫。"	(宋)陈淳《北溪大全集》卷二十五
	胡长孺	吴渊颖曰:"说者称濂溪之所授受,实本于寿崖佛者之徒。……意其幸发金溪之故棱,而少濯其心邪?"(补)	(元)吴莱《渊颖集》卷十一
卷六十六南湖学案	车似庆	杜清献曰:"车隘轩《闲居录》,于邪正义利雅俗之杂……尤见其所守条律之严。"(补)	(宋)杜范《清献集》"杜清献公集卷十六"
	车若水	王鲁斋曰:"近得车玉峰书,谓《大学格致传》未尝亡也……曰:'且去涵养。'"	(宋)王柏《鲁斋集》卷八
卷六十七九峰学案	蔡沈	黄瑞节曰:"《易》更四圣而象已著,《范》锡神禹而数不传。九峰蔡氏撰《皇极内篇数》为一书,于是有《范数图》八十一章六千五百六十一变。西山真氏云《蔡氏《范数》与三圣之《易》同功》者是也。"	(明)冯从吾《元儒考略》卷四
卷六十八北溪学案	郑闻	北溪《与严守郑寺丞书》曰:"象山一种学问,不止是窃禅家,乃全用禅家意旨。……非细事也。"(补)	(宋)陈淳《北溪大全集》卷二十四
卷六十九沧洲诸儒学案上	李方子	陈北溪《答陈伯澡书》曰:"李公晦质软弱,以骑墙为便。……不知其病痛不少也。"(补)	(宋)陈淳《北溪大全集》卷二十八
	刘刚中	晦翁居,先生侍。晦翁语先生曰:"子来从吾游也,谁使之?"先生避席前跽曰……晦翁嗟叹不已。	未详
	程端蒙	朱子曰:"《小学字训》甚佳,言语虽不多,却是一部大《尔雅》。"	(宋)程端蒙《性理字训》
	董铢	朱子跋《学则》曰:"道不远人,理不外事,故古之教者……于以助成后王降德之意,岂不美哉!"	(宋)朱熹《晦庵集》卷八十二
	赵汝谈	先生谓真西山曰:"当思所以谋当路者,无徒议之而已。"西山答曰:"公为宗臣,则固当然。……"(补)	(宋)叶绍翁《四朝闻见录》卷一甲集
	章康	车玉峰《脚气集》曰:"章雪崖,平江隐君子也。不曾见晦翁……顾斋胡丈淳尝从之。予每书此句于扇上。"	(宋)车若水《脚气集》卷下

续表

学案名	学者	附录文字	史源分析
	王遇	子合尝问学问之道何先,象山曰:“亲师友,去己之不美也。……”(《象山语录》)	(宋)陆九渊《象山集》卷三十五
	施允寿	洪庆将归,朱子召入与语曰:“此去但存养,要这个道理分明。……亦只缘主一工夫欠缺。”	(宋)黎靖德《朱子语类》卷一百一十五
	严世文	问五行之生各一其性。朱子答曰:“气质是阴阳五行。所为性,即是太极之全体。……非别有一性。”	(宋)黎靖德《朱子语类》卷九十四
	曹建	曹立之有书于象山曰:“愿先生且将孝弟忠信诲人。”象山曰……(《象山语录》)	(宋)陆九渊《象山集》卷三十四
	李宗思	张南轩《与朱子书》曰:“蕲州之说,浅陋不足动人,自是伯谏天资低所致。……有非口舌所能遽挽回也。”	(宋)张栻《南轩集》卷二十一“书”
	廖晋卿	廖晋卿请问所读书。朱子云:“公心放已久,精神收拾未定,且收敛精神,方可商量读书。”	(宋)黎靖德《朱子语类》卷一百二十
	李伯诚	李伯诚曰:“打坐时意味也好。”朱子曰:“坐时固是好,须是临事接物,长如坐底时方好。”	(宋)黎靖德《朱子语类》卷一百二十
	李周翰	张南轩《与朱子书》曰:“季克寄得蕲州李士人周翰一文来……本之释氏。伯谏为其所转,可虑可虑!”	(宋)张栻《南轩集》卷二十三“书”
	刘定夫	陆象山言:“定夫时宏大磊落,常常如此时好。但莫被枝叶累倒了……若少懈,旧习又来。”	(宋)陆九渊《象山集》卷三十五
卷七十一岳麓诸儒学案	胡大时	南轩《答季随书》曰:“《遗书》所谓未容轻议者,非是为尊让前辈。……以轻易为戒。”(补)	(宋)张栻《南轩集》卷二十五“书”
	游九言	刘漫堂《吴氏义堂记》曰:“默斋先生释《孟子》善推所为之言,曰:……”(补)	(宋)刘宰《漫塘文集》卷二十二
	陈琦	□□□曰:“陈择之通晓民事,但讲论多有成说为碍。”	(宋)张栻《南轩集》卷二十三“书”
	曾撙	南轩《与曾节夫抚干书》曰:“左右天资之美,闲处正宜进步工夫,不可悠悠。……”	(宋)张栻《南轩集》卷二十八“书”
	李壁	□□□曰:“大参薨背,海内褫气。方其壮年,锐于立事。议论岂无少差……今世如斯人者几希。”(补)	(宋)刘宰《漫塘文集》卷十

续表

学案名	学者	附录文字	史源分析
	李埴	□□□曰:“侍郎畴昔立朝,稍稍附致,则立致卿相……而一节凛然,可谓不愧出处之义者。”(补)	(宋)刘宰《漫塘文集》卷十
	刘宰	徐太常丞谢郑丞相云:“宰病乃弃官,夫岂洁身而去!少而不学,亦非应变之长……幸智者之或择狂言。”	(宋)刘宰《漫塘文集》卷十五
	王遂	刘漫塘《送王颖叔官富阳》曰:“颖叔尚论古人,今且亲至坡仙眠后之地……未免小异于程门,为颖叔戒。”	(宋)刘宰《漫塘文集》卷十九
	郑节夫	陈北溪与书曰:“知为四明之行,彼持敬苦行一节,诚可钦羡。……其平日从游趋向如此,愿三思焉。”	(宋)陈淳《北溪大全集》卷三十二
卷七十三丽泽诸儒学案	詹仪之	□□□曰:“詹体仁,悫实肯讲学,不易得……今日善类多有此病,每力振之,以此思刚明之质,诚不易得。”	(宋)张栻《南轩集》卷二十三“书”
		又曰:“旧在严陵,体仁颇惑佛学。今却不然,亦得伯恭之力。”	(宋)张栻《南轩集》卷二十三“书”
		又曰:“岂第爱民,凡事可以商量,趋向甚正□□□学。”(并补。)	(宋)张栻《南轩集》卷二十三“书”
卷七十四慈湖学案	杨简	陈北溪《答陈师复书》曰:“浙间年来象山之学甚旺,由其门人有杨、袁贵显,据要津唱之……”(补)	(宋)陈淳《北溪大全集》卷二十三
	史弥坚	□□□曰:“予嘉定初年,官浙东鹾幕,时史丞相以礼部……此某所以于二公愿执鞭而不可得也。”(补)	(宋)刘宰《漫塘文集》卷六
		又曰:“沧洲以丞相亲嫌,卷怀而去,海内觖望。闻其当国势危疑、人心涣散之际,有言人所难言者。”(补)	(宋)刘宰《漫塘文集》卷八
	史弥巩	□□□曰:“溧水惠书,叙述平生,有摆脱世务,退然以寒畯自处之意。”(补)	(宋)刘宰《漫塘文集》卷六
	钱时	赵宝峰示子弟曰:“钱某小人,行己著书,趋时悖道,罔众干名,乃斯文中所当诛斥。……”(补)	未详
	陈埙	史弥远为先生母党舅氏,先生于转运司及礼部两试第一,弥远当国,将为先生谋加恩数,先生却之。	未详

续表

学案名	学者	附录文字	史源分析
	邹近仁	先生父尉建德,甫三岁,生母去,又五岁,父卒,嫡母董氏抚之。……慈湖曰:“岁时往省可矣。”(补)	未详
	叶佑之	元吉仪矩峻洁,癯然如玉树。家素贫,典衣卖书,潜心性理之学。诵诸尊宿语录……(补)	(宋)张端义《贵耳集》卷上
	邵甲	北溪与之书曰:“贤者讲鬼神之事,偏执异端死而不亡之说,滞而不化……枉用许多工夫。”(补)	(宋)陈淳《北溪大全集》卷三十一
	王震	北溪与之书曰:“四明持敬苦行一节为可美,而学术议论只是一老禅伯……”(补)	(宋)陈淳《北溪大全集》卷三十一
	赵与筹	德渊知平湖,嘉熙四年大饥,分场设粥,以寓公方万里为长者,请董其役……民食其惠。(补)	(明)王鏊《(正德)姑苏志》卷四十
卷七十五絜斋学案	袁燮	王深宁《困学纪闻》曰:“……絜斋见象山读《康诰》,有感悟,反己切责,若无所容。……”(补)	(宋)王应麟《困学纪闻》卷七
	袁甫	蒙斋《题慈云阁诗》曰:“不见慈湖二十年,忧心如醉复如颠。我来忽见慈云阁,恍若慈湖现我前。”(补)	(宋)陈著《本堂集》卷八十一、(清)冯可镛《慈湖先生年谱》卷一
卷七十六广平定川学案	舒琥	广平《答刘淳之书》曰:“西美先兄进学之初,亲庭甚喜。……妣氏闻之,乃释然大喜。”(补)	(宋)舒璘《舒文靖集》
	沈焕	袁絜斋状其行曰:“考君生平大节,宁终身固穷独善,而不肯苟同于众……而大有功于吾道者若此。”	(宋)袁燮《絜斋集》卷十四“行状”
	沈炳	舒广平《答季文书》曰:“所示太极说,谓《易》之极即心之极,甚善。……无他,私念障之也。”(补)	(宋)舒璘《舒文靖集》
卷七十七槐堂诸儒学案	傅梦泉	张南轩《与朱元晦书》曰:“泮州教授傅梦泉来相见,乃是陆子静上足,刚介有立……”(补)	(宋)张栻《南轩集》卷二十四“书”
	詹阜民	陈北溪《答赵季仁书》曰:“象山本得自光老,(道光,号佛照。)今杨、袁门下……”(补)	(宋)陈淳《北溪大全集》卷二十四
	诸葛□	□□□曰:“诚之资质确实,有志世故,心实爱之,但恐未免为才使。”(补)	(宋)张栻《南轩集》卷二十一“书”

续表

学案名	学者	附录文字	史源分析
		又曰:“诚之明决有力,向来良得其助,但义理尽少涵泳,辞色间多与人忤。”(补)	(宋)张栻《南轩集》卷二十三“书”
		又曰:“诚之诚长进,但向来相聚,见其病多在矜之一字,尝力告之,若不痛于此下工夫……”(补)	(宋)张栻《南轩集》卷二十四“书”
	孙应时	季和改常熟令,大兴教化,立子游祠,朱子记之,以为武城弦歌之化,复见于今。	未详
	朱桴	朱济道力称赞文王,象山谓曰:“文王不可轻赞,须是识得文王,方可称赞。”济道云:……	(宋)陆九渊《象山集》卷三十四
	符初	问伯敏云:“作文如何?”伯敏云:“近日读得《原道》等书,犹未成诵,但茫然无入处。”先生云……	(宋)陆九渊《象山集》卷三十五
		伯敏云:“伯敏于此心能刚制其非,只是持之不久耳。”先生云:“只刚制于外……”(并《象山语录》)	(宋)陆九渊《象山集》卷三十五
	严滋	象山言:“泰伯只是好胜,见一好事便直前。余以为,即做得亦不是,事好,心却不好。”	(宋)陆九渊《象山集》卷三十五
	缪文子	《象山语录》曰:“缪文子资质亦费力,慕外尤殢,每见他退去,一似不能脱罗网者。……”	(宋)陆九渊《象山集》卷三十五
	傅道夫	慈湖遗傅道夫书云:“濂溪、明道、康节所觉未全,伊川未觉,道夫昆仲皆觉。”(补)	(宋)魏了翁《鹤山全集》卷六十二
	喻仲可	文《答黄先之书》曰:“严陵喻丈者,旧虽造师门……士之为熏染者,长者有顾平甫,少者有邵甲、王震。”	(宋)陈淳《北溪大全集》卷二十四
卷七十八张祝诸儒学案	张行成	王深宁《困学纪闻》曰:“张文饶曰:‘处心不可著,著则偏……’愚谓:邵子诗……”	(宋)王应麟《困学纪闻》卷十八
卷七十九丘刘诸儒学案	丘密	叶水心祭先生文曰:“自古讲学,祖性宗命,克己复礼……授之麈尾,张、吕同归。”	(宋)叶适《水心集》卷二十八前集
	楼钥	中教官选,调温州教授,范物以躬,出入冠带惟谨。日与学者周旋……闻者悚服。	(宋)袁燮《絜斋集》卷十一行状
卷八十鹤山学案	魏了翁	尝曰:“某自迁渠阳,山深日永,《易》《诗》《三礼》,重下钝工……且温旧读,以发新知。”	(宋)魏了翁《鹤山全集》卷之三十四

续表

学案名	学者	附录文字	史源分析
	吴泳	鹤山《答吴寺丞书》曰:“周、程诸先生祠堂,近世太泛,古无此典。……世变所关,不容草草。”	(宋)魏了翁《鹤山全集》卷之三十四
	税与权	史子翚曰:“巽甫以后天以《震》《兑》为用,故孔子谓《归妹》天地之大义……”	未详
卷八十一西山真氏学案	真德秀	张荃翁《贵耳集》曰:“西山入朝,都下歌曰:‘若要百物贱,须是真直院。及至换得来,搅做一镬面。’”(补)	(宋)张端义《贵耳集》卷上
卷八十二北山四先生学案	王柏	理宗时,讲官徐侨请锡命《论语》为鲁经,有诏奉行,时议迂之而止。先生以为,圣人言行……	(元)吴师道《礼部集》卷二十
卷八十三双峰学案	饶鲁	明甫见勉斋说“性者,万物之一原”,明甫曰:“在庐山时,饶师鲁曾如此说来。”勉斋曰……	(元)程端礼《程氏家塾读书分年日程》卷三
	程若庸	朱枫林书《性理字训》后曰:“晦庵门人程正思《字训》三十条,勿斋增广之为六门百八十三条……”	(明)程敏政《新安文献志》卷二十四
卷八十四存斋晦静息庵学案	汤汉	王深宁《桃源世谱》引曰:“闻之东涧汤公,自契敷五教而人伦始明,是以学问渊源在商。……”	(元)王元恭《(至正)四明续志》卷十一
卷八十五深宁学案	王应麟	咸淳元年七月,除著作郎时,汤文清公为太常少卿……汤公曰:“吾阅士良广,惟伯厚乃真儒也。”	(元)袁桷《(延祐)四明志》卷四
卷八十七静清学案	史蒙卿	果斋先生每教学者以朱子日用自警诗揭于座右,其诗曰:“圆融无际大无余……”	(宋)朱熹《晦庵集》卷六
卷八十八巽斋学案	欧阳守道	文文山祭先生文曰:“先生之学,如布帛菽粟,求为有益于世用……其文在名山大川,诏百世而奚疑!”	(宋)文天祥《文山集》卷之十一“文集”
	文天祥	王炎午祭丞相文曰:“呜呼!扶颠持危,文山、诸葛,相国虽同,而公死节。……中有光芒,非公也邪!”	(宋)王炎午《吾汶稿》卷四

续表

学案名	学者	附录文字	史源分析
卷九十鲁斋学案	许衡	王鹿庵为像赞曰:“气和而志刚,外圆而内方…………管幼安、王彦方、元鲁山、阳道州,盖异世而同符者也。”	(元)苏天爵《元文类》“国朝文类卷十八”
		□□□曰:“许文正公表章朱子之书,天下乐为简易之说者……而不可与入圣贤之域。”(补)	(元)虞集《道园学古录》卷之三十六
	姚枢	濂溪周子之学未至河朔,杨惟中用师于蜀、湖、京、汉……由是河朔始知道学。	(明)冯从吾《元儒考略》卷一
	张文谦	鲁斋先生奉旨教授怀孟路子弟,张仲谦由大名宣抚复入中书,初见先生,屡请执弟子礼……	(元)许衡《鲁斋遗书》卷十三
	高凝	鲁斋为字说曰:“尊君以古自立,又以古道教生,其命生之名……而于出处穷达无施而不当,其亦贤乎!”	(元)许衡《鲁斋遗书》卷八
卷九十一静修学案	刘因	欧阳文公为像赞曰:“微点之狂,而有沂水风雩之乐……为往圣继绝学,为来然开太平者邪?”	(元)欧阳玄《圭斋文集》卷之十五
卷九十三静明宝峰学案	李恒	宝峰识李可道事曰:“可道日间静观,已见虚明之妙,但闭目及夜间,则不如是,终二而不一。……”	(宋)赵偕《赵宝峰先生文集》卷二
卷九十四师山学案	郑玉	先生尝谓学者曰:“斯道之懿,不在言语文字之间……庶乎无愧于古之人矣。”(《行状》)	(元)汪克宽《环谷集》卷八
	鲍颎	新安再陷,元军复至,伯原被执。其帅欲杀之,伯原从容言曰:“山林遗民……”帅乃释之。	未详
卷九十八荆公新学略	王安石	□□□曰:“本朝因杨炎之税法,租庸调已并矣。近又纳义仓,是再租也。……不能者为不贤,廉耻尽矣!”	(宋)晁说之《嵩山文集》卷一
		吴叔扬曰:“《字说》,诗字从言从寺,谓法度之言也。……不知此乃谐声。”(《吕氏童蒙训》)	(宋)吕本中《童蒙训》卷下
卷九十九苏氏蜀学略	苏洵	林竹溪《鬳斋学记》曰:“老泉上欧公书,如曰:‘近养其心,幸其道之将成……’……无乃不可。”	(宋)林希逸《鬳斋续集》卷二十八
	苏轼	汪玉山《答李仲信》曰:“文章于事,必求其实;于理,必求其正。……致使荆公得以借口。”	(宋)汪应辰《文定集》卷十五
	王巩	刘元城《谈录》曰:“王定国多识前言往行,乃服林灵素丹药,得疾焚死。”	(宋)黄震《黄氏日钞》卷四十四

附录六 《宋元学案》中编纂者案语统计表（以学案为统计单位）

表附-5统计了编纂者黄宗羲、黄百家等共八人的案语,但未包括最后的编纂者王梓材与冯云濠二人的段落案语在内,而只统计了二人的独立案语。与此相关的论述详见本书本论一第四章。另外,《宋元学案》中共有89条全祖望所作的序录在全书中重复出现了两次,因此表附-5中的全祖望“案语数”的统计除去了卷首的序录以避免重复计算。

表附-5 《宋元学案》中的案语统计表(以学案为统计单位)

单位:条

案次	学案名	黄宗羲	黄百家	杨开沅	顾諟	张采	全祖望	冯云濠	王梓材	合计
	宋元儒学案序录	0	0	0	0	0	(89)	16	21	37
1	安定学案	0	11	0	0	0	4	3	10	28
2	泰山学案	0	6	0	0	0	5	1	8	20
3	高平学案	0	1	0	0	0	4	1	12	18
4	庐陵学案	0	0	0	0	0	3	2	6	11
5	古灵四先生学案	0	0	0	0	0	8	3	4	15
6	士刘诸儒学案	0	0	0	0	0	7	1	4	12
7	涑水学案	0	0	0	0	0	3	1	7	11
8	百源学案	10	15	0	0	0	3	0	1	29
9	濂溪学案	5	24	0	3	0	7	1	1	41
10	明道学案	2	19	8	0	0	1	0	6	36
11	伊川学案	6	26	11	6	0	2	0	15	66
12	横渠学案	1	49	2	5	2	2	0	6	67
13	范吕诸儒学案	0	0	0	0	0	1	2	10	13
14	元城学案	0	0	0	0	0	8	0	9	17
15	华阳学案	0	0	0	0	0	1	1	2	4
16	景迂学案	0	0	0	0	0	9	0	5	14
17	荥阳学案	0	1	0	0	1	1	3	4	10
18	上蔡学案	3	1	0	0	0	7	0	11	22
19	龟山学案	3	1	0	0	0	8	5	18	35
20	廌山学案	0	0	0	0	0	1	0	2	3
21	和靖学案	1	1	0	0	0	2	3	8	15

续表

案次	学案名	黄宗羲	黄百家	杨开沅	顾諟	张采	全祖望	冯云濠	王梓材	合计
22	兼山学案	0	0	0	0	0	1	1	2	4
23	震泽学案	0	0	0	0	0	10	0	4	14
24	刘李诸儒学案	1	0	0	0	1	2	4	17	25
25	吕范诸儒学案	1	6	0	0	0	9	0	5	21
26	周许诸儒学案	0	1	0	0	0	7	0	8	16
27	王张诸儒学案	1	0	0	0	0	2	0	2	5
28	武夷学案	4	2	0	0	0	11	2	12	31
29	陈邹诸儒学案	0	0	0	0	0	18	1	14	33
30	紫微学案	0	0	0	0	0	5	0	8	13
31	汉上学案	0	0	0	0	0	3	0	1	4
32	默堂学案	0	0	0	0	0	1	0	1	2
33	豫章学案	13	4	0	0	0	3	0	2	22
34	横浦学案	1	0	0	0	0	6	0	7	14
35	衡麓学案	1	0	0	0	0	1	0	5	7
36	五峰学案	1	3	0	0	0	3	0	7	14
37	刘胡诸儒学案	0	0	0	0	1	4	0	3	8
38	赵张诸儒学案	0	0	0	0	0	4	0	5	9
39	范许诸儒学案	0	0	0	0	0	2	1	2	5
40	玉山学案	0	0	0	0	0	1	0	3	4
41	艾轩学案	0	0	0	0	0	3	1	6	10
42	晦翁学案	3	9	0	0	0	5	2	26	45
43	南轩学案	5	1	0	0	0	2	0	9	17
44	东莱学案	0	0	0	0	0	10	1	7	18
45	艮斋学案	1	1	0	0	0	2	0	5	9
46	止斋学案	0	0	0	0	0	5	1	7	13
47	水心学案	1	2	0	0	0	33	2	16	54
48	龙川学案	1	1	0	0	1	2	1	4	10
49	梭山复斋学案	0	2	1	4	0	4	0	3	14
50	象山学案	1	1	1	6	0	5	0	7	21
51	清江学案	0	0	0	0	0	3	1	4	8
52	说斋学案	0	0	0	0	0	3	1	0	4
53	徐陈诸儒学案	0	0	0	0	0	3	1	3	7
54	西山蔡氏学案	0	0	0	0	0	1	0	4	5

续表

案次	学案名	黄宗羲	黄百家	杨开沅	顾諟	张采	全祖望	冯云濠	王梓材	合计
55	勉斋学案	0	1	0	0	0	4	2	7	14
56	潜庵学案	3	1	0	0	0	3	0	6	13
57	木钟学案	0	0	0	0	0	1	7	11	19
58	南湖学案	1	0	0	0	0	2	2	8	13
59	九峰学案	0	0	0	0	0	1	1	3	5
60	北溪学案	0	0	0	0	0	4	3	7	14
61	沧洲诸儒学案	0	1	0	0	0	2	21	49	73
62	岳麓诸儒学案	0	0	0	0	0	9	4	6	19
63	二江诸儒学案	0	0	0	0	0	2	2	2	6
64	丽泽诸儒学案	0	0	0	0	0	4	4	12	20
65	慈湖学案	2	0	0	0	0	10	0	15	27
66	絜斋学案	1	1	0	0	0	3	2	4	11
67	广平定川学案	3	0	0	0	0	8	3	5	19
68	槐堂诸儒学案	5	0	0	0	0	10	1	15	31
69	张祝诸儒学案	0	0	0	0	0	2	3	6	11
70	丘刘诸儒学案	0	0	0	0	0	1	3	6	10
71	鹤山学案	1	1	0	0	0	6	1	9	18
72	西山真氏学案	0	1	0	0	0	2	3	6	12
73	北山四先生学案	4	6	0	0	0	4	11	22	47
74	双峰学案	0	1	0	0	0	3	3	9	16
75	存斋晦静息庵学案	0	0	0	0	0	4	1	3	8
76	深宁学案	0	1	0	0	0	5	0	14	20
77	东发学案	0	1	0	0	0	4	2	4	11
78	静清学案	0	2	0	0	0	3	0	1	6
79	巽斋学案	0	0	0	0	0	1	2	3	6
80	介轩学案	1	1	0	0	0	2	1	2	7
81	鲁斋学案	0	1	0	0	0	5	2	11	19
82	静修学案	0	1	0	0	0	3	1	3	8
83	草庐学案	0	5	0	0	0	7	6	11	29
84	静明宝峰学案	2	0	0	0	0	7	4	6	19
85	师山学案	0	0	0	0	0	1	1	6	8
86	萧同诸儒学案	0	0	0	0	0	1	0	2	3
87	元祐党案	0	0	0	0	0	4	1	8	13
88	庆元党案	0	0	0	0	0	2	0	4	6

续表

案次	学案名	黄宗羲	黄百家	杨开沅	顾諟	张采	全祖望	冯云濠	王梓材	合计
89	荆公新学略	0	0	0	0	0	8	1	9	18
90	苏氏蜀学略	0	0	0	0	0	0	1	7	8
91	屏山鸣道集说略	0	0	0	0	0	6	3	7	16
	合计	89	213	23	24	6	405	165	688	1613

附录七　《宋元学案》中编纂者案语统计

表附-6未包括最后的编纂者王梓材与冯云濠两人的案语，而只统计了黄宗羲与黄百家等其他六位编纂者的案语。其原因主要是王、冯二人的案语数量太多，而且学案分布也非常广，如果将二人的案语加入进来的话，此表将过于庞大（达到几十页）。而且王冯二人的案语基本都是与校订相关的简短案语，其学术价值与重要性远不及其他编纂者的案语。与此相关的论述详见本论一第四章。

表附-6　《宋元学案》中的案语统计表（以学者为统计单位）

单位：条

卷次	学案名	关系全称	人物姓名	黄宗羲	黄百家	杨开沅	顾諟	张采	全祖望	合计
1	安定学案	序录		0	0	0	0	0	1	1
		安定门人	刘彝	0	0	0	0	0	1	1
			孙觉	0	1	0	0	0	0	1
			翁升	0	0	0	0	0	1	1
			徐积	0	7	0	0	0	0	7
			张巨	0	1	0	0	0	0	1
		高平讲友	胡瑗	0	2	0	0	0	0	2
		开府家学	翁彦国	0	0	0	0	0	1	1
2	泰山学案	序录		0	0	0	0	0	1	1
		长民门人	吴祕	0	0	0	0	0	1	1
		长民私淑	徐庸	0	0	0	0	0	1	1
		徂徕门人	孟宗儒	0	2	0	0	0	0	2
		高平讲友	孙复	0	2	0	0	0	1	3
		泰山门人	石介	0	0	0	0	0	1	1
			张泂	0	1	0	0	0	0	1
			祖无择	0	1	0	0	0	0	1
3	高平学案	序录		0	0	0	0	0	1	1
		高平家学	范纯仁	0	1	0	0	0	1	2
		高平所出	戚同文	0	1	0	0	0	1	1
		睢阳所传	范仲淹	0	0	0	0	0	1	1

续表

卷次	学案名	关系全称	人物姓名	黄宗羲	黄百家	杨开沅	顾諟	张采	全祖望	合计
4	庐陵学案	序录		0	0	0	0	0	1	1
		李氏家学	李弥大	0	0	0	0	0	1	1
		庐陵门人	刘敞	0	0	0	0	0	1	1
5	古灵四先生学案	序录		0	0	0	0	0	1	1
		安定同调	陈襄	0	0	0	0	0	6	6
		古灵门人	章衡	0	0	0	0	0	1	1
6	士刘诸儒学案	序录		0	0	0	0	0	1	1
		安定同调	杜醇	0	0	0	0	0	1	1
			楼郁	0	0	0	0	0	1	1
			王致	0	0	0	0	0	1	1
		关学之先	申颜	0	0	0	0	0	1	1
		泰山同调	士建中	0	0	0	0	0	1	1
		西湖门人	周锷	0	0	0	0	0	1	1
7/8	涑水学案	序录		0	0	0	0	0	1	1
		涑水学侣	刘恕	0	0	0	0	0	2	2
9/10	百源学案	序录		0	0	0	0	0	1	1
		百源私淑	牛师德	0	0	0	0	0	1	1
		涑水讲友	邵雍	10	15	0	0	0	1	26
11/12	濂溪学案	序录		0	0	0	0	0	1	1
		高平讲友	周敦颐	5	23	0	3	0	2	33
		濂溪讲友	程珦	0	0	0	0	0	1	1
			傅耆	0	0	0	0	0	1	1
			李初平	0	1	0	0	0	0	1
			许渤	0	0	0	0	0	1	1
		濂溪门人	程颐	0	0	0	0	0	1	1
13/14	明道学案	序录		0	0	0	0	0	1	1
		濂溪门人	程颢	2	19	8	0	0	0	29
15/16	伊川学案	序录		0	0	0	0	0	1	1
		胡周门人	程颐	6	26	11	6	0	1	50
17/18	横渠学案	序录		0	0	0	0	0	1	1
		高平门人	张载	1	49	2	5	2	1	60
19	范吕诸儒学案	序录		0	0	0	0	0	1	1

续表

卷次	学案名	关系全称	人物姓名	黄宗羲	黄百家	杨开沅	顾諟	张采	全祖望	合计
20	元城学案	序录		0	0	0	0	0	1	1
		李氏门人	曹粹中	0	0	0	0	0	1	1
		涑水门人	刘安世	0	0	0	0	0	5	5
		元城门人	孙伟	0	0	0	0	0	1	1
21	华阳学案	序录		0	0	0	0	0	1	1
22	景迂学案	序录		0	0	0	0	0	1	1
		景迂门人	朱弁	0	0	0	0	0	1	1
		涑水门人	晁说之	0	0	0	0	0	7	7
23	荥阳学案	序录		0	0	0	0	0	1	1
		胡程门人	吕希哲	0	1	0	0	1	0	2
24	上蔡学案	序录		0	0	0	0	0	1	1
		二程门人	谢良佐	2	1	0	0	0	6	9
		上蔡门人	曾恬	1	0	0	0	0	0	1
25	龟山学案	序录		0	0	0	0	0	1	1
		庞民门人	魏杞	0	0	0	0	0	1	1
		二程门人	杨时	2	1	0	0	0	1	4
		龟山家学	杨安止	0	0	0	0	0	1	1
		龟山门人	曹令德	0	0	0	0	0	1	1
			宋之才	1	0	0	0	0	0	1
			王庭秀	0	0	0	0	0	1	1
		沙随门人	高元之	0	0	0	0	0	2	2
26	鹰山学案	序录		0	0	0	0	0	1	1
27	和靖学案	序录		0	0	0	0	0	1	1
		伊川门人	尹焞	1	1	0	0	0	1	3
28	兼山学案	序录		0	0	0	0	0	1	1
29	震泽学案	序录		0	0	0	0	0	1	1
		程杨门人	王苹	0	0	0	0	0	8	8
		震泽门人	周宪	0	0	0	0	0	1	1
30	刘李诸儒学案	序录		0	0	0	0	0	1	1
		二程门人	朱光庭	1	0	0	0	0	0	1
		伊川门人	谢湜	0	0	0	0	0	1	1
			张绎	0	0	0	0	1	0	1

续表

卷次	学案名	关系全称	人物姓名	黄宗羲	黄百家	杨开沅	顾諟	张采	全祖望	合计
31	吕范诸儒学案	序录		0	0	0	0	0	1	1
		和叔家学	吕义山	0	0	0	0	0	1	1
		横渠门人	李复	0	0	0	0	0	1	1
			田腴	0	0	0	0	0	3	3
			游师雄	0	0	0	0	0	1	1
			种师道	0	0	0	0	0	1	1
		张程门人	吕大钧	0	2	0	0	0	0	2
			吕大临	1	3	0	0	0	0	4
			吕大忠	0	0	0	0	0	1	1
			苏昞	0	1	0	0	0	0	1
32	周许诸儒学案	序录		0	0	0	0	0	1	1
		程吕门人	沈躬行	0	0	0	0	0	1	1
			谢天申	0	0	0	0	0	1	1
			周行己	0	0	0	0	0	1	2
		横塘门人	林叔豹	0	0	0	0	0	1	1
			萧振	0	0	0	0	0	1	1
		伊川门人	刘安上	0	0	0	0	0	1	1
33	王张诸儒学案	序录		0	0	0	0	0	1	1
		百源门人	王豫	1	0	0	0	0	0	1
			张峋	0	0	0	0	0	1	1
34	武夷学案	序录		0	0	0	0	0	1	1
		武夷家学	胡宁	0	0	0	0	0	1	1
		武夷门人	闾丘昕	0	0	0	0	0	1	1
			徐时动	0	0	0	0	0	1	1
			曾几	1	0	0	0	0	0	1
		武夷再传	曾渐	1	0	0	0	0	1	2
			张默	0	0	0	0	0	1	1
		叶氏门人	黄祖舜	0	0	0	0	0	3	3
			郑丙	0	0	0	0	0	1	1
		朱靳门人	胡安国	2	2	0	0	0	1	5
35	陈邹诸儒学案	序录		0	0	0	0	0	1	1

续表

卷次	学案名	关系全称	人物姓名	黄宗羲	黄百家	杨开沅	顾諟	张采	全祖望	合计
		龚氏门人	邹浩	0	0	0	0	0	4	4
		了翁门人	蒋琉	0	0	0	0	0	1	1
		清敏门人	陈瓘	0	0	0	0	0	12	12
36	紫微学案	序录		0	0	0	0	0	1	1
		荥阳家学	吕本中	0	0	0	0	0	4	4
37	汉上学案	序录		0	0	0	0	0	1	1
		上蔡门人	朱震	0	0	0	0	0	1	1
		沈氏续传	田畴	0	0	0	0	0	1	1
38	默堂学案	序录		0	0	0	0	0	1	1
39	豫章学案	序录		0	0	0	0	0	1	1
		程杨门人	罗从彦	2	1	0	0	0	2	5
		延平门人	罗博文	1	1	0	0	0	0	2
		豫章门人	李侗	9	1	0	0	0	0	10
			朱松	1	1	0	0	0	0	2
40	横浦学案	序录		0	0	0	0	0	1	1
		龟山门人	张九成	1	0	0	0	0	1	2
		横浦讲友	施德操	0	0	0	0	0	1	1
		横浦门人	史浩	0	0	0	0	0	1	1
		倪氏家学	倪思	0	0	0	0	0	2	2
41	衡麓学案	序录		0	0	0	0	0	1	1
		武夷家学	胡寅	1	0	0	0	0	0	1
42	五峰学案	序录		0	0	0	0	0	1	1
		胡氏所传	杨大异	0	0	0	0	0	1	1
		武夷家学	胡宏	1	3	0	0	0	1	5
43	刘胡诸儒学案	序录		0	0	0	0	0	1	1
		籍溪门人	魏掞之	0	0	0	0	1	0	1
		屏山家学	刘珙	0	0	0	0	0	1	1
		武夷家学	胡宪	0	0	0	0	0	2	2
44	赵张诸儒学案	序录		0	0	0	0	0	1	1
		赵张同调	芮煜	0	0	0	0	0	1	1

续表

卷次	学案名	关系全称	人物姓名	黄宗羲	黄百家	杨开沅	顾諟	张采	全祖望	合计
		紫岩家学	张杓	0	0	0	0	0	1	1
		紫岩门人	杨万里	0	0	0	0	0	1	1
45	范许诸儒学案	序录		0	0	0	0	0	1	1
		默成讲友	范浚	0	0	0	0	0	1	1
46	玉山学案	序录		0	0	0	0	0	1	1
47	艾轩学案	序录		0	0	0	0	0	1	1
		乐轩门人	林希逸	0	0	0	0	0	1	1
		著作家学	刘弥正	0	0	0	0	0	1	1
48/49	晦翁学案	序录		0	0	0	0	0	1	1
		延平门人	朱熹	3	9	0	0	0	4	16
50	南轩学案	序录		0	0	0	0	0	1	1
		南轩家学	张忠恕	0	0	0	0	0	1	1
		五峰门人	张栻	5	1	0	0	0	0	6
51	东莱学案	序录		0	0	0	0	0	1	1
		东莱家学	吕祖俭	0	0	0	0	0	2	2
		林汪门人	吕祖谦	0	0	0	0	0	7	7
52	艮斋学案	序录		0	0	0	0	0	1	1
		艮斋同调	张淳	0	0	0	0	0	1	1
		袁氏门人	薛季宣	1	1	0	0	0	0	2
53	止斋学案	序录		0	0	0	0	0	1	1
		郑薛门人	陈傅良	0	0	0	0	0	1	1
		止斋门人	蔡幼学	0	0	0	0	0	1	1
		止斋学侣	陈谦	0	0	0	0	0	1	1
			陈武	0	0	0	0	0	1	1
54/55	水心学案	序录		0	0	0	0	0	1	1
		水心门人	王大受	0	0	0	0	0	1	1
			周南	0	0	0	0	0	2	2
		吴氏门人	舒岳祥	0	0	0	0	0	1	1
		篔窗门人	吴子良	0	0	0	0	0	1	1
		郑氏门人	叶适	1	2	0	0	0	27	30
56	龙川学案	序录		0	0	0	0	0	1	1

续表

卷次	学案名	关系全称	人物姓名	黄宗羲	黄百家	杨开沅	顾諟	张采	全祖望	合计
		郑丙门人	陈亮	1	1	0	0	1	1	4
57	梭山复斋学案	序录		0	0	0	0	0	1	1
		道乡家学	陆九龄	0	2	1	2	0	3	8
			陆九韶	0	0	0	2	0	0	2
58	象山学案	序录		0	0	0	0	0	1	1
		艾轩讲友	陆九渊	1	1	1	6	0	1	10
		象山学侣	王厚之	0	0	0	0	0	1	1
			杨庭显	0	0	0	0	0	2	2
59	清江学案	序录		0	0	0	0	0	1	1
		孝敬家学	刘清之	0	0	0	0	0	2	2
60	说斋学案	序录		0	0	0	0	0	1	1
		永嘉同调	唐仲友	0	0	0	0	0	2	2
61	徐陈诸儒学案	序录		0	0	0	0	0	1	1
		陈陆同调	徐谊	0	0	0	0	0	1	1
		宏父门人	丁黼	0	0	0	0	0	1	1
62	西山蔡氏学案	序录		0	0	0	0	0	1	1
63	勉斋学案	序录		0	0	0	0	0	1	1
		勉斋讲友	詹初	0	0	0	0	0	2	2
		朱刘门人	黄榦	0	1	0	0	0	1	2
64	潜庵学案	序录		0	0	0	0	0	1	1
		古遗门人	郑巘	0	0	0	0	0	1	1
		朱吕门人	辅广	3	1	0	0	0	1	5
65	木钟学案	序录		0	0	0	0	0	1	1
66	南湖学案	序录		0	0	0	0	0	1	1
		立斋门人	车若水	1	0	0	0	0	1	2
67	九峰学案	序录		0	0	0	0	0	1	1
68	北溪学案	序录		0	0	0	0	0	1	1
		朱林门人	陈淳	0	0	0	0	0	3	3
69/70	沧洲诸儒学案	序录		0	0	0	0	0	1	1
		晦翁门人	程端蒙	0	1	0	0	0	0	1
			方士繇	0	0	0	0	0	1	1

续表

卷次	学案名	关系全称	人物姓名	黄宗羲	黄百家	杨开沅	顾諟	张采	全祖望	合计
71	岳麓诸儒学案	序录		0	0	0	0	0	1	1
		南轩门人	陈琦	0	0	0	0	0	1	1
			李埴	0	0	0	0	0	1	1
			吴猎	0	0	0	0	0	1	1
		游氏门人	刘宰	0	0	0	0	0	4	4
			王遂	0	0	0	0	0	1	1
72	二江诸儒学案	序录		0	0	0	0	0	1	1
		宇文门人	程公说	0	0	0	0	0	1	1
73	丽泽诸儒学案	序录		0	0	0	0	0	1	1
		东莱门人	巩丰	0	0	0	0	0	1	1
			李诚之	0	0	0	0	0	1	1
		楼氏门人	应繇	0	0	0	0	0	1	1
74	慈湖学案	序录		0	0	0	0	0	1	1
		慈湖门人	陈埙	0	0	0	0	0	1	1
			桂万荣	0	0	0	0	0	1	1
			何元寿	0	0	0	0	0	1	1
			史守之	0	0	0	0	0	1	1
			童居易	0	0	0	0	0	1	1
			赵与筹	1	0	0	0	0	1	2
		杜洲家学	童铉	0	0	0	0	0	1	1
		象山门人	杨简	1	0	0	0	0	2	3
75	絜斋学案	序录		0	0	0	0	0	1	1
		吕陆门人	袁燮	0	1	0	0	0	1	2
		絜斋门人	胡谦	1	0	0	0	0	0	1
			袁韶	0	0	0	0	0	1	1
76	广平定川学案	序录		0	0	0	0	0	1	1
		定川门人	竺大年	1	0	0	0	0	0	1
		复斋门人	沈焕	1	0	0	0	0	1	2

续表

卷次	学案名	关系全称	人物姓名	黄宗羲	黄百家	杨开沅	顾諟	张采	全祖望	合计
		广平家学	舒钘	0	0	0	0	0	1	1
		象山门人	沈炳	0	0	0	0	0	1	1
		张陆门人	舒璘	1	0	0	0	0	4	5
77	槐堂诸儒学案	序录		0	0	0	0	0	1	1
		默信门人	喻仲可	0	0	0	0	0	1	1
		南堂门人	吴潜	0	0	0	0	0	1	1
		象山门人	包逊	1	0	0	0	0	0	1
			陈刚	0	0	0	0	0	1	1
			丰有俊	0	0	0	0	0	1	1
			符初	1	0	0	0	0	0	1
			傅梦泉	1	0	0	0	0	0	1
			刘尧夫	0	0	0	0	0	1	1
			彭兴宗	0	0	0	0	0	1	1
			石宗昭	0	0	0	0	0	1	1
			孙应时	1	0	0	0	0	0	1
			危稹	0	0	0	0	0	1	1
			詹阜民	0	0	0	0	0	1	1
			诸葛□	1	0	0	0	0	0	1
78	张祝诸儒学案	序录		0	0	0	0	0	1	1
		百源续传	张行成	0	0	0	0	0	1	1
79	丘刘诸儒学案	序录		0	0	0	0	0	1	1
80	鹤山学案	序录		0	0	0	0	0	1	1
		范氏所传	魏了翁	0	1	0	0	0	3	4
		鹤山门人	牟子才	1	0	0	0	0	0	1
			王万	0	0	0	0	0	1	1
		鹤山学侣	高载	0	0	0	0	0	1	1
81	西山真氏学案	序录		0	0	0	0	0	1	1
		詹氏门人	真德秀	0	1	0	0	0	1	2
82	北山四先生学案	序录		0	0	0	0	0	1	1
		白云学侣	吴师道	0	1	0	0	0	0	1
		北山门人	金履祥	0	1	0	0	0	0	1

续表

卷次	学案名	关系全称	人物姓名	黄宗羲	黄百家	杨开沅	顾諟	张采	全祖望	合计
			王柏	0	1	0	0	0	0	1
		导江门人	夹谷之奇	1	0	0	0	0	0	1
		静俭门人	戴良	0	0	0	0	0	1	1
		九灵门人	李忠谦	0	0	0	0	0	1	1
		鲁斋家学	王佖	1	0	0	0	0	0	1
		鲁斋门人	张䙴	0	1	0	0	0	0	1
		勉斋门人	何基	1	1	0	0	0	0	2
		凝熙门人	宋濂	0	1	0	0	0	1	2
		仁山门人	许谦	1	0	0	0	0	0	1
83	双峰学案	序录		0	0	0	0	0	1	1
		黄柴门人	饶鲁	0	1	0	0	0	1	2
		梧冈同调	吴存	0	0	0	0	0	1	1
84	存斋晦静息庵学案	序录		0	0	0	0	0	1	1
		柴真门人	汤中	0	0	0	0	0	1	1
		晦静门人	徐霖	0	0	0	0	0	1	1
		平山门人	吴定翁	0	0	0	0	0	1	1
85	深宁学案	序录		0	0	0	0	0	1	1
		深宁门人	胡三省	0	0	0	0	0	1	1
		王徐门人	王应麟	0	1	0	0	0	2	3
		郑氏家学	郑真	0	0	0	0	0	1	1
86	东发学案	序录		0	0	0	0	0	1	1
		二王门人	黄震	0	1	0	0	0	3	4
87	静清学案	序录		0	0	0	0	0	1	1
		静清门人	程端礼	0	1	0	0	0	0	1
		阳王门人	史蒙卿	0	1	0	0	0	2	3
88	巽斋学案	序录		0	0	0	0	0	1	1
89	介轩学案	序录		0	0	0	0	0	1	1
		介轩门人	许月卿	1	0	0	0	0	0	1
		孝善家学	胡炳文	0	1	0	0	0	1	2
90	鲁斋学案	序录		0	0	0	0	0	1	1
		程朱续传	赵复	0	1	0	0	0	0	1
		江汉所传	许衡	0	0	0	0	0	3	3

续表

卷次	学案名	关系全称	人物姓名	黄宗羲	黄百家	杨开沅	顾諟	张采	全祖望	合计
		鲁斋门人	吕域	0	0	0	0	0	1	1
91	静修学案	序录		0	0	0	0	0	1	1
		江汉别传	刘因	0	1	0	0	0	2	3
92	草庐学案	序录		0	0	0	0	0	1	1
		程戴门人	吴澄	0	5	0	0	0	5	10
		邵庵门人	陈旅	0	0	0	0	0	1	1
93	静明宝峰学案	序录		0	0	0	0	0	1	1
		宝峰门人	李恒	0	0	0	0	0	1	1
			李善	0	0	0	0	0	1	1
		蕃远门人	危素	0	0	0	0	0	1	1
		节斋续传	赵偕	0	0	0	0	0	3	3
		静明门人	吴谦	1	0	0	0	0	0	1
		杨傅续传	陈苑	1	0	0	0	0	0	1
94	师山学案	序录		0	0	0	0	0	1	1
95	萧同诸儒学案	序录		0	0	0	0	0	1	1
96	元祐党案	序录		0	0	0	0	0	3	3
		附攻专门之学者	陈公辅	0	0	0	0	0	1	1
97	庆元党案	附攻庆元伪学者	赵彦逾	0	0	0	0	0	1	1
		庆元党禁	郑湜	0	0	0	0	0	1	1
98	荆公新学略	序录		0	0	0	0	0	1	1
		荆公门人	陈祥道	0	0	0	0	0	1	1
		庐陵门人	王安石	0	0	0	0	0	5	5
		为新学者	王昭禹	0	0	0	0	0	1	1
100	屏山鸣道集说略	序录		0	0	0	0	0	1	1
		屏山讲友	赵秉文	0	0	0	0	0	3	3
		王苏余派	李纯甫	0	0	0	0	0	2	2
合计			235	89	213	23	24	6	405	760

附录八　《宋元学案》中各地域的学者统计

与表附-7相关的论述详见本书本论二第六章。

表附-7　《宋元学案》中各地域的学者统计表

区划一级	区划二级	人数	比率	区划一级	区划二级	人数	比率
两浙路	婺州	198	9.54%	淮南路	安庆府	2	0.10%
	庆元府	153	7.37%		和州	2	0.10%
	瑞安府	114	5.49%		通州	1	0.05%
	台州	69	3.33%		清河军	1	0.05%
	绍兴府	49	2.36%		黄州	1	0.05%
	建德府	46	2.22%		濠州	1	0.05%
	平江府	35	1.69%		海州	1	0.05%
	临安府	25	1.20%		亳州	1	0.05%
	处州	22	1.06%	合计		32	1.54%
	衢州	22	1.06%	河北东路	大名府	10	0.48%
	常州	20	0.96%		棣州	6	0.29%
	嘉兴府	16	0.77%		开德府	4	0.19%
	湖州	15	0.72%		河间府	4	0.19%
	镇江府	8	0.39%		沧州	2	0.10%
	江阴军	3	0.14%		雄州	1	0.05%
合计		795	38.31%		永静军	1	0.05%
福建路	建宁府	94	4.53%		冀州	1	0.05%
	福州	85	4.10%		恩州	1	0.05%
	兴化军	55	2.65%	合计		30	1.45%
	邵武军	46	2.22%	永兴军路	京兆府	9	0.43%
	泉州	28	1.35%		陕州	6	0.29%
	南剑州	20	0.96%		华州	4	0.19%
	漳州	13	0.63%		解州	3	0.14%
	其他	2	0.10%		同州	1	0.05%
	汀州	2	0.10%	合计		23	1.11%
合计		345	16.63%	潼川府路	潼川府	5	0.24%

续表

区划一级	区划二级	人数	比率
江南西路	抚州	69	3.33%
	吉州	50	2.41%
	建昌军	29	1.40%
	临江军	25	1.20%
	隆兴府	22	1.06%
	瑞州	17	0.82%
	赣州	11	0.53%
	袁州	8	0.39%
	南安军	3	0.14%
	其他	2	0.10%
	兴国军	1	0.05%
合计		237	11.42%
江南东路	饶州	77	3.71%
	徽州	68	3.28%
	信州	29	1.40%
	宁国府	9	0.43%
	江宁府	6	0.29%
	南康军	5	0.24%
	太平州	1	0.05%
合计		195	9.40%
成都府路	眉州	24	1.16%
	邛州	18	0.87%
	成都府	17	0.82%
	永康军	11	0.53%
	仙井监	11	0.53%
	汉州	8	0.39%
	崇庆府	3	0.14%
	简州	1	0.05%
	绵州	1	0.05%
合计		94	4.53%
京东路	莱州	14	0.67%
	东平府	13	0.63%
	徐州	5	0.24%

区划一级	区划二级	人数	比率
	顺庆府	4	0.19%
	遂宁府	2	0.10%
	隆庆府	2	0.10%
	资州	2	0.10%
	广安军	2	0.10%
	普州	2	0.10%
	怀安军	1	0.05%
	合州	1	0.05%
合计		21	1.01%
河东路	泽州	3	0.14%
	太原府	3	0.14%
	平阳府	3	0.14%
	隆德府	3	0.14%
	汾州	2	0.10%
	平定军	2	0.10%
	晋宁军	1	0.05%
	绛州	1	0.05%
合计		18	0.87%
荆湖北路	江陵府	6	0.29%
	德安府	5	0.24%
	岳州	2	0.10%
	荆门军	2	0.10%
	峡州	1	0.05%
	潭州	1	0.05%
	靖州	1	0.05%
合计		18	0.87%
陕西路	其他	4	0.19%
	凤翔府	3	0.14%
	醴州	2	0.10%
	邠州	2	0.10%
	陕州	1	0.05%
	河中府	1	0.05%
	同州	1	0.05%

续表

区划一级	区划二级	人数	比率	区划一级	区划二级	人数	比率
	拱州	5	0.24%		泾州	1	0.05%
	济州	5	0.24%		环州	1	0.05%
	应天府	5	0.24%		京兆府	1	0.05%
	濮州	4	0.19%	合计		17	0.82%
	袭庆府	4	0.19%	京畿路	开封府	15	0.72%
	密州	3	0.14%		其他	1	0.05%
	单州	1	0.05%		曹州	1	0.05%
	淄州	1	0.05%	合计		17	0.82%
	济南府	1	0.05%	广南东路	广州	5	0.24%
合计		61	2.94%		潮州	2	0.10%
京西路	河南府	38	1.83%		循州	1	0.05%
	颍昌府	4	0.19%	合计		8	0.39%
	顺昌府	4	0.19%	西京路(金)	应州	5	0.24%
	郑州	4	0.19%		弘州	1	0.05%
	蔡州	3	0.14%	合计		6	0.29%
	邓州	2	0.10%	夔州路	涪州	2	0.10%
	淮宁府	2	0.10%		重庆府	1	0.05%
	孟州	1	0.05%		大宁监	1	0.05%
	汝州	1	0.05%	合计		4	0.19%
	均州	1	0.05%	秦凤路	秦州	4	0.19%
合计		60	2.89%	合计		4	0.19%
河北西路	真定府	8	0.39%	广南西路	柳州	2	0.10%
	怀州	8	0.39%		昭州	1	0.05%
	相州	5	0.24%	合计		3	0.14%
	信德府	4	0.19%	利州路	阆州	2	0.10%
	中山府	4	0.19%	合计		2	0.10%
	洺州	4	0.19%	燕山府路	易州	2	0.10%
	广信军	2	0.10%	合计		2	0.10%
	磁州	1	0.05%	大都路(元)	其他	1	0.05%
	庆源府	1	0.05%		大兴府	1	0.05%
合计		37	1.78%	合计		2	0.10%
荆湖南路	潭州	27	1.30%	北京路(金)	锦州	1	0.05%

续表

区划一级	区划二级	人数	比率	区划一级	区划二级	人数	比率
	永州	4	0.19%	合计		1	0.05%
	全州	3	0.14%	吉安路(元)		1	0.05%
	衡州	1	0.05%	合计		1	0.05%
	道州	1	0.05%	南京道(辽)		1	0.05%
	武冈军	1	0.05%	合计		1	0.05%
合计		37	1.78%	蒙古(元)		1	0.05%
淮南路	扬州	4	0.19%	合计		1	0.05%
	泗州	4	0.19%	怀庆路(元)		1	0.05%
	泰州	3	0.14%	合计		1	0.05%
	高邮军	3	0.14%	顺德路(元)		1	0.05%
	寿春府	2	0.10%	合计		1	0.05%
	楚州	2	0.10%	上都路(元)	宣德府	1	0.05%
	无为军	2	0.10%	合计		1	0.05%
	光州	2	0.10%	总计		2075	100.00%

附录九　《宋元学案》中各学案的学者地域统计

表附-8　《宋元学案》中各学案的学者地域

单位：人

卷次	学案名	两浙路	福建路	江南西路	江南东路	成都府路	京东路	京西路	河北西路	荆湖南路	淮南路	河北东路	永兴军路	潼川府路	荆湖北路	河东路	京畿路	陕西路	广南东路	西京路(金)	秦凤路	夔州路	广南西路	燕山府路	利州路	大都路(元)	怀庆路(元)	北京路(金)	南京道(辽)	吉安路(元)	蒙古(元)	顺德路(元)	上都路(元)	合计
1	安定学案	23	12	0	3	0	2	0	0	0	4	0	0	0	0	1	3	0	1	0	0	0	0	0	0	0	0	0	0	0	0	0	0	49
2	泰山学案	3	2	1	0	1	11	1	0	0	0	1	0	2	0	2	0	0	0	0	0	0	0	0	0	0	0	0	0	0	0	0	0	24
3	高平学案	7	0	5	1	0	2	2	2	0	0	1	0	0	0	0	0	0	0	0	0	0	0	0	0	0	0	0	0	0	0	0	0	20
4	庐陵学案	8	2	9	1	0	1	2	0	0	0	0	0	0	0	0	0	0	0	0	0	0	0	0	0	0	0	0	0	0	0	0	0	23
5	古灵四先生学案	2	14	2	0	0	0	0	0	0	3	0	0	0	0	0	0	0	0	0	0	0	0	0	0	0	0	0	0	0	0	0	0	21
6	士刘诸儒学案	23	2	0	0	1	3	0	0	0	0	0	1	0	0	0	0	0	0	0	0	0	0	0	0	0	0	0	0	0	0	0	0	30
7/8	涑水学案	1	1	6	0	2	1	3	0	0	0	0	5	0	0	0	1	2	0	0	0	0	0	0	0	0	0	0	0	0	0	0	0	22
9/10	百源学案	0	1	0	0	0	0	3	0	0	0	0	2	0	0	0	0	0	0	0	0	0	0	0	0	0	0	0	0	0	0	0	0	6
11/12	濂溪学案	2	0	3	1	0	0	1	0	1	0	0	1	1	0	0	1	0	0	0	0	0	0	0	0	0	0	0	0	0	0	0	0	11

续表

卷次	学案名	两浙路	福建路	江南西路	江南东路	成都府路	京东路	京西路	河北西路	荆湖南路	淮南路	河北东路	永兴军路	潼川府路	荆湖北路	河东路	京畿路	陕西路	广南东路	西京路(金)	秦凤路	夔州路	广南西路	燕山府路	利州路	大都路(元)	怀庆路(元)	北京路(金)	南京道(辽)	吉安路(元)	蒙古(元)	顺德路(元)	上都路(元)	合计
13/14	明道学案	0	0	0	0	0	0	2	0	0	0	0	0	0	0	1	0	0	0	0	0	0	0	0	0	0	0	0	0	0	0	0	0	3
15/16	伊川学案	0	1	0	0	0	0	2	1	0	0	1	0	0	0	0	1	0	0	0	0	0	0	0	0	0	0	0	0	0	0	0	0	6
17/18	横渠学案	0	0	0	0	0	0	0	0	0	0	0	0	0	0	0	0	2	0	0	0	0	0	0	0	0	0	0	0	0	0	0	0	2
19	范吕诸儒学案	2	6	5	0	4	6	1	0	0	0	4	1	1	0	0	0	0	0	0	0	0	0	0	0	0	0	0	0	0	0	0	0	30
20	元城学案	8	0	0	0	0	1	0	0	0	1	1	0	0	2	0	1	0	0	0	0	0	0	0	0	0	0	0	0	0	0	0	0	14
21	华阳学案	0	0	0	0	2	0	0	0	0	0	0	0	0	0	0	0	0	0	0	0	0	0	0	0	0	0	0	0	0	0	0	0	2
22	景迂学案	0	1	0	1	0	0	0	0	0	0	2	0	0	0	0	0	0	0	0	0	0	0	0	0	0	0	0	0	0	0	0	0	4
23	荥阳学案	0	0	5	0	0	4	0	0	0	0	0	0	0	0	1	0	0	0	0	0	0	0	0	0	0	0	0	0	0	0	0	0	10
24	上蔡学案	1	3	0	0	0	0	1	0	0	1	0	0	0	1	0	0	0	0	0	0	0	0	0	0	0	0	0	0	0	0	0	0	7
25	龟山学案	21	18	1	1	0	2	0	0	0	2	0	0	0	0	0	0	0	0	0	0	0	0	0	0	0	0	0	0	0	0	0	0	45
26	廌山学案	0	2	0	0	0	0	2	0	0	0	0	0	0	0	0	0	0	0	0	0	0	0	0	0	0	0	0	0	0	0	0	0	4
27	和靖学案	2	0	0	3	0	7	5	0	0	1	0	0	0	0	0	2	0	0	0	0	0	0	0	0	0	0	0	0	0	0	0	0	20
28	兼山学案	1	0	9	0	0	0	2	0	0	0	0	0	0	0	0	0	0	0	0	0	0	0	0	0	0	0	0	0	0	0	0	0	12

续表

卷次	学案名	两浙路	福建路	江南西路	江南东路	成都府路	京东路	京西路	河北西路	荆湖南路	淮南路	河北东路	永兴军路	潼川府路	荆湖北路	河东路	京畿路	陕西路	广南东路	西京路(金)	秦凤路	夔州路	广南西路	燕山府路	利州路	大都路(元)	怀庆路(元)	北京路(金)	南京道(辽)	吉安路(元)	蒙古(元)	顺德路(元)	上都路(元)	合计
29	震泽学案	1	5	1	1	0	0	1	0	0	0	0	0	0	0	0	0	0	0	0	0	0	0	0	0	0	0	0	0	0	0	0	0	9
30	刘李诸儒学案	7	0	1	0	5	1	11	0	1	1	2	0	1	0	0	1	1	0	0	0	1	0	0	0	0	0	0	0	0	0	0	0	33
31	吕范诸儒学案	0	3	0	0	0	1	1	0	0	0	0	7	0	0	0	0	4	0	0	0	0	0	0	1	0	0	0	0	0	0	0	0	17
32	周许诸儒学案	32	0	0	0	0	0	1	0	0	0	0	0	0	0	0	0	0	0	0	0	0	0	0	0	0	0	0	0	0	0	0	0	33
33	王张诸儒学案	0	0	0	0	0	0	3	1	0	0	2	0	0	1	1	1	0	0	0	0	0	0	0	0	0	0	0	0	0	0	0	0	9
34	武夷学案	3	8	6	0	1	0	3	1	8	0	0	0	0	1	0	1	0	0	0	0	0	0	0	0	0	0	0	0	0	0	0	0	32
35	陈邹诸儒学案	7	2	5	0	0	0	0	0	0	0	1	0	0	0	0	2	0	0	0	0	0	0	0	0	0	0	0	0	0	0	0	0	17
36	紫微学案	0	6	1	1	0	2	0	0	0	0	0	0	0	0	0	0	0	0	0	0	0	0	0	0	0	0	0	0	0	0	0	0	10
37	汉上学案	3	0	0	0	0	0	0	0	0	0	0	0	0	2	0	0	0	0	0	0	0	0	0	0	0	0	0	0	0	0	0	0	5
38	默堂学案	1	1	0	0	0	0	0	0	0	0	0	0	0	0	0	0	0	0	0	0	0	0	0	0	0	0	0	0	0	0	0	0	2
39	豫章学案	0	4	0	1	0	0	0	0	0	0	0	0	0	0	0	0	0	1	0	0	0	0	0	0	0	0	0	0	0	0	0	0	6
40	横浦学案	12	0	0	1	0	0	0	0	0	0	0	0	0	0	0	0	0	0	0	0	0	0	0	0	0	0	0	0	0	0	0	0	13
41	衡麓学案	0	4	1	0	0	0	0	1	1	2	0	0	0	0	0	0	0	1	0	0	0	0	0	0	0	0	0	0	0	0	0	0	10
42	五峰学案	0	5	0	0	0	0	0	0	5	0	0	0	0	0	0	0	0	0	0	0	0	0	0	0	0	0	0	0	0	0	0	0	10
43	刘胡诸儒学案	0	12	0	0	0	0	0	0	0	0	0	0	0	0	0	0	0	0	0	0	0	0	0	0	0	0	0	0	0	0	0	0	12

续表

卷次	学案名	两浙路	福建路	江南西路	江南东路	成都府路	京东路	京西路	河北西路	荆湖南路	淮南路	河北东路	永兴军路	潼川府路	荆湖北路	河东路	京畿路	陕西路	广南东路	西京路(金)	秦凤路	夔州路	广南西路	燕山府路	利州路	大都路(元)	怀庆路(元)	北京路(金)	南京道(辽)	吉安路(元)	蒙古(元)	顺德路(元)	上都路(元)	合计
44	赵张诸儒学案	7	1	3	0	2	0	0	0	0	0	0	2	0	0	0	0	0	1	0	0	0	0	0	0	0	0	0	0	0	0	0	0	16
45	范许诸儒学案	8	0	1	1	0	2	0	0	0	0	0	0	1	0	0	0	0	0	0	0	0	0	0	0	0	0	0	0	0	0	0	0	13
46	玉山学案	3	2	1	9	0	0	0	0	0	0	0	0	0	0	0	1	0	0	0	0	0	0	0	0	0	0	0	0	0	0	0	0	16
47	艾轩学案	0	18	0	0	0	0	0	0	0	0	0	0	0	0	0	0	0	0	0	0	0	0	0	0	0	0	0	0	0	0	0	0	18
48/49	晦翁学案	2	7	2	7	0	0	0	0	0	0	0	0	0	1	0	0	0	0	0	0	0	0	0	0	0	0	0	0	0	0	0	0	19
50	南轩学案	1	0	0	0	4	0	1	0	2	0	0	0	0	1	0	0	0	0	0	0	0	0	0	0	0	0	0	0	0	0	0	0	9
51	东莱学案	10	0	0	0	0	0	0	0	0	0	0	0	0	0	0	0	0	0	0	0	0	0	0	0	0	0	0	0	0	0	0	0	10
52	艮斋学案	7	1	0	0	0	0	0	0	0	0	0	0	0	0	0	0	0	0	0	0	0	0	0	0	0	0	0	0	0	0	0	0	8
53	止斋学案	22	3	4	0	0	0	0	0	0	0	0	0	0	0	0	0	0	0	0	0	0	0	0	0	0	0	0	0	0	0	0	0	29
54/55	水心学案	30	2	1	2	0	0	0	0	0	0	1	0	0	0	0	0	0	0	0	0	0	0	0	0	0	0	0	0	0	0	0	0	36
56	龙川学案	30	1	0	0	0	0	0	0	0	0	0	0	0	0	0	0	0	0	0	0	0	0	0	0	0	0	0	0	0	0	0	0	31
57	梭山复斋学案	0	0	4	0	0	0	0	0	0	0	0	0	0	0	0	0	0	0	0	0	0	0	0	0	0	0	0	0	0	0	0	0	4
58	象山学案	3	0	5	1	0	0	0	0	0	0	0	0	0	0	0	0	0	1	0	0	0	0	0	0	0	0	0	0	0	0	0	0	10

续表

卷次	学案名	两浙路	福建路	江南西路	江南东路	成都府路	京东路	京西路	河北西路	荆湖南路	淮南路	河北东路	永兴军路	潼川府路	荆湖北路	河东路	京畿路	陕西路	广南东路	西京路(金)	秦凤路	夔州路	广南西路	燕山府路	利州路	大都路(元)	怀庆路(元)	北京路(金)	南京道(辽)	吉安路(元)	蒙古(元)	顺德路(元)	上都路(元)	合计
59	清江学案	2	2	2	3	1	0	0	0	0	0	0	0	0	0	0	0	0	0	0	0	0	0	0	0	0	0	0	0	0	0	0	0	10
60	说斋学案	7	0	0	0	0	0	0	0	0	0	0	0	0	0	0	0	0	0	0	0	0	0	0	0	0	0	0	0	0	0	0	0	7
61	徐陈诸儒学案	6	0	0	0	0	1	0	0	0	0	0	0	0	0	0	0	0	0	0	0	0	0	0	0	0	0	0	0	0	0	0	0	7
62	西山蔡氏学案	0	8	0	0	0	0	0	0	0	0	0	0	0	0	0	0	0	0	0	0	0	0	0	0	0	0	0	0	0	0	0	0	8
63	勉斋学案	2	15	3	1	1	0	0	0	0	0	0	0	1	0	0	0	0	0	0	0	0	0	0	0	0	0	0	0	0	0	0	0	23
64	潜庵学案	12	6	1	0	0	1	0	1	0	1	0	0	0	0	0	0	0	0	0	0	0	0	0	0	0	0	0	0	0	0	0	0	22
65	木钟学案	30	1	1	0	0	0	0	0	0	0	0	0	1	0	0	0	0	0	0	0	0	0	0	0	0	0	0	0	0	0	0	0	33
66	南湖学案	17	0	0	1	0	0	0	0	0	0	0	0	0	0	0	0	0	0	0	0	0	0	0	0	0	0	0	0	0	0	0	0	18
67	九峰学案	1	7	4	0	0	0	0	0	0	0	0	0	0	0	0	0	0	0	0	0	0	0	0	0	0	0	0	0	0	0	0	0	12
68	北溪学案	2	15	0	0	0	0	0	0	0	0	0	0	0	0	0	0	0	0	0	0	0	0	0	0	0	0	0	0	0	0	0	0	17
69/70	沧洲诸儒学案	43	88	22	31	2	0	0	1	4	1	0	1	1	2	0	0	0	0	0	0	1	0	0	0	0	0	0	0	0	0	0	0	197
71	岳麓诸儒学案	8	6	5	3	2	0	0	0	9	0	0	0	0	2	0	0	0	1	0	0	0	0	0	0	0	0	0	0	0	0	0	0	36
72	二江诸儒学案	1	2	3	0	14	0	0	0	0	0	0	0	5	0	0	0	0	0	0	0	0	0	0	0	0	0	0	0	0	0	0	0	25
73	丽泽诸儒学案	55	2	0	0	0	0	0	0	0	0	0	0	0	0	0	0	0	0	0	0	0	0	0	0	0	0	0	0	0	0	0	0	57

续表

卷次	学案名	两浙路	福建路	江南西路	江南东路	成都府路	京东路	京西路	河北西路	荆湖南路	淮南路	河北东路	永兴军路	潼川府路	荆湖北路	河东路	京畿路	陕西路	广南东路	西京路(金)	秦凤路	夔州路	广南西路	燕山府路	利州路	大都路(元)	怀庆路(元)	北京路(金)	南京道(辽)	吉安路(元)	蒙古(元)	顺德路(元)	上都路(元)	合计
74	慈湖学案	60	1	3	14	0	0	1	0	0	0	0	0	0	0	0	0	0	0	0	0	0	0	0	0	0	0	0	0	0	0	0	0	79
75	絜斋学案	9	0	1	0	0	0	0	0	0	0	0	0	0	0	0	0	0	0	0	0	0	0	0	0	0	0	0	0	0	0	0	0	10
76	广平定川学案	13	0	0	1	0	0	0	0	0	0	0	0	0	0	0	0	0	0	0	0	0	0	0	0	0	0	0	0	0	0	0	0	14
77	槐堂诸儒学案	14	2	34	5	0	0	0	0	0	3	1	0	0	0	0	0	0	1	0	0	0	0	0	0	0	0	0	0	0	0	0	0	60
78	张祝诸儒学案	2	0	2	3	3	0	0	0	0	0	0	0	0	0	0	0	0	0	0	0	0	0	0	0	0	0	0	0	0	0	0	0	10
79	丘刘诸儒学案	6	0	0	4	1	0	0	0	0	0	0	0	3	0	0	0	0	1	0	0	0	0	0	0	0	0	0	0	0	0	0	0	15
80	鹤山学案	5	0	1	0	20	0	0	0	3	0	0	0	1	1	0	0	0	0	0	0	1	0	0	0	0	0	0	0	0	0	0	0	32
81	西山真氏学案	7	6	0	3	0	0	0	0	0	0	0	0	0	0	0	0	0	0	0	0	0	0	0	0	0	0	0	0	1	0	0	0	17
82	北山四先生学案	99	0	2	1	2	2	1	0	0	1	1	0	0	1	0	0	0	0	0	0	0	0	1	0	0	0	0	0	0	0	0	0	112
83	双峰学案	8	0	7	22	0	1	0	0	0	0	0	0	0	0	0	0	0	0	0	0	0	1	0	0	0	0	0	0	0	0	0	0	39
84	存斋晦静息庵学案	1	0	5	7	0	0	0	2	0	0	0	0	0	0	0	0	0	0	0	0	0	0	0	0	0	0	0	0	0	0	0	0	15
85	深宁学案	14	0	0	0	0	0	0	0	0	0	0	0	0	0	0	0	0	0	0	0	0	0	0	0	0	0	0	0	0	0	0	0	14
86	东发学案	16	0	0	0	0	0	0	0	0	0	0	0	0	0	0	0	0	0	0	0	0	0	0	0	0	0	0	0	0	0	0	0	16
87	静清学案	7	0	0	0	0	0	0	0	0	0	0	0	0	0	0	0	0	0	0	0	0	0	0	0	0	0	0	0	0	0	0	0	7

续表

卷次	学案名	两浙路	福建路	江南西路	江南东路	成都府路	京东路	京西路	河北西路	荆湖南路	淮南路	河北东路	永兴军路	潼川府路	荆湖北路	河东路	京畿路	陕西路	广南东路	西京路(金)	秦凤路	夔州路	广南西路	燕山府路	利州路	大都路(元)	怀庆路(元)	北京路(金)	南京道(辽)	吉安路(元)	蒙古(元)	顺德路(元)	上都路(元)	合计
88	巽斋学案	0	0	10	1	0	0	0	0	2	0	0	0	0	0	0	0	0	0	0	0	0	0	1	0	0	0	0	0	0	0	0	0	14
89	介轩学案	1	0	0	24	0	0	0	0	0	0	0	0	0	0	0	0	0	0	0	0	0	0	0	0	0	0	0	0	0	0	0	0	25
90	鲁斋学案	1	1	0	0	0	1	1	10	0	0	2	0	0	2	4	0	2	0	0	2	0	2	0	0	1	0	0	1	0	0	1	0	31
91	静修学案	0	0	2	0	0	0	0	8	0	0	1	0	0	0	1	0	0	0	0	0	1	0	0	0	0	0	0	0	0	0	0	0	13
92	草庐学案	1	1	22	3	3	0	1	1	0	1	4	0	0	0	2	0	1	0	0	0	0	0	0	0	0	0	0	0	0	0	0	1	41
93	静明宝峰学案	16	0	4	10	0	1	0	0	0	0	0	0	0	0	1	0	0	0	0	0	0	0	0	0	0	1	0	0	0	0	0	0	33
94	师山学案	0	0	0	18	0	0	0	0	0	0	0	0	0	0	0	0	0	0	0	0	0	0	0	0	0	0	0	0	0	0	0	0	18
95	萧同诸儒学案	0	0	0	0	1	0	1	1	0	0	0	1	0	0	2	0	4	0	0	0	0	0	0	0	0	0	0	0	0	0	0	0	10
96	元祐党案	8	12	6	2	4	6	4	0	1	3	2	1	2	1	0	1	1	0	0	2	0	0	0	1	0	0	0	0	0	0	0	0	57
97	庆元党案	20	13	7	2	1	0	0	1	0	4	0	0	1	0	1	0	0	0	0	0	0	0	0	0	0	0	0	0	0	0	0	0	50
98	荆公新学略	7	7	7	1	1	0	1	1	0	0	0	0	0	0	0	1	0	0	0	0	0	0	0	0	0	0	0	0	0	0	0	0	26
99	苏氏蜀学略	1	0	1	0	16	2	0	0	0	3	2	1	0	0	0	0	0	0	0	0	0	0	0	0	0	0	0	0	0	0	0	0	26
100	屏山鸣道集说略	0	0	0	0	0	0	2	5	0	0	1	0	0	0	1	0	0	0	6	0	0	0	0	0	1	0	1	0	0	0	0	0	17
合计		795	345	237	195	94	61	60	37	37	32	30	23	21	18	18	17	17	8	6	4	4	3	2	2	2	1	1	1	1	1	1	1	2075

后　记

本书最初是2009年到2013年笔者在日本九州大学人文科学府中国哲学史专业留学期间完成的日语博士论文，2013年回国后将其翻译为中文并做了大幅度修改和扩充。其中，绪论、本论一(共四章)、本论二(共四章)、结论及附录部分是在原博士论文的基础上修改而成的，本论三(共三章)则基本上是回国之后新写的。2017年该成果获得国家社科基金后期资助，其后又参照专家意见经过了数年的修改，最终得以完成。

本书中除附录之外的几乎所有章节都曾以专题论文的形式公开发表过，具体发表出处如下所示：

绪论部分曾题为《海内外〈宋元学案〉研究述评与展望》发表于《中共宁波市委党校学报》2017年第6期。

第一章曾题为《〈宋元学案〉的层次结构与学案设置——兼论全祖望与黄宗羲思想史观之异同》发表于《北京社会科学》2017年第4期。

第二章曾题为《学术谱系与宋元儒学史的构建——论〈宋元学案〉视域下的学案表与师承关系》发表于《历史文献研究》2018年第1辑。

第三章曾题为《〈宋元学案〉的编纂体例及其学术意义——以小传、思想资料、附录为中心的考察》发表于《上饶师范学院学报》2017年第4期。

第四章第一节和第三节曾题为《〈宋元学案〉中黄百家的案语及其学术价值——兼论宋元儒学思想史的建构》发表于《史学月刊》2017年第12期；第四节曾题为《论〈宋元学案〉中全祖望的案语及其学术价值——兼论宋元儒学思想史的建构》发表于《东方论坛》2017年第4期。

第五章曾题为《道统论的突破与〈宋元学案〉的思想史构建——兼论"宋初三先生"思想史地位的确立》发表于《首都师范大学学报(社会科学版)》2017年第6期。

第六章第一节曾题为《宋元浙学的地域分布及其发展源流——以〈宋元学案〉为中心》发表于《嘉兴学院学报》2018年第1期；第二节至第六节曾题

为《宋元儒学思想史的地域构成及其发展脉络——以〈宋元学案〉为中心的考察》发表于《城市学刊》2017年第4期。

第七章曾题为《清儒黄百家对宋明理学的批判与继承——以〈宋元学案〉为中心》发表于《华侨大学学报(哲学社会科学版)》2017年第4期。

第八章曾题为《朱陆修养工夫论的思想渊源及其异同——以“尊德性”与“道问学”为宗旨》发表于《道德与文明》2017年第6期。

第九章曾题为《儒家仁说及其与耶教思想之比较——以朱熹、黄宗羲、黄百家父子及利玛窦为中心》发表于《广州社会主义学院学报》2017年第3期。

第十章曾题为《论黄宗羲〈破邪论〉及其与利玛窦思想之比较——以魂魄、轮回、祭祀为中心》发表于《华侨大学学报(哲学社会科学版)》2017年第6期。

第十一章曾题为《儒家与耶教性论思想之会通与交涉——基于四因说的考察》发表于《湖北大学学报(哲学社会科学版)》2017年第5期。

结论部分曾题为《论〈宋元学案〉的三重性质及其学术价值》发表于《中共宁波市委党校学报》2021年第2期。

以上曾经发表的各部分在整合收入本书后又进行了大小无数次的修改，虽然在总体框架和结论上变化不大,但在具体内容上有大量修订、补充乃至改写,因此如果遇到与已发表论文内容不同的地方,请以最新出版的本书为准。

在此向我博士阶段的日本导师九州大学柴田笃教授、工作单位武汉大学哲学学院的诸位师友、发表论文时的审稿专家和编辑、对本书提供详细修改意见的国家社科基金匿名评审专家、湖北人民出版社的领导和编辑,以及多年来在背后鼓励和支持我工作的家人致以最衷心的感谢!

由于个人学识和精力有限,本书中难免存在疏漏和错讹之处,还有待进一步完善和提高,敬请海内外方家不吝赐教。

连　凡

2023年10月27日